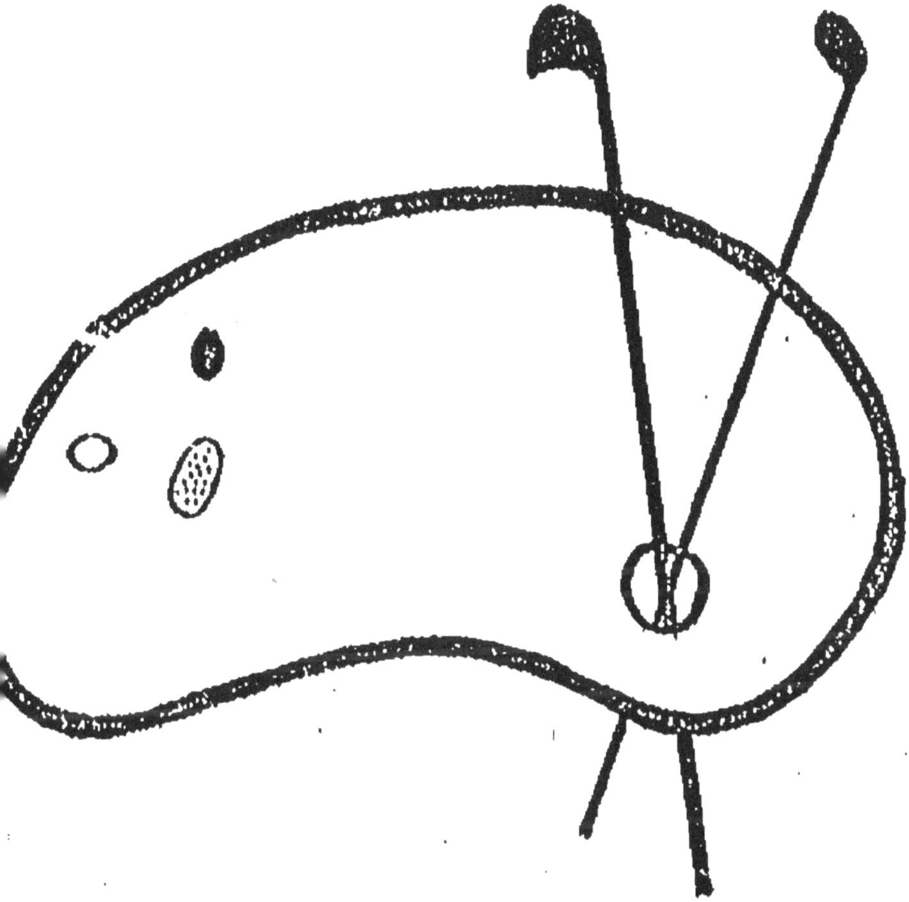

DEBUT D'UNE SERIE DE DOCUMENTS
EN COULEUR

HISTOIRE D'HÉRODOTE

TRADUCTION DE LARCHER

REVUE ET CORRIGÉE

PAR

ÉMILE PESSONNEAUX

PROFESSEUR AU LYCÉE NAPOLÉON

PARIS
G. CHARPENTIER ET Cie, ÉDITEURS
11, RUE DE GRENELLE, 11

Extrait du Catalogue de la BIBLIOTHÈQUE CHARPENTIER

Collection à 3 fr. 50.

CLASSIQUES GRECS

DÉMOSTHÈNE et ESCHINE.	Chefs-d'œuvre, traduction Stiévenart.	1
ESCHYLE	Théâtre, traduction Pierron.	1
EURIPIDE	Théâtre, traduction Pessonneaux.	1
HÉRODOTE	Histoire, trad. Larcher revue par Pessonneaux.	1
HOMÈRE	Iliade, traduction Pessonneaux.	1
	Odyssée, traduction Pessonneaux.	1
LUCIEN	Œuvres choisies, traduction de Belin de Ballu, revue et corrigée par Émile Pessonneaux.	1
MARC-AURÈLE	Pensées, traduction Pierron.	1
PLATON	Œuvres complètes, trad. Saisset et Chauvet.	10
PLUTARQUE	Vies des hommes illustres, trad. Pierron.	4
ROMANS GRECS	Traduction Zévort.	1
SOPHOCLE	Théâtre, traduction Pessonneaux.	1
THUCYDIDE	Hist. de la guerre du Péloponèse, trad. Zévort.	2
XÉNOPHON	Œuvres complètes, traduction Pessonneaux.	2
LES GRANDS POÈTES DE LA GRÈCE.	Extraits et notices par Pessonneaux.	1

CLASSIQUES LATINS

CÉSAR	Commentaires. — Guerre des Gaules, traduction Ch. Louandre.	1
HORACE	Œuvres poétiques, traduction Patin.	2
—	Odes, traduction Patin.	1
LUCRÈCE	De la Nature, traduction Crouslé.	1
PLINE LE JEUNE	Lettres, traduction Pessonneaux.	1
SALLUSTE	Œuvres, traduction Pessonneaux.	1
SUÉTONE	Les douze Césars, traduction Pessonneaux.	1
TACITE	Œuvres complètes, traduction Ch. Louandre.	2
TÉRENCE	Comédies, traduction Talbot.	2
VIRGILE	Œuvres complètes, traduction Pessonneaux.	2

18106. — Imprimeries réunies, A, rue Mignon, 2, Paris.

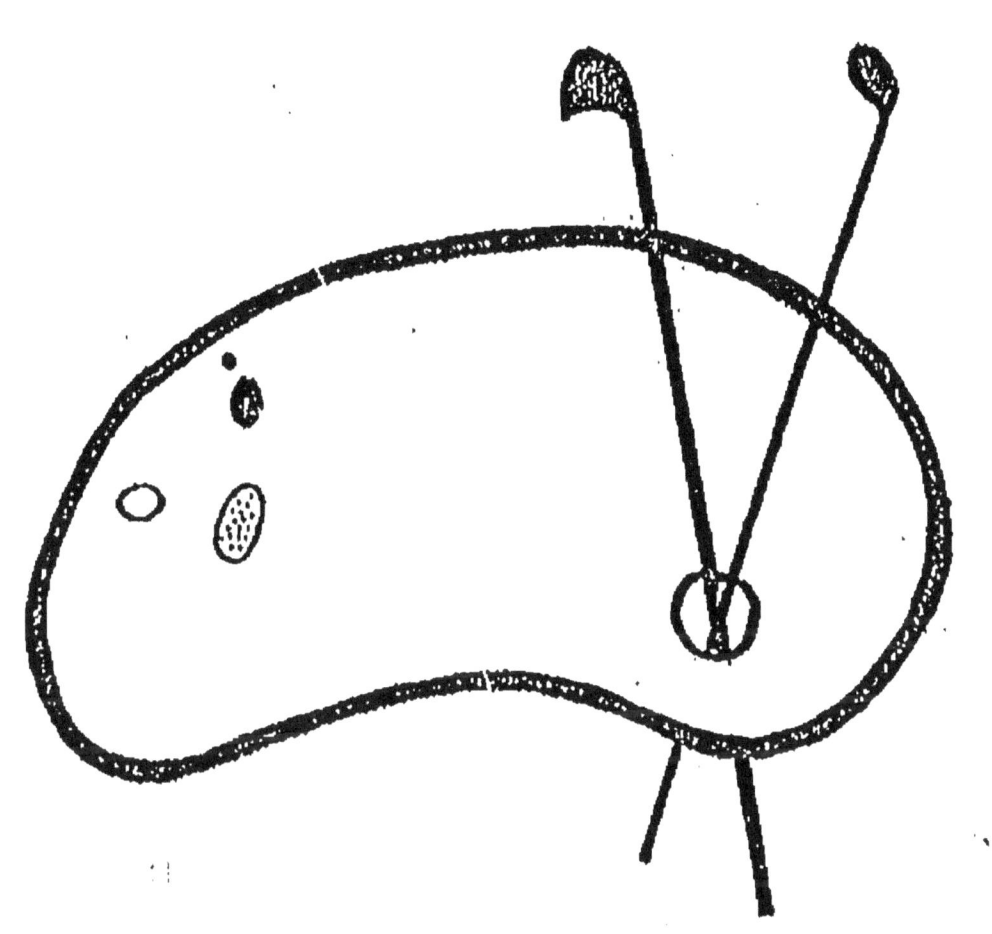

FIN D'UNE SERIE DE DOCUMENTS
EN COULEUR

HISTOIRE

D'HÉRODOTE

PARIS. — TYPOGRAPHIE GASTON NÉE, 1, RUE CASSETTE.

HISTOIRE
D'HÉRODOTE

TRADUCTION DE LARCHER

REVUE ET CORRIGÉE

PAR

ÉMILE PESSONNEAUX

PROFESSEUR AU LYCÉE NAPOLÉON

PARIS

G. CHARPENTIER ET Cie, ÉDITEURS

11, RUE DE GRENELLE, 11

1889

PLAN

DE L'HISTOIRE D'HÉRODOTE

Hérodote ne s'était proposé pour but, comme il le dit lui-même au commencement de son Histoire, que de célébrer les exploits des Grecs et des Perses, et de développer les motifs qui avaient porté ces peuples à se faire la guerre. Parmi les causes de cette guerre, il y en avait d'éloignées et de prochaines. Les éloignées étaient les enlèvements réciproques de quelques femmes de l'Europe et de l'Asie, qui, ayant donné occasion à la guerre de Troie, avaient ulcéré les cœurs des Asiatiques contre les Grecs. Les causes prochaines étaient les secours que les Athéniens avaient donnés aux Ioniens dans leur révolte, l'invasion de l'Ionie et l'incendie de Sardes par les Athéniens. Les Perses, irrités de ces hostilités, résolurent d'en tirer une vengeance éclatante. Les Perses avaient été jusqu'alors peu connus des Grecs. Il était donc nécessaire de leur faire connaître cette nation, contre laquelle ils avaient lutté avec tant de gloire. Pour parvenir à ce but, Hérodote a pris ce peuple dans son origine, et nous a fait voir par quels moyens il avait secoué le joug des Mèdes; et, comme cela n'aurait pas donné aux lecteurs des idées bien claires et bien nettes, il a fallu leur présenter un coup d'œil rapide de l'histoire des Mèdes. Cette histoire elle-même était tellement liée avec celle des Assyriens, dont les Mèdes avaient été sujets, qu'il a dû instruire les lecteurs de la manière dont ils avaient secoué le joug, et donner pareillement un abrégé de l'histoire d'Assyrie. Ces trois histoires ne sont donc pas des hors-d'œuvre. On ne peut retrancher l'une sans répandre de l'obscurité sur les deux autres; et, si on les supprime toutes les trois, on n'aura qu'une connaissance très-imparfaite des difficultés que les Grecs eurent à surmonter.

Cyrus, ayant subjugué la Médie, marcha de conquêtes en conquêtes. Cette puissance formidable donna de l'inquiétude à Crésus. Il voulut la réprimer, et par là il attira sur lui les armes de Cyrus;

il fut battu, et son pays fut conquis. C'était une occasion pour faire connaître les Lydiens. Hérodote la laissa d'autant moins échapper, qu'il était bon de donner au moins un aperçu de ces princes qui avaient soumis la plupart des Grecs établis en Asie. Cependant, comme il ne perdait jamais de vue le plan de son Histoire, il ne dit que deux mots de l'origine du royaume de Lydie, de ses progrès et de sa destruction. Cyrus, après cette conquête, laisse à ses généraux le soin de soumettre les Grecs asiatiques; il marche en personne contre les Babyloniens et les peuples de leur dépendance, et les subjugue. Hérodote ne s'arrête quelques instants que sur les objets les plus importants et les plus intéressants. Aussi ne parle-t-il ni des Bactriens, ni des Saces, que Cyrus avait subjugués. S'il s'étend davantage sur les Massagètes, c'est que la guerre que leur fit Cyrus lui fut très-funeste, et qu'il périt dans un combat qu'il leur livra.

Cambyse, son fils, lui succéda. Fier de sa puissance, il marcha en Égypte. Ce pays était alors le plus célèbre qu'il y eût dans le monde; et les Grecs commençaient à y voyager, plus cependant pour les intérêts de leur commerce que par curiosité et par le désir de s'instruire, quoique ces deux derniers motifs y eussent beaucoup de part. Il était donc de la dernière importance de leur donner une connaissance de ce pays singulier, de ses productions, des mœurs et de la religion de ses habitants, avec un récit succinct de ses rois. Hérodote y a employé son second livre. L'Égypte soumise, Cambyse marcha contre le faux Smerdis, qui s'était révolté contre lui; il périt par un accident. Peu de temps après sa mort, on découvrit la fourberie du mage Smerdis; il fut massacré, et l'on élut pour roi Darius. Ce prince remit sous le joug les Babyloniens qui s'étaient révoltés, et, comme il était très-ambitieux, il voulut asservir les Scythes. Ces peuples n'étaient alors connus que par leurs voisins et par les Grecs établis dans les villes limitrophes de la Scythie. Les Scythes étaient alors pour les Grecs un objet de curiosité d'autant plus piquant, qu'il y avait déjà en Thrace et sur les bords du Pont-Euxin, tant en Europe qu'en Asie, des colonies grecques. Si notre historien ne s'est pas étendu sur ces peuples avec la même complaisance que sur les Égyptiens, du moins l'a-t-il fait avec assez d'étendue pour donner aux Grecs une idée de la forme de leur gouvernement et de leurs mœurs, avec une description succincte de leur pays. Cette description est si exacte, qu'elle se trouve confirmée dans la plupart de ses points par la relation de ceux d'entre les modernes qui ont voyagé dans la Bulgarie, la Moldavie, la Bessarabie, le Czernigow, l'Ukraine, la Crimée, et chez les Cosaques du Don. Darius fut obligé de repasser honteusement dans ses États. Les Ioniens, qui ne savaient ni être libres ni être esclaves, se révoltèrent. Ils s'étaient assurés des secours des Athéniens, qui cependant ne leur en donnèrent que de médiocres. Avec ces secours, ils s'emparèrent de Sardes, et y mirent le feu. Darius, ayant appris la part que les Athéniens avaient eue à la prise et à l'incendie de cette ville, jura de s'en venger. Il commença par remettre sous le joug les Ioniens. Les Ioniens soumis, il envoya contre les Athéniens une armée formidable. Les Perses furent battus à Marathon. A cette nouvelle, Darius, furieux, fit des préparatifs encore plus considérables. Mais, sur ces entrefaites l'Égypte s'étant soulevée, il fallut la réduire. La révolte de l'Égypte n'avait fait que suspendre la vengeance de Darius. Ce pays ne fut pas plutôt soumis, qu'il reprit le dessein de châtier les Athéniens; mais sa mort, qui survint peu après, en suspendit l'exécution. Xerxès, son fils et son successeur, qui n'était ni moins ambitieux ni moins vindicatif que son père, non content de châtier les Athéniens, voulut encore subjuguer le reste de la Grèce. Résolu de marcher en personne contre les Grecs, il leva l'armée la plus nombreuse et la plus formidable dont on ait jamais entendu parler. Il équipa une flotte considérable, et pendant plusieurs années il ne s'occupa qu'à faire transporter dans les villes frontières de la Grèce les blés et les vivres nécessaires à la subsistance de cette multitude innombrable d'hommes. Il reçut d'abord un échec au pas des Thermopyles. Sa flotte ayant ensuite été battue à Salamine, il repassa honteusement en Asie; mais, ayant laissé Mardonius en Grèce avec l'élite de ses troupes, ce général, vaincu à Platée, périt dans l'action avec la plus grande partie de son armée. Le jour même de la bataille de Platée, il se livra à Mycale, en Carie, un sanglant combat. Les Grecs y remportèrent une victoire signalée.

C'est ici qu'Hérodote termine son Histoire. On voit, par ce court exposé, qu'il y a dans toutes les parties de ce bel ouvrage une liaison intime; qu'on n'en peut retrancher aucune sans répandre de l'obscurité sur les autres; que notre historien marche avec rapidité, et que, s'il s'arrête quelquefois en chemin, ce n'est que pour ménager l'attention de ses lecteurs, et pour les instruire agréablement de tout ce qu'il leur importait de savoir.

LARCHER.

VIE D'HÉRODOTE

PAR LARCHER

Hérodote, né à Halicarnasse, l'an 4230 de la période julienne, 484 ans avant notre ère, était Dorien d'extraction, et d'une naissance illustre. Il eut pour père Lyxès et pour mère Dryo, qui tenaient un rang distingué parmi leurs concitoyens. Panyasis, poëte célèbre, à qui quelques écrivains adjugent le premier rang après Homère, quoique d'autres le placent après Hésiode et Antimachus, était son oncle de père ou de mère : car il n'y a rien de certain là-dessus. Panyasis est né, si l'on en croit Suidas, en la LXXVIII° olympiade, c'est-à-dire l'an 4247 de la période julienne, 467 ans avant l'ère vulgaire. Je ne puis être de cette opinion, parce qu'il s'ensuivrait qu'Hérodote, son neveu, aurait été plus âgé que lui de dix-sept ans. Je n'ignore pas qu'il y a des oncles plus jeunes que leurs neveux; nous en avons des exemples. Aussi j'insiste moins sur cette raison que sur le temps où périt Panyasis, quoiqu'on ne puisse le fixer d'une manière certaine. Mais l'on sait que Lygdamis, tyran d'Halicarnasse, fut chassé l'an 4257 de la période julienne, 457 ans avant notre ère. Il aurait donc fait mourir ce poëte au plus tard en 4256 de la période julienne, 458 ans avant l'ère vulgaire. Si l'assertion de Suidas était vraie, Panyasis aurait eu au plus neuf ans lorsqu'il périt. Comment à cet âge aurait-il donné de l'ombrage au tyran? comment aurait-il pu avoir composé ces ouvrages qui lui ont acquis une si grande réputation? J'aime mieux, par cette raison, placer sa naissance en la LXVIII° olympiade. Il avait alors 50 ans quand Lygdamis le fit mourir, et il aura eu le temps de composer ce grand nombre d'ouvrages qui l'ont immortalisé. D'ailleurs, Suidas convient lui-même qu'il y a des auteurs qui le font plus ancien.

Panyasis était connu par l'Héracléiade et les Ioniques. L'Héracléiade était un poëme héroïque en l'honneur d'Hercule; le poëte y célébrait les exploits de ce héros, en quatorze livres qui contenaient neuf mille vers Plusieurs écrivains en parlent avec distinction, Isaac Tzetzès dans ses Prolégomènes sur la Cassandre de Lycophron, Proclus dans sa Chrestomathie, Suidas au mot Panyasis, Pausanias, qui même en cite deux vers, et le scoliaste de Pindare, qui en rapporte un du troisième livre. Quintilien, bon juge en ces matières, nous apprend qu'il n'égalait pour l'élocution ni Hésiode ni Antimachus, mais qu'il surpassait le premier par la richesse de son sujet, et le second par la disposition qu'il lui avait donnée. Denys d'Halicarnasse, qui n'excellait pas moins dans la critique que dans l'histoire, en porte aussi le même jugement. Je m'en tiens à ces autorités, auxquelles je pourrais ajouter celles de plusieurs autres auteurs, tels qu'Apollodore, Clément d'Alexandrie, Athénée, etc.

Le même Panyasis avait écrit en vers pentamètres un poëme su, Codrus, Nélée et la colonie ionienne, que l'on appelait les Ioniques. Ce poëme curieux, et dont on ne saurait trop regretter la perte parce qu'il entrait dans une infinité de détails historiques sur cette colonie, comprenait sept mille vers.

Il ne reste plus de ce poëte que deux petites pièces de vers avec un fragment, où Panyasis célèbre le vin et les plaisirs de la table pris avec modération. Stobée et Athénée nous les ont conservés. On les trouve dans plusieurs recueils, et beaucoup plus correctement dans celui des poëtes gnomiques, publié en 1784 à Strasbourg par M. Brunck, critique plein de goût et de sagacité. On a encore cinq vers de ce poëte qu'on lit dans Étienne de Byzance, au mot Τρεμίλη. Je soupçonne qu'ils sont de l'Héracléiade. M. Brunck n'a pas jugé à propos de leur donner place dans son recueil.

Dans ces beaux siècles de la Grèce, on prenait un soin particulier de l'éducation de la jeunesse, et l'on ne s'appliquait pas moins à lui former le cœur qu'à cultiver son esprit. Il est à présumer que celle d'Hérodote ne fut pas négligée, quoique l'on ignore quels furent ses maîtres. On n'en peut même douter, lorsqu'on le voit entreprendre dans un âge peu avancé de longs et pénibles voyages, pour perfectionner ses connaissances et en acquérir de nouvelles.

La description de l'Asie par Hécatée, l'histoire de Lydie, de Xanthus, celle de Perse par Hellanicus de Lesbos et Charon de Lampsaque, jouissaient alors de la plus haute réputation. Ces ouvrages agréables, intéressants, furent sans doute dévorés par Hérodote dans cet âge où l'on est avide de connaissances, et lui inspirèrent le vif désir de parcourir les pays dont les descriptions l'avaient enchanté. Ce n'était pas cependant une vaine curiosité qui le portait à voyager; il se proposait un but plus noble, celui d'écrire l'histoire. Les succès des historiens qui l'avaient devancé ne l'effrayèrent pas; ils ne servirent au contraire qu'à l'enflammer; et quoique Hellanicus de Lesbos et Charon de Lampsaque eussent traité en partie le même sujet, loin d'en être découragé, il osa lutter contre eux, et ne se flatta pas en vain de les surpasser. Il se proposa d'écrire, non l'histoire de Perse, mais seulement celle de la guerre que les Grecs eurent à soutenir contre les Perses. Ce sujet, simple en apparence, lui fournit l'occasion de faire entrer dans le même tableau l'histoire de la plupart des peuples avec qui les Grecs avaient des rapports intimes, ou qu'il leur importait de connaître. Il sentit que, pour exécuter ce plan, il devait recueillir des matériaux, et acquérir une exacte connaissance des pays dont il se proposait de faire la description. Ce fut dans cette vue qu'il entreprit ses voyages, qu'il parcourut la Grèce entière, l'Épire, la Macédoine, la Thrace; et, d'après son propre témoignage, l'on ne peut douter qu'il n'ait passé de la Thrace chez les Scythes, au delà de l'Ister et du Borysthène Partout il observa d'un œil curieux les sites, les distances des lieux, les productions des pays, les usages, les mœurs, la religion des peuples; il puisa dans leurs archives et dans leurs inscriptions les faits importants, les suites des rois, les généalogies des illustres personnages; et partout il se lia avec les hommes les plus instruits, et se plut à les consulter dans toutes les occasions.

Peut-être se contenta-t-il dans ce premier voyage de visiter la Grèce, et que, s'étant ensuite rendu en Égypte, il passa de là en Asie, de l'Asie en Colchide, dans la Scythie, la Thrace, la Macédoine, et qu'il retourna en Grèce par l'Épire. Quoi qu'il en soit, l'Égypte, qui même encore aujourd'hui fait l'étonnement et l'admiration des voyageurs intelligents, ne pouvait manquer d'entrer dans le plan d'Hérodote. Hécatée y avait voyagé avant lui, et, suivant toutes les apparences, il en avait donné une description. Porphyre prétend que cet historien s'était approprié, du Voyage de l'Asie de cet écrivain, la description du phénix et de l'hippopotame, avec la chasse du crocodile, et qu'il n'y avait fait que quelques changements; mais le témoignage de Porphyre est d'autant plus suspect, que Callimaque attribue ce Voyage de l'Asie à un écrivain obscur. J'ajoute, avec M. Walckenaër, que, si cet historien se fût rendu coupable de ce plagiat, Plutarque, qui a composé un traité contre lui, n'eût pas manqué de lui en faire un crime.

Nous n'avons aucun écrivain, soit ancien, soit moderne, qui ait donné de ce pays une description aussi exacte et aussi curieuse. Il nous en a fait connaître la géographie avec une exactitude que n'ont pas toujours eue les géographes de profession, les productions du pays, les mœurs, les usages et la religion de ses habitants, et l'histoire des derniers princes avant la conquête des Perses, avec des particularités intéressantes sur cette conquête, qui eussent été à jamais perdues s'il ne les eût pas transmises à la postérité.

Si l'on croyait que notre auteur n'a fait que recueillir les bruits populaires, on se tromperait grossièrement. On ne saurait imaginer les soins et les peines qu'il a pris pour s'instruire, et pour ne présenter à ses lecteurs rien que de certain. Ses conférences avec les prêtres de l'Égypte, la familiarité dans laquelle il a vécu avec eux, les précautions qu'il a prises pour qu'ils ne lui en imposassent point, sont des garants sûrs de ce qu'il avance. Un voyageur moins circonspect se serait contenté du témoignage des prêtres de Vulcain établis à Memphis. Ce témoignage, respectable sans doute, ne lui parut pas suffisant. Il se transporta à Héliopolis, et de là à Thèbes, pour s'assurer par lui-même de la vérité de ce que lui avaient dit les prêtres de Memphis. Il consulta les colléges des prêtres établis dans ces deux grandes villes, qui étaient les dépositaires de toutes les connaissances; et, les trouvant parfaitement d'accord avec les prêtres de Memphis, il se crut alors autorisé à donner les résultats de ses entretiens.

Le voyage qu'Hérodote fit à Tyr nous offre un autre exemple non moins frappant de l'exactitude de ses recherches. Il avait appris en Égypte qu'Hercule était l'un des douze dieux nés des huit plus anciens, et que ces douze dieux avaient régné en Égypte dix-sept mille ans avant le règne d'Amasis. Une pareille assertion était bien capable de confondre toutes les idées d'un Grec qui ne connaissait d'autre Hercule que celui de sa nation, dont la naissance ne remontait qu'à l'an 1384 avant notre ère, comme je l'ai prouvé dans mon Essai de chronologie, chapitre XIII. Comme cette assertion était autorisée par les livres sacrés et par le témoignage unanime des prêtres, il ne pouvait ou n'osait la contester. Cependant, comme il voulait acquérir à cet égard une plus grande certitude, si cela était possible, il se transporta à Tyr pour y voir un temple d'Hercule que l'on disait très-ancien. On lui apprit dans cette ville qu'il y avait 2,300 ans que ce temple avait été bâti. Il vit aussi à Tyr un temple d'Hercule surnommé Thasien. La curiosité l'ayant porté à se rendre à Thasos, il y trouva un temple de ce dieu, construit par ces Phéniciens qui, courant les mers sous prétexte de chercher Europe, fondèrent une colonie dans cette île, cinq générations avant la naissance du fils d'Alcmène. Il fut alors convaincu que l'Hercule égyptien était très-différent du fils d'Amphitryon; et il resta tellement persuadé que le premier était un dieu et l'autre un héros, que ceux des Grecs qui offraient à un Hercule, qu'ils surnommaient Olympien, des sacrifices comme à un immortel, et qui faisaient à l'autre des offrandes comme à un héros, lui parurent en avoir agi très-sagement.

Ses excursions en Libye et dans la Cyrénaïque précèdent le voyage de Tyr. La description exacte de la Libye, depuis la frontière d'Égypte jusqu'au promontoire Soloeis, aujourd'hui le cap Spartel, conforme en tout à ce que nous en apprennent les voyageurs les plus estimés, et le docteur Shaw en particulier, ne permettent pas de douter qu'il n'ait vu ce pays par lui-même. On est encore tenté de croire qu'il a été à Carthage; ses entretiens avec un assez grand nombre de Carthaginois autorise cette opinion. Il revint sans doute par la même route en Égypte, et de là enfin il passa à Tyr, comme on l'a dit.

Après quelque séjour dans cette superbe ville, il visita la Palestine, où il vit les colonnes qu'y avait fait élever Sésostris; et sur ces colonnes il remarqua l'emblème qui caractérisait la lâcheté de ses habitants. De là il se rendit à Babylone, qui était alors la ville la plus magnifique et la plus opulente qu'il y eût dans le monde. Je sais que plusieurs personnes éclairées, et M. des Vignoles entre autres, doutent qu'Hérodote ait jamais voyagé en Assyrie. Je ne puis mieux répondre à ce savant respectable qu'en me servant des propres termes d'un autre savant qui ne l'était pas moins, je veux dire M. le président Bouhier. Voici comment il s'exprime : « Quoique
« les passages d'Hérodote qui ont fait croire à beaucoup de gens
« qu'il avait été réellement à Babylone, ne soient pas bien clairs, il
« n'est presque pas possible de douter qu'il ne l'ait vue, si on veut
« prendre la peine d'examiner la description exacte qu'il fait en ces
« endroits de toutes les singularités de cette grande ville et de ses
« habitants. Il n'y a guère qu'un témoin oculaire qui en puisse
« parler avec autant de précision, surtout dans un temps où aucun
« autre Grec n'avait encore rien écrit là-dessus.

« De plus, qu'on fasse attention à la manière dont il parle d'une
« statue d'or massif de Jupiter Bélus, qui était dans Babylone, et
« qui avait douze coudées de hauteur. En avouant qu'il ne l'a pas
« vue, parce que le roi Xerxès l'avait fait enlever, n'est-ce pas in-
« sinuer tacitement qu'il avait vu toutes les autres choses qu'il dit
« être dans cette grande ville? Il est aisé aussi de reconnaître, par
« divers autres passages de son ouvrage, qu'il avait conféré sur les
« lieux avec des Babyloniens et des Perses sur ce qui regardait
« leur religion et leur histoire. D'ailleurs, il n'est guère vraisem-
« blable qu'un homme qui avait parcouru tant de différents pays
« pour s'instruire de tout ce qui pouvait les concerner, eût négligé
« d'aller voir une ville qui passait alors pour la plus belle du monde,
« et où il pouvait recueillir les mémoires les plus sûrs pour l'his-
« toire qu'il préparait de la haute Asie, surtout en ayant approché
« de si près. »

La Colchide fut le dernier pays de l'Asie qu'il parcourut. Il voulait s'assurer par lui-même si les Colchidiens étaient Égyptiens d'origine, comme on le lui avait dit en Égypte, et s'ils étaient les descendants d'une petite armée de Sésostris qui s'était établie dans ce pays. De la Colchide il passa chez les Scythes et chez les Gètes, de là en Thrace, de la Thrace en Macédoine; et enfin il revint en Grèce par l'Épire. S'il n'avait pas bien connu tous ces différents pays, comment aurait-il pu en donner une description exacte, et parler avec clarté de l'expédition de Darius chez les Scythes, et de Xerxès dans la Grèce?

De retour dans sa patrie, il n'y fit pas un long séjour. Lygdamis en était alors tyran. Il était fils de Pisindélis, et petit-fils d'Artémise, qui s'était distinguée à la journée de Salamine. Ce tyran avait fait mourir Panyasis, oncle de notre historien. Celui-ci, ne croyant pas ses jours en sûreté sous un gouvernement soupçonneux et cruel, chercha un asile à Samos. Ce fut dans cette douce retraite qu'il mit en ordre les matériaux qu'il avait apportés, qu'il fit le plan de son histoire et qu'il en composa les premiers livres. La tranquillité et les agréments dont il y jouissait n'éteignirent point en lui le goût de la liberté. Ce goût, inné pour ainsi dire chez les Grecs, joint au puissant désir de la vengeance, lui inspira le dessein de chasser Lygdamis. Dans cette vue il se ligua avec les mécontents, et surtout avec les amis de la liberté. Lorsqu'il crut la partie assez bien liée, il reparut tout à coup à Halicarnasse ; et, s'étant mis à la tête des conjurés, il chassa le tyran. Cette action généreuse n'eut d'autre récompense que la plus noire ingratitude. Il fallait établir une forme de gouvernement qui conservât à tous les citoyens l'égalité, ce droit précieux que tous les hommes apportent en naissant. Mais cela n'était guère possible dans une ville partagée en factions, où des citoyens s'imaginaient avoir par leur naissance et par leurs richesses le privilège de gouverner, et d'exclure des honneurs la classe mitoyenne, ou même de la vexer. L'aristocratie, la pire espèce de tous les gouvernements, était leur idole favorite. Ce n'était pas l'amour de la liberté qui les avait armés contre le tyran, mais le désir de s'attribuer son autorité et de régner avec le même despotisme. La classe mitoyenne et le peuple, qui avaient eu peu de chose à redouter du tyran, crurent perdre au change, en voyant le gouvernement entre les mains d'un petit nombre de citoyens dont il fallait assouvir l'avidité, redouter les caprices et même les soupçons. Hérodote devint odieux aux uns et aux autres : à ceux-ci, parce qu'ils le regardaient comme l'auteur d'une révolution qui avait tourné à leur désavantage; à ceux-là, parce qu'ils le regardaient comme un ardent défenseur de la démocratie.

En butte aux deux factions qui partageaient l'État, il dit un éternel adieu à sa patrie, et partit pour la Grèce. On célébrait alors la LXXXV° olympiade. Hérodote se rendit aux jeux Olympiques : voulant s'immortaliser, et faire sentir en même temps à ses concitoyens quel était l'homme qu'ils avaient forcé à s'expatrier, il lut dans cette assemblée, la plus illustre de la nation, la plus éclairée qui fût jamais, le commencement de son Histoire, ou peut-être les morceaux de cette même Histoire les plus propres à flatter l'orgueil d'un peuple qui avait tant de sujets de se croire supérieur aux autres. Thucydide, qui n'avait encore que quinze ans, mais en qui on remarquait déjà des étincelles de ce beau génie qui fut l'un des plus brillants ornements du siècle de Périclès, ne put s'empêcher de répandre des larmes à la lecture de cette Histoire. Hérodote, qui s'en aperçut, dit au père du jeune homme : Olorus, votre fils brûle du désir des connaissances

Je m'arrête un moment pour prouver que ce fut en la LXXXI° olympiade qu'Hérodote lut une partie de son Histoire à la Grèce assemblée. Il est certain qu'Hérodote, ayant abandonné Halicarnasse et voulant se faire un nom, se rendit à Olympie, et qu'il y lut une partie de son Histoire, qui fut tellement goûtée, qu'on donna aux neuf livres qui la composaient le nom des Muses. Lucien le dit de la manière la plus claire et la plus formelle. D'un autre côté, Marcellinus nous apprend que Thucydide versa des larmes en entendant cette lecture, et qu'Hérodote, témoin de la sensibilité de ce jeune homme, adressa à son père le mot que je viens de rapporter. Thucydide est né la première année de la LXXVII° olympiade, au printemps, et par conséquent l'an 4243 de la période julienne, 471 ans avant notre ère. Il avait donc quinze ans et quelques mois lorsqu'il assista à cette lecture. Il pouvait déjà être sensible aux agréments du style ; mais cette sensibilité n'en était pas moins surprenante dans un âge si tendre, et faisait concevoir de grandes espérances. Si l'on suppose que cet événement appartient à l'olympiade précédente, il devient plus merveilleux, pour ne pas dire incroyable. Si l'on recule, au contraire, jusqu'à la LXXXII° olympiade, Thucydide ayant alors dix-neuf ans et quelques mois, sa sensibilité n'aurait rien eu de surprenant, et ne se serait pas fait remarquer. Il faut donc regarder comme constant, avec Dodwell, que cet historien avait alors quinze ans. Le P. Corsini, clerc régulier des écoles pies, est aussi de cet avis dans ses Fastes Attiques, et cite, pour le prouver, Lucien dans le traité sur la manière d'écrire l'histoire, quoiqu'il n'en soit pas question dans cet ouvrage. Ce savant n'avait pas cependant sur ce fait des idées bien arrêtées, puisque, page 213 du même ouvrage, il recule cette lecture jusqu'à la première année de la LXXXIV° olympiade, c'est-à-dire de douze ans, ce qui me fait croire qu'il confond en cette occasion la lecture aux jeux Olympiques avec celle que fit le même historien aux Panathénées, quoique cette fête précède la quatre-vingt-quatrième olympiade de plus de quinze jours.

Revenons à notre sujet. Encouragé par les applaudissements qu'il avait reçus, Hérodote employa les douze années suivantes à continuer son Histoire et à la perfectionner. Ce fut alors qu'il voyagea dans toutes les parties de la Grèce, qu'il n'avait fait jusqu'à ce moment que parcourir, qu'il examina avec la plus scrupuleuse attention les archives de ses différents peuples, et qu'il s'assura des principaux traits de leur histoire, ainsi que des généalogies des plus illustres maisons de la Grèce, non-seulement en parcourant leurs archives, mais en lisant leurs inscriptions. Car dans ces anciens temps on transmettait à la postérité les événements les moins intéressants, ainsi que les plus remarquables, par le moyen d'inscriptions gravées sur des monuments durables, ou sur des trépieds qu'on conservait avec le plus grand soin dans les temples. Ces inscriptions contenaient les noms de ceux qui avaient eu part à ces événements, avec ceux de leurs pères et de leurs tribus; en sorte que plusieurs siècles après il était impossible de s'y méprendre, malgré l'identité des noms qui se marquaient quelquefois sur ces monuments.

Ce fut dans une de ces excursions qu'il alla à Corinthe, et qu'il y récita, si l'on en croit Dion Chrysostome, la description de la bataille de Salamine, avec des circonstances honorables pour les Corinthiens, et surtout pour Adimante qui les commandait. « Mais, « continue le sophiste dans le discours qu'il adresse aux Corinthiens, « Hérodote vous ayant demandé une récompense, et ne l'ayant pas « obtenue, parce que vos ancêtres dédaignaient de mettre la gloire « à prix d'argent, il changea les circonstances de cette bataille, et « les raconta d'une manière qui vous était défavorable. »

Un fait de cette nature, s'il était prouvé, décèlerait une âme vile; et, loin de chercher à justifier Hérodote, content d'admirer l'écrivain, j'abandonnerais l'homme au juste mépris qu'il mériterait. Mais la réponse me paraît très-facile. 1° S'il n'y avait pas eu deux opinions très-constantes sur la conduite que les Corinthiens avaient tenue à la journée de Salamine, Hérodote se serait exposé, en les rapportant, au risque d'être démenti par la majeure partie de la Grèce, dont il cherchait à capter la bienveillance, et qui était alors alliée et amie des Corinthiens. 2° Dion Chrysostome vivait plus de cinq siècles après cette bataille, tandis que notre historien était né quatre ans avant qu'elle se donnât. Le premier n'en pouvait connaître les particularités que par l'histoire et les monuments, tandis que l'autre en était instruit non-seulement par les monuments, mais encore par le témoignage d'une infinité de personnes qui s'y étaient trouvées. 3° L'autorité de ces monuments n'est pas si grande dans cette occasion qu'elle l'est dans la plupart des autres : car Hérodote raconte lui-même que plusieurs peuples, dont on montrait la sépulture à Platée, honteux de ne s'être pas trouvés au combat, avaient érigé des cénotaphes de terres amoncelées, afin de se faire honneur dans la postérité. Les Corinthiens peuvent en avoir fait autant après la journée de Salamine. 4° Les vers que fit Simonide en l'honneur des Corinthiens et d'Adimante, leur général, ne paraîtront jamais une preuve concluante à ceux qui connaîtront la cupidité de ce poëte, et à quel point il prostituait sa plume au plus offrant. 5° Si le fait rapporté par Dion Chrysostome eût été vrai, Plutarque, qui ne laisse échapper aucune occasion de montrer son animosité contre Hérodote, aurait d'autant moins manqué de lui faire à ce sujet les plus cruels reproches, que de son aveu il le détestait, parce que cet historien avait dit de ses compatriotes des vérités qui n'étaient pas à leur avantage. Il prétend, il est vrai, que les Corinthiens se comportèrent vaillamment à la journée de Salamine, et qu'Hérodote a supprimé leurs louanges par malignité. Cependant, loin de les supprimer, il a rapporté ce que les Grecs racontaient de plus flatteur pour ce peuple ; mais, comme il faisait profession d'impartialité, il n'a pas cru devoir passer sous silence ce qu'en disaient aussi les Athéniens. Ce serait ici le lieu de réfuter ce qu'avance Plutarque pour prouver que les Corinthiens se couvrirent de gloire à cette bataille ; mais comme cela me mènerait trop loin, et que vraisemblablement très-peu de lecteurs prendraient intérêt à cette discussion, je crois devoir d'autant moins l'entreprendre que cette digression n'est peut-être déjà que trop longue.

Douze ans après avoir lu une partie de son Histoire aux jeux Olympiques, Hérodote en lut une autre à Athènes, à la fête des Panathénées, qu'on célébrait le 28 hécatombæon, qui revient au 10 août. Cette lecture eut donc lieu l'an 4270 de la période julienne, 444 ans avant notre ère, et la première année de la LXXXIVᵉ olympiade. Les Athéniens ne se bornèrent pas à des louanges stériles : ils lui firent présent de dix talents, par un décret proposé par Anytus et ratifié par le peuple assemblé, comme l'atteste Diyllus, historien très-estimé. C'est sans doute de cette récompense qu'il faut entendre ce que dit Eusèbe, à l'endroit que je viens de citer, qu'Hérodote fut honoré par les Athéniens.

Il semble que cet accueil aurait dû le fixer à Athènes. Cependant il se joignit à la colonie que les Athéniens envoyèrent à Thurium au commencement de l'olympiade suivante. Le goût qu'il avait pour les voyages l'emporta peut-être sur la reconnaissance qu'il devait aux Athéniens ; mais peut-être aussi ne crut-il pas quitter Athènes en accompagnant un si grand nombre d'Athéniens, parmi lesquels il y en avait de très-distingués. Lysias, âgé seulement de quinze ans, qui devint dans la suite un très-grand orateur, était du nombre des colons. Hérodote avait alors quarante ans ; car il était né l'an 484 avant notre ère, et la première année de la LXXIVᵉ olympiade. L'auteur anonyme de la Vie de Thucydide met aussi cet historien au nombre des colons. Mais comme il est le seul écrivain qui en fasse mention, il est permis d'en douter.

Il fixa sa demeure à Thurium ; ou, s'il en sortit, ce ne fut que pour faire quelques excursions dans la Grande-Grèce, je veux dire dans cette partie de l'Italie qui était peuplée par des colonies grecques, et qui fut ainsi nommée, non parce qu'elle était plus considérable que le reste de la Grèce, mais parce que Pythagore et les pythagoriciens lui acquirent une grande célébrité. Il y a beaucoup d'apparence qu'il passa le reste de ses jours dans cette ville, et il paraît certain que ce fut par cette raison qu'on lui donna quelquefois le surnom d'Hérodote de Thurium. Strabon le dit positivement. Voici comment s'exprime ce savant géographe en parlant de la ville d'Halicarnasse : « L'historien Hérodote était de cette ville. On l'a depuis « appelé Thurien, parce qu'il fut du nombre de ceux que l'on en- « voya en colonie à Thurium. » L'empereur Julien ne l'appelle pas autrement dans le fragment d'une lettre que nous a conservé Suidas : « Si le Thurien paraît à quelqu'un un historien digne de « foi, etc. » La chose fut même poussée si loin, qu'Hérodote ayant commencé son histoire par ces mots : « En publiant ces recher- « ches, Hérodote d'Halicarnasse, » etc.; Aristote, qui cite ce commencement, a changé cette expression en celle d'Hérodote de Thurium. Ce savant n'est pas le seul qui l'ait fait ; car Plutarque observe que beaucoup de personnes avaient fait aussi le même changement.

Le loisir dont il jouit dans cette ville lui permit de retoucher son Histoire, et d'y faire quelques additions considérables. C'est ainsi qu'il faut entendre ce passage de Pline : *Urbis nostræ trecentesimo anno... auctor ille (Herodotus) Historiam condidit Thuriis in Italia*; car il est certain qu'il avait lu une partie de son Histoire à Athènes avant que de partir pour Thurium, et que douze ans auparavant il en avait lu une autre aux jeux Olympiques. Ce passage de Pline a induit en erreur le savant M. des Vignoles. Je n'entreprendrai pas de le réfuter, M. le président Bouhier l'ayant fait avec succès dans le chapitre premier de ses Recherches et Dissertations sur Hérodote.

On ne peut douter qu'il n'ait ajouté beaucoup de choses pendant son séjour à Thurium, puisqu'il rapporte des faits qui sont postérieurs à son voyage dans la Grande-Grèce. Quelques savants l'ont remarqué avant moi, et surtout MM. Bouhier et Wesseling. Il faut mettre de ce nombre : 1° l'invasion que les Lacédémoniens firent dans l'Attique la première année de la guerre du Péloponèse, invasion dans laquelle ce pays fut ravagé, excepté Décélée, qu'ils épargnèrent par reconnaissance pour un bienfait des Décéléens ; 2° le funeste sort des ambassadeurs que les Lacédémoniens envoyèrent en Asie la seconde année de la guerre du Péloponèse, et l'an 430 avant notre ère; 3° la défection des Mèdes sous Darius Nothus, que ce prince remit peu après sous le joug. Cet événement, que rapporte Hérodote, et qui est certainement de la xcme olympiade, de la vingt-quatrième année de la guerre du Péloponèse, et de l'an 408 avant notre ère, prouve qu'Hérodote avait ajouté ce fait dans un âge très-avancé. Il avait alors soixante-dix-sept ans.

M. le président Bouhier plaçait aussi après le voyage d'Hérodote dans la Grande-Grèce la retraite d'Amyrtée dans l'île d'Elbo, dont parle Hérodote. Ce savant, trompé par le Syncelle, supposait que ce prince s'était réfugié dans cette île la quatorzième année de la guerre du Péloponèse, et l'an 417 avant notre ère. Dodwell et Wesseling avaient bien vu que la révolte d'Amyrtée ayant commencé la seconde année de la LXXIXe olympiade, la fin de cette révolte était de la seconde année de l'olympiade suivante, et par conséquent antérieure de quatorze ans au départ de notre historien pour la grande Grèce. Je n'en rapporterai point ici les preuves, l'ayant fait d'une manière assez ample dans mon Essai sur la Chronologie.

Ce fut aussi dans ces voyages qu'il apprit plusieurs particularités sur les villes de Rhégium, de Géla, de Zancle, et sur leurs tyrans; particularités qu'il a transmises à la postérité.

On vient de voir que notre historien avait soixante-dix-sept ans quand il ajouta à son Histoire la révolte des Mèdes. On ignore jusqu'à quel âge il poussa sa carrière, et dans quel pays il la termina. Il est vraisemblable qu'il mourut à Thurium; et nous avons, pour appuyer cette présomption, le témoignage positif de Suidas, qui nous apprend encore qu'il fut enterré sur la place publique de cette ville. Ce qui peut en faire douter, c'est que le même écrivain ajoute que quelques auteurs le font mourir à Pella en Macédoine. Mais comme on ignore le nom même de ces auteurs, on ne sait s'ils ont quelque autorité, et quel degré de confiance ils méritent.

Marcellin écrit, dans la Vie de Thucydide, que l'on voyait parmi les monuments de Cimon à Cœlé, près des portes Mélitides, le tombeau d'Hérodote. On pourrait conclure de ce passage qu'Hérodote mourut à Athènes, et c'était le sentiment de M. le président Bouhier. Qui nous assurera cependant que ce fût un vrai tombeau et non un cénotaphe? Si on érigea à notre historien un monument dans le lieu destiné à la sépulture de la maison de Cimon, c'est qu'en partant pour Thurium il obtint à Athènes le droit de cité, et qu'il fut probablement adopté par quelqu'un de cette maison, l'une des plus illustres de cette ville : car sans cette adoption on ne lui aurait pas élevé un monument dans ce lieu, où il n'était pas permis d'inhumer personne qui ne fût de la famille de Miltiade, ce qu'a très-bien prouvé Dodwell.

Il reste cependant encore quelque incertitude : l'inscription rapportée par Etienne de Byzance la ferait disparaître, si l'on était assuré qu'elle a été trouvée à Thurium : car le premier vers de cette inscription atteste que les cendres de notre historien reposaient sous ce tombeau. Je ne crois pouvoir mieux terminer sa Vie que par cette épitaphe, que rapporte Etienne de Byzance : « Cette terre re-
« cèle dans son sein Hérodote, fils de Lyxès, Dorien d'origine, et
« le plus illustre des historiens ioniens. Il se retira à Thurium, qu'il
« regarda comme une seconde patrie, afin de se mettre à couvert
« des morsures de Momus. »

HISTOIRE D'HÉRODOTE

LIVRE PREMIER

CLIO

LES PERSES. — LES MÈDES. — BABYLONE. — CRÉSUS. — CANDAULE ET GYGÈS. — CYRUS. — SÉMIRAMIS. — THOMYRIS, ETC.

Hérodote d'Halicarnasse, en donnant son histoire au public, veut que la trace des actions accomplies par les hommes ne s'efface point avec le temps, et que les grands et merveilleux exploits des Grecs comme des barbares ne demeurent point inconnus; il veut encore, et surtout, exposer les motifs qui les portèrent à se faire la guerre.

I. Les Perses les plus doctes attribuent aux Phéniciens la cause de ces inimitiés. Ils disent que ce peuple étant venu des bords de la mer Érythrée sur les côtes de la nôtre, entreprit de longs voyages sur mer, aussitôt après s'être établi dans le pays qu'il habite encore aujourd'hui, et qu'il transporta les marchandises de l'Égypte et de l'Assyrie en diverses contrées, entre autres à Argos. Cette ville surpassait alors toutes celles du pays connu actuellement sous le nom de Grèce. Ils ajoutent que les Phéniciens y ayant abordé se mirent à vendre leurs marchandises; que, cinq ou six jours après leur arrivée la vente étant presque finie, un grand nombre de femmes se rendit sur le rivage, et parmi elles la fille du roi; que cette princesse, fille d'Inachus, s'appelait Io, nom que lui donnent aussi les

Grecs. Tandis que ces femmes, rangées près de la poupe, achetaient ce qui était le plus de leur goût, les Phéniciens, s'animant les uns les autres, se jetèrent sur elles. La plupart prirent la fuite; mais Io fut enlevée, et d'autres femmes avec elle. Les Phéniciens les firent embarquer et mirent à la voile pour l'Égypte.

II. Voilà, selon les Perses, en cela peu d'accord avec les Phéniciens, comment Io vint en Égypte : ce grief fut le principe de tous les autres. Ils ajoutent qu'ensuite quelques Grecs (ils ne peuvent les nommer) vinrent à Tyr en Phénicie et enlevèrent Europe, fille du roi. C'étaient sans doute des Crétois. Jusque-là, tout était égal de part et d'autre; mais les Grecs se rendirent par la suite coupables d'une seconde offense. Ils se rendirent sur un vaisseau long à Æa, en Colchide, sur le Phase, et, après avoir terminé les affaires qui leur avaient fait entreprendre ce voyage, ils enlevèrent Médée, fille du roi; ce prince ayant envoyé un ambassadeur en Grèce pour redemander sa fille et exiger réparation de cette injure, les Grecs lui répondirent que, puisque les Colchidiens n'avaient donné aucune satisfaction pour le rapt de l'Argienne Io, ils n'en donneraient point eux-mêmes pour celui de Médée.

III. Les Perses disent encore que, la seconde génération après ce rapt, Pâris, fils de Priam, qui en avait entendu parler, voulut aussi enlever et se donner une femme grecque, bien persuadé que les autres n'ayant point été punis, il ne le serait pas non plus. Il enleva donc Hélène; mais les Grecs furent d'avis d'envoyer d'abord des ambassadeurs pour redemander Hélène et obtenir satisfaction. A cette proposition, les Troyens opposèrent aux Grecs l'enlèvement de Médée, leur reprochant d'exiger une satisfaction, quoiqu'ils n'en eussent fait aucune, et qu'ils n'eussent point rendu la personne que l'on réclamait.

IV. Jusque-là il n'y avait eu de part et d'autre que des enlèvements; mais depuis cette époque les Grecs se mirent tout à fait dans leur tort, en portant la guerre en Asie avant que les Asiatiques l'eussent déclarée à l'Europe. Or, s'il y a de l'injustice, disent les Perses, à enlever des femmes, il y a de la folie à se venger d'un rapt, et de la sagesse à **ne s'en pas mettre en peine**, puisqu'il est évident que, sans leur consentement, on ne les eût pas enlevées. Les Perses assurent que, quoiqu'ils soient

Asiatiques, ils n'ont tenu aucun compte des femmes enlevées dans cette partie du monde ; tandis que les Grecs, pour une femme de Lacédémone, équipèrent une flotte nombreuse, passèrent en Asie, et renversèrent le royaume de Priam. Depuis cette époque, les Perses ont toujours regardé les Grecs comme leurs ennemis : car ils estiment que l'Asie leur appartient ainsi que les nations barbares qui l'habitent, tandis qu'ils considèrent l'Europe et la Grèce comme un continent à part.

V. Telle est la manière dont les Perses rapportent ces événements, et c'est à la prise d'Ilion qu'ils attribuent la cause de la haine qu'ils portent aux Grecs. A l'égard d'Io, les Phéniciens ne sont pas d'accord avec les Perses. Ils disent que ce ne fut pas par un enlèvement, qu'ils la menèrent en Égypte : qu'ayant eu commerce à Argos avec le maître du navire, quand elle se vit grosse, la crainte de ses parents la détermina à s'embarquer avec les Phéniciens, pour cacher son déshonneur. Tels sont les récits des Perses et des Phéniciens. Pour moi, je ne prétends point décider si les choses se sont passées de cette manière ou d'une autre ; mais, après avoir indiqué celui que je connais pour le premier auteur des injures faites aux Grecs, je poursuivrai mon récit, qui embrassera les petits États comme les grands : car ceux qui florissaient autrefois sont la plupart réduits à rien, et ceux qui florissent de nos jours étaient jadis peu de chose. Persuadé de l'instabilité du bonheur des hommes, je me suis déterminé à parler également des uns et des autres.

VI. Crésus était Lydien de naissance, fils d'Alyatte, et roi des nations que renfermait l'Halys dans son cours. Ce fleuve coule du sud, passe entre le pays des Syriens et celui des Paphlagoniens, et se jette au nord dans le Pont-Euxin. Ce prince est le premier Barbare, que je sache, qui ait forcé une partie des Grecs à lui payer tribut, et qui se soit allié avec l'autre. Il subjugua en effet les Ioniens, les Éoliens et les Doriens établis en Asie, et fit alliance avec les Lacédémoniens. Avant son règne, tous les Grecs étaient libres : car l'expédition des Cimmériens contre l'Ionie, antérieure à Crésus, n'alla pas jusqu'à ruiner des villes ; ce ne fut qu'une incursion, suivie de pillage.

VII. Voici comment la souveraine puissance, qui appartenait aux Héraclides, passa en la maison des Mermnades, dont était

Crésus. Candaule, que les Grecs appellent Myrsile, fut tyran de Sardes. Il descendait d'Hercule par Alcée, fils de ce héros : car Agron, fils de Ninus, petit-fils de Bélus, arrière-petit-fils d'Alcée, fut le premier des Héraclides qui régna à Sardes ; et Candaule, fils de Myrsus, fut le dernier. Les rois de ce pays antérieurs à Agron descendaient de Lydus, fils d'Atys, qui donna le nom de Lydiens à tous les peuples de cette contrée, qu'on appelait auparavant Méoniens. Enfin les Héraclides, à qui ces princes avaient confié l'administration du gouvernement, et qui tiraient leur origine d'Hercule et d'une esclave de Jardanus, obtinrent la royauté en vertu d'un oracle. Ils régnèrent de père en fils cinq cent cinq ans, pendant vingt-deux générations, jusqu'à Candaule, fils de Myrsus.

VIII. Ce prince était tellement épris de sa femme, qu'il croyait posséder en elle la plus belle de toutes les femmes. Obsédé par sa passion, il ne cessait d'en exagérer la beauté à Gygès, fils de Dascylus, un de ses gardes qu'il aimait beaucoup, et à qui il communiquait ses secrets les plus importants. Peu de temps après, Candaule (il ne pouvait éviter son malheur) tint à Gygès ce discours : « Il me semble que tu ne m'en crois pas sur la « beauté de ma femme. Les oreilles sont moins crédules que les « yeux : fais donc ton possible pour la voir nue. — Quel langage « insensé, seigneur ! s'écria Gygès. Y avez-vous réfléchi ? Or- « donner à un esclave de voir nue sa souveraine ! Oubliez-vous « qu'une femme dépose sa pudeur avec ses vêtements ? Entre « les sages maximes formulées depuis longtemps par les « hommes, et que nous devons pratiquer, une des plus impor- « tantes est que chacun ne doit regarder que ce qui lui appar- « tient. Je suis persuadé que vous avez la plus belle de toutes « les femmes ; mais n'exigez pas de moi, je vous en conjure, « une chose malhonnête. »

IX. Ainsi Gygès se refusait à la proposition du roi, craignant qu'il ne lui arrivât malheur. « Rassure-toi, Gygès, lui dit Can- « daule ; ne crains ni ton roi (ce discours n'est point un piége « pour t'éprouver) ni la reine : elle ne te fera aucun mal. Je « m'y prendrai de manière qu'elle ne saura pas même que tu « l'aies vue. Je te placerai dans la chambre où nous couchons, « derrière la porte, qui restera ouverte : la reine ne tardera pas « à me suivre. A l'entrée est un siége où elle posera ses vête-

« ments, à mesure qu'elle s'en dépouillera. Ainsi, tu auras tout
« le loisir de la considérer. Lorsque de ce siége elle s'avancera
« vers le lit, comme elle te tournera le dos, saisis ce moment
« pour t'esquiver sans qu'elle te voie. »

X. Gygès, ne pouvant se tirer d'affaire, se tint prêt à obéir.
Candaule, à l'heure du coucher, le mena dans sa chambre, où
la reine ne tarda pas à se rendre. Gygès la regarda se déshabiller, et, tandis qu'elle tournait le dos pour gagner le lit, il se
glissa hors de l'appartement; mais la reine l'aperçut en sortant. Elle comprit ce que son mari avait fait; mais elle dévora
l'outrage en silence, et feignit de ne rien savoir, résolue au
fond du cœur à se venger de Candaule : car chez les Lydiens,
comme chez presque tout le reste des nations barbares, c'est un
opprobre, même pour un homme, de paraître nu.

XI. La reine demeura donc tranquille, et sans laisser deviner
sa pensée. Mais, dès que le jour parut, elle s'assura des dispositions de ses plus fidèles officiers, et manda Gygès. Bien
éloigné de la croire instruite, il se rendit à son ordre, comme
il était dans l'habitude de le faire toutes les fois qu'elle le mandait. Lorsqu'il fut arrivé, cette princesse lui dit : « Gygès, voici
« deux routes dont je te laisse le choix : décide-toi sur-le-champ.
« Obtiens par le meurtre de Candaule ma main et le trône de
« Lydie, ou une prompte mort t'empêchera désormais de voir,
« par une aveugle déférence pour Candaule, ce qui t'est inter-
« dit. Il faut que l'un des deux périsse, ou celui qui t'a donné
« ce conseil, ou toi qui m'as vue nue, au mépris des conve-
« nances. » A ce discours, Gygès demeura quelque temps interdit; puis il conjura la reine de ne le point réduire à la nécessité d'un tel choix. Voyant qu'il ne pouvait la persuader, et qu'il
fallait absolument ou tuer son maître ou se résoudre lui-même
à périr, il préféra sa propre conservation. « Puisque, dit-il à
« la reine, tu me forces, malgré ma volonté, à tuer mon maî-
« tre, apprends-moi comment nous porterons les mains sur lui.
« — C'est de l'endroit même où il m'a montrée nue que tu t'é-
« lanceras sur lui; et c'est pendant son sommeil que tu l'atta-
« queras. »

XII. Ces mesures prises, elle retint Gygès : nul moyen pour
lui de s'échapper. Il fallait qu'il pérît, lui ou Candaule. A l'entrée de la nuit elle l'introduit dans la chambre, l'arme d'un

poignard, et le cache derrière la porte : à peine Candaule était-il endormi, que Gygès avance sans bruit, le poignarde, s'empare de son épouse et de son trône. Archiloque de Paros, qui vivait en ce temps-là, fait mention de ce prince dans une pièce qu'il a composée en vers ïambiques trimètres.

XIII. Gygès monta de la sorte sur le trône, et y fut affermi par l'oracle de Delphes. Les Lydiens, indignés de la mort de Candaule, avaient pris les armes; mais ils convinrent avec les partisans de Gygès que, si l'oracle le reconnaissait pour roi de Lydie, la couronne lui resterait; qu'autrement elle retournerait aux Héraclides. L'oracle prononça, et le trône fut, par ce moyen, assuré à Gygès. Mais la Pythie ajouta que les Héraclides seraient vengés sur le cinquième descendant de ce prince. Ni les Lydiens ni leurs rois ne tinrent aucun compte de cette réponse avant qu'elle eût été justifiée par l'événement. Ce fut ainsi que les Mermnades s'emparèrent de la couronne, et qu'ils l'enlevèrent aux Héraclides.

XIV. Gygès, maître de la Lydie, envoya à Delphes beaucoup d'offrandes, dont une très-grande partie était en argent; il y ajouta quantité de vases d'or, et entre autres six cratères d'or du poids de trente talents, présent dont la mémoire mérite surtout d'être conservée. Ces offrandes sont dans le trésor des Corinthiens, quoique, à dire vrai, ce trésor ne soit point à la république de Corinthe, mais à Cypsélus, fils d'Éétion. Gygès est, après Midas, fils de Gordius, roi de Phrygie, le premier des barbares que nous connaissions qui ait envoyé des offrandes à Delphes. Midas avait fait présent à ce temple du trône sur lequel il avait coutume de rendre la justice : cet ouvrage mérite d'être vu; il est placé dans le même endroit où sont les cratères de Gygès. Au reste, les habitants de Delphes appellent des offrandes en or et en argent gygéades, du nom de celui qui les a faites.

Lorsque ce prince se vit maître du royaume, il entreprit une expédition contre les villes de Milet et de Smyrne, et prit celle de Colophon. Mais, comme il ne fit rien autre chose de mémorable pendant un règne de trente-huit ans, nous nous contenterons d'avoir rapporté ces faits, et n'en parlerons pas davantage.

XV. Passons à son fils Ardys. Ce prince lui succéda; il subjugua ceux de Priène, et entra avec une armée dans le territoire de Milet. Sous son règne, les Cimmériens, chassés de leur pays par les Scythes nomades, vinrent en Asie, et prirent Sardes, excepté la citadelle.

XVI. Ardys régna quarante-neuf ans, et eut pour successeur Sadyatte son fils, qui en régna douze. Alyatte succéda à Sadyatte. Il fit la guerre aux Mèdes et à Cyaxare, petit-fils de Déjocès. Ce fut lui qui chassa les Cimmériens de l'Asie. Il prit la ville de Smyrne, colonie de Colophon. Il attaqua aussi Clazomène, dont il leva le siége, malgré lui et après avoir subi un rude échec. Il fit encore durant son règne d'autres actions, dont je vais rapporter les plus mémorables.

XVII. Son père lui ayant laissé la guerre contre les Milésiens, il la continua, et attaqua Milet de la manière que je vais dire. Lorsque les fruits de la terre étaient mûrs, il se mettait en campagne. Son armée marchait au son du chalumeau, de la harpe, et des flûtes masculines et féminines[1]. Quand il était arrivé sur les terres des Milésiens, il défendait d'abattre les métairies, d'y mettre le feu et d'en arracher les portes; il les laissait subsister dans l'état où elles étaient : mais il coupait les arbres, ravageait les blés; après quoi, il s'en retournait : car, les Milésiens étant maîtres de la mer, il était inutile de bloquer la ville avec une armée. Quant aux maisons, Alyatte ne les faisait pas abattre, afin que les Milésiens, ayant où se loger, continuassent à ensemencer et à cultiver leurs terres, et qu'il eût de quoi ravager lors d'une nouvelle invasion.

XVIII. Il leur fit de cette manière onze ans la guerre, pendant lesquels les Milésiens essuyèrent deux échecs considérables : l'un à la bataille qu'ils donnèrent dans leur pays, en un endroit appelé Liménéion ; l'autre, dans la plaine du Méandre. Des onze années qu'elle dura, les six premières appartiennent au règne de Sadyatte, fils d'Ardys, qui dans ce temps-là régnait encore en Lydie. Ce fut lui qui l'alluma, et qui entra alors, à la tête d'une armée, dans le pays de Milet. Alyatte poussa avec vigueur, les cinq années suivantes, la guerre que son père lui avait laissée, comme on l'a rapporté un peu plus haut. De tous

[1] Il y avait deux sortes de flûtes, dont l'une, percée d'un petit nombre de trous, rendait un son grave ; l'autre, percée d'un plus grand nombre de trous, rendait un son plus clair et plus aigu. Hérodote nomme la première flûte masculine ; la seconde, flûte féminine. (L.)

les Ioniens, il n'y eut que ceux de Chio qui secoururent les habitants de Milet. Ils leur envoyèrent des troupes, en reconnaissance des secours qu'ils en avaient reçus dans la guerre qu'ils avaient eu à soutenir contre les Érythréens [1].

XIX. Enfin, la douzième année, l'armée d'Alyatte ayant mis le feu aux blés, il arriva que la flamme, poussée par un vent violent, se communiqua au temple de Minerve surnommée Assésienne [2], et le réduisit en cendres. On ne fit d'abord aucune attention à cet accident; mais Alyatte, de retour à Sardes avec son armée, étant tombé malade, et sa maladie traînant en longueur, il envoya à Delphes des députés pour consulter le dieu sur sa maladie, soit qu'il eût pris cette résolution de lui-même, soit qu'elle lui eût été suggérée. Ses envoyés étant arrivés à Delphes, la Pythie leur dit qu'elle ne leur rendrait point de réponse qu'ils n'eussent relevé le temple de Minerve qu'ils avaient brûlé à Assésos, dans le pays des Milésiens.

XX. J'ai ouï dire aux habitants de Delphes que la chose s'était passée de la sorte. Mais les Milésiens ajoutent que Périandre, fils de Cypsélus, intime ami de Thrasybule, tyran de Milet, sur la nouvelle de l'oracle rendu à Alyatte, envoya un courrier à Thrasybule, afin qu'instruit d'avance de la réponse du dieu, il prît des mesures conformes aux conjonctures. Voilà comment les Milésiens disent que la chose s'est passée.

XXI. Alyatte n'eut pas plutôt reçu cet oracle, qu'il envoya un héraut à Milet pour conclure une trêve avec Thrasybule et les Milésiens, jusqu'à ce qu'on eût rebâti le temple. Pendant que le héraut était en chemin pour se rendre à Milet, Thrasybule, bien informé de tout, et qui n'ignorait point les desseins d'Alyatte, s'avisa de cette ruse : tout le blé qu il y avait à Milet, tant dans ses greniers que dans ceux des particuliers, il le fit apporter sur la place publique. Il commanda ensuite aux Milésiens de boire et de festiner au signal qu'il leur donnerait.

XXII. Thrasybule publia ces ordres, afin que le héraut, voyant un si grand amas de blé, et que les habitants se livraient au plaisir, en fit part à Alyatte : ce qui ne manqua pas d'arriver.

---

[1] Érythrée, ville ionienne.
[2] Assésos était une petite ville de la dépendance de Milet. Minerve y avait un temple, et de là elle avait pris le nom de Minerve Assésienne. (L.)

Le héraut, témoin de l'abondance qui régnait à Milet, s'en retourna à Sardes aussitôt qu'il eut communiqué à Thrasybule les ordres qu'il avait reçus du roi de Lydie ; et ce fut là, comme je l'ai appris, la seule cause qui rétablit la paix entre ces deux princes. Alyatte s'était persuadé que la disette était très-grande à Milet, et que le peuple était réduit à la dernière extrémité. Il fut bien surpris, au retour du héraut, d'apprendre le contraire. Quelque temps après, ces deux princes firent ensemble un traité, dont les conditions furent qu'ils vivraient comme amis et alliés. Au lieu d'un temple, Alyatte en fit bâtir deux à Minerve dans Assésos, et il recouvra la santé. C'est ainsi que les choses se passèrent dans la guerre qu'Alyatte fit à Thrasybule et aux Milésiens.

XXIII. Ce Périandre, qui donna avis à Thrasybule de la réponse de l'oracle, était fils de Cypsélus ; il régnait à Corinthe. Les habitants de cette ville racontent qu'il arriva de son temps une aventure très-merveilleuse, et les Lesbiens en conviennent aussi. Ils disent qu'Arion de Méthymne, le plus habile joueur de cithare qui fût alors, et le premier, que je sache, qui ait fait et nommé le dithyrambe, et l'ait exécuté à Corinthe, fut porté sur le dos d'un dauphin jusqu'à Ténare.

XXIV. On raconte qu'Arion, après avoir séjourné longtemps à la cour de Périandre, eut envie de naviguer en Sicile et en Italie. Ayant amassé dans ces pays de grands biens, il voulut retourner à Corinthe. Prêt à partir de Tarente, il loua un vaisseau corinthien, parce qu'il se fiait plus à ce peuple qu'à tout autre. Lorsqu'il fut sur le vaisseau, les Corinthiens tramèrent sa perte, et résolurent de le jeter à la mer pour s'emparer de ses richesses. Arion, s'étant aperçu de leur dessein, les leur offrit, les priant de lui laisser la vie. Mais, bien loin d'être touchés de ses prières, ils lui ordonnèrent de se tuer lui-même s'il voulait être enterré, ou de se jeter sur-le-champ dans la mer. Arion, réduit à une si fâcheuse extrémité, les supplia, puisqu'ils avaient résolu sa perte, de lui permettre de se revêtir de ses plus beaux habits et de chanter sur le tillac, et leur promit de se tuer après qu'il aurait chanté. Ils présumèrent qu'ils auraient du plaisir à entendre le plus habile musicien qui existât, et dès lors ils se retirèrent de la poupe au milieu du vaisseau. Arion se para de ses plus riches habits, prit sa cithare et monta sur le tillac, exécuta l'air orthien [1] ; et dès qu'il l'eut fini, il se jeta à la mer avec ses habits, et dans l'état où il se trouvait. Pendant que le vaisseau partait pour Corinthe, un dauphin reçut, à ce qu'on dit, Arion sur son dos, et le porta à Ténare ; là il prit terre, se rendit à Corinthe sans changer de vêtements, et raconta son aventure. Périandre, ne pouvant ajouter foi à son récit, le fit étroitement garder, et surveilla l'arrivée des matelots. Ils ne furent pas plutôt arrivés, que, les ayant envoyé chercher, il leur demanda s'ils pouvaient lui donner des nouvelles d'Arion. Ils lui répondirent qu'ils l'avaient laissé en bonne santé à Tarente, en Italie, où la fortune lui était favorable. Arion parut tout à coup devant eux, tels qu'ils l'avaient vu se précipiter dans la mer. Interdits à sa vue, ils n'osèrent plus nier leur crime. Les Corinthiens et les Lesbiens racontent cette histoire de la sorte, et l'on voit à Ténare une petite statue de bronze qui représente un homme sur un dauphin : c'est une offrande d'Arion.

XXV. Alyatte, roi de Lydie, mourut après avoir terminé la guerre de Milet. Il avait régné cinquante-sept ans. Il fut le second prince de la maison des Mermnades qui envoya des présents à Delphes après avoir recouvré la santé : c'étaient un grand cratère d'argent et une soucoupe damasquinée, la plus précieuse de toutes les offrandes qui se voient à Delphes. C'est l'œuvre de Glaucus de Chio, qui seul a inventé l'art de souder le fer.

XXVI. Alyatte étant mort, Crésus son fils lui succéda à l'âge de trente-cinq ans. Éphèse fut la première ville grecque que ce prince attaqua. Ses habitants, se voyant assiégés, consacrèrent leur ville à Diane, en attachant avec une corde leurs murailles au temple de la déesse. Or, le temple est éloigné de sept stades de la vieille ville, dont Crésus formait alors le siège. Après avoir fait la guerre d'abord aux Éphésiens, il la fit aux Ioniens et aux Éoliens, mais successivement, alléguant des motifs graves, quand il en pouvait trouver, ou des prétextes frivoles à défaut de raisons.

XXVII. Lorsqu'il eut subjugué les Grecs de l'Asie, et qu'il

---

[1] C'était un mode vif, et propre à exciter aux combats. Sans doute il avait choisi ce mode pour s'exciter lui-même à la résolution désespérée qu'il était obligé de prendre. (Miot.)

les eut forcés à lui payer tribut, il pensa à équiper une flotte pour attaquer les Grecs insulaires. Tout était prêt pour la construction des vaisseaux, lorsque Bias[1] de Priène, ou, selon d'autres, Pittacus[2] de Mitylène, vint à Sardes. Crésus lui ayant demandé s'il y avait en Grèce quelque chose de nouveau, sa réponse fit cesser les préparatifs. « Prince, lui dit-il, les insu« laires achètent une grande quantité de chevaux, dans le des« sein de venir attaquer Sardes et de te faire la guerre. » Crésus, croyant qu'il disait la vérité, repartit : « Puissent les « dieux inspirer aux insulaires le dessein de venir attaquer les « Lydiens avec de la cavalerie ! — Il me semble, seigneur, « répliqua Bias, que tu désires ardemment de les rencontrer « à cheval sur le continent, et tes espérances sont fondées ; « mais, depuis qu'ils ont appris que tu faisais équiper une « flotte pour les attaquer, penses-tu qu'ils souhaitent autre « chose que de surprendre les Lydiens en mer, et de venger « sur toi les Grecs du continent que tu as réduits en esclava« ge ? » Crésus, charmé de cette repartie, qui lui parut pleine d'à-propos, abandonna son projet, et fit alliance avec les Ioniens des îles.

XXVIII. Dans la suite, Crésus subjugua presque toutes les nations en deçà du fleuve Halys (excepté les Ciliciens et les Lyciens), savoir : les Phrygiens, les Mysiens, les Mariandyniens, les Chalybes, les Paphlagoniens, les Thraces de l'Asie, c'està-dire les Thyniens et les Bithyniens, les Cariens, les Ioniens, les Doriens, les Éoliens et les Pamphyliens.

XXIX. Tous ces peuples soumis et incorporés par Crésus à la Lydie, avaient rendu Sardes florissante et riche. On vit arriver successivement dans cette ville tout ce que la Grèce comptait de sages à cette époque, entre autres Solon l'Athénien. Après

[1] « Bias surpassait tous les hommes de son siècle par la force de ses « discours. Il faisait de son éloquence un usage différent de celui des « autres orateurs, ne l'employant qu'à défendre les indigents opprimés. » (*Diodor. Sicul.*)

[2] Pittacus de Mitylène était philosophe et bon politique. Il délivra sa patrie de trois grands maux, la tyrannie, les séditions et la guerre. Ce sage n'était pas encore mort lorsque Crésus monta sur le trône, et il est vraisemblable que ce prince avait déjà fait une partie de ses conquêtes du vivant de son père ; autrement Hérodote n'aurait pas attribué ce conseil à Pittacus, puisque Pittacus n'était plus lorsque Crésus parvint à la couronne. Hérodote croyait donc que Pittacus était encore vivant. (**L.**)

avoir donné des lois aux Athéniens qui lui en avaient demandé, il voyagea pendant dix ans, sous prétexte d'examiner les mœurs et les usages des différentes nations, mais en effet pour n'être point contraint d'abroger quelqu'une des lois qu'il avait établies ; car les Athéniens n'en avaient pas le pouvoir, s'étant engagés par des serments solennels à observer pendant dix ans les lois qu'il leur donnerait.

XXX. Solon étant donc sorti d'Athènes par ce motif, et pour satisfaire sa curiosité, alla d'abord en Égypte, à la cour d'Amasis, et de là à Sardes, à celle de Crésus, qui le reçut avec distinction et le logea dans son palais. Trois ou quatre jours après son arrivée, il fut conduit par ordre du prince dans les trésors, dont on lui montra toutes les richesses. Quand Solon les eut vues et considérées à loisir, le roi lui parla en ces termes. « Le bruit de ta sagesse et de tes voyages est venu jusqu'à « nous ; et je n'ignore point qu'en parcourant tant de pays tu « n'as eu d'autre but que de t'instruire de leurs lois et de leurs « usages, et de perfectionner tes connaissances. Je désire savoir « quel est l'homme le plus heureux que tu aies vu. » Or, il lui faisait cette question, parce qu'il se croyait lui-même le plus heureux de tous les hommes. « C'est Tellus d'Athènes, » lui dit Solon sans le flatter, et sans lui déguiser la vérité. Crésus étonné de cette réponse : « Sur quoi donc, lui demanda-t-il « avec vivacité, estimes-tu Tellus si heureux ? — Parce que « vivant dans une ville florissante, reprit Solon, il a eu des « enfants beaux et vertueux, et que chacun d'eux lui a donné « des petits-fils qui tous lui ont survécu, et qu'enfin, après « avoir joui d'une fortune considérable relativement à celles « de notre pays, il a terminé ses jours d'une manière écla- « tante : car, dans un combat des Athéniens contre leurs voi- « sins d'Éleusis, il secourut les premiers, mit en fuite les « ennemis, et périt glorieusement. Les Athéniens lui érigèrent « un monument aux frais du public dans l'endroit même « où il était tombé mort, et lui rendirent de grands hon- « neurs. »

XXXI. Tout ce que Solon venait de dire sur la félicité de Tellus excita Crésus à lui demander quel était celui qu'il estimait après cet Athénien le plus heureux des hommes, ne doutant point que la seconde place ne lui appartînt. « Cléobis et

« Biton, répondit Solon : ils étaient Argiens, et jouissaient
« d'un bien honnête ; ils étaient en outre si forts, qu'ils avaient
« tous deux également remporté des prix aux jeux publics. On
« raconte d'eux le trait suivant. Les Argiens célébraient une
« fête en l'honneur de Junon. Il fallait absolument que leur
« mère se rendît au temple sur un char, et leurs bœufs n'arri-
« vèrent pas des champs à l'heure dite. Les jeunes gens voyant
« le temps s'écouler, se mirent eux-mêmes sous le joug ; et
« tirant le char sur lequel leur mère était montée, ils le con-
« duisirent ainsi quarante-cinq stades jusqu'au temple de la
« déesse. Après cette action, dont toute l'assemblée fut témoin,
« ils terminèrent leurs jours de la manière la plus heureuse, et
« la divinité fit voir par cet événement qu'il est plus avantageux
« à l'homme de mourir que de vivre. Les Argiens assemblés
« autour de ces deux jeunes gens louaient leur bon naturel, et
« les Argiennes félicitaient la prêtresse d'avoir de tels enfants.
« Celle-ci, comblée de joie et de l'action et des louanges qu'on
« lui donnait, debout aux pieds de la statue, pria la déesse
« d'accorder à ses deux fils Cléobis et Biton, qui l'avaient si
« fort honorée, le plus grand bonheur que pût obtenir un
« mortel. Cette prière finie, après le sacrifice et le festin
« solennel, les deux jeunes gens, s'étant endormis dans le
« temple même, ne se réveillèrent plus, et terminèrent ainsi
« leur vie. Les Argiens firent faire leurs statues, qu'ils con-
« sacrèrent à Delphes, comme celles d'hommes excellents. »

XXXII. Solon accordait par ce discours le second rang à
Cléobis et Biton. « Athénien, répliqua Crésus en colère, fais-tu
« donc si peu de cas de ma félicité que tu me juges indigne
« d'être comparé avec des hommes privés ? — O Crésus, reprit
« Solon, tu me demandes ce que je pense de la vie humaine :
« ai-je donc pu te répondre autrement, moi qui sais que la
« Divinité est jalouse du bonheur des humains, et qu'elle se
« plaît à le troubler ? car dans une longue carrière on voit et
« l'on souffre bien des choses fâcheuses. Je donne à un homme
« soixante-dix ans pour le plus long terme de sa vie. Ces soi-
« xante-dix-ans font vingt-cinq mille deux cents jours, en
« omettant les mois intercalaires ; mais, si chaque sixième
« année tu ajoutes un mois, afin que les saisons se retrouvent
« précisément au temps où elles doivent arriver, dans les

« soixante-dix ans tu auras douze mois intercalaires, moins la
« troisième partie d'un mois, qui feront trois cent cinquante
« jours, lesquels, ajoutés à vingt-cinq mille deux cents, donne-
« ront vingt-cinq mille cinq cent cinquante jours. Or, de ces
« vingt-cinq mille cinq cent cinquante jours, qui font soixante-
« dix ans, tu n'en trouveras pas un qui amène un événement
« absolument semblable. Il faut donc en convenir, seigneur,
« l'homme n'est que vicissitude. Tu as certainement des ri-
« chesses considérables, et tu règnes sur un peuple nombreux ;
« mais je ne puis répondre à ta question que je ne sache si tu
« as fini tes jours dans la prospérité : car l'homme comblé de
« richesses n'est pas plus heureux que celui qui n'a que le
« simple nécessaire, à moins que la fortune ne l'accompagne,
« et que, jouissant de toutes sortes de biens, il ne termine
« heureusement sa carrière. Rien de plus commun que le mal-
« heur dans l'opulence, et le bonheur dans la médiocrité. Un
« homme puissamment riche, mais malheureux, n'a que deux
« avantages sur celui qui a du bonheur ; mais celui-ci en a un
« grand nombre sur le riche malheureux. L'homme riche est
« plus en état de contenter ses désirs et de supporter de grandes
« pertes ; mais, si l'autre ne peut soutenir de grandes pertes
« ni satisfaire ses désirs, son bonheur le met à couvert des uns
« et des autres, et en cela il l'emporte sur le riche. D'ailleurs,
« il a l'usage de tous ses membres, il jouit d'une bonne santé,
« il n'éprouve aucun malheur, il est beau, et heureux en
« enfants. Si à tous ces avantages tu ajoutes celui d'une belle
« mort, c'est cet homme-là que tu cherches, c'est lui qui
« mérite d'être appelé heureux. Mais avant sa mort, suspends
« ton jugement, ne lui donne point ce nom ; dis seulement
« qu'il est fortuné.

« Il est impossible qu'un homme réunisse tous ces avantages,
« de même qu'il n'y a point de pays qui se suffise et qui ren-
« ferme tous les biens : car, si un pays en a quelques-uns, il
« est privé de quelques autres ; le meilleur est celui qui en a
« le plus. Il en est ainsi de l'homme : il n'y en a pas un qui se
« suffise à lui-même : s'il possède quelques avantages, d'au-
« tres lui manquent. Celui qui en réunit un plus grand nom-
« bre, qui les conserve jusqu'à la fin de ses jours, et sort en-
« suite tranquillement de cette vie ; celui-là, seigneur, mérite,

« à mon avis, d'être appelé heureux. Il faut considérer la fin
« de toutes choses, et voir quelle en sera l'issue ; car il arrive
« que Dieu, après avoir fait entrevoir la félicité à quelques
« hommes, la détruit souvent de fond en comble. »

XXXIII. Ainsi parla Solon. Il n'avait rien dit d'agréable à Crésus, et ne lui avait pas témoigné la moindre estime : aussi fut-il congédié. Il est probable qu'on traita d'ignorant un homme qui, sans égard aux biens présents, voulait qu'en tout on envisageât la fin.

XXXIV. Après le départ de Solon, la vengeance des dieux éclata d'une manière terrible sur Crésus, en punition, comme on peut le conjecturer, de ce qu'il s'estimait le plus heureux de tous les hommes. Un songe, qu'il eut aussitôt après, lui annonça les malheurs dont un de ses fils était menacé. Il en avait deux : l'un affligé d'une disgrâce naturelle, il était muet ; l'autre surpassant en tout les jeunes gens de son âge. Il se nommait Atys. Le songe annonça donc à Crésus que cet Atys périrait frappé par une pointe de fer. Le roi réfléchit, à son réveil, sur ce songe. Tremblant pour son fils, il lui choisit une épouse et l'éloigna des armées, à la tête desquelles il avait coutume de l'envoyer. Il fit aussi enlever les dards, les piques, et toutes sortes d'armes offensives dont on fait usage à la guerre, des appartements des hommes où elles étaient suspendues, et les fit entasser dans des magasins, de peur qu'il n'en tombât quelqu'une sur son fils.

XXXV. Pendant que Crésus était occupé des noces du jeune prince, arriva à Sardes un malheureux dont les mains étaient impures : cet homme était Phrygien, et issu de sang royal. Arrivé au palais, il pria Crésus de le purifier, suivant les lois du pays. Ce prince le purifia. Les expiations chez les Lydiens ressemblent beaucoup à celles qui sont usitées en Grèce[1]. Après la cérémonie, Crésus voulut savoir d'où il venait et qui il était. « Étranger, lui dit-il, qui es-tu ? de quelle partie de la Phrygie « es-tu venu t'asseoir en suppliant à mon foyer ? Quel homme, « quelle femme as-tu tuée ? — Seigneur, je suis fils de Gordius et

---

[1] Le scoliaste d'Homère dit, sur le vers 480 du dernier livre de l'Iliade, que la coutume parmi les anciens était que celui qui avait commis un meurtre involontaire s'enfuyait de sa patrie et se retirait dans la maison d'un homme riche ; que là, couvert et assis, il le priait de le purifier.

« petit-fils de Midas. Je m'appelle Adraste. J'ai tué mon frère
« sans le vouloir. Chassé par mon père et dépouillé de tout,
« je suis venu chercher ici un asile. — Tu sors, reprit Crésus,
« d'une maison que j'aime ; tu es chez des amis : rien ne
« te manquera dans mon palais tant que tu jugeras à propos
« d'y rester. En supportant légèrement ce malheur, tu feras
« un gain considérable. » Adraste vécut dans le palais de
Crésus.

XXXVI. Dans ce même temps il parut en Mysie un sanglier d'une grosseur énorme, qui, descendant du mont Olympe, faisait un grand dégât dans les campagnes. Les Mysiens l'avaient attaqué à diverses reprises ; mais ils ne lui avaient fait aucun mal, et il leur en avait fait beaucoup. Enfin ils s'adressèrent à Crésus : « Seigneur, lui dirent leurs députés, il a paru sur
« nos terres un effroyable sanglier qui ravage nos campagnes ;
« malgré nos efforts, nous n'avons pu nous en défaire. Nous
« te supplions donc d'envoyer avec nous le prince ton fils à la
« tête d'une troupe de jeunes gens choisis, et ta meute, afin
« d'en purger le pays. » Crésus, se rappelant le songe qu'il avait eu, leur répondit : « Ne me parlez pas davantage de mon
« fils ; je ne puis l'envoyer avec vous. Nouvellement marié, il
« n'est maintenant occupé que de son hymen ; mais je vous
« donnerai mon équipage de chasse, avec l'élite de la jeunesse
« lydienne, à qui je recommanderai de s'employer avec ardeur
« pour vous délivrer de ce sanglier. »

XXXVII. Les Mysiens furent satisfaits de cette réponse ; mais Atys, qui avait entendu leur demande et le refus qu'avait fait Crésus de l'envoyer avec eux, entra sur ces entrefaites, et, s'adressant à ce prince : « Mon père, lui dit-il, les actions les
« plus nobles et les plus généreuses m'étaient autrefois per-
« mises ; je pouvais m'illustrer à la guerre et à la chasse ; mais
« tu m'éloignes aujourd'hui de l'une et de l'autre, quoique tu
« n'aies remarqué en moi ni lâcheté ni faiblesse. Quand j'irai
« à la place publique, ou que j'en reviendrai, de quel œil me
« verra-t-on ? quelle opinion auront de moi nos citoyens ? quelle
« idée en aura la jeune princesse que je viens d'épouser ?
« à quel homme se croira-t-elle unie ? Permets-moi donc
« d'aller à cette chasse avec les Mysiens, ou prouve-moi qu'il
« vaut mieux faire ce que tu désires. »

XXXVIII. « — Mon fils, reprit Crésus, si j'agis ainsi, ce n'est
« pas que j'aie remarqué en toi la moindre lâcheté, ou quel-
« que autre chose qui m'ait déplu ; mais une vision que j'ai
« eue en songe pendant mon sommeil m'a fait connaître que
« tu avais peu de temps à vivre, et que tu devais périr d'une
« arme de fer. C'est à cause de ce songe que je me suis pressé
« de te marier ; c'est pour cela que je ne t'envoie pas à cette
« expédition, et que je prends toutes sortes de précautions
« pour te dérober, du moins pendant ma vie, au malheur qui
« te menace. Je n'ai que toi d'enfant : car mon autre fils, privé
« de l'ouïe, n'existe pas pour moi.

XXXIX. « — Mon père, répliqua le jeune prince, après un
« pareil songe, je ne t'en veux pas de veiller sur moi ; mais il
« me semble que tu ne saisis pas le sens de cette vision ; ce
« que tu ne comprends pas, ce qui t'a échappé dans ce songe,
« je dois te l'expliquer. Ce songe, dis-tu, a fait connaître que
« je devais périr frappé d'une pointe de fer. Mais un sanglier
« a-t-il des mains ? est-il armé de ce fer aigu que tu crains ?
« Si ton songe t'eût averti que je dusse mourir d'une défense
« de sanglier ou de quelque autre manière semblable, il te
« faudrait faire ce que tu fais ; mais il n'est question que d'une
« pointe de fer. Puis donc que ce ne sont pas des hommes
« que j'ai à combattre, laisse-moi partir.

XL. « — Mon fils, répond Crésus, ton interprétation est plus
« juste que la mienne ; et puisque tu m'as vaincu, je change
« de sentiment et te permets de partir pour la chasse. »

XLI. En même temps il mande le Phrygien Adraste, et lui
dit : « Tu étais sous les coups du malheur, Adraste (me
« préserve le ciel de te le reprocher !) ; je t'ai purifié, je t'ai
« reçu dans mon palais, où je pourvois à tous tes besoins : pré-
« venu par mes bienfaits, tu me dois quelque retour. Mon fils
« part pour la chasse ; je te confie la garde de sa personne :
« préserve-le des brigands qui pourraient vous attaquer sur
« la route. D'ailleurs il t'importe de rechercher les occasions
« de te signaler ; tes pères te l'ont enseigné, la vigueur de
« ton âge le permet.

XLII. « — Seigneur, répondit Adraste, sans un pareil motif je
« n'irais point à ce combat. Au comble du malheur, me mêler
« à des hommes de mon âge et heureux, cela n'est pas juste,

« et je n'en ai pas le désir. souvent je m'en suis abstenu. Mais
« tu le désires. il faut t'obliger, il faut reconnaître tes bien-
« faits ; je suis prêt à obéir. Sois sûr que ton fils, confié à ma
« garde, reviendra sain et sauf, autant qu'il dépendra de son
« gardien. »

XLIII. Le prince Atys et lui partirent après cette réponse, avec une troupe de jeunes gens d'élite et la meute du roi. Arrivés au mont Olympe, on cherche le sanglier, on le trouve, on l'environne, on lance sur lui des traits. Alors cet étranger, cet Adraste, purifié d'un meurtre, lance un javelot, manque le sanglier, et frappe le fils de Crésus. Ainsi le jeune prince fut percé d'un fer aigu ; ainsi fut accompli le songe du roi. Aussitôt un courrier dépêché à Sardes apprit au roi la nouvelle du combat et le sort de son fils.

XLIV. Crésus, troublé de sa mort, la ressentit d'autant plus vivement qu'il avait lui-même purifié d'un homicide celui qui en était l'auteur. S'abandonnant à toute sa douleur, il invoquait Jupiter Expiateur, le prenait à témoin du mal que lui avait fait cet étranger ; il l'invoquait encore comme protecteur de l'hospitalité, parce qu'en donnant à cet étranger une retraite dans son palais, il avait nourri sans le savoir le meurtrier de son fils ; comme dieu de l'amitié, parce qu'ayant chargé Adraste de la garde de son fils, il avait trouvé en lui son plus cruel ennemi.

XLV. Quelque temps après, les Lydiens arrivèrent avec le corps d'Atys, suivi du meurtrier. Adraste, debout devant le cadavre, les mains étendues vers Crésus, le conjure de l'immoler sur son fils, la vie lui étant devenue odieuse depuis qu'à son premier crime il en a ajouté un second, en tuant celui qui l'avait purifié. Malgré le deuil qui frappait sa maison, Crésus ne put entendre le discours de cet étranger sans être ému de compassion. « Adraste, lui dit-il, en te condamnant toi-même à
« la mort, tu satisfais pleinement ma vengeance. Tu n'es pas
« l'auteur de ce meurtre, puisqu'il est involontaire ; je n'en
« accuse que celui des dieux qui me l'a jadis prédit. » Crésus rendit les derniers devoirs à son fils, et ordonna qu'on lui fît des funérailles convenables à son rang. La cérémonie achevée, et le silence régnant autour du monument, cet Adraste, fils de Gordius, petit-fils de Midas, qui avait été le meurtrier de son

propre frère, le meurtrier de celui qui l'avait purifié, sentant qu'il était le plus malheureux de tous les hommes, se tua sur le tombeau d'Atys.

XLVI. Crésus pleura deux ans la mort de son fils. Mais l'empire d'Astyage, fils de Cyaxare, détruit par Cyrus, fils de Cambyse, et celui des Perses, qui prenait de jour en jour de nouveaux accroissements, lui firent mettre un terme à sa douleur Il ne pensa plus qu'aux moyens de réprimer cette puissance avant qu'elle devînt plus formidable. Tout occupé de cette pensée, il résolut sur-le-champ d'éprouver les oracles de la Grèce et l'oracle de la Libye. Il envoya des députés en divers endroits, les uns à Delphes, les autres à Abes en Phocide, les autres à Dodone, quelques-uns à l'oracle d'Amphiaraüs[1], à l'antre de Trophonius, et aux Branchides[2] dans la Milésie : voilà les oracles de Grèce que Crésus fit consulter. Il en dépêcha aussi en Libye, au temple de Jupiter Ammon. Ce prince n'envoya ces députés que pour éprouver ces oracles : et, au cas qu'ils rendissent des réponses conformes à la vérité, il se proposait de les consulter une seconde fois, pour savoir s'il devait faire la guerre aux Perses.

XLVII. Il donna ordre aux députés qu'il envoyait pour sonder les oracles, de les consulter le centième jour à compter de leur départ de Sardes, de leur demander ce que Crésus, fils d'Alyatte, roi de Lydie, faisait ce jour-là, et de lui rapporter par écrit la réponse de chaque oracle. On ne connaît que la réponse de l'oracle de Delphes, et l'on ignore quelle fut celle des autres oracles. Aussitôt que les Lydiens furent entrés dans le temple pour consulter le dieu, et qu'ils eurent interrogé la Pythie sur

---

[1] Amphiaraüs était fils d'Oïclès et arrière-petit-fils de Mélampus. Il ne se doutait pas qu'il fût devin ; mais étant un jour entré, à Phliunte, dans une maison derrière la place, et y ayant passé la nuit, il commença aussitôt à être devin. Cette maison resta fermée depuis ce temps-là. On sait qu'il fut trahi par sa femme Ériphile, et qu'étant poursuivi par les Thébains, il fut englouti avec son char, environ à douze stades de la ville d'Orope. (L.)

[2] Le temple des Branchides ou d'Apollon Didyméen était peu éloigné de Milet. Ce nom de Branchides venait d'une famille qui prétend descendre de Branchus, fondateur vrai ou supposé de ce temple, et qui resta en possession du sacerdoce jusqu'au temps de Xerxès. Ce temple jouissait du droit d'asile. Il déchut de sa grandeur sous Constantin. Ce n'est plus aujourd'hui qu'un amas de ruines. (L.)

ce qui leur avait été prescrit, elle leur répondit ainsi en vers hexamètres. « Je connais le nombre des grains de sable et la « mesure de la mer ; je comprends la langue du muet ; j'en- « tends la voix de celui qui ne parle point. Mes sens sont frap- « pés de l'odeur d'une tortue qu'on fait cuire avec de la chair « d'agneau dans une chaudière d'airain ; l'airain est étendu « sous elle, et l'airain la recouvre. »

XLVIII. Les Lydiens, ayant mis par écrit cette réponse de la Pythie, partirent et revinrent à Sardes. Quand les autres députés, envoyés en divers pays, furent aussi de retour avec les réponses des oracles, Crésus les ouvrit, et les examina chacune en particulier. Il y en eut sans doute qu'il n'approuva point ; mais, dès qu'il eut entendu celle de l'oracle de Delphes, il la reconnut pour vraie, et l'adora, persuadé que cet oracle était le seul véritable, comme étant le seul qui eût découvert ce qu'il faisait. En effet, après le départ des députés qui allaient consulter les oracles, attentif au jour convenu, il avait imaginé la chose la plus impossible à deviner et à connaître. Ayant lui-même coupé par morceaux une tortue et un agneau, il les avait fait cuire ensemble dans un vase d'airain, dont le couvercle était de même métal. Telle fut la réponse de Delphes.

XLIX. Quant à celle que reçurent les Lydiens dans le temple d'Amphiaraüs, après les cérémonies et les sacrifices prescrits par les lois, je n'en puis rien dire. On sait uniquement que Crésus reconnut aussi la véracité de cet oracle.

L. Ce prince tâcha ensuite de se rendre propice le dieu de Delphes par de somptueux sacrifices, dans lesquels on immola trois mille victimes de toutes les espèces d'animaux qu'il est permis d'offrir aux dieux. Il fit ensuite brûler sur un grand bûcher des lits dorés et argentés, des vases d'or, des robes de pourpre et autres vêtements, s'imaginant par cette profusion se rendre le dieu plus favorable. Il enjoignit aussi aux Lydiens d'immoler au dieu toutes les victimes que chacun aurait en sa puissance. Ayant fait fondre, après ce sacrifice, une prodigieuse quantité d'or, il en fit faire cent dix-sept demi-plinthes, dont les plus longues avaient six palmes, et les plus petites trois, sur une d'épaisseur. Il y en avait quatre d'or fin, du poids d'un talent et demi ; les autres étaient d'un or pâle, et pesaient deux talents. Il fit faire aussi un lion d'or fin du poids de dix talents

On le plaça sur ces demi-plinthes ; mais il tomba lorsque le temple de Delphes fût brûlé. Il est maintenant dans le trésor des Corinthiens, et il ne pèse plus que six talents et demi, parce que dans l'incendie du temple il s'en fondit trois talents et demi.

LI. Ces ouvrages achevés, Crésus les envoya à Delphes avec beaucoup d'autres présents, deux cratères extrêmement grands, l'un d'or et l'autre d'argent. Le premier était à droite en entrant dans le temple, et le second à gauche. On les transporta aussi ailleurs, lors de l'incendie du temple. Le cratère d'or est aujourd'hui dans le trésor des Clazoméniens : il pèse huit talents et demi, et douze mines. Celui d'argent est dans l'angle du vestibule du temple : il tient six cents amphores. Les Delphiens y mêlent l'eau avec le vin, aux fêtes appelées Théophanies. Ils disent que c'est un ouvrage de Théodore de Samos ; et je le crois d'autant plus volontiers que cette pièce me paraît d'un travail exquis. Le même prince y envoya aussi quatre muids d'argent, qui sont dans le trésor des Corinthiens ; deux bassins pour l'eau lustrale, dont l'un est d'or et l'autre d'argent. Sur celui d'or est gravé le nom des Lacédémoniens, et ils prétendent avoir fait cette offrande, mais à tort ; il est certain que c'est aussi un présent de Crésus. Un habitant de Delphes y a mis cette inscription pour flatter les Lacédémoniens. J'en tairai le nom, quoique je le sache fort bien. Il est vrai qu'ils ont donné l'enfant par les mains duquel l'eau coule ; mais ils n'ont fait présent ni de l'un ni de l'autre de ces deux bassins. A ces dons Crésus en ajouta plusieurs autres de moindre prix : par exemple, des plats d'argent de forme ronde, et une statue d'or de trois coudées de haut, représentant une femme. Les Delphiens disent que c'est la statue de sa boulangère. Il y fit aussi porter les colliers et les ceintures de la reine sa femme. Tels sont les présents qu'il fit à Delphes.

LII. Quant à Amphiaraüs, sur ce qu'il apprit de sa vertu et de ses malheurs, il lui consacra un bouclier d'or massif, avec une pique d'or massif, c'est-à-dire dont la hampe était d'or ainsi que le fer. De mon temps on voyait encore l'un et l'autre à Thèbes, dans le temple d'Apollon Isménien.

LIII. Les Lydiens chargés de porter ces présents aux oracles de Delphes et d'Amphiaraüs avaient ordre de leur demander si

Crésus devait faire la guerre aux Perses, et joindre à son armée des troupes alliées. A leur arrivée, les Lydiens présentèrent les offrandes, et consultèrent les oracles en ces termes : « Crésus, « roi des Lydiens et autres nations, persuadé que vous êtes les « seuls véritables oracles qu'il y ait dans le monde, vous envoie « ces présents, qu'il croit dignes de votre habileté. Maintenant « il vous demande s'il doit marcher contre les Perses, et s'il doit « joindre à son armée des troupes alliées. » Telles furent les demandes des députés. Les deux oracles s'accordèrent dans leurs réponses. Ils prédirent l'un et l'autre à ce prince que, s'il entreprenait la guerre contre les Perses, il détruirait un grand empire, et lui conseillèrent de rechercher l'amitié des États de la Grèce qu'il aurait reconnus pour les plus puissants.

LIV. Crésus, instruit de ces réponses, en ressentit une joie extrême; et concevant l'espoir de renverser l'empire de Cyrus, il envoya de nouveau des députés à Delphes, pour distribuer à chacun des habitants (il en savait le nombre) deux statères d'or par tête. Les Delphiens accordèrent par reconnaissance à Crésus et aux Lydiens la prérogative de consulter les premiers l'oracle, l'immunité, la préséance, et le privilége perpétuel de devenir citoyens de Delphes quand ils le désireraient.

LV. Crésus, ayant envoyé ces présents aux Delphiens, interrogea le dieu pour la troisième fois : car, depuis qu'il en eut reconnu la véracité, il ne cessa plus d'y avoir recours. Il lui demanda donc si sa monarchie serait de longue durée. La Pythie lui répondit en ces termes : « Quand un mulet sera roi des « Mèdes, fuis alors, Lydien efféminé, sur les bords de l'Hermus « cailloutcux : garde-toi de résister, et ne rougis point de ta « lâcheté. »

LVI. Cette réponse fit encore plus plaisir à Crésus que toutes les autres. Persuadé qu'on ne verrait jamais sur le trône des Mèdes un mulet, il conclut que ni lui ni ses descendants ne perdraient l'empire. Dès lors, il rechercha quels étaient les peuples les plus puissants de la Grèce, dans le dessein de s'en faire des amis, et trouva que les Lacédémoniens et les Athéniens tenaient le premier rang, les uns parmi les Doriens, les autres parmi les Ioniens. Ces nations autrefois étaient en effet les plus distinguées, l'une étant pélasgique et l'autre hellénique. La première n'est jamais sortie de son pays, et l'autre a souvent changé de demeure. Les Hellènes habitaient en effet la Phthiotide sous le règne de Deucalion, et, sous celui de Doris, fils d'Hellen, le pays appelé Histiæotide, au pied des monts Ossa et Olympe. Chassés de l'Histiæotide par les Cadméens, ils allèrent s'établir à Pinde [1], et furent appelés Macednes. De là, ils passèrent dans la Dryopide, et de la Dryopide dans le Péloponèse, où ils ont été appelés Doriens.

LVII. Quelle langue parlaient alors les Pélasges, c'est un point sur lequel je ne puis rien affirmer. S'il est permis de tirer quelque induction des Pélasges qui existent encore aujourd'hui à Crestone, au-dessus des Tyrrhéniens, et qui jadis, voisins des Doriens d'aujourd'hui, habitaient la terre appelée maintenant Thessaliotide; si à ces Pélasges on ajoute ceux qui ont fondé Placie et Scylacé sur l'Hellespont, et qui ont demeuré autrefois avec les Athéniens, et les habitants d'autres villes pélasgiques dont le nom s'est changé; il résulte de ces conjectures, si l'on peut s'en autoriser, que les Pélasges parlaient une langue barbare. Or, si tel était l'idiome de toute la nation, il s'ensuit que les Athéniens, Pélasges d'origine, oublièrent leur langue en devenant Hellènes, et qu'ils apprirent celle de ce dernier peuple : car le langage des Crestoniates et des Placiens, qui est le même, n'a rien de commun avec celui d'aucuns de leurs voisins : preuve évidente que ces deux peuplades de Pélasges conservent encore de nos jours l'idiome qu'elles portèrent dans ces pays en venant s'y établir.

LVIII. Quant à la nation hellénique, depuis son origine elle a toujours parlé la même langue; du moins cela me paraît ainsi. Faible, séparée des Pélasges, et partie de faibles commencements, elle s'est accrue jusqu'à former une multitude de peuples : principalement depuis qu'un grand nombre de nations barbares se sont incorporées avec elle; et c'est ce qui, à mon avis, a empêché l'agrandissement des Pélasges, qui étaient barbares.

LIX. Crésus apprit que les Athéniens, l'un de ces peuples, partagés en diverses fractions, étaient sous le joug de Pisistrate, fils d'Hippocrate, alors tyran d'Athènes. Hippocrate était un

---

[1] Il s'agit ici non du Pinde, montagne célèbre, mais de la ville de Pinde. Cette ville était une des quatre de la Doride. (L.)

simple particulier[1]. Il lui arriva aux jeux olympiques un prodige mémorable : il avait offert un sacrifice ; les chaudières, près de l'autel, remplies des victimes et d'eau, bouillirent et débordèrent sans feu. Chilon de Lacédémone, qui par hasard était présent, témoin de ce prodige, conseilla à Hippocrate de ne point prendre de femme féconde, ou, s'il en avait une, de la répudier ; et, s'il lui était né un fils, de ne le point reconnaître. Hippocrate ne voulut point déférer aux conseils de Chilon. Quelque temps après naquit le Pisistrate dont nous parlons, qui, dans la querelle entre les Paraliens[2] ou habitants de la côte maritime, commandés par Mégaclès, fils d'Alcméon, et les habitants de la plaine, ayant à leur tête Lycurgue, fils d'Aristolaïdas, pour se frayer une route à la tyrannie, suscita un troisième parti. Il assembla donc ce parti, sous prétexte de défendre les habitants de la montagne[3]. Voici la ruse qu'il imagina : s'étant blessé lui et ses mulets, il poussa son char vers la place publique, comme s'il se fût échappé des mains de ses ennemis, qui avaient voulu le tuer lorsqu'il allait à la campagne. Il conjura les Athéniens de lui accorder une garde : il leur rappela la gloire dont il s'était couvert à la tête de leur armée contre les Mégariens, la prise de Nisée[4], et leur cita plusieurs autres traits de valeur. Le peuple, trompé, lui donna pour garde un certain nombre de citoyens choisis, qui furent non ses porte-lances, mais ses porte-massues : car ils l'escortaient, armés de massues de bois. Pisistrate les fit soulever, et s'empara par leur moyen de la citadelle. Dès ce moment il fut maître d'Athènes, mais sans troubler l'exercice des magistratures, sans altérer les lois. Il mit le bon ordre dans la ville, et la gouverna sagement suivant ses usages. Peu de temps après, les

[1] C'est-à-dire qu'il n'occupait alors aucune place dans l'État. Il était de la naissance la plus distinguée, descendait de Pélée, ainsi que Nestor, Codrus, qui régna à Athènes, était de la même maison. (Voy. Hérodote, liv. V, § 65.)

[2] C'est le nom d'une des quatre anciennes tribus d'Athènes.

[3] Plutarque les nomme Diacriens. C'est encore une des quatre anciennes tribus d'Athènes. Ils étaient attachés au gouvernement démocratique. Les mercenaires, tourbe vile qui détestait les riches, en faisaient aussi partie. Pisistrate gagna ceux de ce parti que leur indigence ne portait déjà que trop à toute sorte de crime. (L.)

[4] On désignait ainsi le port des Mégariens, situé environ à deux milles de Mégare.

factions réunies de Mégaclès et de Lycurgue chassèrent l'usurpateur.

LX. Ce fut ainsi que Pisistrate pour la première fois se rendit maître d'Athènes, et qu'il fut dépouillé de la tyrannie, qui n'avait pas encore eu le temps de jeter de profondes racines. Ceux qui l'avaient chassé renouvelèrent bientôt après leurs anciennes querelles. Mégaclès, assailli de toutes parts par la faction contraire, fit proposer par un héraut à Pisistrate de le rétablir, s'il voulait épouser sa fille. Pisistrate accepta ses offres; et, s'étant engagé à remplir cette condition, il imagina, de concert avec Mégaclès, pour son rétablissement, un moyen d'autant plus ridicule, à mon avis, que dès la plus haute antiquité les Hellènes ont été distingués des barbares comme plus adroits et plus éloignés d'une sotte crédulité, et que les auteurs de cette trame avaient affaire aux Athéniens, peuple qui a la réputation d'être le plus spirituel de la Grèce.

Il y avait à Pæonia, bourgade de l'Attique, une certaine femme, nommée Phya, qui avait quatre coudées de haut moins trois doigts, et d'ailleurs d'une grande beauté. Ils armèrent cette femme de pied en cap; et, l'ayant fait monter sur un char, après lui avoir appris l'air et le maintien qu'elle devait prendre, ils la conduisirent dans la ville. Ils étaient précédés de hérauts qui, à leur arrivée, se mirent à crier, suivant les ordres qu'ils avaient reçus : « Athéniens, recevez favorablement Pisistrate; « Minerve, qui l'honore plus que tous les autres hommes, le « ramène elle-même dans sa citadelle. » Les hérauts allaient ainsi de côté et d'autre, répétant la même proclamation. Aussitôt le bruit se répand que Minerve ramenait Pisistrate; et les habitants de la ville, persuadés que cette femme était réellement Minerve, se prosternèrent pour l'adorer et accueillirent Pisistrate.

LXI. Pisistrate, ayant ainsi recouvré la puissance souveraine, épousa la fille de Mégaclès, suivant l'accord fait entre eux; mais comme il avait des fils déjà grands, et que les Alcméonides passaient pour être frappés d'une malédiction[1], ne voulant point

[1] Mégaclès, qui était archonte dans le temps de la conjuration de Cylon, en fit égorger les complices au pied des autels où ils s'étaient réfugiés. Tous ceux qui avaient eu part à ces meurtres furent regardés comme

avoir d'enfants de sa nouvelle femme, il n'avait avec elle qu'un commerce contre nature. La jeune femme tint dans les commencements cet outrage secret ; mais dans la suite elle le révéla de son propre mouvement à sa mère, ou sur les questions que celle-ci lui fit. Sa mère en fit part à Mégaclès, son mari, qui, indigné de l'affront que lui faisait son gendre, se réconcilia, dans sa colère, avec la faction opposée.

Pisistrate, informé de ce qui se tramait contre lui, abandonna l'Attique et se retira à Érétrie[1], où il tint conseil avec ses fils. Hippias lui conseilla de recouvrer la tyrannie. Son avis prévalut. Des villes auxquelles les Pisistratites avaient rendu auparavant quelque service leur firent des présents ; ils les acceptèrent et les recueillirent. Plusieurs donnèrent des sommes considérables ; mais les Thébains se distinguèrent par leur libéralité. Quelque temps après, pour le dire en peu de mots, tout se trouva prêt pour leur retour. Il leur vint du Péloponèse des troupes argiennes qu'ils prirent à leur solde, et un Naxien nommé Lygdamis survint, plein de zèle, avec des troupes et de l'argent.

LXII. Ils partirent donc d'Érétrie pour rentrer en Attique après une absence de onze ans. D'abord ils s'emparèrent de Marathon ; et, ayant assis leur camp dans cet endroit, ceux de leur parti s'y rendirent en foule, les uns d'Athènes, les autres des bourgades voisines, tous préférant la tyrannie à la liberté.

Les habitants de la ville ne firent aucune attention à Pisistrate tant qu'il fut occupé à lever de l'argent, et même après qu'il se fut rendu maître de Marathon. Mais, sur la nouvelle qu'il s'avançait de Marathon à Athènes, ils allèrent avec toutes leurs forces à sa rencontre. Cependant Pisistrate et les siens, étant partis de Marathon tous réunis en un même corps, approchaient

des gens abominables. Les partisans de Cylon, ayant repris des forces, étaient perpétuellement en guerre avec la famille de Mégaclès. Au fort de la sédition, et le peuple étant partagé, Solon s'avança au milieu, et persuada à ceux qu'on appela les *abominables* de se soumettre au jugement de trois cents des principaux citoyens. Ils furent condamnés. On bannit ceux qui étaient encore en vie ; on déterra les morts, et on jeta leurs cadavres hors des frontières de l'Attique. (L.)

[1] Il y avait deux villes de ce nom, l'une en Thessalie, l'autre en Eubée. Pisistrate se retira dans la dernière, puisqu'il partit de l'Eubée pour revenir dans l'Attique, et que son port était commode pour faire une descente dans ce pays. (L.)

de la ville. Ils arrivèrent près du temple de Minerve Pallénide[1], et ce fut en face de ce temple qu'ils assirent leur camp. Là, un devin acarnanien, nommé Amphilyte, inspiré par les dieux, vint se présenter à Pisistrate, et, l'abordant, lui dit cet oracle en vers hexamètres : « Le filet est jeté, les rets sont tendus : la « nuit, au clair de la lune, les thons s'y jetteront en foule. »

LXIII. Ainsi parla le devin, inspiré par le dieu. Pisistrate, acceptant l'augure, fit incontinent marcher son armée. Les citoyens d'Athènes avaient déjà pris leur repas, et se livraient les uns au jeu de dés, les autres au sommeil. Pisistrate, tombant sur eux avec ses troupes, les mit en déroute. Pendant la fuite, il s'avisa d'un moyen très-sage pour les tenir dispersés et les empêcher de se rallier. Il fit monter à cheval ses fils, et leur ordonna de prendre les devants. Ils atteignirent les fuyards, et les exhortèrent de la part de Pisistrate à se rassurer et à retourner chacun à ses affaires.

LXIV. Les Athéniens obéirent; et Pisistrate, s'étant ainsi rendu maître d'Athènes pour la troisième fois, affermit sa tyrannie par le moyen de ses troupes auxiliaires, et des grandes sommes d'argent qu'il tirait en partie du pays même, et en partie du fleuve Strymon. Il l'affermit encore par sa conduite avec les Athéniens, qui avaient tenu ferme dans la dernière action, et qui n'avaient pas sur-le-champ pris la fuite. Il s'assura de leurs enfants, qu'il envoya à Naxos : car il avait conquis cette île, et en avait donné le gouvernement à Lygdamis. En outre, il purifia l'île de Délos, suivant l'ordre des oracles. Voici comment se fit cette purification : de tous les lieux d'où l'on voyait le temple, il fit exhumer les cadavres, et les fit transporter dans un autre canton de l'île. Pisistrate eut d'autant moins de peine à établir sa tyrannie sur les Athéniens, que les uns avaient été tués dans le combat, et que les autres avaient abandonné leur patrie et s'étaient sauvés avec Mégaclès.

LXV. Tels étaient les embarras où Crésus apprit que se trouvaient alors les Athéniens. Quant aux Lacédémoniens, on lui dit que, après avoir éprouvé des pertes considérables, ils prenaient enfin le dessus dans la guerre contre les Tégéates. En effet,

---

[1] Ainsi nommée parce qu'elle avait un temple dans le bourg de Pallène.

sous le règne de Léon et d'Agasiclès, les Lacédémoniens, vainqueurs dans leurs autres guerres, avaient échoué contre les seuls Tégéates. Longtemps auparavant ils étaient les plus mal policés de presque tous les Grecs, et n'avaient aucun commerce avec les étrangers, ni même entre eux; mais dans la suite ils passèrent de la manière que je vais dire à une meilleure législation. Lycurgue jouissait à Sparte de la plus haute estime. Arrivé à Delphes pour consulter l'oracle, à peine fut-il entré dans le temple, qu'il entendit ces mots de la Pythie : « Te voilà dans « mon temple engraissé de victimes, ami de Jupiter et des ha- « bitants de l'Olympe. J'hésite à te déclarer un dieu ou un « homme ; je te crois plutôt un dieu. » Quelques-uns ajoutent que la Pythie lui dicta aussi la constitution maintenant établie à Sparte ; mais, comme les Lacédémoniens en conviennent eux-mêmes, ce fut Lycurgue qui apporta ces lois de Crète, sous le règne de Léobotas son neveu, roi de Sparte. En effet, à peine eut-il la tutelle de ce jeune prince qu'il réforma les lois anciennes, et prit des mesures contre la transgression des nouvelles. Il régla ensuite ce qui concernait la guerre, les énomoties[1], les triécades[2] et les syssities[3]. Outre cela, il institua les éphores[4] et les sénateurs[5].

[1] Corps de troupes de cinquante hommes.
[2] C'est ce que nous appelons dans nos troupes une chambrée.
[3] Les repas communs.
[4] Les éphores étaient au nombre de cinq. On procédait à leur élection tous les ans, le 8 d'octobre. Ils étaient pris dans la classe du peuple. Le premier s'appelait éphore éponyme; son nom servait à désigner l'année, de même qu'à Athènes celui d'archonte éponyme ; et l'on disait à Lacédémone : Un tel était éphore. Ils avaient la même autorité que les cosmes de Crète, avec cette différence qu'ils n'étaient que cinq, comme je viens de le remarquer, et qu'il y avait dix cosmes en Crète. Ils servaient de contre-poids à l'autorité des rois, et même ils les jugeaient avec les sénateurs. Comme ils étaient en quelque sorte supérieurs aux rois, ils ne se levaient pas quand ces princes venaient dans un lieu où ils se trouvaient. Cléomène les fit massacrer, environ 226 ans avant notre ère; et je crois que depuis il n'est plus question d'eux dans l'histoire. (L.)
[5] Lycurgue ayant remarqué que les princes de sa maison, qui régnaient à Argos et à Messène, étaient dégénérés en tyrans, et qu'en détruisant leurs États ils se détruisaient eux-mêmes, craignant le même sort pour sa ville et pour sa famille, il établit le sénat et les éphores, comme un remède salutaire à l'autorité royale. Les sénateurs étaient au nombre de vingt-huit. Outre cela il y avait cinq nomophylaques, ou gardiens des lois, qui étaient appelés bidiéens; mais j'ignore par qui ils furent établis. Cependant on pourrait conjecturer qu'ils le furent par Lycurgue. (L.)

LXVI. Ce fut ainsi que les Lacédémoniens passèrent sous un bon gouvernement. Après la mort de Lycurgue, ils lui élevèrent un temple qu'ils tiennent en grande vénération. Comme ils habitaient un pays fertile et très-peuplé, leur république ne tarda pas à s'accroître et à devenir florissante. Mais, ennuyés du repos et se croyant supérieurs aux Arcadiens, ils consultèrent l'oracle de Delphes sur la conquête de l'Arcadie. La Pythie répondit : « Tu me demandes l'Arcadie; ta demande est exces-
« sive, je la refuse. L'Arcadie a des guerriers nourris de gland,
« qui repousseront ton attaque. Je ne te porte cependant pas
« envie : je te donne Tégée pour y danser à grand bruit de
« pieds, et ses belles plaines pour les mesurer au cordeau. »

Sur cette réponse, les Lacédémoniens renoncèrent au reste de l'Arcadie ; et, munis de chaînes, ils marchèrent contre les Tégéates, qu'ils regardaient déjà comme leurs esclaves, sur la foi d'un oracle équivoque ; mais, ayant eu le dessous dans la bataille, tous ceux qui tombèrent vifs entre les mains de l'ennemi furent chargés des chaînes qu'ils avaient apportées; et, travaillant en cet état aux terres de Tégéates, ils les mesurèrent au cordeau. Ces chaînes subsistaient encore de mon temps à Tégée, appendues au temple de Minerve Aléa.

LXVII. Les Lacédémoniens avaient été continuellement malheureux dans leur première guerre contre les Tégéates ; mais, du temps de Crésus et sous le règne d'Anaxandride et d'Ariston à Sparte, ils acquirent de la supériorité par les moyens que je vais dire. Comme ils avaient toujours eu le dessous contre les Tégéates, ils envoyèrent demander à l'oracle de Delphes quel dieu ils devaient se rendre propice pour avoir l'avantage sur leurs ennemis. La Pythie leur répondit qu'ils en triompheraient, s'ils emportaient chez eux les ossements d'Oreste, fils d'Agamemnon. Comme ils ne pouvaient découvrir son monument, ils envoyèrent de nouveau demander à l'oracle en quel endroit reposait ce héros. Voici la réponse de la Pythie : « Dans les plaines
« de l'Arcadie est une ville (on la nomme Tégée). La puissante
« nécessité y fait souffler deux vents. Il y a coup et contre-coup,
« et le mal est sur le mal. C'est là que le sein fécond de la terre
« enferme le fils d'Agamemnon. Si tu fais apporter ses osse-
« ments à Sparte, tu seras vainqueur de Tégée. »

Sur cette réponse, les Lacédémoniens se livrèrent avec encore plus d'ardeur aux recherches les plus exactes, furetant de tous côtés, jusqu'à ce qu'enfin Lichas, un des Spartiates appelés Agathurges, en fit la découverte. Les Agathurges sont toujours les plus anciens cavaliers à qui on a donné leur congé. Tous les ans on le donne à cinq, et, l'année de leur sortie, ils vont partout où les envoie la république, avant de goûter le repos.

LXVIII. De ce nombre était Lichas, qui fit à Tégée la découverte du tombeau d'Oreste, autant par hasard que par son habileté. Les communications étant alors établies avec les Tégéates, il entra chez un forgeron, où il regarda battre le fer. Comme cela lui causait de l'admiration, le forgeron, qui s'en aperçut, interrompt son travail et lui dit : « Lacédémonien, « tu aurais été bien plus étonné si tu avais vu la même « merveille que moi, toi pour qui le travail d'une forge est « un sujet de surprise! Creusant un puits dans cette cour, je « trouvai un cercueil de sept coudées de long. Comme je ne « pouvais me persuader qu'il eût jamais existé des hommes « plus grands que ceux d'aujourd'hui, je l'ouvris. Le corps « que j'y trouvai égalait la longueur du cercueil. Je l'ai me- « suré, puis recouvert de terre. » Lichas, faisant réflexion sur ce récit du forgeron, qui lui racontait ce qu'il avait vu, se douta que ce devait être le corps d'Oreste, indiqué par l'oracle. Ses conjectures lui montrèrent dans les deux soufflets les deux vents; dans le marteau et l'enclume, le coup et le contre-coup; et le fer battu sur l'enclume le mal ajouté au mal, parce que le fer n'avait été découvert, suivant lui, que pour le malheur des hommes.

L'esprit occupé de ces conjectures, Lichas revient à Sparte, et raconte son aventure à ses compatriotes. On lui intente une accusation simulée, il est banni. Lichas retourne à Tégée, conte sa disgrâce au forgeron, et fait ses efforts pour l'engager à lui louer sa cour. Le forgeron refuse d'abord; mais s'étant ensuite laissé persuader, Lichas s'y loge, ouvre le tombeau et en tire les ossements d'Oreste, qu'il porte à Sparte. Les Lacédémoniens acquirent depuis ce temps une grande supériorité dans les combats, toutes les fois qu'ils s'essayèrent contre les Tégéates. D'ailleurs la plus grande partie du Péloponèse leur était déjà soumise.

LXIX. Crésus, informé de toutes ces choses, envoya des

ambassadeurs à Sparte avec des présents, pour prier les Lacédémoniens de s'allier avec lui. Lorsqu'ils furent arrivés, ils parlèrent en ces termes, qui leur avaient été prescrits : « Crésus, roi des Lydiens et de plusieurs autres nations, nous a envoyés ici, et vous dit par notre bouche : O Lacédémoniens, le dieu de Delphes m'ayant ordonné de contracter amitié avec les Grecs, je m'adresse à vous conformément à l'oracle, parce que j'apprends que vous êtes les premiers peuples de la Grèce ; et je désire votre amitié et votre alliance, sans fraude ni tromperie. » Tel fut le discours des ambassadeurs. Les Lacédémoniens, qui avaient aussi entendu la réponse faite à Crésus par l'oracle, se réjouirent de l'arrivée des Lydiens, et firent avec eux un traité d'amitié et d'alliance. Ils avaient reçu auparavant quelques bienfaits de Crésus : car les Lacédémoniens ayant envoyé à Sardes pour y acheter de l'or, dans l'intention de l'employer à cette statue d'Apollon qu'on voit aujourd'hui au mont Thornax, en Laconie, Crésus leur avait fait présent de l'or qu'ils voulaient acheter.

LXX. Tant de générosité, et la préférence qu'il leur donnait sur tous les Grecs, les déterminèrent à cette alliance. D'un côté, ils se tinrent prêts à répondre à son appel ; d'un autre, ils lui firent faire un cratère de bronze, pour reconnaître les dons qu'ils en avaient reçus. Ce cratère tenait trois cents amphores; il était orné extérieurement et jusqu'au bord d'un grand nombre d'animaux en relief. Mais il ne parvint point à Sardes, pour des raisons dites de deux manières, et que voici. Les Lacédémoniens assurent qu'il fut enlevé sur les côtes de Samos par des Samiens qui, ayant eu connaissance de leur voyage, vinrent l'enlever, montés sur des vaisseaux longs. Mais les Samiens soutiennent que les Lacédémoniens chargés de ce cratère, n'ayant point fait assez de diligence, furent informés en route de la prise de Crésus et de celle de Sardes, et qu'ils le vendirent, à Samos, à des particuliers qui en firent une offrande au temple de Junon. Peut-être aussi ceux qui l'avaient vendu dirent-ils, à leur retour à Sparte, que les Samiens le leur avaient enlevé. Voilà comment les choses se sont passées au sujet du cratère.

LXXI. Crésus, n'ayant pas saisi le sens de l'oracle, se disposait à marcher en Cappadoce, dans l'espérance de renverser la puissance de Cyrus et des Perses. Tandis qu'il se préparait à cette expédition, un Lydien nommé Sandanis, déjà renommé pour sa sagesse, et qui se rendit encore plus célèbre parmi les Lydiens par le conseil qu'il donna à Crésus, parla ainsi à ce prince : « O roi, tu te disposes à faire la guerre à des peuples « qui ne sont vêtus que de peaux, qui se nourrissent, non de « ce qu'ils voudraient avoir, mais de ce qu'ils ont, parce que « leur pays est stérile ; à des peuples qui, faute de vin, ne s'a- « breuvent que d'eau, qui ne connaissent ni les figues, ni rien « de bon. Vainqueur, qu'enlèveras-tu à des gens qui n'ont « rien ? Vaincu, considère que de biens tu vas perdre ! S'ils « goûtent une fois les douceurs de notre pays, ils ne voudront « plus y renoncer ; nul moyen pour nous de les chasser. Quant « à moi, je rends grâces aux dieux de ce qu'ils n'inspirent pas « aux Perses le dessein d'attaquer les Lydiens. » Sandanis ne persuada pas Crésus. Il disait pourtant vrai : les Perses, avant la conquête de la Lydie, ne connaissaient ni le luxe, ni les commodités de la vie.

LXXII. Les Grecs donnent aux Cappadociens le nom de Syriens. Avant la domination des Perses, ces Syriens étaient sujets des Mèdes ; mais alors ils obéissaient à Cyrus : car l'Halys séparait les États des Mèdes de ceux des Lydiens. L'Halys coule d'une montagne d'Arménie (le Taurus), et traverse la Cilicie ; de là, continuant son cours, il a les Matianiens à droite, et les Phrygiens à gauche. Après avoir passé entre ces deux peuples, il coule vers le nord, renfermant d'un côté les Syriens Cappadociens, et à gauche les Paphlagoniens. Ainsi le fleuve Halys sépare presque toute l'Asie Mineure de la haute Asie, depuis la mer qui est vis-à-vis de Chypre jusqu'au Pont-Euxin. Ce pays entier forme un détroit qui n'a que cinq journées de chemin, pour un bon marcheur.

LXXIII. Crésus partit donc avec son armée pour la Cappadoce, afin d'ajouter ce pays à ses États, animé surtout, et par sa confiance en l'oracle, et par le désir de venger Astyage, son beau-frère. Astyage, fils de Cyaxare, roi des Mèdes, avait été vaincu et fait prisonnier par Cyrus, fils de Cambyse. Voici comment il était devenu beau-frère de Crésus. Une sédition avait obligé une troupe de Scythes nomades à se retirer secrètement sur les terres de Médie. Cyaxare, fils de Phraorte et petit-fils de Déjocès, qui régnait alors sur les Mèdes, les reçut d'abord avec humanité, comme suppliants ; et même il conçut tant d'estime pour eux, qu'il leur confia des enfants pour leur apprendre la langue scythe et l'art de tirer de l'arc. Au bout de quelque temps, les Scythes, accoutumés à chasser et à rapporter tous les jours du gibier, revinrent une fois sans avoir rien pris. Revenus ainsi les mains vides, Cyaxare, qui était d'un caractère violent, comme il le montra, les traita de la manière la plus dure. Les Scythes, indignés d'un pareil traitement, qu'ils ne croyaient pas avoir mérité, résolurent entre eux de couper par morceaux un des enfants dont on leur avait confié l'éducation, de le préparer de la manière qu'ils avaient coutume d'apprêter le gibier, de le servir à Cyaxare comme leur chasse, et de se retirer aussitôt à Sardes auprès d'Alyatte, fils de Sadyatte. Ce projet fut exécuté. Cyaxare et ses convives mangèrent de ce qu'on leur avait servi ; et les Scythes, après cette vengeance, se retirèrent auprès d'Alyatte, et devinrent ses suppliants.

LXXIV. Cyaxare les redemanda. Sur son refus, la guerre s'alluma entre ces deux princes. Pendant cinq années qu'elle dura, les Mèdes et les Lydiens eurent alternativement de fréquents avantages, et la sixième il y eut une espèce de combat nocturne : car, après des succès égaux de part et d'autre, on était aux prises, quand le jour se changea tout à coup en nuit. Thalès de Milet avait prédit aux Ioniens ce changement, et il en avait fixé le temps à l'année où il s'opéra. Les Lydiens et les Mèdes, voyant que la nuit avait pris la place du jour, cessèrent le combat, et n'en furent que plus empressés à faire la paix. Syennésis, roi de Cilicie, et Labynète, roi de Babylone, en furent les médiateurs ; ils hâtèrent le traité, et l'assurèrent par un mariage. En effet, ils engagèrent Alyatte à donner sa fille Aryénis à Astyage, fils de Cyaxare. Car, sans un lien puissant, les conventions n'ont aucune solidité. Ces nations observent dans leurs traités les mêmes cérémonies que les Grecs ; mais ils se font encore de légères incisions aux bras, et lèchent réciproquement le sang qui en découle.

LXXV. Cyrus tenait donc prisonnier Astyage, son aïeul maternel, qu'il avait détrôné pour les raisons que j'exposerai dans la suite de cette histoire. Crésus, irrité à ce sujet contre Cyrus, avait envoyé consulter les oracles pour savoir s'il devait faire la guerre aux Perses. Il lui était venu de Delphes une réponse ambiguë, qu'il croyait favorable, et là-dessus il s'était déterminé à entrer sur les terres des Perses. Quand il fut arrivé sur les bords de l'Halys, il le fit, à ce que je crois, passer à son armée sur les ponts qu'on y voit à présent ; mais, s'il faut en croire la plupart des Grecs, Thalès de Milet lui en ouvrit le passage. Crésus, disent-ils, étant embarrassé pour faire traverser l'Halys à son armée, parce que les ponts qui sont maintenant sur cette rivière n'existaient point encore en ce temps-là, Thalès, qui était alors au camp, fit passer à la droite de l'armée le fleuve, qui coulait à sa gauche. Voici de quelle manière il s'y prit. Il fit creuser un canal profond, en forme de croissant, et qui commençait au-dessus du camp, de sorte que, après avoir entouré les derrières de l'armée, le fleuve sortit de son ancien lit pour couler dans le nouveau, et rentrât dans l'ancien, après avoir dépassé le camp. Il ne fut pas plutôt partagé en deux bras, qu'il devint également guéable dans l'un et dans l'autre. Quelques-uns disent même que l'ancien canal fut mis entièrement à sec ; mais je ne puis approuver ce sentiment. Comment en effet Crésus et les Lydiens auraient-ils pu traverser le fleuve à leur retour ?

LXXVI. Après le passage de l'Halys, Crésus avec son armée arriva dans la partie de la Cappadoce appelée la Ptérie. La Ptérie, le plus fort canton de ce pays, est près de Sinope, ville presque située sur le Pont-Euxin. Il assit son camp en cet endroit, et ravagea les terres des Syriens. Il prit la ville des Ptériens, dont il réduisit les habitants en esclavage. Il s'empara aussi de toutes les bourgades voisines, en chassa les Syriens, et les transporta ailleurs, quoiqu'ils ne lui eussent donné aucun sujet de plainte. Cependant Cyrus assembla son armée, prit avec lui tout ce qu'il put trouver d'hommes sur sa route, et vint à sa rencontre. Mais, avant que de mettre ses troupes en campagne, il envoya des hérauts aux Ioniens, pour les engager à se révolter contre Crésus. N'ayant pu les persuader, il se mit en marche, et vint camper à la vue de l'ennemi. Les deux armées mesurèrent leurs forces dans la Ptérie : le choc fut terrible, et il périt beaucoup de monde des deux côtés ; enfin la nuit sépara les combattants, sans que la victoire se fût déclarée en faveur de l'un ou de l'autre parti. Telle fut la première bataille.

LXXVII. Crésus se reprochant la disproportion de ses troupes, qui étaient beaucoup moins nombreuses que celles de Cyrus, et voyant que le lendemain ce prince ne tentait pas une nouvelle attaque, retourna à Sardes, dans le dessein d'appeler à son secours les Égyptiens, conformément au traité conclu avec Amasis, leur roi, antérieurement à celui qu'il avait fait avec les Lacédémoniens. Il se proposait aussi de mander les Babyloniens, avec qui il s'était pareillement allié, et qui avaient alors pour roi Labynète, et de faire dire aux Lacédémoniens de se trouver à Sardes à un temps marqué. Il comptait passer l'hiver tranquillement, et marcher, à l'entrée du printemps, contre les Perses avec les forces de ces peuples réunies aux siennes. D'après ces dispositions, aussitôt qu'il fut de retour à Sardes, il envoya sommer ses alliés, par des hérauts, de se rendre à sa capitale le cinquième mois. Ensuite il congédia les troupes étrangères qu'il avait actuellement à sa solde, et qui s'étaient déjà mesurées contre les Perses, et les dispersa de tous côtés, ne s'imaginant pas que Cyrus, qui n'avait remporté aucun avantage sur lui, dût faire avancer son armée contre Sardes.

LXXVIII. Pendant que Crésus était occupé de ces projets, tous les dehors de la ville se remplirent de serpents ; et les chevaux, abandonnant les pâturages, coururent les dévorer. Ce spectacle, dont Crésus fut témoin, parut aux yeux de ce prince un prodige ; et, en effet, c'en était un. Aussitôt il envoya consulter les devins de Telmesse. Ses députés apprirent des Telmessiens le sens de ce prodige ; mais ils ne le communiquèrent pas à leur maître ; car avant leur retour par mer à Sardes, il avait été fait prisonnier. La réponse fut que Crésus devait s'attendre à voir une armée d'étrangers sur ses terres, et qu'elle subjuguerait les naturels du pays, le serpent étant le fils de la terre, et le cheval un ennemi et un étranger. Crésus était déjà pris lorsqu'ils firent cette réponse ; mais ils ignoraient alors le sort de Sardes et du roi.

LXXIX. Lorsque Crésus, après la bataille de Ptérie, se fut retiré, Cyrus, instruit du dessein où il était de congédier ses troupes à son retour, crut, après en avoir délibéré, qu'il lui était avantageux de marcher avec la plus grande diligence vers

Sardes, avant que les Lydiens eussent rassemblé de nouvelles forces. Cette résolution prise, il l'exécuta sans délai; et, faisant passer son armée dans la Lydie, il porta lui-même à Crésus la nouvelle de sa marche. Ce prince quoique fort inquiet de voir ses mesures déconcertées et son attente déçue, ne laissa pas de faire sortir les Lydiens au combat. Il n'y avait point alors en Asie de nation plus brave ni plus belliqueuse que les Lydiens. Ils combattaient à cheval avec de longues piques, et étaient excellents cavaliers.

LXXX. Les deux armées se rendirent dans la plaine située sous les murs de Sardes, plaine spacieuse et stérile, traversée par l'Hyllus et par d'autres rivières qui se jettent dans l'Hermus, la plus grande de toutes. L'Hermus coule d'une montagne consacrée à Cybèle, et va se perdre dans la mer près de la ville de Phocée.

A la vue de l'armée lydienne rangée en bataille dans cette plaine, Cyrus, craignant la cavalerie, suivit le conseil du Mède Harpage. Il rassembla tous les chameaux qui portaient à la suite de son armée les vivres et le bagage, et, leur ayant ôté leur charge, il les fit monter par des hommes vêtus en cavaliers, avec ordre de marcher en cet équipage à la tête des troupes, contre la cavalerie de Crésus. Il commanda en même temps à l'infanterie de suivre les chameaux, et posta toute la cavalerie derrière l'infanterie. Les troupes ainsi rangées, il leur ordonna de tuer tous les Lydiens qui se présenteraient devant eux, et de n'épargner que Crésus, quand même il se défendrait encore après avoir été pris. Tels furent les ordres de Cyrus. Il opposa les chameaux à la cavalerie ennemie, parce que le cheval craint le chameau, et qu'il n'en peut soutenir ni la vue ni l'odeur. Ce fut pour cela même qu'il imagina cette ruse dans la disposition de ses troupes, afin de rendre inutile la cavalerie, sur laquelle Crésus fondait l'espérance d'une victoire éclatante. Les deux armées s'étant avancées pour combattre, les chevaux n'eurent pas plutôt aperçu et senti les chameaux, qu'ils reculèrent, et les espérances de Crésus furent perdues. Les Lydiens cependant ne prirent pas pour cela l'épouvante. Ayant reconnu le stratagème, ils descendirent de cheval, et combattirent à pied contre les Perses; mais enfin, après une perte considérable de part et d'autre, ils prirent la fuite et se renfermèrent dans leurs murailles, où les Perses les assiégèrent.

LXXXI. Le siége commencé, Crésus croyant qu'il traînerait en longueur, fit partir de la citadelle de nouveaux ambassadeurs vers ses alliés. Les premiers n'avaient fixé le rendez-vous à Sardes qu'au cinquième mois ; mais, ce prince étant assiégé, ceux-ci avaient mission de demander le plus prompt secours.

LXXXII. Il envoya vers différentes villes alliées, et particulièrement à Lacédémone. Dans ce même temps, il était aussi survenu une querelle entre les Spartiates et les Argiens, au sujet du lieu nommé Thyrée. Ce canton faisait partie de l'Argolide ; mais les Lacédémoniens l'en avaient retranché, et se l'étaient approprié. Tout le pays vers l'occident jusqu'à Malée appartenait aussi aux Argiens, tant en terre ferme que l'île de Cythère et les autres îles. Les Argiens étant venus au secours du territoire qu'on leur avait enlevé, on convint dans un pourparler qu'on ferait combattre trois cents hommes de chaque côté ; que ce territoire demeurerait au vainqueur ; que les deux armées ne seraient pas présentes au combat, mais se retireraient chacune dans son pays, de peur que le parti qui aurait le dessous ne fût secouru par les siens.

Les deux armées se retirèrent après cet accord, et il ne resta que les guerriers choisis de part et d'autre. Ils combattirent des deux côtés avec tant d'égalité, que de six cents hommes il n'en resta que trois : Alcénor et Chromius du côté des Argiens, et Othryade du côté des Lacédémoniens ; et encore fallut-il que la nuit les séparât. Les deux Argiens coururent à Argos annoncer leur victoire. Pendant ce temps-là, Othryade, guerrier des Lacédémoniens, dépouilla les Argiens tués dans le combat, porta leurs armes à son camp, et se tint dans son poste. Le lendemain, les deux armées arrivent : instruites de l'événement, elles s'attribuent quelque temps la victoire : les Argiens, parce qu'ils avaient l'avantage du nombre ; les Lacédémoniens, parce que les combattants d'Argos avaient pris la fuite tandis que leur guerrier était resté dans son poste, et qu'il avait dépouillé leurs morts. Enfin, la dispute s'étant échauffée, on en vint aux mains ; et, après une perte considérable de part et d'autre, les Lacédémoniens furent vainqueurs.

Depuis ce temps-là, les Argiens, qui jusqu'alors portaient les cheveux longs, se rasèrent la tête ; ils rendirent une loi et décrétèrent des malédictions contre tout Argien qui laisserait croître sa chevelure, et contre celles de leurs femmes qui porteraient des ornements d'or, avant qu'ils eussent repris Thyrée. Les Lacédémoniens, qui auparavant avaient des cheveux courts, s'imposèrent la loi contraire, celle de les porter fort longs. Quant à Othryade, resté seul des trois cents Lacédémoniens, on dit que, honteux de retourner à Sparte après la perte de ses compagnons, il se tua sur le champ de bataille, dans le territoire de Thyrée.

LXXXIII. Telle était la situation des affaires à Sparte, lorsqu'il arriva de Sardes un héraut pour prier les Spartiates de donner du secours à Crésus, assiégé dans sa capitale. Sur cette demande, on ne balança pas à lui en envoyer. Déjà les troupes étaient prêtes et les vaisseaux équipés : un autre courrier apporta la nouvelle que la ville des Lydiens était prise et que Crésus avait été fait prisonnier. Les Spartiates en furent très-affligés et se tinrent en repos.

LXXXIV. Voici comment Sardes fut prise. Le quatorzième jour du siége, Cyrus fit publier, par des cavaliers envoyés par tout le camp, qu'il donnerait une récompense à celui qui monterait le premier sur la muraille. L'armée, après cela, fit plusieurs tentatives qui échouèrent, et l'on se tenait en repos, lorsqu'un homme du pays des Mardes, nommé Hyrœade, entreprit de monter à un certain endroit de la citadelle où il n'y avait point de sentinelles. On ne craignait pas que la ville fût jamais prise de ce côté. Escarpée, inexpugnable, cette partie de la citadelle était la seule par où Mélès, autrefois roi de Sardes, n'avait point fait porter le lion qu'il avait eu d'une concubine. Les devins de Telmesse lui avaient prédit que Sardes serait imprenable, si l'on portait le lion autour des murailles. Sur cette prédiction, Mélès l'avait fait porter partout où l'on pouvait attaquer et forcer la citadelle. Mais il avait négligé le côté qui regarde le mont Tmolus, comme imprenable et inaccessible. Hyrœade avait aperçu la veille un Lydien descendre de la citadelle par cet endroit, pour ramasser son casque qui était roulé du haut en bas, et l'avait vu remonter ensuite par le même chemin. Cette observation le frappa, et lui fit faire des réflexions. Il y monta lui-même, et d'autres Perses après lui, qui furent suivis d'une grande multitude. Ainsi fut prise Sardes, et la ville entière livrée au pillage.

LXXXV. Quant à Crésus, voici quel fut son sort. Il avait un fils, dont j'ai déjà fait mention. Ce fils, heureusement doué du reste, était muet. Dans le temps de sa prospérité, Crésus avait mis tout en usage pour le guérir, et, entre autres moyens, il avait eu recours à l'oracle de Delphes. La Pythie avait répondu : « Lydien, roi de plusieurs peuples, insensé Crésus, ne souhaite « pas d'entendre en ton palais la voix tant désirée de ton fils. « Il te serait plus avantageux de ne jamais l'entendre : il com- « mencera de parler le jour où commenceront tes malheurs. »

Après la prise de la ville, un Perse allait tuer Crésus sans le connaître. Ce prince le voyait fondre sur lui ; mais, accablé du poids de ses malheurs, il négligeait de l'éviter, et peu lui importait de périr sous ses coups. Le jeune prince muet, à la vue du Perse qui se jetait sur son père, saisi d'effroi, fit un effort qui lui rendit la voix : « Soldat, s'écria-t-il, ne tue pas « Crésus! » Tels furent ses premiers mots; et il conserva la faculté de parler le reste de sa vie.

LXXXVI. C'est ainsi que les Perses s'emparèrent de Sardes, et firent Crésus prisonnier. Il avait régné quatorze ans, soutenu un siége d'autant de jours, et, conformément à l'oracle, détruit son grand empire. Les Perses qui l'avaient fait prisonnier le menèrent à Cyrus. Celui-ci le fit monter, chargé de fers, et entouré de quatorze jeunes Lydiens, sur un grand bûcher dressé exprès, soit pour sacrifier à quelques dieux ces prémices de la victoire, soit pour accomplir un vœu, soit enfin pour éprouver si Crésus, dont on vantait la piété, serait garanti des flammes par quelque divinité. Ce fut ainsi, dit-on, qu'il le traita. Crésus, sur le bûcher, malgré l'excès de sa douleur, se rappela ces paroles de Solon, que « nul homme ne peut se dire heureux tant « qu'il respire ; » paroles qui lui semblaient inspirées par un dieu. On assure qu'à cette pensée, revenu à lui-même, il sortit par un profond soupir du long silence qu'il avait gardé, et s'écria par trois fois: « Solon! » que Cyrus l'entendit et lui fit demander par ses interprètes quel était celui qu'il invoquait. Ils s'approchent, et l'interrogent. Crésus, d'abord, ne répondit pas; forcé de parler, il dit : « C'est un homme dont je préférerais l'entre- « tien aux richesses de tous les rois. » Ce discours leur paraissant obscur, ils l'interrogèrent de nouveau. Vaincu par l'importunité de leurs prières, il répondit qu'autrefois Solon d'Athènes était venu à sa cour; qu'ayant contemplé toutes ses richesses, il n'en avait fait aucun cas; que tout lui était arrivé comme Solon l'avait prédit; non que le discours de l'Athénien s'adressât à lui personnellement plutôt qu'à tous les hommes en général, et principalement ceux qui se croyaient heureux. Ainsi parla Crésus. Le feu était déjà allumé, et le bûcher s'enflammait par les extrémités. Cyrus, apprenant de ses interprètes la réponse de ce prince, se repent; il songe qu'il est homme, et que cependant il fait brûler un homme qui n'avait pas été moins heureux que lui. D'ailleurs il redoute la vengeance des dieux, et, réfléchissant sur l'instabilité des choses humaines, il ordonne d'éteindre promptement le bûcher, et d'en faire descendre Crésus, ainsi que ses compagnons d'infortune; mais les plus grands efforts ne purent surmonter la violence des flammes.

LXXXVII. Alors Crésus, comme le disent les Lydiens, instruit du changement de Cyrus à la vue de cette foule empressée à éteindre le feu sans pouvoir y réussir, implore à grands cris Apollon; le conjure, si ses offrandes lui ont été agréables, de le secourir, de le sauver d'un péril si pressant. Ces prières étaient accompagnées de larmes. Soudain, au milieu d'un ciel pur et serein, des nuages se rassemblent, un orage éclate, une pluie abondante éteint le bûcher. Ce prodige apprit à Cyrus combien Crésus était cher aux dieux par sa vertu. Il le fait descendre du bûcher, et lui dit : « O Crésus ! quel homme t'a « conseillé d'entrer sur mes terres avec une armée, et de te « déclarer mon ennemi au lieu d'être mon ami? — Ton heureux « destin et mon infortune m'ont jeté, seigneur, dans cette mal- « heureuse entreprise. Le dieu des Grecs en est la cause ; lui « seul m'a persuadé de t'attaquer. Eh ! quel est l'homme assez « insensé pour préférer la guerre à la paix? Dans la paix, les « enfants ferment les yeux à leurs pères; dans la guerre, les « pères enterrent leurs enfants. Mais enfin il a plu aux dieux « que les choses fussent ainsi. »

LXXXVIII. Après ce discours, Cyrus ayant ôté ses fers, le fit asseoir près de lui. Il le traita avec beaucoup d'égards, et ne put, lui et toute sa cour, l'envisager sans étonnement. Crésus, livré à ses pensées, gardait le silence. Bientôt, en retournant la tête, il aperçoit les Perses occupés à piller la ville de Sardes : « Sei- « gneur, s'écrie-t-il en s'adressant à Cyrus, dois-je te dire ce

« que je pense, ou mon état actuel me condamne-t-il à me
« taire ? » Cyrus lui ordonne de parler avec assurance. « Eh bien !
« lui demande Crésus, cette multitude, que fait-elle avec tant
« d'ardeur ? — Elle pille ta capitale, elle enlève tes richesses.
« — Non, seigneur, ce n'est point ma ville, ce ne sont pas mes
« trésors qu'on pille. Rien de tout cela ne m'appartient plus ;
« elle prend et emporte ce qui est à toi. »

LXXXIX. Cyrus, frappé de cette réponse, écarte tout le monde, et demande à Crésus le parti qu'il faut prendre dans cette conjoncture. « Seigneur, répondit-il, puisque les dieux m'ont
« rendu ton esclave, je me crois obligé de t'avertir de ce qui
« peut t'être le plus avantageux, lorsque je l'aperçois mieux
« que toi. Les Perses, naturellement insolents, sont pauvres :
« si tu souffres qu'ils pillent cette ville et qu'ils retiennent le
« butin, il est probable que celui qui en aura fait le plus grand
« n'en sera que plus disposé à la révolte. Si donc tu goûtes mes
« conseils, ordonne à quelques-uns de tes gardes de se tenir
« aux portes de la ville et d'ôter le butin à tes troupes, parce
« qu'il faut, leur diront-ils, en consacrer la dixième partie à
« Jupiter. Par ce moyen, tu ne t'attireras point la haine de tes
« soldats, quoique tu le leur enlèves de force ; et, lorsqu'ils sau-
« ront que tu ne leur demandes rien que de juste, ils obéiront
« volontiers. »

XC. Ce discours fit à Cyrus le plus grand plaisir : il trouva le conseil très-sage ; il en combla l'auteur de louanges ; et, après avoir donné à ses gardes les ordres que lui avait suggérés Crésus, il s'adressa à lui : « Crésus, dit-il, puisque tes discours et
« tes actions me prouvent que tu es disposé à te conduire en
« roi sage, demande-moi ce qu'il te plaira, tu l'obtiendras sur-
« le-champ. — Seigneur, répondit Crésus, la plus grande fa-
« veur serait de me permettre d'envoyer au dieu des Grecs,
« celui de tous les dieux que j'ai le plus honoré, les fers que
« voici, avec ordre de lui demander s'il lui est permis de trom-
« per ceux qui ont bien mérité de lui. » Le roi l'interroge, pour savoir quel sujet il avait de s'en plaindre et quel était le motif de sa demande. Crésus répéta les projets qu'il avait eus, et l'entretint des réponses des oracles, de ses offrandes surtout, et des prédictions qui l'avaient animé à la guerre contre les Perses. Il finit en lui demandant de nouveau la permission

d'envoyer faire au dieu des reproches. « Non-seulement cette
« permission, dit en riant Cyrus, mais ce que tu souhaiteras
« désormais, je te l'accorde. » A ces mots, Crésus envoie des
Lydiens à Delphes, avec ordre de placer ses fers sur le seuil du
temple, de demander au dieu s'il ne rougissait pas d'avoir par
ses oracles excité Crésus à la guerre contre les Perses, dans
l'espoir de ruiner l'empire de Cyrus; de lui montrer ses
chaînes, seules prémices qu'il pût lui offrir de cette expédition, et de lui demander si les dieux des Grecs étaient dans
l'usage d'être ingrats.

XCI. Les Lydiens ayant exécuté, à leur arrivée à Delphes, les
ordres de Crésus, on assure que la Pythie leur fit cette réponse : « Il est impossible même à un dieu d'éviter le sort
« marqué par les destins. Crésus est puni du crime de son cin-
« quième ancêtre, qui, simple garde d'un roi de la race des
« Héraclides, céda aux instigations d'une femme artificieuse,
« tua son maître et s'empara de la couronne, à laquelle il n'a-
« vait aucun droit. Apollon voulait détourner de Crésus le mal-
« heur de Sardes, et ne le faire tomber que sur ses enfants ;
« mais il ne lui a pas été possible de fléchir les Parques. Tout
« ce qu'elles lui ont accordé, il en a gratifié ce prince. Il a re-
« culé de trois ans la prise de Sardes. Que Crésus sache donc
« qu'il a été fait prisonnier trois ans plus tard qu'il n'était porté
« par les destins. En second lieu, il l'a secouru lorsqu'il allait
« devenir la proie des flammes. Quant à l'oracle rendu, Crésus
« a tort de se plaindre. Apollon lui avait prédit qu'en faisant la
« guerre aux Perses, il détruirait un grand empire : s'il eût
« voulu prendre sur cette réponse un parti salutaire, il aurait
« dû envoyer demander au dieu s'il entendait l'empire des Ly-
« diens ou celui de Cyrus. N'ayant ni saisi le sens de l'oracle
« ni fait interroger de nouveau le dieu, qu'il ne s'en prenne
« qu'à lui-même. Il n'a pas non plus, en dernier lieu, compris
« la réponse d'Apollon relativement au mulet. Cyrus était ce
« mulet, les auteurs de ses jours étant de deux nations diffé-
« rentes : son père était d'une origine moins illustre que sa
« mère; celle-ci était Mède et fille d'Astyage, roi des Mèdes ;
« l'autre, Perse et sujet de la Médie; et, quoique inférieur en
« tout, il avait cependant épousé sa souveraine. » Les Lydiens
s'en retournèrent à Sardes avec cette réponse de la Pythie,

et la communiquèrent à Crésus. Alors il reconnut que c'était sa faute, et non celle du dieu. Voilà ce qui concerne le règne de Crésus et le premier assujettissement des Ioniens.

XCII. Les offrandes dont j'ai parlé ne sont pas les seules que Crésus fit aux dieux; on en voit encore plusieurs autres en Grèce. Il fit présent à Thèbes, en Béotie, d'un trépied d'or qu'il consacra à Apollon Isménien; à Éphèse, des génisses d'or et de la plupart des colonnes du temple; et il envoya à celui de Minerve Pronaia, à Delphes, un grand bouclier d'or. Ces dons subsistaient encore de mon temps; il s'en est perdu plusieurs autres. Quant à ceux qu'il donna aux Branchides, dans le pays des Milésiens, ils étaient, autant que j'ai pu le savoir, semblables à ceux qu'il fit à Delphes, et de même poids. Les présents qu'il envoya à Delphes et au temple d'Amphiaraüs venaient de son propre bien; c'étaient les prémices de son patrimoine. Les autres, au contraire, provenaient des biens d'un ennemi qui avait formé un parti contre lui avant son avénement à la couronne, et qui avait pris avec chaleur les intérêts de Pantaléon, qu'il voulait placer sur le trône de Lydie. Pantaléon était fils d'Alyatte et frère de Crésus, mais d'une autre mère; car Crésus était né d'une Carienne, et Pantaléon d'une Ionienne. Crésus ne se vit pas plutôt en possession de la couronne que son père lui avait donnée, qu'il fit déchirer par les cardes d'un foulon celui qui avait formé un parti contre lui. Quant à ses biens, qu'il avait destinés auparavant à être offerts aux dieux, il les envoya alors, comme nous l'avons dit, aux temples que nous venons de nommer. En voilà assez sur les offrandes de Crésus.

XCIII. La Lydie n'offre pas, comme certains autres pays, des merveilles qui méritent place dans l'histoire, sauf les paillettes d'or détachées du Tmolus. On y voit cependant un ouvrage bien supérieur à ceux que l'on admire ailleurs (j'en excepte toutefois les monuments des Égyptiens et des Babyloniens) : c'est le tombeau d'Alyatte, père de Crésus. La base est composée de grandes pierres, et le reste de terre amoncelée. Il a été construit aux frais des marchands, des artisans et des courtisanes. Cinq bornes, placées au haut du monument, subsistaient encore de mon temps, et marquaient par des inscriptions la portion que chacune de ces trois classes avaient fait bâtir. D'après les mesures, la portion des courtisanes était la plus considérable car toutes les filles, dans le pays des Lydiens, se livrent à la prostitution : elles y gagnent leur dot, et continuent ce commerce jusqu'à ce qu'elles se marient. Elles ont le droit de choisir leurs époux. Ce monument a six stades deux plèthres de tour, et treize plèthres de largeur. Tout auprès est un grand lac qui ne tarit jamais, à ce que disent les Lydiens. On l'appelle le lac Gygée. Assez sur ce sujet.

XCIV. Les lois des Lydiens ressemblent beaucoup à celles des Grecs, excepté dans ce qui regarde la prostitution des filles. De tous les peuples que nous connaissons, ce sont les premiers qui aient frappé, pour leur usage, des monnaies d'or et d'argent, et les premiers aussi qui aient fait le métier de revendeurs. A les en croire, ils sont les inventeurs des différents jeux actuellement en usage tant chez eux que chez les Grecs ; et ils ajoutent que, vers le temps où ces jeux furent inventés, ils envoyèrent une colonie dans la Tyrrhénie. Voici comment ils racontent ce fait. Sous le règne d'Atys, fils de Manès, toute la Lydie fut affligée d'une grande famine, que les Lydiens supportèrent quelque temps avec patience. Mais, voyant que le mal ne cessait point, ils y cherchèrent remède, et chacun en imagina à sa manière. Ce fut à cette occasion qu'ils inventèrent les dés, les osselets, la balle, et toutes les autres sortes de jeux, excepté les dames, dont ils ne s'attribuent pas la découverte. Or, voici l'usage qu'ils firent de cette invention pour tromper la faim qui les pressait. On jouait alternativement pendant un jour entier, afin de se distraire du besoin de manger ; et, le jour suivant, on mangeait au lieu de jouer. Ils menèrent cette vie pendant dix-huit ans ; mais enfin, le mal, au lieu de diminuer, prenant de nouvelles forces, le roi partagea tous les Lydiens en deux classes, et les fit tirer au sort, l'une pour rester, l'autre pour quitter le pays. Celle que le sort destinait à rester eut pour chef le roi même, et son fils Tyrrhénus se mit à la tête des émigrants.

Les Lydiens que le sort bannissait de leur patrie allèrent d'abord à Smyrne, où ils construisirent des vaisseaux, les chargèrent de tout ce qui leur était nécessaire, et s'embarquèrent pour aller chercher des vivres et d'autres terres. Après avoir côtoyé différents pays, ils abordèrent en Ombrie, où ils bâtirent des villes, qu'ils habitent encore à présent ; mais ils quittèrent le nom de Lydiens, et prirent celui de Tyrrhéniens, de Tyrrhénus, fils de leur roi, qui était le chef de la colonie.

XCV. On a vu les Lydiens subjugués par les Perses; mais quel était ce Cyrus qui détruisit l'empire de Crésus? Comment les Perses obtinrent-ils la souveraineté de l'Asie? Ce sont des détails qu'exige la suite de la narration. Je prendrai pour modèles quelques Perses qui ont moins cherché à amplifier les actions de Cyrus qu'à rapporter la vérité, quoique je n'ignore point qu'il y ait sur ce prince trois autres sentiments.

Il y avait cinq cent vingt ans que les Assyriens étaient les maîtres de la haute Asie, lorsque les Mèdes commencèrent les premiers à se révolter. En combattant pour la liberté contre les Assyriens, les Mèdes s'aguerrirent, et parvinrent à secouer le joug et à se rendre indépendants. Les autres nations les imitèrent.

XCVI. Tous les peuples de ce continent se gouvernèrent d'abord par leurs propres lois; mais voici comment ils retombèrent sous le pouvoir d'un seul. Il y avait chez les Mèdes un sage, nommé Déjocès: il était fils de Phraorte. Ce Déjocès, épris de la royauté, s'y prit ainsi pour y parvenir. Les Mèdes vivaient dispersés en bourgades. Déjocès, considéré depuis longtemps dans la sienne, rendait la justice avec beaucoup de zèle et d'application, bien que les lois fussent méprisées dans toute la Médie et qu'il sût que la justice a dans l'injustice un ennemi redoutable. Les habitants de sa bourgade, témoins de ses mœurs, le choisirent pour juge. Déjocès, qui aspirait à la royauté, faisait paraître dans toutes ses actions de la droiture et de la justice. Cette conduite lui attira de grands éloges de la part de ses concitoyens. Les habitants des autres bourgades, jusqu'alors opprimés par d'injustes sentences, apprenant que Déjocès jugeait seul conformément aux règles de l'équité, accoururent avec plaisir à son tribunal, et ne voulurent plus enfin être jugés par d'autre que par lui.

XCVII. La foule de ses clients augmentait tous les jours : car on trouvait que les procès n'aboutissaient qu'avec lui. Quand Déjocès vit   il portait seul tout le poids des affaires, il refusa de monte sur le tribunal sur lequel il avait jusqu'alors rendu la justice, et renonça formellement à ses fonctions. Il prétexta le tort qu'il se faisait à lui-même en négligeant ses propres affaires, tandis qu'il passait les jours entiers à terminer les différends d'autrui. Les brigandages et l'anarchie régnèrent donc dans les bourgades avec plus de violence que jamais. Les Mèdes s'assemblèrent, et tinrent conseil sur l'état présent des affaires. Les amis de Déjocès y parlèrent, comme je le pense, à peu près en ces termes : « Puisque la vie que nous menons ne « nous permet plus d'habiter ce pays, choisissons un roi : la « Médie étant alors gouvernée par de bonnes lois, nous pour- « rons cultiver en paix nos campagnes, sans craindre d'en être « chassés par l'injustice et la violence. » Ce discours persuada les Mèdes de se donner un roi.

XCVIII. Aussitôt on délibéra sur le choix. Toutes les louanges, tous les suffrages se réunirent en faveur de Déjocès : il fut élu roi d'un consentement unanime. Il commanda qu'on lui bâtît un palais conforme à sa dignité, et qu'on lui donnât des gardes pour la sûreté de sa personne. Les Mèdes obéirent : on lui construisit à l'endroit qu'il désigna un édifice vaste et bien for- tifié, et on lui permit de choisir dans toute la nation des gardes à son gré.

Ce prince ne se vit pas plutôt sur le trône, qu'il obligea ses sujets à se bâtir une ville, à l'orner et à la fortifier, sans s'in- quiéter des autres places. Les Mèdes, dociles à cet ordre, éle- vèrent cette ville forte et immense connue aujourd'hui sous le nom d'Ecbatane, dont les murs concentriques sont renfermés l'un dans l'autre et construits de manière que chaque enceinte ne surpasse l'enceinte voisine que de la hauteur des créneaux. L'assiette du lieu, qui s'élève en colline, en facilita les moyens. On fit encore quelque chose de plus : il y avait en tout sept enceintes, et dans la dernière le palais[1] et le trésor du roi. Le circuit de la plus grande égale à peu près celui d'Athènes. Les créneaux de la première enceinte sont peints en blanc ; ceux de la seconde en noir ; ceux de la troisième, en pourpre ; ceux de la quatrième en bleu ; ceux de la cinquième sont d'un rouge orangé. C'est ainsi que les créneaux de toutes les en- ceintes sont ornés de différentes couleurs. Quant aux deux

[1] Ce palais était au-dessous de la citadelle, et avait sept stades de tour. La charpente en était de cèdre ou de cyprès. Les poutres, les pla- fonds, les colonnes des portiques et les péristyles étaient revêtus de lames d'or et d'argent, et les toits couverts de tuiles d'argent. Le tout fut pillé vers l'arrivée d'Alexandre. (POLYBE, liv. X.)

dernières, les créneaux de l'une sont argentés, et ceux de l'autre dorés.

XCIX. Tels furent et le palais que se fit construire Déjocès et les maisons dont il l'environna. Le reste du peuple eut ordre de s'établir au pied des remparts. Tous ces édifices achevés, il fut le premier qui établit pour règle que personne n'entrerait chez le roi, que toutes les affaires seraient traitées par des messages et que le roi ne serait visible pour personne ; il ordonna en outre qu'on ne rirait ni ne cracherait en sa présence, et qu'il serait honteux à tout le monde de faire ces choses en présence les uns des autres.

Déjocès institua ce cérémonial imposant, afin que les personnes du même âge que lui, et avec qui il avait été élevé, et que ceux dont la naissance n'était pas moins distinguée que la sienne, et qui ne lui étaient inférieurs ni en bravoure ni en mérite, ne lui portassent point envie et ne conspirassent point contre sa personne. Il croyait qu'en se rendant invisible à ses sujets il passerait pour un être d'une autre nature que la leur.

C. Ces règlements faits et son autorité affermie, il rendit sévèrement la justice. Les procès lui étaient envoyés par écrit : il les jugeait et les renvoyait avec sa décision. Telle était sa méthode pour les procès. Quant au reste, s'il apprenait que quelqu'un eût fait une injure, il le mandait, et lui infligeait une peine proportionnée au délit ; et pour cet effet il avait dans tous ses États des émissaires qui veillaient sur les actions et les discours de ses sujets.

CI. Déjocès rassembla tous les Mèdes en un seul corps, et ne régna que sur eux. Cette nation comprend plusieurs peuples : les Buses, les Parétacéniens, les Struchates, les Arizantes, les Budiens, les Mages : telles sont les tribus des Mèdes.

CII. Déjocès mourut après un règne de cinquante-trois ans. Son fils Phraorte lui succéda. Le royaume de Médie ne suffit pas à son ambition. Il attaqua d'abord les Perses, et ce fut le premier peuple qu'il assujettit. Avec ces deux nations, l'une et l'autre très-puissantes, il subjugua ensuite l'Asie, et marcha de conquête en conquête jusqu'à son expédition contre les Assyriens et contre la partie de cette même nation qui habitait Ninive. Quoique les Assyriens, autrefois maîtres de l'Asie, fussent alors seuls et abandonnés de leurs alliés, qui avaient secoué le joug, ils se trouvaient cependant encore dans un état florissant. Phraorte périt dans cette expédition avec la plus grande partie de son armée, après avoir régné vingt-deux ans.

CIII. Ce prince étant mort, Cyaxare son fils, et petit-fils de Déjocès, lui succéda. On dit qu'il fut encore plus belliqueux que ses pères. Il divisa le premier les peuples d'Asie en différents corps de troupes, et sépara les piquiers des archers et des cavaliers ; avant lui tous les ordres étaient confondus. Ce fut lui qui fit la guerre aux Lydiens, et qui leur livra une bataille pendant laquelle le jour se changea en nuit. Ce fut encore lui qui, après avoir soumis toute l'Asie au-dessus du fleuve Halys, rassembla toutes les forces de son empire, et marcha contre Ninive, résolu de venger son père par la destruction de cette ville. Déjà il avait vaincu les Assyriens en bataille rangée, et assiégeait Ninive, lorsqu'il fut assailli par une nombreuse armée de Scythes, ayant à leur tête Madyas, leur roi, fils de Protothyès. C'était en chassant d'Europe les Cimmériens qu'ils s'étaient jetés sur l'Asie : la poursuite des fuyards les avait conduits jusqu'au pays des Mèdes.

CIV. Du Palus-Méotis au Phase et à la Colchide, on compte trente journées pour quelqu'un qui marche bien. Pour se rendre de la Colchide en Médie, le trajet n'est pas long : car il ne se trouve entre ces deux pays que celui des Saspires. Lorsqu'on l'a traversé, on est sur les terres des Mèdes. Les Scythes néanmoins n'y entrèrent pas de ce côté ; mais ils passèrent plus haut et par une route beaucoup plus longue, laissant le mont Caucase sur leur droite. C'est là que les Mèdes en vinrent aux mains avec les Perses ; ils furent vaincus et perdirent l'empire de l'Asie qui passa aux Scythes.

CV. Les Scythes marchèrent de là en Égypte ; mais, quand ils furent dans la Syrie de Palestine, Psammitichus, roi d'Égypte[1], vint au-devant d'eux, et, à force de présents et de prières, il les détermina à ne pas aller plus avant. Ils revinrent donc sur leurs pas, et passèrent par Ascalon, en Syrie, d'où ils sortirent la plupart sans y faire aucun dégât, à l'exception de quelques-uns d'entre eux qui, ayant été laissés en

---

[1] Cette expédition des Scythes se fit sous le règne de Cyaxare, roi des Mèdes, et sous celui de Psammitichus, roi d'Égypte. Saint Jérôme s'est donc trompé en la plaçant sous le règne de Darius, roi des Mèdes.

arrière, pillèrent le temple de Vénus Uranie. Ce temple, autant que je l'ai pu savoir par mes informations, est le plus ancien de tous les temples de cette déesse. Celui de Cypre a été bâti sur son modèle, de l'aveu même des Cypriens. Celui de Cythère a été aussi bâti par des Phéniciens originaires de cette Syrie[1]. La déesse envoya une maladie de femme à ceux d'entre les Scythes qui avaient pillé le temple d'Ascalon, et ce châtiment s'étendit à jamais sur leur postérité. Les Scythes disent que cette maladie est une punition de ce sacrilége, et que les étrangers qui voyagent dans leur pays s'aperçoivent de l'état de ceux que les Scythes appellent Énarées.

CVI. Les Scythes conservèrent vingt-huit ans l'empire de l'Asie. Ils ruinèrent tout par leur violence et leur négligence. Outre les tributs ordinaires, ils exigeaient encore de chaque particulier un impôt arbitraire; et, indépendamment de ces contributions, ils parcouraient tout le pays, pillant et enlevant à chacun ce qui lui appartenait. Cyaxare et les Mèdes, en ayant invité chez eux la plus grande partie, les massacrèrent après les avoir enivrés. Les Mèdes recouvrèrent par ce moyen et leurs États et l'empire sur les pays qu'ils avaient auparavant possédés. Ils prirent ensuite la ville de Ninive. Quant à la manière dont ils s'en rendirent maîtres, j'en parlerai dans un autre ouvrage. Enfin, ils subjuguèrent les Assyriens, excepté le pays de Babylone. Après ces événements, Cyaxare mourut. Il avait régné quarante ans, y compris le temps que dura la domination des Scythes.

CVII. Astyage, son fils, lui succéda. Il naquit à ce prince une fille qu'il nomma Mandane. Il s'imagina en dormant qu'elle urinait en si grande abondance, que sa capitale et l'Asie entière en étaient inondées. Ayant communiqué ce songe à ceux d'entre les mages qui faisaient profession de les interpréter, il fut effrayé des détails de leur explication; et à tel point que, lorsque sa fille fut nubile, il ne voulut pas lui donner pour époux un Mède digne de lui par sa naissance; mais il lui fit épouser un Perse, nommé Cambyse, qu'il connaissait pour un homme d'une grande maison et de mœurs douces et tranquilles, parce qu'il le regardait comme bien inférieur à un Mède de médiocre condition.

---

[1] De la Syrie de Palestine.

CVIII. La première année du mariage de Cambyse avec Mandane, Astyage eut un autre songe : il lui sembla voir sortir du sein de sa fille une vigne qui couvrait toute l'Asie. Ayant communiqué ce songe aux interprètes, il fit venir de Perse Mandane, sa fille, qui était près d'accoucher. Aussitôt après son arrivée, il la fit garder, dans le dessein de faire périr l'enfant dont elle serait mère; les mages, interprètes des songes, lui ayant prédit que l'enfant qui naîtrait de cette princesse régnerait un jour à sa place. Comme Astyage se tenait en garde contre cet événement, Cyrus fut à peine né qu'il manda Harpage, son parent, celui de tous les Mèdes qui lui était le plus attaché, et sur lequel il se reposait du soin de toutes ses affaires. « Harpage, lui dit-il, exécute fidèlement l'ordre que « je vais te donner, sans chercher à me tromper, de crainte « qu'en t'attachant à d'autres maîtres que moi tu ne travailles « à ta propre perte. Prends l'enfant qui vient de naître de « Mandane, porte-le dans ta maison, fais-le mourir, et l'inhume « ensuite comme il te plaira. — Seigneur, répondit « Harpage, j'ai toujours cherché à te plaire, et je ferai mon « possible pour ne jamais t'offenser. Si tu veux que l'enfant « meure, j'obéirai exactement à tes ordres, du moins autant « qu'il dépendra de moi. »

CIX. Après cette réponse, on remit l'enfant, paré pour la mort, entre les mains d'Harpage. Il s'en retourna chez lui les larmes aux yeux; et, en abordant sa femme, il lui raconta tout ce qu'Astyage lui avait dit. « Quelle est ta résolution ? reprit-« elle. — Je n'exécuterai point les ordres d'Astyage, répondit-« il, dût-il devenir encore plus emporté et plus furieux qu'il « ne l'est maintenant; je n'obéirai point à ses volontés, je ne « me prêterai point à ce meurtre. Non, je ne le ferai point, « par plusieurs raisons : premièrement, je suis parent de l'en-« fant ; secondement, Astyage est avancé en âge, et n'a point « d'enfant mâle. Si, après sa mort, la couronne passe à la « princesse sa fille, dont il veut aujourd'hui que je fasse mourir « le fils, que me reste-t-il, sinon la perspective du plus grand « danger ? Pour ma sûreté, il faut que l'enfant périsse ; mais « que ce soit par les mains de quelqu'un des gens d'Astyage, « et non par le ministère des miens. »

CX. Il dit, et sur-le-champ il envoya un exprès à celui des

bouviers d'Astyage qu'il savait mener ses troupeaux dans les meilleurs pâturages, et sur les montagnes les plus fréquentées par les bêtes sauvages. Il s'appelait Mitradate. Sa femme, esclave d'Astyage ainsi que lui, se nommait Spaco, nom qui, dans la langue des Mèdes, signifie la même chose que Cyno dans celle des Grecs; car les Mèdes appellent une chienne spaca. Les pâturages où il gardait les bœufs du roi étaient au pied des montagnes, au nord d'Ecbatane, et vers le Pont-Euxin. De ce côté-là, vers les Saspires, la Médie est un pays élevé, rempli de montagnes et couvert de forêts, au lieu que le reste du royaume est plat et uni. Le bouvier, que l'on avait mandé en diligence, étant arrivé, Harpage lui parla ainsi : « Astyage te « commande de prendre cet enfant, et de l'exposer sur la « montagne la plus déserte, afin qu'il périsse promptement. Il « m'a ordonné aussi de te dire que, si tu ne le fais pas mourir, et « que tu lui sauves la vie de quelque manière que ce soit, il « te fera périr du supplice le plus cruel. Ce n'est pas tout : il « veut encore que je m'assure si tu as exposé cet enfant. »

CXI. Aussitôt Mitradate prit l'enfant, et retourna dans sa cabane par le même chemin. Tandis qu'il allait à la ville, sa femme, qui n'attendait de jour en jour que le moment d'accoucher, mit au monde un fils, par une permission particulière des dieux. Ils étaient inquiets l'un de l'autre, le mari craignant pour sa femme, prête à accoucher, la femme pour son mari, parce qu'Harpage n'avait pas coutume de le mander. Dès qu'il fut de retour, sa femme comme si elle n'eût plus espéré le revoir, lui parla la première, et voulut savoir pourquoi Harpage l'avait envoyé chercher avec tant d'empressement. « Ma « femme, lui dit-il, je n'ai pas plutôt été dans la ville, que j'ai « vu et entendu des choses que je voudrais bien n'avoir ni « vues ni entendues; et plût aux dieux qu'elles ne fussent « jamais arrivées à nos maîtres ! Toute la maison d'Harpage « était en pleurs. Frappé d'effroi, je pénètre dans l'intérieur; « je vois à terre un enfant qui pleurait, qui palpitait. Il était « couvert de drap d'or et de langes de diverses couleurs. Har- « page ne m'eut pas plutôt aperçu qu'il me commanda d'em- « porter promptement cet enfant, et de l'exposer sur la mon- « tagne la plus fréquentée par les bêtes féroces. Il m'a assuré « que c'était Astyage lui-même qui me donnait cet ordre, et

« m'a fait de grandes menaces si je manquais à l'exécuter. J'ai
« donc pris cet enfant et l'ai emporté, croyant qu'il était à
« quelqu'un de sa maison : car je n'aurais jamais imaginé quel
« était son véritable père. J'étais cependant étonné de le voir
« couvert d'or et de langes si précieux. Je ne l'étais pas moins
« de voir toute la maison d'Harpage en pleurs. Enfin, chemin
« faisant, j'ai bientôt appris du domestique qui m'a accompagné
« hors de la ville, et qui m'a remis l'enfant, qu'il est à Man-
« dane, fille d'Astyage, et à Cambyse, fils de Cyrus, et qu'As-
« tyage ordonne qu'on le fasse mourir. Le voici, cet en-
« fant. »

CXII. En achevant ces mots, Mitradate découvre l'enfant, et le montre à sa femme. Charmée de sa grandeur et de sa beauté, elle embrasse les genoux de son mari, et le supplie, les larmes aux yeux, de ne point exposer cet enfant. Il lui dit qu'il ne pouvait s'en dispenser, que des espions d'Harpage allaient venir pour l'observer, et que, s'il n'obéissait pas, il périrait de la manière la plus cruelle. Spaco, voyant que ses discours ne faisaient aucune impression sur son mari, reprit la parole. « Puisque je ne saurais, dit-elle, te persuader, et qu'il faut ab-
« solument qu'on voie un enfant exposé, fais du moins ce que
« je vais te dire. Je suis accouchée d'un enfant mort : va le
« porter sur la montagne, et nourrissons celui de la fille d'As-
« tyage comme s'il était à nous. Par ce moyen on ne pourra
« te convaincre d'avoir offensé tes maîtres, et nous aurons pris
« un bon parti : notre enfant mort aura une sépulture royale,
« et celui qui reste ne perdra point la vie. »

CXIII. Le bouvier sentit que, dans cette conjoncture, sa femme avait raison ; et sur-le-champ il suivit son conseil. Il lui remet l'enfant qu'il avait apporté pour le faire mourir, prend le sien qui était mort, le met dans le berceau du jeune prince avec tous ses ornements, et va l'exposer sur la montagne la plus déserte. Trois jours après, ayant laissé, pour garder le corps, un de ceux qui avaient soin des troupeaux sous ses ordres, il alla à la ville, et, s'étant rendu chez Harpage, il lui dit qu'il était prêt à lui montrer le corps mort de l'enfant. Harpage, ayant envoyé avec lui ses gardes les plus fidèles, fit, sur leur rapport, donner la sépulture au fils de Mitradate. A l'égard du jeune prince, Spaco en prit soin et l'éleva. Il fut dans la suite connu sous le nom de Cyrus ; mais Spaco lui donna un autre nom.

CXIV. Cet enfant, étant âgé de dix ans, eut une aventure qui le fit reconnaître. Un jour que, dans le village où étaient les troupeaux du roi, il jouait dans la rue avec d'autres enfants de son âge, ceux-ci l'élurent pour leur roi, lui qui était connu sous le nom de *fils du bouvier*. Aux uns, il prescrivait de lui bâtir un palais ; aux autres, d'être ses gardes ; celui-ci était l'œil du roi ; celui-là avait l'honneur de porter ses messages : à chacun, Cyrus avait donné son emploi. Le fils d'Artembarès, homme de distinction chez les Mèdes, jouait avec lui. Ayant refusé d'exécuter ses ordres, Cyrus le fit saisir par les autres enfants, les enfants obéirent, et Cyrus le fit fouetter sévèrement. On ne l'eut pas plutôt relâché, qu'outré d'un traitement si indigne de sa naissance, il alla à la ville porter ses plaintes à son père contre Cyrus. Ce n'est pas qu'il lui donnât ce nom, Cyrus ne le portait point encore ; mais il l'appelait le fils du bouvier d'Astyage. Dans la colère où était Artembarès, il alla trouver le roi avec son fils, et se plaignit de l'outrage qu'il avait reçu. « Seigneur, dit-il en découvrant les épaules de son fils, « c'est ainsi que nous a outragés un de tes esclaves, le fils de « ton bouvier. »

CXV. A ce discours, à cette vue, Astyage voulant venger le fils d'Artembarès, par égard pour le père, envoya chercher Mitradate et son fils. Lorsqu'ils furent arrivés : « Comment, dit « le prince à Cyrus en le regardant, étant fils d'un tel homme, « as-tu eu l'audace de traiter d'une manière si indigne le fils « d'un des premiers de ma cour ? — Je l'ai fait, seigneur, avec « justice, répondit Cyrus. Les enfants du village, et celui-ci en « était, m'avaient choisi en jouant pour être leur roi ; je leur « en paraissais le plus digne : tous exécutaient mes ordres. Le « fils d'Artembarès n'y eut aucun égard, et refusa de m'obéir. « Je l'en ai puni : si cette action mérite quelque châtiment, me « voici prêt à le subir. »

CXVI. Tandis que l'enfant parlait, Astyage le reconnut, il lui semblait que les traits de son visage se rapprochaient des siens, que sa réponse convenait à un homme libre, et que son âge concordait avec le temps de l'exposition. Frappé de ces circonstances, ce prince demeura quelque temps sans pouvoir parler ;

mais enfin, revenu à lui, et voulant renvoyer Artembarès, afin de sonder Mitradate en particulier : « Artembarès, lui dit-il « vous n'aurez aucun sujet de vous plaindre de moi, ni toi, ni « ton fils. » Ensuite il ordonna à ses officiers de conduire Cyrus dans l'intérieur du palais. Resté seul avec Mitradate, il lui demanda où il avait pris cet enfant, et de qui il le tenait. Celui-ci répondit qu'il en était le père, que sa mère vivait encore et demeurait avec lui. Astyage répliqua qu'il ne prenait pas un bon parti, et qu'il voulait sans doute être torturé. En disant cela, il fit signe à ses gardes de le saisir. Mitradate, voyant qu'on le menait à la question, avoua enfin la vérité. Il reprit l'histoire dès son commencement, découvrit tout sans rien dissimuler, et, descendant aux plus humbles supplications, il pria le roi de lui pardonner.

CXVII. La vérité découverte, Astyage ne tint pas grand compte de Mitradate ; mais, violemment irrité contre Harpage, il commanda à ses gardes de le faire venir ; et, lorsqu'il parut devant lui, il lui parla en ces termes : « Harpage, de quel « genre de mort as-tu fait périr l'enfant de ma fille, que je t'ai « remis ? » Harpage, apercevant Mitradate dans l'appartement du roi, avoua tout sans détour, de crainte d'être convaincu par des preuves sans répliques. « Seigneur, dit-il, quand j'eus reçu « l'enfant, j'examinai comment je pourrais, en me confor- « mant à tes volontés, et sans m'écarter de ce que je te dois, « n'être coupable d'un meurtre ni à l'égard de la princesse ta « fille, ni même au tien. Je mandai en conséquence Mi- « tradate ; je lui remis l'enfant entre les mains, et lui déclarai « que tu avais résolu qu'on le mît à mort. Je ne me suis point « écarté en cela de la vérité, puisque tu m'avais commandé de « le faire mourir. En lui livrant cet enfant, je lui enjoignis de « l'exposer sur une montagne déserte, et de rester auprès de « lui jusqu'à ce qu'il fût mort. Enfin, je le menaçai des plus « rigoureux tourments, s'il n'accomplissait tout de point en « point. Ces ordres exécutés, et l'enfant mort, j'envoyai là les « plus fidèles de mes eunuques ; je m'assurai du fait par leurs « yeux, et j'ensevelis le corps. Les choses, seigneur, se sont « passées de cette manière, et tel est le sort qu'a éprouvé cet « enfant. »

CXVIII. Harpage parla sans détour ; mais Astyage, dissimulant son ressentiment, lui répéta d'abord toute l'histoire comme il l'avait apprise de Mitradate ; et, après qu'il l'eut répétée, il ajouta que l'enfant vivait, et qu'il en était content. « Car enfin, « dit-il, la manière dont on l'avait traité me faisait beaucoup de « peine, et j'étais très-sensible aux reproches de ma fille. Mais, « puisque la fortune nous a été favorable, envoie-moi ton fils « pour tenir compagnie au jeune prince nouvellement arrivé, « et ne manque pas de venir souper avec moi ; je veux offrir « pour la conservation de mon petit-fils, des sacrifices aux « dieux, à qui cet honneur appartient. »

CXIX. Harpage s'étant, à ces paroles, prosterné devant le roi s'en retourna chez lui, également flatté de l'heureuse issue de sa faute, et de ce que, par une heureuse chance, le roi l'avait invité à souper. Il ne fut pas plutôt entré chez lui, qu'il appela son fils unique, âgé d'environ treize ans, l'envoya au palais d'Astyage, avec ordre de faire tout ce que ce prince lui commanderait ; et, transporté de joie, il raconta cette aventure à sa femme.

Dès que le fils d'Harpage fut arrivé au palais, Astyage l'égorge, coupe son corps en morceaux, fait rôtir les uns, bouillir les autres, et apprête le tout avec soin. L'heure du repas venue, les convives s'y rendirent, et Harpage avec eux. On servit à Astyage et aux autres seigneurs de la chair de mouton, et à Harpage le corps de son fils, excepté la tête et les extrémités des mains et des pieds, que le roi avait fait mettre à part dans une corbeille couverte. Lorsqu'il parut avoir assez mangé, Astyage lui demanda s'il était content de ce repas. « Très-« content, » répondit Harpage. Aussitôt ceux qui en avaient reçu l'ordre, apportant dans une corbeille couverte la tête, les les mains et les pieds de son fils, et se tenant devant lui, lui dirent de la découvrir, et d'en prendre ce qu'il voudrait. Harpage obéit, et, découvrant la corbeille, il aperçut les restes de son fils. Il ne se troubla point, et sut se posséder. Astyage lui demanda s'il savait de quelle bête il avait mangé. Il répondit qu'il le savait, mais que tout ce que faisait le roi lui était agréable. Après cette réponse, il s'en retourna chez lui avec les restes de son fils, qu'il avait, à ce que je pense, rassemblés pour leur donner la sépulture.

CXX. Le roi, s'étant ainsi vengé d'Harpage, manda les mêmes

mages qui avaient interprété ses songes de la manière que nous avons dit, afin de délibérer avec eux sur ce qui concernait Cyrus. Les mages arrivés, il leur demanda quelle explication ils avaient autrefois donnée du songe qu'il avait eu. Ils lui firent la même réponse : « Si l'enfant, dirent-ils, n'est pas
« mort, en un mot, s'il vit encore, il faut qu'il règne. — L'en-
« fant vit et se porte bien, leur dit Astyage ; il a été élevé à la
« campagne : les enfants de son village l'ont élu pour leur roi.
« Il a fait tout ce que font les véritables rois ; il s'est donné
« des gardes du corps, des portiers, des messagers ; en un mot,
« il a pourvu à toutes les autres charges. Que pensez-vous que
« cela puisse présager ?

« — Puisque l'enfant vit, répondirent les mages, et qu'il a
« régné sans aucun dessein prémédité, rassure-toi, seigneur,
« tu n'as plus rien à craindre, il ne régnera pas une seconde
« fois. Il y a des oracles dont l'accomplissement s'est réduit à
« un événement frivole, et des songes qui ont abouti à bien peu
« de chose. — Je suis moi-même aussi de cet avis, reprit
« Astyage ; l'enfant ayant déjà porté le nom de roi, le songe est
« accompli ; je crois n'en avoir plus rien à craindre. Cependant
« réfléchissez-y mûrement, et donnez-moi le conseil que vous
« penserez le plus avantageux à votre sûreté et à la mienne.

« — Seigneur, dirent les mages, la stabilité et la prospérité de
« ton règne nous importent beaucoup ; car enfin la puissance
« souveraine, venant à tomber entre les mains de cet enfant qui
« est Perse, passerait à une autre nation ; et les Perses, nous
« regardant comme des étrangers, n'auraient pour nous au-
« cune considération, et nous traiteraient en esclaves. Mais
« toi, seigneur, qui es notre compatriote, tant que tu occuperas
« le trône, tu nous combleras de faveurs, et nous régnerons
« en partie avec toi. Ainsi notre intérêt nous oblige, à tous
« égards, à pourvoir à ta sûreté et à celle de ton empire. Si
« nous pressentions maintenant quelque danger, nous aurions
« grand soin de t'en avertir ; mais, puisque l'issue de ton songe
« est frivole, nous nous rassurons, et nous t'exhortons à te
« tranquilliser de même : éloigne de toi cet enfant, et renvoie-le
« en Perse à ceux dont il tient le jour. »

CXXI. Astyage, charmé de cette réponse, manda Cyrus. « Mon
« fils, lui dit-il, je t'ai traité avec injustice, sur la foi d'un

« vain songe; mais enfin ton heureux destin t'a conservé, et
« tu vis. Sois tranquille, pars pour la Perse, escorté par
« ceux que je te donnerai pour t'accompagner : tu y verras
« ton père et ta mère, qui sont bien différents du bouvier Mi-
« tradate et de sa femme. »

CXXII. Astyage, ayant ainsi parlé, renvoya Cyrus en Perse. Cambyse et Mandane, ayant appris ce qu'il était, le reçurent et l'embrassèrent, comme un enfant qu'ils avaient cru mort en naissant. Ils lui demandèrent comment il avait été conservé : Cyrus leur répondit que jusqu'alors il l'avait ignoré, et qu'à cet égard il avait été dans une très-grande erreur; qu'en chemin il avait été instruit de ses malheurs; qu'il s'était cru fils du bouvier d'Astyage, mais que, depuis son départ, il avait tout appris de ses conducteurs. Il leur conta comment il avait été nourri par Cyno, la femme du bouvier, dont il ne cessait de se louer et de répéter le nom. Son père et sa mère, se servant de ce nom pour persuader aux Perses que leur fils avait été conservé par une permission des dieux, publièrent partout qu'une chienne avait nourri Cyrus exposé. Voilà ce qui donna lieu au bruit qui courut.

CXXIII. Cyrus, parvenu à l'âge viril, était le plus brave et le plus aimable des jeunes gens de son âge. Harpage, qui désirait ardemment se venger d'Astyage, lui envoyait des présents, et le pressait de le seconder. Étant d'une condition privée, il ne voyait pas qu'il lui fût possible de se venger par lui-même de ce prince; mais ayant observé que Cyrus, en croissant, lui donnait l'espoir de la vengeance, et assimilant aux siens propres les malheurs de ce jeune homme, il s'attacha à lui et se l'associa. Il avait déjà pris quelques mesures, et avait profité des traitements trop rigoureux que le roi faisait aux Mèdes, pour s'insinuer dans l'esprit des grands, et leur persuader d'ôter la couronne à Astyage, et de la mettre sur la tête de Cyrus.

Cette trame ourdie, et tout étant prêt, Harpage voulut découvrir à Cyrus son projet; mais, comme ce prince était en Perse, et que les chemins étaient gardés, il ne put trouver, pour lui en faire part, d'autre expédient que celui-ci. S'étant fait apporter un lièvre, il ouvrit le ventre de l'animal, sans en arracher le poil; et, dans l'état où il était, il y mit une lettre où il avait écrit ce qu'il avait jugé à propos. L'ayant ensuite recousu, il le remit à celui de ses domestiques en qui il avait le plus de confiance, avec un filet, comme s'il l'envoyait à la chasse, et lui ordonna de vive voix de le porter en Perse à Cyrus, et de lui dire, en le lui présentant, de l'ouvrir lui-même et sans témoins.

CXXIV. Les choses se passèrent de la sorte : Cyrus ouvrit le lièvre, et y ayant trouvé la lettre, il la lut. Elle était conçue en ces termes : « Fils de Cambyse, les dieux veillent sur toi ; « autrement tu ne serais jamais parvenu à un si haut degré de « fortune. Venge-toi d'Astyage, ton meurtrier : il a tout fait « pour t'ôter la vie : si tu vis, c'est aux dieux et à moi que tu « le dois. Tu as sans doute appris, il y a longtemps, tout ce qu'il « a fait pour te perdre, et ce que j'ai souffert moi-même pour « t'avoir remis à Mitradate, au lieu de te faire mourir. Si tu « veux suivre aujourd'hui mes conseils, tous les États d'Astyage « seront à toi. Porte les Perses à secouer le joug, viens à leur « tête attaquer les Mèdes ; l'entreprise te réussira, soit qu'As-« tyage me donne le commandement des troupes qu'il enverra « contre toi, soit qu'il le confie à quelque autre des plus dis-« tingués d'entre les Mèdes. Les principaux de la nation seront « les premiers à l'abandonner ; ils se joindront à toi, et feront « les plus grands efforts pour détruire sa puissance. Tout est « ici disposé pour l'exécution. Fais donc ce que je te mande, « et fais-le promptement. »

CXXV. Cyrus, ayant lu cette lettre, ne songea plus qu'à chercher les moyens les plus sages pour engager les Perses à se révolter. Après y avoir bien réfléchi, voici ce qu'il imagina de plus avantageux, et il l'exécuta. Il écrivit une lettre conforme à ses vues, l'ouvrit dans l'assemblée des Perses, et leur en fit lecture. Elle portait qu'Astyage le déclarait leur gouverneur. « Maintenant « donc, leur dit-il, je vous commande de vous rendre tous ici « chacun avec une faux. » Tels furent les ordres de Cyrus. Les tribus qui composent la nation perse sont en grand nombre. Cyrus en convoqua quelques-unes, et les porta à se soulever contre les Mèdes. Ce sont celles qui ont le plus d'influence sur tous les autres Perses, savoir, les Pasargades, les Maraphiens et les Maspiens. Les Pasargades sont les plus illustres ; les Aché-ménides, d'où descendent les rois de Perse, en sont une branche. Les Panthialéens, les Dérusiéens, les Germaniens, sont tous laboureurs. Les autres, savoir, les Daens, les Mardes, les Dropiques et les Sagartiens, sont nomades, et ne s'occupent que de leurs troupeaux.

CXXVI. Lorsqu'ils se furent tous présentés armés de faux, Cyrus, leur montrant un certain canton de la Perse, d'environ dix-huit à vingt stades, entièrement couvert de chardons, leur commanda de le nettoyer en un jour. Ce travail achevé, il leur ordonna de se baigner le lendemain, et de se rendre ensuite auprès de lui. Cependant, ayant fait mener au même endroit tous les troupeaux de son père, tant de chèvres que de moutons et de bœufs, il les fit tuer et apprêter. Outre cela, il fit apporter du vin et les mets les plus exquis, pour régaler l'armée. Le lendemain, les Perses étant arrivés, il les fit asseoir sur l'herbe, et leur donna un grand festin. Le repas fini, Cyrus leur demanda laquelle de ces deux conditions leur paraissait préférable, la présente, ou celle de la veille. Ils s'écrièrent qu'il y avait une grande différence entre l'une et l'autre : que le jour précédent ils avaient éprouvé mille peines, au lieu qu'actuellement ils goûtaient toutes sortes de biens. Cyrus s'empara de cette réponse pour leur découvrir ses projets. « Perses, leur dit-il, tel est
« maintenant l'état de vos affaires : si vous voulez m'obéir,
« vous jouirez de ces biens, et d'une infinité d'autres encore,
« sans être exposés à des travaux serviles. Si, au contraire,
« vous ne voulez pas suivre mes conseils, vous ne devez atten-
« dre que des peines sans nombre, et pareilles à celles que
« vous souffrîtes hier. Devenez donc libres en m'obéissant : car
« il semble que je sois né par un effet particulier de la bonté
« des dieux, pour vous faire jouir de ces avantages : et d'ailleurs
« je ne vous crois nullement inférieurs aux Mèdes, soit dans
« ce qui concerne la guerre, soit en toute autre chose. Se-
« couez donc au plus tôt le joug sous lequel Astyage vous tient
« asservis. »

CXXVII. Les Perses, depuis longtemps indignés de se voir assujettis aux Mèdes, ayant trouvé un chef, saisirent l'occasion de se mettre en liberté. Astyage, ayant eu connaissance des menées de Cyrus, le manda auprès de lui par un exprès. Cyrus commanda au porteur de cet ordre de lui dire qu'il irait le trouver plus tôt qu'il ne souhaitait. Sur cette réponse, Astyage fit prendre les armes à tous les Mèdes ; et, comme si les dieux lui eussent ôté le jugement, il donna le commandement de son armée à Harpage, ne se souvenant plus de la manière dont il l'avait traité. Les Mèdes, s'étant mis en campagne, en vinrent aux mains avec les Perses. Tous ceux à qui Harpage n'avait point fait part de ses projets se battirent avec courage. Quant aux autres, il y en eut une partie qui passa d'elle-même du côté des Perses ; mais le plus grand nombre manqua de cœur et prit la fuite.

CXXVIII. Astyage n'eut pas plutôt appris la déroute honteuse des Mèdes, qu'il s'emporta en menaces contre Cyrus. « Non, « dit-il, Cyrus n'aura pas sujet de s'en réjouir. » Il n'en dit pas davantage ; mais il commença par faire mettre en croix les mages, interprètes des songes, qui lui avaient conseillé de laisser partir Cyrus. Il fit ensuite prendre les armes à ce qui restait de Mèdes dans la ville, jeunes et vieux, les mena contre les Perses, et leur livra bataille. Il la perdit, avec la plus grande partie de ses troupes, et tomba lui-même entre les mains des ennemis.

CXXIX. Harpage, charmé de le voir dans les fers, se présenta devant lui, l'insulta ; et, entre autres paroles mordantes, lui ayant rappelé ce repas où il avait fait servir la chair de son fils, il lui demanda quel goût il trouvait à l'esclavage, et s'il le préférait à la couronne. Astyage lui demanda à son tour s'il s'attribuait l'entreprise de Cyrus. Harpage reprit qu'il le pouvait avec justice, puisque c'était lui qui l'avait préparée en écrivant à ce prince. Astyage lui fit voir qu'il était le plus inconséquent et le plus injuste de tous les hommes : le plus inconséquent, puisque, pouvant se faire roi, si du moins il était l'auteur de la révolte actuelle, il avait mis la couronne sur la tête d'un autre ; et le plus injuste, puisque, pour le repas dont il s'agissait, il avait réduit les Mèdes en servitude. En effet, s'il était absolument nécessaire de donner la couronne à un autre, et s'il ne voulait pas la garder pour lui-même, il aurait été plus juste de la mettre sur la tête d'un Mède que sur celle d'un Perse ; qu'enfin il avait donné des fers à sa patrie, quoiqu'elle ne fût point coupable ; et qu'il avait rendu les Perses maîtres des Mèdes, eux qui en avaient été les esclaves.

CXXX. Astyage perdit ainsi la couronne, après un règne de

trente-cinq ans. Les Mèdes, qui avaient possédé cent vingt-huit ans l'empire de la haute Asie, jusqu'au fleuve Halys, sans y comprendre le temps qu'y régnèrent les Scythes, passèrent sous le joug des Perses à cause de l'inhumanité de ce prince. Il est vrai que, s'en étant repentis par la suite, ils le secouèrent sous Darius [1]; mais, ayant été vaincus dans un combat, ils furent de nouveau subjugués. Cyrus et les Perses, s'étant alors soulevés contre les Mèdes sous le règne d'Astyage, furent dès lors maîtres de l'Asie. Quant à Astyage, Cyrus le retint près de lui jusqu'à sa mort, et ne lui fit point d'autre mal.

Telles furent la naissance de Cyrus, son éducation, et la manière dont il monta sur le trône. Il battit dans la suite Crésus, qui lui avait fait le premier une guerre injuste, comme je l'ai déjà dit, et par la défaite de ce prince il devint maître de toute l'Asie.

CXXXI. Voici les coutumes qu'observent, à ma connaissance, les Perses. Leur usage n'est pas d'élever aux dieux des statues, des temples, des autels; ils traitent au contraire d'insensés ceux qui le font : c'est, à mon avis, parce qu'ils ne croient pas, comme les Grecs, que les dieux aient une forme humaine. Ils ont coutume de sacrifier à Jupiter [2] sur le sommet des montagnes, et donnent le nom de Jupiter à toute la circonférence du ciel. Ils font encore des sacrifices au Soleil, à la Lune, à la Terre, au Feu, à l'Eau et aux Vents, et n'en offrent de tout temps qu'à ces divinités. Mais ils y ont joint dans la suite le culte de Vénus-Uranie, qu'ils ont emprunté des Assyriens et des Arabes. Les Assyriens donnent à Vénus le nom de Mylitta, les Arabes celui d'Alitta, et les Perses l'appellent Mitra.

CXXXII. Voici les rites qu'observent les Perses en sacrifiant aux dieux dont je viens de parler. Ils ne dressent point d'autel, n'allument point de feu, ne font pas de libations, et ne se servent ni de flûtes, ni de bandelettes sacrées, ni d'orge mêlée avec du sel. Un Perse veut-il offrir un sacrifice, il conduit la victime dans un lieu pur, et, la tête couverte d'une tiare le plus

---

[1] Sous Darius Nothus, l'an 4306 de la période Julienne, 408 ans avant notre ère.
[2] Les Grecs et les Latins avaient pris la mauvaise habitude de donner aux dieux des autres nations les noms des divinités en vogue parmi eux. Quelques attributs, à peu près les mêmes chez les uns et chez les autres, suffisaient pour leur faire croire à l'identité de ces dieux. (L.)

ordinairement de myrte, il invoque le dieu. Il n'est pas permis à celui qui offre le sacrifice de faire des vœux pour lui seul ; il faut qu'il prie pour la prospérité du roi et celle de tous les Perses en général : car il est compris dans ce vœu général. Après qu'il a coupé la victime par morceaux, et qu'il en a fait bouillir la chair, il étend de l'herbe la plus tendre, et principalement du trèfle. Il pose sur cette herbe les morceaux de la victime, et les y arrange. Quand il les a ainsi placés, un mage, qui est là présent (car sans mage pas de sacrifice), un mage, dis-je, entonne une théogonie, réputée chez eux le charme le plus puissant. Peu après, celui qui a offert le sacrifice emporte les chairs de la victime, et en dispose comme il juge à propos.

CXXXIII. Les Perses pensent devoir célébrer plus particulièrement le jour de leur naissance que tout autre, et qu'alors leur table doit être garnie d'un plus grand nombre de mets. Ce jour-là, les gens riches se font servir un cheval, un chameau, un âne et un bœuf entiers, rôtis aux fourneaux. Les pauvres se contentent de menu bétail. Les Perses mangent peu d'aliments solides, mais beaucoup de hors-d'œuvre qu'on leur sert l'un après l'autre. C'est ce qui leur fait dire que les Grecs en mangeant cessent seulement d'avoir faim, parce qu'après le repas on ne leur sert rien de bon, et que, si on leur en servait, ils ne cesseraient pas de manger. Ils sont adonnés au vin, et il ne leur est pas permis de vomir ni d'uriner devant le monde. Ils observent encore aujourd'hui ces usages. Ils ont coutume de délibérer sur les affaires les plus sérieuses après avoir bu avec excès ; mais, le lendemain, le maître de la maison où ils ont tenu conseil remet la même affaire sur le tapis avant que de boire. Si on l'approuve à jeun, elle passe ; sinon, on l'abandonne. Au contraire, ce qu'ils ont décidé à jeun, ils le discutent de nouveau dans l'ivresse.

CXXXIV. Quand deux Perses se rencontrent dans les rues, on distingue s'ils sont de même condition : car ils se saluent en se baisant à la bouche ; si l'un est d'une naissance un peu inférieure à l'autre, ils se baisent seulement à la joue ; et si la condition de l'un est fort au-dessous de celle de l'autre, l'inférieur se prosterne devant le supérieur. Les nations voisines sont celles qu'ils estiment le plus, toutefois après eux-mêmes ; eux suite, celles qui confinent à leurs voisins ; et, réglant ainsi leur estime proportionnellement au degré d'éloignement, ils font le moins de cas des plus éloignées. Cela vient de ce que, se croyant en tout d'un mérite supérieur, ils pensent que le reste des hommes ne s'attache à la vertu qu'en raison de la proximité de leur pays, et que ceux qui sont les plus éloignés d'eux sont les plus méchants. Sous l'empire des Mèdes, il y avait de la subordination entre les divers peuples. Les Mèdes les gouvernaient tous ensemble, aussi bien que leurs plus proches voisins. Ceux-ci commandaient à ceux qui étaient à leur proximité, et ces derniers à ceux qui les touchaient. Les Perses, dont l'empire et l'administration s'étendent au loin, ont aussi dans la même proportion des égards pour les peuples qui leur sont soumis.

CXXXV. Les Perses adoptent facilement les usages étrangers. Ils ont pris en effet l'habillement des Mèdes, trouvant qu'il est plus beau que le leur ; et dans la guerre ils se servent de cuirasses à l'égyptienne. Ils se portent avec ardeur aux plaisirs de tous genres dont ils entendent parler, et ils ont emprunté des Grecs l'amour des garçons. Ils épousent chacun plusieurs femmes en légitime mariage, mais ils ont encore un plus grand nombre de concubines.

CXXXVI. Après les vertus guerrières, ils regardent comme un grand mérite d'avoir beaucoup d'enfants. Le roi gratifie tous les ans ceux qui en ont le plus. C'est dans le grand nombre qu'ils font consister la force. Ils commencent à cinq ans à les instruire, et, depuis cet âge jusqu'à vingt, ils ne leur apprennent que trois choses : à monter à cheval, à tirer de l'arc et à dire la vérité. Avant l'âge de cinq ans un enfant ne se présente pas devant son père, il reste entre les mains des femmes. Ils en usent ainsi afin que, s'il meurt en bas âge, sa perte ne cause aucun chagrin au père.

CXXXVII. Cette coutume me paraît louable : j'approuve aussi la loi qui ne permet à personne, pas même au roi, de faire mourir un homme pour un seul crime, ni à aucun Perse de punir rigoureusement un de ses esclaves pour une seule faute. Mais si, après un examen réfléchi, il se trouve que les fautes du domestique soient en plus grand nombre et plus considérables que ses services, son maître peut alors suivre les mouvements de sa colère. Ils assurent que jamais personne n'a tué ni son père ni sa mère; mais que, toutes les fois que de pareils crimes sont arrivés, on découvre nécessairement, après d'exactes recherches, que ces enfants étaient supposés ou adultérins. Car il est, continuent-ils, contre toute vraisemblance qu'un enfant tue les véritables auteurs de ses jours.

CXXXVIII. Il ne leur est pas permis de parler des choses qu'il n'est pas permis de faire. Ils ne trouvent rien de si honteux que de mentir, et, après le mensonge, que de contracter des dettes; et cela pour plusieurs raisons, mais surtout parce que, disent-ils, celui qui a des dettes ment nécessairement. Un citoyen infecté de la lèpre blanche ne peut entrer dans la ville, ni avoir aucune communication avec le reste des Perses; c'est, selon eux, une preuve qu'il a péché contre le Soleil. Tout étranger attaqué de ce mal est chassé du pays; et, par la même raison, ils n'y veulent point souffrir de pigeons blancs. Ils n'urinent ni ne crachent dans les rivières; ils ne s'y lavent pas même les mains, et ne permettent pas que personne y fasse rien de semblable: car ils rendent un culte aux fleuves [1].

CXXXIX. Ils ont aussi quelque chose de singulier qu'ils ne connaissent pas eux-mêmes, mais qui ne nous a point échappé. Leurs noms, qui sont empruntés ou des qualités du corps ou de la dignité des personnes, se terminent par cette même lettre que les Doriens appellent *san*, et les Ioniens *sigma*; et, si vous y faites attention, vous trouverez que les noms des Perses finissent tous de la même manière, sans en excepter un seul.

CXL. Ce que je rapporte là, je puis en parler savamment; ce qui suit est secret et n'a pas le même degré de certitude. On n'enterre point le corps d'un Perse qu'il n'ait été auparavant déchiré par un oiseau ou par un chien. Quant aux mages, j'ai la certitude qu'ils observent cette coutume; car ils la pratiquent à la vue de tout le monde. Les Perses enduisent de cire les corps morts, et ensuite les mettent en terre.

[1] Le culte qu'on rendait aux fleuves était très-ancien. On en trouve des exemples dans Homère, qui parle des chevaux qu'on jetait dans le Scamandre pour honorer le dieu de ce fleuve. Chrysippe rapporte, au cinquième livre *de la Nature*, qu'Hésiode défendait d'uriner dans les rivières et les fontaines. La défense d'Hésiode se trouve dans les *Ouvrages et les Jours*, vers 755. (L.)

Les mages diffèrent beaucoup des autres hommes, et particulièrement des prêtres d'Égypte. Ceux-ci ont toujours les mains pures du sang des animaux, et ne tuent que ceux qu'ils immolent aux dieux. Les mages, au contraire, tuent de leurs propres mains toutes sortes d'animaux, à la réserve de l'homme et du chien ; ils se font même gloire de tuer également les fourmis, les serpents et autres animaux, tant reptiles que volatiles. Mais, quant à cet usage, laissons-le tel qu'il a été originairement établi, et reprenons le fil de notre narration.

CXLI. Les Lydiens n'eurent pas plutôt été subjugués par les Perses, que les Ioniens et les Éoliens envoyèrent à Sardes des ambassadeurs à Cyrus, pour le prier de les recevoir au nombre de ses sujets aux mêmes conditions qu'ils l'avaient été de Crésus. Ce prince répondit à leur proposition par cet apologue. Un joueur de flûte, leur dit-il, ayant aperçu des poissons dans la mer, joua de la flûte, s'imaginant qu'ils viendraient à terre ; se voyant trompé dans son attente, il prit un filet, retira une grande quantité de poissons qu'il tira sur le bord, et, comme il les vit sauter : « Cessez, leur dit-il, cessez maintenant de dan-
« ser, puisque vous n'avez pas voulu venir à moi au son de ma
« flûte. »

Il tint ce discours aux Ioniens et aux Éoliens, parce que, ayant fait auparavant solliciter les Ioniens par ses envoyés d'abandonner le parti de Crésus, il n'avait pu les y engager, et qu'il ne les voyait disposés à lui obéir que parce qu'il était venu à bout de toutes ses entreprises. Telle fut la réponse qu'il leur fit dans sa colère. Sur le rapport des députés, les Ioniens fortifièrent chacun leurs villes, et s'assemblèrent tous au Panionium, à la réserve des Milésiens, les seuls avec qui Cyrus fit un traité aux mêmes conditions que celles qui leur avaient été accordées par Crésus. Dans ce conseil, il fut unanimement résolu d'envoyer demander du secours à Sparte.

CXLII. Ces Ioniens, à qui appartient le Panionium, ont bâti leurs villes dans la contrée la plus agréable que je connaisse, soit pour la beauté du ciel, soit pour la température. En effet, les pays qui environnent l'Ionie, soit au-dessus, soit au-dessous, à l'est ou à l'ouest, ne peuvent entrer en comparaison avec elle, les uns étant exposés aux pluies et aux froids, les autres aux chaleurs et à la sécheresse. Ces Ioniens n'ont pas le même dialecte ; leurs mots ont quatre sortes de terminaisons. Milet est la première de leurs villes du côté du midi, et ensuite Myonte et Priène : elles sont en Carie, et leur langage est le même. Éphèse, Colophon, Lébédos, Téos, Clazomène, Phocée, sont en Lydie. Elles parlent entre elles une même langue, mais qui ne s'accorde en aucune manière avec celle des villes que je viens de nommer. Il y a encore trois autres villes ioniennes, dont deux sont dans les îles de Samos et de Chio ; la troisième, qu'on appelle Érythrée, est en terre ferme. Le langage de ceux de Chio et d'Érythrée est le même ; mais les Samiens ont eux seuls une langue particulière. Tels sont les quatre idiomes qui caractérisent l'ionien.

CXLIII. Parmi ces Ioniens, il n'y eut que les habitants de Milet qui, pour se mettre à couvert de tout danger, firent un traité avec Cyrus. Quant aux insulaires, ils n'avaient pour lors rien à craindre, les Phéniciens n'étant pas encore soumis aux Perses, et ceux-ci n'ayant pas de marine. Les Milésiens, du reste, s'étaient séparés des autres Ioniens, parce que, si tous les Grecs réunis étaient alors très-faibles, les Ioniens l'étaient encore plus, et ne jouissaient d'aucune considération. En effet, si l'on excepte Athènes, ils n'avaient pas une seule ville qui eût de la célébrité. Le reste des Ioniens et des Athéniens ne voulaient pas qu'on les appelât Ioniens ; ce nom leur déplaisait, et même encore aujourd'hui la plupart rougissent de le porter. Les douze villes dont je viens de parler s'en faisaient honneur. Elles firent construire un temple, qu'elles appelèrent de leur nom Panionium, et prirent la résolution d'en exclure les autres villes ioniennes : les Smyrnéens furent les seuls qui demandèrent à y être reçus.

CXLIV. Il en est de même des Doriens de la Pentapole, laquelle s'appelait auparavant Hexapole. Ils se gardent bien d'admettre au temple triopique aucuns Doriens de leur voisinage ; et même, s'il est arrivé à quelqu'un d'entre eux de violer les lois de ce temple, ils l'en ont exclu. Dans les jeux qui se célèbrent en l'honneur d'Apollon Triopien, on proposait autrefois des trépieds d'airain pour les vainqueurs ; mais il ne leur était pas permis de les emporter du temple ; il fallait les y consacrer au dieu. Un habitant d'Halicarnasse, nommé Agasiclès, ayant obtenu le prix à ces jeux, emporta, au mépris de cette loi, le trépied dans sa maison, et l'y appendit. Les cinq villes doriennes, Linde, Ialyssos, Camiros, Cos et Cnide, punirent Halicarnasse, qui était la sixième, en l'excluant de leur association.

CXLV. Les Ioniens se sont, je crois, partagés en douze cantons, et n'en veulent pas admettre un plus grand nombre dans leur confédération, parce que, dans le temps qu'ils habitaient le Péloponèse, ils étaient divisés en douze parties, de même que le sont encore maintenant les Achéens, qui les en ont chassés. Pellène est la première ville des Achéens du côté de Sicyone; l'on trouve ensuite Ægire, Æges, que traverse le Crathis, qui n'est jamais à sec, et qui a donné son nom à une rivière d'Italie. On voit après Bure, Hélice, où les Ioniens se réfugièrent après avoir été défaits par les Achéens. Viennent ensuite Ægium, Rhypes, Patres, Phares et Olénus, qu'arrose le Pirus, rivière considérable. Les deux dernières enfin sont Dyme et Tritéis, les seules qui soient situées au milieu des terres.

CXLVI. Ces douze cantons, qui sont aujourd'hui aux Achéens, appartenaient alors aux Ioniens, et ce fut cette raison qui engagea ceux-ci à se bâtir douze villes en Asie. Ce serait une insigne folie de croire que ces Ioniens sont plus distingués ou d'une naissance plus illustre que le reste des Ioniens : car les Abantes de l'Eubée en font une partie assez considérable, et cependant ces peuples n'ont rien de commun avec les habitants de l'Ionie, pas même le nom. Ces Ioniens sont un mélange de Myniens Orchoméniens, de Cadméens, de Dryopes, d'une portion de Phocidiens, de Molosses, d'Arcadiens Pélasges, de Doriens Épidauriens, et de plusieurs autres nations. Ceux d'entre ces peuples qui sortirent autrefois du Prytanée[1] des Athéniens s'estiment les plus nobles et les plus illustres des Ioniens. Lorsqu'ils allèrent fonder cette colonie, ils ne menèrent point de femmes avec eux; mais ils épousèrent des Cariennes, dont ils avaient tué les parents. Ces femmes, furieuses du massacre de leurs

---

[1] Le Prytanée servait à Athènes à plusieurs usages. Le sénat des Cinq Cents s'y assemblait. Près de la salle où il tenait ses séances, on voyait le Tholus, où prenaient leurs repas ceux qui avaient rendu des services importants à l'État, et où les prytanes offraient des sacrifices. On y entretenait aussi le feu sacré, et l'on y conservait du blé et des armes, des vivres et du feu. Car la colonie ne pouvait s'en pourvoir ailleurs; et si par hasard le feu venait à s'éteindre, il fallait en renvoyer chercher de nouveau au Prytanée de la métropole. (L.)

pères, de leurs maris et de leurs enfants, et de ce qu'après une telle action ils les avaient épousées, s'imposèrent la loi de ne jamais prendre leurs repas avec leurs maris, et de ne jamais leur donner ce nom : loi qu'elles firent serment d'observer, et qu'elles transmirent à leurs filles. Ce fut à Milet que cela se passa.

CXLVII. Ces Ioniens élurent pour rois, les uns des Lyciens issus de Glaucus, fils d'Hippolocus; les autres, des Cauconos Pyliens, qui descendaient de Codrus, fils de Mélanthus; d'autres enfin en prirent de l'une et de l'autre de ces deux races. Mais on me dira sans doute que ces Ioniens sont plus attachés à ce nom d'Ionien que le reste de la nation. Qu'ils soient aussi les purs, les véritables Ioniens, j'y consens; cependant tous ceux qui sont originaires d'Athènes, et qui célèbrent la fête des Apaturies[1], sont aussi Ioniens. Or ils la célèbrent tous, excepté les Éphésiens et les Colophoniens, qui en ont été exclus à cause d'un meurtre.

CXLVIII. Le Panionium est un lieu sacré du mont Mycale, que les Ioniens ont dédié en commun à Neptune Héliconien. Il regarde le septentrion. Mycale est un promontoire du continent, lequel s'étend à l'ouest vers Samos. Les Ioniens s'y assemblaient de toutes leurs villes, pour célébrer une fête qu'ils appelaient Panionia[2]. Les fêtes des Ioniens ne sont pas les

[1] L'institution de cette fête à Athènes doit avoir précédé l'envoi de la colonie ionienne, puisque tous les Ioniens originaires d'Athènes la célébraient. Voici l'origine de cette fête. Les Athéniens et les Béotiens, étant en guerre pour le pays d'Œnoé et de Mélœnes, il fut convenu qu'il y aurait un combat particulier entre les deux rois, et que le pays contesté appartiendrait au victorieux. Thymœtès, dernier roi d'Athènes de la race de Thésée, refusa le combat. Mélanthus, que les Héraclides venaient de chasser de la Messénie, et qui cherchait un asile à Athènes, accepta le défi. Il tua par ruse Xanthus, roi de Béotie. Ce prince s'étant présenté sur le champ de bataille, Mélanthus lui dit qu'il n'aurait pas dû amener avec lui un second; que cela était contre les conditions du combat. Xanthus, surpris de ce propos, regarda derrière lui pour voir si en effet il était suivi. Mélanthus profita de ce moment pour le tuer. Cette action lâche, qui aurait dû faire chasser ce prince, lui valut la couronne; et bien loin de la regarder comme une action infâme, des fêtes furent instituées en l'honneur de Jupiter Trompeur, afin d'en perpétuer la mémoire. (L.)

[2] Séduit par les idées ingénieuses du président de Montesquieu, de M. Goguet et de l'abbé de Mably, j'avais regardé l'assemblée des amphictyons comme la tenue des états généraux de la Grèce. L'assemblée des

seules qui se terminent par la même lettre, elles ont cela de commun avec celles de tous les Grecs, et avec les noms propres des Perses.

CXLIX. Voilà ce que j'avais à dire sur les villes des Ioniens. Celles des Éoliens sont : Cyme, qu'on appelle aussi Phriconis, Larisse, Néon-Tichos, Temnos, Cilla, Notium, Ægirousa, Pitane, Ægée, Myrine, Grynia. Ce sont les onze anciennes villes des Éoliens. Ils en avaient douze aussi sur le continent; mais les Ioniens leur enlevèrent Smyrne. Le pays de ces Éoliens est plus fertile que celui des Ioniens; mais le climat en est bien différent.

CL. Voici à quelle occasion les Éoliens perdirent Smyrne. Des Colophoniens, ayant eu le dessous dans une sédition, avaient été obligés de s'expatrier. Les habitants de Smyrne leur donnèrent un asile parmi eux. Quelque temps après, ces fugitifs ayant observé que les Smyrnéens célébraient hors de leur ville une fête en l'honneur de Bacchus, ils en fermèrent les portes, et s'en emparèrent. Les Éoliens vinrent tous au secours; mais on transigea : il fut convenu qu'ils laisseraient les Ioniens en possession de la ville, et que ceux-ci leur rendraient tous leurs effets mobiliers. Les Smyrnéens ayant accepté cette condition, on les distribua dans les onze autres villes éoliennes, qui leur accordèrent le droit de cité.

CLI. Telles sont les villes que les Éoliens possèdent actuellement en terre ferme, outre celles de l'Ida, parce qu'elles ne font point corps avec elles. Ils ont aussi cinq villes dans l'île de Lesbos. Quant à la sixième, nommée Arisba, les Méthymnéens en ont réduit les habitants en esclavage, quoiqu'ils leur fussent unis par les liens du sang. Ils ont aussi une ville dans l'île de Ténédos, et une autre dans les Cent îles. Les Lesbiens et les Ténédiens n'avaient alors rien à craindre, non plus que ceux d'entre les Ioniens qui habitaient dans les îles; mais les autres

---

Ioniens au Panionium était certainement une amphictionie, et en conséquence je l'avais envisagée comme la tenue des états généraux de l'Ionie ; et conséquemment j'avais considéré l'Ionie comme formant un corps fédératif. Mais très-certainement les Grecs, ni en Europe, ni en Asie, ne connurent pas cette sorte de gouvernement avant l'an 284 avant notre ère, où les Achéens jetèrent les fondements de leur république, comme l'a démontré l'ingénieux et savant auteur des *Anciens gouvernements fédératifs*. Voy. les chapitres IV et V. (L.)

villes résolurent de suivre les Ioniens partout où ils voudraient les mener.

CLII. Les ambassadeurs des Ioniens et des Éoliens, s'étant rendus à Sparte en diligence, choisirent, aussitôt après leur arrivée, un Phocéen, nommé Pythermus, pour porter la parole au nom de tous les autres. Pythermus se revêtit d'une robe de pourpre, afin que, sur cette nouvelle, les Spartiates se trouvassent à l'assemblée en plus grand nombre. S'étant avancé au milieu d'eux, il les exhorta, par un long discours, à prendre leur défense; mais les Lacédémoniens, sans aucun égard pour leur demande, résolurent entre eux de ne leur accorder aucun secours. Les Ioniens se retirèrent. Quoique les Lacédémoniens eussent rejeté leur demande, ils ne laissèrent pas de faire partir, sur un vaisseau à cinquante rames, des gens qui, à ce qu'il me semble, devaient observer l'état où se trouvaient les affaires de Cyrus et de l'Ionie. Arrivés à Phocée, les députés envoyèrent à Sardes Lacrinès, le plus considérable d'entre eux, pour dire à Cyrus au nom des Lacédémoniens, qu'il se gardât bien de faire tort à aucune ville de la Grèce; qu'autrement Sparte ne le souffrirait pas.

CLIII. Lacrinès ayant exécuté ses ordres, on dit que Cyrus demanda aux Grecs qui étaient présents quelle sorte d'hommes c'était que les Lacédémoniens, et quel était leur nombre pour lui tenir un pareil langage. Sur la réponse qu'ils lui firent, il parla ainsi au héraut des Spartiates : « Je n'ai jamais redouté cette « espèce de gens qui ont au milieu de leur ville une place où « ils s'assemblent pour se tromper les uns les autres par des « serments réciproques. Si les dieux me conservent la santé, ils « auront plus sujet de s'entretenir de leurs malheurs que de « ceux des Ioniens. » Cyrus lança ces paroles menaçantes contre tous les Grecs, parce qu'ils ont dans leurs villes des marchés où l'on vend et où l'on achète, et que les Perses n'ont pas coutume d'acheter ni de vendre ainsi dans des places, et que l'on ne voit point chez eux de marchés. Ce prince donna ensuite le gouvernement de Sardes à un Perse, nommé Tabalus; et, ayant chargé Pactyas, Lydien, de transporter en Perse les trésors de Crésus et des autres Lydiens, il retourna à Ecbatane, et emmena Crésus avec lui, ne faisant point assez de cas des Ioniens pour aller d'abord contre eux. Babylone, les Bactriens, les

Saces et les Égyptiens étaient autant d'obstacles à ses desseins. Il résolut de marcher en personne contre ces peuples, et d'envoyer un autre général contre les Ioniens.

CLIV. Cyrus ne fut pas plutôt parti de Sardes, que Pactyas fit soulever les Lydiens contre ce prince et contre Tabalus. Comme il avait entre les mains toutes les richesses de cette ville, il descendit sur le bord de la mer, prit des troupes à sa solde, engagea les habitants de la côte à s'armer en sa faveur; et, marchant contre Sardes, il assiégea Tabalus, qui se renferma dans la citadelle.

CLV. Sur cette nouvelle, que Cyrus apprit en chemin, ce prince dit à Crésus : « Quelle sera la fin de cette affaire ? Les « Lydiens ne cesseront point, suivant toutes les apparences, de « me susciter des affaires, et de s'en faire à eux-mêmes. Que « sais-je s'il ne serait pas plus avantageux de les réduire en « servitude ? J'en ai agi, du moins à ce qu'il me semble, comme « quelqu'un qui aurait épargné les enfants de celui qu'il aurait « fait mourir. Tu étais pour les Lydiens plus qu'un père, je « t'emmène prisonnier; je leur ai remis leur ville, et je m'é- « tonne ensuite qu'ils se révoltent ! » Ce discours exprimait la manière de penser de ce prince : aussi Crésus, qui craignait qu'il ne détruisît entièrement la ville de Sardes, reprit la parole : « Ce que tu viens de dire, seigneur, est spécieux ; « mais ne t'abandonne pas entièrement à ta colère, et ne dé- « truis point une ville ancienne, qui n'est coupable ni des « troubles précédents, ni de ceux qui arrivent aujourd'hui. « J'ai été la cause des premiers, et j'en porte la peine. Le « coupable est Pactyas à qui tu as confié le gouvernement de « Sardes : qu'il en soit puni. Pardonne aux Lydiens; mais, de « crainte qu'à l'avenir ils ne se soulèvent, et qu'ils ne se rendent « redoutables, envoie-leur défendre d'avoir des armes chez « eux, et ordonne-leur de porter des tuniques sous leurs man- « teaux, de chausser des brodequins, de faire apprendre à « leurs enfants à jouer de la cithare, à chanter, à trafiquer. « Par ce moyen, seigneur, tu verras bientôt des hommes chan- « gés en femmes, et il n'y aura plus à craindre de révolte de « leur part. »

CLVI. Crésus lui donna ce conseil, qu'il croyait plus avantageux pour les Lydiens que d'être vendus comme de vils esclaves. Il sentait que, à moins de lui alléguer de bonnes raisons, il ne réussirait pas à le faire changer de résolution ; et d'ailleurs il appréhendait que, si les Lydiens échappaient au danger présent, ils ne se soulevassent dans la suite contre les Perses, et n'attirassent sur eux une ruine totale. Ce conseil causa beaucoup de joie à Cyrus, qui, étant revenu de sa colère, témoigna à Crésus qu'il le suivrait. En même temps il manda un Mède, nommé Mazarès, lui ordonna de déclarer aux Lydiens l'avis que Crésus lui avait suggéré ; et de plus, il lui commanda de réduire en servitude tous ceux qui s'étaient ligués avec eux pour assiéger Sardes, mais surtout de lui amener Pactyas vivant. Ces ordres donnés en chemin, il continua sa route vers la Perse.

CLVII. Pactyas, apprenant que l'armée qui marchait contre lui approchait de Sardes, prit l'épouvante et se sauva à Cyme. Cependant Mazarès arriva à Sardes avec une très-petite partie de l'armée de Cyrus ; mais, n'y ayant pas trouvé Pactyas, il fit d'abord exécuter les ordres du roi. Les Lydiens se soumirent, et changèrent leur ancienne manière de vivre. Il envoya ensuite à Cyme sommer les habitants de lui livrer Pactyas. Il fut résolu dans l'assemblée des Cyméens, qu'on enverrait consulter l'oracle des Branchides sur le parti qu'il fallait prendre ; car il y avait là un ancien oracle, auquel les Ioniens et les Éoliens avaient tous coutume de recourir. Ce lieu est dans le territoire de Milet, au-dessus du port de Panorme.

CLVIII. Les Cyméens, ayant envoyé des députés aux Branchides, demandèrent à l'oracle de quelle manière ils devaient se conduire à l'égard de Pactyas, pour se rendre agréables aux dieux. L'oracle répondit qu'il fallait le livrer aux Perses. Sur le rapport des députés, les Cyméens se disposèrent à rendre Pactyas ; mais, quoique ce fût l'avis du plus grand nombre, Aristodicus, fils d'Héraclide, homme de distinction parmi les citoyens de Cyme, s'opposa à cette résolution et empêcha qu'on ne la suivît, jusqu'à ce qu'on eût fait au sujet de Pactyas une seconde députation, dans laquelle il fut admis, soit qu'il se défiât de l'oracle, soit qu'il soupçonnât d'infidélité le rapport des députés.

CLIX. Les députés étant arrivés aux Branchides, Aristodicus, portant la parole pour eux, consulta le dieu en ces termes :

« Grand dieu, le Lydien Pactyas est venu chercher un asile
« parmi nous pour éviter la mort dont le menacent les Perses.
« Ils le redemandent, et nous ordonnent de le remettre entre
« leurs mains; mais, quoique nous redoutions leur puissance,
« nous n'avons pas osé jusqu'ici livrer ce suppliant que nous
« n'ayons appris de toi avec certitude ce que nous devons faire. »
Le dieu lui fit la même réponse, et lui commanda de rendre
Pactyas aux Perses. Sur cela, Aristodicus alla, de dessein prémédité, autour du temple, et enleva les moineaux et toutes les autres espèces d'oiseaux qui y avaient fait leurs nids. On raconte que, tandis qu'il exécutait son dessein, il sortit du sanctuaire une voix qui s'adressait à lui, et lui disait : « O le plus scélérat
« de tous les hommes, as-tu bien la hardiesse d'arracher de
« mon temple mes suppliants? » et qu'Aristodicus, sans se déconcerter, lui répondit : « Quoi! grand dieu, tu secours toi-
« même tes suppliants, et tu ordonnes aux Cyméens de livrer
« le leur? — Oui, je le veux, reprit la même voix; et c'est afin
« que, ayant commis une impiété, vous en périssiez plus tôt, et
« que vous ne veniez plus consulter l'oracle pour savoir si vous
« devez livrer des suppliants. »

CLX. Sur le rapport des députés, les Cyméens envoyèrent Pactyas à Mitylène, ne voulant ni s'exposer en le livrant, ni se faire assiéger en continuant de lui donner un asile. Mazarès ayant fait redemander Pactyas aux Mityléniens, ils se disposaient à le lui remettre moyennant une certaine récompense, que je n'ose cependant préciser, parce que la convention n'eut pas lieu. Les Cyméens, ayant eu connaissance des desseins des Mityléniens, envoyèrent à Lesbos un vaisseau qui transporta Pactyas à Chios.

Les habitants de cette île l'arrachèrent du temple de Minerve Poliouchos, et le livrèrent à Mazarès, à condition qu'on leur donnerait l'Atarnée, pays de la Mysie, vis-à-vis de Lesbos. Lorsque les Perses eurent Pactyas en leur puissance, ils le gardèrent étroitement, à dessein de le présenter à Cyrus. Depuis cet événement, il se passa beaucoup de temps sans que les habitants de Chio osassent, dans les sacrifices, répandre sur la tête de la victime de l'orge d'Atarnée, ni offrir à aucun dieu des gâteaux faits avec de la farine de ce canton, et on excluait des temples tout ce qui en provenait.

CLXI. Les habitants de Chio n'eurent pas plutôt livré Pactyas, que Mazarès marcha contre ceux qui s'étaient joints à ce rebelle pour assiéger Tabalus. Il réduisit les Priéniens en servitude, fit une incursion dans la plaine du Méandre, et permit à ses soldats de tout piller. Il traita de même la Magnésie[1]; après quoi, étant tombé malade, il mourut.

CLXII. Harpage lui succéda dans le commandement de l'armée. Il était Mède de nation, aussi bien que Mazarès; et c'est celui à qui Astyage avait donné un repas abominable, et qui avait aidé Cyrus à s'emparer du trône de Médie. Dès que Cyrus l'eut nommé général, il passa en Ionie, et prit les villes au moyen de retranchements : car lorsqu'il avait renfermé les habitants dans leurs remparts, il les réduisait en élevant des terrasses au niveau des murailles. Phocée fut la première ville d'Ionie dont il s'empara.

CLXIII. Les Phocéens sont les premiers chez les Grecs qui aient entrepris de longs voyages sur mer, et qui aient fait connaître la mer Adriatique, la Tyrrhénie, l'Ibérie et Tartessus. Ils ne se servaient point de vaisseaux ronds, mais de vaisseaux à cinquante rames. Étant arrivés à Tartessus, ils se rendirent agréables à Arganthonius, roi des Tartessiens, dont le règne fut de quatre-vingts ans, et qui en vécut en tout cent vingt. Les Phocéens surent tellement se faire aimer de ce prince, qu'il leur conseilla d'abord de quitter l'Ionie pour s'établir dans l'endroit de son pays qui leur plairait le plus; mais n'ayant pu les y décider, et ayant appris d'eux que les forces de Crésus allaient toujours en augmentant, il leur donna une somme d'argent pour entourer leur ville de murailles. Cette somme devait être considérable, puisque l'enceinte de leurs murs est d'une vaste étendue, toute de grandes pierres jointes avec art. C'est ainsi que le mur des Phocéens fut bâti.

CLXIV. Harpage n'eut pas plutôt approché de la place, qu'il en forma le siége, faisant dire en même temps aux Phocéens qu'il serait content s'ils voulaient seulement abattre un de leurs créneaux, et consacrer une maison. Comme ils ne pouvaient souffrir l'esclavage, ils demandèrent un jour pour délibérer sur sa proposition, promettant, après cela, de lui faire

---

[1] C'est le territoire de Magnésie, ville située près du Méandre.

réponse. Ils le prièrent aussi de retirer ses troupes de devant leurs murailles pendant qu'on serait au conseil. Harpage répondit que, quoiqu'il n'ignorât pas leurs projets, il ne laissait pas cependant de leur permettre de délibérer. Pendant qu'Harpage retirait ses troupes de devant la ville, les Phocéens lancèrent leurs vaisseaux en mer, y mirent leurs femmes, leurs enfants et leurs meubles, et, de plus, les statues et les offrandes qui se trouvèrent dans les temples, excepté les peintures et les œuvres de bronze et de pierre. Lorsqu'ils eurent porté tous leurs effets à bord de ces vaisseaux, ils s'embarquèrent et firent voile à Chio : les Perses, ayant trouvé la ville abandonnée, s'en emparèrent.

CLXV. Les Phocéens voyant que les habitants de Chio ne voulaient pas leur vendre les îles Œnusses, dans la crainte qu'ils n'y attirassent le commerce et que leur île n'en fût exclue, ils mirent à la voile pour se rendre à Cyrne, où vingt ans auparavant ils avaient bâti la ville d'Alalie pour obéir à un oracle. D'ailleurs Arganthonius était mort dans cet intervalle. Ayant donc mis à la voile pour s'y rendre, ils allèrent d'abord à Phocée, et égorgèrent la garnison qu'Harpage y avait laissée. Faisant ensuite les plus terribles imprécations contre ceux qui se sépareraient de la flotte, ils jetèrent dans la mer une masse de fer ardente, et firent serment de ne retourner jamais à Phocée que cette masse ne revînt sur l'eau. Tandis qu'ils étaient en route pour aller à Cyrne, plus de la moitié, touchés de compassion, et regrettant leur patrie et leurs anciennes demeures, violèrent leur serment, et retournèrent à Phocée. Les autres, plus religieux, partirent des îles Œnusses, et continuèrent leur route.

CLXVI.° Lorsqu'ils furent arrivés à Cyrne, ils élevèrent des temples, et demeurèrent cinq ans avec les colons qui les avaient précédés; mais comme ils ravageaient et pillaient tous leurs voisins, les Tyrrhéniens et les Carthaginois mirent les uns et les autres en mer, d'un commun accord, soixante vaisseaux. Les Phocéens, ayant aussi équipé de leur côté pareil nombre de vaisseaux, allèrent à leur rencontre sur la mer de Sardaigne. Ils remportèrent une victoire cadméenne[1]; car ils perdirent

---

[1] Cette expression était passée en proverbe pour dire une victoire fu-

quarante vaisseaux, et les vingt autres ne purent servir dans la suite, les éperons ayant été faussés. Ils retournèrent à Alalie, et, prenant avec eux leurs femmes, leurs enfants, et tout ce qu'ils purent emporter du reste de leurs biens, ils abandonnèrent Cyrne, et firent voile vers Rhégium.

CLXVII. Les Carthaginois et les Tyrrhéniens ayant tiré au sort les Phocéens qui avaient été faits prisonniers sur les vaisseaux détruits, ceux-ci en eurent un beaucoup plus grand nombre. Les uns et les autres, les ayant menés à terre, les assommèrent à coups de pierres. Depuis ce temps-là, ni le bétail, ni les bêtes de charge, ni les hommes même, en un mot rien de ce qui appartenait aux Agylléens ne pouvait traverser le champ où les Phocéens avaient été lapidés sans avoir les membres disloqués, sans devenir estropié, difforme et paralytique. Les Agylléens envoyèrent à Delphes pour expier leur crime. La Pythie leur ordonna de faire aux Phocéens de magnifiques sacrifices funèbres, et d'instituer en leur honneur des jeux gymniques et des courses de chars. Les Agylléens observent encore maintenant ces cérémonies. Tel fut le sort de ces Phocéens. Ceux qui s'étaient réfugiés à Rhégium, en étant partis, bâtirent dans les campagnes d'Œnotrie la ville qu'on appelle aujourd'hui Hyèle. Ce fut par le conseil d'un habitant de Posidonia, qui leur dit que la Pythie ne leur avait pas ordonné, par sa réponse, d'établir une colonie dans l'île de Cyrne, mais d'élever un monument au héros Cyrnus [1]. Ce qui regarde Phocée en Ionie se passa de la sorte.

CLXVIII. Les Téiens se conduisirent à peu près comme les Phocéens. En effet, Harpage ne se fut pas plutôt rendu maître de leurs murs au moyen d'une terrasse, qu'ils s'embarquèrent, et passèrent en Thrace, où ils bâtirent la ville d'Abdère. Timésias de Clazomène l'avait fondée auparavant; mais les Thraces

---

neste aux vainqueurs. Par victoire cadméenne les anciens entendaient celle des deux frères Étéocle et Polynice, comme étant honteuse et pernicieuse.

[1] Cyrnus, fils d'Hercule, donna son nom à l'île de Cyrne. Il fut sans doute honoré comme un héros, et c'est probablement de lui que veut parler Hérodote. Soit vanité, soit paresse, les Grecs avaient recours à leurs fables toutes les fois qu'ils se trouvaient embarrassés sur l'origine d'un peuple. (L.)

l'ayant chassé, il n'en jouit pas. Les Téiens d'Abdère lui rendent maintenant des honneurs comme à un héros.

CLXIX. Ces peuples furent les seuls parmi les Ioniens qui aimèrent mieux abandonner leur patrie que de porter le joug. Il est vrai que le reste des Ioniens, si l'on excepte ceux de Milet, en vinrent aux mains avec Harpage, de même que ceux qui avaient quitté l'Ionie, et qu'ils donnèrent des preuves de leur valeur en défendant chacun sa patrie ; mais, vaincus et tombés en la puissance de l'ennemi, ils furent contraints de rester dans le pays et de se soumettre au vainqueur. Quant aux Milésiens, ils avaient, comme je l'ai dit plus haut, prêté serment de fidélité à Cyrus, et jouissaient d'une parfaite tranquillité. L'Ionie fut donc ainsi réduite en esclavage pour la seconde fois. Ses Ioniens qui habitaient les îles, craignant un sort pareil à celui qu'Harpage avait fait éprouver à ceux du continent, se rendirent d'eux-mêmes à Cyrus.

CLXX. Quoique accablés de maux, les Ioniens ne s'en assemblaient pas moins au Panionium. Bias de Priène leur donna, comme je l'ai appris, un conseil très-avantageux, qui les eût rendus les plus heureux de tous les Grecs, s'ils eussent voulu le suivre. Il les exhorta à s'embarquer tous ensemble sur une même flotte, à se rendre en Sardaigne, et à y fonder une seule ville pour tous les Ioniens. Il leur fit voir que, par ce moyen, ils sortiraient d'esclavage, et qu'habitant la plus grande de toutes les îles, les autres tomberaient en leur puissance ; au lieu que, s'ils restaient en Ionie, il ne voyait pour eux aucune espérance de recouvrer leur liberté. Tel fut le conseil que donna Bias aux Ioniens, après leur désastre ; mais, avant qu'ils fussent subjugués, Thalès de Milet, dont les ancêtres étaient originaires de Phénicie, leur en donna aussi un qui était excellent. Ce fut d'établir à Téos, au centre de l'Ionie, un conseil général pour toute la nation, sans préjudicier au gouvernement des autres villes, qui n'en auraient pas moins suivi leurs usages particuliers que si elles eussent été autant d'États séparés. Tels furent les deux conseils qui furent donnés aux Ioniens.

CLXXI. Harpage, ayant subjugué l'Ionie, marcha contre les Cariens, les Cauniens et les Lyciens, avec un renfort de troupes que lui avaient fourni les Ioniens et les Éoliens. Les Cariens avaient passé des îles sur le continent ; ils avaient été anciennement sujets de Minos : on les appelait Léléges. Ils habitaient alors les îles et ne payaient aucune sorte de tribut, autant que j'ai pu l'apprendre par les plus anciennes traditions ; mais toutes les fois que Minos avait besoin d'eux, ils montaient ses vaisseaux. Pendant que ce prince, heureux à la guerre, étendait au loin ses conquêtes, les Cariens acquéraient de la célébrité plus que tous les peuples connus jusqu'alors. On leur doit trois inventions dont les Grecs ont fait depuis usage. Ce sont, en effet, les Cariens qui, les premiers, ont enseigné à mettre des panaches sur les casques, qui ont orné de figures leurs boucliers, et qui ont ajouté une anse de cuir à cette arme; jusque-là, les boucliers n'avaient pas d'anse, et se gouvernaient au moyen d'un baudrier de cuir qui les tenait suspendus au cou et sur l'épaule gauche. Longtemps après, les Doriens et les Ioniens chassèrent les Cariens des îles, et c'est ainsi que les Cariens passèrent sur le continent. Voilà ce que les Crétois racontent des Cariens : mais ceux-ci pensent différemment sur leur origine. Ils se disent nés sur le continent même, et croient qu'ils n'ont jamais porté d'autre nom que celui qu'ils ont présentement. Ils montrent aussi à Mylasse un ancien temple de Jupiter Carien où ils n'admettent que les Mysiens et les Lydiens, à cause de l'affinité qu'ils ont avec ces peuples. Ils disent, en effet, que Lydus et Mysus étaient frères de Car; et ce motif les leur a fait admettre dans ce temple d'où sont exclus ceux de toute autre nation, quoiqu'ils parlent la même langue.

CLXXII. Quant aux Cauniens, il me semble qu'ils sont autochthones, quoiqu'ils se disent originaires de Crète. S'ils ont formé leur langue sur celle des Cariens, ou les Cariens sur celle des Cauniens, je ne puis en juger avec certitude. Ils ont cependant des coutumes bien différentes de celles des Cariens et du reste des hommes. Il est chez eux très-honnête de s'assembler pour boire, hommes, femmes et enfants, suivant les liaisons que forment entre eux l'âge et l'amitié. Ils avaient des dieux étrangers; mais, ayant changé de sentiment, il fut résolu qu'on n'adresserait à l'avenir ses vœux qu'à ceux du pays. Toute la jeunesse caunienne se revêtit donc de ses armes, et, frappant l'air de ses piques, elle les accompagna jusqu'aux frontières des Calyndiens, en criant qu'elle chassait les dieux étrangers. Telles sont les coutumes qu'ils observent.

CLXXIII. Les Lyciens sont originaires de Crète et remontent à la plus haute antiquité : car, dès les temps les plus reculés, cette île tout entière n'était occupée que par des barbares. Sarpédon et Minos, fils d'Europe, s'en disputèrent la souveraineté. Minos eut l'avantage, et Sarpédon fut chassé avec tous ceux de son parti. Ceux-ci passèrent dans la Milyade, canton de l'Asie ; car le pays qu'habitent aujourd'hui les Lyciens s'appelait autrefois Milyade, et les Milyens portaient le nom de Solymes. Tant que Sarpédon régna sur eux, on les appela Termiles, nom qu'ils avaient apporté dans le pays, et que leurs voisins leur donnent encore maintenant. Mais Lycus, fils de Pandion, ayant été aussi chassé d'Athènes par son frère Égée, et s'étant réfugié chez les Termiles, auprès de Sarpédon, ces peuples s'appelèrent, avec le temps, Lyciens, du nom de ce prince. Ils suivent en partie les coutumes de Crète, et en partie celles de Carie. Ils en ont cependant une qui leur est tout à fait particulière, et qui ne s'accorde avec aucune de celles des autres hommes : ils prennent en effet le nom de leurs mères, au lieu de celui de leurs pères. Si l'on demande à un Lycien de quelle famille il est, il fait la généalogie de sa mère et des aïeules de sa mère. Si une femme de condition libre épouse un esclave, ses enfants sont réputés nobles. Si, au contraire, un citoyen, même du rang le plus distingué, se marie à une étrangère ou à une concubine, ses enfants sont avilis.

CLXXIV. Les Cariens furent réduits en servitude par Harpage, sans avoir rien fait de mémorable. Ils ne furent pas les seuls. Tous les Grecs qui habitent ce pays ne se distinguèrent pas davantage. On compte parmi eux les Cnidiens, colonie de Lacédémone, dont le pays, tourné vers la mer, forme un promontoire que l'on appelle Triopium, où commence la Bybassie. Toute la Cnidie, si l'on en excepte un petit espace, est environnée par la mer : au nord, par le golfe Céramique ; au midi, par la mer de Syme et de Rhodes. C'est ce petit espace, qui n'a environ que cinq stades d'étendue, que les Cnidiens, voulant faire de leur pays une île, entreprirent de creuser pendant qu'Harpage était occupé à la conquête de l'Ionie : car tout leur territoire était en dedans de l'isthme, et ne tenait au continent que par cette langue de terre qu'ils voulaient couper. Ils employèrent un grand nombre de travailleurs; mais les éclats de pierre les blessant en différents endroits, et principalement aux yeux, d'une manière si extraordinaire qu'il paraissait bien qu'il y avait là quelque chose de divin, ils envoyèrent demander à Delphes quelle était la puissance qui s'opposait à leurs efforts. La Pythie, comme les Cnidiens le disent eux-mêmes, leur répondit en ces termes, en vers trimètres : « Ne fortifiez « pas l'isthme, et ne le creusez pas. Jupiter aurait fait une île « de votre pays, si c'eût été sa volonté. » Sur cette réponse de la Pythie, les Cnidiens cessèrent de creuser; et, lorsque Harpage se présenta avec son armée, ils se rendirent sans combattre.

CLXXV. Les Pédasiens habitent le milieu des terres au-dessus d'Halicarnasse. Toutes les fois que ces peuples et que leurs voisins sont menacés de quelque malheur, une longue barbe pousse à la prêtresse de Minerve. Ce prodige est arrivé trois fois. Les Pédasiens furent les seuls peuples de Carie qui résistèrent longtemps à Harpage, et qui lui causèrent beaucoup d'embarras, en fortifiant la montagne de Lida ; mais enfin ils furent subjugués.

CLXXVI. Les Lyciens allèrent au-devant d'Harpage, dès qu'il parut avec son armée dans les plaines de Xanthus. Quoiqu'ils ne fussent qu'une poignée d'hommes en comparaison des ennemis, ils se battirent, et firent des prodiges de valeur. Mais ayant perdu la bataille, et se voyant forcés de se renfermer dans leurs murs, ils portèrent dans la citadelle leurs richesses ; et, y ayant rassemblé leurs femmes, leurs enfants et leurs esclaves, ils y mirent le feu, et la réduisirent en cendres avec tout ce qui était dedans. S'étant, après cette action, réciproquement engagés par les serments les plus terribles, ils firent une sortie, et périrent tous en combattant. Ainsi la plupart des Lyciens d'aujourd'hui, appelés Xanthiens, sont étrangers, si l'on excepte quatre-vingts familles qui, étant alors éloignées de leur patrie échappèrent à la ruine commune. Ainsi fut prise la ville de Xanthus. Harpage s'empara de celle de Caune à peu près de la même manière : car les Cauniens suivirent en grande partie l'exemple des Lyciens.

CLXXVII. Pendant qu'Harpage ravageait l'Asie Mineure, Cyrus subjuguait en personne toutes les nations de l'Asie supérieure, sans en omettre aucune. Je les passerai la plupart sous silence, me contentant de parler de celles qui lui donnèrent le plus de peine, et qui méritent le plus de trouver place dans l'histoire. Lorsque ce prince eut réduit sous sa puissance tout le continent, il songea à attaquer les Assyriens.

CLXXVIII. L'Assyrie contient plusieurs grandes villes, mais Babylone est la plus célèbre et la plus forte. C'était là que les rois du pays faisaient leur résidence depuis la destruction de Ninive. Cette ville, située dans une grande plaine, forme un carré dont chaque côté a cent vingt stades de long [1], ce qui fait pour l'enceinte de la place quatre cent quatre-vingts stades. Elle est si magnifique que nous n'en connaissons pas une qu'on puisse lui comparer. Un fossé large, profond et plein d'eau, règne tout autour; on trouve ensuite un mur de cinquante coudées de roi d'épaisseur, sur deux cents de hauteur. La coudée de roi est de trois doigts plus grande que la moyenne.

CLXXIX. Il est à propos d'ajouter à ce que je viens de dire l'emploi qu'on fit de la terre des fossés, et de quelle façon la muraille fut bâtie. A mesure qu'on creusait les fossés, on en convertissait la terre en briques; et, lorsqu'il y en eut une quantité suffisante, on les fit cuire dans des fourneaux. Ensuite, pour servir de ciment, on se servit de bitume chaud, et, de trente couches en trente couches de briques, on mit des lits de roseaux entrelacés. On bâtit d'abord de cette manière les bords du fossé. On passa ensuite aux murs, qu'on construisit de même. Au haut et sur le bord de cette muraille, on éleva des tours qui n'avaient qu'un seul étage, les unes vis-à-vis des autres, entre lesquelles on laissa autant d'espace qu'il en fallait pour faire tourner un char à quatre chevaux. Il y avait à cette muraille cent portes d'airain massif, comme les jambages et les linteaux. A huit journées de Babylone est la ville d'Is, située sur une petite rivière de même nom, qui se jette dans l'Euphrate. Cette rivière roule avec ses eaux une grande quantité

[1] Ce qu'Hérodote appelle stade se borne à 41 toises 2 pieds, suivant l'évaluation de d'Anville. On aura donc 19,840 toises pour l'enceinte de Babylone. Mais comme Diodore de Sicile ne donne souvent au stade que 54 toises 2 pieds, les 360 stades qu'avait, selon lui, Babylone, feront 19,860 toises; ce qui revient, à peu de chose près, au compte d'Hérodote. Babylone, quoique immense, cesse alors de nous effrayer par sa grandeur, et son enceinte se réduit à huit de nos lieues. (L.)

de bitume : on en tira celui dont furent cimentés les murs de Babylone. Voilà comment Babylone fut entourée de remparts.

CLXXX. L'Euphrate traverse cette ville par le milieu, et la partage en deux quartiers. Ce fleuve est grand, profond et rapide ; il vient de l'Arménie, et se jette dans la mer Érythrée. L'une et l'autre muraille forme un coude sur le fleuve. A cet endroit commence un mur de briques cuites, dont sont bordées les deux berges de l'Euphrate. Les maisons sont à trois et quatre étages, les rues sont droites, et coupées par d'autres qui aboutissent au fleuve. En face de celles-ci, on a pratiqué, dans le mur construit le long du fleuve, de petites portes pareillement d'airain, par où l'on descend sur ses bords. Il y en a autant que de rues de traverse.

CLXXXI. Le mur extérieur sert de défense. L'intérieur n'est pas moins fort, mais il est plus étroit. Le centre de chacun de ces deux quartiers de la ville est remarquable : l'un, par le palais du roi, dont l'enceinte est grande et bien fortifiée ; l'autre, par le lieu consacré à Jupiter Bélus, dont les portes sont d'airain, et qui subsiste encore actuellement. C'est un carré qui a deux stades de côté. On voit au milieu une tour massive qui a un stade tant en longueur qu'en largeur ; sur cette tour s'en élève une autre, et sur cette seconde encore une autre, et ainsi de suite : de sorte que l'on en compte jusqu'à huit. On a pratiqué en dehors des degrés qui vont en tournant, et par lesquels on monte à chaque tour. Au milieu de cet escalier on trouve une station et des siéges, où se reposent ceux qui montent. Dans la dernière tour est une grande chapelle, dans cette chapelle un grand lit bien garni, et près de ce lit une table d'or. On n'y voit point de statues. Personne n'y passe la nuit, à moins que ce ne soit une femme du pays, dont le dieu a fait choix, comme le disent les Chaldéens, qui sont les prêtres de ce dieu.

CLXXXII. Ces mêmes prêtres ajoutent que le dieu vient lui-même dans la chapelle, et qu'il se repose sur le lit. Cela ne me paraît pas croyable. La même chose arrive à Thèbes en Égypte, s'il faut en croire les Égyptiens : car il y couche une femme dans le temple de Jupiter Thébéen, et l'on dit que ces deux femmes n'ont commerce avec aucun homme. La même chose s'observe aussi à Patare en Lycie, lorsque le dieu honore cette ville de sa présence. Alors on enferme la grande prêtresse la nuit dans le temple : car il ne rend point en ce lieu d'oracles en tout temps.

CLXXXIII. Dans ce temple de Babylone il y a une autre chapelle en bas, où l'on voit une grande statue d'or qui représente Jupiter assis. Près de cette statue est une grande table d'or ; le trône et le marchepied sont du même métal. Le tout, au rapport des Chaldéens, pèse huit cents talents d'or[1]. On voit hors de cette chapelle un autel d'or, et, outre cela, un autre autel très-grand, sur lequel on immole du bétail d'un âge fait ; car il n'est permis de sacrifier sur l'autel d'or que des agneaux encore à la mamelle. Les Chaldéens brûlent aussi sur ce grand autel, tous les ans, à la fête de ce dieu, mille talents pesant d'encens[2]. Il y avait encore en ce temps-là, dans l'enceinte sacrée, une statue d'or massif de douze coudées de haut. Je ne l'ai point vue, je me contente de rapporter ce qu'en disent les Chaldéens. Darius, fils d'Hystaspe, forma le projet de l'enlever ; mais il n'osa l'exécuter. Xerxès, fils de Darius, tua le prêtre qui s'opposait à son entreprise, et s'en empara. Telles sont les richesses de ce temple. On y voit aussi beaucoup d'offrandes particulières.

CLXXXIV. Babylone a eu un grand nombre de rois ; je ferai mention, dans mon Histoire d'Assyrie, de ceux qui ont embelli les remparts et les temples, et entre autres de deux femmes. La première précéda l'autre de cinq générations ; elle s'appelait Sémiramis. Elle fit faire ces digues remarquables qui retiennent l'Euphrate dans son lit et l'empêchent d'inonder les campagnes, comme il le faisait auparavant.

CLXXXV. La seconde reine, nommée Nitocris, était plus prudente que la première. Parmi plusieurs ouvrages dignes de mémoire dont je vais parler, elle fit celui-ci. Ayant remarqué que les Mèdes, devenus puissants, ne pouvaient rester en repos, qu'ils s'étaient rendus maîtres de plusieurs villes, et entre autres de Ninive, elle se fortifia d'avance contre eux autant qu'elle le put. Premièrement, elle fit creuser des canaux au-dessus de Babylone ; par ce moyen, l'Euphrate, qui traverse la ville par le

---

[1] 66,160,000 liv. de notre monnaie.
[2] 81,432 livres quatre onces cinq gros vingt-quatre grains.

milieu, de droit qu'il était auparavant, devint oblique et tortueux, au point qu'il passe trois fois par Ardéricca, bourgade d'Assyrie; et encore maintenant, ceux qui se transportent de cette mer-ci à Babylone rencontrent, en descendant l'Euphrate, ce bourg trois fois en trois jours.

Elle fit faire ensuite de chaque côté une levée digne d'admiration, tant pour sa largeur que pour sa hauteur. Bien loin au-dessus de Babylone, et à une petite distance du fleuve, elle fit creuser un lac destiné à recevoir les eaux du fleuve quand il vient à déborder. Il avait quatre cent vingt stades de tour : quant à la profondeur, on le creusa jusqu'à ce qu'on trouvât l'eau. La terre qu'on en tira servit à relever les bords de la rivière. Ce lac achevé, on en revêtit les bords de pierres. Ces deux ouvrages, savoir, l'Euphrate rendu tortueux et le lac, avaient pour but de ralentir le cours de ce fleuve en brisant son impétuosité par un grand nombre de sinuosités, et d'obliger ceux qui se rendraient par eau à Babylone d'y aller en faisant plusieurs détours, et de les forcer, à la fin de leur trajet, de suivre le vaste contour du réservoir. Elle fit faire ces travaux dans la partie de ses États la plus exposée aux irruptions des Mèdes, et du côté où ils ont moins de chemin à faire pour entrer sur ses terres, afin que, n'ayant point de commerce avec les Assyriens, ils ne pussent prendre connaissance de ses affaires.

CLXXXVI. Elle s'entoura de ces défenses creusées dans le sol. Ces ouvrages achevés, voici ceux qu'elle y ajouta : Babylone est divisée en deux parties, et l'Euphrate la traverse par le milieu. Sous les rois précédents, quand on voulait aller d'un côté de la ville à l'autre, il fallait nécessairement passer le fleuve en bateau, ce qui était, à mon avis, fort incommode. Nitocris y pourvut ; le lac qu'elle creusa pour obvier aux débordements du fleuve lui permit d'ajouter à ce travail un autre ouvrage mémorable.

Elle fit tailler de grandes pierres; et, lorsqu'elles furent prêtes, et que le lac eut été creusé, elle détourna les eaux de l'Euphrate dans ce lac. Pendant qu'il se remplissait, l'ancien lit du fleuve demeura à sec. Ce fut alors qu'on en revêtit les bords de briques cuites en dedans de la ville, ainsi que les descentes qui conduisent des petites portes à la rivière ; et l'on s'y prit comme l'on avait fait pour construire le mur; on bâtit aussi au milieu de la ville un pont avec les pierres qu'on avait tirées des carrières, et on les lia ensemble avec du fer et du plomb. Pendant le jour on y passait sur des pièces de bois carrées qu'on retirait le soir, de crainte que les habitants rôdant par l'obscucurité, ne se volassent les uns les autres. Lorsqu'on eut fait passer dans le lac les eaux du fleuve, on travailla au pont. Le pont achevé, on fit rentrer l'Euphrate dans son ancien lit ; et le terrain creusé ne fut plus qu'un marais, dont les Babyloniens reconnurent l'utilité, en même temps qu'un pont fut établi pour leur usage.

CLXXXVII. Voici la ruse qu'imagina aussi cette même reine : elle se fit ériger un tombeau sur la terrasse d'une des portes de la ville les plus fréquentées, avec l'inscription suivante, qu'on y grava par son ordre : « Si quelqu'un des rois qui me succéde-
« ront à Babylone vient à manquer d'argent, qu'il ouvre ce
« sépulcre, et qu'il en prenne autant qu'il voudra ; mais qu'il
« se garde bien de l'ouvrir par d'autres motifs, et s'il n'en a
« du moins un grand besoin : il ne s'en trouvera pas bien. »
Ce tombeau demeura intact jusqu'au règne de Darius ; mais ce prince, s'indignant de ne pas faire usage de cette porte, et de ne point se servir de l'argent qui y était en dépôt, et qui semblait l'inviter à le prendre, le fit ouvrir (or il ne se servait plus de cette porte pour ne point passer sous un corps mort) ; mais l n'y trouva que le corps de Nitocris, avec cette inscription :
« Si tu n'avais pas été insatiable d'argent, et avide d'un gain
« honteux, tu n'aurais pas ouvert les tombeaux des morts. »
Voilà ce qu'on rapporte de cette reine.

CLXXXVIII. Ce fut contre le fils de cette reine que Cyrus fit marcher ses troupes. Il était roi d'Assyrie, et s'appelait Labynète, de même que son père. Le grand roi ne se met point en campagne qu'il n'ait avec lui beaucoup de vivres et de bétail, qu'il tire de son pays. On porte aussi à sa suite de l'eau du Choaspe, qui coule à Suse. Le roi n'en boit pas d'autre. On la renferme dans des vases d'argent, après l'avoir fait bouillir, et on la transporte à la suite de ce prince sur des chariots à quatre roues traînés par des mulets.

CLXXXIX. Cyrus, marchant contre Babylone, arriva sur les bords du Gynde. Ce fleuve a ses sources dans les monts Matianiens, et, après avoir traversé le pays des Dardanéens, il se perd dans le Tigre, qui passe le long de la ville d'Opis, et se jette dans la mer Érythrée. Pendant que Cyrus essayait de traverser le Gynde, quoiqu'on ne pût le faire qu'en bateau, un de ces chevaux blancs qu'on appelle sacrés, emporté par son ardeur, sauta dans l'eau et s'efforça de gagner la rive opposée ; mais la rapidité du courant l'enleva, le submergea, et le fit entièrement disparaître. Cyrus, indigné de l'insulte du fleuve, le menaça de le rendre si faible, que dans la suite les femmes mêmes pourraient le traverser sans se mouiller les genoux. Ces menaces faites, il suspend l'expédition contre Babylone, partage son armée en deux corps, trace au cordeau, de chaque côté de la rivière, cent quatre-vingts canaux qui venaient y aboutir en tout sens, et les fait ensuite creuser par ses troupes. On en vint à bout, parce qu'on y employa un grand nombre de travailleurs ; mais cette entreprise les occupa pendant tout l'été.

CXC. Cyrus, s'étant vengé du Gynde en le coupant en trois cent soixante canaux, continua sa marche vers Babylone dès que le second printemps eut commencé à paraître. Les Babyloniens ayant mis leurs troupes en campagne, l'attendirent de pied ferme. Il ne parut pas plutôt près de la ville, qu'ils lui livrèrent bataille ; mais, ayant été vaincus, ils se renfermèrent dans leurs murailles.

Comme ils savaient depuis longtemps que ce prince ne pouvait rester tranquille, et qu'il attaquait également toutes les nations, ils avaient fait un amas de provisions pour un grand nombre d'années. Aussi le siège ne les inquiétait-il en aucune manière. Cyrus se trouvait dans un grand embarras ; il assiégeait la place depuis longtemps, et n'était pas plus avancé que le premier jour.

CXCI. Enfin, soit que lui-même il eût connu ce qu'il fallait faire, soit que quelqu'un, le voyant embarrassé, lui eût donné ce conseil, voici le moyen qu'il employa. Il plaça son armée, partie à l'endroit où le fleuve entre dans Babylone, partie à l'endroit d'où il en sort, avec ordre de s'introduire dans la ville par le lit du fleuve dès qu'il serait guéable. Son armée ainsi postée, et cet ordre donné, il se rendit au lac avec ses plus mauvaises troupes. Lorsqu'il y fut arrivé, il détourna, à l'exemple de la reine de Babylone, par le canal de communication, le fleuve dans le lac, qui était un grand marais. Les eaux s'y écoulèrent, et l'ancien lit de l'Euphrate devint guéable. Cela fait, les Perses, qui avaient été placés exprès sur les bords du fleuve, entrèrent dans Babylone par le lit de la rivière, dont les eaux s'étaient tellement retirées, qu'ils n'en avaient guère que jusqu'au milieu des cuisses. Si les Babyloniens eussent été instruits d'avance du dessein de Cyrus, ou s'ils s'en fussent aperçus au moment de l'exécution, ils auraient fait périr l'armée entière, loin de la laisser entrer. Ils n'auraient eu qu'à fermer toutes les portes qui conduisaient au fleuve, et qu'à monter sur le mur dont il est bordé ; ils l'auraient prise comme dans un filet. Mais les Perses survinrent lorsqu'ils s'y attendaient le moins. Si l'on en croit les Babyloniens, les extrémités de la ville étaient déjà au pouvoir de l'ennemi, que ceux qui demeuraient au milieu n'en avaient aucune connaissance, tant elle était grande. Comme ils célébraient par hasard une fête, ils continuèrent de se livrer à la danse et aux plaisirs, jusqu'au moment où ils apprirent le malheur qui venait d'arriver. C'est ainsi que Babylone fut prise pour la première fois.

CXCII. Entre autres preuves que je vais rapporter de la puissance des Babyloniens, j'insiste sur celle-ci. Tout le territoire du grand roi, outre l'impôt, est partagé en divers districts pour l'approvisionnement de sa maison et de son armée. Or, de douze mois dont l'année est composée, la Babylonie fait cette dépense pendant quatre mois, et celle des huit autres se répartit sur le reste de l'Asie. Ce pays égale donc en richesses et en puissance le tiers de l'Asie. Le gouvernement de cette province (les Perses donnent le nom de satrapies à ces gouvernements) est le meilleur de tous. Il rapportait par jour un artabe d'argent à Tritantechme, fils d'Artabaze, à qui le roi l'avait donné. L'artabe [1] est une mesure de Perse, plus grande de trois chénices attiques que la médimne attique. Cette province entretenait encore au roi, en particulier, sans compter les chevaux de guerre, un haras de huit cents étalons et de seize mille cavales ; de sorte qu'on comptait vingt juments pour chaque étalon. On y nourrissait aussi une grande quantité de chiens indiens. Quatre grands bourgs, situés dans la plaine, étaient chargés de

---

[1] La médimne attique contenait 24 chénices attiques, ou 96 setiers ; la chénice a 4 setiers 2 cotyles : ainsi l'artabe était de 27 chénices ou 108 setiers. (L.)

les nourrir, et exempts de tout autre tribut. Tels étaient les revenus que le roi tirait de Babylone.

CXCIII. Les pluies ne sont pas fréquentes en Assyrie ; l'eau du fleuve y nourrit la racine du grain, et fait croître les moissons, non point comme le Nil, en se répandant dans les campagnes, mais à force de bras, et par le moyen de machines : car la Babylonie est, comme l'Égypte, entièrement coupée de canaux, dont le plus grand porte des navires. Il regarde le lever d'hiver, et communique de l'Euphrate au Tigre, sur lequel était située Ninive. De tous les pays que nous connaissons, c'est, sans contredit, le meilleur et le plus fertile en grains de Cérès. On n'essaye pas d'y cultiver des arbres ; on n'y voit ni figuier, ni vigne, ni olivier ; mais en revanche la terre est si propre à toutes sortes de grains, qu'elle rapporte toujours deux cents fois autant qu'on a semé, et que, dans les années où elle se surpasse elle-même, elle rend trois cents fois autant qu'elle a reçu. Les feuilles du froment et de l'orge y ont bien quatre doigts de large. Quoique je n'ignore pas à quelle hauteur y viennent les tiges de millet et de sésame [1], je n'en ferai point mention, persuadé que ceux qui n'ont point été dans la Babylonie ne pourraient ajouter foi à ce que j'ai rapporté des grains de ce pays. Les Babyloniens ne se servent que de l'huile qu'ils expriment du sésame. La plaine est couverte de palmiers. La plupart portent du fruit ; on en mange une partie, et de l'autre on tire du vin et du miel. Ils les cultivent de la même manière que nous cultivons les figuiers. On lie et on attache le fruit des palmiers que les Grecs appellent palmiers mâles, aux palmiers qui portent des dattes, afin que le moucheron, s'introduisant dans la datte, la fasse mûrir et l'empêche de tomber ; car il se forme un moucheron dans le fruit des palmiers mâles, comme dans celui des figuiers sauvages.

CXCIV. Je vais parler d'une autre merveille qui, du moins

[1] Le sésame est ce que nous appelons la jugéoline ou juglioline. C'est une herbe ou plante qui vient de graine. Sa tige est semblable à celle du millet, mais plus haute et plus grosse ; ses feuilles sont rouges, et sa fleur verte et couleur d'herbe : sa graine est renfermée dans de petites capsules comme celle du pavot. Il amaigrit la terre, parce qu'il a beaucoup plus de racines que le millet. Cette graine vient des Indes. On en tire une huile visqueuse, bonne à brûler et à manger. Dioscoride dit que les Égyptiens se servent de cette huile. (BELLANGER.)

après la ville, est la plus grande de toutes celles de ce pays. Les bateaux dont on se sert pour descendre le fleuve jusqu'à Babylone sont faits avec des peaux, et de forme ronde. On les fabrique dans la partie de l'Arménie qui est au-dessus de l'Assyrie, avec des saules dont on forme la carène et les varangues, qu'on revêt par dehors de peaux, à qui on donne la figure d'un plancher. On les arrondit comme un bouclier, sans aucune distinction de poupe ni de proue, et on en remplit le fond de paille. On les abandonne au courant de la rivière, chargés de marchandises, et principalement de vin de palmier. Deux hommes debout les gouvernent chacun avec un pieu, que l'un tire en dedans et l'autre en dehors. Ces bateaux ne sont point égaux, il y en de grands et de petits. Les plus grands portent jusqu'à cinq mille talents [1] pesant. On transporte un âne dans chaque bateau ; les plus grands en ont plusieurs. Lorsqu'on est arrivé à Babylone, et qu'on a vendu les marchandises, on met aussi en vente les varangues et la paille. Ils chargent ensuite les peaux sur leurs ânes, et retournent en Arménie en les chassant devant eux : car le fleuve est si rapide qu'il n'est pas possible de le remonter ; et c'est par cette raison qu'ils ne font pas leurs bateaux de bois, mais de peaux. Ils en construisent d'autres de même manière, lorsqu'ils sont de retour en Arménie avec leurs ânes. Voilà ce que j'avais à dire de leurs bateaux.

CXCV. Quant à leur habillement, ils portent d'abord une tunique de lin qui descend jusqu'aux pieds, et par-dessus une autre tunique de laine ; ils s'enveloppent ensuite d'un manteau blanc. La chaussure qui est à la mode de leur pays ressemble presque à celle des Béotiens. Ils laissent croître leurs cheveux, se couvrent la tête d'une mitre, et se frottent tout le corps de parfums. Ils ont chacun un cachet, et un bâton travaillé à la main, au haut duquel est ou une pomme, ou une rose, ou un lis, ou un aigle, ou toute autre figure : car il ne leur est pas permis de porter de canne ou de bâton sans un ornement caractéristique. Tel est leur ajustement : passons maintenant à leurs lois.

CXCVI. La plus sage de toutes à mon avis, est celle-ci, qu'on retrouve aussi chez les Vénètes, peuple d'Illyrie. Dans chaque

---

[1] 267,162 livres sept onces un gros cinq deniers.

bourgade, ceux qui avaient des filles nubiles les amenaient tous les ans dans un endroit où s'assemblaient autour d'elles une grande quantité d'hommes. Un crieur public les faisait lever, et les vendait toutes l'une après l'autre. Il commençait d'abord par la plus belle, et, après en avoir trouvé une somme considérable, il criait celles qui en approchaient davantage; mais il ne les vendait qu'à condition que les acheteurs les épouseraient. Tous les riches Babyloniens qui étaient en âge nubile, enchérissant les uns sur les autres, achetaient les plus belles. Quant aux gens du peuple qui désiraient se marier, comme ils avaient moins besoin d'épouser de belles personnes, ils prenaient les plus laides, avec l'argent qu'on leur donnait. En effet, le crieur n'avait pas plutôt fini la vente des belles, qu'il faisait lever la plus laide, ou celle qui était estropiée, s'il s'en trouvait; la criait au plus bas prix, demandant qui voulait l'épouser à cette condition, et l'adjugeait à celui qui en faisait la promesse. Ainsi, l'argent qui provenait de la vente des belles servait à marier les laides et les estropiées. Il n'était point permis à un père de choisir un époux à sa fille, et celui qui avait acheté une fille ne pouvait l'emmener chez lui qu'il n'eût donné caution de l'épouser. Lorsqu'il avait trouvé des répondants, il la conduisait à sa maison. Si l'on ne pouvait s'accorder, la loi portait qu'on rendrait l'argent. Il était aussi permis indistinctement à tous ceux d'un autre bourg de venir à cette vente, et d'y acheter des filles.

Cette loi, si sagement établie, ne subsiste plus; ils ont depuis peu imaginé un autre moyen pour prévenir les mauvais traitements qu'on pourrait faire à leurs filles, et pour empêcher qu'on ne les menât dans une autre ville. Depuis que Babylone a été prise, et que, maltraités par leurs ennemis, les Babyloniens ont perdu leurs biens, il n'y a personne parmi le peuple qui, se voyant dans l'indigence, ne prostitue ses filles pour de l'argent.

CXCVII. Après la coutume concernant les mariages, la plus sage est celle qui regarde les malades. Comme ils n'ont point de médecins, ils transportent les malades à la place publique; chacun s'en approche, et, s'il a eu la même maladie, ou s'il a vu quelqu'un qui l'ait eue, il aide le malade de ses conseils, et l'exhorte à faire ce qu'il a fait lui-même, ou ce qu'il a vu pratiquer à d'autres pour se tirer d'une semblable maladie. Il n'est pas permis de passer auprès d'un malade sans lui demander quel est son mal.

CXCVIII. Ils mettent les morts dans du miel ; mais leur deuil ressemble beaucoup à celui des Égyptiens. Toutes les fois qu'un Babylonien a eu commerce avec sa femme, il brûle des parfums, et s'assied auprès pour se purifier. Sa femme fait la même chose d'un autre côté. Ils se lavent ensuite l'un et l'autre à la pointe du jour : car il ne leur est pas permis de toucher à aucun meuble qu'ils ne se soient lavés : les Arabes observent le même usage.

CXCIX. Les Babyloniens ont une loi bien honteuse. Toute femme née dans le pays est obligée, une fois en sa vie, de se rendre au temple de Vénus, pour s'y livrer à un étranger. Plusieurs d'entre elles, dédaignant de se voir confondues avec les autres, à cause de l'orgueil que leur inspirent leurs richesses, se font porter devant le temple dans des chars couverts. Là, elles se tiennent assises, ayant derrière elles un grand nombre de domestiques qui les ont accompagnées ; mais la plupart des autres s'asseyent dans l'enclos sacré, la tête ceinte d'une corde. Les unes arrivent, les autres se retirent. On voit en tout sens des allées séparées par des cordages tendus : les étrangers se promènent dans ces allées, et choisissent les femmes qui leur plaisent le plus. Quand une femme a pris place en ce lieu, elle ne peut retourner chez elle que quelque étranger ne lui ait jeté de l'argent sur les genoux, et n'ait eu commerce avec elle hors du lieu sacré. Il faut que l'étranger, en lui jetant de l'argent, lui dise : J'invoque la déesse Mylitta. Or, les Assyriens donnent à Vénus le nom de Mylitta. Quelque modique que soit la somme, il n'éprouvera point de refus, la loi le défend : car cet argent devient sacré. Elle suit le premier qui lui jette de l'argent, et il ne lui est pas permis de repousser personne. Enfin, quand elle s'est acquittée de ce qu'elle devait à la déesse, en s'abandonnant à un étranger, elle retourne chez elle. Après cela, quelque somme qu'on lui donne, il n'est pas possible de la séduire. Celles qui ont en partage une taille élégante et la beauté ne font pas un long séjour dans le temple ; mais les laides y restent davantage, parce qu'elles ne peuvent satisfaire à la loi ; il y en a même qui y demeurent trois ou quatre ans. Une coutume à peu près semblable s'observe en quelques endroits de l'île de Cypre.

CC. Telles sont les lois et les coutumes des Babyloniens. Il y a parmi eux trois tribus qui ne vivent que de poissons. Quand ils les ont pêchés, ils les font sécher au soleil, les broient dans un mortier, et les passent ensuite à travers un linge. Ceux qui en veulent manger en font des gâteaux, ou les font cuire comme du pain.

CCI. Lorsque Cyrus eut subjugué cette nation, il lui prit envie de réduire les Massagètes sous sa puissance. On dit que ces peuples forment une nation considérable, et qu'ils sont braves et courageux. Leur pays est à l'est, au delà de l'Araxe, vis-à-vis des Issédons. Il en est qui prétendent qu'ils sont de la race des Scythes.

CCII. L'Araxe, selon quelques-uns, est plus grand que l'Ister ; selon d'autres, il est plus petit. On dit qu'il y a dans ce fleuve beaucoup d'îles dont la grandeur approche de celle de Lesbos ; que les peuples qui les habitent se nourrissent l'été de diverses sortes de racines, et qu'ils réservent pour l'hiver les fruits mûrs qu'ils trouvent aux arbres. On dit aussi qu'ils ont découvert un arbre dont ils jettent le fruit dans un feu autour duquel ils s'assemblent par troupes ; qu'ils en aspirent la vapeur par le nez, et cette vapeur les enivre, comme le vin enivre les Grecs ; que, plus ils jettent de ce fruit dans le feu, plus ils s'enivrent, jusqu'à ce qu'enfin ils se lèvent, et se mettent tous à chanter et à danser. Quant à l'Araxe, il vient du pays des Matianiens, d'où coule aussi le Gynde, que Cyrus coupa en trois cent soixante canaux. Il a quarante embouchures, qui, si l'on en excepte une, se jettent toutes dans des marais et des lagunes, où l'on prétend qu'habitent des hommes qui vivent de poissons crus, et sont dans l'usage de s'habiller de peaux de veaux marins. Une seule branche de l'Araxe coule librement jusqu'à la mer Caspienne.

Cette mer est une mer par elle-même, et n'a aucune communication avec l'autre ; car toute la mer où naviguent les Grecs, celle qui est au delà des colonnes d'Hercule, qu'on appelle mer Atlantide, et la mer Érythrée, ne font ensemble qu'une même mer.

CCIII. La mer Caspienne est une mer isolée, et bien différente de l'autre. Elle a autant de longueur qu'un vaisseau qui va à la rame peut faire de chemin en quinze jours, et, dans sa plus grande largeur, autant qu'il en peut faire en huit. Le Caucase borne cette mer à l'occident. C'est la plus grande de toutes les montagnes, tant par son étendue que par sa hauteur. Elle est habitée par plusieurs nations différentes, dont la plupart ne vivent que de fruits sauvages. On assure que ces peuples ont chez eux une sorte d'arbre dont les feuilles, broyées et mêlées avec de l'eau, leur fournissent une couleur avec laquelle ils peignent sur leurs habits des figures d'animaux. L'eau n'efface point ces figures, et, comme si elles avaient été tissues, elles ne s'usent qu'avec l'étoffe. On assure aussi que ces peuples voient publiquement leurs femmes, comme les bêtes.

CCIV. La mer Caspienne est donc bordée à l'ouest par le Caucase, et à l'est par une plaine à perte de vue. Les Massagètes, à qui Cyrus voulait faire la guerre, occupent la plus grande partie de cette plaine spacieuse. Plusieurs considérations importantes engageaient ce prince dans cette guerre. La première était sa naissance, qui lui paraissait avoir quelque chose de plus qu'humain; la seconde, le bonheur qui l'avait toujours accompagné dans ses guerres. Car, partout où il avait porté ses armes, aucune nation n'avait pu lui échapper.

CCV. Tomyris, veuve du dernier roi, régnait alors sur les Massagètes. Cyrus lui envoya des ambassadeurs, sous prétexte de la rechercher en mariage. Mais cette princesse, comprenant qu'il était plus épris de la couronne des Massagètes que de sa personne, lui interdit l'entrée de ses États. Cyrus, voyant que ses artifices n'avaient point réussi, marcha ouvertement contre les Massagètes, et s'avança jusqu'à l'Araxe. Il jeta un pont sur ce fleuve pour en faciliter le passage, et fit élever des tours sur des bateaux destinés à passer des troupes.

CCVI. Pendant qu'il était occupé de ces travaux, Tomyris lui envoya un ambassadeur, qu'elle chargea de lui parler ainsi : « Roi des Mèdes, cesse de hâter une entreprise dont tu ignores « si l'événement tournera à ton avantage, et, content de régner « sur tes propres sujets, regarde-nous tranquillement régner « sur les nôtres. Si tu ne veux pas suivre mes conseils, si tu « préfères tout autre parti au repos, enfin si tu as tant d'envie « d'éprouver tes forces contre celles des Massagètes, disconti-

« fiue le pont que tu as commencé. Nous nous retirerons à
« trois journées de ce fleuve pour te donner le temps de passer
« dans notre pays; ou, si tu aimes mieux nous recevoir dans
« le tien, fais comme nous. »

Cyrus, après avoir entendu ce discours, convoqua les principaux d'entre les Perses, et, ayant mis l'affaire en délibération, il voulut avoir leur avis. Ils s'accordèrent tous à recevoir Tomyris et son armée sur leurs terres.

CCVII. Crésus, qui était présent aux délibérations, désapprouva cet avis, et en proposa un tout opposé. « O roi, dit-il à Cyrus,
« je t'ai déclaré dès le premier jour que, Jupiter m'ayant livré
« en ta puissance, je ne cesserais de faire tous mes efforts pour
« tâcher de détourner de dessus ta tête les malheurs qui te
« menacent. Mes adversités me tiennent lieu d'instruction. Si
« tu te crois immortel, si tu penses commander une armée
« d'immortels, je n'ai que faire de te dévoiler ma pensée. Mais
« si tu reconnais que tu es aussi un homme, et que tu ne com-
« mandes qu'à des hommes comme toi, considère d'abord les
« vicissitudes humaines : figure-toi une roue qui tourne sans
« cesse, et ne nous permet pas d'être toujours heureux. Pour
« moi, sur l'affaire qui vient d'être proposée, je suis d'un avis
« totalement contraire à celui de ton conseil. Si nous recevons
« l'ennemi dans notre pays, et qu'il nous batte, n'est-il pas à
« craindre que tu perdes ton empire? Car si les Massagètes ont
« l'avantage, il est certain qu'au lieu de retourner en arrière ils
« attaqueront tes provinces. Je veux que tu remportes la vic-
« toire : sera-t-elle jamais aussi complète que si, après avoir
« défait tes ennemis sur leur propre territoire, tu n'as plus
« qu'à les poursuivre? J'opposerai toujours à ceux qui ne sont
« pas de ton avis que, si tu obtiens la victoire, rien ne pourra
« plus t'empêcher de pénétrer sur-le-champ jusqu'au centre
« des États de Tomyris. Indépendamment de ces motifs, ne se-
« rait-ce pas une chose aussi insupportable que honteuse pour
« Cyrus, fils de Cambyse, de reculer devant une femme?

« Mon opinion est que tu dois passer le fleuve, avancer à
« mesure que l'ennemi s'éloignera, et ensuite essayer de vaincre
« par le moyen que je vais dire. Je sais que les Massagètes ne
« connaissent pas les délices des Perses, et qu'ils manquent des
« commodités de la vie. Qu'on égorge donc une grande quantité

« de bétail, qu'on l'apprête, et qu'on le serve dans le camp ;
« on y joindra du vin pur en abondance dans des cratères, et
« toutes sortes de mets. Ces préparatifs achevés, nous laisserons
« au camp nos plus mauvaises troupes, et nous nous retirerons
« vers le fleuve avec le reste de l'armée. Les Massagètes, si je ne
« me trompe, voyant tant d'abondance, y courront, et c'est alors
« que nous trouverons l'occasion de nous signaler. »

CCVIII. De ces deux avis opposés, Cyrus rejeta le premier, et
préféra celui de Crésus. Il fit dire en conséquence à Tomyris
de se retirer, parce qu'il avait dessein de traverser la rivière.
La reine se retira, suivant la convention. Cyrus déclara son fils
Cambyse pour son successeur ; et, ayant remis Crésus entre
ses mains, il lui recommanda d'honorer ce prince et de le
combler de bienfaits, quand même cette expédition ne réussirait pas. Ces ordres donnés, il les renvoya en Perse, et traversa
le fleuve avec son armée.

CCIX. Cyrus passa l'Araxe, et, la nuit étant venue, s'endormit dans le pays des Massagètes ; et, pendant son sommeil, il
eut cette vision : il lui sembla voir en songe l'aîné des fils
d'Hystaspe ayant aux épaules des ailes, dont l'une couvrait l'Asie
de son ombre, et l'autre couvrait l'Europe. Cet aîné des enfants
d'Hystaspe, nommé Darius, avait alors environ vingt ans. Son
père, fils d'Arsame, et de la race des Achéménides, l'avait laissé
en Perse, parce qu'il n'était pas encore en âge de porter les
armes.

Cyrus ayant, à son réveil, réfléchi sur cette vision, et la
croyant d'une très-grande importance, manda Hystaspe, le prit
en particulier, et lui dit : « Hystaspe, ton fils est convaincu
« d'avoir conspiré contre moi et contre son royaume. Je vais
« t'apprendre comment je le sais, à n'en pouvoir douter. Les
« dieux prennent soin de moi, et me découvrent ce qui doit
« m'arriver. La nuit dernière, pendant que je dormais, j'ai vu
« l'aîné de tes enfants avec des ailes aux épaules, dont l'une
« couvrait de son ombre l'Asie, et l'autre l'Europe. Je ne puis
« douter, après cela, qu'il n'ait formé quelque trame contre
« moi. Pars donc promptement pour la Perse, et ne manque
« pas, à mon retour, après la conquête de ce pays-ci, de me
« représenter ton fils, afin que je l'interroge. »

CCX. Ainsi parla Cyrus, persuadé que Darius conspirait contre lui; mais le dieu lui présageait par ce songe qu'il devait mourir dans le pays des Massagètes, et que sa couronne passerait sur la tête de Darius. Hystaspe répondit : « O roi, aux dieux « ne plaise qu'il se trouve parmi les Perses un homme qui « veuille attenter à tes jours ! S'il s'en trouvait quelqu'un, qu'il « périsse au plus tôt. D'esclaves qu'ils étaient, tu en as fait des « hommes libres ; et, au lieu de recevoir les ordres d'un maître « ils commandent à toutes les nations. Si donc quelque vision « t'a fait connaître que mon fils conspire contre ta personne, « je te le livre moi-même, pour le traiter comme il te plaira. » Hystaspe traversa l'Araxe après cette réponse, et retourna en Perse pour s'assurer de Darius son fils, et le remettre à Cyrus.

CCXI. Cyrus, s'étant avancé à une journée de l'Araxe, laissa dans son camp, suivant le conseil de Crésus, ses plus mauvaises troupes, et retourna vers le fleuve avec les meilleures. Les Massagètes vinrent attaquer, avec la troisième partie de leurs forces, les troupes que Cyrus avait laissées à la garde du camp, et les passèrent au fil de l'épée après quelque résistance. Voyant ensuite tout prêt pour le repas, ils se mirent à table ; et, après avoir mangé et bu avec excès, ils s'endormirent. Mais les Perses survinrent, en tuèrent un grand nombre, et firent encore plus de prisonniers, parmi lesquels se trouva Spargapise, leur général, fils de la reine Tomyris.

CCXII. Cette princesse, ayant appris le malheur arrivé à ses troupes et à son fils, envoya un héraut à Cyrus : « Prince altéré « de sang, lui dit-elle par la bouche du héraut, que ce succès « ne t'enfle point ; tu ne le dois qu'au jus de la vigne, qu'à cette « liqueur qui vous rend insensés, et ne descend dans vos corps « que pour faire remonter sur vos lèvres des paroles insolentes. « Tu as remporté la victoire sur mon fils, non dans une ba- « taille et par la force, mais par l'appât de ce poison séducteur. « Écoute, et suis un bon conseil : rends-moi mon fils ; et, « quoique tu aies outrageusement défait le tiers de mon armée, « je veux bien encore que tu te retires impunément de mes « États ; sinon, j'en jure par le Soleil, maître des Massagètes, « je t'assouvirai de sang, quelque altéré que tu en sois. »

CCXIII. Cyrus ne tint aucun compte de ce discours. Quant à Spargapise, étant revenu de son ivresse, et apprenant le fâcheux état où il se trouvait, il pria Cyrus de lui ôter ses chaînes. Il se vit pas plutôt en liberté, qu'il se tua. Telle fut la fin de ce jeune prince.

CCXIV. Tomyris, instruite que Cyrus avait repoussé ses propositions, rassembla toutes ses forces, et lui livra bataille. Ce combat fut, je crois, le plus furieux qui se soit jamais donné entre barbares. Voici, autant que je l'ai pu savoir, comment les choses se passèrent. On dit qu'ils se lancèrent d'abord des flèches à distance ; les flèches épuisées, ils s'abordèrent et se chargèrent avec leurs javelines et leurs poignards. On combattit longtemps de pied ferme, avec un avantage égal et sans reculer. Enfin la victoire se déclara pour les Massagètes : la plus grande partie de l'armée des Perses périt en cet endroit, et Cyrus lui-même fut tué dans le combat, après un règne de vingt-neuf ans. Tomyris, ayant fait chercher ce prince parmi les morts, maltraita son cadavre, et lui plongea la tête dans une outre pleine de sang humain. « Quoique vivante et victo-« rieuse, dit-elle, tu m'as perdue en faisant périr mon fils « par un lâche stratagème ; mais je t'assouvirai de sang, comme « je t'en ai menacé. » On raconte diversement la mort de Cyrus[1] ; j'ai adopté le récit qui m'a paru le plus vraisemblable.

CCXV. Les Massagètes s'habillent comme les Scythes, et leur manière de vivre est la même. Ils combattent à pied et à cheval, et y réussissent également. Ils sont archers et piquiers, et portent des sagares[2]. Ils emploient à toutes sortes d'usages l'or et le cuivre. Ils se servent de cuivre pour les piques, les pointes des flèches et les sagares, et réservent l'or pour orner les casques, les baudriers et les larges ceintures qu'ils portent sous les aisselles. Les plastrons dont est garni le poitrail de leurs chevaux sont de cuivre : les brides, les mors et les bossettes sont en or. Le fer et l'argent ne sont point en usage parmi eux, et on n'en trouve point dans leur pays ; mais l'or et le cuivre y sont abondants.

CCXVI. Passons à leurs usages. Ils épousent chacun une

---

[1] Xénophon fait mourir ce prince tranquillement dans son lit. Il paraît que c'était le sentiment de Strabon, qui assure qu'on montrait son tombeau à Pasargades. Lucien dit qu'il mourut âgé de plus de cent ans, de chagrin de ce que son fils Cambyse avait fait mourir la plupart de ses amis. (L.)

[2] La sagare est une hache à deux tranchants. Les Amazones se servaient de cette sorte d'arme.

femme ; mais elles sont communes entre eux. C'est chez les Massagètes que s'observe cette coutume, et non chez les Scythes, comme le prétendent les Grecs. Lorsqu'un Massagète devient amoureux d'une femme, il suspend son carquois à son chariot, et jouit d'elle sans crainte.

Ils ne prescrivent point de bornes à la vie ; mais lorsqu'un homme est accablé de vieillesse, ses parents s'assemblent et l'immolent avec du bétail. Ils en font cuire la chair, et s'en régalent. Ce genre de mort passe chez ces peuples pour le plus heureux. Ils ne mangent point celui qui est mort de maladie ; mais ils l'enterrent, et l'estiment malheureux de n'avoir pas atteint l'âge où l'on est sacrifié.

Ils n'ensemencent point et vivent de leurs troupeaux, et des poissons que l'Araxe leur fournit en abondance. Le lait est leur boisson ordinaire. De tous les dieux, ils n'adorent que le Soleil. Ils lui sacrifient des chevaux, parce qu'ils croient juste d'immoler au plus vite des dieux le plus vite des êtres mortels.

FIN DU PREMIER LIVRE.

LIVRE SECOND

EUTERPE

ÉGYPTE. — ISIS. — ORACLE DE DODONE. — SÉSOSTRIS. — RHAMP-
SINITE. — HÉLIOPOLIS. — ÉLÉPHANTINE. — LE NIL. — EMBAU-
MEMENTS. — SÉPULTURES. — LES DOUZE ROIS. — PSAMMITICHUS.
— WECOS. — PSAMMIS. — APRIÈS. — AMASIS, ETC.

I. Cyrus mort, Cambyse lui succéda : il était fils de Cyrus et de Cassandane, fille de Pharnaspe. Cassandane étant morte avant Cyrus, ce prince avait été tellement affligé de sa perte, qu'il avait ordonné à tous ses sujets d'en porter le deuil.

Cambyse donc, né de cette femme et de Cyrus, se disposa à marcher contre les Égyptiens avec les troupes qu'il leva dans ses États, auxquelles il joignit les Ioniens et les Éoliens, qu'il regardait comme esclaves de son père.

II. Les Égyptiens se croyaient, avant le règne de Psammitichus, le plus ancien peuple de la terre. Ce prince ayant voulu savoir, à son avénement, quelle nation avait le plus de droit à ce titre, ils ont pensé, depuis ce temps-là, que les Phrygiens étaient plus anciens qu'eux, mais qu'ils l'étaient plus que toutes les autres nations. Les recherches de ce prince ayant été jusqu'alors infructueuses, voici le moyen qu'il imagina : il prit deux enfants de basse extraction nouveau-nés, les remit à un berger pour les élever parmi ses troupeaux, lui ordonna d'empêcher qui que ce fût de prononcer un seul mot en leur présence, de les tenir enfermés dans une cabane solitaire, de leur amener, à des temps fixes, des chèvres pour les nourrir, et, lorsqu'ils auraient pris leur repas, de vaquer à ses occupations. En donnant ces ordres, ce prince voulait savoir quel serait le premier mot que prononceraient ces enfants quand ils auraient cessé de rendre des sons inarticulés. Tout cela fut exécuté. Deux ans après que le berger eut commencé à en prendre soin, comme il ouvrait la porte et qu'il entrait dans la cabane, ces deux enfants, se traînant vers lui, se mirent à crier « Bécos » en lui tendant les mains. La première fois que le berger les entendit prononcer cette parole, il resta tranquille ; mais ayant remarqué que, lorsqu'il entrait pour en prendre soin, ils répétaient souvent le même mot, il en avertit le roi, qui lui ordonna de les lui amener.

Psammitichus les ayant entendus parler lui-même, et s'étant informé chez quels peuples on se servait du mot bécos[1], et ce qu'il signifiait, il apprit que les Phrygiens appelaient ainsi le pain. Les Égyptiens s'avouèrent vaincus, et conclurent de cette expérience que les Phrygiens étaient plus anciens qu'eux.

III. Les prêtres de Vulcain m'apprirent à Memphis que ce fait arriva de cette manière ; mais les Grecs mêlent à ce récit un grand nombre de circonstances frivoles, et, entre autres, que Psammitichus fit nourrir et élever ces enfants par des femmes à qui il avait fait couper la langue. Voilà ce qu'ils me dirent sur la manière dont on éleva ces enfants.

Pendant mon séjour à Memphis, j'appris encore d'autres choses dans les entretiens que j'eus avec les prêtres de Vulcain ; mais, comme les habitants d'Héliopolis passent pour les plus habiles de tous les Égyptiens, je me rendis ensuite en cette ville, ainsi qu'à Thèbes, pour voir si leurs discours s'accorderaient avec ceux des prêtres de Memphis. De tout ce qu'ils me racontèrent concernant les choses divines, je ne rapporterai que les noms des dieux, étant persuadé que tous les hommes en ont une égale connaissance ; et, si je dis quelque chose sur la religion, ce ne sera qu'autant que je m'y verrai forcé par la suite de mon discours.

IV. Quant aux choses humaines, ils me dirent tous unanimement que les Égyptiens avaient inventé les premiers l'année, et qu'ils l'avaient distribuée en douze parties, d'après la connaissance qu'ils avaient des astres. Ils me paraissent en cela beau-

---

[1] Ces enfants prononcèrent, suivant toutes les apparences, le mot bec, qui est le cri des chèvres, qu'ils tâchaient d'imiter, comme le prétend le scoliaste d'Apollonius de Rhodes, os étant une terminaison particulière à la langue grecque. (L.)

coup plus habiles que les Grecs, qui, pour conserver l'ordre des saisons, ajoutent au commencement de la troisième année un mois intercalaire ; au lieu que les Égyptiens font chaque mois de trente jours, et que tous les ans ils ajoutent à leur année cinq jours surnuméraires, au moyen de quoi les saisons reviennent toujours au même point. Ils me dirent aussi que les Égyptiens s'étaient servis les premiers des noms des douze dieux, et que les Grecs tenaient d'eux ces noms ; qu'ils avaient les premiers élevé aux dieux des autels, des statues et des temples, et qu'ils avaient les premiers gravé sur la pierre des figures d'animaux ; et ils m'apportèrent des preuves sensibles que la plupart de ces choses s'étaient passées de la sorte. Ils ajoutèrent que Ménès[1] fut le premier homme qui eût régné en Égypte ; que de son temps toute l'Égypte, à l'exception du nome Thébaïque, n'était qu'un marais ; qu'alors il ne paraissait rien de toutes les terres qu'on y voit aujourd'hui au-dessous du lac Mœris, quoiqu'il y ait sept jours de navigation depuis la mer jusqu'à ce lac, en remontant le fleuve.

V. Ce qu'ils me dirent de ce pays me parut véritable. Tout homme judicieux, qui n'en aura point entendu parler auparavant, remarquera en le voyant que l'Égypte, où les Grecs vont par mer, est une terre de nouvelle acquisition, et un présent du fleuve ; il en est de même de tout le pays qui s'étend au-dessus de ce lac jusqu'à trois journées de navigation, quoique les prêtres ne m'aient rien dit de semblable : c'est un autre présent du fleuve. La nature de l'Égypte est telle, que, si vous y allez par eau, et que, étant encore à une journée des côtes, vous jetiez la sonde en mer, vous en tirerez du limon à onze brasses de profondeur : cela prouve manifestement que le fleuve a porté de la terre jusqu'à cette distance.

VI. La largeur de l'Égypte, le long de la mer, est de soixante

---

[1] Diodore de Sicile s'accorde avec Hérodote, en faisant régner Ménès en Égypte tout de suite après les dieux et les héros ; et c'est la raison pour laquelle notre historien dit qu'il fut le premier des hommes. Si l'on admet la chronologie égyptienne, l'époque où il est monté sur le trône remonte beaucoup plus haut que la création du monde, selon le système des Hébreux : car Mœris est mort en 1356 avant notre ère. Or il y avait eu, depuis et compris Ménès, trois cent trente générations jusqu'à Mœris : ce qui fait, selon le calcul d'Hérodote, onze mille ans, c'est-à-dire 12,356 ans avant notre ère. (L.)

schènes, à la prendre, selon les bornes que nous lui donnons, depuis le golfe Plinthinète jusqu'au lac Serbonis, près duquel s'étend le mont Casius.

Les peuples qui ont un territoire très-petit le mesurent par brasses; ceux qui en ont un plus grand le mesurent par stades; ceux qui en ont un encore plus étendu se servent de parasanges; ceux enfin dont le pays est très-considérable font usage du schène. La parasange vaut trente stades, et chaque schène, mesure usitée chez les Égyptiens, en comprend soixante. Ainsi, l'Égypte pourrait avoir d'étendue, le long de la mer, trois mille six cents stades.

VII. De là jusqu'à Héliopolis, par le milieu des terres, l'Égypte est large, va partout en pente, est bien arrosée, et pleine de limon. En remontant de la mer à Héliopolis, il y a à peu près aussi loin que d'Athènes, en partant de l'autel des douze dieux[1], au temple de Jupiter Olympien[2], à Pise. Si l'on vient à mesurer ces deux chemins, on trouvera une légère différence, qui les empêchera d'être égaux par la longueur, et qui n'excède pas quinze stades : il ne s'en faut en effet que de quinze stades qu'il n'y en ait de Pise à Athènes quinze cents ; et de la mer à Héliopolis il y en a quinze cents juste.

VIII. En allant d'Héliopolis vers le haut du pays, l'Égypte est étroite : car, d'un côté, la montagne d'Arabie, qui la borde, courant du septentrion vers le midi et le notus, prend toujours, en remontant, sa direction vers la mer Érythrée. On y voit les carrières où ont été taillées les pyramides de Memphis. C'est là que la montagne, cessant de s'avancer, fait un coude vers le pays dont je viens de parler; c'est là que se trouve sa plus grande longueur : de l'orient à l'occident elle a, à ce que j'ai appris, deux mois de chemin, et son extrémité orientale porte de l'encens.

De l'autre côté l'Égypte est bornée, vers la Libye, par une

Cet autel était sur la place publique d'Athènes. Pisistrate, fils de cet Hippias qui avait été tyran, l'avait dédié aux douze dieux pendant son archontat. On peut placer l'archontat de Pisistrate entre les années 4190 et 4205 de la période julienne. (L.)

[2] On sait que l'épithète d'Olympien se donnait au souverain des dieux, parce qu'il régnait dans l'Olympe. On donnait aussi cette épithète à Périclès, parce qu'il surpassa, dit Plutarque, tous les orateurs de son temps par la force de son éloquence. (L.)

montagne de pierre couverte de sable, sur laquelle on a bâti les pyramides. Elle s'étend le long de l'Égypte de la même manière que cette partie de la montagne d'Arabie qui se porte vers le midi.

Ainsi le pays, en remontant depuis Héliopolis, quoiqu'il appartienne à l'Égypte, n'est pas d'une grande étendue ; il est même fort étroit pendant environ quatre jours de navigation. Une plaine sépare ces montagnes : dans les endroits où elle a le moins de largeur, il m'a paru qu'il y avait environ deux cents stades, et rien de plus, de la montagne d'Arabie à celle de Libye, mais au delà l'Égypte commence à s'élargir. Telle est la configuration du pays.

IX. D'Héliopolis à Thèbes, on remonte le fleuve pendant neuf jours ; ce qui fait quatre mille huit cent soixante stades, c'est-à-dire quatre-vingt-un schènes. Si l'on ajoute ensemble ces stades, on aura, pour la largeur de l'Égypte le long de la mer, trois mille six cents stades, comme je l'ai déjà dit ; depuis la mer jusqu'à Thèbes, six mille cent vingt stades, et mille huit cents de Thèbes à Éléphantine.

X. La plus grande partie du pays est un présent du Nil, comme le disent les prêtres, et c'est le jugement que j'en portai moi-même. Il me paraissait en effet que toute cette étendue de pays que l'on voit entre les montagnes, au-dessus de Memphis, était autrefois un golfe de la mer, comme l'avaient été les environs de Troie, de Teuthranie, d'Éphèse, et la plaine du Méandre, s'il est permis de comparer les petites choses aux grandes : car de tous les fleuves qui ont formé ces pays par leurs alluvions, il n'y en a pas un qui, par l'abondance de ses eaux, mérite d'être comparé à une seule des cinq bouches du Nil. Il y a encore beaucoup d'autres rivières qui sont inférieures à ce fleuve, et qui cependant ont produit des effets considérables. J'en pourrais citer plusieurs, mais surtout l'Achéloüs, qui, traversant l'Acarnanie, et se jetant dans la mer où sont les Échinades, a joint au continent la moitié de ces îles.

XI. Dans l'Arabie, non loin de l'Égypte, s'étend un golfe long et étroit, comme je le vais dire, qui sort de la mer Érythrée. De l'enfoncement de ce golfe à la grande mer, il faut quarante jours de navigation pour un vaisseau à rames. Sa plus grande largeur n'est que d'une demi-journée de navigation. On y voit tous les jours un flux et un reflux. Je pense que l'Égypte était un autre golfe à peu près semblable, qu'il sortait de la mer du Nord, et s'étendait vers l'Éthiopie ; que le golfe Arabique, dont je vais parler, allait de la mer du Sud vers la Syrie ; et que ces deux golfes n'étant séparés que par un petit espace, il s'en fallait peu que, après l'avoir percé, ils ne se joignissent par leurs extrémités. Si donc le Nil pouvait se détourner dans ce golfe Arabique, qui empêcherait qu'en vingt mille ans il ne vînt à bout de le combler par le limon qu'il roule sans cesse ? Pour moi, je crois qu'il y réussirait en moins de dix mille. Comment donc ce golfe égyptien dont je parle, et un plus grand encore, n'aurait-il pas pu, dans l'espace de temps qui a précédé ma naissance, être comblé par l'action d'un si grand fleuve ?

XII. Je n'ai donc pas de peine à croire ce qu'on rapporte de l'Égypte ; et moi-même je suis convaincu qu'il en est ainsi : en voyant qu'elle gagne sur les terres adjacentes, qu'on y trouve des coquillages sur les montagnes, que le sel, répandu dans l'air, corrode même les pyramides, et que la montagne qui s'étend au-dessus de Memphis est le seul endroit de ce pays où il y ait du sable. Ajoutez que l'Égypte ne ressemble en rien ni à l'Arabie, qui lui est contiguë, ni à la Libye, ni même à la Syrie : car il y a des Syriens qui habitent les côtes maritimes de l'Arabie. Le sol de l'Égypte est une terre noire, friable, comme formée du limon que le Nil y a apporté d'Éthiopie, et qu'il y a accumulé par ses débordements ; au lieu qu'on sait que la terre de Libye est plus rougeâtre et plus sablonneuse, et que celle de l'Arabie et de la Syrie est plus argileuse et plus pierreuse.

XIII. Ce que les prêtres me racontèrent de ce pays est encore une preuve de ce que j'en ai dit. Sous le roi Mœris, toutes les fois que le fleuve croissait seulement de huit coudées, il arrosait l'Égypte au-dessous de Memphis ; et, dans le temps qu'ils me parlaient ainsi, il n'y avait pas encore neuf cents ans que Mœris était mort ; mais maintenant, si le fleuve ne monte pas de seize coudées, ou au moins de quinze, il ne se répand point sur les terres. Si ce pays continue à s'élever dans la même proportion, et à recevoir de nouveaux accroissements, le Nil ne le couvrant plus de ses eaux, il me semble que les Égyptiens qui sont au-dessous du lac Mœris, ceux qui habitent les autres contrées, et surtout le Delta, ne cesseront d'éprouver dans la suite le même sort dont ils prétendent que les Grecs sont un jour menacés : car, ayant appris que toute la Grèce est arrosée par les pluies, et non par les rivières, comme leur pays, ils dirent que si les Grecs étaient un jour frustrés de leurs espérances, ils courraient risque de mourir misérablement de faim [1]. Ils voulaient faire entendre par là que si, au lieu de pleuvoir en Grèce, il survenait une sécheresse, ils mourraient de faim, parce qu'ils n'ont d'autre ressource que l'eau du ciel.

XIV. Cette réflexion des Égyptiens sur les Grecs est juste ; mais voyons maintenant en quelle situation se trouvent les Égyptiens eux-mêmes. S'il arrivait, comme je l'ai dit précédemment, que le pays situé au-dessous de Memphis (c'est celui qui a été exhaussé) vînt à s'élever proportionnellement à ce qu'il a fait par le passé, ne faudrait-il pas que les Égyptiens qui l'habitent éprouvassent les horreurs de la famine, puisqu'il ne pleut point en leur pays, et que le fleuve ne pourrait plus se répandre sur leurs terres ? Mais il n'y a personne maintenant dans le reste de l'Égypte, ni même dans le monde, qui recueille les grains avec moins de travail. Ils ne sont point obligés de tracer avec la charrue de pénibles sillons, de briser les mottes, et de donner à leurs terres les autres façons que leur donnent le reste des hommes ; mais lorsque le fleuve a arrosé de lui-même les campagnes, et que les eaux se sont retirées, alors chacun y lâche des pourceaux, et ensemence ensuite son champ ; et, après que ces animaux ont enfoncé le grain en le foulant aux pieds, on attend tranquillement le temps de la moisson ; alors les mêmes animaux foulent aux pieds les épis, et l'on rentre le grain.

XV. Les Ioniens ont une opinion particulière sur ce qui concerne l'Égypte : ils prétendent qu'on ne doit donner ce nom

---

[1] Il s'ensuit que les Égyptiens n'avaient aucune connaissance de ces sept années de stérilité qu'éprouva leur pays sous le ministère de Joseph. Elles étaient cependant d'autant plus remarquables, qu'elles occasionnèrent un changement total dans la constitution de l'État ; que les peuples donnèrent leur or et leur argent au prince pour avoir du blé ; qu'ils lui délivrèrent ensuite leur bétail, leurs terres, et enfin qu'ils se rendirent ses esclaves. C'est une preuve que les annales de ce peuple n'étaient pas aussi anciennes que le prétendait Hérodote, ou qu'elles n'étaient pas fort exactes. (L.)

qu'au Delta, depuis l'Échauguette de Persée, le long du rivage de la mer, jusqu'aux Tarichées de Péluse, l'espace de quarante schènes ; qu'en s'éloignant de la mer l'Égypte s'étend, vers le milieu des terres, jusqu'à la ville de Cercasore, où le Nil se partage en deux bras, dont l'un se rend à Péluse, et l'autre à Canope. Le reste de l'Égypte, suivant les mêmes Ioniens, appartient soit à la Libye, soit à l'Arabie. En admettant cette opinion, il serait aisé de prouver que, dans les premiers temps, les Égyptiens n'avaient point de pays à eux : car le Delta était autrefois couvert par les eaux, comme ils en conviennent eux-mêmes, et comme je l'ai remarqué ; et ce n'est, pour ainsi dire, que depuis peu de temps qu'il a paru. Si donc les Égyptiens n'avaient point autrefois de pays, pourquoi ont-ils affecté de se croire les plus anciens hommes du monde ? Et qu'avaient-ils besoin d'éprouver des enfants, afin de s'assurer quelle en serait la langue naturelle ? Pour moi, je ne pense pas que les Égyptiens n'ont commencé d'exister qu'avec la contrée que les Ioniens appellent Delta, mais qu'ils ont toujours existé depuis qu'il y a des hommes sur terre ; et qu'à mesure que le pays s'est agrandi par les alluvions du Nil, une partie des habitants descendit vers la basse Égypte, tandis que l'autre resta dans son ancienne demeure : aussi donnait-on autrefois le nom d'Égypte à la Thébaïde, dont la circonférence est de six mille cent vingt stades.

XVI. Si donc notre sentiment sur l'Égypte est juste, celui des Ioniens ne peut être fondé ; si, au contraire, l'opinion des Ioniens est vraie, il m'est facile de prouver que les Grecs et les Ioniens eux-mêmes comptent mal, lorsqu'ils disent que la terre se divise en trois parties l'Europe, l'Asie et la Libye : ils devraient en ajouter une quatrième, le Delta d'Égypte, puisqu'il n'appartient ni à l'Asie ni à la Libye : car, suivant ce raisonnement, ce n'est pas le Nil qui sépare l'Asie de la Lybie, puisqu'il se brise à la pointe du Delta, et le renferme entre ses bras, de façon que cette contrée se trouve entre l'Asie et la Libye.

XVII. Laissons là cette opinion des Ioniens et parlons sur ce sujet d'après nous-mêmes. Je pense qu'on doit donner le nom d'Égypte à toute l'étendue de pays qui est occupée par les Égyptiens, de même qu'on appelle Cilicie et Assyrie les pays habités par les Ciliciens et les Assyriens ; et je ne connais que l'Égypte qu'on puisse, à juste titre, regarder comme limite de l'Asie et de la Libye ; mais, si nous voulons suivre l'opinion des Grecs, nous regarderons toute l'Égypte qui commence à la petite cataracte et à la ville d'Éléphantine, comme un pays divisé en deux parties comprises sous l'une et l'autre dénomination : car l'une est de la Libye, et l'autre de l'Asie. Le Nil commence à la cataracte, partage l'Égypte en deux, et se rend à la mer. Jusqu'à la ville de Cercasore il n'y a qu'un seul canal ; mais, au-dessous de cette ville, il se sépare en trois branches, qui prennent trois routes différentes : l'une s'appelle la bouche Pélusienne, et va à l'est ; l'autre, la bouche Canopique, et coule à l'ouest ; la troisième va tout droit depuis le haut de l'Égypte jusqu'à la pointe du Delta, qu'elle partage par le milieu, en se rendant à la mer. Ce canal n'est ni le moins considérable par la quantité de ses eaux, ni le moins célèbre : on le nomme le canal Sébennytique. Du canal Sébennytique partent aussi deux autres canaux qui vont pareillement se décharger dans la mer par deux différentes bouches, la Saïtique et la Mendésienne. La bouche Bolbitine et la Bucolique ne sont point l'ouvrage de la nature, mais des habitants qui les ont creusées.

XVIII. Le sentiment que je viens de développer sur l'étendue de l'Égypte se trouve confirmé par le témoignage de l'oracle de Jupiter Ammon, dont je n'ai eu connaissance qu'après m'être formé cette idée de l'Égypte. Les habitants de Marée et d'Apis, villes frontières du côté de la Libye, ne se croyaient pas Égyptiens, mais Libyens. Ayant pris en aversion les cérémonies religieuses de l'Égypte, et ne voulant point s'abstenir de la chair des génisses[1], ils envoyèrent à l'oracle d'Ammon pour lui représenter qu'habitant hors du Delta, et leur culte étant différent de celui des Égyptiens, ils n'avaient rien de commun avec ces peuples, et qu'ils voulaient qu'il leur fût permis de manger de toutes sortes de viandes. Le dieu s'opposa à ce qu'ils demandaient, disant que tout le pays que couvrait le Nil dans ses débordements appartenait à l'Égypte, et que tous ceux qui, habi-

---

[1] Il paraît par ce passage que les Égyptiens ne mangeaient point de vache. Ce peuple superstitieux s'abstenait pareillement des bœufs, s'ils étaient jumeaux, s'ils étaient tachetés, s'ils avaient déjà travaillé, etc. (L.)

tant au-dessous de la ville d'Éléphantine, buvaient des eaux de ce fleuve, étaient Égyptiens. Ainsi leur répondit l'oracle.

XIX. Or le Nil, dans ses grandes crues, inonde non-seulement le Delta, mais encore des endroits qu'on dit appartenir à la Libye, ainsi que quelques petits cantons de l'Arabie, et se répand de l'un et de l'autre côté l'espace de deux journées de chemin, tantôt plus, tantôt moins.

Quant à la nature de ce fleuve, je n'en ai rien pu apprendre ni des prêtres, ni d'aucune autre personne. J'avais cependant une envie extrême de savoir d'eux pourquoi le Nil commence à grossir au solstice d'été, et continue ainsi durant cent jours; et par quelle raison, ayant crû ce nombre de jours, il se retire, et baisse au point qu'il demeure petit l'hiver entier jusqu'au retour du solstice d'été.

J'eus donc beau m'informer pourquoi ce fleuve est, de sa nature, le contraire de tous les autres; je n'en pus rien apprendre d'aucun Égyptien. Voilà pourtant ce que je voulais savoir, et pourquoi le Nil est le seul fleuve qui ne produise point de brises.

XX. Cependant il s'est trouvé des gens chez les Grecs qui, pour se faire un nom par leur savoir, ont expliqué ce mouvement des eaux de trois manières, dont deux ne méritent pas d'être rapportées; aussi ne ferai-je que les indiquer. Suivant la première, ce sont les vents étésiens qui, repoussant de leur souffle les eaux du Nil, et les empêchant de se porter à la mer, occasionnent la crue de ce fleuve; mais il arrive souvent que ces vents n'ont point encore soufflé, et cependant le Nil n'en grossit pas moins. Bien plus, si les vents étésiens étaient la cause de l'inondation, il faudrait aussi que tous les autres fleuves dont le cours est opposé à ces vents éprouvassent la même chose que le Nil, et cela d'autant plus qu'ils sont plus petits et moins rapides : or, il y a en Syrie et en Libye beaucoup de rivières qui ne sont point sujettes à des débordements tels que ceux du Nil.

XXI. Le second sentiment est encore plus absurde; mais, à dire vrai, il a quelque chose de plus merveilleux. Selon cette opinion, l'Océan environne toute la terre, et le Nil opère ce débordement parce qu'il vient de l'Océan.

XXII. La troisième explication est la plus fausse, en même

temps que la plus vraisemblable. C'est ne rien dire, en effet, que de prétendre que le Nil provient de la fonte des neiges, lui qui coule de la Libye par le milieu de l'Éthiopie, et entre de là en Égypte. Comment donc pourrait-il être formé par la fonte des neiges, puisqu'il vient d'un climat très-chaud dans un pays qui l'est moins ? Un homme capable de raisonner sur ces matières peut trouver ici plusieurs preuves qu'il n'est pas même vraisemblable que le Nil dérive des neiges. La première, et la plus forte, vient des vents : ceux qui soufflent de ce pays-là sont chauds. La seconde se tire de ce qu'on ne voit jamais en ce pays ni pluie ni glace. S'il y neigeait, il faudrait aussi qu'il y plût ; car c'est une nécessité absolue que, dans un pays où il tombe de la neige, il y pleuve dans l'espace de cinq jours. La troisième vient de ce que la chaleur y rend les hommes noirs, de ce que les milans et les hirondelles y demeurent toute l'année, et de ce que les grues y viennent en hiver, pour éviter les froids de la Scythie. Si donc il neigeait, même en petite quantité, dans le pays que traverse le Nil, ou dans celui où il prend sa source, il est certain qu'il n'arriverait rien de toutes ces choses, comme le prouve le raisonnement.

XXIII. Celui qui a attribué à l'Océan la cause du débordement du Nil a eu recours à une fable obscure, et ne mérite pas d'être réfuté : car, pour moi, je ne connais point de fleuve qu'on puisse appeler l'Océan ; et je pense qu'Homère, ou quelque autre poëte plus ancien, ayant inventé ce nom, l'a introduit dans la poésie.

XXIV. Mais si, après avoir blâmé les opinions précédentes, il est nécessaire que je déclare moi-même ce que je pense sur ces choses cachées, je dirai qu'il me paraît que le Nil grossit en été, parce qu'en hiver le soleil, chassé de son ancienne route par la rigueur de la saison, parcourt alors la région du ciel qui répond à la partie supérieure de la Libye. Voilà, en peu de mots, la raison de cette crue : car il est probable que plus ce dieu tend vers un pays et s'en approche, plus il le dessèche et en tarit les fleuves.

XXV. Mais il faut expliquer cela d'une manière plus étendue : l'air est toujours serein dans la Libye supérieure ; il y fait toujours chaud, et jamais il n'y souffle de vents froids. Lorsque le soleil parcourt ce pays, il y produit le même effet qu'il a coutume de produire en été, quand il passe par le milieu du ciel ; il attire les vapeurs à lui, et les repousse ensuite vers les lieux élevés, où les vents, les ayant reçues, les dispersent et les fondent. C'est vraisemblablement par cette raison que les vents qui soufflent de ce pays, comme le sud et le sud-ouest, sont ceux qui amènent le plus de pluies. Je crois cependant que le soleil ne renvoie pas toute l'eau du Nil qu'il attire annuellement, mais qu'il s'en réserve une partie.

Lorsque l'hiver est adouci, le soleil retourne au milieu du ciel, et de là il attire également des vapeurs de tous les fleuves. Jusqu'alors ils augmentent considérablement, à cause des pluies dont la terre est arrosée, et qui forment les torrents ; mais ils deviennent faibles en été, parce que les pluies leur manquent, et que le soleil attire une partie de leurs eaux. Il n'en est pas de même du Nil : comme en hiver il est dépourvu des eaux de pluie, et que le soleil en élève des vapeurs, c'est, avec raison, la seule rivière dont les eaux soient beaucoup plus basses en cette saison qu'en été. Le soleil l'attire de même que tous les autres fleuves ; mais, l'hiver, il est le seul que cet astre mette à contribution : c'est pourquoi je regarde le soleil comme la cause de ces effets.

XXVI. C'est lui aussi qui rend, à mon avis, l'air sec en ce pays, parce qu'il le brûle sur son passage ; et c'est pour cela qu'un été perpétuel règne dans la Libye supérieure. Si l'ordre des saisons et la position du ciel venaient à changer de manière que le nord prît la place du sud, et le sud celle du nord, alors le soleil, chassé du milieu du ciel par l'hiver, prendrait sans doute son cours par la partie supérieure de l'Europe, comme il le fait aujourd'hui par le haut de la Libye : et je pense qu'en traversant ainsi toute l'Europe, il agirait sur l'Ister comme il agit actuellement sur le Nil.

XXVII. J'ai dit qu'on ne sentait jamais de vents frais sur ce fleuve, et je pense qu'il est contre toute vraisemblance qu'il puisse en venir d'un climat chaud, parce qu'ils ont coutume de souffler d'un pays froid : quoi qu'il en soit, laissons les choses comme elles sont, et comme elles ont été dès le commencement.

XXVIII. De tous les Égyptiens, les Libyens et les Grecs avec qui je me suis entretenu, aucun ne se flattait de connaître les sources du Nil, si ce n'est le trésorier du temple de Minerve, à Saïs en Égypte. Je crus néanmoins qu'il plaisantait, quand il m'assura qu'il en avait une connaissance certaine. Il me dit qu'entre Syène, dans la Thébaïde, et Éléphantine, il y avait deux montagnes dont les sommets se terminaient en pointe; que l'une s'appelait Crophi, et l'autre Mophi. Les sources du Nil, qui sont de profonds abîmes, sortaient, disait-il, du milieu de ces montagnes : la moitié de leurs eaux coulait en Égypte, vers le nord ; et l'autre moitié en Éthiopie, vers le sud. Pour montrer que ces sources étaient des abîmes, il ajouta que Psammitichus, ayant voulu en faire l'épreuve, y avait fait jeter un câble de plusieurs milliers de brasses, mais que la sonde n'avait pas été jusqu'au fond. Si le récit de ce trésorier est vrai, je pense qu'en cet endroit les eaux, venant à se porter et à se briser avec violence contre les montagnes, refluent avec rapidité, et excitent des tournants qui empêchent la sonde d'aller jusqu'au fond.

XXIX. Je n'ai trouvé personne qui ait pu m'en apprendre davantage ; mais voici ce que j'ai recueilli, en poussant mes recherches aussi loin qu'elles pouvaient aller : jusqu'à Éléphantine, j'ai vu les choses par moi-même ; quant à ce qui est au delà de cette ville, je ne le sais que par les réponses que l'on m'a faites.

Le pays au-dessus d'Éléphantine est élevé. En remontant le fleuve, on attache de chaque côté du bateau une corde, comme on en attache aux bœufs, et on le tire de la sorte. Si le câble se casse, le bateau est emporté par la force du courant. Ce lieu a quatre jours de navigation. Le Nil y est tortueux comme le Méandre, et il faut naviguer de la manière que nous avons dit pendant douze schènes. Vous arrivez ensuite à une plaine fort unie, où il y a une île formée par les eaux du Nil ; elle s'appelle Tachompso. Au-dessus d'Éléphantine, on trouve déjà des Éthiopiens ; ils occupent même une moitié de l'île de Tachompso, et les Égyptiens l'autre moitié. Attenant l'île, est un grand lac sur les bords duquel habitent des Éthiopiens nomades. Quand vous l'avez traversé, vous rentrez dans le Nil, qui s'y jette ; de là, quittant le bateau, vous faites quarante jours de chemin le long du fleuve : car, dans cet espace, le Nil est plein de rochers à pic et de grosses pierres à sa surface, qui rendent la navigation impraticable. Après avoir fait ce chemin en quarante jours de marche, vous vous rembarquez dans un autre bateau où vous naviguez douze jours ; puis vous arrivez à une grande ville appelée Méroé. On dit qu'elle est la capitale du reste des Éthiopiens. Jupiter et Bacchus sont les seuls dieux qu'adorent ses habitants ; les cérémonies de leur culte sont magnifiques ; ils ont aussi parmi eux un oracle de Jupiter, sur les réponses duquel ils portent la guerre partout où ce dieu le commande et quand il l'ordonne.

XXX. De cette ville, vous arrivez au pays des Automoles en autant de jours de navigation que vous en avez mis à y arriver depuis Éléphantine. Ces automoles s'appellent Asmach. Ce nom, traduit en grec, signifie ceux qui se tiennent à la gauche du roi ; ils descendent de deux cent quarante mille Égyptiens, tous gens de guerre, qui passèrent du côté des Éthiopiens pour le sujet que je vais rapporter.

Sous le règne de Psammitichus, on les avait mis en garnison à Éléphantine, pour défendre le pays contre les Éthiopiens ; à Daphné de Péluse, pour empêcher les incursions des Arabes et des Syriens ; à Marée, pour tenir la Libye en respect. Les Perses ont encore aujourd'hui des troupes dans les mêmes places où il y en avait sous Psammitichus : car il y a garnison perse à Éléphantine et à Daphné. Ces Égyptiens étant donc restés trois ans dans leurs garnisons, sans qu'on vînt les relever, résolurent, d'un commun accord, d'abandonner Psammitichus, et de passer chez les Éthiopiens. Sur cette nouvelle, ce prince les poursuivit : lorsqu'il les eut atteints, il employa les prières, et tous les motifs les plus propres à les dissuader d'abandonner les dieux de leurs pères, leurs enfants et leurs femmes. Là-dessus, l'un d'entre eux, comme on le raconte, lui montrant le signe de sa virilité, lui dit : Partout où nous le porterons, nous y trouverons des femmes, et nous y aurons des enfants. Les Automoles, étant arrivés en Éthiopie se donnèrent au roi. Ce prince les en récompensa en leur accordant le pays de quelques Éthiopiens qui étaient ses ennemis, et qu'il leur ordonna de chasser.

Ces Égyptiens s'étant établis dans ce pays, les Éthiopiens se civilisèrent, en adoptant les mœurs égyptiennes.

XXXI. Le cours du Nil est donc connu pendant quatre mois de navigation ou de route : car, si l'on compte exactement, on trouve qu'il faut précisément quatre mois pour se rendre d'Éléphantine au pays de ces Automoles. Il est certain que le Nil vient de l'ouest ; mais on ne peut rien assurer sur ce qu'il est au delà des Automoles, les chaleurs excessives rendant ce pays désert.

XXXII. Voici néanmoins ce que j'ai appris de quelques Cyrénéens qui, ayant été consulter, à ce qu'ils me dirent, l'oracle d'Ammon, eurent un entretien avec Étéarque, roi du pays. Insensiblement la conversation tomba sur les sources du Nil, et l'on prétendit qu'elles étaient inconnues. Étéarque leur raconta qu'un jour des Nasamons arrivèrent à sa cour. Les Nasamons sont un peuple de Libye qui habite la Syrte, et un pays de peu d'étendue à l'orient de la Syrte. Leur ayant demandé s'ils avaient quelque chose de nouveau à lui apprendre sur les déserts de Libye, ils lui répondirent que, parmi les familles les plus puissantes du pays, des jeunes gens, parvenus à l'âge viril, et pleins d'emportement, imaginèrent, entre autres extravagances, de tirer au sort cinq d'entre eux pour reconnaître les déserts de la Libye, et tâcher d'y pénétrer plus avant qu'on ne l'avait fait jusqu'alors.

Toute la côte de la Libye qui borde la mer septentrionale depuis l'Égypte jusqu'au promontoire Soloéis[1], où se termine cette troisième partie du monde, est occupée par les Libyens et par diverses nations libyennes, à la réserve de ce qu'y possèdent les Grecs et les Phéniciens; mais, dans l'intérieur des terres, au-dessus de la côte maritime et des peuples qui la bordent, est une contrée remplie de bêtes féroces. Au delà de cette contrée, on ne trouve qu'un pays aride et couvert de sable.

Ces jeunes gens, envoyés par leurs compagnons avec de bonnes provisions d'eau et de vivres, parcoururent d'abord des pays habités ; ensuite ils arrivèrent dans un pays rempli de bêtes féroces; de là, continuant leur route à l'ouest à travers les déserts, ils aperçurent, après avoir longtemps marché dans un pays très-sablonneux, une plaine où il y avait des arbres. S'en étant approchés, ils mangèrent des fruits que ces arbres portaient. Tandis qu'ils en mangeaient, de petits hommes[2], d'une

[1] Le cap Soloéis est aujourd'hui, à ce qu'on croit, le cap Cantin, sur la côte de Maroc. (Miot.)
[2] Ce récit est confirmé par les relations des voyageurs modernes.

taille au-dessous de la moyenne, fondirent sur eux, et les emmenèrent par force. Les Nasamons n'entendaient point leur langue, et ces petits hommes ne comprenaient rien à celle des Nasamons. On les mena par des lieux marécageux ; après les avoir traversés, ils arrivèrent à une ville dont tous les habitants étaient noirs, et de la même taille que ceux qui les y avaient conduits. Une grande rivière¹, dans laquelle il y avait des crocodiles, coulait le long de cette ville de l'ouest à l'est.

XXXIII. Je me suis contenté de rapporter jusqu'à présent le discours d'Étéarque. Ce prince ajoutait cependant, comme m'en assurèrent les Cyrénéens, que les Nasamons étaient retournés dans leur patrie, et que les hommes chez qui ils avaient été étaient tous des enchanteurs. Quant au fleuve qui passait le long de cette ville, Étéarque conjecturait que c'était le Nil, et la raison le veut ainsi : car le Nil vient de la Libye, et la coupe par le milieu ; et, s'il est permis de conjecturer du connu à l'inconnu, je pense qu'il part des mêmes points que l'Ister. Ce dernier fleuve commence en effet dans le pays des Celtes, auprès de la ville de Pyrène, et traverse l'Europe par le milieu. Les Celtes sont au delà des colonnes d'Hercule, et touchent aux Cynésiens, qui sont les derniers peuples de l'Europe du côté du couchant. L'Ister se jette dans le Pont-Euxin à l'endroit où sont les Istriens, colonie de Milet².

XXXIV. L'Ister est connu de beaucoup de monde, parce qu'il arrose des pays habités ; mais on ne peut rien assurer des sources du Nil, parce que la partie de la Libye qu'il traverse est déserte et inhabitée. Quant à son cours, j'ai dit tout ce que j'ai pu en apprendre par les recherches les plus étendues. Il se jette dans l'Égypte ; l'Égypte est presque vis-à-vis de la Cilicie mon-

« Vis-à-vis le trône du roi (de Loango) sont assis quelques nains, le dos tourné vers lui... Les nègres du pays assurent qu'il y a dans l'intérieur des terres une grande contrée qui n'est habitée que par des hommes de cette taille, et que leur unique occupation était de tuer des éléphants. » *Histoire générale des voyages*, t. IV, p. 601 ; voyez aussi *Voyage aux sources du Sénégal et de la Gambie*, par Mollien, t. II, p. 200.

¹ Cette rivière est probablement le Niger. Voy. le *Voyage aux sources de la Gambie*, par Mollien, t. I, p. 210.

² L'Ister est le nom ancien du Danube. Hérodote, comme on voit, avait une idée assez juste de son cours et de son embouchure. Quant aux autres indications, elles sont peu exactes ; et l'on ne doit pas s'en étonner, car alors l'Asie avait peu de relations avec l'Europe. (Mior.)

tueuse ; de là à Sinope, sur le Pont-Euxin, il y a, en droite ligne, cinq jours de chemin pour un bon voyageur : or, Sinope est située vis-à-vis de l'Ister. Il me semble par conséquent que le Nil, qui traverse toute la Libye, peut entrer en comparaison avec l'Ister. Mais en voilà assez sur le Nil.

XXXV. Je m'étendrai davantage sur ce qui concerne l'Égypte, parce qu'elle renferme plus de merveilles que nul autre pays, et qu'il n'y a point de contrée où l'on voie tant d'ouvrages admirables et au-dessus de toute expression : par ces raisons, je m'étendrai davantage sur ce pays.

Comme les Égyptiens sont nés sous un climat bien différent des autres climats, et que le Nil est d'une nature bien différente du reste des fleuves, aussi leurs usages et leurs lois diffèrent-ils pour la plupart de ceux des autres nations. Chez eux, les femmes vont au marché et trafiquent, tandis que les hommes, renfermés dans leurs maisons, travaillent à de la toile[1]. Les autres nations font la toile en poussant la trame en haut, les Égyptiens en la poussant en bas. En Égypte, les hommes portent les fardeaux sur la tête, et les femmes sur les épaules. Les femmes urinent debout, les hommes accroupis ; quant aux autres besoins naturels, ils se renferment dans leurs maisons ; mais ils mangent dans les rues. Ils apportent pour raison de cette conduite que les choses indécentes, mais nécessaires, doivent se faire en secret, au lieu que celles qui ne sont point indécentes doivent se faire en public. Chez les Égyptiens, les femmes ne peuvent être prêtresses d'aucun dieu, d'aucune déesse ; le sacerdoce est réservé aux hommes. Si les enfants mâles ne veulent point nourrir leurs pères et leurs mères, on ne les y force pas ; mais si les filles le refusent, on les y contraint.

XXXVI. Dans les autres pays, les prêtres portent de longs cheveux ; en Égypte, ils les rasent. Chez les autres nations, dès qu'on est en deuil, on se fait raser[2], et surtout les plus proches parentes ; les Égyptiens, au contraire, laissent croître leurs che-

---

[1] Les hommes étaient en Égypte, les esclaves des femmes. Diodor. Sicul. lib. I, g. 27 pag. 31.
[2] Hérodote n'y comprend pas sans doute les Grecs, qui suivaient en cela l'usage des Égyptiens. « Lorsqu'il survient, dit Plutarque, quelque malheur aux Grecs, les femmes se rasent les cheveux, et les hommes les laissent croître, parce qu'ils sont dans l'usage de les couper, et les femmes de les porter. »

veux et leur barbe à la mort de leurs proches, quoique jusqu'alors ils se fussent rasés. Les autres peuples prennent leurs repas dans un endroit séparé des bêtes, les Égyptiens mangent avec elles. Partout ailleurs on se nourrit de froment et d'orge ; en Égypte, on regarde comme infâmes ceux qui s'en nourrissent, et l'on y fait usage du dourah. Ils pétrissent la farine avec les pieds ; mais ils enlèvent le fumier avec les mains. Toutes les autres nations, excepté celles qui ont pris leurs usages, laissent les parties de la génération dans leur état naturel ; eux, au contraire, se font circoncire [1]. Les hommes ont chacun deux vêtements, les femmes n'en ont qu'un. Les autres peuples attachent en dehors les cordages et les anneaux ou crochets des voiles ; les Égyptiens, en dedans. Les Grecs écrivent et calculent avec des jetons, en portant la main de la gauche vers la droite ; les Égyptiens vont de droite à gauche ; et néanmoins ils disent qu'ils écrivent et calculent à droite, et les Grecs à gauche. Ils ont deux sortes de lettres, les sacrées et les vulgaires.

XXXVII. Plus religieux de beaucoup que le reste des hommes, ils pratiquent les coutumes suivantes. Ils boivent dans des coupes d'airain, qu'ils ont soin de nettoyer tous les jours ; c'est un usage universel, dont personne ne s'exempte. Ils portent des habits de lin nouvellement lavés ; attention qu'ils ont toujours. Ils se font circoncire par principe de propreté, parce qu'ils en font plus de cas que de la beauté.

Les prêtres se rasent le corps entier tous les trois jours, afin que ni pou ni vermine ne s'y attachent pendant qu'ils servent les dieux. Ils ne portent qu'une robe de lin et des souliers de papyrus. Il ne leur est pas permis d'avoir d'autre habit ni d'autre chaussure. Ils se lavent deux fois par jour dans de l'eau froide, et autant de fois toutes les nuits ; en un mot, ils ont mille pratiques religieuses qu'ils observent régulièrement.

Ils jouissent, en récompense, de grands avantages. Ils ne dépensent ni ne consomment rien de leurs biens propres [2]. Chacun

---

[1] Il n'y avait d'obligation que pour les prêtres ; les autres Égyptiens étaient dispensés de cette cérémonie, à moins qu'ils ne voulussent se faire initier aux mystères, ou se procurer la connaissance des sciences sacrées. Voy. le célèbre évêque d'Avranches sur Origène. (WESSELING.)

[2] L'Égypte était partagée en trois parties. La première appartenait à l'ordre sacerdotal, et servait aux sacrifices et à l'entretien des ministres

d'eux a sa portion des viandes sacrées, qu'on leur donne cuites; et même on leur distribue chaque jour une grande quantité de chair de bœuf et d'oie. On leur donne aussi du vin de raisin [1]; mais il ne leur est pas permis de manger du poisson [2].

Les Égyptiens ne sèment jamais de fèves dans leurs terres, et, s'il en vient, ils ne les mangent ni crues ni cuites [3]. Les prêtres n'en peuvent pas même supporter la vue; ils s'imaginent que ce légume est impur. Chaque dieu a plusieurs prêtres et un grand-prêtre. Quand il meurt, il est remplacé par son fils [4].

XXXVIII. Ils croient que les bœufs mâles appartiennent à Épaphus, et c'est pourquoi ils les examinent avec tant de soin. Il y a même un prêtre désigné pour cette fonction. S'il trouve

des temples. Elle était aussi exempte de toute sorte d'impôts. Ce fut Isis qui donna aux prêtres le tiers de son royaume pour les engager à déférer les honneurs divins à son époux Osiris après sa mort. Mais Moïse, beaucoup plus croyable que Diodore de Sicile, nous apprend qu'ils tenaient ces terres de la libéralité de leur souverain. Lorsque Pharaon, roi d'Égypte, s'empara de l'argent, du bétail et des terres de ses sujets, par le conseil de Joseph, qu'il avait fait son ministre, et qui avait épousé la fille du grand prêtre du Soleil, il ne toucha point aux possessions des prêtres et on leur fournit du blé en abondance. (L.)

[1] Il y avait plusieurs sortes de vin : le vin de vigne et le vin d'orge ou la bière. Le vin de vigne était très-rare en Égypte avant Psammitichus.

[2] Le neuvième du premier mois, tandis que les Égyptiens mangeaient chacun devant sa porte un poisson cuit, les prêtres, au lieu d'en manger, en brûlaient devant la leur. Ils en apportaient deux raisons : l'une sacrée et subtile, qui s'accorde avec leur théologie au sujet d'Osiris et de Typhon; l'autre, qui est claire et manifeste, c'est que le poisson est un aliment superflu. Mais la vraie raison, c'est que la chair de poisson irrite toutes les maladies qui ont rapport avec l'éléphantiase, et que les prêtres qui prenaient toutes les précautions imaginables pour se garantir de cette maladie, n'osaient manger d'aucune espèce de poisson, de crainte d'en prendre le germe. Mais, quelle que puisse être la cause de cette aversion, le poisson était, chez les Égyptiens, le symbole de la haine. Les pythagoriciens, qui avaient pris en Égypte leurs dogmes, avaient les poissons encore plus en aversion que les autres nourritures animales. (L.)

[3] C'est en Égypte que Pythagore avait pris de l'aversion pour les fèves. On sait qu'il avait été instruit par Œnuphis, prêtre d'Héliopolis.

[4] Les prêtres, chez les Égyptiens, composaient une classe d'hommes, tels que les lévites parmi les Juifs, et les brachmanes chez les Indiens. Les enfants succédaient à leurs pères, et nul autre que ceux de race sacerdotale ne pouvait exercer les fonctions du ministère sacré. Diodore de Sicile remarque que les prêtres transmettaient à leurs enfants le même genre de vie; et Eusèbe, que le fils tient de son père le sacerdoce, et que ce droit est héréditaire. Il y avait aussi à Athènes certaines familles à qui étaient attachées les fonctions du sacerdoce, telles que les Eumolpides, les Céryces, les Étéobutades, etc. (L.)

sur l'animal un seul poil noir[1], il le regarde comme immonde. Il le visite et l'examine debout et couché sur le dos ; il lui fait ensuite tirer la langue, et il observe s'il est exempt des marques dont font mention les livres sacrés, et dont je parlerai autre part. Il considère aussi si les poils de la queue sont tels qu'ils doivent être naturellement.

Si le bœuf est reconnu pur de tout point, le prêtre le marque avec une corde d'écorce de papyrus, qu'il lui attache autour des cornes ; il y applique ensuite de la terre sigillaire, sur laquelle il imprime son sceau ; car il est défendu, sous peine de mort, de sacrifier un bœuf qui n'a point cette empreinte. Telle est la manière dont on examine l'animal.

XXXIX. Voici les cérémonies qui s'observent dans les sacrifices : on conduit l'animal ainsi marqué à l'autel où il doit être immolé ; on allume du feu ; on répand ensuite du vin sur cet autel et près de la victime qu'on égorge, après avoir invoqué le dieu ; on en coupe la tête, et on dépouille le reste du corps ; on charge cette tête d'imprécations ; on la porte ensuite au marché, s'il y en a un, et s'il s'y trouve des marchands grecs, on la leur vend ; mais ceux chez qui il n'y a point de Grecs la jettent à la rivière[2]. Parmi les imprécations qu'ils font sur la tête de la victime[3], ceux qui ont offert le sacrifice prient les dieux de détourner les malheurs qui pourraient arriver à toute l'Égypte ou à eux-mêmes, et de les faire retomber sur cette tête. Tous les Égyptiens observent également ces mêmes rites dans tous leurs sacrifices, tant pour les têtes des victimes que pour les libations de vin. C'est en conséquence de cet usage qu'aucun Égyptien ne

---

[1] Les Égyptiens, persuadés que Typhon était roux, n'immolent que des bœufs de cette couleur. Ils observent cela avec une exactitude si scrupuleuse, que, s'il se trouve sur la victime un seul poil noir ou blanc, on ne peut la sacrifier. Ils pensent en effet qu'on ne doit point offrir aux dieux des choses qui leur soient agréables, mais au contraire tous les animaux dans lesquels ont passé les âmes des scélérats et des hommes injustes. Ils avaient encore une autre raison, c'est qu'Apis était noir, avec quelques marques blanches. Les Juifs avaient pris des Égyptiens le sacrifice de la vache rouge sans tache. (*Num.*, cap. XIX, v. 2.)

[2] « Comme les Ombites, dit Élien, ne veulent point manger de la tête des animaux qu'ils ont sacrifiés, ils la portent aux crocodiles et la leur jettent. Les crocodiles dansent autour de cette tête. » (L.)

[3] Ces imprécations ont beaucoup de conformité avec ce qui s'observait chez les Juifs à l'occasion du bouc émissaire. (*Levitic.*, cap. XVI, v. 21.)

mange jamais de la tête d'un animal, quel qu'il soit. Quant à l'inspection des entrailles et à la manière de brûler les victimes, ils suivent différentes méthodes, selon les sacrifices.

XL. Je vais parler maintenant de la déesse que les Égyptiens regardent comme la plus grande de toutes les divinités, et de la fête magnifique qu'ils célèbrent en son honneur. Lorsqu'ils ont écorché le bœuf, ils prient, et retirent les intestins, mais laissent les entrailles et la graisse. On coupe les cuisses, la superficie du haut des hanches, les épaules et le cou. Cela fait, on remplit le reste du corps de pains de pure farine, de miel, de raisins secs, de figues, d'encens, de myrrhe et d'autres substances odoriférantes. Ainsi rempli, on le brûle, en répandant une grande quantité d'huile sur le feu. Le sacrifice est précédé d'un jeûne; et, pendant que la victime brûle, ils se frappent tous; lorsqu'ils ont cessé de frapper, on leur sert les restes de la bête immolée.

XLI. Tous les Égyptiens immolent des bœufs et des veaux purs; mais il ne leur est pas permis de sacrifier des génisses [1], parce qu'elles sont sacrifiées à Isis, qu'on représente dans ses statues sous la forme d'une femme avec des cornes de génisse, comme les Grecs peignent Io. Tous les Égyptiens ont beaucoup plus d'égards pour les génisses que pour le reste du bétail : aussi n'y a-t-il point d'Égyptien ni d'Égyptienne qui voulût baiser un Grec à la bouche, ni même se servir du couteau d'un Grec, de sa broche, de sa marmite, ni goûter de la chair d'un bœuf pur qui aurait été coupé avec le couteau d'un Grec. Si un bœuf ou une génisse viennent à mourir, on leur fait des funérailles de cette manière: on jette les génisses dans le fleuve; quant aux bœufs, on les enterre dans les faubourgs, avec l'une

[1] « L'utilité de cet animal et sa rareté en Égypte étaient la cause de cette défense. Ainsi, quoiqu'ils sacrifiassent et qu'ils mangeassent des bœufs, ils épargnaient les femelles, pour en avoir de la race; et la loi regardait comme un sacrilège celui qui en aurait mangé. Saint Jérôme dit aussi : « *In Ægypto et Palæstina, propter boum raritatem, nemo vaccam comedit.* » Ce règlement, qui dans son principe était très-sage, dégénéra peu à peu en superstition. Les brachmanes, qui ne mangent point actuellement de vaches, s'en abstenaient autrefois probablement par la même raison. Ce qui s'était pratiqué dans les commencements par un motif d'utilité, le fut depuis par superstition. « Et les Égyptiens et les Phéniciens, ajoute Porphyre, auraient plutôt mangé de la chair humaine que de celle de vache; » (PORPHYRE, *De abst.*, lib. II.)

des cornes où les deux cornes hors de terre, pour servir d'indice. Lorsque le bœuf est pourri, et dans un temps déterminé, on voit arriver à chaque ville un bateau de l'île Prosopitis. Cette île, située dans le Delta, a neuf schènes de tour ; elle contient un grand nombre de villes ; mais celle d'où partent les bateaux destinés à enlever les os des bœufs se nomme Atarbéchis. On y voit un temple consacré à Vénus. Il sort d'Atarbéchis beaucoup de gens qui courent de ville en ville pour déterrer les os des bœufs ; ils les emportent, et les mettent tous en terre dans un même lieu. Ils enterrent de la même manière que les bœufs le reste du bétail qui vient à mourir : la loi l'ordonne ; car ils ne les tuent pas.

XLII. Tous ceux qui ont érigé des temples à Jupiter Thébéen, ou qui sont du nome de Thèbes, n'immolent point de moutons et ne sacrifient que des chèvres. En effet, tous les Égyptiens n'adorent pas également les mêmes dieux ; ils ne rendent tous le même culte qu'à Isis et à Osiris, qui, selon eux, est le même que Bacchus. Tous ceux, au contraire, qui ont un temple à Mendès, ou qui sont du nome Mendésien, immolent des brebis, et épargnent les chèvres. Les Thébéens, et tous ceux qui, comme eux, s'abstiennent des brebis, le font en vertu d'une loi dont voici le motif : Hercule, disent-ils, voulait absolument voir Jupiter ; mais ce dieu ne voulait pas en être vu. Enfin, comme Hercule ne cessait de le prier, Jupiter s'avisa de cet artifice : il dépouilla un bélier, en coupa la tête, qu'il tint devant lui, et, s'étant revêtu de sa toison, il se montra dans cet état à Hercule. C'est par cette raison qu'en Égypte les statues de Jupiter représentent ce dieu avec une tête de bélier. Cette coutume a passé des Égyptiens aux Ammoniens. Ceux-ci sont en effet une colonie d'Égyptiens et d'Éthiopiens, et leur langue tient le milieu entre celle de ces deux peuples. Je crois même qu'ils s'appellent Ammoniens parce que les Égyptiens donnent le nom d'Ammon à Jupiter. Les Thébéens regardent, par cette raison, les béliers comme sacrés, et ils ne les immolent point, excepté le jour de la fête de Jupiter. C'est le seul jour de l'année où ils en sacrifient un, après quoi on le dépouille, et, de la même manière dont Jupiter s'en était revêtu lui-même, l'on revêt de sa peau la statue de ce dieu, dont on approche celle d'Hercule. Cela fait, tous ceux qui sont autour du temple se frappent en déplorant la mort du bélier ; et puis on l'inhume dans une caisse sacrée.

XLIII. Cet Hercule est, à ce qu'on m'a assuré, un des douze dieux : quant à l'autre Hercule, si connu des Grecs, je n'en ai jamais pu rien apprendre dans aucun endroit de l'Égypte. Entre autres preuves que je pourrais apporter que les Égyptiens n'ont point emprunté des Grecs le nom d'Hercule, mais que ce sont les Grecs qui l'ont pris d'eux, et principalement ceux d'entre eux qui ont donné ce nom au fils d'Amphitryon, je m'arrêterai à celle-ci : le père et la mère de cet Hercule, Amphitryon et Alcmène, étaient originaires d'Égypte [1] ; bien plus, les Égyptiens disent qu'ils ignorent jusqu'aux noms de Neptune et des Dioscures, et ils n'ont jamais mis ces dieux au nombre de leurs divinités : or, s'ils eussent emprunté des Grecs le nom de quelque dieu, ils auraient bien plutôt fait mention de ceux-ci. En effet, puisqu'ils voyageaient déjà sur mer, et qu'il y avait aussi, comme je le pense, en me fondant sur de bonnes raisons, des Grecs qui pratiquaient cet élément, ils auraient plutôt connu les noms de ces dieux que celui d'Hercule.

Hercule est un dieu très-ancien chez les Égyptiens ; et, comme ils le disent eux-mêmes, il est du nombre de ces douze dieux qui sont nés des huit dieux, dix-sept mille ans avant le règne d'Amasis.

XLIV. Comme je souhaitais trouver quelqu'un qui pût m'instruire à cet égard, je fis voile vers Tyr en Phénicie, où j'avais appris qu'il y avait un temple d'Hercule en grande vénération. Ce temple était décoré d'une infinité d'offrandes ; on y voyait deux colonnes, dont l'une était d'or fin, et l'autre d'émeraude,

---

[1] « Témoin l'inscription gravée sur une table d'airain qu'on trouva à Haliarte en Béotie, sur le tombeau d'Alcmène. Avec le corps étaient un petit bracelet d'airain et deux amphores de terre, qui contenaient de la terre qui avec le temps s'était durcie comme de la pierre. Agésilaüs fit transporter ces restes à Sparte. L'inscription avait, par l'ancienneté de ses caractères, l'air merveilleux. On ne put y rien connaître, même après avoir lavé la table d'airain. On reconnut cependant que ces lettres étaient barbares, et ressemblaient beaucoup à celles des Égyptiens. Agésilaüs en fit prendre des copies, qu'il envoya en Égypte. Agétoridas les remit, de la part de ce prince, au prophète Chonuphis. Celui-ci en donna l'explication et l'envoya au roi. » (Plut., *de Socr. genio*.) — C'était donc dans la langue des anciens Égyptiens que les amateurs des étymologies auraient dû chercher la signification des noms d'Amphitryon, d'Alcmène et d'Hercule. (L.)

qui jetait, la nuit, un grand éclat [1]. Un jour que je m'entretenais avec les prêtres de ce dieu, je leur demandai combien il y avait de temps que ce temple était bâti ; mais je ne les trouvai pas plus d'accord avec les Grecs que les Égyptiens. Ils me dirent, en effet, qu'il avait été bâti en même temps que la ville, et qu'il y avait deux mille trois cents ans qu'elle était habitée. Je vis aussi à Tyr un autre temple d'Hercule ; cet Hercule était surnommé Thasien. Je fis aussi le voyage de Thasos, où je trouvai un temple de ce dieu, qui avait été construit par les Phéniciens, qui, en courant les mers pour chercher Europe, fondèrent une colonie dans cette île, cinq générations avant qu'Hercule, fils d'Amphitryon, naquît en Grèce.

Ces recherches prouvent clairement qu'Hercule est un dieu ancien : aussi les Grecs, qui ont élevé deux temples à Hercule, me paraissent avoir agi très-sagement. Ils offrent à l'un, qu'ils ont surnommé Olympien, des sacrifices, comme à un immortel, et font à l'autre des offrandes funèbres, comme à un héros.

XLV. Les Grecs tiennent aussi beaucoup d'autres propos inconsidérés, et l'on peut mettre de ce nombre la fable ridicule qu'ils débitent au sujet de ce héros. Hercule, disent-ils, étant arrivé en Égypte, les Égyptiens lui mirent une couronne sur la tête, et le conduisirent en grande pompe, comme s'ils eussent voulu l'immoler à Jupiter. Il se tint d'abord tranquille ; mais, près de l'autel, quand les prêtres commençaient le sacrifice, il ramassa ses forces, et les tua tous. Les Grecs font voir, à ce qu'il me semble, par ces propos, qu'ils n'ont pas la plus légère connaissance du caractère des Égyptiens et de leurs lois. Quelle vraisemblance y a-t-il, en effet, que des peuples à qui il n'est pas même permis de sacrifier aucun animal, excepté des cochons [2], des bœufs et des veaux, pourvu qu'ils soient purs, et des oies ; quelle apparence, dis-je, qu'ils voulussent immoler

---

[1] C'était probablement une émeraude bâtarde, un pseudosmaragdus. Cependant ces sortes de pierres ne rendent point de clarté la nuit. Si donc notre historien a été bien informé, et si l'on n'a point abusé de son ingénuité, je croirais volontiers, avec les auteurs de l'*Histoire universelle anglaise*, que cette colonne n'était pas même un pseudo-smaragdus, mais du verre coloré, dont l'intérieur était éclairé par des lampes. (L.)

[2] Les Égyptiens avaient cet animal en horreur ; jamais ils n'en sacrifiaient aux dieux, si ce n'est à la Lune et à Bacchus. (L.)

des hommes? D'ailleurs, est-il vraisemblable qu'Hercule, qui n'était encore qu'un homme, comme ils le disent eux-mêmes, eût pu tuer, lui seul, tant de milliers d'hommes? Quoi qu'il en soit, je prie les dieux et les héros de prendre en bonne part ce que j'ai dit sur ce sujet.

XLVI. Les Mendésiens, ceux des Égyptiens dont j'ai parlé, ne sacrifient ni chèvres ni boucs. En voici les raisons : ils mettent Pan au nombre des huit dieux, et ils prétendent que ces huit dieux existaient avant les douze dieux. Or les peintres et les sculpteurs représentent le dieu Pan, comme le font les Grecs, avec une tête de chèvre et des jambes de bouc : ce n'est pas qu'ils s'imaginent qu'il ait une pareille figure, ils le croient semblable au reste des dieux; mais je me ferais une sorte de scrupule de dire pourquoi ils le représentent ainsi. Les Mendésiens ont beaucoup de vénération pour les boucs et les chèvres, et encore plus pour les mâles, que les bergers tiennent en plus grand honneur que les femelles. Il y en a un surtout qu'ils considèrent plus que tous les autres; quand il vient à mourir, tout le nome Mendésien est en deuil.

Le bouc et le dieu Pan s'appellent Mendès en égyptien. Il arriva, pendant que j'étais en Égypte, une chose étonnante dans le nome Mendésien : un bouc eut publiquement commerce avec une femme, et cette aventure parvint à la connaissance de tout le monde.

XLVII. Les Égyptiens regardent le pourceau comme un animal immonde[1]. Si quelqu'un en touche un, ne fût-ce qu'en passant, aussitôt il va se plonger dans la rivière avec ses habits : aussi ceux qui gardent les pourceaux, quoique Égyptiens de naissance, sont-ils les seuls qui ne puissent entrer dans aucun temple d'Égypte. Personne ne veut leur donner ses filles en mariage, ni épouser les leurs : ils se marient entre eux.

Il n'est pas permis aux Égyptiens d'immoler des pourceaux

[1] Le lait de truie donnait la lèpre ou des dartres à ceux qui en buvaient. Cet animal, qui transpire peu à cause qu'il en est empêché par la graisse, est fort sujet à des éruptions, et porte avec lui le principe de la lèpre. De là cette aversion que les Égyptiens avaient pour le pourceau, et la défense que Dieu fit aux Juifs d'en manger; mais les Juifs n'en immolaient et n'en mangeaient en aucun temps, au lieu que les Égyptiens en sacrifiaient et en mangeaient une fois l'année, à la fête de la pleine lune. (L.)

à d'autres dieux qu'à la Lune et à Bacchus, à qui ils en sacrifient dans le même temps, je veux dire dans la même pleine lune. Ils en mangent alors. Mais pourquoi les Égyptiens ont-ils les pourceaux en horreur les autres jours de fête, et en immolent-ils dans celle-ci? Ils en apportent une raison qu'il n'est pas convenable de rapporter. Je la tairai donc, quoique je ne l'ignore point.

Voici comment ils sacrifient les pourceaux à la Lune : quand la victime est égorgée, on met ensemble l'extrémité de la queue, la rate et le gras-double, qu'on couvre de toute la graisse qui est dans le ventre de l'animal, et on les brûle. Le reste de la victime se mange le jour de la pleine lune, qui est celui où ils ont offert le sacrifice; tout autre jour, ils ne voudraient pas en goûter. Les pauvres, qui ont à peine de quoi subsister, font avec de la pâte des figures de pourceaux, et, les ayant fait cuire, ils les offrent en sacrifice.

XLVIII. Le jour de la fête de Bacchus, chacun immole un pourceau devant sa porte, à l'heure du repas ; on le donne ensuite à emporter à celui qui l'a vendu. Les Égyptiens célèbrent le reste de la fête de Bacchus, excepté le sacrifice des porcs, à peu près de la même manière que les Grecs ; mais, au lieu de phalles, ils ont inventé des figures d'environ une coudée de haut, qu'on fait mouvoir par le moyen d'une corde. Les femmes portent dans les bourgs et les villages ces figures, dont le membre viril n'est guère moins grand que le reste du corps, et qu'elles font remuer. Un joueur de flûte marche à la tête; elles le suivent en chantant les louanges de Bacchus. Mais pourquoi ces figures ont-elles le membre viril d'une grandeur si peu proportionnée, et pourquoi ne remuent-elles que cette partie? On raconte à ce sujet une légende sacrée.

XLIX. Il me semble que Mélampus, fils d'Amythaon, avait une grande connaissance de cette cérémonie sacrée. C'est lui en effet qui a instruit les Grecs du nom de Bacchus, des cérémonies de son culte, et qui a introduit parmi eux la procession du phalle. Il est vrai qu'il raconte ce rit, sans l'avoir exactement saisi; mais les sages qui sont venus après lui en ont donné une plus ample explication.

C'est donc Mélampus qui a institué la procession du phalle que l'on porte en l'honneur de Bacchus, et c'est lui qui a instruit les Grecs des cérémonies qu'ils pratiquent encore aujourd'hui.

Mélampus est, à mon avis, un sage qui s'est rendu habile dans l'art de la divination. Instruit par les Égyptiens d'un grand nombre de cérémonies, et, entre autres, de ce qui concerne le culte de Bacchus, ce fut lui qui les introduisit dans la Grèce avec quelques légers changements. Je n'attribuerai point en effet au hasard la ressemblance qu'on voit entre les cérémonies religieuses des Égyptiens et celles des Grecs. Si cette ressemblance n'avait pas d'autres causes, ces cérémonies ne se trouveraient pas si éloignées des mœurs et des usages des Grecs, et d'ailleurs elles n'auraient pas été nouvellement introduites. Je ne dirai pas non plus que les Égyptiens aient emprunté des Grecs ces cérémonies, ou quelque autre rite : il me semble bien plutôt que Mélampus apprit ce qui concerne le culte de Bacchus par le commerce qu'il eut avec les descendants de Cadmus de Tyr, et avec ceux des Tyriens de sa suite, qui vinrent de Phénicie dans cette partie de la Grèce qu'on appelle aujourd'hui Béotie.

L. Presque tous les noms des dieux sont venus d'Égypte en Grèce. Il est très-certain qu'ils nous viennent des Barbares : je m'en suis convaincu par mes recherches. Je crois donc que nous les tenons principalement des Égyptiens. En effet, si vous exceptez Neptune, les Dioscures, comme je l'ai dit ci-dessus, Junon[1], Vesta, Thémis, les Grâces et les Néréides, les noms de tous les autres dieux ont toujours été connus en Égypte. Je ne fais, à cet égard, que répéter ce que les Égyptiens disent eux-mêmes. Quant aux dieux qu'ils assurent ne pas connaître, je pense que leurs noms viennent des Pélasges ; j'en excepte Neptune, dont ils ont appris le nom des Libyens : car, dans les premiers temps, le nom de Neptune n'était connu que des Libyens, qui ont toujours pour ce dieu une grande vénération. Quant à ce qui regarde les héros, les Égyptiens ne leur rendent aucun culte.

LI. Les Hellènes tiennent donc des Égyptiens ces rites usi-

---

[1] Manéthon parle de la Junon des Égyptiens, et assure qu'on lui sacrifiait trois hommes par jour, qu'on examinait comme les veaux mondes. Amasis abolit ces sacrifices barbares. Diodore de Sicile, Horapollon et d'autres auteurs font aussi mention de cette Junon. (L.)

tés parmi eux, ainsi que plusieurs autres dont je parlerai dans la suite; mais ce ne sont pas les Égyptiens qui leur ont appris à faire les statues de Mercure avec le membre en érection. Les Athéniens ont pris les premiers cet usage des Pélasges; le reste de la Grèce a suivi leur exemple. Les Pélasges demeuraient en effet dans le même canton que les Athéniens, qui, dès ce temps-là, étaient au nombre des Hellènes; et c'est pour cela qu'ils commencèrent alors à être réputés Hellènes eux-mêmes. Quiconque est initié dans les mystères des Cabires, que célèbrent les Samothraces, comprend ce que je dis : car ces Pélasges qui vinrent demeurer avec les Athéniens habitaient auparavant la Samothrace, et c'est d'eux que les peuples de cette île ont pris leurs mystères. Les Athéniens sont donc les premiers d'entre les Hellènes qui aient appris des Pélasges[1] à faire des statues de Mercure avec le membre en érection. Les Pélasges en donnent une raison sacrée, que l'on trouve expliquée dans les mystères de Samothrace.

LII. Les Pélasges sacrifiaient autrefois aux dieux toutes les choses qu'on peut leur offrir, comme je l'ai appris à Dodone, et ils leur adressaient des prières; mais ils ne donnaient alors ni nom ni surnom à aucun d'entre eux, car ils ne les avaient jamais entendu nommer. Ils les appelaient dieux en général, parce qu'ils ont établi et maintiennent l'ordre dans l'univers. Ils ne parvinrent ensuite à connaître que fort tard les noms des dieux, lorsqu'on les eut apportés d'Égypte; mais ils ne surent celui de Bacchus que longtemps après avoir appris ceux des autres dieux. Quelque temps après, il allèrent consulter sur ces noms l'oracle de Dodone. On regarde cet oracle comme le plus ancien de la Grèce, et il était alors le seul qu'il y eût dans le pays. Les Pélasges ayant donc demandé à l'oracle de Dodone s'ils pouvaient recevoir ces noms qui leur venaient des barbares, il leur répondit qu'ils le pouvaient. Depuis ce temps-là ils en ont fait usage dans leurs sacrifices, et dans la suite les Grecs ont pris des Pélasges ces mêmes noms.

LIII. On a longtemps ignoré l'origine de chaque dieu, leur

---

[1] Ces Pélasges sont probablement ceux qui s'établirent dans l'Attique 1700 ans avant notre ère, et qui en furent chassés 1462 ans avant la même ère. (L.)

forme, leur nature, et s'ils avaient tous existé de tout temps : ce n'est, pour ainsi dire, que d'hier qu'on le sait. Je pense en effet qu'Homère et Hésiode ne vivaient que quatre cents ans avant moi[1]. Or ce sont eux qui les premiers ont décrit en vers la théogonie, qui ont parlé des surnoms des dieux, de leur culte, de leurs fonctions, et qui ont tracé leurs figures; les autres poëtes, qu'on dit les avoir précédés, ne sont venus, du moins à mon avis, qu'après eux. De ce que je viens de dire, le commencement je le tiens des prêtresses de Dodone; mais, à l'égard d'Hésiode et d'Homère, c'est mon sentiment particulier.

LIV. Quant aux deux oracles, dont l'un est en Grèce et l'autre en Libye, je vais rapporter ce qu'en disent les Égyptiens. Les prêtres de Jupiter Thébéen me racontèrent que des Phéniciens avaient enlevé à Thèbes deux femmes consacrées au service de ce dieu; qu'ils avaient ouï dire qu'elles furent vendues pour être transportées, l'une en Libye, l'autre en Grèce, et qu'elles furent les premières qui établirent des oracles parmi les peuples de ces deux pays. Je leur demandai comment ils avaient acquis ces connaissances positives : ils me répondirent qu'ils avaient longtemps cherché ces femmes sans pouvoir les trouver, mais que depuis ils en avaient appris ce qu'ils venaient de me raconter.

LV. Voilà ce que j'ai appris des prêtres de Thèbes; les prêtresses des Dodonéens rapportent qu'il s'envola de Thèbes en Égypte deux colombes noires; que l'une alla en Libye, et l'autre chez eux; que celle-ci, s'étant perchée sur un chêne, articula d'une voix humaine que les destins voulaient qu'on établît en cet endroit un oracle de Jupiter; que les Dodonéens, regardant cela comme un ordre des dieux, l'exécutèrent. Ils racontent aussi que la colombe qui s'envola en Libye commanda aux Libyens d'établir l'oracle d'Ammon, qui est aussi un oracle de Jupiter. Voilà ce que me dirent les prêtresses des Dodonéens, dont la plus âgée s'appelait Promenia; celle d'après, Timarété;

---

[1] Hérodote est né, suivant Aulu-Gelle, cinquante-trois ans avant la guerre du Péloponèse, c'est-à-dire l'an 4230 de la période julienne, au commencement de la soixante-quatorzième olympiade, 484 ans avant l'ère vulgaire. Homère et Hésiode doivent être nés par conséquent l'an 3830 de la même période, 884 ans avant notre ère. (L.)

et la plus jeune, Nicandra. Leur récit était confirmé par le témoignage du reste des Dodonéens, ministres du temple.

LVI. Mais voici mon sentiment à cet égard ; s'il est vrai que des Phéniciens aient enlevé ces deux femmes consacrées aux dieux, et qu'ils les aient vendues, l'une pour être menée en Libye, l'autre pour être transportée en Grèce, je pense que celle-ci fut vendue dans le pays des Thesprotiens, qui fait partie de la Grèce actuelle, et qu'on appelait alors Pélasgie ; que, pendant son esclavage, elle éleva sous un chêne un temple à Jupiter : car il était naturel que celle qui dans Thèbes avait desservi les autels de ce dieu lui donnât, dans le lieu où on l'avait transportée, des marques de son souvenir, et qu'ensuite elle instituât un oracle ; et qu'ayant appris la langue grecque, elle dit que sa sœur avait été vendue par les mêmes Phéniciens pour être conduite en Libye.

LVII. Les Dodonéens donnèrent, à ce qu'il me semble, le nom de colombes à ces femmes, parce que, étant étrangères, elles parlaient un langage qui leur paraissait ressembler à la voix de ces oiseaux ; mais quelque temps après, quand cette femme commença à se faire entendre, ils dirent que la colombe avait parlé ; tant qu'elle s'exprima dans une langue étrangère, elle leur parut rendre des sons semblables à ceux des oiseaux. Comment, en effet, pourrait-il se faire qu'une colombe rendît des sons articulés ? Et lorsqu'ils ajoutent que cette colombe était noire, ils nous donnent à entendre que cette femme était égyptienne.

LVIII. L'oracle de Thèbes en Égypte, et celui de Dodone, ont entre eux beaucoup de ressemblance. L'art de prédire l'avenir par l'inspection des victimes nous vient aussi d'Égypte ; du moins est-il certain que les Égyptiens sont les premiers de tous les hommes qui aient établi des fêtes ou assemblées publiques, des processions et des offrandes : aussi les Grecs ont-ils emprunté ces coutumes des Égyptiens. Une preuve de ce que j'avance, c'est qu'elles sont en usage depuis longtemps en Égypte, et qu'elles n'ont été établies que depuis peu chez les Grecs.

LIX. Les Égyptiens célèbrent tous les ans un grand nombre de fêtes, et ne se contentent pas d'une seule. La principale, et celle qu'ils observent avec le plus de zèle, se fait dans la ville de Bubastis, en l'honneur de Diane ; la seconde, à Busiris, en l'honneur d'Isis. Il y a dans cette ville, qui est située au milieu du Delta, un très-grand temple consacré à cette déesse. On la nomme en grec Démèter. La fête de Minerve est la troisième ; elle se fait à Saïs. On célèbre la quatrième à Héliopolis, en honneur du Soleil ; la cinquième, à Buto, en celui de Latone ; la sixième enfin à Paprémis, en celui de Mars.

LX. Voici ce qui s'observe en allant à Bubastis[1] : on s'y rend par eau, hommes et femmes pêle-mêle et confondus les uns avec les autres ; dans chaque bateau il y a un grand nombre de personnes de l'un et de l'autre sexe. Tant que dure la navigation, quelques femmes jouent des castagnettes, et quelques hommes de la flûte ; le reste, tant hommes que femmes, chante et bat des mains. Lorsqu'on passe près d'une ville, on fait approcher le bateau du rivage. Parmi les femmes, les unes continuent à chanter et à jouer des castagnettes, d'autres crient de toutes leurs forces, et disent des injures à celles de la ville ; celles-ci se mettent à danser, et celles-là, se tenant debout, retroussent indécemment leurs robes. La même chose s'observe à chaque ville qu'on rencontre le long du fleuve. Quand on est arrivé à Bubastis, on célèbre la fête de Diane en immolant un grand nombre de victimes, et l'on fait à cette fête une plus grande consommation de vin de vigne[2] que dans tout le reste de l'année : car il s'y rend, au rapport des habitants, sept cent mille personnes, tant hommes que femmes, sans compter les enfants. Voilà ce qui se passe à Bubastis.

LXI. J'ai déjà dit comment on célébrait à Busiris la fête d'Isis. On y voit une multitude prodigieuse de personnes de l'un et l'autre sexe, qui se frappent après le sacrifice ; mais il ne m'est pas permis de dire en l'honneur de qui ils se frappent. Tous les Cariens qui se trouvent en Égypte se distinguent d'autant plus dans cette cérémonie, qu'ils se coupent le front avec leurs épées ; et par là, il est aisé de juger qu'ils sont étrangers, et non pas Égyptiens.

[1] Ce grand nombre de fêtes et surtout la gaieté répandue sur ceux qui qui se rendaient par eau à Bubastis pour y célébrer celle de Diane, prouvent que les Égyptiens étaient un peuple gai, qui se livrait à la joie et aux plaisirs. Il a plu cependant à l'abbé Winckelmann de nous le représenter (*Hist. de l'art*, liv. II, chap. 1) comme étant d'un caractère sombre. Les relations modernes justifient le portrait qu'on fait Hérodote. (L.)

[2] Voyez la première note de la page 147.

LXII. Quand on s'est assemblé à Saïs pour y sacrifier pendant une certaine nuit, tout le monde allume en plein air des lampes autour de sa maison : ce sont de petits vases pleins de sel et d'huile, avec une mèche qui nage dessus, et qui brûle toute la nuit. Cette fête s'appelle la fête des lampes ardentes[1]. Les Égyptiens qui ne peuvent s'y trouver, ayant observé la nuit du sacrifice, allument tous des lampes ; ainsi ce n'est pas seulement à Saïs qu'on en allume, mais par toute l'Égypte. Pourquoi ces illuminations et les honneurs attribués à cette nuit ? Il y a là-dessus une légende sacrée.

LXIII. Ceux qui vont à Héliopolis et à Buto se contentent d'offrir des sacrifices. A Paprémis, on observe les mêmes cérémonies et on fait les mêmes sacrifices que dans les autres villes ; mais, lorsque le soleil commence à baisser, quelques prêtres en petit nombre se donnent beaucoup de mouvement autour de la statue de Mars, tandis que d'autres en plus grand nombre, armés de bâtons, se tiennent debout à l'entrée du temple. On voit vis-à-vis de ceux-ci plus de mille hommes confusément rassemblés, tenant chacun un bâton à la main, qui viennent pour accomplir leurs vœux. La statue est dans une petite chapelle de bois doré. La veille de la fête, on la transporte dans une autre chapelle. Les prêtres qui sont restés en petit nombre autour de la statue placent cette chapelle, avec le simulacre du dieu, sur un char à quatre roues, et se mettent à le tirer. Ceux qui sont dans le vestibule les empêchent d'entrer dans le temple ; mais ceux qui sont vis-à-vis, occupés à accomplir leurs vœux, venant au secours du dieu, frappent les gardes de la porte, et se défendent contre eux. Alors commence un rude combat à coups de bâtons : bien des têtes sont fracassées, et je ne doute pas que plusieurs personnes ne meurent de leurs blessures, quoique les Égyptiens n'en conviennent pas.

LXIV. Les naturels du pays racontent qu'ils ont institué cette fête par le motif suivant : la mère de Mars demeurait dans ce temple. Celui-ci, qui avait été élevé loin d'elle, se trouvant en âge viril, vint dans l'intention de lui parler. Les serviteurs de sa

---

[1] Cette fête, qui ressemble beaucoup à celle des lanternes, établie à la Chine depuis un temps immémorial, pourrait servir à confirmer le sentiment de M. de Guignes, qui a soupçonné l'un des premiers que la Chine n'était qu'une colonie de l'Égypte. (L.)

mère, qui ne l'avaient point vu jusqu'alors, bien loin de lui permettre d'entrer, le chassèrent avec violence; mais, étant revenu avec du secours qu'il alla chercher dans une autre ville, il maltraita les serviteurs de la déesse, et s'ouvrit un passage jusqu'à son appartement. C'est pourquoi on a institué ce combat en l'honneur de Mars, et le jour de sa fête.

Les Égyptiens sont aussi les premiers qui, par un principe de religion, aient défendu d'avoir commerce avec les femmes dans les lieux sacrés, ou même d'y entrer après les avoir connues, sans s'être auparavant lavé. Presque tous les autres peuples, si l'on en excepte les Égyptiens et les Grecs, ont commerce avec les femmes dans les lieux sacrés, ou bien, lorsqu'ils se lèvent d'auprès d'elles, ils y entrent sans s'être lavés. Ils s'imaginent qu'il en est des hommes comme de tous les autres animaux. On voit, disent-ils, les bêtes et les oiseaux s'accoupler dans les temples et les lieux consacrés aux dieux : si donc cette action était désagréable à la Divinité, les bêtes mêmes ne l'y commettraient pas. Voilà les raisons dont ils cherchent à s'autoriser ; mais je ne puis les approuver.

LXV. Entre autres pratiques religieuses, les Égyptiens observent scrupuleusement celles-ci. Quoique leur pays touche à la Libye, on y voit cependant peu d'animaux ; et ceux qu'on y rencontre, sauvages ou domestiques, on les regarde comme sacrés. Si je voulais dire pourquoi ils les ont consacrés, je m'engagerais dans un discours sur la religion et les choses divines ; or j'évite surtout d'en parler, et le peu que j'en ai dit jusqu'ici, je ne l'ai fait que parce que je m'y suis trouvé forcé. La loi leur ordonne de nourrir les bêtes, et parmi eux il y a un certain nombre de personnes, tant hommes que femmes, destinées à prendre soin de chaque espèce en particulier. C'est un emploi honorable [1] : le fils y succède à son père. Ceux qui demeurent dans les villes s'acquittent des vœux [2] qu'ils leur ont faits. Voici de quelle manière : lorsqu'ils adressent leurs prières au dieu

---

[1] « Bien loin de refuser cet emploi, ou de rougir de l'exercer en public, ils en tirent au contraire vanité, comme s'ils participaient aux plus grands honneurs des dieux. Lorsqu'ils vont par les villes et par les campagnes, ils portent de certaines marques qui font connaître l'espèce d'animal dont ils prennent soin, et ceux qui se trouvent sur leur passage les respectent et les adorent. » (*Diod. de Sicile*, liv. I.)

[2] Ces vœux regardent la santé de leurs enfants.

auquel chaque animal est consacré, et qu'ils rasent la tête de leurs enfants, ou tout entière, ou à moitié, ou seulement le tiers, ils mettent ces cheveux dans un des bassins d'une balance, et de l'argent dans l'autre. Quand l'argent a fait pencher la balance [1], ils le donnent à la gardienne de l'animal : elle en achète des poissons, qu'elle coupe par morceaux, et dont elle les nourrit. Si l'on tue quelqu'un de ces animaux de dessein prémédité, on est puni de mort ; si on l'a fait involontairement, on paye l'amende qu'il plaît aux prêtres d'imposer ; mais si l'on tue, même sans le vouloir, un ibis ou un épervier, on ne peut éviter le dernier supplice.

LXVI. Quoique le nombre des animaux domestiques soit très-grand, il y en aurait encore plus s'il n'arrivait des accidents aux chats. Lorsque les chattes ont mis bas, elles ne vont plus trouver les mâles. Ceux-ci, cherchant à s'accoupler avec elles, n'y peuvent réussir : alors ils imaginent d'enlever aux mères leurs petits, et les tuent sans cependant en recevoir aucun dommage. Les chattes les ayant perdus, comme elles désirent en avoir d'autres, parce que cet animal aime beaucoup ses petits, elles vont chercher les mâles. Lorsqu'il survient un incendie, il arrive à ces animaux quelque chose qui tient du prodige. Les Égyptiens, rangés par intervalles, négligent de l'éteindre, pour veiller à la sûreté de ces animaux ; mais les chats, se glissant entre les hommes, ou sautant par-dessus, se jettent dans les flammes. Lorsque cela arrive, les Égyptiens en témoignent une grande douleur. Si, dans quelque maison, il meurt un chat de mort naturelle, quiconque l'habite se rase les sourcils seulement ; mais, quand il meurt un chien, on se rase la tête et le corps entier.

[1] « Ces fonds n'étaient pas les seuls qui fussent destinés à la nourriture de ces animaux. Il y a un champ consacré à chaque espèce d'animaux qu'ils vénèrent. Il est d'un revenu suffisant pour leur nourriture et le soin qu'on en prend. On donnait aux éperviers de la viande coupée par morceaux, qu'on leur jetait jusqu'à ce qu'ils les prissent, en les appelant à haute voix. On servait aux chats et aux ichneumons du pain émietté dans le lait, ou des poissons du Nil coupés par morceaux. Ils fournissent de la même manière, à chaque espèce d'animal, l'aliment qui lui convient. » (Diod. de Sicile, liv. I.) — Par un reste de cette ancienne superstition, le bacha du Caire fait livrer tous les jours deux bœufs aux achbobba, oiseaux que les mahométans regardent comme sacrés. (L.)

LXVII. On porte dans des maisons sacrées les chats qui viennent à mourir; et, après qu'on les a embaumés, on les enterre à Bubastis. A l'égard des chiens, chacun leur donne la sépulture dans sa ville, et les arrange dans des caisses sacrées. On rend les mêmes honneurs aux ichneumons. On transporte à Buto les musaraignes et les éperviers, et les ibis à Hermopolis; mais les ours, qui sont rares en Égypte, et les loups, qui n'y sont guère plus grands que les renards, on les enterre dans le lieu même où on les trouve morts.

LXVIII. Parlons maintenant des mœurs du crocodile. Il ne mange point pendant les quatre mois les plus rudes de l'hiver. Quoiqu'il ait quatre pieds, il est néanmoins amphibie. Il pond ses œufs sur terre, et les y fait éclore. Il passe à sec la plus grande partie du jour, et la nuit entière dans le fleuve: car l'eau en est plus chaude que l'air et la rosée. De tous les animaux que nous connaissons, il n'y en a point qui devienne si grand après avoir été si petit. Ses œufs ne sont guère plus gros que ceux des oies, et l'animal qui en sort est proportionné à l'œuf; mais insensiblement il croît, et parvient à dix-sept coudées, et même davantage [1]. Il a les yeux du cochon, les dents saillantes et d'une grandeur proportionnée à celle du corps. C'est le seul animal qui n'ait point de langue [2]; il ne remue point la mâchoire inférieure [3], et c'est le seul aussi qui approche la mâchoire supérieure de l'inférieure. Il a les griffes très-fortes, et sa peau est tellement couverte d'écailles sur le dos, qu'elle est impénétrable.

---

[1] La coudée étant d'un pied cinq pouces, les dix-sept coudées font vingt-quatre pieds un pouce. Mais comme il y avait des coudées d'un pied, huit pouces cinq lignes, les dix-sept coudées doivent faire, suivant cette évaluation, vingt-huit pieds onze pouces une ligne. Élien raconte qu'on a vu, sous Psammitichus, un crocodile de vingt-cinq coudées, c'est-à-dire de plus de trente-cinq pieds; et sous Amasis, un autre de plus de vingt-six coudées, c'est-à-dire de plus de trente-six pieds. M. Norden en a vu de trente pieds de long et même de cinquante. (L.)

[2] Aristote croyait, de même qu'Hérodote, que le crocodile n'avait pas de langue. Cet animal a une substance charnue semblable à une langue, et adhérente dans toute sa longueur à la mâchoire inférieure, qui peut lui servir à retourner ses aliments. (L.)

[3] Aristote dit aussi que la mâchoire inférieure du crocodile est immobile. Quoique l'autorité de ce savant naturaliste soit d'un très-grand poids, il n'en est pas moins vrai que la mâchoire inférieure du crocodile est la seule mobile. C'est ce qu'ont observé MM. de l'Académie des sciences, le docteur Grew cité par Ray, Klein et Buffon. (L.)

Le crocodile ne voit point dans l'eau, mais à l'air il a la vue très-perçante. Comme il vit dans l'eau, il a le dedans de la gueule plein d'insectes qui lui sucent le sang. Toutes les bêtes, tous les oiseaux le fuient ; il n'est en paix qu'avec le trochilus, à cause des services qu'il en reçoit. Lorsque le crocodile se repose sur terre au sortir de l'eau, il a coutume de se tourner presque toujours vers le côté d'où souffle le zéphyr, et de tenir la gueule ouverte ; le trochilus, entrant alors dans sa gueule, y mange les insectes qui s'y trouvent ; et le crocodile prend tant de plaisir à se sentir soulagé, qu'il ne lui fait point de mal.

LXIX. Une partie des Égyptiens regardent les crocodiles comme sacrés ; mais d'autres leur font la guerre. Ceux qui habitent aux environs de Thèbes et du lac Mœris ont pour eux beaucoup de vénération. Les uns et les autres en choisissent un qu'ils élèvent et apprivoisent. On lui met des pendants d'oreilles d'or ou de pierre factice, et on lui attache aux pieds de devant de petites chaînes ou bracelets. On le nourrit avec la chair des victimes, et on lui donne d'autres aliments prescrits. Tant qu'il vit, on en prend le plus grand soin ; quand il meurt, on l'embaume, et on le met dans une caisse sacrée. Ceux d'Éléphantine et des environs ne regardent point les crocodiles comme sacrés, et même ils ne se font aucun scrupule d'en manger. Ces animaux ne s'appellent pas crocodiles, mais champses. Les Ioniens leur ont donné le nom de crocodiles, parce qu'ils leur ont trouvé de la ressemblance avec ces crocodiles ou lézards que chez eux on rencontre dans les haies.

LXX. Il y a différentes manières de les prendre. Je parlerai de celle qui paraît mériter le plus d'être rapportée. On attache une partie du dos d'un porc à un hameçon, qu'on laisse aller au milieu du fleuve. On se place sur le bord de la rivière, et l'on prend un cochon de lait en vie, qu'on bat pour le faire crier. Le crocodile s'approche du côté où il entend ces cris, et, rencontrant le morceau de porc, il l'avale. Le pêcheur le tire à lui, et la première chose qu'il fait après l'avoir mis à terre, c'est de lui enduire les yeux d'argile délayée. Par ce moyen il en vient facilement à bout ; autrement il aurait beaucoup de peine.

LXXI. Les hippopotames qu'on trouve dans le nome Paprémite sont sacrés ; mais dans le reste de l'Égypte ils ne le sont pas.

Voici quelle en est la nature et la forme : cet animal est quadrupède ; il a les pieds fourchus, la corne du pied comme le bœuf, le museau plat, les dents saillantes, la crinière, la queue et le hennissement du cheval ; il est de la grandeur des plus gros bœufs ; son cuir est si épais, que, lorsqu'il est sec, on en fait des javelots.

LXXII. Le Nil produit aussi des loutres. Les Égyptiens les regardent comme sacrées. Ils ont la même opinion du poisson qu'on appelle lépidote, et de l'anguille. Ces poissons sont consacrés au Nil. Parmi les oiseaux, la tadorne est sacrée[1].

LXXIII. Il y a un autre oiseau sacré, qu'on appelle phénix[2]. Je ne l'ai vu qu'en peinture ; on le voit rarement ; et, si l'on en croit les Héliopolitains, il ne se montre dans leur pays que tous les cinq cents ans, lorsque son père vient à mourir. S'il est tel qu'on le représente, le plumage de ses ailes est en partie doré, en partie rouge ; par la taille, il ressemble surtout à l'aigle. On en rapporte une particularité qui me paraît incroyable. Il part de l'Arabie, se rend au temple du Soleil avec le corps de son père, qu'il porte enveloppé dans de la myrrhe, et il lui donne la sépulture dans ce temple. Voici de quelle manière : il fait avec de la myrrhe une masse en forme d'œuf, du poids qu'il se croit capable de porter, la soulève, et essaye si elle n'est pas trop pesante ; ensuite, lorsqu'il en a fait l'épreuve, il creuse cet œuf, y introduit son père ; puis il bouche l'ouverture avec de la myrrhe, de manière à retrouver le poids primitif. Lorsqu'il l'a, dis-je, renfermé, il le porte en Égypte dans le temple du Soleil. Voilà ce que fait, dit-on, cet oiseau.

LXXIV. On voit dans les environs de Thèbes une espèce de serpents sacrés qui ne fait jamais de mal aux hommes : ces serpents sont fort petits, et portent deux cornes au haut de la

---

[1] Cet oiseau ressemble beaucoup à l'oie par la figure ; mais il a toute la ruse et toute la finesse du renard. Belon l'appelle oie nonnette. Le mot grec est oie-renard, *chenalopex*. (L.)

[2] On ne croyait point encore, du temps d'Hérodote, que le phénix renaquît de ses cendres. Cette opinion s'accrédita dans la suite. Suidas assure, au mot φοίνιξ, que lorsque cet oiseau s'est brûlé, il naît de ses cendres un ver qui se change en phénix. Les Pères de l'Église grecque et latine ajoutèrent foi à cette fable, et ne manquèrent pas de la citer comme une preuve solide de la résurrection. (L.)

tête. Quand ils meurent, on les enterre dans le temple de Jupiter, auquel, dit-on, ils sont consacrés.

LXXV. Il y a dans l'Arabie, assez près de la ville de Buto, un lieu où je me rendis pour m'informer des serpents ailés. Je vis à mon arrivée une quantité prodigieuse d'os et d'épines du dos de ces serpents. Il y en avait des tas épars de tous les côtés, de grands, de moyens et de petits. Le lieu où sont ces os amoncelés se trouve à l'endroit où une gorge resserrée entre des montagnes débouche dans une vaste plaine qui touche à celle de l'Égypte. On dit que ces serpents ailés volent de l'Arabie en Égypte dès le commencement du printemps; mais que les ibis, allant à leur rencontre à l'endroit où ce défilé aboutit à la plaine, les empêchent de passer, et les tuent. Les Arabes assurent que c'est en reconnaissance de ce service que les Égyptiens ont une grande vénération pour l'ibis; et les Égyptiens conviennent eux-mêmes que c'est la raison pour laquelle ils honorent ces oiseaux.

LXXVI. Il y a deux espèces d'ibis : ceux de la première espèce sont de la grandeur du crex; leur plumage est extrêmement noir; ils ont les cuisses comme celles des grues, et le bec recourbé; ils combattent contre les serpents. Ceux de la seconde espèce sont plus communs, et l'on en rencontre souvent : ils ont une partie de la tête et toute la gorge sans plumes; leur plumage est blanc, excepté celui de la tête, du cou, et de l'extrémité des ailes et de la queue, qui est très-noir : quant aux cuisses et au bec, ils les ont de même que l'autre espèce. Le serpent volant ressemble, pour la figure, aux serpents aquatiques; ses ailes ne sont point garnies de plumes, elles sont entièrement semblables à celles de la chauve-souris. En voilà assez sur les animaux sacrés.

LXXVII. Parmi les Égyptiens, ceux qui habitent aux environs de cette partie de l'Égypte, où l'on sème des grains, sont sans contredit les plus habiles, et ceux qui, de tous les hommes, cultivent le plus leur mémoire. Voici quel est leur régime : ils se purgent tous les mois pendant trois jours consécutifs, et ils ont grand soin d'entretenir et de conserver leur santé par des vomitifs et des lavements, persuadés que toutes nos maladies viennent des aliments que nous prenons : d'ailleurs, après les Libyens, il n'y a point d'hommes si sains et d'un meilleur tempérament que les Égyptiens. Je crois qu'il faut attribuer cet avantage aux saisons, qui ne varient jamais en ce pays ; car ce sont les variations dans l'air, et surtout celles des saisons, qui occasionnent les maladies. Leur pain s'appelle cyllestis : ils le font avec le dourah. Comme ils n'ont point de vignes dans leur pays[1], ils boivent de la bière ; ils vivent de poissons crus séchés au soleil, ou mis dans de la saumure ; ils mangent crus pareillement les cailles, les canards et quelques petits oiseaux, qu'ils ont eu soin de saler auparavant ; enfin, à l'exception des oiseaux et des poissons sacrés, ils se nourrissent de toutes les autres espèces qu'ils ont chez eux, et les mangent ou rôties ou bouillies.

LXXVIII. Aux festins qui se font chez les riches, on porte, après le repas, autour de la salle, un cercueil avec une figure en bois si bien travaillée et si bien peinte, qu'elle représente parfaitement un mort : elle n'a qu'une coudée ou deux au plus. On la montre à tous les convives tour à tour, en leur disant : « Jette les yeux sur cet homme, tu lui ressembleras après « ta mort ; bois donc maintenant, et te divertis. »

LXXIX. Contents des coutumes qu'ils tiennent de leurs pères, ils n'y en ajoutent point d'autres. Il y en a plusieurs dont l'institution est louable, et surtout le Linus, chant usité en Phénicie, en Cypre et ailleurs : il a différents noms chez les différents peuples. On convient généralement que c'est le même que les Grecs appellent Linus, et qu'ils ont coutume de chanter. Entre mille choses qui m'étonnent en Égypte, je ne puis concevoir où les Égyptiens ont pris cette chanson de Linus. Je crois qu'ils l'ont chantée de tout temps. Elle s'appelle en égyptien Manéros. Ils disaient que Manéros était fils unique de leur premier roi ; qu'ayant été enlevé par une mort prématurée, ils chantèrent en son honneur ces airs lugubres, et que cette chanson était la première et la seule qu'ils eussent dans les commencements.

LXXX. Il n'y a parmi les Grecs que les Lacédémoniens qui

---

[1] M. Dupuis a parfaitement bien vu qu'Hérodote ne parlait en cet endroit que de la partie de l'Égypte destinée à la culture du blé. Aux exemples d'Hérodote qu'a rapportés ce savant pour faire voir qu'il y avait des vignes en Égypte, on peut ajouter celui-ci, qui est d'un temps bien antérieur à notre historien : *Quare nos fecistis ascendere de Ægypto, et adduxistis in locum istum pessimum, qui seri non potest, qui nec ficum gignit, nec vineas, nec malogranata, insuper et aquam non habet ad bibendum.* (Nombr., cap. xx, v. 5.)

s'accordent avec les Égyptiens sur cet autre usage. Si un jeune homme rencontre un vieillard, il lui cède le pas et se détourne; et si un vieillard survient dans un endroit où se trouve un jeune homme, celui-ci se lève. Les autres Grecs n'ont pas cet usage. Lorsque les Égyptiens se rencontrent, au lieu de se saluer de paroles, ils se font une profonde révérence en baissant la main jusqu'au genou.

LXXXI. Leurs habits sont de lin, avec des franges autour des jambes : ils les appellent calasiris ; et par-dessus ils s'enveloppent d'une espèce de manteau de laine blanche ; mais ils ne portent pas dans les temples cet habit de laine, et on ne les ensevelit pas non plus avec cet habit : la religion le défend. Cela est conforme aux traditions orphiques, que l'on appelle aussi bachiques, et qui sont les mêmes que les égyptiennes et les pythagoriques. En effet, il n'est pas permis d'ensevelir dans un vêtement de laine quelqu'un qui a participé à ces mystères. La raison que l'on en donne est empruntée de la religion.

LXXXII. Entre autres choses qu'ont inventées les Égyptiens, ils ont imaginé à quel dieu chaque mois et chaque jour du mois sont consacrés : ce sont eux qui, en observant le jour de la naissance de quelqu'un, lui ont prédit le sort qui l'attendait, ce qu'il deviendrait, et le genre de mort dont il devait mourir. Les poëtes grecs ont fait usage de cette science ; mais les Égyptiens ont inventé plus de prodiges que tout le reste des hommes. Lorsqu'il en survient un, ils le mettent par écrit, et observent de quel événement il sera suivi. Si, dans la suite, il arrive quelque chose qui ait avec ce prodige la moindre ressemblance, ils se persuadent que l'issue sera la même.

LXXXIII. Personne en Égypte n'exerce la divination : elle n'est attribuée qu'à certains dieux. On voit en ce pays des oracles d'Hercule, d'Apollon, de Minerve, de Diane, de Mars, de Jupiter ; mais on a plus de vénération pour celui de Latone, en la ville de Buto, que pour toute autre. Ces sortes de divinations n'ont pas les mêmes règles ; elles diffèrent les unes des autres.

LXXXIV. La médecine est si sagement distribuée en Égypte, qu'un médecin ne se mêle que d'une seule espèce de maladie, et non de plusieurs. Tout y est plein de médecins. Les uns sont pour les yeux, les autres pour la tête ; ceux-ci pour les dents, ceux-là pour les maux de ventre; d'autres enfin pour les maladies internes.

LXXXV. Le deuil et les funérailles se font de cette manière : quand il meurt un homme de considération, toutes les femmes de sa maison se couvrent de boue la tête et même le visage ; elles laissent le mort à la maison, se découvrent le sein, et, ayant attaché leur habillement avec une ceinture, elles se frappent la poitrine, et parcourent la ville accompagnées de leurs parentes. D'un autre côté, les hommes, la poitrine découverte aussi, se frappent pareillement; après cette cérémonie, on emporte le corps pour l'embaumer.

LXXXVI. Il y a en Égypte certaines personnes que la loi a chargées des embaumements, et qui en font profession. Quand on leur apporte un corps, ils montrent aux porteurs des modèles de morts en bois, peints au naturel. Le plus digne d'attention représente, à ce qu'ils disent, celui dont je me fais scrupule de dire ici le nom. Ils en font voir un second qui est inférieur au premier, et qui ne coûte pas si cher. Ils en montrent encore un troisième, qui est au plus bas prix. Ils demandent ensuite suivant lequel de ces trois modèles on souhaite que le mort soit embaumé. Après qu'on est convenu du prix, les parents se retirent : les embaumeurs travaillent chez eux, et voici comment ils procèdent à l'embaumement le plus précieux.

D'abord ils tirent la cervelle par les narines, en partie avec un fer recourbé, en partie par le moyen des drogues qu'ils introduisent dans la tête ; ils font ensuite une incision dans le flanc avec une pierre d'Éthiopie tranchante ; ils tirent par cette ouverture les intestins, les nettoient, et les passent au vin de palmier; ils les passent encore dans des aromates broyés ; ensuite ils remplissent le ventre de myrrhe pure broyée, de cannelle et d'autres parfums, l'encens excepté; puis ils le recousent. Lorsque cela est fini, ils salent le corps en le couvrant de natrum pendant soixante et dix jours. Il n'est pas permis de le laisser séjourner plus longtemps dans le sel. Ces soixante et dix jours écoulés, ils lavent le corps, et l'enveloppent entièrement de bandes de toile de coton, enduites de commi [1], dont

---

[1] C'est la gomme arabique. On la tire de l'acacia, arbre très-commun dans la haute Égypte, où il est connu sous le nom de sount, de même

les Égyptiens se servent ordinairement comme de colle. Les parents retirent ensuite le corps; ils font faire en bois un étui de forme humaine, ils y renferment le mort, et le mettent dans une salle destinée à cet usage; ils le placent droit contre la muraille. Telle est la manière la plus coûteuse d'embaumer les morts.

LXXXVII. Ceux qui préfèrent l'embaumement moyen et veulent éviter la dépense, choisissent cette autre sorte : on remplit des seringues d'une liqueur onctueuse qu'on a tirée du cèdre; on en injecte le ventre du mort, sans y faire aucune incision, et sans en tirer les intestins. Quand on a introduit cette liqueur par le fondement, on le bouche, pour empêcher la liqueur injectée de sortir; ensuite on sale le corps pendant le temps prescrit[1]. Le dernier jour, on fait sortir du ventre la liqueur injectée : elle a tant de force, qu'elle dissout le ventricule et les entrailles, et les entraîne avec elle. Le natrum consume les chairs, et il ne reste du corps que la peau et les os. Cette opération finie, ils rendent le corps sans y faire autre chose.

LXXXVIII. La troisième espèce d'embaumement n'est que pour les plus pauvres. On injecte le corps avec la liqueur nommée surmaïa; on met le corps dans le natrum pendant soixante et dix jours, et on le rend ensuite à ceux qui l'ont apporté.

LXXXIX. Quant aux femmes de qualité, lorsqu'elles sont mortes, on ne les remet pas sur-le-champ aux embaumeurs, non plus que celles qui sont belles et qui ont été en grande considération, mais seulement trois ou quatre jours après leur mort. On prend cette précaution, de crainte que les embaumeurs n'abusent des corps qu'on leur confie. On raconte qu'on en prit un sur le fait avec une femme morte récemment, et cela sur l'accusation d'un de ses camarades.

XC. Si l'on trouve un corps mort d'un Égyptien ou même d'un étranger, soit qu'il ait été enlevé par un crocodile, ou qu'il ait été noyé dans le fleuve, la ville sur le territoire de laquelle

---

qu'il l'est sous celui de cyale dans l'Arabie Pétrée. Strabon appelle cet arbre épine de la Thébaïde, et remarque qu'il produit de la gomme. (L.)

[1] C'est-à-dire soixante et dix jours, comme on l'a vu au paragraphe précédent. Il paraît que le deuil commençait avec ce procédé, et qu'il finissait en même temps. Le deuil pour les rois durait soixante et douze jours; celui de Joseph fut de soixante et dix jours. (L.)

il a été jeté est obligée de l'embaumer, de le préparer de la manière la plus magnifique, et de le mettre dans des tombeaux sacrés. Il n'est permis à aucun de ses parents ou de ses amis d'y toucher; les prêtres du Nil [1] ont seuls ce privilége; ils l'ensevelissent de leurs propres mains, comme si c'était quelque chose de plus que le cadavre d'un homme.

XCI. Les Égyptiens ont un grand éloignement pour les coutumes des Grecs, et, en un mot, pour celles de tous les autres hommes. Cet éloignement se remarque également dans toute l'Égypte, excepté à Chemmis, ville considérable de la Thébaïde, près de Néapolis, où l'on voit un temple de Persée, fils de Danaé. Ce temple est carré, et environné de palmiers; le vestibule est vaste et bâti de pierres, et sur le haut on remarque deux grandes statues de pierre; dans l'enceinte sacrée est le temple, où l'on voit une statue de Persée. Les Chemmites disent que ce héros apparaît souvent dans le pays et dans le temple; qu'on trouve quelquefois une de ses sandales, qui a deux coudées de long; et qu'après qu'elle a paru, la prospérité règne dans toute l'Égypte. Ils célèbrent en son honneur, et à la manière des Grecs, des jeux gymniques, qui, de tous les jeux, sont les plus excellents. Les prix qu'on y propose sont du bétail, des manteaux et des peaux.

Je leur demandai un jour pourquoi ils étaient les seuls à qui Persée eût coutume d'apparaître, et pourquoi ils se distinguaient du reste des Égyptiens par la célébration des jeux gymniques. Ils me répondirent que Persée était originaire de leur ville, et que Danaüs et Lyncée, qui firent voile en Grèce, étaient nés à Chemmis. Ils me firent ensuite la généalogie de Danaüs et de Lyncée, en descendant jusqu'à Persée; ils ajoutèrent que celui-ci étant venu en Égypte pour enlever de Libye, comme le disent aussi les Grecs, la tête de la Gorgone, il passa par leur ville, où il reconnut tous ses parents; que, lorsqu'il arriva en Égypte, il savait déjà le nom de Chemmis par sa mère; enfin

[1] Les Égyptiens rendaient un culte au Nil : on lui avait élevé des temples; il en avait un magnifique à Nilopolis, ville de la province d'Arcadie en Égypte, et l'on ne doute point qu'il n'en eût ailleurs. Du moins est-il certain, par ce passage d'Hérodote, qu'il devait avoir des prêtres dans toutes les villes situées sur le bord du fleuve; et, suivant toutes les apparences, on lui rendait une espèce de culte dans toutes les villes. (L.)

que c'était par son ordre qu'ils célébraient des jeux gymniques en son honneur.

XCII. Les Égyptiens qui habitent au-dessus des marais observent toutes ces coutumes ; mais ceux qui demeurent dans la partie marécageuse suivent les mêmes usages que le reste des Égyptiens, et, entre autres, ils n'ont qu'une femme chacun, ainsi que les Grecs.

Quant aux vivres, ils ont imaginé des moyens pour s'en procurer en abondance. Lorsque le fleuve a pris toute sa crue, et que les campagnes sont comme une espèce de mer, il paraît dans l'eau une quantité prodigieuse de lis que les Égyptiens appellent lotos [1] ; ils les cueillent, et les font sécher au soleil ; ils en prennent ensuite la graine : cette graine ressemble à celle du pavot, et se trouve au milieu du lotos ; ils la pilent et en font du pain, qu'ils cuisent au feu. On mange aussi la racine de cette plante ; elle est d'un goût agréable et doux ; elle est ronde et de la grosseur d'une pomme. Il y a une autre espèce de lis, ressemblant aux roses, et qui croît aussi dans le Nil. Son fruit a beaucoup de rapport avec les rayons d'un guêpier : on le recueille sur une tige qui sort de la racine, et croît auprès de l'autre tige. On y trouve quantité de grains bons à manger, de la grosseur d'un noyau d'olive : on les mange verts ou secs.

Le byblus [2] est une plante annuelle. Quand on l'a arraché des marais, on en coupe la partie supérieure, qu'on emploie à différents usages : quant à l'inférieure, ou ce qui reste de la plante, et qui a environ une coudée de haut, on le mange cru, ou on le vend. Ceux qui veulent rendre ce mets plus délicat le

---

[1] « Le lotus est une nymphéa particulière à l'Égypte, qui croît dans les ruisseaux et au bord des lacs. Il y en a de deux espèces, l'une à fleur blanche, et l'autre à fleur bleuâtre. Le calice du lotus s'épanouit comme celui d'une large tulipe, et répand une odeur suave, approchante de celle du lis. La première espèce produit une racine ronde, semblable à une pomme de terre. Les habitants des bords du lac Menzalé (*Tennis*) s'en nourrissent. Les ruisseaux des environs de Damiette sont couverts de cette fleur majestueuse, qui s'élève de deux pieds au-dessus des eaux. » (SAVARY, *Lettres sur l'Égypte*.)

[2] C'est le papyrus. Bernard de Jussieu et le comte de Caylus ont décrit avec beaucoup de détails la manière dont les Égyptiens fabriquaient le papier avec cette plante. (Voy. les *Mémoires de l'Académie des Inscriptions*, t. XXVI, p. 267.)

font rôtir dans un four ardent. Quelques-uns d'entre eux ne vivent que de poissons : ils les vident, les font sécher au soleil, et les mangent quand ils sont secs.

XCIII. Dans les fleuves on trouve très-peu de ces sortes de poissons qui vont par troupes ; ils croissent dans les étangs. Quand ils commencent à sentir les ardeurs de l'amour, et qu'ils veulent frayer, ils se rendent à la mer par bandes. Les mâles vont devant, et répandent sur leur route la liqueur séminale : les femelles, qui les suivent, la dévorent, et c'est ainsi qu'elles conçoivent. Lorsqu'elles se sont fécondées dans la mer, les poissons remontent la rivière, pour regagner chacun sa demeure accoutumée. Ce ne sont plus alors les mâles qui vont les premiers ; les femelles conduisent la troupe. En la conduisant, elles font ce que faisaient les mâles : elles jettent leurs œufs, qui sont de la grosseur des grains de millet ; et les mâles, qui les suivent, les avalent. Tous ces grains sont autant de petits poissons. Ceux qui restent, et que les mâles n'ont pas dévorés, prennent de l'accroissement, et deviennent des poissons.

Si l'on prend de ces poissons lorsqu'ils vont à la mer, on remarque que leurs têtes sont meurtries du côté gauche ; ceux, au contraire, qui remontent, ont la tête froissée du côté droit. La cause en est sensible. Quant ils vont à la mer, ils côtoient la terre du côté gauche ; et, lorsqu'ils reviennent, ils s'approchent du même rivage, le touchent, et s'y appuient tant qu'ils peuvent, de peur que le courant de l'eau ne les détourne de leur route. Quand le Nil commence à croître, l'eau se filtre à travers les terres, et remplit les fossés et les lagunes qui sont près du fleuve. A peine sont-ils pleins qu'on y voit fourmiller de toutes parts une multitude prodigieuse de petits poissons : mais quelle est la cause vraisemblable de leur production ? Je crois la connaître.

Lorsque le Nil se retire, les poissons qui, l'année précédente, avaient déposé leurs œufs dans le limon, se retirent aussi avec les dernières eaux. L'année révolue, lorsque le Nil vient de nouveau à déborder, les poissons sortent de ces œufs. Voilà ce que j'ai à dire sur les poissons.

XCIV. Les Égyptiens qui habitent au bord des marais se servent d'une huile exprimée du fruit du sillicyprion ; ils l'appellent kiki. Voici comment ils la font : ils sèment sur les bords du fleuve et des étangs du sillicyprion. En Grèce, cette plante vient d'elle-même et sans culture; en Égypte, on la sème, et elle porte une grande quantité de fruits d'une odeur forte. Lorsqu'on les a recueillis, les uns les broient et en tirent l'huile par expression; les autres les font frire et recueillent ce qui en découle pendant la cuisson. C'est une liqueur grasse qui n'est pas moins bonne pour les lampes que l'huile d'olive; mais elle a une odeur forte et désagréable.

XCV. On voit en Égypte une quantité prodigieuse de moucherons. Les Égyptiens ont trouvé des moyens pour s'en garantir. Ceux qui habitent au-dessus des marais se mettent à couvert de ces insectes en dormant sur le haut d'une tour : le vent empêche les moucherons de voler si haut. Ceux qui demeurent dans la partie marécageuse ont imaginé un autre moyen : il n'y a personne qui n'ait un filet. Le jour, on s'en sert pour prendre du poisson; la nuit, on l'étend autour du lit; on passe ensuite sous ce filet, et l'on se couche. Si l'on voulait dormir avec ses habits, ou enveloppé d'un drap, on serait piqué par les moucherons, au lieu qu'ils ne l'essayent pas même à travers le filet.

XCVI. Leurs vaisseaux de charge sont faits avec l'épine, qui ressemble beaucoup au lotos de Cyrène, et dont il sort une larme qui se condense en gomme. Ils tirent de cette épine des planches d'environ deux coudées; ils les arrangent de la même manière qu'on arrange les briques, et les attachent avec des chevilles fortes et longues; ils placent sur leur surface des solives, sans se servir de varangues ni de courbes; mais ils affermissent en dedans cet assemblage avec des liens de byblus : ils font ensuite un gouvernail qu'ils passent à travers la carène, puis un mât avec l'épine, et des voiles avec le byblus.

Ces navires ne peuvent pas remonter le fleuve, à moins d'être poussés par un grand vent; aussi est-on obligé de les tirer de dessus le rivage. Voici la manière dont on les conduit en descendant : on a une claie de tamaris tissue avec du jonc, et une pierre percée pesant environ deux talents; on attache la claie avec une corde à l'avant du vaisseau, et on la laisse aller au gré de l'eau; on attache la pierre à l'arrière avec une autre corde : la claie, emportée par la rapidité du courant, entraîne avec elle le baris (c'est ainsi qu'on appelle cette sorte de navir[e] ; pierre qui est à l'arrière gagne le fond de l'eau, et sert à modérer sa course. Ils ont un grand nombre de vaisseaux de cette espèce, dont quelques-uns portent une charge de plusieurs milliers de talents.

XCVII. Quand le Nil a inondé le pays, on n'aperçoit plus que les villes ; elles paraissent au-dessus de l'eau, et ressemblent à peu près aux îles de la mer Égée. Toute l'Égypte en effet n'est qu'une vaste mer, si vous en exceptez les villes. Tant que dure l'inondation, on ne navigue plus sur les canaux du fleuve, mais par le milieu de la plaine. Ceux qui remontent de Naucratis à Memphis prennent alors par les pyramides : ce n'est point là cependant la navigation ordinaire, mais par la pointe du Delta et par la ville de Cercasore. Si de la mer et de Canope vous allez à Naucratis par la plaine, vous passerez près des villes d'Anthylle et d'Archandre.

XCVIII. Anthylle est une ville considérable ; elle fait toujours partie du revenu de la femme des rois d'Égypte, et lui est particulièrement assignée pour sa chaussure [1]. Cet usage s'observe depuis que ce pays appartient aux Perses. La ville d'Archandre me paraît avoir pris son nom d'Archandre de Phthie, gendre de Danaüs et fils d'Achæus. Peut-être y a-t-il quelque autre Archandre ; mais certainement ce nom n'est pas égyptien.

XCIX. J'ai dit jusqu'ici ce que j'ai vu, ce que j'ai su par moi-même, ou ce que j'ai appris par mes recherches. Je vais maintenant parler de ce pays selon ce que m'en ont dit les Égyptiens ; j'ajouterai aussi à mon récit quelque chose de ce que j'ai vu par moi-même.

Ménès, qui fut le premier roi d'Égypte, fit faire, selon les prêtres, des digues à Memphis. Le fleuve, jusqu'au règne de ce prince, coulait entièrement le long de la montagne sablonneuse qui est du côté de la Libye ; mais, ayant comblé le bras du Nil qui se dirigeait vers le midi, et construit une digue environ à cent stades au-dessus de Memphis, il mit à sec son ancien lit, et lui fit prendre son cours par un nouveau canal, afin qu'il cou-

---

[1] Athénée raconte que ce revenu était affecté aux reines d'Égypte et de Perse pour leur ceinture. Athénée veut seulement parler des reines de Perse qui le furent aussi d'Égypte, depuis la conquête de ce pays par Cambyse. (L.)

lât à égale distance des montagnes ; et encore aujourd'hui, sous la domination des Perses, on a une attention particulière à ce même bras du Nil, dont les eaux, retenues par les digues, coulent d'un autre côté, et on a soin de les fortifier tous les ans. En effet, si le fleuve venait à les rompre, et à se répandre de ce côté-là dans les terres, Memphis risquerait d'être entièrement submergée. Ménès, leur premier roi, fit bâtir, au rapport des mêmes prêtres, la ville qu'on appelle aujourd'hui Memphis, dans l'endroit même d'où il avait détourné le fleuve, et qu'il avait converti en terre ferme ; car cette ville est aussi située dans la plus étroite partie de l'Égypte. Le même fit creuser au nord et à l'ouest de Memphis un lac qui communiquait avec le fleuve (car le Nil clôt la ville à l'est); enfin il éleva dans la même ville un grand et magnifique temple de Vulcain.

C. Les prêtres me lurent ensuite dans un livre les noms de trois cent trente autres rois qui régnèrent après lui. Dans une si longue suite de générations, il se trouve dix-huit Éthiopiens et une femme du pays ; tous les autres étaient hommes et Égyptiens. Cette femme s'appelait Nitocris, comme la reine de Babylone. Ils me racontèrent que les Égyptiens, après avoir tué son frère, qui était leur roi, lui remirent la couronne ; qu'alors elle chercha à venger sa mort, et qu'elle fit périr par artifice un grand nombre d'Égyptiens. On pratiqua sous terre, par son ordre, un vaste appartement ; et, en apparence pour l'inaugurer, mais en réalité dans un autre pensée, elle y invita à un repas un grand nombre d'Égyptiens qu'elle connaissait pour les principaux auteurs de la mort de son frère ; et, pendant qu'ils étaient à table, elle fit entrer les eaux du fleuve par un grand canal secret. On n'en dit pas plus long sur cette princesse, si ce n'est qu'après avoir fait cela elle se précipita dans un appartement rempli de cendres, afin de se soustraire à la vengeance du peuple.

CI. Les prêtres me dirent que de tous ces rois il n'y en a aucun qui se soit distingué par des ouvrages remarquables ou par quelque action d'éclat, si vous en exceptez Mœris, le dernier de tous ; que ce prince s'illustra par plusieurs monuments ; qu'il bâtit le vestibule du temple de Vulcain qui regarde le nord, et creusa un lac dont je donnerai dans la suite les dimensions; et qu'il y fit élever des pyramides, dont je décrirai la grandeur en même temps que je parlerai du lac. Ils me racontèrent que ce prince fit faire tous ces ouvrages, et que les autres ne laissèrent aucun monument à la postérité ; aussi les passerai-je sous silence, et me contenterai-je de faire mention de Sésostris, qui vint après eux.

CII. Ce prince fut, selon ces prêtres, le premier qui, parti du golfe Arabique avec des vaisseaux longs, subjugua les peuples qui habitaient les bords de la mer Érythrée ; il fit voile encore plus loin, jusqu'à une mer qui n'était plus navigable à cause des bas-fonds.

De là, selon les mêmes prêtres, étant revenu en Égypte, il leva une nombreuse armée, et, avançant par la terre ferme, il subjugua tous les peuples qui se trouvèrent sur sa route. Quand il rencontrait des nations courageuses et jalouses de leur liberté, il érigeait dans leur pays des colonnes, sur lesquelles il faisait graver une inscription qui indiquait son nom, celui de sa patrie, et qu'il avait vaincu ces peuples par la force de ses armes : quant aux pays qu'il subjuguait aisément, et sans livrer bataille, il élevait des colonnes avec une inscription pareille ; mais il faisait ajouter les parties naturelles de la femme, emblème de la lâcheté de ces peuples [1].

CIII. En parcourant ainsi le continent, il passa d'Asie en Europe, et subjugua les Scythes et les Thraces ; mais je crois que l'armée égyptienne n'alla pas plus en avant : car on voit chez ces nations les colonnes qu'il y fit ériger, et l'on n'en trouve point au delà. Il retourna ensuite sur ses pas. Quand il fut arrivé sur les bords du Phase, je ne puis assurer s'il y laissa une partie de son armée pour cultiver le pays, ou bien si quelques-uns de ses soldats, ennuyés de la longueur de ces voyages, ne s'établirent point sur les bords de ce fleuve.

CIV. Il paraît que les Colchidiens sont Égyptiens d'origine, et je l'avais présumé avant que d'en avoir entendu parler à d'autres ; mais, comme j'étais curieux de m'en instruire, j'interrogeai ces deux peuples : les Colchidiens se ressouvenaient beaucoup mieux des Égyptiens, que ceux-ci ne se ressouvenaient des Colchidiens.

---

[1] Diodore de Sicile dit que, chez les peuples qui s'étaient bien défendus, il faisait graver sur les colonnes le membre viril. (L.)

Les Égyptiens pensent que ces peuples sont les descendants d'une partie des troupes de Sésostris. Je le conjecturai aussi sur deux indices : le premier, c'est qu'ils sont noirs, et qu'ils ont les cheveux crépus, preuve assez équivoque, puisqu'ils ont cela de commun avec d'autres peuples ; le second, et le principal, c'est que les Colchidiens, les Égyptiens et les Éthiopiens sont les seuls hommes qui se fassent circoncire de temps immémorial. Les Phéniciens et les Syriens de la Palestine conviennent eux-mêmes qu'ils ont appris la circoncision des Égyptiens ; mais les Syriens [1] qui habitent sur les bords du Thermodon et du Parthénius, et les Macrons, leurs voisins, avouent qu'ils la tiennent depuis peu des Colchidiens. Or, ce sont là les seuls peuples qui pratiquent la circoncision, et encore paraît-il qu'en cela ils ne font qu'imiter les Égyptiens.

Comme la circoncision paraît, chez les Égyptiens et les Éthiopiens, remonter à la plus haute antiquité, je ne saurais dire laquelle de ces deux nations la tient de l'autre [2]. À l'égard des autres peuples [3], ils l'ont prise des Égyptiens, par le commerce qu'ils ont eu avec eux. Je me fonde sur ce que tous les Phéniciens qui fréquentent les Grecs ont perdu la coutume, qu'ils tenaient des Égyptiens, de circoncire les enfants nouveau-nés.

CV. Mais voici un autre trait de ressemblance entre ces deux peuples : ce sont les seuls qui travaillent le lin de la même façon ; ils vivent de même, et ont aussi la même langue. Les Grecs appellent lin sardonique celui qui leur vient de la Colchide, et lin égyptien celui qu'ils tirent d'Égypte.

CVI. La plupart des colonnes que Sésostris fit élever dans les pays qu'il subjugua ne subsistent plus aujourd'hui. J'en ai pourtant vu dans la Palestine de Syrie, et j'y ai remarqué les parties naturelles de la femme, et les inscriptions dont j'ai parlé plus haut.

---

[1] Ce sont les Cappadociens, dont il a parlé liv. 1, § 72.

[2] Il est très-vraisemblable que la haute Égypte a été peuplée par les Éthiopiens, et que les usages égyptiens avaient beaucoup de ressemblance avec ceux de l'Éthiopie. Il est par conséquent très-probable que la circoncision a pris naissance chez les Éthiopiens, qui s'y sont vus forcés probablement par des raisons de santé. (L.)

[3] Ce sont les Colchidiens, les Phéniciens et les Syriens, dont il vient de parler.

On voit aussi vers l'Ionie deux figures de ce prince taillées dans le roc : l'une, sur le chemin qui conduit d'Éphèse à Phocée ; l'autre, sur celui de Sardes à Smyrne. Elles représentent, l'une et l'autre, un homme de cinq palmes [1] de haut, tenant de la main droite un javelot, et de la gauche un arc : le reste de son armure est pareillement égyptien et éthiopien. On a gravé sur la poitrine, d'une épaule à l'autre, une inscription en caractères égyptiens et sacrés, conçue en ces termes : « J'AI CONQUIS CE PAYS PAR LA FORCE DE MON BRAS. » Sésostris ne dit pas pourtant ici ni qui il est, ni de quel pays il est ; il l'a indiqué ailleurs. Quelques-uns de ceux qui ont examiné cette figure conjecturent qu'elle représente Memnon ; mais ils sont fort éloignés de la vérité.

CVII. Les prêtres me dirent encore que Sésostris, revenant en Égypte, amena avec lui un grand nombre de prisonniers faits sur les nations qu'il avait subjuguées ; qu'étant arrivé à Daphné de Péluse, son frère [2], à qui il avait confié le gouvernement du royaume, l'ayant invité, lui et ses enfants, à loger chez lui, fit entasser autour de la maison des matières combustibles, auxquelles on mit le feu. Sésostris n'en eut pas plutôt connaissance, qu'il délibéra avec sa femme, qu'il avait amenée avec lui, sur le parti qu'il avait à prendre. De six enfants qu'il avait, elle lui conseilla d'en étendre deux sur le bûcher enflammé, et de faire de leurs corps une espèce de pont sur lequel il pourrait passer et se sauver. Sésostris la crut. Ainsi périrent deux de ses enfants ; les autres se sauvèrent avec leur père.

CVIII. Les prêtres ajoutèrent que Sésostris, après s'être vengé de son frère à son retour en Égypte, employa la troupe qu'il avait amenée des pays dont il avait fait la conquête, à traîner jusqu'au temple de Vulcain ces pierres énormes qu'on y voit. Ce furent ces mêmes prisonniers que l'on força de creuser les fossés et les canaux dont l'Égypte est entrecoupée. Avant ces travaux, exécutés malgré eux, l'Égypte était commode pour les chevaux et pour les voitures ; mais, depuis ce temps-là, quoique le pays soit plat

---

[1] Le palme ou spithame est d'environ 8 pouces 3 lignes : les cinq palmes ont par conséquent 3 pieds 5 pouces 3 lignes.

[2] Il s'appelait Armaïs, si l'on peut croire ce que dit Manéthon, qui ajoute que c'est le même prince que les Grecs appelaient Danaüs. (L.)

et uni, il est devenu impraticable aux uns et aux autres, à cause de la multitude de canaux qu'on y rencontre de toutes parts et en tout sens. Ce prince les fit creuser, parce que, toutes les fois que le fleuve venait à se retirer, les villes qui n'étaient point sur ses bords, mais au milieu des terres, se trouvaient dans une grande disette d'eau, n'ayant pour leur boisson que l'eau saumâtre des puits. Voilà pourquoi l'Égypte fut coupée de canaux.

CIX. Les prêtres me dirent encore que ce même roi fit le partage des terres, assignant à chaque Égyptien une portion égale de terre, et carrée, qu'on tirait au sort ; à la charge de lui payer tous les ans une certaine redevance, qui composait son revenu. Si le fleuve enlevait à quelqu'un une partie de son lot, il allait trouver le roi, et lui exposait ce qui était arrivé. Ce prince envoyait sur les lieux des arpenteurs pour voir de combien l'héritage était diminué, afin de ne faire payer la redevance qu'à proportion du fonds qui restait. Voilà, je crois, l'origine de la géométrie, qui a passé de ce pays en Grèce. A l'égard du gnomon [1] du pôle, ou cadran solaire, et de la division du jour en douze parties [2], les Grecs les tiennent des Babyloniens.

CX. Sésostris est le seul roi d'Égypte qui ait régné en Éthiopie. Ce prince laissa des statues de pierres devant le temple de Vulcain. Il y en avait deux de trente coudées de haut, dont l'une le représentait, et l'autre représentait sa femme ; et quatre de vingt coudées chacune, qui représentaient ses quatre fils. Longtemps après, lorsque Darius, roi de Perse, voulut faire placer sa statue devant celles-ci, le grand prêtre de Vulcain s'y opposa. Ce prince, objectait-il, n'a pas fait de si grandes actions que Sésostris. S'il a soumis autant de nations, du moins n'a-t-il pu vaincre les Scythes, que Sésostris a subjugués. Il n'est donc pas juste, ajoutait-il, de placer devant les statues de Sésostris celle d'un prince qui ne l'a point surpassé par ses exploits. On dit que Darius pardonna ce discours.

---

[1] Le gnomon était une colonne ou obélisque, dont on mesurait l'ombre pour déterminer la position du soleil. (Mior.)

[2] Il paraît, par ce passage, que, du temps d'Hérodote, le jour se partageait en douze parties : cependant on ne peut en conclure qu'on donnait à ces douze parties le nom d'heures. On ignore à quelle époque on commença à désigner par ce nom les diverses parties du jour. (L.)

CXI. Les prêtres me racontèrent qu'après la mort de Sésostris, son fils Phéron monta sur le trône. Ce prince ne fit aucune expédition militaire, et il devint aveugle à cette occasion. Le Nil ayant débordé en ce temps-là de dix-huit coudées, et ayant submergé toutes les campagnes, il s'éleva un vent impétueux qui en agita les flots avec violence. Alors Phéron, par une folle témérité, prit un javelot, et le lança au milieu du tourbillon des eaux : aussitôt après ses yeux furent frappés d'un mal subit, et il devint aveugle. Il fut dix ans en cet état. La onzième année, on lui apporta un oracle de Buto, qui lui annonçait que le temps prescrit à son châtiment était expiré, et qu'il recouvrerait la vue en se lavant les yeux avec l'urine d'une femme qui n'eût jamais connu d'autre homme que son mari. Phéron essaya d'abord de l'urine de sa femme; mais comme il ne voyait pas plus qu'auparavant, il se servit indistinctement de celle des autres femmes. Ayant enfin recouvré la vue, il fit assembler, dans une ville qu'on appelle aujourd'hui Erythrébolos[1], toutes les femmes qu'il avait éprouvées, excepté celle dont l'urine lui avait rendu la vue; et, les ayant fait toutes brûler avec la ville même, il épousa celle qui avait contribué à sa guérison.

Lorsqu'il eut été guéri, il envoya des présents dans tous les temples célèbres, et fit faire pour celui du Soleil deux obélisques remarquables, qui méritent surtout qu'on en fasse mention. Ils ont chacun cent coudées de haut sur huit de large, et sont d'une seule pierre.

CXII. Les mêmes prêtres me dirent que Phéron eut pour successeur un citoyen de Memphis, que les Grecs appellent Protée dans leur langue. On voit encore aujourd'hui à Memphis un lieu magnifique et très-orné, qui lui est consacré : ce lieu est au sud du temple de Vulcain. Des Phéniciens de Tyr habitent à l'entour, et tout ce quartier s'appelle le Camp des

[1] Diodore de Sicile nomme cette ville Hiérobolos. C'est peut-être une faute des copistes. Quoi qu'il en soit, cet historien rapporte la même fable, qu'il paraît avoir puisée dans notre auteur; et l'on peut en conclure que la corruption des mœurs était portée à un très-haut point en Égypte. On n'a plus de peine à comprendre la sage précaution que prit Abraham en entrant dans ce pays, et l'excès d'impudence avec lequel se conduisit la femme de Putiphar à l'égard de Joseph. (L.)

Tyriens. Il y a dans le lieu consacré à Protée une chapelle dédiée à Vénus l'Étrangère. Je conjecture que cette Vénus est Hélène, fille de Tyndare ; non-seulement parce que j'ai ouï dire qu'Hélène demeura autrefois à la cour de Protée, mais encore parce que cette chapelle tire son nom de Vénus l'Étrangère : car, de tous les autres temples de Vénus, il n'y en a aucun qui lui soit consacré sous ce nom.

CXIII. Ayant questionné les prêtres au sujet d'Hélène, ils me répondirent qu'Alexandre, après l'avoir enlevée [1] de Sparte, mit à la voile pour retourner dans sa patrie. Quand il fut parvenu dans la mer Égée, des vents contraires le repoussèrent dans la mer d'Égypte. Ces vents continuant toujours à être contraires, il vint de là en Égypte, où il aborda à l'embouchure du Nil, qu'on appelle aujourd'hui la bouche Canopique, et aux Tarichées. Il y avait sur ce rivage un temple d'Hercule, qu'on y voit encore maintenant. Si quelque esclave s'y réfugie, et s'y fait marquer des stigmates sacrés, afin de se consacrer au dieu, il n'est pas permis de mettre la main sur lui. Cette loi continue à s'observer de la même manière depuis son institution jusqu'à présent. Les esclaves d'Alexandre ayant eu connaissance des priviléges de ce temple, s'y réfugièrent ; et, se tenant en posture de suppliants, ils se mirent à accuser leur maître, dans l'intention de lui nuire, et à publier l'injure qu'il avait faite à Ménélas, et tout ce qui s'était passé au sujet d'Hélène. Ces accusations se faisaient en présence des prêtres, et de Thonis, gouverneur de cette bouche du Nil.

CXIV. Là-dessus, Thonis dépêcha au plus tôt un courrier à Memphis, avec ordre de dire à Protée ces paroles : « Il est « arrivé ici un Teucrien qui a commis en Grèce un crime

---

[1] La prise de Troie se rapporte à l'an 1184 avant l'ère chrétienne, 3530 de la période julienne. La dernière année du siége de Troie est la 1185ᵉ avant Jésus-Christ, 3529 de la période julienne. Hélène dit dans l'*Iliade* que cette année est la vingtième depuis qu'elle est sortie de sa patrie et qu'elle est venue à Troie. Or le siége de Troie fut de dix ans : il avait donc déjà duré neuf ans. A ces neuf ans ajoutez-en onze pour faire les vingt ans du séjour d'Hélène à Troie, vous trouverez qu'elle fut enlevée par Pâris ou Alexandre vers l'an 1204 ou 1205 avant l'ère chrétienne, 3509 ou 3510 de la période julienne, dans le système de ceux qui croient que Pâris la conduisit à Troie aussitôt après l'enlèvement. Elle était fort jeune quand cela arriva. (BELLANGER.)

« atroce. Non content d'avoir séduit la femme de son hôte, il
« l'a enlevée avec des richesses considérables. Les vents con-
« traires l'ont forcé de relâcher en ce pays. Le laisserons-nous
« partir impunément, ou lui ôterons-nous ce qu'il avait en
« venant? »

Protée renvoya le courrier avec un ordre conçu en ces termes :
« Arrêtez cet étranger, quel qu'il soit, qui a commis un tel
« crime contre son hôte; amenez-le-moi, afin que je sache ce
« qu'il peut aussi alléguer en sa faveur. »

CXV. Thonis ayant reçu cet ordre, saisit les vaisseaux d'A-
lexandre, le fit arrêter, et le mena à Memphis avec Hélène,
avec ses richesses et les suppliants du dieu. Lorsqu'ils furent
tous arrivés, Protée demanda à Alexandre qui il était, et d'où il
venait avec ses vaisseaux. Ce prince ne lui déguisa point sa
famille, le nom de sa patrie, ni d'où il venait; mais, quand
Protée lui eut ensuite demandé où il avait pris Hélène, il s'em-
barrassa dans ses réponses; et, comme il déguisait la vérité, les
suppliants l'accusèrent, et racontèrent au roi toutes les particularités de son crime. Enfin, Protée, prononça ce jugement :
« Si je ne pensais pas qu'il est de la plus grande conséquence
« de ne faire mourir aucun des étrangers que les vents forcent
« à relâcher sur mes terres, je vengerais par ton supplice l'in-
« sulte que tu as faite à Ménélas. Ce prince t'a donné l'hos-
« pitalité; et toi, le plus méchant de tous les hommes, tu n'as
« pas craint de commettre envers lui une action exécrable. Tu
« as séduit la femme de ton hôte, et, non content de cela, tu
« l'as engagée à te suivre, et tu l'emmènes furtivement! Ce
« n'est pas tout, tu pilles encore, en t'en allant, la maison de
« ton hôte. Puis donc que je crois de la plus grande consé-
« quence de ne point faire mourir un étranger, je te laisserai
« aller; mais tu n'emmèneras point cette femme, et tu n'em-
« porteras point ses richesses : je les garderai jusqu'à ce que
« ton hôte grec vienne lui-même les redemander. Pour toi, je
« t'ordonne de sortir dans trois jours de mes États, avec tes
« compagnons de voyage; sinon, tu seras traité en ennemi. »

CXVI. Ce fut ainsi, au rapport des prêtres, qu'Hélène vint à
la cour de Protée. Il me semble qu'Homère avait aussi entendu
raconter la même histoire; mais comme elle convenait moins à
l'épopée que celle dont il s'est servi, il l'a abandonnée; il a

montré cependant qu'elle ne lui était pas inconnue. Il nous en donne un témoignage certain dans l'*Iliade*, lorsqu'il décrit le voyage d'Alexandre; témoignage qu'il n'a rétracté en aucun autre endroit de ses poëmes. Il nous y apprend qu'Alexandre, après avoir erré longtemps de côté et d'autre avec Hélène qu'il emmenait, aborda à Sidon en Phénicie. C'est dans l'endroit où il s'agit des exploits de Diomède. Voici les vers[1] : « Là, se « trouvaient des voiles brodés, ouvrage des Sidoniennes, que le « beau Pâris avait emmenées de Sidon, lorsqu'il revint à Troie « avec l'illustre Hélène. » Dans l'*Odyssée*[2], il fait aussi mention du voyage d'Hélène : « Telle était la bienfaisante liqueur « que possédait Hélène, fille de Jupiter ; elle l'avait reçue de « Polydamna, femme de Thonis, dans son voyage en Égypte, « dont le terroir produit une infinité de plantes, les unes salutaires, les autres pernicieuses. » Il en parle aussi dans ces vers que Ménélas adresse à Télémaque[3] : « Quoique je désirasse « m'en retourner, les dieux me retinrent en Égypte, parce « que je ne leur avais pas offert des hécatombes parfaites. » Homère, par ces vers, nous montre assez qu'il n'ignorait pas qu'Alexandre avait été en Égypte. La Syrie touche en effet à l'Égypte; et les Phéniciens, à qui appartient Sidon, habitent dans la Syrie.

CXVII. Ces vers du poëte, et principalement le premier passage, prouvent que les *Cypriaques*[4] ne sont pas d'Homère, mais de quelque autre : car on lit dans ce poëme qu'Alexandre, profitant de la tranquillité de la mer et d'un vent favorable, arriva à Troie avec Hélène, trois jours après son départ de Sparte ; au lieu qu'Homère dit dans l'*Iliade* qu'en revenant avec elle il erra longtemps. Mais en voilà assez sur Homère et les vers cypriaques.

---

[1] *Iliade*, liv. II, vers 280.
[2] *Odyssée*, liv. IV, vers 227.
[3] *Odyssée*, liv. IV, vers 351.
[4] Le sujet de ce poëme était la guerre de Troie, depuis la naissance d'Hélène. Vénus avait fait naître cette princesse, afin de pouvoir promettre à Pâris une beauté accomplie; et Jupiter avait consenti à sa naissance par le conseil de Momus, afin de détruire de nouveau le genre humain par la guerre de Troie, qui devait s'élever à son occasion. Comme l'auteur de ce poëme rapportait tous les événements de cette guerre à Vénus déesse de Cypre, cet ouvrage en a tiré son nom. (L.)

CXVIII. Je demandai ensuite aux prêtres si ce que les Grecs racontaient de la guerre de Troie devait être mis au rang des fables : ils me répondirent qu'ils s'en étaient informés à Ménélas lui-même, et voici ce qu'ils leur en avait appris : Après l'enlèvement d'Hélène, une nombreuse armée de Grecs passa dans la Troade pour venger l'outrage fait à Ménélas. Sortis de leurs vaisseaux, ils n'eurent pas plutôt assis leur camp, qu'ils envoyèrent à Ilion des ambassadeurs, au nombre desquels était Ménélas. Ces ambassadeurs, étant entrés dans la ville, demandèrent Hélène, ainsi que les richesses qu'Alexandre avait enlevées furtivement ; et ils exigèrent une réparation de cette injustice. Les Troyens les assurèrent alors et dans la suite, sans serment et même avec serment, qu'ils n'avaient ni Hélène, ni les trésors qu'on les accusait d'avoir enlevés ; que tout ce qu'on leur demandait était en Égypte, et qu'on avait tort de les poursuivre pour des choses que retenait Protée, roi de ce pays ; mais les Grecs, s'imaginant qu'ils se moquaient d'eux, firent le siége de Troie, et le continuèrent jusqu'à ce qu'ils se fussent rendus maîtres de cette ville. Quand ils l'eurent prise, Hélène ne s'y étant point trouvée, et les Troyens leur tenant toujours le même langage, ils ne doutèrent plus de ce qu'on leur avait dit dès le commencement ; et ils envoyèrent Ménélas lui-même chez Protée.

CXIX. Ménélas, arrivé en Égypte, remonta le Nil jusqu'à Memphis, où il fit à ce prince un récit véritable de ce qui s'était passé. Il en reçut toutes sortes de bons traitements ; on lui rendit Hélène, qui n'avait souffert aucun mal, et on lui remit tous ses trésors.

Ménélas ne reconnut ces bienfaits que par des outrages. Comme il voulait s'embarquer, et que les vents contraires le retenaient, après avoir longtemps attendu, il imagina d'immoler deux enfants du pays. Cette action impie, qui parvint bientôt à la connaissance des Égyptiens, le rendit odieux : on le poursuivit, et il fut obligé de se sauver par mer en Libye. Les Égyptiens ne purent m'apprendre de quel côté il alla ensuite ; ils m'assurèrent qu'ils avaient une connaissance certaine d'une partie de ces faits, parce qu'ils s'étaient passés chez eux, et qu'ils avaient appris les autres par leurs recherches. Les prêtres d'Égypte me dirent ces choses.

CXX. Je suis du sentiment des prêtres d'Égypte au sujet d'Hélène, et voici quelques conjectures que j'y ajoute : Si cette princesse eût été à Troie, on l'aurait sûrement rendue aux Grecs, soit qu'Alexandre y eût consenti, soit qu'il s'y fût opposé. Priam et les princes de la famille royale n'étaient pas assez dépourvus de sens pour s'exposer à périr, eux, leurs enfants et leur ville, afin de conserver à Alexandre la possession d'Hélène. Supposons même qu'ils eussent été dans ces sentiments au commencement de la guerre, lorsqu'ils virent qu'il périssait tant de Troyens toutes les fois qu'on en venait aux mains avec les Grecs, et qu'il n'y avait point de combat qui ne coûtât la vie à deux ou trois des enfants de Priam, ou même à un plus grand nombre, s'il faut en croire les poëtes épiques ; quand Priam aurait été lui-même épris d'Hélène, je pense qu'il n'aurait pas balancé à la rendre aux Grecs, pour se délivrer de tant de maux.

D'ailleurs Alexandre n'était pas l'héritier présomptif de la couronne ; il n'était pas chargé de l'administration des affaires dans la vieillesse de Priam. Hector était son aîné, et jouissait d'une plus grande considération. Priam venant à mourir, ce prince devait lui succéder ; ainsi il ne lui eût été ni honorable ni avantageux de favoriser les injustices de son frère, et cela tandis qu'il se voyait tous les jours, ainsi que tous les autres Troyens, exposé pour lui à de si grands maux. Mais il n'était pas en leur pouvoir de rendre Hélène ; et les Grecs n'ajoutèrent point foi à leur réponse, quoique vraie. Une divinité avait tout préparé, je crois, pour apprendre à tous les hommes, par la ruine complète d'Ilion, que les dieux proportionnent les châtiments à l'énormité des crimes. Voilà ce que je pense sur ces faits.

CXXI. Les prêtres me dirent que Rhampsinite succéda à Protée. Il fit faire le vestibule du temple de Vulcain qui est à l'occident ; il fit aussi élever vis-à-vis de ce vestibule deux statues de vingt-cinq coudées de haut : l'une au nord, les Égyptiens l'appellent Été ; l'autre au midi, ils la nomment Hiver. Ils adorent celle qu'ils appellent Été, et lui font des offrandes ; quant à celle qu'ils nomment Hiver, ils la traitent d'une manière tout opposée.

Ce prince possédait tant de richesses que, de tous les rois

d'Égypte qui lui succédèrent, il ne s'en est trouvé aucun qui en ait eu de plus grandes, ou même qui en ait approché.

Pour mettre ces richesses en sûreté, il fit élever un édifice en pierres, dont un des murs était hors de l'enceinte du palais. L'architecte, qui avait de mauvais desseins, imagina ceci : il arrangea une des pierres avec tant d'art, que deux hommes, ou même un seul, pouvaient facilement l'ôter. L'édifice achevé, Rhampsinite y fit porter ses richesses. Quelque temps après, l'architecte, sentant approcher sa fin, manda ses fils ; il en avait deux. Il leur dit qu'en faisant le bâtiment où étaient les trésors du roi, il avait usé d'artifice afin de pourvoir à leurs besoins, et de leur procurer le moyen de vivre dans l'abondance ; il leur expliqua clairement la manière de tirer la pierre, ses dimensions et ses bornes ; enfin il ajouta que, s'ils observaient exactement ce qu'il leur avait dit, ils se verraient les dispensateurs de l'argent du roi.

L'architecte mort, ses fils se mirent bientôt après à l'œuvre. Ils allèrent de nuit au palais, trouvèrent la pierre désignée, l'ôtèrent facilement, et emportèrent de grosses sommes. Le roi, étant un jour entré dans son trésor, fut fort étonné, en visitant les vases où était son argent, de les trouver considérablement diminués : il ne savait qui en accuser, parce que les sceaux étaient entiers, et que tout était bien fermé. Y étant revenu deux ou trois fois, et s'étant toujours aperçu que l'argent diminuait (car les voleurs ne cessaient point de piller), il fit faire des piéges qu'on plaça par son ordre autour des vases où étaient ses trésors. Les voleurs vinrent comme auparavant. Un d'eux entre, va droit au vase, donne dans le piége et s'y prend. Dès qu'il se voit dans cette fâcheuse situation, il appelle son frère, lui conte son malheur, le conjure d'entrer au plus vite et de lui couper la tête, de crainte qu'étant vu et reconnu, il ne fût la cause de sa perte. Celui-ci, voyant qu'il avait raison, obéit, remit la pierre, et s'en retourna chez lui avec la tête de son frère.

Dès que le jour parut, le roi se rendit à son trésor. A peine fut-il entré, qu'il fut frappé d'étonnement à la vue du corps du voleur, sans tête, pris et arrêté dans le piége ; il ne le fut pas moins, en remarquant que l'édifice n'était pas endommagé, de n'apercevoir ni entrée ni sortie. Dans cet embarras, voici le parti qu'il prit : il fit pendre sur la muraille le cadavre, et plaça des gardes auprès, avec ordre de lui amener celui qu'ils verraient pleurer et gémir. La mère du voleur, indignée du traitement fait à son fils, s'adressant à celui qui lui restait, lui enjoignit de mettre tout en œuvre pour détacher le corps de son frère et le lui apporter, le menaçant, s'il négligeait de lui donner cette satisfaction, d'aller elle-même le dénoncer au roi. Ce jeune homme, ne pouvant fléchir sa mère, quelque chose qu'il pût dire, et craignant l'effet de ses menaces, imagina cet artifice :

Il chargea sur des ânes quelques outres pleines de vin, les chassa devant lui ; et, lorsqu'il fut près de ceux qui gardaient le corps de son frère, il délia le col de deux ou trois de ces outres. Le vin s'étant mis aussitôt à couler, il se frappa la tête en jetant de grands cris, comme un homme au désespoir, et qui ne savait auquel de ces ânes il devait aller le premier. Les gardes, voyant le vin couler en abondance, accoururent pour le recueillir, comptant que c'était autant de gagné pour eux. Le jeune homme, feignant d'être en colère, leur dit beaucoup d'injures ; mais, comme ils cherchaient à le consoler, il cessa ses emportements, et, faisant semblant de s'apaiser, il détourna ses ânes du chemin, et se mit en devoir de refermer les outres. Il s'entretint ensuite avec les gardes ; et, comme ils tâchaient de l'égayer par leurs plaisanteries, il leur donna une de ses outres. Ils s'assirent aussitôt dans le lieu où ils se trouvaient ; et, ne pensant plus qu'à boire, ils pressèrent le jeune homme de rester et de leur tenir compagnie. Il se laissa sans doute persuader, et demeura avec eux ; et, parce qu'en buvant ils le traitaient avec honnêteté, il leur donna encore une outre. Les gardes, ayant bu avec excès, s'enivrèrent ; et, vaincus par le sommeil, ils s'endormirent à l'endroit même où ils avaient bu. Dès que le jeune homme vit la nuit fort avancée, il leur rasa par dérision la joue droite, détacha le corps de son frère, le chargea sur un de ses ânes, et retourna chez lui, après avoir exécuté les ordres de sa mère.

Le roi, apprenant qu'on avait enlevé le corps du voleur, se mit fort en colère ; mais, comme il voulait absolument découvrir celui qui avait fait le coup, il s'avisa d'une chose que je ne puis croire : il prostitua sa propre fille dans un lieu de débauche, lui ordonnant de recevoir également toutes sortes de personnes, mais de les obliger, avant de leur accorder ses faveurs, à lui dire ce qu'ils avaient fait en leur vie de plus artificieux et de plus méchant ; et, s'il s'en trouvait un qui se vantât d'avoir enlevé le corps du voleur, il lui recommanda de l'arrêter et de ne le point laisser échapper. La fille obéit aux ordres de son père ; mais le voleur, ayant appris pourquoi tout cela se faisait, voulut montrer qu'il était plus habile que le roi. Il coupa près de l'épaule le bras d'un homme nouvellement mort, et, l'ayant mis sous son manteau, il alla de ce pas trouver la fille du roi. La princesse lui ayant fait les mêmes questions qu'à tous ceux qui s'étaient déjà présentés, il lui conta que la plus méchante action qu'il eût jamais faite, c'était d'avoir coupé la tête à son frère pris à un piége dans le trésor du roi, et que la plus artificieuse était d'avoir détaché son corps, après avoir enivré ceux qui le gardaient. Elle ne l'eut pas plutôt entendu qu'elle voulut le saisir ; mais comme ils étaient dans l'obscurité, il lui tendit le bras du mort, qu'elle prit, croyant que c'était celui du voleur. Il lâcha ce bras, courut à la porte et se sauva.

Le roi, informé de ce qui s'était passé, fut extrêmement surpris de la ruse et de la hardiesse de cet homme ; mais enfin il fit publier dans toutes les villes qu'il lui accordait sa grâce, et que, s'il voulait se présenter devant lui, il lui donnerait outre cela de grandes récompenses. Le voleur, se fiant à sa parole, vint le trouver. Rhampsinite conçut pour lui une si grande admiration qu'il lui donna sa fille en mariage, le regardant comme le plus habile de tous les hommes, parce que les Égyptiens étaient supérieurs à tous les mortels, et qu'il était lui-même supérieur aux Égyptiens.

CXXII. Après cela, me dirent les mêmes prêtres, Rhampsinite descendit, vivant, dans ces lieux que les Grecs croient être les enfers. Il y joua aux dés avec Cérès ; tantôt il gagna, tantôt il perdit. Quand il revint sur terre, la déesse lui fit présent d'une serviette d'or. Les mêmes prêtres me dirent aussi que les Égyptiens avaient institué une fête qui dure autant de temps qu'il s'en passa depuis la descente de Rhampsinite jusqu'à son retour. Je sais que, de mon temps, ils célébraient encore cette fête ; mais je ne puis assurer s'ils l'ont établie pour ce sujet ou pour quelque autre.

Les prêtres revêtent pendant cette fête l'un d'entre eux d'un manteau tissu et fait le jour même de la cérémonie, et, lui couvrant les yeux d'un bandeau, ils le mettent dans le chemin qui conduit au temple de Cérès ; ensuite ils se retirent. Ils me dirent qu'après cela deux loups conduisaient le prêtre, qui avait les yeux ainsi bandés, au temple de Cérès, qui est éloigné de la ville de vingt stades, et qu'ensuite ils le ramenaient au même endroit où ils l'avaient pris.

Si ces propos des Égyptiens paraissent croyables à quelqu'un, il peut y ajouter foi ; pour moi, je n'ai d'autre but dans toute cette histoire, que d'écrire ce que j'entends dire à chacun.

CXXIII. Cérès et Bacchus ont, selon les Égyptiens, la puissance souveraine aux enfers. Ces peuples sont aussi les premiers qui aient avancé que l'âme de l'homme est immortelle ; que, lorsque le corps vient à périr, elle entre toujours dans celui de quelque animal ; et qu'après avoir passé ainsi successivement dans toutes les espèces d'animaux terrestres, aquatiques, volatiles, elle rentre dans un corps d'homme qui naît alors ; et que ces différentes transmigrations se font dans l'espace de trois mille ans. Je sais que quelques Grecs ont adopté cette opinion, les uns plus tôt, les autres plus tard, comme si elle leur appartenait. Leurs noms ne me sont point inconnus, mais je les passe sous silence.

CXXIV. Les prêtres ajoutèrent que, jusqu'à Rhampsinite, on avait vu fleurir la justice et régner l'abondance dans toute l'Égypte ; mais qu'il n'y eut point de méchanceté où ne se portât Chéops, son successeur. Il ferma d'abord tous les temples, et interdit les sacrifices aux Égyptiens ; il les fit après cela travailler tous pour lui. Les uns furent occupés à fouiller les carrières de la montagne d'Arabie, à traîner de là jusqu'au Nil les pierres qu'on en tirait, et à passer ces pierres sur des bateaux de l'autre côté du fleuve ; d'autres les recevaient, et les traînaient jusqu'à la montagne de Libye. On employait tous les trois mois cent mille hommes à ce travail. Quant au temps pendant lequel le peuple fut ainsi tourmenté, on passa dix années à construire la chaussée par où on devait traîner les pierres. Cette chaussée est un ouvrage qui n'est guère moins considérable, à mon avis, que la pyramide ; car elle a cinq stades de long sur dix brasses de large, et huit de haut dans sa plus grande hauteur ; elle est de pierres polies, et ornées de figures d'animaux. On passa dix ans à travailler à cette chaussée, sans compter le temps qu'on employa aux ouvrages de la colline sur laquelle sont élevées les pyramides, et aux édifices souterrains qu'il fit faire, pour lui servir de sépulture, dans une île formée par les eaux du Nil, qu'il y introduisit par un canal. La pyramide même coûta vingt années de travail : elle est carrée ; chacune de ses faces a huit plèthres de largeur sur autant de hauteur ; elle est en grande partie de pierres polies, parfaitement bien jointes ensemble, et dont pas une n'a moins de trente pieds.

CXXV. Cette pyramide fut bâtie en forme de degrés ; quelques-uns s'appellent échelons, quelques autres petits autels. Quand on eut commencé à la construire de cette manière, on éleva de terre les autres pierres à l'aide de machines faites de courtes pièces de bois. Quand une pierre était parvenue du sol à la première assise, on la mettait dans une autre machine qui était sur cette première assise ; de là, on la montait par le moyen d'une autre machine, car il y en avait autant que d'assises : peut-être aussi n'avaient-ils qu'une seule machine, facile à transporter d'une assise à l'autre toutes les fois qu'on en avait ôté la pierre. Je rapporte la chose de deux façons, comme je l'ai ouï dire. On commença donc par achever le haut de la pyramide ; de là on descendit aux parties voisines, et enfin on passa aux inférieures, et à celles qui touchent la terre. On a gravé sur la pyramide, en caractères égyptiens, combien on a dépensé pour les ouvriers en raiforts, en oignons et en aulx ; et celui qui m'interpréta cette inscription me dit, autant que je m'en souviens, que cette dépense se montait à seize cents talents d'argent. Si cela est vrai, combien doit-il en avoir coûté pour les outils de fer, pour le reste de la nourriture et pour les habits des ouvriers, puisqu'ils employèrent à cet édifice le temps que nous avons dit, sans compter celui qu'ils mirent, à mon avis, à tailler les pierres, à les voiturer, et à faire les édifices souterrains.

CXXVI. Chéops, épuisé par ces dépenses, en vint au point d'infamie de prostituer sa fille dans un lieu de débauche, et de lui ordonner de tirer de ses amants une certaine somme d'argent. J'ignore à combien se monta cette somme ; les prêtres ne me l'ont point dit. Non-seulement elle exécuta les ordres de son père, mais elle voulut aussi laisser elle-même un monument. Elle pria tous ceux qui la venaient voir de lui donner chacun une pierre. Ce fut de ces pierres, me dirent les prêtres, qu'on bâtit la pyramide qui est au milieu des trois, en face de la grande pyramide, et qui a un plèthre et demi de chaque côté.

CXXVII. Chéops, suivant ce que me dirent les Égyptiens, régna cinquante ans. Après sa mort, son frère Chéphren lui succéda, et se conduisit comme son prédécesseur. Entre autres monuments, il fit aussi bâtir une pyramide : elle n'approche pas de la grandeur de celle de Chéops (je les ai mesurées toutes les deux); elle n'a ni édifices souterrains, ni canal qui conduise les eaux du Nil ; au lieu que l'autre, où l'on dit qu'est le tombeau de Chéops[1], se trouve dans une île, et qu'elle est environnée des eaux du Nil, qui s'y rendent par un canal construit à ce dessein. La première assise de cette pyramide est de pierre d'Éthiopie, de diverses couleurs, et elle a en hauteur quarante pieds de moins que la grande pyramide à laquelle elle est contiguë. Ces deux pyramides sont bâties sur la même colline, qui a environ cent pieds de haut.

CXXVIII. Les prêtres m'apprirent que Chéphren régna cinquante-six ans : ainsi les Égyptiens furent accablés cent six ans de toutes sortes de maux, et, pendant tout ce temps, les temples restèrent fermés. Les Égyptiens ont tant d'aversion pour la mémoire de ces deux princes, qu'ils ne veulent pas même les nommer ; ils appellent, par cette raison, ces pyramides du nom du berger Philitis, qui, dans ce temps-là, menait paître ses troupeaux en cet endroit.

CXXIX. Après Chéphren, me dirent-ils, Mycérinus, fils de Chéops, monta sur le trône ; mais comme il désapprouvait les actions de son père, il fit rouvrir les temples, et rendit au peu-

---

[1] Hérodote n'assure point que le corps de Chéops fût dans cette pyramide. On lit dans Diodore de Sicile, en parlant de la première et de la seconde pyramide, que, « quoique les rois les eussent destinées à leur servir de sépulture, il arriva cependant qu'aucun d'eux n'y fut enterré. Le peuple, indigné à cause des travaux dont ils l'avaient accablé, et de la violence et de la cruauté dont il en avait été traité, menaçait d'arracher leurs cadavres de leurs tombeaux, et de les mettre en pièces ; aussi ces deux rois ordonnèrent-ils à leurs parents de les enterrer secrètement dans un lieu inconnu. » (L.)

ple, réduit aux dernières extrémités par une longue suite de vexations, la liberté de vaquer à ses travaux, et d'offrir des sacrifices ; enfin, il jugea les différends de ses sujets d'une manière plus équitable que tous les autres rois : aussi les Égyptiens lui donnent-ils plus de louanges qu'à tous les rois qui jusqu'ici ont gouverné l'Égypte, non-seulement parce qu'il rendait la justice avec équité, mais encore parce que, si quelqu'un se plaignait du jugement qu'il avait prononcé, il lui donnait du sien pour l'apaiser.

Pendant que Mycérinus traitait ses peuples avec tant d'humanité, et qu'il ne s'occupait que de leur bonheur, il perdit sa fille unique, et ce fut le premier malheur qui lui arriva. Il fut excessivement affligé de sa perte ; et, comme il voulait lui donner une sépulture plus recherchée qu'à l'ordinaire, il fit faire une vache de bois, creuse, et, après l'avoir fait dorer, il y enferma sa fille morte.

CXXX. Cette génisse ne fut point mise en terre. De mon temps, elle était encore exposée à la vue de tout le monde, dans le palais royal de Saïs, dans une salle richement ornée. Chaque jour on brûle devant elle toutes sortes de parfums, et, la nuit, il y a toujours une lampe allumée. Dans une autre salle près de celle où est cette génisse, on voit plusieurs statues debout, qui représentent les concubines de Mycérinus ; du moins les prêtres de la ville de Saïs le disaient ainsi. Il est vrai qu'il y a environ vingt statues colossales de femmes nues, qui sont toutes de bois ; mais je ne puis assurer qui elles représentent : je n'en sais que ce qu'on m'en a dit.

CXXXI. Quant à cette génisse et à ces colosses, on compte que Mycérinus étant devenu amoureux de sa fille, lui fit violence ; que cette jeune princesse s'étant étranglée de désespoir, son père fit mettre son corps dans cette génisse ; que sa mère fit couper les mains aux femmes de sa fille, qui l'avaient livrée à Mycérinus ; et qu'aujourd'hui leurs statues, qui n'ont point de mains, sont un témoignage du supplice dont elles furent punies pendant leur vie. Mais je crois que tout ce que l'on raconte de cet amour et des mains des colosses n'est qu'une fable : en effet, j'ai remarqué, à la vue des colosses, que leurs mains étaient tombées de vétusté, et, de mon temps, on les voyait encore aux pieds des statues.

CXXXII. Cette génisse est couverte d'une housse cramoisie, excepté la tête et le cou, qui sont dorés d'un or fort épais. Entre les cornes est placé le cercle du soleil, en or. Elle n'est pas debout, mais sur les genoux, et elle est de la taille des plus grosses génisses. On la transporte tous les ans hors de la salle. Cette cérémonie se fait dans le temps où les Égyptiens se frappent et se lamentent pour un certain dieu que je ne dois pas nommer ici : c'est alors qu'on expose cette génisse à la lumière : car ils disent que la princesse, en mourant, pria Mycérinus, son père, de lui faire voir le soleil une fois par an.

CXXXIII. Il arriva à Mycérinus un nouveau malheur après la mort de sa fille : il reçut de la ville de Buto un oracle qui lui annonçait qu'il n'avait plus que six ans à vivre, et qu'il mourrait la septième année. Il en conçut tant de chagrin, qu'il envoya vers l'oracle pour faire à la déesse de vifs reproches de ce que son père et son oncle avaient vécu si longtemps, quoiqu'ils eussent opprimé leurs sujets, et que, sans aucun égard pour les dieux, ils eussent fait fermer les temples ; tandis qu'il avait si peu de temps à vivre, lui qui avait eu tant de piété et de respect pour les dieux. Il lui vint là-dessus une seconde réponse de l'oracle, qui lui apprit que c'était pour cette raison-là même qu'il devait mourir de si bonne heure ; qu'il n'avait point fait ce qu'il aurait dû ; qu'il fallait que l'Égypte fût accablée de maux pendant cent cinquante ans ; que les deux rois ses prédécesseurs en avaient eu connaissance, et que lui il l'avait ignoré.

Mycérinus, voyant, par cette réponse, que son arrêt était irrévocable, fit faire un grand nombre de lampes. Dès que la nuit était venue, il les faisait allumer, et passait le temps à boire et à se divertir, sans discontinuer ni jour ni nuit ; il allait sur les lacs, dans les bois, et partout où il apprenait qu'il trouverait des lieux de plaisir. Il avait dessein, en convertissant les nuits en jours, de doubler le nombre des années, de six ans en faire douze, et de convaincre par là l'oracle de mensonge.

CXXXIV. Il laissa aussi une pyramide ; elle est carrée, et de pierre d'Éthiopie jusqu'à la moitié, mais beaucoup plus petite que celle de son père, ayant vingt pieds de moins, et chacun de ses côtés trois pléthres de large. Il y a des Grecs qui prétendent qu'elle est de la courtisane Rhodopis. Ils se trompent, et il me semble qu'ils ne connaissent même pas cette courtisane. S'ils l'eussent connue, ils ne lui eussent pas attribué la construction d'une pyramide qui, pour le dire en peu de mots, a coûté des millions de talents sans nombre : d'ailleurs Rhodopis n'a pas vécu sous Mycérinus, mais sous Amasis, c'est-à-dire un grand nombre d'années après la mort des rois qui ont fait construire ces pyramides.

Rhodopis était originaire de Thrace, esclave d'Iadmon, fils de Héphestopolis, de l'île de Samos, compagne d'esclavage d'Ésope le fabuliste : car Ésope fut aussi esclave d'Iadmon. On en a des preuves ; et une des principales, c'est que les Delphiens ayant fait demander plusieurs fois par un héraut, suivant les ordres de l'oracle, si quelqu'un voulait venger la mort d'Ésope [1], il ne se présenta qu'un petit-fils d'Iadmon, qui portait le même nom que son aïeul. Donc Ésope fut esclave d'Iadmon.

CXXXV. Rhodopis fut ensuite menée en Égypte par Xanthus, de Samos, pour y exercer le métier de courtisane. Charaxus de Mitylène, fils de Scamandronyme, et frère de Sappho, dont nous avons les poésies, donna un prix considérable pour sa rançon.

Ayant ainsi recouvré la liberté, elle resta en Égypte, où sa beauté lui procura de grandes richesses pour une femme de son état, mais fort au-dessous de celles qui étaient nécessaires pour la construction d'une telle pyramide. On doit d'autant moins lui attribuer de si grands biens, qu'on peut en voir encore aujourd'hui la dixième partie : car, voulant laisser dans la Grèce un monument qui transmît son nom à la postérité, elle fit faire une chose que personne autre n'a inventée, ni consacrée dans un temple, et la dédia à Delphes. Ayant donc fait faire des broches de fer propres à rôtir un bœuf, autant que put y suffire la dixième partie de son bien, chose que personne n'avait encore imaginée, et dont on n'avait point encore fait d'offrande, elle les

---

[1] On ne peut guère douter qu'Ésope n'ait vécu du temps de Crésus et à sa cour. Selon Suidas, ce fabuliste était de Samos ou de Sardes; d'autres disent qu'il était de Mésambria, ou de Cotyœum en Phrygie. Il vécut à la cour de Crésus, et fut aimé de ce prince. Il périt à Delphes d'une mort injuste, les Delphiens l'ayant précipité du haut de la roche Hyampée vers la fin de la quatrième année de la cinquante-quatrième olympiade. De là vient le proverbe, *sang esopéen*, dont on se servait en parlant de ceux qui étaient coupables de crimes difficiles à expier : car le dieu fut fort irrité contre les Delphiens, parce qu'ils avaient fait mourir injustement Ésope. Il était plus ancien que Pythagore, car il vivait vers la quarantième olympiade. (L.)

envoya au temple de Delphes, où on les voit encore aujourd'hui, entassées derrière l'autel que les habitants de Chios ont élevé vis-à-vis du temple même.

Les courtisanes sont en général d'une grande beauté à Naucratis. Celle dont nous parlons devint si célèbre, qu'il n'y avait personne en Grèce qui ne sût son nom. Une autre courtisane, nommée Archidice, acquit aussi, après elle, beaucoup de célébrité en Grèce ; cependant elle fit moins de bruit. Charaxus étant retourné à Mitylène après avoir rendu la liberté à Rhodopis, Sappho le déchira dans ses vers. Mais en voilà assez sur cette courtisane.

CXXXVI. Les prêtres me racontèrent qu'après Mycérinus, Asychis fut roi d'Égypte, et qu'il fit bâtir, en l'honneur de Vulcain, le portique qui est à l'est ; c'est le plus grand et le plus magnifique. Tous les portiques du temple de ce dieu sont décorés de figures supérieurement sculptées, et de mille autres ornements dont on a coutume d'embellir les édifices ; mais celui-ci les surpasse de beaucoup. Sous son règne, comme le commerce souffrait de la disette d'argent, il publia, me dirent-ils, une loi qui défendait d'emprunter, à moins qu'on ne donnât pour gage le corps de son père. On ajouta à cette loi que le créancier aurait aussi en sa puissance la sépulture du débiteur, et que, si celui-ci refusait de payer la dette pour laquelle il aurait hypothéqué un gage si précieux, il ne pourrait être mis, après sa mort, dans le sépulcre de ses pères, ni dans quelque autre ; et qu'il ne pourrait, après le trépas d'aucun des siens, leur rendre cet honneur.

Ce prince, voulant surpasser tous les rois qui avaient régné en Égypte avant lui, laissa pour monument une pyramide de brique, avec cette inscription gravée sur une pierre : NE ME MÉPRISE PAS, EN ME COMPARANT AUX PYRAMIDES DE PIERRE. JE SUIS AUTANT AU-DESSUS D'ELLES QUE JUPITER EST AU-DESSUS DES AUTRES DIEUX : CAR EN PLONGEANT UN ÉPIEU DANS LE LAC ET EN RECUEILLANT LA VASE QUI S'Y ÉTAIT ATTACHÉE, ON EN A FAIT LES BRIQUES DONT JE SUIS CONSTRUITE. Voilà ce qu'Asychis fit de mémorable.

CXXXVII. Ce prince eut pour successeur, continuaient les prêtres, un aveugle de la ville d'Anysis, appelé aussi Anysis. Sous son règne, Sabacos, roi d'Éthiopie, fondit sur l'Égypte avec une nombreuse armée. Anysis s'étant sauvé dans les marais, Sabacos fut maître de l'Égypte pendant cinquante ans. Il ne fit mourir personne pendant ce temps-là, pour quelque faute que ce fût; mais, selon la qualité du crime, il condamnait le coupable à exhausser le sol près de la ville où il était né. Par ce moyen, l'assiette des villes devint encore plus haute qu'elle ne l'était auparavant : elles avaient déjà été rehaussées sous le règne de Sésostris par ceux qui avaient creusé les canaux; mais elles le furent beaucoup plus sous la domination de l'Éthiopien. Bubastis est, de toutes les villes d'Égypte, celle dont on éleva le plus le terrain par les ordres de Sabacos.

CXXXVIII. Dans cette ville est un temple de Bubastis qui mérite qu'on en parle. On voit d'autres temples plus grands et plus magnifiques; mais il n'y en a point de plus agréable à la vue. Bubastis est la même que Diane parmi les Grecs. Son temple fait une presqu'île, où il n'y a de libre que l'endroit par où l'on entre. Deux canaux du Nil, qui ne se mêlent point ensemble, se rendent à l'entrée du temple, et de là se partagent, et l'environnent, l'un à droite, l'autre à gauche. Ces canaux sont larges chacun de cent pieds, et ombragés d'arbres. Le vestibule a dix brasses de haut; il est orné de très-belles figures de six coudées de haut. Ce temple est au centre de la ville Ceux qui en font le tour le voient de tous côtés de haut en bas : car, étant resté dans la même assiette où on l'avait d'abord bâti, et la ville ayant été rehaussée par des terres rapportées, on le voit en entier de toutes parts. Ce lieu sacré est environné d'un mur sur lequel sont sculptées grand nombre de figures. Dans son enceinte est un bois planté autour du grand temple : les arbres en sont très-hauts. La statue de la déesse est dans le temple. Le lieu sacré a, en tout sens, un stade de long sur autant de large. A l'entrée, s'ouvre un chemin de pierres sur une longueur de trois stades; il traverse la place du marché dans la direction de l'Orient, il a quatre plèthres de large et est bordé d'arbres qui se perdent dans les nues; il conduit au temple de Mercure. Voilà quel est ce temple.

CXXXIX. Voici comment l'Égypte, ajoutaient les mêmes prêtres, fut délivrée de Sabacos. Une vision qu'il eut pendant son sommeil lui fit prendre la fuite. Il s'imagina voir un homme qui lui conseillait de rassembler tous les prêtres d'Égypte, et de les faire couper en deux par le milieu du corps. Ayant fait des réflexions sur cette vision, il dit qu'il lui semblait que les dieux lui présentaient un prétexte pour violer le respect dû aux choses sacrées, afin de l'en punir ensuite par eux-mêmes ou par les hommes; qu'il ne ferait point ce que lui avait suggéré la vision; qu'il aimait mieux se retirer, d'autant plus qu'il avait déjà passé le temps qu'il devait sortir de l'Égypte après y avoir régné, selon les prédictions des oracles : car, tandis qu'il était encore en Éthiopie, ayant consulté les oracles des Éthiopiens[1], il lui fut répondu qu'il fallait qu'il régnât cinquante ans en Égypte. Comme ce temps était expiré, et qu'outre cela la vision qu'il avait eue le troublait, il prit le parti de se retirer volontairement.

CXL. Il n'eut pas plutôt quitté l'Égypte, qu'Anysis (l'aveugle) sortit des marais, et reprit les rênes du gouvernement. Il était resté cinquante ans dans une île, qu'il avait exhaussée avec de la cendre et de la terre; car, lorsque les Égyptiens allaient lui porter des vivres, chacun selon sa cotisation, il les priait de lui faire aussi présent d'un peu de cendre. Avant Amyrtée, personne ne put trouver cette île. Pendant plus de cinq cents ans, les rois ses prédécesseurs la cherchèrent inutilement. On l'appelle l'île d'Helbo; elle a dix stades en tout sens.

CXLI. Après Anysis, un prêtre de Vulcain, nommé Séthos[2], monta, à ce qu'on me dit, sur le trône. Il n'eut aucun égard pour les gens de guerre, et les traita avec mépris, comme s'il eût dû n'en avoir jamais besoin. Entre autres outrages, il leur ôta les douze arpents de terre que les rois, ses prédécesseurs, leur avaient donnés à chacun par distinction : mais, dans la

---

[1] C'étaient les oracles de Jupiter.

[2] Un roi ne peut régner en Égypte s'il n'a point la connaissance des choses sacrées. Si un homme d'une autre classe vient par hasard à s'emparer de la couronne, il faut qu'il se fasse recevoir dans l'ordre sacerdotal. Les rois, dit Plutarque, « se prenaient parmi les prêtres ou les guerriers, ces deux ordres étant distingués, l'un par sa sagesse, l'autre par sa valeur. Lorsqu'on choisissait un guerrier pour roi, on l'admettait sur-le-champ dans l'ordre des prêtres, qui lui faisaient part de leur philosophie cachée. Les prêtres avaient le droit de censurer le prince, de lui donner des avertissements, et de diriger toutes ses actions. Ils avaient aussi fixé le temps de sa promenade, de ses bains, et celui où il pouvait voir sa femme. » (L.)

suite, lorsque Sennachérib, roi des Arabes et des Assyriens [1], vint attaquer l'Égypte avec une armée nombreuse, les gens de guerre ne voulurent point marcher au secours de la patrie. Le prêtre, se trouvant alors fort embarrassé, se retira dans le temple et se mit à gémir devant la statue du dieu sur le sort fâcheux qu'il courait risque d'éprouver. Pendant qu'il déplorait ainsi ses malheurs, il s'endormit, et crut voir le dieu lui apparaître, l'encourager, et l'assurer que, s'il marchait à la rencontre des Arabes, il ne lui arriverait aucun mal, et que lui-même il lui enverrait du secours.

Plein de confiance en cette vision, Séthos prit avec lui tous les gens de bonne volonté, se mit à leur tête, et alla camper à Péluse, qui est la clef de l'Égypte. Cette armée n'était composée que de marchands, d'artisans et de vivandiers : aucun homme de guerre ne l'accompagnait. Ces troupes étant arrivées à Péluse, une multitude prodigieuse de rats des champs se répandit la nuit dans le camp ennemi, et rongea les carquois, les arcs et les courroies qui servaient à manier les boucliers ; de sorte que, le lendemain, les Arabes étant sans armes, la plupart périrent dans la fuite. On voit encore aujourd'hui dans le temple de Vulcain une statue de pierre qui représente ce roi ayant un rat sur la main, avec cette inscription : QUI QUE TU SOIS, APPRENDS, EN ME VOYANT, A RESPECTER LES DIEUX.

CXLII. Jusqu'à cet endroit de mon histoire, les Égyptiens et leurs prêtres me firent voir que, depuis leur premier roi jusqu'au prêtre de Vulcain, qui régna le dernier, il y avait eu trois cent quarante et une générations, et, pendant cette longue suite de générations, autant de grands prêtres et autant de rois. Or, trois cents générations font dix mille ans : car trois générations valent cent ans ; et les quarante et une générations qui restent au delà des trois cents font mille trois cent quarante ans. Ils

---

[1] Les Arabes qui habitaient au delà du Jourdain et dans l'Arabie Pétrée étaient soumis au roi d'Assyrie. (L.)

[2] Les Égyptiens étaient partagés en trois classes : celle des gens de qualité, qui parvenaient aux honneurs, et occupaient, de même que les prêtres, les places distinguées ; celle des gens de guerre, qui cultivaient aussi la terre ; enfin celle des ouvriers, qui exerçaient les emplois les plus vils. La première classe comprenait aussi les prêtres, ou, pour mieux dire, les places de distinction étaient réservées aux prêtres. La dernière classe, qui devait être très-nombreuse, se subdivisait encore. (L.)

ajoutèrent que, durant ces onze mille trois cent quarante ans, aucun dieu ne s'était manifesté sous une forme humaine, et qu'on n'avait rien vu de pareil ni dans les temps antérieurs à cette époque, ni parmi les autres rois qui ont régné en Égypte dans les temps postérieurs ; ils m'assurèrent aussi que, dans cette longue suite d'années, le soleil s'était levé quatre fois hors de son lieu ordinaire, et entre autres deux fois où il se couche maintenant, et qu'il s'était couché deux fois à l'endroit où il se lève aujourd'hui ; que cela n'avait apporté aucun changement en Égypte, ni pour les productions de la terre, ni pour les bienfaits du Nil, ni pour les maladies et la mortalité.

CXLIII. L'historien Hécatée, se trouvant autrefois à Thèbes, parlait aux prêtres de Jupiter de sa généalogie, et faisait remonter sa famille à un dieu qu'il comptait pour le seizième de ses ancêtres. Ces prêtres en agirent avec lui comme ils firent depuis à mon égard, quoique je ne leur eusse rien dit de ma famille. Ils me conduisirent dans l'intérieur d'un grand bâtiment du temple, où ils me montrèrent autant de colosses de bois qu'il y avait eu de grands prêtres ; car chaque grand prêtre ne manque point, pendant sa vie, d'y placer sa statue. Ils les comptèrent devant moi, et me prouvèrent, par la statue du dernier mort, et en les parcourant ainsi de suite, jusqu'à ce qu'ils me les eussent toutes montrées, que chacun était le fils de son prédécesseur. Hécatée[1] parlait, dis-je, à ces prêtres de sa généalogie, et se faisait remonter à un dieu qu'il regardait comme le seizième de ses ancêtres. Ils lui opposèrent la généalogie de leurs pontifes, dont ils lui firent l'énumération, sans cependant admettre qu'un homme eût été engendré d'un dieu, comme il l'avait avancé ; ils lui dirent que chaque colosse représentait un piromis engendré d'un piromis ; et, parcourant ainsi les trois cent

---

[1] L'antiquité fait mention de plusieurs auteurs du nom d'Hécatée. Celui dont parle Hérodote était historien, de la ville de Milet, et fils d'Hégésandre. On le distinguait d'Hécatée d'Abdère, etc., par le surnom de Milésien. Il avait voyagé en Égypte et ailleurs. On peut supposer qu'il était né sous le règne de Cyrus : car, lors du soulèvement des Ioniens contre Darius, successeur de Cambyse, Hécatée fut appelé à toutes les délibérations. Or, dans les conjonctures délicates, on ne consulte guère que des gens d'un âge mûr, et en état de donner des avis salutaires. Il ne devait donc avoir guère moins de quarante-cinq ans au commencement de la soixante-neuvième olympiade. (BELLANGER.)

quarante-cinq colosses, depuis le dernier jusqu'à premier, ils lui prouvèrent que tous ces piromis étaient nés l'un de l'autre, et qu'ils ne devaient point leur origine à un dieu ou à un héros. Piromis est un mot égyptien qui signifie bon et vertueux.

CXLIV. Ces prêtres me prouvèrent donc que tous ceux que représentaient ces statues, bien loin d'avoir été des dieux, avaient été des piromis [1] ; qu'il était vrai que, dans les temps antérieurs à ces hommes, les dieux avaient régné en Égypte, qu'ils avaient habité avec les hommes, et que toujours l'un d'eux était roi ; qu'Orus, que les Grecs nomment Apollon, fut le dernier d'entre eux qui fut roi d'Égypte, et qu'il ne régna qu'après avoir ôté la couronne à Typhon [2]. Cet Orus était fils d'Osiris, que nous appelons Bacchus.

CXLV. Parmi les Grecs, on regarde Hercule [3], Bacchus et Pan, comme les plus nouveaux d'entre les dieux. Chez les Égyptiens, au contraire, Pan passe pour être très-ancien ; on le met même au rang des huit premiers dieux. Hercule a place parmi les dieux du second ordre, qu'on appelle les douze dieux, et Bacchus parmi ceux du troisième, qui ont été engendrés par les douze dieux.

J'ai fait voir ci-dessus combien les Égyptiens comptent eux-mêmes d'années depuis Hercule jusqu'au roi Amasis. On dit qu'il y en a encore un plus grand nombre depuis Pan, et que c'est depuis Bacchus qu'on en trouve le moins, quoique depuis ce dernier jusqu'à ce prince on compte quinze mille ans. Les Égyptiens assurent ces faits comme incontestables, parce qu'ils ont toujours eu soin de supputer et d'inscrire exactement ces années. De Bacchus, qu'on dit être né de Sémélé, fille de Cadmus, il y a jusqu'à moi environ mille soixante ans ; depuis Hercule, fils d'Alcmène, près de neuf cents ans : et Pan, que les Grecs disent être fils de Pénélope et de Mercure, est postérieur à la guerre de Troie, et on ne compte de lui jusqu'à moi qu'environ huit cents ans.

[1] C'est-à-dire avaient été des grands prêtres engendrés d'autres grands prêtres. (L.)

[2] Typhon était un mauvais génie, qui enleva la couronne à son frère Osiris, et le tua. Comme il était pâle et roux, les Égyptiens évitaient la compagnie des personnes de cette couleur. Dans le temps où l'on sacrifiait encore des hommes, on égorgeait ceux qui étaient roux sur le sépulcre d'Osiris, ou bien on les brûlait vifs. (L.)

[3] L'Hercule égyptien s'appelait *Chon* ou *Som* ; Pan, Mendès.

CXLVI. De ces deux sentiments chacun est libre d'adopter celui qui lui paraîtra le plus vraisemblable; je me contente d'exposer le mien. Si ces dieux avaient été connus en Grèce, et s'ils y avaient vieilli, tels qu'Hercule, fils d'Amphitryon, Bacchus, fils de Sémélé, et Pan, fils de Pénélope, on pourrait dire aussi, quoiqu'ils ne fussent que des hommes, qu'ils étaient en possession des noms des dieux nés dans les siècles précédents. Les Grecs assurent que, aussitôt que Bacchus fut né, Jupiter le cousit dans sa cuisse et le porta à Nysa, ville d'Éthiopie, au-dessus de l'Égypte. A l'égard de Pan, ils ne sauraient dire en quel endroit il fut transporté après sa naissance. Il me paraît donc évident que les Grecs ont appris les noms des ces dieux plus tard que ceux des autres, et qu'ils ne datent leur naissance que du temps où ils en ont ouï parler. Ce qui précède, je le tiens des Égyptiens seuls.

CXLVII. Je vais raconter maintenant ce qui s'est passé en Égypte, de l'aveu unanime des Égyptiens et des autres peuples, et j'y joindrai des choses dont j'ai été témoin oculaire.

Après la mort de Séthos, roi et prêtre de Vulcain, les Égyptiens recouvrèrent leur liberté; mais, comme ils ne pouvaient vivre un seul moment sans rois, ils en élurent douze, et divisèrent toute l'Égypte en autant de parties, qu'ils leur assignèrent. Ces douze rois s'unirent entre eux par des mariages, et s'engagèrent à ne se point détruire, à ne point rechercher d'avantage au préjudice les uns des autres, et à entretenir toujours entre eux une étroite amitié. Le but de ce traité était de se fortifier et de se prémunir contre tout danger, parce que, dès le commencement de leur règne, un oracle leur avait prédit que celui d'entre eux qui ferait des libations dans le temple de Vulcain avec une coupe d'airain aurait l'empire de l'Égypte entière. Ils tenaient, en effet, leurs assemblées dans tous les temples.

CXLVIII. Ils voulurent aussi laisser à frais communs un monument à la postérité. Cette résolution prise, ils firent construire un labyrinthe un peu au-dessus du lac Mœris, et assez près de la ville des Crocodiles. J'ai vu ce bâtiment, et l'ai trouvé au-dessus de toute expression. Tous les ouvrages, tous les édifices des Grecs ne peuvent lui être comparés, ni du côté du travail, ni du côté de la dépense : les temples d'Éphèse et de Samos méritent sans doute d'être admirés ; mais les pyramides sont au-dessus de tout ce qu'on peut en dire, et chacune en particulier peut entrer en parallèle avec les plus grands édifices de la Grèce. Le labyrinthe l'emporte même sur les pyramides. Il est composé de douze cours couvertes, dont les portes sont à l'opposite l'une de l'autre, six au nord et six au sud, toutes contiguës ; une même enceinte de murailles, qui règne en dehors, les renferme ; les appartements en sont doubles ; il y en a quinze cents sous terre, quinze cents au-dessus, trois mille en tout. J'ai visité les appartements d'en haut, je les ai parcourus, ainsi j'en parle avec certitude et comme témoin oculaire. Quant aux appartements souterrains, je ne sais que ce qu'on m'en a dit. Les Égyptiens qui en ont la garde ne permirent point qu'on me les montrât, parce qu'ils servaient de sépulture aux crocodiles sacrés, et aux rois qui ont fait bâtir cet édifice. Je ne parle donc des logements souterrains que sur le rapport d'autrui ; quant à ceux d'en haut, je les ai vus, et les regarde comme ce que les hommes ont jamais fait de plus grand. Les passages à travers les chambres, les détours à travers les cours me causaient par leur variété une admiration infinie, alors que nous passions des cours dans les chambres, des chambres dans les portiques, des portiques dans les espaces couverts, et de là dans d'autres cours. Le toit de tous ces corps de logis est de pierre, ainsi que les murs, qui sont partout décorés de figures en bas-relief. Autour de chaque cour règne une colonnade de pierres blanches parfaitement jointes ensemble. A l'angle où finit le labyrinthe s'élève une pyramide de cinquante brasses, sur laquelle on a sculpté en grand des figures d'animaux. On s'y rend par un souterrain.

CXLIX. Quelque magnifique que soit ce labyrinthe, le lac Mœris, près duquel il est situé, excite encore plus d'admiration. Il a de tour trois mille six cents stades, qui font soixante schènes, c'est-à-dire autant de circuit que la côte maritime de l'Égypte a d'étendue. Ce lac, dont la longueur va du nord au midi, a cinquante brasses de profondeur à l'endroit où il est le plus profond. On l'a creusé de main d'homme, et lui-même il en fournit la preuve. On voit en effet presque au milieu du lac deux pyramides qui ont chacune cinquante brasses de hauteur au-dessus de l'eau, et autant au-dessous. Sur l'une et sur l'autre est un colosse de pierre, assis sur un trône. Ces pyramides ont par conséquent chacune cent brasses; or les cent brasses font juste un stade de six pléthres : car la brasse a six pieds ou quatre coudées; le pied vaut quatre palmes, et la coudée six.

Les eaux du lac Mœris ne viennent pas de source; le terrain qu'il occupe est extrêmement sec et aride : il les tire du Nil par un canal de communication. Pendant six mois elles coulent du Nil dans le lac; et pendant les six autres mois, du lac dans le fleuve. Pendant les six mois que l'eau se retire, la pêche du lac rend au trésor royal un talent d'argent[1] chaque jour; mais, pendant les six autres mois que les eaux coulent du Nil dans le lac, elle ne produit que vingt mines.

CL. Ce lac forme un coude à l'occident, et se porte vers le milieu des terres, le long de la montagne, au-dessus de Memphis, et se décharge, au rapport des habitants du pays, dans la Syrte de Libye par un canal souterrain. Comme je ne voyais nulle part la terre qu'il a fallu tirer pour creuser ce lac, et que j'étais curieux de savoir où elle pouvait être, je m'en informai aux habitants du pays les plus voisins du lac. Ils me dirent où on l'avait portée; et j'eus d'autant moins de peine à les croire, que j'avais ouï dire qu'il s'était fait quelque chose de semblable à Ninive, ville des Assyriens. En effet, des voleurs cherchant à enlever les trésors immenses de Sardanapale, roi de Ninive, qui étaient gardés dans des lieux souterrains, commencèrent, dès la maison qu'ils habitaient, à creuser la terre; et poussèrent la mine jusqu'au palais du roi. La nuit venue, ils portaient la terre qu'ils en avaient enlevée dans le Tigre, qui coule le long de Ninive. Ils continuèrent ainsi leur entreprise jusqu'à ce qu'ils eussent atteint leur but. On fit, à ce que j'ai ouï dire, la même chose en Égypte; avec cette différence qu'on ne creusait pas le bassin du lac la nuit, mais en plein jour. A mesure qu'on le creusait, on en portait la terre dans le Nil, qui la dispersait. Ce fut ainsi, s'il faut en croire les habitants du pays, qu'on creusa ce lac.

[1] L'argent qui provenait de la pêche de ce lac était destiné pour la parure de la reine et pour les parfums dont elle faisait usage. Le talent vaut 5,400 liv. de notre monnaie, et la mine 90 liv. Les vingt mines valent par conséquent 1,800 liv. Ainsi la pêche du lac rapportait par jour 5,400 liv. lorsque les eaux se retiraient, et 1,800 liv. seulement lorsqu'elles rentraient. Cela fait par an 1,296 000 liv. (L.)

CLI. Les douze rois se conduisaient avec justice. Au bout d'un certain temps, après avoir offert des sacrifices dans le temple de Vulcain, comme, le dernier jour de la fête, ils étaient sur le point de faire des libations, le grand prêtre leur présenta des coupes d'or, dont ils avaient coutume de se servir en cette occasion ; mais il se trompa pour le nombre, et, au lieu de douze coupes, il n'en apporta que onze pour les douze rois. Alors Psammitichus, qui se trouvait au dernier rang, voyant qu'il n'avait point de coupe comme les autres, prit son casque, qui était d'airain, et s'en servit pour les libations. Tous les autres rois étaient aussi dans l'usage de porter un casque, et ils l'avait alors sur la tête. Ce fut donc sans aucun mauvais dessein que Psammitichus se servit du sien. Mais les autres rois réfléchirent sur son action, et sur l'oracle qui leur avait prédit que celui d'entre eux qui ferait des libations avec un vase d'airain deviendrait un jour seul roi de toute l'Égypte ; et, ayant reconnu par ses réponses qu'il n'avait point agi de dessein prémédité, ils crurent qu'il serait injuste de le faire mourir ; mais ils le dépouillèrent de la plus grande partie de sa puissance et le reléguèrent dans les marais, avec défense d'en sortir et d'entretenir aucune correspondance avec le reste de l'Égypte.

CLII. Ce prince s'était auparavant sauvé en Syrie pour fuir la persécution de Sabacos, roi d'Éthiopie, qui avait fait mourir son père Nécos. Les habitants du nome Saïte le rappelèrent lorsque Sabacos abandonna l'Égypte, à l'occasion d'une vision qu'il avait eue. Depuis il fut élevé sur le trône ; mais il lui arriva d'être exilé dans les marais, pour avoir fait des libations avec son casque. Ce fut son second exil. Sensible à cet outrage, et résolu de se venger des auteurs de son exil, il envoya à Buto consulter l'oracle de Latone, le plus véridique des oracles d'Égypte. Il lui fut répondu qu'il serait vengé par des hommes d'airain sortis de la mer. D'abord il ne put se persuader que des hommes d'airain vinssent à son secours ; mais, peu de temps après, des Ioniens et des Cariens qui s'étaient mis en mer pour pirater, s'étant vus obligés de relâcher en Égypte, descendirent à terre revêtus d'armes d'airain. Un Égyptien courut en porter la nouvelle à Psammitichus dans les marais ; et, comme jusqu'alors cet Égyptien n'avait jamais vu d'hommes armés de la sorte, il lui dit que des hommes d'airain sortis de la mer pillaient les campagnes.

Le roi, comprenant par ce discours que l'oracle était accompli, fit alliance avec les Ioniens et les Cariens, et les engagea par de grandes promesses à prendre son parti. Avec ces troupes auxiliaires, et les Égyptiens qui lui étaient restés fidèles, il détrôna les onze rois.

CLIII. Psammitichus, maître de toute l'Égypte, construisit à Memphis les portiques du temple de Vulcain qui sont du côté du midi. Vis-à-vis de ces portiques il fit faire à Apis un bâtiment où on le nourrit quand il s'est manifesté. C'est un péristyle orné de figures, et soutenu de colosses de douze coudées de haut, qui tiennent lieu de colonnes. Le dieu Apis est celui que les Grecs appellent Épaphus.

CLIV. Psammitichus reconnut les services des Ioniens et des Cariens par des terres et des habitations qu'il leur donna vis-à-vis les uns des autres, et qui n'étaient séparées que par le fleuve. On les nomma le Camp. Il leur donna avec ces terres toutes les autres choses qu'il leur avait promises; il leur confia même des enfants égyptiens pour leur enseigner le grec; et, de ces enfants qui apprirent alors cette langue, sont descendus les interprètes qu'on voit actuellement en Égypte.

Les Ioniens et les Cariens habitèrent longtemps les lieux où Psammitichus les avait placés. Ces lieux sont situés près de la mer, un peu au-dessous de Bubastis, vers l'embouchure Pélusiaque du Nil; mais, dans la suite, le roi Amasis transféra ces étrangers à Memphis, afin de les employer à sa défense contre les Égyptiens. Depuis leur établissement en Égypte, les Grecs ont entretenu avec eux un commerce si étroit, que, à commencer du règne de Psammitichus, nous savons avec certitude tout ce qui s'est passé dans ce pays. Ce sont en effet les premiers peuples d'une autre langue que les Égyptiens aient reçus chez eux. On voyait encore de mon temps, sur le territoire d'où on les a tirés, et leurs ports et les ruines de leurs maisons. Ce fut ainsi que Psammitichus se rendit maître de l'Égypte.

CLV. Quoique j'aie déjà beaucoup parlé de l'oracle de ce pays, je ne laisserai pas de le faire encore, parce qu'il le mérite. Il est consacré à Latone, dans une grande ville située vers l'embouchure Sébennytique du Nil. On la rencontre en remontant de la mer par cette bouche du fleuve.

Cette ville s'appelle Buto : je l'ai déjà nommée. On y voit plusieurs temples, celui d'Apollon et Diane, et celui de Latone, où se rendent les oracles. Ce dernier est grand; ses portiques ont dix brasses de haut. De tout ce que je vis dans l'enceinte consacrée à Latone, le temple de la déesse me causa la plus grande surprise. Il est d'une seule pierre en hauteur et en longueur; les côtés en sont égaux. Chacune de ses dimensions est de quarante coudées. Une autre pierre, dont les rebords ont quatre coudées, lui sert de couverture.

CLVI. De tout ce qu'on peut voir aux environs de l'enceinte consacrée à Latone, rien de plus admirable, à mon avis, que ce temple. L'île Chemmis occupe le second rang; elle est dans un lac profond et spacieux, près du temple de Latone, à Buto. Les Égyptiens assurent que cette île est flottante : pour moi, je ne l'ai vue ni flotter ni remuer, et je fus fort surpris d'entendre dire qu'il y eut réellement des îles flottantes. On voit dans celle-ci un vaste temple d'Apollon, avec trois autels. La terre y produit, sans culture, quantité de palmiers, et d'autres arbres tant fruitiers que stériles. Voici, selon les Égyptiens, la raison pour laquelle elle flotte.

Latone, l'une des huit plus anciennes divinités, demeurait à Buto, où est maintenant son oracle. Isis lui ayant remis Apollon en dépôt, elle le cacha dans cette île, qu'on appelle aujourd'hui l'île flottante, et qui autrefois était fixe et immobile; elle le sauva dans le temps même qu'arrivait Typhon, qui cherchait partout le fils d'Osiris : car ils disent qu'Apollon et Diane sont nés de Bacchus et d'Isis, et que Latone fut leur nourrice et leur conservatrice. Apollon s'appelle Orus en égyptien; Cérès, Isis, et Diane, Bubastis.

Eschyle, fils d'Euphorion, s'est emparé de cette histoire; et c'est d'après elle qu'il fait Diane fille de Cérès. Cette opinion lui est particulière, et ne se remarque dans aucun poëte précédent. Cette île devint, par cette raison, flottante. Ils dirent les choses de la sorte.

CLVII. Psammitichus régna en Égypte cinquante-quatre ans; il fit le siége d'Azotus, ville considérable de Syrie, et le continua vingt-neuf ans, jusqu'à ce qu'elle fût prise. De toutes les villes que nous connaissons, c'est la seule qui ait soutenu un si long siége.

CLVIII. Il eut un fils, appelé Nécos, qui fut aussi roi d'Égypte. Il entreprit le premier de creuser le canal qui conduit à la mer Érythrée. Darius, roi de Perse, le fit continuer. Ce canal a de longueur quatre journées de navigation, et assez de largeur pour que deux trirèmes puissent y voguer de front. L'eau dont il est rempli vient du Nil, et y entre un peu au-dessus de Bubastis. Ce canal aboutit à la mer Érythrée, près de Patumos, ville d'Arabie.

On commença à le creuser dans cette partie de la plaine d'Égypte qui est du côté de l'Arabie. La montagne qui s'étend vers Memphis, et dans laquelle sont les carrières, est au-dessus de cette plaine, et lui est contiguë. Ce canal commence donc au pied de la montagne ; il va d'abord, pendant un long espace, d'occident en orient ; il passe ensuite par les gorges de cette montagne, et se porte au midi dans le golfe d'Arabie.

Pour aller de la mer Septentrionale à la mer Australe, qu'on appelle aussi mer Érythrée, on prend par le mont Casius, qui sépare l'Égypte de la Syrie : c'est le plus court. De cette montagne au golfe Arabique, il n'y a que mille stades ; mais le canal est d'autant plus long, qu'il fait plus de détours. Sous le règne de Nécos, cent vingt mille hommes périrent en le creusant. Ce prince fit discontinuer l'ouvrage, sur la réponse d'un oracle qui l'avertit qu'il travaillait pour le barbare. Les Égyptiens appellent barbares ceux qui ne parlent pas leur langue.

CLIX. Nécos, ayant donc abandonné l'entreprise du canal, tourna toutes ses pensées du côté des expéditions militaires. Il fit faire des trirèmes sur la mer Septentrionale, et dans le golfe Arabique, sur la mer Érythrée. On voit encore aujourd'hui les chantiers où on les construisit. Ses flottes lui servirent dans l'occasion. Nécos livra aussi sur terre une bataille contre les Syriens, près de Magdole ; et, après avoir remporté la victoire, il prit Cadytis, ville considérable de Syrie. Il consacra à Apollon l'habit qu'il avait porté dans ces expéditions, et l'envoya aux Branchides, dans le pays des Milésiens. Il mourut ensuite, après avoir régné seize ans en tout, et laissa la couronne à Psammis, son fils.

CLX. Sous le règne de ce prince, des ambassadeurs arrivèrent en Égypte de la part des Éléens. Ces peuples se vantaient d'avoir établi, aux jeux Olympiques les règlements les plus justes et les plus beaux, et s'imaginaient que les Égyptiens, quoique les plus sages de tous les hommes, ne pourraient rien inventer de mieux. Étant donc arrivés à la cour, et ayant expliqué le sujet de leur ambassade, le roi convoqua ceux d'entre les Égyptiens qui passaient pour les plus sages. Ceux-ci assemblés, les Éléens leur exposèrent tous les règlements qu'il leur avait paru convenable de faire, et leur dirent qu'ils étaient venus savoir si les Égyptiens pourraient en imaginer de plus justes. Les Égyptiens, après s'être consultés, leur demandèrent si leurs concitoyens étaient admis à combattre à ces jeux : les Éléens ayant répondu que cela leur était permis ainsi qu'au reste des Grecs, les Égyptiens leur dirent que ce règlement violait les lois de l'équité, parce qu'il était impossible qu'ils ne favorisassent leurs compatriotes au préjudice de l'étranger ; mais que, s'ils voulaient proposer des jeux où la justice fût observée, et que si c'était là le sujet de leur voyage, on leur conseillait d'en établir où les étrangers eussent seuls le droit de combattre, et où il ne fût pas permis aux Éléens d'entrer en lice. Tel fut le conseil que les Égyptiens donnèrent aux ambassadeurs d'Élée.

CLXI. Psammis ne régna que six ans ; il mourut aussitôt après son expédition d'Éthiopie. Son fils Apriès lui succéda. Ce prince fut, après Psammitichus son bisaïeul, le plus heureux des rois ses prédécesseurs. Il régna vingt-cinq ans, pendant lesquels il fit une expédition contre Sidon, et livra au roi de Tyr un combat naval ; mais enfin la fortune devait cesser de le favoriser. Je rapporterai ici en peu de mots à quelle occasion ses malheurs commencèrent, me réservant à en parler plus amplement quand je traiterai des affaires de Libye.

Apriès, ayant envoyé une armée contre les Cyrénéens, reçut un échec considérable. Les Égyptiens lui imputèrent ce malheur, et se révoltèrent contre lui, s'imaginant que, de dessein prémédité, il les avait envoyés à une perte certaine, afin de les faire périr sans ressource, et de régner avec plus de sécurité sur le reste de ses sujets. Les troupes qui étaient revenues du combat, et les amis de ceux qui y avaient perdu la vie, indignés contre le roi, se soulevèrent ouvertement.

CLXII. Sur cette nouvelle, Apriès envoya Amasis pour les apaiser. Celui-ci les alla trouver ; mais, tandis qu'il les exhortait à rentrer dans le devoir, un Égyptien qui était derrière lui,

lui couvrit la tête d'un casque, en lui disant que c'était pour le mettre en possession de la couronne. Amasis montra dans la suite que cela ne s'était pas fait contre son gré : car les rebelles ne l'eurent pas plutôt proclamé roi, qu'il se prépara à marcher contre Apriès. Sur cette nouvelle, ce prince détacha Patarbémis, un des hommes les plus distingués parmi ceux qui lui étaient restés fidèles, avec ordre de lui amener Amasis en vie. Patarbémis, étant arrivé au camp des rebelles, appela Amasis : celui-ci, qui se trouvait par hasard à cheval, levant la cuisse, fit un pet, et dit à Patarbémis de porter cela à Apriès ; et comme Patarbémis ne laissait pas de le prier de se rendre auprès du roi, Amasis lui répondit qu'il s'y disposait depuis longtemps; qu'Apriès n'aurait pas sujet de se plaindre de lui, et qu'il irait le trouver incessamment en bonne compagnie. Patarbémis s'apercevant de ses desseins, et par sa réponse et par les préparatifs qu'il lui voyait faire, partit en diligence pour en donner au plus tôt avis au roi. Aussitôt qu'Apriès le vit revenir sans Amasis, il lui fit couper le nez et les oreilles, dans le premier mouvement de sa colère, et sans se donner le temps de la réflexion. Un si honteux traitement, fait à un homme de cette distinction, irrita à un tel point ceux des Égyptiens qui tenaient encore pour lui, que, sans perdre de temps, ils passèrent du côté d'Amasis, et se donnèrent à lui.

CLXIII. Sur cette nouvelle, Apriès fit prendre les armes à ses auxiliaires, et marcha contre les Égyptiens. Il partit de Saïs, où il avait un grand et superbe palais, à la tête de trente mille hommes, tant Cariens qu'Ioniens, pour aller réduire les rebelles. Amasis marcha de son côté avec ses troupes contre les étrangers. Les deux armées se rencontrèrent à Momemphis, et se livrèrent bataille.

CLXIV. Les Égyptiens sont partagés en sept classes : les prêtres, les gens de guerre, les bouviers, les porchers, les marchands, les interprètes, les pilotes ; ils tirent leurs noms de leurs professions : ceux qui suivent le métier des armes s'appellent calasiries et hermotybies. Voici les nomes ou provinces qu'ils habitent, car toute l'Égypte est divisée en nomes.

CLXV. Les nomes des hermotybies sont : Busiris, Saïs, Chemmis, Paprémis, l'île Prosopilis, et la moitié de Natho. Ces nomes fournissent au plus cent soixante mille hermotybies ; ils sont tous consacrés à la profession des armes, et pas un n'exerce d'art mécanique.

CLXVI. Les calasiries occupent les nomes de Thèbes, de Bubastis, d'Aphthis, de Tanis, de Mendès, de Sébennys, d'Athribis, de Pharbœthis, de Thmuis, d'Onuphis, d'Anysis, de Mycephoris, île située vis-à-vis de Bubastis. Ces nomes fournissent, lorsqu'ils sont le plus peuplés, deux cent cinquante mille hommes. Il ne leur est pas permis non plus d'exercer d'autre métier que celui de la guerre ; le fils y succède à son père.

CLXVII. Je ne saurais affirmer si les Grecs tiennent cette coutume des Égyptiens, parce que je la trouve établie parmi les Thraces, les Scythes, les Perses, les Lydiens; en un mot, parce que, chez la plupart des barbares, ceux qui apprennent les arts mécaniques, et même leurs enfants, sont regardés comme les derniers citoyens ; au lieu qu'on estime comme les plus nobles ceux qui n'exercent aucun art mécanique, et principalement ceux qui se sont consacrés à la profession des armes. Tous les Grecs ont été élevés dans ces principes, et particulièrement les Lacédémoniens : j'en excepte toutefois les Corinthiens, qui font beaucoup de cas des artisans

CLXVIII. Chez les Égyptiens, les gens de guerre jouissent seuls, à l'exception des prêtres, de certaines marques de distinction. On donnait à chacun douze arpents, exempts de toute charge et redevance. L'arpent est une pièce de terre qui contient cent coudées d'Égypte en tous sens ; et la coudée d'Égypte est égale à celle de Samos. Cette portion de terre leur était à tous particulièrement affectée; mais ils jouissaient tour à tour d'autres avantages. Tous les ans, mille calasiries et mille hermotybies allaient servir de gardes au roi; pendant leur service, outre les douze arpents qu'ils avaient, on leur donnait par jour à chacun cinq mines de pain, deux mines de bœuf, et quatre arustères de vin. On donnait toujours ces choses-là à ceux qui étaient de garde.

CLXIX. Apriès, à la tête des troupes auxiliaires, et Amasis, avec tous les Égyptiens, s'étant rendus à Momemphis, en vinrent aux mains. Les étrangers combattirent courageusement ; mais, comme ils étaient beaucoup inférieurs en nombre à leurs ennemis, ils furent défaits. On dit qu'Apriès s'était persuadé qu'un dieu même n'aurait pu le détrôner, tant il s'imaginait avoir affermi sa puissance. Il fut néanmoins vaincu ; et, ayant été pris, on le conduisit à Saïs, dans le palais qui lui avait appartenu, mais qui pour lors appartenait à Amasis. Il y vécut quelque temps, et Amasis en prit beaucoup de soin ; mais enfin les Égyptiens ayant reproché à celui-ci qu'il agissait contre toute justice en laissant vivre leur plus grand ennemi et le sien, il leur abandonna ce prince infortuné. Ils ne l'eurent pas plutôt en leur pouvoir, qu'ils l'étranglèrent. On le mit ensuite dans le tombeau de ses ancêtres, dont la sépulture est dans l'enceinte consacrée à Minerve, près du temple, à gauche en entrant. Les Saïtes ont enterré dans cette enceinte tous les rois originaires du nome de Saïs. En effet, on y a placé le monument d'Amasis ; mais il est plus éloigné du temple que celui d'Apriès et que ceux de ses pères. Dans la cour du lieu sacré, est une grande salle de pierre, ornée de colonnes en forme de palmiers, avec d'autres ornements : dans cette salle est une niche avec une porte à deux battants ; c'est là qu'on a placé son cercueil.

CLXX. On montre aussi à Saïs le sépulcre de celui que je ne me crois pas permis de nommer en cette occasion [1] ; il est dans l'enceinte sacrée, derrière le temple de Minerve, adossé au mur de ce temple, dont il occupe toute la longueur. Il y a dans l'enclos de grands obélisques de pierre ; et, près de ces obélisques, on voit un lac dont les bords sont revêtus de pierre. Ce lac est rond, et, à ce qu'il m'a paru, il n'est pas moins grand que celui de Délos, qu'on appelle lac circulaire.

CLXXI. La nuit, on représente sur ce lac les accidents arrivés à celui que je n'ai pas cru devoir nommer. Les Égyptiens les appellent des mystères. Quoique j'en aie une très-grande connaissance, je me garderai bien de les révéler ; j'en agirai de même à l'égard des rits de Cérès, que les Grecs appellent Thesmophories, et je n'en parlerai qu'autant que la religion peut le permettre. Les filles de Danaüs apportèrent ces mystères d'Égypte, et les enseignèrent aux femmes des Pélasges ; mais, dans la suite, les Doriens ayant chassé les anciens habitants du Péloponèse, ce culte se perdit, excepté chez les Arcadiens, qui, étant

[1] C'est le tombeau d'Osiris. Du moins c'est le sentiment d'Athénagoras, qui me paraît très-vraisemblable. Ce Père, après avoir rapporté ce passage entier d'Hérodote, ajoute : « Non-seulement on montre le sépulcre d'Osiris, mais encore son corps embaumé. » (L.)

restés dans le Péloponèse, et n'ayant pu en être chassés, furent les seuls qui le conservèrent.

CLXXII. Apriès ayant péri de la sorte, Amasis, de la ville de Siuph, dans le nome Saïte, monta sur le trône. Au commencement de son règne, les peuples en faisaient peu de cas, et n'avaient que du mépris pour lui, parce qu'il était né plébéien, et non d'une maison illustre ; mais il sut dans la suite se les rendre favorables par son adresse et son habileté.

Parmi une infinité de choses précieuses qui lui appartenaient, on voyait un bassin d'or où il avait coutume de se laver les pieds, lui et tous les grands qui mangeaient à sa table. Il le mit en pièces, et en fit faire la statue d'un dieu, qu'il plaça dans l'endroit le plus apparent de la ville. Les Égyptiens ne manquèrent pas de s'y assembler, et de rendre un culte à ce simulacre. Amasis, informé de ce qui se passait, les convoqua, et leur déclara que cette statue, pour laquelle ils avaient tant de vénération, venait du bassin d'or dans lequel, auparavant, ils vomissaient, urinaient et se lavaient les pieds. « Il en est ainsi de moi, ajouta-t-il, j'étais plébéien ; mais actuellement je suis votre roi : je vous exhorte donc à me rendre l'honneur et le respect qui me sont dus. » Il gagna tellement, par ce moyen, l'affection de ses peuples, qu'ils trouvèrent très-juste de se dévouer à son service.

CLXXIII. Voici comment il réglait les affaires : depuis le point du jour jusqu'à l'heure où la place est pleine, il s'appliquait à juger les causes qui se présentaient. Le reste du temps, il le passait à table, où il raillait ses convives, et ne songeait qu'à se montrer enjoué et frivole. Ses amis, affligés d'une telle conduite, lui firent des représentations. « Seigneur, lui dirent-ils, tu ne sais pas soutenir l'honneur de ton rang, et tu t'avilis. Assis avec dignité sur ton trône, tu devrais t'occuper toute la journée des soins de l'État : les Égyptiens reconnaîtraient à tes actions qu'ils sont gouvernés par un grand homme, et ta réputation en serait meilleure ; mais ta conduite ne répond pas à celle d'un roi. — Ne savez-vous pas, leur répondit Amasis, qu'on ne bande un arc que lorsqu'on en a besoin, et qu'après qu'on s'en est servi, on le détend ? Si on le tenait toujours bandé, il se romprait, et l'on ne pourrait plus s'en servir au besoin. Il en de même de l'homme : s'il était toujours appliqué à des choses sérieuses, sans prendre aucun relâche et sans rien donner au plaisir, il deviendrait insensiblement, et sans s'en apercevoir, fou ou stupide. Pour moi, qui en sais les conséquences, je partage mon temps entre les affaires et les plaisirs. » Il répondit ces choses à ses amis.

CLXXIV. On dit qu'Amasis, n'étant encore que simple particulier, fuyait toutes les occupations sérieuses, et n'aimait qu'à boire et à plaisanter. Si l'argent lui manquait, et qu'il ne pût satisfaire son goût pour la table et les plaisirs, il avait coutume de voler de côté et d'autre. Ceux qui le soupçonnaient d'avoir pris leur argent le menaient, lorsqu'il venait à le nier, à l'oracle du lieu, qui souvent le convainquait, et souvent aussi le renvoyait absous. Lorsqu'il fut sur le trône, il méprisa les dieux qui l'avaient déclaré innocent, ne prit aucun soin de leurs temples, ne songea ni à les réparer ni à les orner, et ne voulut pas même y aller offrir des sacrifices, les jugeant indignes de tout culte, parce qu'ils n'avaient que de faux oracles ; il avait au contraire la plus grande vénération pour ceux qui l'avaient convaincu de vol, les regardant comme étant véritablement dieux et ne rendant que des oracles vrais.

CLXXV. Il fit bâtir à Saïs, en l'honneur de Minerve, le portique de son temple : édifice digne d'admiration, et qui surpasse de beaucoup tous les autres ouvrages de ce genre, tant par sa hauteur et son étendue que par la qualité et la grandeur des pierres qu'on y employa. Il y fit placer des statues colossales, et des androsphinx[1] d'une hauteur prodigieuse. On apporta aussi par son ordre des pierres d'une grosseur démesurée, pour réparer le temple. On en tira une partie des carrières qui sont près de Memphis ; mais on fit venir les plus grandes de la ville d'Éléphantine, qui est éloignée de Saïs de vingt journées de navigation.

Mais ce que j'admire encore davantage, c'est un édifice d'une seule pierre qu'il fit apporter d'Éléphantine. Deux mille hommes, tous bateliers, furent occupés pendant trois ans à ce transport.

---

[1] Figure monstrueuse qui avait le corps d'un lion et le visage d'un homme. Cependant les artistes égyptiens représentaient communément le sphinx avec le corps d'un lion et le visage d'une jeune fille. On plaçait ordinairement ces sphinx à l'entrée des temples, pour servir de type de la nature énigmatique de la théologie égyptienne. (L.)

Il a en dehors vingt et une coudées de long, quatorze de large et huit de haut. Telles sont les dimensions extérieures de cet ouvrage monolithe. Sa longueur en dedans est de dix-huit coudées, plus vingt doigts; sa largeur, de douze coudées; sa hauteur, de cinq. Cet édifice est placé à l'entrée du lieu sacré. On ne l'y fit point entrer, disent les Égyptiens, parce que, pendant qu'on le tirait, l'architecte, fatigué d'un travail qui lui avait coûté un si long temps, poussa un profond soupir. Amasis, regardant cela comme un présage fâcheux, ne voulut pas qu'on le fît avancer plus loin. Quelques-uns disent aussi qu'un de ceux qui aidaient à le remuer avec des leviers fut écrasé dessous, et que ce fut pour cela qu'on ne l'introduisit pas dans le lieu sacré.

CLXXVI. Amasis fit aussi présent à tous les autres temples célèbres d'ouvrages admirables par leur grandeur : entre autres il fit placer à Memphis, devant le temple de Vulcain, le colosse de soixante-quinze pieds de long, qui est couché sur le dos. On voit sur le même fondement deux statues colossales debout, de pierre d'Éthiopie, l'une d'un côté du temple, l'autre de l'autre; chacune a vingt pieds de haut. Il y a à Saïs un autre colosse de pierre de la même grandeur que celui de Memphis, et dans la même attitude. Ce fut aussi ce même prince qui fit bâtir à Memphis ce vaste et magnifique temple d'Isis qu'on y admire.

CLXXVII. On dit que l'Égypte ne fut jamais plus heureuse que sous le règne d'Amasis, soit par la fécondité que le fleuve lui procura, soit par l'abondance des biens que la terre fournit à ses habitants, et qu'il y avait alors en ce pays vingt mille villes, toutes bien peuplées.

Ce fut aussi Amasis qui fit cette loi par laquelle il était ordonné à chaque Égyptien de déclarer tous les ans au nomarque[1] quels étaient les fonds dont il tirait sa subsistance. Celui qui ne satisfaisait pas à la loi, ou qui ne pouvait prouver qu'il vivait par des moyens honnêtes, était puni de mort. Solon, l'Athénien, emprunta cette loi de l'Égypte, et l'établit à Athènes, où elle est toujours en vigueur, parce qu'elle est sage, et qu'on n'y peut rien trouver à reprendre.

---

[1] Les provinces d'Égypte s'appelaient nomes, et le gouverneur ou principal magistrat de chacune de ces provinces, nomarque. (L.)

CLXXVIII. Amasis témoigna beaucoup d'amitié aux Grecs, et en obligea plusieurs. Il permit entre autres aux Grecs qui allaient en Égypte de s'établir à Naucratis. Quant à ceux qui ne voulaient pas y fixer leur demeure, et qui n'y voyageaient que pour des affaires de commerce, il leur donna des places pour élever aux dieux des temples et des autels. Le plus grand temple que ces Grecs aient en Égypte, et en même temps le plus célèbre et le plus commode, s'appelle Hellénion, ou temple grec. Les villes qui le firent bâtir à frais communs furent : du côté des Ioniens, Chios, Téos, Phocée, Clazomènes; du côté des Doriens, Rhodes, Cnide, Halicarnasse, Phasélis; et, de celui des Éoliens, la seule ville de Mitylène. L'Hellénion appartient à toutes ces villes : elles ont droit d'y établir des juges. Toutes les autres villes qui prétendent y avoir part s'attribuent un droit qu'elles n'ont pas. Les Éginètes ont cependant bâti pour eux, en particulier, un temple à Jupiter ; les Samiens à Junon, et les Milésiens à Apollon.

CLXXIX. Naucratis était autrefois la seule ville de commerce qu'il y eût en Égypte. Si un marchand abordait à une autre bouche du Nil que la Canopique, il fallait qu'il jurât qu'il n'y était point entré de son plein gré, et qu'après avoir fait ce serment, il allât se rendre avec le même vaisseau à l'embouchure Canopique; ou du moins, si les vents contraires s'y opposaient, il était obligé de transporter ses marchandises dans des barques autour du Delta, jusqu'à ce qu'il arrivât à Naucratis. Telles étaient les prérogatives dont jouissait cette ville.

CLXXX. Le feu prit fortuitement à l'ancien temple de Delphes, et il fut brûlé. Les Amphictyons ayant fait marché à trois cents talents[1] pour bâtir le temple actuel, les Delphiens, taxés à la quatrième partie de cette somme, firent une quête de ville en ville, et en rapportèrent de grands présents. Ceux qu'ils reçurent en Égypte ne furent pas les moins considérables. Amasis leur donna mille talents d'alun, et les Grecs établis en Égypte leur donnèrent vingt mines d'argent.

CLXXXI. Ce prince contracta amitié et alliance avec les Cyrénéens ; il résolut aussi de prendre une femme de leur ville, soit

---

[1] Les 300 talents font la somme de 1,020,000 liv. de notre monnaie, somme prodigieuse en ce temps-là.

qu'il eût du goût pour les Grecs, soit qu'il voulût donner aux Cyrénéens ce témoignage de son affection. Il épousa Ladicé, que les uns disent fille de Battus, fils d'Arcésilas ; les autres, de Critobule, homme distingué parmi ses concitoyens. Amasis n'était point homme pour elle, quoiqu'il le fût pour les autres femmes. Cet état ayant duré un temps assez considérable : Ladicé, lui dit-il, tu as employé des charmes contre moi ; mais sache que rien ne peut te soustraire à la mort la plus cruelle qu'on puisse faire souffrir à une femme. Quelque chose que pût dire cette princesse, Amasis ne s'apaisa point. Elle eut recours à Vénus, et fit vœu, dans son temple, de lui envoyer une statue à Cyrène, si la nuit suivante Amasis s'unissait à elle. C'était en effet le remède au malheur dont elle était menacée. Aussitôt qu'elle eut fait ce vœu, Amasis s'unit à elle, et son bonheur ne fut jamais interrompu ; aussi l'aima-t-il tendrement. Ladicé accomplit son vœu : elle fit faire une statue, et l'envoya à Cyrène, où elle subsiste encore à présent ; elle regarde le dehors de la ville. Cambyse s'étant rendu maître de l'Égypte, et ayant appris de cette princesse elle-même qui elle était, il la renvoya à Cyrène sans lui faire aucun mal.

CLXXXII. Amasis fit aussi en Grèce plusieurs offrandes : il envoya à Cyrène une statue dorée de Minerve, avec son portrait ; à Minerve de la ville de Linde, deux statues de pierre, et une cuirasse de lin qui mérite d'être vue ; au temple de Junon, à Samos, deux statues de bois qui le représentaient. On les a placées dans le grand temple, derrière les portes, où on les voit encore maintenant. Il fit ces présents à Samos par amitié pour Polycrate, fils d'Ajax. Ce ne fut pas le même motif qui l'engagea à envoyer des présents à Linde, mais parce qu'on dit que les filles de Danaüs étant arrivées dans cette ville en fuyant les fils d'Égyptus, elles firent bâtir le temple de Minerve qu'on y voit aujourd'hui. Telles sont les offrandes d'Amasis. Il est le premier qui se soit rendu maître de l'île de Cypre, et qui l'ait forcée à lui payer tribut.

FIN DU SECOND LIVRE.

LIVRE TROISIÈME

THALIE

L'ÉGYPTE. — LA PERSE. — CAMBYSE. — MEMPHIS. — LE BŒUF APIS. — L'ÉTHIOPIE. — POLYCRATE. — AMASIS. — — LE FAUX SMERDIS. — DARIUS. — SIÉGE DE BABYLONE. — ZOPYRE, etc.

I. Ce fut contre ce prince que marcha Cambyse, fils de Cyrus, avec une armée composée des peuples soumis à son obéissance, entre autres des Ioniens et des Éoliens. Voici quel fut le sujet de cette guerre. Cambyse avait fait demander par un ambassadeur la fille d'Amasis. Il suivait en cela le conseil d'un Égyptien, qui l'en pressait pour se venger de son prince, qui l'avait séparé de sa femme et de ses enfants, pour l'envoyer en Perse lorsque Cyrus avait fait prier Amasis de lui envoyer le meilleur médecin qu'il y eût dans ses États pour les maladies des yeux. Ce médecin, qui avait le cœur ulcéré, ne cessait de solliciter Cambyse de demander la fille d'Amasis, afin de mortifier celui-ci s'il l'accordait, ou de le rendre odieux au roi de Perse, s'il la refusait. Amasis, qui haïssait autant les Perses qu'il en redoutait la puissance, ne pouvait se résoudre ni à l'accorder ni à la refuser, sachant bien que Cambyse n'avait pas dessein de l'épouser, mais d'en faire sa concubine. Après de sérieuses réflexions, voici comment il se conduisit :

Il avait à sa cour une fille d'Apriès, son prédécesseur. C'était une princesse d'une taille avantageuse et d'une grande beauté, et la seule qui fût restée de cette maison : elle se nommait Nitétis. Amasis, l'ayant fait revêtir d'une étoffe d'or, l'envoya en Perse, comme si elle eût été sa fille. Quelque temps après, Cambyse l'ayant saluée du nom de son père : « Tu ignores, seigneur, lui dit-elle, qu'Amasis te trompe ; il m'a envoyée vers toi avec ces riches habits, comme si j'étais sa fille, quoique je n'aie point d'autre père qu'Apriès. Ce prince était son maître ; Amasis s'est révolté contre lui avec les Égyptiens, et en a été le meurtrier. » A ce discours, Cambyse entra dans une furieuse colère, et résolut, pour venger ce meurtre, de porter la guerre en Égypte.

II. Tel en fut le sujet, selon les Perses. Les Égyptiens revendiquent Cambyse ; ils prétendent qu'il était fils de cette fille d'Apriès, et que ce ne fut point lui, mais Cyrus qui demanda la fille d'Amasis. Cela est d'autant moins juste, qu'étant de tous les peuples les mieux instruits des lois et des usages des Perses, ils savent premièrement qu'en Perse la loi ne permet pas à un fils naturel de succéder à la couronne lorsqu'il y en a un légitime ; secondement, que Cambyse était fils de Cassandane, fille de Pharnaspe, de la race des Achéménides, et non d'une femme égyptienne. Mais ils altèrent la vérité historique, en prétextant cette alliance avec la maison de Cyrus.

III. On raconte aussi l'histoire suivante ; mais je n'y trouve aucune vraisemblance. Une femme de la Perse, s'étant rendue chez les femmes de Cyrus, fut frappée de la beauté et de la taille avantageuse des enfants de Cassandane, qu'elle voyait auprès de cette princesse ; elle en témoigna de l'admiration, et lui donna de grandes louanges. Eh bien, répondit Cassandane, quoique mère de princes si bien faits, Cyrus n'a pour moi que du mépris, et tous les honneurs sont pour l'esclave égyptienne. Sa colère contre Nitétis lui dictait ce langage. Sur quoi Cambyse, l'aîné de ses enfants, prenant la parole : Ma mère, lui dit-il, lorsque je serai en âge d'homme, je détruirai l'Égypte de fond en comble. On ajoute que ces paroles du jeune prince, qui avait alors environ dix ans, étonnèrent ces femmes, et que Cambyse, s'en étant ressouvenu, porta la guerre en Égypte dès qu'il eut atteint l'âge viril et qu'il fut parvenu à la couronne.

IV. Il survint aussi un autre événement que voici, et qui contribua au succès de cette expédition. Un officier des troupes auxiliaires d'Amasis, nommé Phanès, originaire d'Halicarnasse, de bon conseil et brave guerrier, mécontent de ce prince, se sauva d'Égypte par mer pour avoir un entretien avec Cambyse. Comme il occupait un rang distingué parmi les troupes auxiliaires, et qu'il avait une très-grande connaissance des affaires d'Égypte, Amasis fit tous ses efforts pour le remettre en son pouvoir. L'ayant fait poursuivre par une trirème montée par le plus fidèle de ses eunuques, celui-ci l'atteignit en Lycie et le fit prisonnier ; cependant il ne le ramena pas en Égypte. Phanès enivra ses gardes, et, s'étant tiré de ses mains par son adresse, il se rendit à la cour de Perse. Cambyse se disposait alors à marcher en Égypte ; mais la difficulté de traverser les déserts le retenait, lorsque Phanès arriva. Celui-ci apprit au roi l'état des affaires d'Amasis et la route à prendre pour traverser les déserts, et lui conseilla d'envoyer prier le roi des Arabes de lui permettre de passer en sûreté sur ses terres.

V. C'est en effet le seul endroit par où il soit possible de pénétrer en Égypte. Car la Syrie de la Palestine s'étend depuis la Phénicie jusqu'aux confins de la ville de Cadytis ; et de cette ville, qui, à mon avis, n'est guère moins grande que Sardes, toutes les places maritimes, jusqu'à Jénysus, appartiennent aux Arabes. Le pays, depuis Jénysus jusqu'au lac Serbonis, près duquel est le mont Casius, qui s'étend jusqu'à la mer, appartient de nouveau aux Syriens de la Palestine. L'Égypte commence au lac Serbonis, dans lequel on dit que Typhon se cacha. Or, tout cet espace entre la ville de Jénysus, le mont Casius et le lac Serbonis, forme un vaste désert d'environ trois jours de marche, d'une très-grande aridité.

VI. Je vais dire ce que savent peu de personnes parmi celles qui vont par mer en Égypte. On porte deux fois par an en Égypte, de tous les différents pays de la Grèce, et, outre cela, de la Phénicie, une grande quantité de jarres de terre pleines de vin ; et cependant on n'y voit pas, pour ainsi dire, une seule de ces jarres. Que deviennent-elles donc ? pourrait-on demander. Je vais le dire.

Dans chaque ville, le démarque est obligé de faire ramasser toutes les jarres qui s'y trouvent, et de les faire porter à Memphis ; de Memphis on les envoie pleines d'eau dans les lieux arides de la Syrie. Ainsi toutes les jarres que l'on porte en Égypte, et que l'on y met en réserve, sont reportées en Syrie et réunies aux anciennes.

VII. Ce sont les Perses qui ont facilité ce passage, en y faisant porter de l'eau de cette manière, dès qu'ils se furent rendus maîtres de l'Égypte. Mais comme, dans le temps de cette expédition, il n'y avait point en cet endroit de provision d'eau, Cambyse, suivant les conseils de Phanès d'Halicarnasse, fit prier par ses ambassadeurs le roi des Arabes de lui procurer un passage sûr; et il l'obtint après qu'on se fut juré une foi réciproque.

VIII. Il n'y a point de peuple plus religieux observateur des serments que les Arabes. Voici les cérémonies qu'ils observent à cet égard. Lorsqu'ils veulent engager leur foi, il faut qu'il y ait un tiers. Ce médiateur, debout entre les deux contractants, tient une pierre aiguë, avec laquelle il leur fait à tous deux une incision à la paume de la main, près des grands doigts. Il prend ensuite du duvet de l'habit de chacun, le trempe dans leur sang, et en frotte sept pierres qui sont au milieu d'eux, en invoquant Bacchus et Uranie. Cette cérémonie achevée, celui qui a engagé sa foi donne à l'étranger, ou au citoyen si c'est avec un citoyen qu'il traite, ses amis pour garants; et ceux-ci croient juste de respecter la foi des serments.

Ils ne connaissent point d'autres dieux que Bacchus et Uranie. Ils se rasent la tête comme ils disent que Bacchus se la rasait, c'est-à-dire en rond et autour des tempes. Ils appellent Bacchus *Urotal*, et Uranie *Alilat*[1].

IX. Lorsque le roi d'Arabie eut conclu le traité avec les ambassadeurs de Cambyse, il fit remplir d'eau des peaux de chameaux, et en fit charger tous les chameaux qu'il y avait dans ses États. Cela fait, on les mena dans les lieux arides, où il alla attendre l'armée de Cambyse.

Ce récit me paraît le plus vraisemblable; mais je ne dois point passer sous silence l'autre manière de raconter le même fait, quoique moins croyable.

Il y a en Arabie un grand fleuve qu'on nomme Corys : il se jette dans la mer Érythrée. Depuis ce fleuve, le roi d'Arabie fit faire, à ce que l'on dit, un canal avec des peaux de bœufs et autres animaux, crues et cousues ensemble. Ce canal, qui s'étendait depuis ce fleuve jusque dans les lieux arides, portait de l'eau

---

[1] Urotal signifie le soleil et la lumière ; Alilat, la lune lorsqu'elle est nouvelle : elle s'appelait aussi Alitta. Tel est le sentiment de Scaliger et de Selden. (L.)

dans de grandes citernes qu'on y avait creusées pour la recevoir et la conserver. Or il y a douze journées de chemin depuis ce fleuve jusqu'à ce désert. On ajoute qu'on y conduisit de l'eau en trois endroits par trois canaux différents.

X. Psamménite, fils d'Amasis, campa vers la bouche Pélusienne du Nil, où il attendit l'ennemi. Il venait de succéder à son père Amasis, qui ne vivait plus lorsque Cambyse entra en Égypte. Il était mort après un règne de quarante-quatre ans, pendant lesquels il n'éprouva rien de fâcheux. Après sa mort on l'embauma, et on le mit dans le monument qu'il s'était fait faire dans l'enceinte sacrée de Minerve.

Il y eut en Égypte, sous le règne de Psamménite, un prodige : il plut à Thèbes en Égypte ; ce qui n'était point arrivé jusqu'alors, et ce qu'on n'a point vu depuis le règne de ce prince jusqu'à mon temps, comme le disent les Thébains eux-mêmes ; car il ne pleut jamais dans la haute Égypte, et alors il y eut une ondée.

XI. Lorsque les Perses eurent traversé les lieux arides, et qu'ils eurent assis leur camp près de celui des Égyptiens, comme pour livrer bataille, les Grecs et les Cariens à la solde de Psamménite, indignés de ce que Phanès avait amené contre l'Égypte une armée d'étrangers, se vengèrent sur ses enfants qu'il avait laissés en ce pays lorsqu'il partit pour la Perse. Ils les menèrent au camp ; et ayant placé à la vue de leur père un cratère entre les deux armées, on les conduisit l'un après l'autre en cet endroit, et on les égorgea sur le cratère. Lorsqu'on les eut tous tués, on mêla avec ce sang, dans le même cratère, du vin et de l'eau, et tous les auxiliaires en ayant bu, on en vint aux mains. Le combat fut rude et sanglant ; il y périt beaucoup de monde de part et d'autre ; mais enfin les Égyptiens tournèrent le dos.

XII. J'ai vu sur le champ de bataille une chose fort surprenante, que les habitants m'ont fait remarquer. Les ossements de ceux qui périrent à cette journée sont encore dispersés, mais séparément ; vous voyez d'un côté ceux des Perses, et de l'autre ceux des Égyptiens, aux endroits mêmes où ils étaient au commencement. Les têtes des Perses sont si tendres, qu'on peut les percer en les frappant seulement avec un caillou ; celles des Égyptiens sont au contraire si dures, qu'à peine peut-on les briser à coups de pierres. Ils m'en dirent la raison, et n'eurent pas de peine à me persuader. Les Égyptiens commencent dès leur bas âge à se raser la tête; leur crâne se durcit au soleil, et ils ne deviennent point chauves. On voit, en effet, beaucoup moins d'hommes chauves en Égypte que dans tous les autres pays. Les Perses, au contraire, ont le crâne faible, parce que dès leur plus tendre jeunesse ils vivent à l'ombre, et qu'ils ont toujours la tête couverte d'une tiare. J'ai vu de telles choses ; et aussi j'ai remarqué à Paprémis quelque chose de semblable à l'égard des ossements de ceux qui furent défaits avec Achéménès, fils de Darius, par Inaros roi de Libye.

XIII. La bataille perdue, les Égyptiens tournèrent le dos, et s'enfuirent en désordre à Memphis. S'étant enfermés dans cette place, Cambyse leur envoya un héraut perse, pour les engager à traiter avec lui. Ce héraut remonta le fleuve sur un vaisseau mitylénien. Dès que les Égyptiens le virent entrer dans Memphis, ils sortirent en foule de la citadelle, brisèrent le vaisseau, mirent en pièces ceux qui le montaient, et en transportèrent les membres dans la citadelle. Les Perses ayant fait le siége de cette ville, les Égyptiens furent obligés de se rendre.

Les Libyens, voisins de l'Égypte, craignant d'éprouver le même sort que les Égyptiens, se soumirent sans combat. Ils s'imposèrent un tribut, et envoyèrent des présents. Les Cyrénéens et les Barcéens imitèrent les Libyens par le même motif de crainte. Cambyse reçut favorablement les présents de ceux-ci ; mais il se plaignit de ceux des Cyrénéens, sans doute parce qu'ils n'étaient point assez considérables. Ils ne se montaient en effet qu'à cinq cents mines d'argent, qu'il distribua lui-même à ses troupes.

XIV. Le dixième jour après la prise de Memphis, Cambyse, pour humilier Psamménite, roi d'Égypte, qui n'avait régné que six mois, le fit conduire avec d'autres Égyptiens dans un faubourg; et, pour éprouver sa constance, il fit habiller la fille de ce prince en esclave, et l'envoya, une cruche à la main, chercher de l'eau ; elle était accompagnée de plusieurs autres filles qu'il avait choisies parmi celles de la première qualité, et qui étaient habillées de la même façon que la fille du roi.

Ces jeunes filles, passant auprès de leurs pères, fondirent en larmes, et jetèrent des cris lamentables. Ceux-ci, voyant leurs enfants dans un état si humiliant, ne leur répondirent que par leurs larmes, leurs cris et leurs gémissements ; mais Psamménite, quoiqu'il les vit et qu'il les reconnût, se contenta de baisser les yeux.

Ces jeunes filles sorties, Cambyse fit passer devant lui son fils, accompagné de deux mille Égyptiens de même âge que lui, la corde au cou et un frein à la bouche. On les menait à la mort pour venger les Mityléniens qui avaient été tués à Memphis, et dont on avait brisé le vaisseau : car les juges royaux avaient ordonné que, pour chaque homme massacré en cette occasion, on ferait mourir dix Égyptiens des premières familles. Psamménite les vit défiler, et reconnut son fils qu'on menait à la mort ; mais, tandis que les autres Égyptiens qui étaient autour de lui pleuraient et se lamentaient, il garda la même contenance qu'à la vue de sa fille. Lorsque ces jeunes gens furent passés, il aperçut un vieillard, qui mangeait ordinairement à sa table. Cet homme, dépouillé de tous ses biens, et ne subsistant que des aumônes qu'on lui faisait, allait de rang en rang par toute l'armée, implorant la compassion d'un chacun, et celle de Psamménite et des seigneurs égyptiens assis dans le faubourg. Ce prince, à cette vue, ne put retenir ses larmes, et se frappa la tête en l'appelant par son nom. Des gardes, placés auprès de lui avec l'ordre de l'observer, rapportaient à Cambyse tout ce qu'il faisait à chaque sortie. Étonné de sa conduite, ce prince lui en fit demander les motifs. « Cambyse, ton maître, lui dit l'envoyé, « te demande pourquoi tu n'as point jeté de cris, ni répandu de « larmes, en voyant ta fille traitée en esclave, et ton fils mar-« chant au supplice ; tandis que tu honores ce mendiant, qui ne « t'est, à ce qu'il a appris, ni parent ni allié. — Fils de Cyrus, « répondit Psamménite, les malheurs de ma maison sont trop « grands pour qu'on puisse les pleurer ; mais le triste sort d'un « ami qui, au seuil de la vieillesse, est tombé dans l'indigence « après avoir possédé de grands biens, m'a paru mériter des « larmes. »

Cambyse trouva cette réponse sensée. Les Égyptiens disent qu'elle fit verser des pleurs non-seulement à Crésus, qui avait suivi ce prince en Égypte, mais encore à tous les Perses qui étaient présents ; que Cambyse fut lui-même si touché de compassion, qu'il commanda sur-le-champ de délivrer le fils de Psamménite, de le tirer du nombre de ceux qui étaient condamnés à mort, et de lui amener Psamménite même du faubourg où il était.

XV. Ceux qui étaient allés chercher le jeune prince le trouvèrent sans vie. On l'avait exécuté le premier. De là ils allèrent prendre Psamménite, et le menèrent à Cambyse, auprès duquel il passa le reste de ses jours, sans en éprouver aucun mauvais traitement. On lui aurait même rendu le gouvernement d'Égypte, si on ne l'eût pas soupçonné de chercher, par ses intrigues, à troubler l'État : car les Perses sont dans l'usage d'honorer les fils des rois, et même de leur rendre le trône que leurs pères ont perdu par leur révolte. Je pourrais rapporter plusieurs exemples pour preuve de cette coutume; je me contenterai de ceux de Thannyras, fils d'Inaros, roi de Libye, à qui ils rendirent le royaume que son père avait possédé; et de Pausiris, fils d'Amyrtée, qui rentra aussi en possession des États de son père, quoique jamais aucun prince n'eût fait plus de mal aux Perses qu'Inaros et Amyrtée. Mais Psamménite, ayant conspiré contre l'État, en reçut le salaire; car, ayant sollicité les Égyptiens à la révolte, il fut découvert, et ayant été convaincu par Cambyse, ce prince le condamna à boire du sang de taureau, dont il mourut sur-le-champ. Telle fut sa fin.

XVI. Cambyse partit de Memphis pour se rendre à Saïs, dans le dessein d'y faire ce qu'il fit réellement. Aussitôt qu'il fut dans le palais d'Amasis, il commanda de tirer son corps du tombeau; cela fait, il ordonna de le battre de verges, de lui arracher le poil et les cheveux, de le piquer à coups d'aiguillons, et de lui faire mille outrages. Mais comme les exécuteurs étaient las de maltraiter un corps qui résistait à tous leurs efforts, et dont ils ne pouvaient rien détacher, parce qu'il avait été embaumé, Cambyse le fit brûler, sans aucun respect pour la religion. En effet, les Perses croient que le feu est un dieu, et il n'est permis, ni par leurs lois, ni par celles des Égyptiens, de brûler les morts. Cela est défendu chez les Perses, parce qu'un dieu ne doit pas, selon eux, se nourrir du cadavre d'un homme; d'autre part, les Égyptiens sont persuadés que le feu est un animal féroce qui dévore tout ce qu'il peut saisir, et qui, après s'en être rassasié, meurt lui-même avec ce qu'il a consumé. Or, leurs lois ne permettent pas d'abandonner aux bêtes les corps morts; et c'est par cette raison qu'ils les embaument, de crainte qu'en les mettant en terre, ils ne soient mangés des vers. Ainsi Cambyse fit, en cette occasion, une chose condamnée par les lois de l'un et l'autre peuple.

Au reste, s'il faut en croire les Égyptiens, ce ne fut pas le corps d'Amasis qu'on traita d'une manière si indigne, mais celui de quelque autre Égyptien de même taille que lui, à qui les Perses firent ces outrages, pensant que c'était celui de ce prince : car on dit qu'Amasis, ayant appris d'un oracle ce qui devait lui arriver après sa mort, crut remédier aux événements qui devaient arriver, en faisant placer dans l'intérieur de son monument, et près des portes, le corps de celui que Cambyse fit maltraiter, et en ordonnant à son fils de mettre le sien au fond du même tombeau. Mais je ne puis absolument me persuader qu'Amasis ait donné de pareils ordres, tant au sujet de sa sépulture qu'à l'égard de cet homme, et je crois que ce sont des fables inventées par la vanité des Égyptiens.

XVII. Cambyse résolut ensuite de faire la guerre à trois nations différentes, aux Carthaginois, aux Ammoniens et aux Éthiopiens-Macrobiens, qui habitent en Libye vers la mer Australe. Après avoir délibéré sur ces expéditions, il fut d'avis d'envoyer son armée navale contre les Carthaginois, un détachement de ses troupes de terre contre les Ammoniens, et d'envoyer d'abord des espions chez les Éthiopiens, qui, sous prétexte de porter des présents au roi, s'assureraient de l'existence de la Table du Soleil, et examineraient ce qui restait à voir dans le pays.

XVIII. Voici en quoi consiste la Table du Soleil. Il y a devant la ville une prairie remplie de viandes bouillies de toutes sortes d'animaux à quatre pieds, que les magistrats ont soin d'y faire porter la nuit. Lorsque le jour paraît, chacun est le maître d'y venir prendre son repas. Les habitants disent que la terre produit d'elle-même toutes ces viandes. Voilà ce qu'on appelle la *Table du Soleil*.

XIX. Cambyse n'eut pas plutôt résolu d'envoyer des espions dans ce pays, qu'il manda, de la ville d'Éléphantine, des Ichthyophages qui savaient la langue éthiopienne. Pendant qu'on était allé les chercher, il ordonna à son armée navale d'aller à Carthage; mais les Phéniciens refusèrent d'obéir, parce qu'ils étaient liés avec les Carthaginois par les plus grands serments, et qu'en combattant contre leurs propres enfants, ils auraient cru commettre une impiété. Sur le refus des Phéniciens, le reste de la flotte n'étant point assez fort pour cette expédition, les Carthaginois évitèrent le joug que leur préparaient les Perses. Cambyse ne crut pas qu'il fût juste de forcer les Phéniciens, parce qu'ils s'étaient donnés volontairement à lui, et parce qu'ils faisaient toute la force de l'armée navale. Les habitants de l'île de Cypre s'étaient aussi donnés aux Perses, et les avaient accompagnés en Égypte.

XX. Lorsque les Ichthyophages furent arrivés d'Éléphantine, Cambyse leur donna ses ordres sur ce qu'ils devaient dire, et les envoya en Éthiopie avec des présents pour le roi. Ils consistaient en un habit de pourpre, un collier d'or, des bracelets, un vase d'albâtre plein de parfums, et une barrique de vin de palmier.

On dit que les Éthiopiens, à qui Cambyse envoya cette ambassade, sont les plus grands et les mieux faits de tous les hommes ; qu'ils ont des coutumes différentes de celles de toutes les autres nations, et qu'entre autres ils ne jugent digne de porter la couronne que celui d'entre eux qui est le plus grand, et dont la force est proportionnée à la taille.

XXI. Les Ichthyophages, étant arrivés chez ces peuples, offrirent leurs présents au roi, et lui parlèrent ainsi : « Cambyse, roi « des Perses, qui désire ton amitié et ton alliance, nous a en- « voyés pour en conférer avec toi : il t'offre ces présents, dont « l'usage le flatte le plus. »

Le roi, qui n'ignorait pas que ces Ichthyophages étaient des espions, leur répondit en ces termes : « Ce n'est pas le vif désir « de faire amitié avec moi qui a porté le roi des Perses à vous « envoyer ici avec ces présents, et vous ne dites pas la vérité. « Vous venez examiner les forces de mes États, et votre maître « n'est pas un homme juste. S'il l'était, il n'envierait pas un pays « qui ne lui appartient pas, et il ne chercherait point à réduire « en esclavage un peuple dont il n'a reçu aucune injure. Portez- « lui donc cet arc de ma part, et dites-lui : Le roi d'Éthiopie « conseille à celui de Perse de venir lui faire la guerre avec des « forces plus nombreuses, lorsque les Perses pourront bander « un arc de cette grandeur aussi facilement que moi. Mais en « attendant, qu'il rende grâces aux dieux de n'avoir pas inspiré « aux Éthiopiens le désir d'agrandir leur pays par de nouvelles « conquêtes! »

XXII. Ayant ainsi parlé, il débanda son arc, et le donna aux envoyés. Il prit ensuite l'habit de pourpre, et leur demanda ce que c'était que la pourpre, et comment elle se faisait. Quand les Ichthyophages lui eurent appris la vérité sur la pourpre et la teinture : « Ces hommes, dit-il, sont trompeurs ; leurs vête-« ments le sont aussi. » Il les interrogea ensuite sur le collier et les bracelets. Les Ichthyophages lui ayant répondu que c'étaient des ornements, il se mit à rire, et, les prenant pour des chaînes, il leur dit que les Éthiopiens en avaient chez eux de plus fortes. Il leur parla en troisième lieu de la myrrhe ; et, lorsqu'ils lui en eurent expliqué la composition et l'usage, il leur répondit comme il avait fait au sujet de l'habit de pourpre. Mais lorsqu'il en fut venu au vin, et qu'il eut appris la manière de le faire, il fut très-content de cette boisson. Il leur demanda ensuite de quels aliments se nourrissait le roi, et quelle était la plus longue durée de la vie chez les Perses. Les envoyés lui répondirent qu'il vivait de pain, et lui expliquèrent la nature du froment. Ils ajoutèrent ensuite que le plus long terme de la vie des Perses était de quatre-vingts ans. Là-dessus, l'Éthiopien leur dit qu'il n'était point étonné que des hommes qui ne se nourrissaient que de fumier ne vécussent que peu d'années ; qu'il était persuadé qu'ils ne vivraient pas même si longtemps s'ils ne réparaient leurs forces par cette boisson (il voulait parler du vin), et qu'en cela ils avaient un avantage sur les Éthiopiens.

XXIII. Les Ichthyophages interrogèrent à leur tour le roi sur la longueur de la vie des Éthiopiens, et sur leur manière de vivre. Il leur répondit que la plupart allaient jusqu'à cent vingt ans, et quelques-uns même au delà ; qu'ils vivaient de viandes bouillies, et que le lait était leur boisson. Les espions paraissant étonnés de la longue vie des Éthiopiens, il les conduisit à une fontaine où ceux qui s'y baignent en sortent parfumés comme d'une odeur de violette, et plus luisants que s'ils s'étaient frottés d'huile. Les espions racontèrent à leur retour que l'eau de cette fontaine était si légère, que rien n'y pouvait surnager, pas même le bois, ni les corps encore moins pesants que le bois ; mais que tout ce qu'on y jetait allait au fond. Si cette eau est véritablement telle qu'on le dit, l'usage perpétuel qu'ils en font est peut-être la cause d'une si longue vie. De la fontaine, le roi les conduisit à la prison. Tous les prisonniers y étaient attachés avec des chaînes d'or ; car chez ces Éthiopiens le cuivre est de tous les métaux le plus rare et le plus précieux. Après qu'ils eurent visité la prison, on leur fit voir aussi ce qu'on appelle la Table du Soleil.

XXIV. Enfin on leur montra les sépulcres des Éthiopiens, qui sont faits, à ce qu'on dit, de cristal, et dont voici le procédé. On dessèche d'abord le corps à la façon des Égyptiens, ou de quelque autre manière; on l'enduit ensuite entièrement de plâtre, qu'on peint de sorte qu'il ressemble, autant qu'il est possible, à la personne même. Après cela on le renferme dans une colonne creuse et transparente de cristal, aisé à mettre en œuvre, et qui se tire en abondance des mines du pays. On aperçoit le mort à travers cette colonne, au milieu de laquelle il est placé. Il n'exhale aucune mauvaise odeur, et n'a rien de désagréable. Les plus proches parents du mort gardent cette colonne un an entier dans leur maison. Pendant ce temps-là, ils lui offrent des victimes, et les prémices de toutes choses. Ils la portent ensuite quelque part autour de la ville.

XXV. Les espions s'en retournèrent après avoir tout examiné. Sur leur rapport, Cambyse, transporté de colère, marcha aussitôt contre les Éthiopiens, sans ordonner qu'on préparât des vivres pour l'armée, et sans réfléchir qu'il allait faire une expédition aux extrémités de la terre. Tel qu'un furieux et un insensé, à peine eut-il entendu le rapport des Ichthyophages, qu'il se mit en marche, menant avec lui toute son armée de terre, et ne laissant en Égypte que les Grecs qui l'avaient accompagné. Lorsqu'il fut arrivé à Thèbes, il choisit environ cinquante mille hommes, à qui il ordonna de réduire en esclavage les Ammoniens, et de mettre ensuite le feu au temple où Jupiter rendait ses oracles. Pour lui, il continua sa route vers l'Éthiopie avec le reste de l'armée.

Ses troupes n'avaient pas encore fait la cinquième partie du chemin, que les vivres manquèrent tout à coup. On mangea les bêtes de somme, et bientôt après elles manquèrent aussi. Si Cambyse, instruit de cette disette, eût alors changé de résolution, et que, malgré sa première faute, il fût revenu sur ses pas avec son armée, il aurait agi en homme sage. Mais, sans s'inquiéter de la moindre chose, il continua à marcher en avant. Les soldats se nourrirent d'herbages tant que la campagne put leur en fournir; mais, lorsqu'ils furent arrivés dans les pays sablonneux, la faim en porta quelques-uns à une action horrible. Ils tirèrent au sort et mangèrent un homme sur dix. Cambyse en ayant eu connaissance, et craignant qu'ils ne se dévorassent les uns les autres, abandonna l'expédition contre les Éthiopiens, rebroussa chemin, et arriva à Thèbes, après avoir perdu une partie de son armée. De Thèbes il vint à Memphis, où il congédia les Grecs, et leur permit de se mettre en mer. Tel fut le succès de son expédition contre les Éthiopiens.

XXVI. Les troupes qu'on avait envoyées contre les Ammoniens partirent de Thèbes avec des guides, et il est certain qu'elles allèrent jusqu'à Oasis. Cette ville est habitée par des Samiens qu'on dit être de la tribu Eschrionienne. Elle est à sept journées de Thèbes, et l'on ne peut y aller que par un chemin sablonneux. Ce pays s'appelle en grec les îles des Bienheureux.

On dit que l'armée des Perses alla jusque-là; mais personne ne sait ce qu'elle devint ensuite, si ce n'est les Ammoniens et ceux qu'ils en ont instruits. Ce qu'il y a de certain, c'est qu'elle n'alla pas jusqu'au pays des Ammoniens, et qu'elle ne revint point en Égypte. Les Ammoniens racontent que cette armée étant partie d'Oasis, et ayant fait, par le milieu des sables, à peu près la moitié du chemin qui est entre eux et cette ville, il s'éleva, pendant qu'elle prenait son repas, un vent du sud impétueux, qui l'ensevelit sous des montagnes de sable, et la fit entièrement disparaître. Ainsi périt cette armée, au rapport des Ammoniens.

XXVII. Cambyse étant de retour à Memphis, Apis, que les Grecs appellent Épaphus [1], se manifesta aux Égyptiens. Dès qu'il se fut montré, ils se revêtirent de leurs plus riches habits, et se mirent en fête. Cambyse, témoin de ces fêtes, s'imaginant qu'ils se réjouissaient du mauvais succès de ses armes, fit venir devant lui les magistrats de Memphis. Quand ils furent en sa présence, il leur demanda pourquoi, n'ayant pas témoigné de joie la première fois qu'ils l'avaient vu dans leur ville, ils en faisaient tant paraître depuis son retour, et après qu'il avait perdu une partie de son armée. Ils lui dirent que leur dieu,

---

Épaphus était fils d'Io, fille d'Inachus. Les Grecs, qui rapportaient tout à eux, prétendaient qu'il était le même que le dieu Apis. Mais les Égyptiens rejetaient cela comme une fable, et disaient qu'Épaphus était postérieur à Apis de plusieurs centaines de siècles. (L.)

qui était ordinairement très-longtemps sans se manifester, s'était montré depuis peu, et, que lorsque cela arrivait, tous les Égyptiens en témoignaient leur joie par des fêtes publiques.

Cambyse, les ayant entendus parler de la sorte, leur dit qu'ils déguisaient la vérité, et les condamna à mort, comme s'ils eussent cherché à lui en imposer.

XXVIII. Après les avoir fait mourir, il manda les prêtres, et, ayant aussi reçu d'eux la même réponse, il leur dit qu'il voulait savoir si c'était un dieu traitable qui était venu chez les Égyptiens. Là-dessus, il leur ordonna de lui amener Apis. Ils allèrent sur-le-champ le chercher.

Cet Apis, appelé aussi Épaphus, est un jeune bœuf, dont la mère ne peut en porter d'autre. Les Égyptiens disent qu'un éclair descend sur elle, et que de cet éclair elle conçoit le dieu Apis. Ce jeune bœuf, qu'on nomme Apis, se connaît à de certaines marques. Son poil est noir; il porte sur le front une marque blanche et triangulaire, sur le dos la figure d'un aigle, sous la langue celle d'un escarbot, et les poils de sa queue sont doubles.

XXIX. Dès que les prêtres eurent amené Apis, Cambyse, tel qu'un furieux, tira son poignard pour lui en donner un coup dans le ventre; mais il ne le frappa qu'à la cuisse. S'adressant ensuite aux prêtres d'un ton railleur : « Scélérats, leur dit-il, « les dieux sont-ils donc de chair et de sang? Sentent-ils les « atteintes du fer? Ce dieu, sans doute, est bien digne des Égyp- « tiens; mais vous ne vous serez pas impunément moqués de « moi. » Là-dessus, il les fit battre de verges par ceux qui ont coutume d'exécuter ces sortes de jugements, et il ordonna qu'on fît main basse sur tous les Égyptiens que l'on trouverait célébrant la fête d'Apis. La fête finit aussitôt, et les prêtres furent punis. A l'égard d'Apis, il languit dans le temple, de la blessure qu'il avait reçue à la cuisse, et mourut ensuite. Les prêtres lui donnèrent la sépulture à l'insu de Cambyse.

XXX. Ce prince, à ce que disent les Égyptiens, ne tarda point, en punition de ce crime, à devenir fou, lui qui, avant cette époque, n'était pas très-sensé. Le premier crime qu'il commit fut le meurtre de Smerdis, son frère de père et de mère. Il l'avait envoyé en Perse, jaloux de ce qu'il avait bandé, à deux doigts près, l'arc que les Ichthyophages avaient apporté de la part du roi d'Éthiopie ; ce qu'aucun autre Perse n'avait pu faire. Après le départ de ce prince, Cambyse vit en songe un courrier qui venait de la part des Perses lui annoncer que Smerdis, assis sur son trône, touchait le ciel de sa tête. Cette vision lui ayant fait craindre que son frère ne le tuât pour s'emparer de la couronne, il envoya après lui Préxaspe, celui de tous les Perses en qui il avait le plus de confiance, avec ordre de le faire périr. Prexaspe, étant arrivé à Suse, exécuta l'ordre dont il était chargé. Les uns disent qu'il attira ce prince à la chasse ; d'autres prétendent qu'il le mena sur les bords de la mer Érythrée, et qu'il l'y précipita. Tel fut, dit-on, le premier crime de Cambyse.

XXXI. Le second fut le meurtre de sa sœur de père et de mère. Cette princesse, qui l'avait suivi en Égypte, était en même temps sa femme. Voici comme elle le devint ; car, avant lui, les Perses n'étaient pas dans l'usage d'épouser leurs sœurs.

Cambyse se prit d'amour pour une de ses sœurs ; voulant ensuite l'épouser, comme cela était sans exemple, il convoqua les juges royaux, et leur demanda s'il n'y avait pas quelque loi qui permit au frère de se marier avec sa sœur, s'il en avait envie. Ces juges royaux sont des hommes choisis entre tous les Perses. Ils exercent leurs fonctions jusqu'à la mort, à moins qu'ils ne soient convaincus de quelque injustice. Il sont les interprètes des lois et les juges des procès ; toutes les affaires ressortissent à leur tribunal. Cambyse les ayant donc interrogés, ils lui firent une réponse qui, sans blesser la justice, ne les exposait à aucun danger. Ils lui dirent qu'ils ne trouvaient point de loi qui autorisât un frère à épouser sa sœur, mais qu'il y en avait une qui permettait au roi des Perses de faire ce qu'il voulait. En répondant ainsi, ils ne violèrent pas la loi, quoiqu'ils redoutassent Cambyse ; et, pour ne pas s'exposer à périr en la défendant, ils trouvèrent une autre loi qui favorisait le désir qu'avait ce prince d'épouser ses sœurs. Sur cette réponse, Cambyse épousa la personne qu'il aimait ; et, peu de temps après, il prit encore pour femme une autre de ses sœurs, c'était la plus jeune. Ce fut celle qui le suivit en Égypte, et qu'il tua.

XXXII. On raconte sa mort de deux manières, ainsi que celle de Smerdis. Les Grecs prétendent que cette princesse assistait au combat d'un lionceau que Cambyse avait lâché contre un jeune chien. Celui-ci ayant le dessous, son frère rompit sa laisse pour venir à son secours. Les deux chiens réunis eurent l'avantage sur le lionceau. Ce combat plaisait beaucoup à Cambyse; il arrachait au contraire des larmes à sa sœur, qui était assise auprès de lui. Le roi s'en étant aperçu, lui en demanda la raison. « Je n'ai pu, lui dit-elle, retenir mes larmes en voyant le jeune chien accourir au secours de son frère, parce que cela me rappelle le triste sort de Smerdis, dont je sais que personne ne vengera la mort. » S'il faut en croire les Grecs, Cambyse la tua pour cette réponse. Mais les Égyptiens disent que cette princesse, étant à table avec Cambyse, prit une laitue, et, en ayant arraché toutes les feuilles, elle demanda au roi son mari si cette laitue lui paraissait plus belle en pomme, ou les feuilles arrachées. « En pomme, répondit le roi. — Seigneur, reprit-elle, cette laitue effeuillée est l'image de la maison de Cyrus que tu as dépouillée. » Là-dessus, Cambyse, irrité, se jeta sur elle et la maltraita tellement à coups de pied, qu'elle accoucha avant terme et mourut incontinent.

XXXIII. Tels furent les excès auxquels Cambyse se porta contre ceux de sa maison, soit que sa frénésie fût une punition de l'outrage commis envers Apis, soit qu'elle lui vînt d'ailleurs, comme une infinité d'autres maux qui affligent ordinairement l'espèce humaine : car on dit que de naissance il était sujet à l'épilepsie ou mal sacré. Il n'est donc pas étonnant que, le corps étant attaqué d'une si grande maladie, il n'eût pas l'esprit sain.

XXXIV. Il ne témoigna pas moins de fureur contre le reste des Perses : car on dit que, s'adressant à Préxaspe, qu'il estimait beaucoup, et qui lui présentait les requêtes et les placets, et dont le fils avait une charge d'échanson, l'une des plus importantes de la cour: « Que pensent de moi les Perses? que disent-ils? » lui demanda-t-il un jour. « Seigneur, ils te comblent de louanges; mais croient que tu as trop de penchant pour le vin. — Eh bien ! reprit ce prince, transporté de colère, les Perses disent donc que j'aime trop le vin, qu'il me fait perdre la raison, et qu'il me rend furieux? Les louanges qu'ils me donnaient auparavant n'étaient donc point sincères? »

Cambyse avait un jour demandé à Crésus, et aux grands de Perse qui composaient son conseil, ce qu'on pensait de lui, et si l'on croyait qu'il fût homme à égaler son père; les Perses avaient répondu qu'il lui était supérieur, parce qu'il était maître de tous les pays que celui-ci avait eus, et qu'il y avait ajouté la conquête de l'Égypte et l'empire de la mer. Mais Crésus, qui était présent, ne fut pas de leur avis. « Il ne me paraît pas, lui dit-il, que tu ressembles à ton père : car tu n'as point encore d'enfants tel qu'il en avait un lorsqu'il mourut. » Cambyse, flatté de cette réponse, approuva le sentiment de Crésus.

XXXV. Ce prince s'étant donc rappelé les discours des Perses : « Apprends maintenant, dit-il en colère à Préxaspe, apprends « si les Perses disent vrai, et s'ils n'ont pas eux-mêmes perdu « l'esprit quand ils parlent ainsi de moi. Si je frappe au milieu « du cœur de ton fils, que tu vois debout dans ce vestibule, « il sera constant que les Perses se trompent. Mais si je manque « mon coup, il sera évident qu'ils disent vrai et que j'ai perdu « le sens. »

Ayant ainsi parlé, il bande son arc, et frappe le fils de Préxaspe. Le jeune homme tombe ; Cambyse le fait ouvrir, pour voir où avait porté le coup, et la flèche se trouva au milieu du cœur. Alors ce prince, plein de joie, s'adressant au père du jeune homme : « Tu vois clairement, lui dit-il en riant, que je « ne suis point un insensé, mais que ce sont les Perses qui ont « perdu l'esprit. Dis-moi présentement si tu as vu quelqu'un « frapper le but avec tant de justesse? » Préxaspe, voyant qu'il parlait à un furieux et craignant pour lui, répondit : « Seigneur, « je ne crois pas que le dieu lui-même puisse tirer si juste. » C'est ainsi qu'il en agit avec Préxaspe. Mais une autre fois il fit, sans aucun motif, enterrer vif, la tête en bas, douze Perses de la plus grande distinction.

XXXVI. Crésus, témoin de ces extravagances, crut devoir lui donner un conseil salutaire. « Grand roi, lui dit-il, ne t'aban- « donne point à ta colère et à l'impétuosité de ta jeunesse ; rends- « toi maître de toi-même, et sache te contenir. Il importe à un « grand prince de prévoir les choses, et il est d'un homme sage « de se laisser guider par la prudence. Tu fais mourir injus- « tement plusieurs de tes concitoyens ; tu ôtes même la vie à « des enfants. Prends garde qu'en commettant souvent de pa- « reilles violences, tu ne forces les Perses à se révolter contre « toi. Je te dois ces avis, parce que le roi ton père m'a expres- « sément recommandé de te donner de bons conseils, et de

« t'avertir de tout ce que je croirai t'être le plus utile et le plus
« avantageux. »

Ce langage était l'effet de la bienveillance de Crésus; Cambyse s'en offensa. « Et toi aussi, lui dit-il, tu oses me donner
« des avis; toi, qui as si bien gouverné tes États; toi, qui as
« donné de si bons conseils à mon père en l'exhortant à passer
« l'Araxe pour attaquer les Massagètes chez eux, au lieu de les
« attendre sur nos terres où ils voulaient passer! Tu t'es perdu
« en gouvernant mal tes États, et Cyrus s'est perdu en suivant
« tes avis. Mais tu ne l'auras pas fait impunément; et même
« il y a longtemps que je cherchais un prétexte pour le venger. »
En finissant ces mots, il prit ses flèches pour en percer Crésus.
Mais ce prince se déroba à sa fureur par une prompte fuite.
Cambyse, voyant qu'il ne pouvait l'atteindre, commanda à ses
gens de s'en saisir et de le tuer. Mais comme ils connaissaient
l'inconstance de son caractère, ils cachèrent Crésus dans le dessein de le représenter si le roi, venant à se repentir, le redemandait. Ils espéraient aussi recevoir une récompense pour
lui avoir sauvé la vie; et d'ailleurs ils étaient dans la résolution
de le tuer, si le roi ne se repentait point des ordres qu'il avait
donnés. Cambyse ne fut pas longtemps sans regretter Crésus.
Ses serviteurs, s'en étant aperçus, lui apprirent qu'il vivait encore. Il en témoigna de la joie; mais il dit que ce ne serait pas
impunément qu'ils lui auraient conservé la vie. En effet, il les
fit mourir.

XXXVII. Pendant son séjour à Memphis, il lui échappa plusieurs autres traits pareils de folie, tant contre les Perses que
contre les alliés. Il fit ouvrir les anciens tombeaux pour considérer les morts. Il entra aussi dans le temple de Vulcain, et fit
mille outrages à la statue de ce dieu. Cette statue ressemble
beaucoup aux pataïques [1] que les Phéniciens mettent à la proue

---

[1] Nous ne savons pas ce que c'est que les pataïques, et suivant toutes
les apparences, nous l'ignorerons toujours. Hérodote est le seul auteur
qui en ait parlé : il ne leur donne point le nom de dieux; j'ai cru devoir
l'imiter, quoique Hésychius, qui ne fait que l'interpréter, les décore de ce
titre. Ce qui peut faire croire que les pataïques n'étaient pas des dieux,
c'est que les anciens ne mettaient qu'à la poupe les figures des dieux tutélaires des vaisseaux, et jamais à la proue, et que cette dernière place
était destinée seulement à des figures d'animaux qui donnaient le nom
aux vaisseaux. (L.)

de leurs trirèmes. Ces pataïques, pour en donner une idée à ceux qui ne les ont point vus, ressemblent à un pygmée. Il entra aussi dans le temple des Cabires, dont les lois interdisent l'entrée à tout autre qu'au prêtre. Après plusieurs insultes et railleries, il en fit brûler les statues. Elles ressemblent à celles de Vulcain. On dit, en effet, que les Cabires sont fils de ce dieu.

XXXVIII. Je suis convaincu que Cambyse était fou : car, sans cela, il n'aurait jamais entrepris de se jouer de la religion et des lois.

Si l'on proposait en effet à tous les hommes de faire un choix parmi les meilleures lois qui s'observent dans les divers pays, il est certain que, après un examen réfléchi, chacun se déterminerait pour celles de sa patrie : tant il est vrai que tout homme est persuadé qu'il n'en est point de plus belles. Il n'y a donc nulle apparence que tout autre qu'un insensé en fît un sujet de dérision.

Que tous les hommes soient dans ces sentiments touchant leurs lois et leurs usages, c'est une vérité qu'on peut confirmer par plusieurs exemples, et entre autres par celui-ci : Un jour Darius, ayant appelé près de lui des Grecs soumis à sa domination, leur demanda pour quelle somme ils pourraient se résoudre à se nourrir des corps morts de leurs pères. Tous répondirent qu'ils ne le feraient jamais, quelque argent qu'on pût leur donner. Il fit venir ensuite les Calaties, peuples des Indes, qui mangent leurs pères ; il leur demanda en présence des Grecs, à qui un interprète expliquait ce qui se disait de part et d'autre, quelle somme d'argent pourrait les engager à brûler leurs pères après leur mort. Les Indiens, se récriant à cette question, le prièrent de ne leur pas tenir un langage si odieux : tant la coutume a de force. Aussi rien ne me paraît plus vrai que ce mot que l'on trouve dans les poésies de Pindare : La loi est la reine de tous les hommes.

XXXIX. Tandis que Cambyse portait la guerre en Égypte, les Lacédémoniens la faisaient aussi contre Samos et contre Polycrate, fils d'Éaque, qui, s'étant révolté, s'était emparé de cette île[1]. Il l'avait d'abord divisée en trois parties, et l'avait partagée

---

[1] Dans une fête solennelle qu'on célébrait à Samos en l'honneur de Junon, tous les citoyens se rendaient processionnellement au temple de la déesse avec leurs armes. Polycrate, ayant amassé sous ce prétexte beaucoup

avec Pantagnote et Syloson, ses frères. Mais dans la suite, ayant tué Pantagnote et chassé Syloson, le plus jeune, il la posséda tout entière. Lorsqu'il l'eut en sa puissance, il fit avec Amasis, roi d'Égypte, un traité d'amitié, que ces deux princes cimentèrent par des présents mutuels. Sa puissance s'accrut tout à coup en peu de temps, et bientôt sa réputation se répandit dans l'Ionie et dans le reste de la Grèce. La fortune l'accompagnait partout où il portait ses armes. Il avait cent vaisseaux à cinquante rames, et mille hommes de trait. Il attaquait et pillait tout le monde sans distinction, disant qu'il ferait plus de plaisir à un ami en lui restituant ce qu'il lui aurait pris, que s'il ne lui eût rien enlevé du tout. Il se rendit maître de plusieurs îles et prit un grand nombre de villes sur le continent. Il vainquit dans un combat naval les Lesbiens, qui étaient venus avec toutes leurs forces au secours des Milésiens; et les ayant faits prisonniers, et les ayant chargés de chaînes, il leur fit entièrement creuser le fossé qui environne les murs de Samos.

XL. Amasis, instruit de la prospérité de Polycrate, en eut de l'inquiétude. Comme elle allait toujours en augmentant, il lui écrivit une lettre et fit passer ces mots à Samos :

« *Amasis à Polycrate.*

« Il m'est doux d'apprendre les succès d'un ami et d'un
« allié. Mais comme je connais la jalousie des dieux, ce grand
« bonheur me déplaît. J'aimerais mieux pour moi, et pour ceux
« à qui je m'intéresse, tantôt des avantages et tantôt des revers,
« et que la vie fût alternativement partagée entre l'une et l'au-
« tre fortune, qu'un bonheur toujours constant et sans vicissi-
« tude : car je n'ai jamais ouï parler d'aucun homme qui, ayant
« été heureux en toutes choses, n'ait enfin péri malheureuse-
« ment. Ainsi donc, si tu veux m'en croire, tu feras contre ta
« bonne fortune ce que je vais te conseiller. Examine quelle est

---

d'armes, les distribua à ses partisans, qui avaient pour chefs ses frères Syloson et Pantagnote. La procession finie, les Samiens mirent bas les armes, afin de se disposer au sacrifice. Les partisans de Polycrate, s'étant saisis de ces armes, massacrèrent tous ceux qui n'étaient pas de leurs amis; et, s'étant emparés des postes les plus avantageux, ils firent venir de l'île de Naxos Lygdamis, qui en était tyran, et, par son moyen, ils se rendirent maîtres de la citadelle, nommée Astypalée. (L.)

« la chose dont tu fais le plus de cas, et dont la perte te serait
« le plus sensible. Lorsque tu l'auras trouvée, jette-la loin de
« toi, et de manière qu'on ne puisse jamais la revoir. Que si,
« après cela, la Fortune continue à te favoriser en tout, sans
« mêler quelque disgrâce à ses faveurs, ne manque pas d'y
« apporter le remède que je te propose. »

XLI. Polycrate, ayant lu cette lettre, réfléchit sur le conseil d'Amasis, et, le trouvant prudent, résolut de le suivre. Il chercha parmi tous ses bijoux quelque chose dont la perte pût lui être le plus sensible ; il s'arrêta à une émeraude montée en or, qu'il avait coutume de porter au doigt, et qui lui servait de cachet. Elle était gravée[1] par Théodore de Samos, fils de Téléclès. Résolu de s'en défaire, il fit équiper un vaisseau, s'y embarqua, et se fit conduire en pleine mer. Lorsqu'il fut loin de l'île, il tira son anneau, et le jeta dans la mer à la vue de tous ceux qu'il avait menés avec lui. Cela fait, il retourna à terre, rentra dans son palais et connut le chagrin.

XLII. Cinq ou six jours après, un pêcheur, ayant pris un très-gros poisson, le crut digne de Polycrate. Il le porta au palais, demanda à parler au prince, et l'ayant obtenu : « Seigneur,
« dit-il en le lui présentant, voici un poisson que j'ai pris.
« Quoique je gagne ma vie du travail de mes mains, je n'ai pas
« cru devoir le porter au marché ; il ne peut convenir qu'à toi,
« qu'à un prince puissant, et je te prie de le recevoir. »

Ce discours plut beaucoup à Polycrate. « Je te sais gré, mon
« ami, lui dit-il, de m'avoir apporté ta pêche. Ton présent
« me fait plaisir, et tes paroles ne m'en font pas moins. Je t'in-
« vite à souper. » Le pêcheur retourna chez lui, flatté d'un si bon accueil. Cependant les officiers ouvrent le poisson ; et, lui trouvant dans le ventre l'anneau de Polycrate, ils allèrent pleins de joie le lui porter en diligence, et lui contèrent la manière dont ils l'avaient trouvé. Polycrate imagina qu'il y avait en cela quelque chose de divin. Il écrivit à Amasis tout ce qu'il avait

---

[1] Il y a seulement dans le grec : *C'était l'ouvrage de*, etc. J'y ai substitué le genre d'ouvrage que le terme de cachet suppose. Ce Théodore de Samos inventa l'équerre, le niveau, le tour et les clefs. Pausanias, en parlant de l'art de jeter en fonte les statues, fait mention de Théodore de Samos, fils de Téléclès, et de Rhœcus, fils de Philéus, qui en avaient été les inventeurs ; et à propos de Théodore il parle de cette émeraude. (L.)

fait et tout ce qui lui était arrivé, et remit sur-le-champ sa lettre à un exprès pour être portée en Égypte.

XLIII Ce prince, en ayant fait lecture, reconnut qu'il était impossible d'arracher un homme au sort qui le menaçait, et que Polycrate ne pourrait finir ses jours heureusement, puisque la Fortune lui était si favorable en tout, qu'il retrouvait même ce qu'il avait jeté loin de lui. Il lui envoya un héraut à Samos pour renoncer à son alliance. Il rompit, parce qu'il craignait que, si la fortune de Polycrate venait à changer, et qu'il lui arrivât quelque grand malheur, il n'eût à s'affliger des revers d'un allié.

XLIV. Ce fut donc contre ce prince, si favorisé de la fortune, que marchèrent les Lacédémoniens, à la prière des Samiens qui fondèrent depuis en Crète la ville de Cydonie. Cambyse levait alors une armée pour porter la guerre en Égypte. Polycrate le pria de lui demander des troupes. Là-dessus, Cambyse fit volontiers prier Polycrate de faire partir une armée navale, pour l'accompagner dans son expédition contre l'Égypte. Ce prince choisit ceux d'entre les citoyens qu'il soupçonnait d'être enclins à la révolte, les embarqua sur quarante trirèmes, et recommanda à Cambyse de ne jamais les renvoyer à Samos.

XLV. Les uns disent que ces Samiens, envoyés par Polycrate, n'allèrent pas jusqu'en Égypte, mais que, lorsqu'ils furent dans la mer Carpathienne, ils tinrent conseil entre eux, et résolurent de ne pas naviguer plus loin. D'autres prétendent qu'ils arrivèrent en Égypte, mais que, bien que surveillés, ils prirent la fuite, et firent voile vers Samos ; que Polycrate, étant allé à leur rencontre avec ses vaisseaux, leur livra bataille, et la perdit ; qu'étant descendus dans l'île après leur victoire, ils furent défaits dans un combat sur terre, ce qui les obligea de rentrer dans leurs vaisseaux et de se retirer à Lacédémone.

Il y en a qui assurent que ces mécontents remportèrent, à leur retour d'Égypte, la victoire sur Polycrate. Mais, à mon avis, leur opinion est mal fondée : car, s'ils eussent été assez forts eux seuls pour le réduire, ils n'auraient pas eu besoin d'appeler à leur secours les Lacédémoniens ; d'ailleurs il n'est pas vraisemblable qu'un prince qui avait à sa solde tant de troupes auxiliaires, et tant de gens de trait de sa nation, ait été défait par un petit nombre de Samiens qui revenaient dans leur patrie. Ajoutez à cela que Polycrate avait en sa puissance les femmes et les enfants des citoyens de Samos, ses sujets. Il les avait renfermés dans les havres à dessein de les brûler avec les havres mêmes, s'ils le trahissaient pour se joindre à ceux qui revenaient d'Égypte.

XLVI. Les Samiens chassés par Polycrate, étant arrivés à Sparte, allèrent trouver les magistrats, leur firent un long discours accompagné de supplications. A la première audience, les Lacédémoniens leur répondirent qu'ils avaient oublié le commencement de la harangue, et qu'ils n'en entendaient pas la fin. A la seconde, les Samiens apportèrent un sac de cuir, et leur dirent seulement que ce sac manquait de farine. Les Lacédémoniens répliquèrent que ces paroles étaient superflues ; cependant ils résolurent de leur donner du secours.

XLVII. Lorsqu'ils furent prêts, ils allèrent à Samos. Les Samiens prétendent qu'ils les secoururent en cette occasion par reconnaissance de ce qu'eux-mêmes les avaient auparavant aidés de leurs vaisseaux contre les Messéniens. Mais, s'il faut en croire les Lacédémoniens, ils entreprirent cette expédition moins pour accorder aux exilés les secours qu'ils demandaient, que pour se venger des Samiens, qui avaient enlevé le cratère qu'ils portaient à Crésus, et, un an auparavant, la cuirasse qu'Amasis, roi d'Égypte, leur envoyait en présent.

Elle était de lin, mais ornée d'un grand nombre de figures d'animaux tissues en or et en coton. Chaque fil mérite en particulier notre admiration. Quoique très-menus, ces fils sont cependant composés chacun de trois cent soixante autres fils, tous très-distincts. Telle est aussi cette autre cuirasse dont Amasis fit présent à Minerve de Linde.

XLVIII. Les Corinthiens contribuèrent aussi avec beaucoup d'ardeur à l'expédition des Spartiates contre Samos. Les Samiens les avaient outragés une génération avant cette guerre, et sans doute vers le temps de l'enlèvement du cratère.

Périandre[1], fils de Cypsélus, envoyait à Alyatte, à Sardes,

---

[1] Ce tyran est mis au nombre des sept sages. Cependant Platon met en sa place Myson, de Chen en Laconie. Je ne puis croire que ce philosophe l'ait jugé indigne de ce titre à cause qu'il était tyran, comme le pense Clément d'Alexandrie : je crois plutôt que la tradition sur ces sept sages était fort incertaine, puisqu'on mettait en la place de Périandre tantôt Anacharsis, tantôt Épiménis de Crète, tantôt Arcésilaüs d'Argos, et Myson de Chen. (L.)

trois cents enfants des meilleures maisons de Corcyre, pour en faire des eunuques. Les Corinthiens qui les conduisaient ayant abordé à Samos, les Samiens furent bientôt instruits du dessein dans lequel on conduisait ces enfants à Sardes. Ils leur apprirent d'abord à embrasser le temple de Diane en qualité de suppliants; après quoi, ils ne voulurent jamais permettre qu'on les en arrachât. Mais comme les Corinthiens empêchaient qu'on ne leur portât à manger, les Samiens instituèrent une fête qu'ils célèbrent encore aujourd'hui de la même manière. Dès que la nuit était venue, et tout le temps que les jeunes Corcyréens restèrent dans ce temple en qualité de suppliants, ils y établirent des chœurs de jeunes garçons et de jeunes filles, tenant à la main des gâteaux de sésame et de miel, dont les Corcyréens eurent une part et se nourrirent. Ils continuèrent ces chœurs jusqu'au départ des Corinthiens chargés de ces enfants; après quoi les Samiens les ramenèrent à Corcyre.

XLIX. Si, après la mort de Périandre, il y avait eu de l'amitié entre les Corcyréens et les Corinthiens, ce motif aurait empêché ceux-ci d'aider les Lacédémoniens dans leur expédition contre Samos; mais, depuis la fondation de Corcyre par les Corinthiens, il y a toujours eu de l'inimitié entre ces deux peuples, quoiqu'ils eussent la même origine.

Les Corinthiens se rappelaient, par cette raison, l'insulte que leur avaient faites les Samiens. Quant à Périandre, il envoyait à Sardes ces trois cents jeunes garçons, choisis parmi les meilleures familles de Corcyre, pour y être faits eunuques, afin de se venger des Corcyréens, qui l'avaient les premiers outragé.

L. Périandre ayant tué Mélisse, sa femme, ce malheur fut suivi d'un autre. Il avait d'elle deux fils, l'un âgé de dix-sept ans, et l'autre de dix-huit. Proclès, leur aïeul maternel, tyran d'Épidaure, les avait fait venir chez lui, et les traitait avec l'amitié qu'il est naturel à un père de témoigner aux enfants de sa fille. Lorsqu'il les renvoya, il leur dit en les accompagnant : « Mes enfants, savez-vous qui a tué votre mère? »

L'aîné ne fit aucune attention à ces paroles; mais le plus jeune, nommé Lycophron, en conçut une telle douleur, que, lorsqu'il fut de retour à Corinthe, il ne voulut jamais saluer son père, parce qu'il le regardait comme le meurtrier de sa mère, ni s'entretenir avec lui, ni lui répondre quand il l'interrogeait. Enfin Périandre, indigné, le chassa de chez lui.

LI. Après l'avoir expulsé, il demanda à l'aîné quel discours leur avait tenu leur grand-père maternel. Celui-ci lui raconta le bon accueil qu'il leur avait fait, mais ne lui dit rien des dernières paroles de Proclès en les renvoyant, parce qu'il ne s'en souvenait plus. Périandre insista, disant qu'il n'était pas possible que leur aïeul ne leur eût donné quelque conseil ; et, comme il le pressait par ses questions, le jeune prince se rappela les dernières paroles de Proclès, et en fit part à son père. Périandre, y ayant réfléchi, résolut de ne plus user d'indulgence envers son fils, et fit défendre à ceux chez qui il se retirait de le recevoir chez eux. Lycophron, chassé d'un endroit, cherchait un asile dans un autre ; mais bientôt, sur les menaces et les ordres de Périandre, on l'obligeait aussi d'en sortir. Ce jeune homme passait ainsi de la maison d'un ami dans celle d'un autre ; et, quoiqu'on redoutât Périandre, cependant, comme ce prince était son fils, on ne laissait pas de le recevoir.

LII. Enfin, Périandre fit publier que quiconque l'admettrait dans sa maison, ou lui parlerait, encourrait une amende applicable au temple d'Apollon. Cette amende était spécifiée dans l'édit. Personne n'osa plus alors le recevoir chez soi, ni lui parler. Lycophron lui-même, ne jugeant pas à propos de rien tenter contre la défense de son père, se retirait assidûment sous les portiques. Le quatrième jour, Périandre le voyant sale, et mourant de faim, en eut compassion. Il s'adoucit, et s'étant approché de lui, il lui parla ainsi : « Eh bien, mon fils ! lequel vaut
« mieux, à ton avis, ou de ton état actuel, ou de la souveraine
« puissance et des biens dont je jouis, et que tu peux partager
« avec moi en me témoignant de l'obéissance ? Quoique tu sois
« mon fils, et roi de la riche Corinthe, tu préfères une vie er-
« rante et vagabonde, en irritant, par ta résistance et par ta co-
« lère, celui que tu aurais dû le moins offenser. S'il est arrivé
« dans cette affaire quelque malheur qui t'ait inspiré des soup-
« çons sur ma conduite, ce malheur est retombé sur moi ; et je
« le ressens d'autant plus vivement, que j'en ai été moi-même
« l'auteur. Pour toi, qui sais par expérience combien il vaut
« mieux faire envie que pitié, et à quoi mène la colère contre un

» père, et surtout contre un père qui a la force en main, reviens
« au palais. »

Périandre tâchait ainsi de faire rentrer son fils en lui-même ; mais celui-ci se contenta de lui dire qu'en lui parlant il avait encouru l'amende. Périandre, comprenant par cette réponse que le mal de son fils était extrême et que rien ne pouvait le vaincre, l'éloigna de sa présence, et le fit embarquer pour Corcyre, dont il était maître. Périandre, l'ayant relégué loin de lui, marcha contre son beau-père Proclès, qu'il considérait comme le principal auteur de ses malheurs présents. Il se rendit maître de la ville d'Épidaure, et fit prisonnier Proclès, à qui cependant il conserva la vie.

LIII. Dans la suite des temps, Périandre, étant âgé, et ne se sentant plus en état de veiller aux affaires et de gouverner par lui-même, envoya chercher Lycophron à Corcyre, pour lui confier les rênes de l'État : car son fils aîné était stupide, et il ne voyait en lui aucune ressource. Lycophron ne daigna pas même répondre au message de son père. Mais Périandre, qui l'aimait tendrement, lui envoya ensuite sa sœur, qui était sa propre fille, dans l'espérance qu'elle aurait plus de crédit sur son esprit.

Quand elle fut arrivée à Corcyre : « Aimes-tu donc mieux, mon
« frère, lui dit-elle, voir la puissance souveraine passer en des
« mains étrangères, et les biens de ton père dissipés, que de re-
« venir en prendre possession ? Reviens dans la maison pater-
« nelle ; cesse de te nuire à toi-même : l'ambition est mauvaise
« conseillère ; ne cherche point à guérir un mal par un autre.
« Bien des gens préfèrent les voies de la douceur à celles de la
« justice, et plusieurs, en poursuivant les droits d'une mère, ont
« perdu ceux qu'ils pouvaient espérer de leur père. La tyrannie
« est une chose glissante ; mille amants aspirent à sa conquête.
« Périandre est déjà vieux et avancé en âge ; n'abandonne pas
« à d'autres un bien qui t'appartient. »

Instruite par son père, elle tint à Lycophron le langage le plus propre à le persuader ; mais il lui répondit qu'il n'irait jamais à Corinthe tant qu'il saurait Périandre en vie. La princesse fit, à son retour, part à son père de la réponse de Lycophron. Périandre lui envoya la troisième fois un héraut, avec ordre de lui dire qu'il avait dessein de se retirer en Corcyre, et qu'il pouvait revenir à Corinthe prendre possession de la couronne.

Le jeune prince accepta la proposition. Le père se disposait à partir pour Corcyre, et le fils pour Corinthe; mais les Corcyréens, informés de ce qui se passait, et appréhendant de voir Périandre dans leur île, assassinèrent son fils. Ce fut cette raison qui porta ce prince à se venger des Corcyréens.

LIV. Lorsque les Lacédémoniens furent arrivés à Samos avec une puissante flotte, ils assiégèrent la ville et s'approchèrent des murailles, laissant derrière eux la tour qui est sur le bord de la mer, près du faubourg. Mais ensuite, Polycrate en personne étant tombé sur eux avec des forces considérables, ils furent contraints de reculer. Dans le même moment, les auxiliaires, accompagnés d'un grand nombre de Samiens, sortirent de la tour supérieure qui était sur la croupe de la montagne, et fondirent sur les Lacédémoniens. Ceux-ci, après avoir soutenu quelque temps leurs efforts, prirent la fuite; et les vainqueurs, les ayant poursuivis, en firent un grand carnage.

LV. Si les Lacédémoniens qui se trouvèrent à cette action se fussent conduits comme Archias et Lycopas, Samos aurait été prise : car Archias et Lycopas étant tombés seuls sur les Samiens, et les ayant mis en fuite, entrèrent dans la ville pêle-mêle avec les fuyards; mais comme on leur coupa le chemin, et qu'ils ne purent en sortir, ils y périrent.

Je me trouvai un jour avec un autre Archias, fils de Samius, et petit-fils de cet Archias dont nous parlons. C'était à Pitane, bourgade où il avait pris naissance. Il faisait plus de cas des Samiens que de tous les autres étrangers, et il m'apprit qu'on avait donné à son père le nom de Samius, parce qu'il était fils de cet Archias tué dans Samos en combattant vaillamment. Il ajouta qu'il avait une estime particulière pour les Samiens, parce qu'ils avaient inhumé son aïeul aux dépens du public.

LVI. Les Lacédémoniens, voyant que le siége traînait en longueur, et qu'après quarante jours il n'était nullement avancé, s'en retournèrent dans le Péloponèse. On dit, mais sans fondement, que Polycrate leur donna une grande quantité de monnaie de plomb doré, frappée au coin du pays, et que, gagnés par ces présents, ils se retirèrent dans leur patrie. Ce fut la première expédition des Lacédémoniens-Doriens en Asie.

LVII. Ceux d'entre les Samiens qui avaient entrepris cette guerre contre Polycrate, se voyant sur le point d'être abandonnés des Lacédémoniens, s'embarquèrent aussi, et firent voile pour Siphnos, parce que l'argent leur manquait. Les Siphniens étaient alors dans un état très-florissant, et les plus riches des insulaires. Leur île abondait tellement en mines d'or et d'argent, que, de la dîme du revenu qui en provenait, ils offrirent à Delphes un trésor qu'on peut comparer aux plus riches qui soient en ce temple. Ils partageaient tous les ans entre eux le produit de ces mines. Tandis qu'ils travaillaient à ce trésor, ils consultèrent l'oracle, et lui demandèrent s'ils pourraient conserver longtemps les biens présents. La Pythie leur répondit : « Quand le Prytanée de Siphnos sera blanc, et que la place publique aura le même aspect, vous aurez alors grand besoin d'un homme prudent et sage pour vous garantir d'une embûche de bois et d'un héraut rouge. »

LVIII. La place publique et le Prytanée de Siphnos étaient alors de marbre de Paros. Les Siphniens ne purent cependant comprendre le sens de cet oracle, ni dans le temps qu'il leur fut rendu, ni même après l'arrivée des Samiens. Ceux-ci n'eurent pas plutôt abordé à Siphnos, qu'ils envoyèrent à la ville un de leurs vaisseaux avec des ambassadeurs. Autrefois tous les navires étaient peints en vermillon ; et c'était là ce que la Pythie avait prédit aux Siphniens, en les avertissant de se tenir sur leurs gardes contre une embûche de bois et un ambassadeur rouge. Les ambassadeurs étant donc arrivés, prièrent les Siphniens de leur prêter dix talents. Sur leur refus, les Samiens pillèrent leurs campagnes. Les Siphniens, à cette nouvelle, coururent sur-le-champ aux armes, livrèrent bataille, et furent battus. Il y en eut un grand nombre de coupés dans leur retraite, et qui ne purent rentrer dans la ville. Après cette défaite, les Samiens exigèrent d'eux cent talents.

LIX. Les exilés de Samos ayant acheté aux Hermioniens l'île d'Hydrée, qui touche au Péloponèse, ils la donnèrent en gage aux Trézéniens. De là ils firent voile en Crète, où ils bâtirent Cydonie, quoiqu'ils n'y fussent pas allés dans ce dessein, mais seulement pour chasser les Zacynthiens de l'île. Ils y fixèrent leur demeure ; et, durant cinq ans, leur prospérité fut si constante, que non-seulement ils bâtirent les temples qu'on voit encore aujourd'hui à Cydonie, mais encore le temple de Dictyne. La sixième année, les Égynètes, les ayant vaincus dans un combat naval, les réduisirent en esclavage avec le secours des Crétois. Ils désarmèrent les proues de leurs vaisseaux, en ôtèrent les sangliers qui leur servaient d'ornements, et les offrirent à Égine, dans le temple de Minerve. Les Éginètes se portèrent à cette vengeance par la haine invétérée qu'ils avaient contre les Samiens. Ceux-ci les avaient attaqués les premiers dans le temps qu'Amphicrate régnait à Samos, et leur avait fait beaucoup de mal ; mais les Éginètes le leur avaient bien rendu.

LX. Je me suis d'autant plus étendu sur les Samiens, qu'ils ont exécuté trois des plus grands ouvrages qu'il y ait dans toute la Grèce.

On voit à Samos une montagne de cent cinquante brasses de haut. On a percé cette montagne par le pied, et l'on y a pratiqué un chemin qui a deux bouches ou ouvertures. Ce chemin a sept stades de longueur sur huit pieds de hauteur et autant de largeur. Le long de ce chemin, on a creusé un canal qui traverse toute cette montagne. Il a vingt coudées de profondeur sur trois pieds de largeur. Il conduit à la ville, par des tuyaux, l'eau d'une grande fontaine. L'architecte qui a entrepris cet ouvrage était de Mégare et s'appelait Eupalinus, fils de Naustrophus. C'est un des trois ouvrages des Samiens. Le second consiste en une digue faite dans la mer, près du port, d'environ vingt brasses de haut et de deux stades et plus de long. Leur troisième ouvrage est un temple, le plus grand dont nous ayons connaissance. Le premier architecte de cet édifice est un homme du pays, nommé Rhœcus[1], fils de Philéus. C'est à cause de ces ouvrages que je me suis étendu sur les Samiens.

LXI. Tandis que Cambyse, fils de Cyrus, perdait son temps en Égypte et devenait fou, deux mages, qui étaient frères, profitèrent de cette occasion pour se révolter. Il avait laissé l'un d'eux en Perse pour y gérer ses biens, et ce fut l'auteur de la

---

[1] Rhœcus, fils de Philéus, était non-seulement un habile architecte, mais encore il inventa, avec Théodore de Samos, l'art de faire des moules avec de l'argile, longtemps avant que les Bacchiades eussent été chassés de Corinthe ; et ils jetèrent les premiers en fonte l'airain, et en firent des statues. Pausanias ajoute que, sur la balustrade qui est au-dessus de l'autel de Diane, dite Protothronia, à Éphèse, on voit à l'extrémité une statue de ce même Rhœcus. C'est une femme en bronze, que les Éphésiens disent être la Nuit. Il eut deux fils, Téléclès et Théodore, tous deux habiles statuaires. (L.)

révolte. Ce mage n'ignorait pas la mort de Smerdis ; il savait qu'on la tenait cachée, qu'elle n'était connue que d'un petit nombre de Perses, et que la plupart croyaient ce prince vivant. Cette mort, jointe aux circonstances dont je vais parler, lui fit prendre la résolution de s'emparer du trône. Il avait un frère qui, comme je l'ai déjà dit, était compagnon de sa révolte. Ce frère ressemblait parfaitement à Smerdis, fils de Cyrus, que Cambyse avait fait tuer, et portait le même nom que ce prince. Pour lui, il s'appelait Patizithès. Celui-ci plaça son frère sur le trône, après lui avoir persuadé qu'il aplanirait toutes les difficultés. Cela fait, il envoya des hérauts dans toutes les provinces, et particulièrement en Égypte, pour défendre à l'armée d'obéir à Cambyse, et de lui ordonner de ne reconnaître à l'avenir que Smerdis, fils de Cyrus.

LXII. Tous les hérauts firent cette proclamation. Celui qui avait été envoyé en Égypte trouva Cambyse avec son armée à Ecbatane, en Syrie. Il publia au milieu du camp les ordres dont le mage l'avait chargé. Cambyse, ayant entendu la proclamation du héraut, et pensant qu'il disait vrai, se persuada qu'il avait été trahi par Préxaspe, et que celui-ci n'avait point exécuté l'ordre qu'il lui avait donné de tuer Smerdis. « C'est donc ainsi, « Préxaspe, lui dit-il en le regardant d'un œil fixe, que tu as « fait ce que je t'ai ordonné ? — Seigneur, répondit Préxaspe, « ne crois rien de ce que vient de dire le héraut. Ton frère « Smerdis ne se révoltera jamais contre toi, et tu n'auras point « avec lui la plus légère contestation. J'ai moi-même exécuté tes « ordres, et je lui ai donné la sépulture de mes propres mains. « Si les morts ressuscitent, attends-toi à voir aussi le Mède « Astyage se soulever contre toi. Mais, si les choses vont comme « par le passé, sois certain qu'il ne t'arrivera jamais de mal, « du moins de la part de Smerdis. Au reste, je suis d'avis « qu'on envoie après le héraut, et qu'on lui demande de quelle « part il vient ici nous dire d'obéir aux ordres du roi Smer« dis. »

LXIII. Cambyse approuva le conseil de Préxaspe. On envoya sur-le-champ après le héraut, et on le ramena au camp. Préxaspe l'interrogea en ces termes : « Tu dis, mon ami, que tu viens de « la part de Smerdis, fils de Cyrus. Avoue-nous donc mainte« nant la vérité, et on te laissera aller sans te faire aucun mal.

« As-tu vu Smerdis ? T'a-t-il lui-même donné ces ordres ? Les
« tiens-tu de quelqu'un de ses ministres ? — Je n'ai point vu,
« répondit le héraut, Smerdis, fils de Cyrus, depuis le départ
« du roi Cambyse pour l'Égypte ; mais le mage qui gère les biens
« de Cambyse m'a donné les ordres que j'ai apportés ; c'est lui
« qui m'a dit que Smerdis, fils de Cyrus, me commandait de
« venir les annoncer. » Le héraut parla ainsi, sans déguiser en
rien la vérité.

Alors Cambyse dit à Préxaspe : « Tu as exécuté mes ordres
« en homme de bien ; je n'ai rien à te reprocher : mais quel
« peut être celui d'entre les Perses qui, s'emparant du nom de
« Smerdis, s'est révolté contre moi ? — Seigneur, lui répondit-
« il, je crois comprendre ce qui s'est passé : les mages se sont
« soulevés contre toi ; c'est Patizithès, que tu as laissé en Perse
« pour prendre soin des affaires de ta maison, et son frère
« Smerdis. »

LXIV. Au nom de Smerdis, Cambyse fut frappé de la vérité
du discours de Préxaspe et de celle du songe, dans lequel il
lui semblait voir un héraut lui annoncer que Smerdis, assis sur
son trône, touchait de la tête au ciel. Reconnaissant alors qu'il
avait fait tuer son frère sans sujet, il le pleura. Après lui avoir
donné des larmes et s'être plaint de l'excès de ses malheurs, il
se jeta avec précipitation sur son cheval, dans le dessein de
marcher en diligence à Suse contre le mage ; mais, en s'élan-
çant, le fourreau de son cimeterre tomba, et le cimeterre étant
resté nu le blessa à la cuisse, au même endroit où il avait auparavant frappé Apis, le dieu des Égyptiens. Comme sa plaie lui
parut mortelle, il demanda le nom de la ville où il était alors :
on lui dit qu'elle s'appelait Ecbatane.

L'oracle de la ville de Buto lui avait auparavant prédit qu'il
finirait ses jours à Ecbatane. Il s'était imaginé qu'il devait mourir de vieillesse à Ecbatane en Médie, où étaient toutes ses richesses ; mais l'oracle parlait d'Ecbatane en Syrie. Lorsqu'il eut
donc appris le nom de cette ville, accablé par le chagrin de la révolte du mage et par la douleur que lui causait sa blessure, il
revint de son erreur ; et, comprenant le sens de l'oracle : « C'est
« ici, dit-il, que Cambyse, fils de Cyrus, doit terminer ses jours,
« suivant l'ordre des destins. »

LXV. Il n'en dit pas alors davantage ; mais, environ vingt

jours après, il convoqua les Perses les plus distingués qui se trouvaient à l'armée, et leur tint ce discours : « Perses, les cho-
« ses en sont au point que je dois vous découvrir ce que j'ai tâ-
« ché, jusqu'à présent, de tenir extrêmement caché. Lorsque
« j'étais en Égypte, j'eus, pendant mon sommeil, une vision.
« Eh ! plût'aux dieux que je ne l'eusse point eue ! Il me sembla
« voir un courrier, arrivé de mon palais, m'annoncer que Smer-
« dis était assis sur le trône, et que de sa tête il touchait au
« ciel. Cette vision me faisant craindre que mon frère ne m'en-
« levât la couronne, je pris des mesures où la précipitation eut
« plus de part que la prudence : car il n'est pas possible aux
« hommes de changer l'ordre des destins. J'envoyai follement
« Préxaspe à Suse, pour tuer Smerdis. Ce crime commis, je vi-
« vais sans crainte, ne pouvant m'imaginer qu'après m'être dé-
« fait de mon frère, quelque autre se soulevât contre moi. Mais
« l'événement s'est trouvé contraire à mon attente. J'ai versé le
« sang d'un frère sans aucune nécessité, et je n'en perds pas
« moins la couronne. C'était le mage Smerdis qu'un dieu me
« montrait en songe ; c'était lui qui devait se révolter contre
« moi. Le coup est fait : Smerdis, fils de Cyrus, est mort. Le mage
« que j'ai laissé pour avoir soin de mes biens, et son frère Smer-
« dis, se sont emparés de la couronne. Celui qui aurait dû
« principalement me venger de leur traitement honteux a été
« tué par les mains impies de ses plus proches parents. Mais
« enfin, puisqu'il n'est plus, il ne me reste qu'à vous donner
« mes ordres ; et c'est une nécessité pour moi de vous faire
« connaître ce que je veux que vous fassiez après ma mort. Je
« vous prie donc, ô Perses, par les dieux protecteurs des rois,
« je vous conjure tous, et vous principalement, Achéménides,
« qui êtes ici présents, de ne point souffrir que l'empire re-
« tourne aux Mèdes. S'ils s'en sont rendus maîtres par la ruse,
« recouvrez-le par la ruse ; s'ils s'en sont emparés par la force,
« reprenez-le par la force. Si vous faites ce que je vous recom-
« mande, et si vous conservez votre liberté, puisse la terre pro-
« duire pour vous des fruits en abondance ! puissent vos femmes
« vous donner un grand nombre d'enfants, et vos troupeaux se
« multiplier par une heureuse fécondité ! Mais si vous ne re-
« couvrez point l'empire, et si vous ne faites aucun effort pour
« le reconquérir, non-seulement je fais des vœux pour que le

« contraire vous arrive, mais, de plus, je souhaite à tous les
« Perses une fin telle que la mienne. »

LXVI. Cambyse, ayant parlé de la sorte, déplora son sort ; les Perses, voyant couler les larmes de leur prince, déchirèrent leurs habits en poussant de grands gémissements. Peu de temps après, l'os se caria ; et, la gangrène ayant promptement gagné toute la cuisse, Cambyse fut emporté après avoir régné en tout sept ans et cinq mois. Il mourut sans laisser d'enfants, ni garçon ni fille. Les Perses qui étaient présents ne pouvaient croire que les mages se fussent emparés de la couronne ; ils pensaient plutôt que ce que Cambyse avait dit de la mort de Smerdis était un effet de sa haine contre ce prince, afin que tous les Perses lui fissent la guerre. Ils regardaient, en effet, comme une chose certaine que c'était Smerdis, fils de Cyrus, qui s'était soulevé ; et ils en étaient d'autant plus persuadés, que Préxaspe niait fortement l'avoir tué : car, après la mort de Cambyse, il n'aurait pas été sûr pour lui d'avouer que le fils de Cyrus avait péri de sa main.

LXVII. Cambyse mort, le mage, à la faveur du nom de Smerdis, qu'il portait ainsi que le fils de Cyrus, régna tranquillement pendant les sept mois qui restaient pour accomplir la huitième année de son prédécesseur. Pendant ce temps, il combla tous ses sujets de bienfaits ; de sorte qu'après sa mort il fut regretté de tous les peuples de l'Asie, excepté des Perses. Dès le commencement de son règne, il fit publier dans toutes les provinces des édits par lesquels il exemptait ses sujets, pour trois ans, de tous tributs et subsides, et de servir à la guerre.

LXVIII. Il fut reconnu, le huitième mois, de la manière que je vais dire. Il y avait à la cour un seigneur nommé Otanès, fils de Pharnaspe : sa naissance et ses richesses le faisaient aller de pair avec ce qu'il y avait de plus illustre en Perse. Ce seigneur soupçonna le premier le nouveau roi de n'être pas Smerdis, fils de Cyrus, mais le mage, comme il l'était en effet. Sa conjecture était fondée sur ce qu'il ne sortait jamais de la citadelle, et qu'il ne mandait auprès de lui aucun des grands de Perse. Se doutant donc de l'imposture, voici ce qu'il fit pour la découvrir.

Cambyse avait épousé sa fille Phédyme. Elle appartenait alors au mage, ainsi que toutes les autres femmes du feu roi. Otanès lui envoya demander quel était celui avec qui elle couchait ; si c'était Smerdis, fils de Cyrus, ou quelque autre. Phédyme répondit qu'elle ne le savait pas, qu'elle n'avait jamais vu Smerdis, fils de Cyrus, et qu'elle ne connaissait pas plus celui qui l'avait admise au nombre de ses femmes. « Si tu ne connais « pas Smerdis, fils de Cyrus, lui fit dire une seconde fois Otanès, « du moins demande à Atosse quel est cet homme avec qui « vous habitez l'une et l'autre : elle doit connaître parfaite- « ment son frère Smerdis. » Sa fille répondit à cela : « Je « ne puis parler à Atosse, ni voir aucune des autres fem- « mes. Dès que cet homme, quel qu'il puisse être, s'est emparé « du trône, il nous a dispersées dans des appartements sépa- « rés. »

LXIX. Sur cette réponse, l'affaire parut beaucoup plus claire à Otanès. Il envoya un troisième message à Phédyme. « Ma fille, « lui fit-il dire, il faut qu'une personne bien née, comme toi, « s'expose au danger ; c'est ton père qui t'y engage, c'est lui qui « te l'ordonne. Si le roi n'est point Smerdis, fils de Cyrus, mais « celui que je soupçonne, il ne convient pas que tu sois sa « femme, ou qu'il occupe impunément le trône de Perse ; il « mérite d'être puni. Suis donc mes conseils, et fais ce que je « vais te prescrire. Quand il reposera auprès de toi, et que tu « le sauras profondément endormi, tâte-lui les oreilles : s'il en « a, c'est le fils de Cyrus ; s'il n'en a point, c'est Smerdis, le « mage. »

Phédyme lui fit dire qu'elle s'exposerait à un grand danger ; qu'il n'y avait pas à douter que, si le roi n'avait pas d'oreilles, et qu'il la surprît cherchant à s'en assurer, il ne la tuât sur-le-champ ; que néanmoins elle lui promettait d'exécuter ses ordres. Il faut remarquer que Cyrus, fils de Cambyse, avait fait couper, pendant son règne, les oreilles à Smerdis pour quelque affaire grave.

Les femmes, en Perse, ont coutume de coucher avec leurs maris chacune à leur tour. Celui de Phédyme étant venu, elle exécuta ce qu'elle avait promis à son père. Quand elle vit le mage profondément endormi, elle porta la main sur ses oreilles et, ayant reconnu sans peine qu'il n'en avait point, elle en instruisit son père dès qu'il fut jour.

LXX. Otanès prit avec lui Aspathine et Gobryas, qui étaient

les premiers d'entre les Perses, et sur la foi desquels il comptait le plus. Leur ayant fait part de tout ce qu'il venait d'apprendre, ils eurent d'autant moins de peine à le croire qu'eux-mêmes ils en avaient aussi quelque soupçon. Il fut donc résolu entre eux que chacun s'associerait l'un des Perses en qui il avait le plus de confiance. Otanès engagea Intapherne dans son parti, Gobryas Mégabyse, et Aspathine Hydarnès. Ils étaient au nombre de six, lorsque Darius, fils d'Hystaspe, revenant de Perse, dont son père était gouverneur, arriva à Suse. A peine fut-il de retour qu'ils résolurent de se l'associer aussi.

LXXI. Les sept s'étant assemblés, se jurèrent une fidélité réciproque, et délibérèrent entre eux. Quand ce fut le tour de Darius de dire son avis : « Je croyais, leur dit-il, être le seul qui « eût connaissance de la mort de Smerdis, fils de Cyrus, et qui « sût que le mage régnait à sa place : et c'est pour cela même « que je me suis rendu ici en diligence pour faire périr le « mage. Mais, puisqu'il est arrivé que vous avez aussi découvert « le mystère, et que je ne suis pas le seul qui en ait connais- « sance, il faut agir sur-le-champ et sans délai ; autrement il y « aurait du danger. — Fils d'Hystaspe, lui répondit Otanès, né « d'un père illustre et courageux, tu montres que tu ne lui es « inférieur en rien. Garde-toi néanmoins d'agir inconsidéré- « ment et de rien précipiter ; que la prudence soit ton guide. « Pour moi, je suis d'avis de ne point commencer que nous ne « soyons en plus grand nombre. — Perses, reprit Darius, si « vous suivez les conseils d'Otanès, votre perte est assurée ; « vous périrez misérablement. L'appât d'une récompense enga- « gera quelqu'un à vous dénoncer au mage. Vous auriez dû « exécuter l'entreprise vous seuls, et sans la communiquer à « d'autres ; mais, puisque vous avez jugé à propos d'en faire « part à plusieurs et de me mettre moi-même dans la confi- « dence, exécutons-la aujourd'hui ; ou, si nous laissons passer « la journée, je vous déclare que je n'attendrai pas qu'on me « prévienne, mais que je prendrai les devants, et que j'irai moi- « même vous dénoncer au mage. »

LXXII. Otanès, témoin de l'ardeur de Darius : « Puisque tu « nous forces, dit-il, à hâter l'exécution de nos projets, et que « tu ne nous permets point de la remettre à un autre temps, « apprends-nous donc comment nous pourrons pénétrer dans

« le palais et attaquer les usurpateurs : car enfin tu sais toi-
« même aussi bien que nous qu'il y a des gardes disposés de
« distance en distance ; si tu ne l'as pas vu, du moins l'as-tu
« ouï dire. Comment pourrons-nous passer ? »

« Il y a bien des choses, Otanès, reprit Darius, dont on ne
« peut rendre raison par des paroles, mais seulement par des
« actions ; il y en a d'autres, au contraire, qu'il est facile d'ex-
« pliquer, et dont il ne peut résulter rien d'éclatant. Vous savez
« qu'il n'est pas difficile de passer au travers de la garde. Pre-
« mièrement personne n'osera, par respect ou par crainte, re-
« fuser l'entrée du palais à des personnes de notre qualité ; en
« second lieu, j'ai un prétexte très-plausible pour entrer : je
« dirai que je viens de Perse, et que j'ai quelque chose à com-
« muniquer au roi de la part de mon père : car, quand il est
« nécessaire de mentir, il ne faut point s'en faire de scrupule.
« Ceux qui mentent désirent la même chose que ceux qui di-
« sent la vérité : on ment dans l'espoir d'en retirer quelque
« profit ; on dit la vérité dans la vue de quelque avantage, et
« pour s'attirer une plus grande confiance. Ainsi, quoique nous
« ne suivions pas la même route, nous n'en tendons pas moins
« au même but : car, s'il n'y avait rien à gagner, il serait indif-
« férent à celui qui dit la vérité de faire plutôt un mensonge,
« et à celui qui ment de dire la vérité. Celui des gardes qui nous
« laissera passer volontairement, s'en trouvera bien par la suite.
« Celui, au contraire, qui tentera de nous résister, qu'il soit
« traité sur-le-champ en ennemi. Pénétrons dans l'intérieur du
« palais, et achevons notre entreprise. »

LXXIII. Gobryas parla ensuite : « Quel honneur, mes amis,
« leur dit-il, ne sera-ce pas pour nous de recouvrer l'empire !
« ou, si nous ne pouvons y réussir, quelle gloire de mourir
« les armes à la main ! Quelle honte pour des Perses d'obéir à
« un Mède, à un mage, à qui même on a coupé les oreilles !
« Vous tous, qui vous trouvâtes auprès de Cambyse pendant sa
« maladie, vous ne pouvez avoir oublié les imprécations qu'il fit
« contre les Perses, lorsqu'il touchait à sa fin, s'ils ne s'effor-
« çaient de recouvrer la couronne. Alors nous n'ajoutions pas
« foi à ses discours, et nous pensions qu'il ne parlait de la sorte
« que pour rendre son frère odieux. Mais je suis maintenant
« d'avis de suivre l'opinion de Darius, et de ne rompre cette

« assemblée que pour aller droit au mage. » Le conseil de Gobryas fut unanimement approuvé.

LXXIV. Pendant qu'ils délibéraient, il arriva par hasard que les mages tenaient conseil entre eux. Ils résolurent de s'attacher Préxaspe, parce que Cambyse l'avait traité d'une manière indigne en tuant son fils d'un coup de flèche, et parce que lui seul avait connaissance de la mort de Smerdis, fils de Cyrus, l'ayant tué de sa main ; d'ailleurs, il était universellement estimé parmi les Perses. L'ayant mandé en conséquence, ils n'oublièrent rien pour le gagner. Ils exigèrent de lui qu'il leur donnât sa foi de ne découvrir à personne le mensonge qu'ils avaient fait aux Perses, et de leur en garder le secret ; et ils lui promirent avec serment de le combler de richesses. Préxaspe s'engagea à faire ce qu'on désirait de lui. Les mages, le voyant persuadé, lui proposèrent ensuite de monter dans une tour pour annoncer aux Perses, convoqués sous les murs du palais, que c'était véritablement Smerdis, fils de Cyrus, qui régnait sur eux, et non pas un autre. Ils lui avaient donné ces ordres à cause de son ascendant sur l'esprit des Perses, parce qu'il avait souvent déclaré que Smerdis, fils de Cyrus, était encore vivant, et qu'il était faux qu'il l'eût tué.

LXXV. Préxaspe ayant répondu qu'il était disposé à faire ce qu'ils désiraient, les mages convoquèrent les Perses, et le firent monter sur une tour afin de les haranguer. Mais Préxaspe, oubliant volontairement leurs prières, commença la généalogie de Cyrus par Achémène ; et quand enfin il fut venu à Cyrus, il fit l'énumération de tous les biens dont il avait comblé les Perses. Après ce début, il découvrit la vérité, qu'il avait jusqu'alors tenue cachée, disait-il, parce qu'il eût été dangereux pour lui de dire ce qui s'était passé ; mais que, dans les conjonctures présentes, il s'y voyait forcé. Enfin, il assura qu'il avait tué Smerdis fils de Cyrus, par les ordres de Cambyse, et que les mages régnaient actuellement. En même temps il fit beaucoup d'imprécations contre les Perses s'ils ne recouvraient l'empire et s'ils ne se vengeaient des mages : puis il se précipita de la tour, la tête la première. Ainsi mourut Préxaspe, qui, pendant toute sa vie, avait joui de la réputation d'un homme de bien.

LXXVI. Les sept Perses, ayant résolu d'attaquer les mages sur-le-champ et sans différer, se mirent en marche, après avoir prié les dieux. Ils ne savaient encore rien de l'aventure de Préxaspe ; ils l'apprirent à moitié chemin. Sur cette nouvelle, ils se retirèrent à l'écart pour tenir conseil et délibérer entre eux.

Otanès était toujours d'avis de différer l'entreprise, et de ne rien tenter dans des circonstances aussi critiques. Mais Darius représenta qu'il fallait marcher sur-le-champ, et exécuter sans délai ce qu'on avait résolu. L'affaire se discutait encore, lorsqu'ils aperçurent sept couples d'éperviers qui poursuivaient deux couples de vautours, et les mettaient en pièces avec le bec et les serres. Les Perses, à cette vue, se rangèrent tous de l'avis de Darius, et, pleins de confiance en ce présage, ils allèrent au palais.

LXXVII. Lorsqu'ils furent aux portes, ce que Darius avait prévu ne manqua pas d'arriver. Les gardes, par respect pour leur rang, et ne les soupçonnant point de mauvais desseins, les laissèrent passer sans leur faire de questions. Ils marchaient, en effet, sous la conduite des dieux. Quand ils eurent pénétré dans la cour du palais, ils rencontrèrent les eunuques chargés de présenter au roi les messages. Ceux-ci leur demandèrent quel sujet les amenait ; et, menaçant en même temps les gardes parce qu'ils les avaient laissés entrer, ils firent tous leurs efforts pour les empêcher de pénétrer plus avant. Les sept conjurés, s'encourageant alors mutuellement, tombèrent, le glaive à la main, sur ceux qui voulaient les retenir, et, les ayant tués, ils coururent promptement à l'appartement des hommes. Les deux mages étaient en train de délibérer sur l'action de Préxaspe.

LXXVIII. Le tumulte et les cris des eunuques étant venus jusqu'à eux, ils accoururent, et, voyant ce qui se passait, ils se mirent en défense. L'un se hâte de prendre un arc, l'autre une lance, et ils en viennent aux mains. Comme l'ennemi était trop près, l'arc devint inutile à celui qui s'en était armé ; l'autre se défendait avec la lance : il blessa Aspathine à la cuisse, et Intapherne à l'œil. Intapherne perdit l'œil, mais il ne mourut pas de sa blessure. L'un des mages blessa deux des conjurés ; l'autre, voyant que son arc lui était inutile, s'enfuit dans une chambre qui communiquait à l'appartement des hommes. Il voulut fermer la porte ; Darius et Gobryas s'y jetèrent avec lui.

Gobryas saisit le mage au corps; mais, comme on était dans les ténèbres, Darius craignit de percer Gobryas, et se trouva très-embarrassé. Gobryas, s'apercevant de son inaction, lui demanda pourquoi il ne faisait nul usage de la main. « Je crains de te « blesser, répondit Darius. — Frappe, lui dit Gobryas, dusses-tu « me percer aussi. » Darius obéit, et, par un heureux hasard, le coup qu'il porta n'atteignit que le mage.

LXXIX. Après avoir tué les mages, ils leur coupèrent la tête; et, laissant dans la citadelle ceux d'entre eux qui étaient blessés, tant pour la garder que parce qu'ils étaient hors d'état de les suivre, les cinq autres, tenant à la main les têtes des mages, sortirent en jetant de grands cris et en faisant beaucoup de bruit. Ils appelèrent à haute voix les Perses, leur racontèrent ce qui s'était passé, en leur montrant les têtes des usurpateurs. Ils firent en même temps main basse sur tous les mages qui se présentèrent à eux.

Les Perses, instruits de l'action des sept conjurés et de la fourberie des mages, crurent devoir les imiter, et, mettant l'épée à la main, ils tuèrent tous les mages qu'ils rencontrèrent; et, si la nuit n'eût arrêté le carnage, il ne s'en serait pas échappé un seul.

Les Perses célèbrent avec beaucoup de solennité cette journée : cette fête, l'une de leurs plus grandes, s'appelle Magophonie. Ce jour-là, il n'est pas permis aux mages de paraître en public; ils restent enfermés dans leurs maisons.

LXXX. Cinq jours après le rétablissement de la tranquillité, ceux qui s'étaient soulevés contre les mages tinrent conseil sur l'état actuel des affaires. Leurs discours paraîtront incroyables à quelques Grecs; ils n'en sont pas cependant moins vrais. Otanès exhorta les Perses à mettre l'autorité en commun. « Je crois, « dit-il, que l'on ne doit plus désormais confier l'administration « de l'État à un seul homme, le gouvernement monarchique « n'étant ni agréable ni bon. Vous savez à quel point d'inso- « lence en était venu Cambyse, et vous avez éprouvé vous-« mêmes celle du mage. Comment, en effet, la monarchie pour- « rait-elle être un bon gouvernement? Le monarque fait ce « qu'il veut, sans rendre compte de sa conduite. L'homme le « plus vertueux, élevé à cette haute dignité, perdrait bientôt « toutes ses bonnes qualités. Car l'envie naît avec tous les

« hommes, et les avantages dont jouit un monarque le portent
« à l'insolence. Or quiconque a ces deux vices a tous les vices
« ensemble : il commet une foule de crimes, tantôt dans l'excès
« de son orgueil, tantôt par envie. Un tyran devrait être
« exempt d'envie, puisqu'il jouit de toutes sortes de biens ;
« mais c'est tout le contraire, et ses sujets ne le savent que trop
« par expérience. Il hait les plus honnêtes gens, et semble
« chagrin de ce qu'ils existent encore. Il n'est bien qu'avec les
« plus méchants. Il prête volontiers l'oreille à la calomnie ; il
« accueille les délateurs ; mais ce qu'il y a de plus bizarre,
« si on le loue modestement, il s'en offense ; si, au contraire, on
« le recherche avec empressement, il en est pareillement
« blessé, et ne l'impute qu'à la plus basse flatterie ; enfin, et
« c'est le plus terrible de tous les inconvénients, il renverse les
« lois de la patrie, il fait violence aux femmes, et fait mourir
« qui bon lui semble, sans observer aucune formalité. Il n'en
« est pas de même du gouvernement démocratique. Premiè-
« rement on l'appelle isonomie ; c'est le plus beau de tous les
« noms : secondement, il ne s'y commet aucun de ces désordres
« qui sont inséparables de l'État monarchique. Le magistrat
« s'y élit au sort ; il est responsable de son administration, et
« toutes les délibérations s'y font en commun. Je suis donc
« d'avis d'abolir le gouvernement monarchique, et d'établir le
« démocratique, parce que tout pouvoir appartient au peuple. »
Telle fut l'opinion d'Otanès.

LXXXI. Mégabyse, qui parla après lui, leur conseilla d'instituer l'oligarchie. « Je pense, dit-il, avec Otanès, qu'il faut abolir
« la tyrannie, et j'approuve tout ce qu'il a dit à ce sujet. Mais
« quand il nous exhorte à remettre la puissance souveraine
« entre les mains du peuple, il s'écarte du bon chemin : rien
« de plus insensé et de plus insolent qu'une multitude perni-
« cieuse ; en voulant éviter l'insolence d'un tyran, on tombe
« sous la tyrannie d'un peuple effréné. Y a-t-il rien de plus in-
« supportable ? Si un roi forme quelque entreprise, c'est avec
« connaissance : le peuple, au contraire, n'a ni intelligence ni
« raison. Eh ! comment en aurait-il, lui qui n'a jamais reçu au-
« cune instruction, et qui ne connaît ni ce qui est beau, ni ce
« qui est convenable ? Il se jette dans une affaire, tête baissée
« et sans jugement, semblable à un torrent qui entraîne tout.

« Puissent les ennemis des Perses user de la démocratie ! Pour
« nous, faisons choix des hommes les plus vertueux ; mettons-
« leur la puissance entre les mains : nous serons nous-mêmes
« de ce nombre ; et, suivant toutes les apparences, des hommes
« sages et éclairés ne donneront que d'excellents conseils. »

LXXXII. Tel fut l'avis de Mégabyse. Darius parla le troisième, et proposa le sien en ces termes : « L'avis de Mégabyse sur la
« démocratie me paraît juste et plein de sens ; il n'en est pas
« de même de ce qu'il a avancé en faveur de l'oligarchie. Les
« trois sortes de gouvernements que l'on puisse proposer, le
« démocratique, l'oligarchique et le monarchique, étant aussi
« parfaits qu'ils peuvent l'être, je dis que l'état monarchique
« l'emporte de beaucoup sur les deux autres ; car il est con-
« stant qu'il n'y a rien de meilleur que le gouvernement d'un
« seul homme, quand il est homme de bien. Un tel homme ne
« peut manquer de gouverner d'une manière irrépréhensible :
« les délibérations sont secrètes, les ennemis n'en ont aucune
« connaissance. Il n'en est pas ainsi de l'oligarchie : ce gouver-
« nement étant composé de plusieurs personnes qui s'appli-
« quent à la vertu dans la vue du bien public, il naît ordinai-
« rement entre elles des inimitiés particulières et violentes.
« Chacun veut être le maître et faire prévaloir son opinion :
« de là, les haines réciproques et les séditions ; des séditions on
« passe aux meurtres, et des meurtres à la monarchie. Cela
« prouve combien le gouvernement d'un seul est préférable à
« celui de plusieurs. D'un autre côté, quand le peuple com-
« mande, il est impossible qu'il ne s'introduise beaucoup de
« désordre dans l'État. La corruption, une fois établie, ne pro-
« duit point des haines entre les méchants ; elle les unit, au
« contraire, par les liens d'une étroite amitié : car ceux qui
« perdent l'État agissent de concert et se soutiennent mutuel-
« lement. Ils continuent toujours à faire le mal, jusqu'à ce
« qu'il s'élève quelque défenseur du peuple qui les réprime.
« Cet homme se fait admirer, et cette admiration en fait un mo-
« narque ; ce qui nous prouve encore que la monarchie est le
« meilleur des gouvernements ; mais enfin, pour tout dire en
« peu de mots, d'où nous est venue la liberté ? de qui la tenons-
« nous ? du peuple, de l'oligarchie, ou d'un monarque ? Puis-
« qu'il est donc vrai que c'est par un seul homme que nous

« avons été délivrés de l'esclavage, je conclus qu'il faut nous
« en tenir au gouvernement d'un seul : d'ailleurs on ne doit
« point renverser les lois de la patrie lorsqu'elles sont sages ;
« cela serait dangereux. »

LXXXIII. Tels furent les trois sentiments proposés. Le dernier fut approuvé par les quatre autres. Alors Otanès, qui désirait ardemment d'établir l'isonomie, voyant que son avis n'avait point prévalu, se leva au milieu de l'assemblée, et parla ainsi : « Perses, puisqu'il faut que l'un de nous devienne roi,
« soit que le sort ou les suffrages de la nation le placent sur le
« trône, soit qu'il y monte par quelque autre voie, vous ne
« m'aurez point pour concurrent ; je ne veux ni commander ni
« obéir : je vous cède l'empire, et je me retire, à condition
« cependant que je ne serai sous la puissance d'aucun de
« vous, ni moi, ni les miens, ni mes descendants à perpé-
« tuité. »

Les six autres lui accordèrent sa demande. Il se retira de l'assemblée, et n'entra point en concurrence avec eux : aussi sa maison est-elle encore aujourd'hui la seule de toute la Perse qui jouisse d'une pleine liberté, n'étant soumise qu'autant qu'elle le veut bien, pourvu néanmoins qu'elle ne transgresse en rien les lois du pays.

LXXXIV. Les six autres Perses délibérèrent ensemble sur le moyen d'élire un roi de la manière la plus juste. Il fut d'abord résolu que, la royauté étant destinée à l'un d'entre eux, on donnerait tous les ans par distinction à Otanès, à lui et à ses descendants à perpétuité, la robe médique, et qu'on lui ferait les présents que les Perses regardent comme les plus honorables. Cette distinction lui fut accordée, parce qu'il avait le premier formé le projet de détrôner le mage, et qu'il les avait assemblés pour l'exécuter. Ces honneurs le regardaient spécialement ; mais ils firent pour eux-mêmes des règlements généraux. Il fut arrêté premièrement que chacun des sept aurait au palais ses entrées libres, sans être obligé de se faire annoncer, excepté quand le roi serait au lit avec sa femme ; secondement, que le roi ne pourrait prendre femme ailleurs que dans la maison de ceux qui avaient détrôné le mage. Quant à la manière d'élire le nouveau roi, il fut décidé que, le lendemain matin, ils se rendraient à cheval devant la ville et qu'on reconnaîtrait pour roi celui dont le cheval hennirait le premier au lever du soleil[1].

LXXXV. Darius avait un habile écuyer, nommé Œbarès. Au sortir de l'assemblée, Darius s'adressant à lui : « Œbarès, lui « dit-il, il a été arrêté entre nous que, demain matin, nous « monterions à cheval, et que celui-là serait roi, dont le cheval « hennirait le premier au soleil levant. Fais donc usage de « toute ton habileté, afin que j'obtienne ce haut rang préféra- « blement à tout autre. — Seigneur, répondit Œbarès, si ton « élection ne dépend que de cela, prends courage, et ne te « mets pas en peine : personne n'aura sur toi la préférence : « j'ai un secret infaillible. »

« Si tu en as véritablement un, reprit Darius, il est temps « d'en faire usage; il n'y a point à différer : demain notre sort « sera décidé. »

Sur cet avis, sitôt que la nuit fut venue, Œbarès prit une des cavales que le cheval de Darius aimait le plus. Il la mena dans le faubourg, l'y attacha, et en fit approcher le cheval de son maître, le fit passer et repasser plusieurs fois autour de cette cavale, et enfin il lui permit de la saillir.

LXXXVI. Le lendemain, dès qu'il fut jour, les six Perses, selon leur convention, se trouvèrent à cheval au rendez-vous. Comme ils allaient de côté et d'autre dans le faubourg, lorsqu'ils furent vers l'endroit où, la nuit précédente, la cavale avait été attachée, le cheval de Darius s'élança et se mit à hennir. En même temps il parut un éclair, et l'on entendit un coup de tonnerre, quoique le ciel fût serein. Ces signes, survenant comme si le ciel eût été d'intelligence avec Darius, furent pour ce prince une espèce d'inauguration. Les cinq autres descendirent aussitôt de cheval, se prosternèrent à ses pieds, et le reconnurent pour leur roi [2].

---

[1] Les Perses avaient coutume d'adorer le soleil levant. Au reste, il n'est pas question de tirer un présage du hennissement du cheval : c'était seulement une convention faite entre les conjurés. Les passages qu'apporte M. l'abbé Brotier pour prouver que les Perses tiraient des présages des chevaux, ne le prouvent pas. Dans le premier, il s'agit d'une convention ; dans le second, il est question de chevaux sacrés ; mais il n'est point dit qu'on en tirât des présages. (L.)

[2] Lorsque Cyrus perdit la vie, Darius avait environ vingt ans ; Cambyse régna sept ans cinq mois ; le mage Smerdis ne fut sur le trône que sept

LXXXVII. Tel fut, suivant les uns, le moyen dont se servit Œbarès; mais d'autres rapportent le fait différemment, car les Perses le content de deux manières. Ils disent donc qu'Œbarès passa la main sur les parties naturelles de cette cavale, et qu'ensuite il la tint cachée sous sa ceinture [1]; que, dans le moment où le soleil commençait à paraître, les chevaux faisant le premier pas pour se mettre en marche, il la tira de sa ceinture, l'approcha des naseaux du cheval de Darius; que cet animal, sentant l'odeur de la cavale, se mit à ronfler et à hennir.

LXXXVIII. Darius, fils d'Hystaspe, fut donc proclamé roi; et tous les peuples de l'Asie, qui avaient été subjugués par Cyrus et ensuite par Cambyse, lui furent soumis, excepté les Arabes. Ceux-ci, en effet, n'ont jamais été esclaves des Perses [2], mais leurs alliés. Ils donnèrent passage à Cambyse pour entrer en Égypte. S'ils s'y fussent opposés, l'armée des Perses n'aurait jamais pu y pénétrer. Ce fut avec des femmes perses que Darius contracta ses premiers mariages: il épousa deux filles de Cyrus, Atossa et Artystonne. Atossa avait été femme de son frère Cambyse, et ensuite du mage; Artystonne était encore vierge. Il prit ensuite pour femme Parmys, fille de Smerdis, fils de Cyrus, et Phédyme, fille d'Otanès, qui avait découvert l'imposture du mage.

Sa puissance affermie de tout côté, il commença par faire ériger en pierre sa statue équestre, avec cette inscription: DARIUS, FILS D'HYSTASPE, EST PARVENU A L'EMPIRE DES PERSES PAR LA VERTU DE SON CHEVAL (son nom était marqué dans l'inscription) ET L'ADRESSE D'ŒBARÈS SON ÉCUYER.

LXXXIX. Cela fait, il partagea ses États en vingt gouvernements, que les Perses appellent satrapies, et dans chacune il

---

mois. Par conséquent, Darius avait environ vingt-neuf ans lorsqu'il parvint à la couronne. (L.)

[1] Le grec porte *dans ses anaxyrides*. Les anaxyrides étaient de larges culottes qui descendaient jusqu'à la cheville du pied. (L.)

[2] Les Arabes n'ont jamais été asservis, et à présent ils sont encore indépendants. « Cette nation a été de tout temps extrêmement jalouse de sa liberté; elle n'a jamais admis de prince étranger. Aussi les rois de Perse, et après eux les rois de Macédoine, n'ont jamais pu les subjuguer. Des forces étrangères ne peuvent s'emparer de leur pays, parce qu'il est en partie désert et qu'il manque d'eau, et qu'il y a seulement, d'espace en espace, des puits cachés qui ne sont connus que des habitants. » (DIODORE DE SICILE, liv. II, § 1.) (L.)

établit un gouverneur. Il régla le tribut que chaque nation devait lui payer, et, à cet effet, il joignait à une nation les peuples limitrophes ; et quelquefois, passant par-dessus ceux qui étaient voisins, il mettait dans un même département des peuples éloignés l'un de l'autre.

Voici comment il distribua les satrapies, et régla les tributs, que chacune lui devait rendre tous les ans. Il fut ordonné que ceux qui devaient payer leur contribution en argent la payeraient au poids du talent babylonien, et que ceux qui la devaient en or la payeraient au poids du talent euboïque ; or, le talent babylonien vaut soixante et dix mines euboïques [1].

Sous le règne de Cyrus, et même sous celui de Cambyse, il n'y avait rien de réglé ; on donnait seulement au roi un don gratuit. Ces impôts, et autres pareils établissements, font dire aux Perses que Darius était un marchand, Cambyse un maître, et Cyrus un père : le premier, parce qu'il faisait argent de tout ; le deuxième, parce qu'il était dur et négligent ; et le troisième enfin, parce qu'il était doux, et qu'il avait fait à ses sujets le plus de bien qu'il avait pu.

XC. Les Ioniens, les Magnètes d'Asie, les Éoliens, les Cariens, les Lyciens, les Milyens, les Pamphyliens, composaient le premier département, et payaient ensemble quatre cents talents d'argent. Les Mysiens, les Lydiens, les Lasoniens, les Cabaliens et les Hygenniens, étaient taxés à cinq cents talents d'argent [2], et composaient la deuxième satrapie. Les habitants de l'Hellespont, qu'on trouve à droite en naviguant de ce côté, les Phrygiens, les Thraces d'Asie, les Paphlagoniens, les Mariandyniens et les Syriens, faisaient le troisième département, et payaient trois cent soixante talents. Les Ciliciens donnaient tous les jours un cheval blanc, trois cent soixante en tout ; et, outre cela, cinq cents talents d'argent, dont cent quarante se distribuaient à la cavalerie qui était pour la garde de ce pays : les trois cent

---

[1] Le talent d'Eubée valait, selon la remarque d'Appien, 7,300 drachmes d'Alexandrie, c'est-à-dire 70 mines. Le talent babylonien était de la même valeur que celui d'Eubée ; l'un et l'autre valait donc 6,300 livres de notre monnaie. (L.)

[2] 2,700,000 livres de notre monnaie. On peut être surpris de ce que cette satrapie, qui était la plus petite des vingt, payât une si forte contribution. Il faut faire attention qu'elle comprenait la Lydie, pays très-riche, et que le Pactole, qui l'arrosait, roulait des paillettes d'or. (L.)

soixante autres talents entraient dans les coffres de Darius. C'était le quatrième département.

XCI. Le suivant se prenait à commencer depuis la ville de Posideïum, construite sur les frontières de la Cilicie et de la Syrie par Amphilochus [1], fils d'Amphiaraüs, jusqu'en Égypte, sans comprendre le pays des Arabes, qui était exempt de tout tribut. Il payait trois cent cinquante talents. Ce même département renfermait aussi toute la Phénicie, la Syrie de la Palestine, et l'île de Cypre.

De l'Égypte, des Libyens voisins de l'Égypte, de Cyrène et de Barcé, villes comprises dans le gouvernement de l'Égypte, il revenait au roi un tribut de sept cents talents, sans compter le produit de la pêche du lac Mœris, et sept cents talents en blé [2] : car on en fournissait cent vingt mille mesures aux Perses en garnison dans le château blanc de Memphis, et aux troupes auxiliaires qui étaient à leur solde. Cette satrapie était la sixième. La septième comprenait les Sattagides, les Gandariens, les Dadices et les Aparytes. Ces nations étaient du même gouvernement, et payaient cent soixante-dix talents. Suse et le reste du pays des Cissiens faisaient le huitième gouvernement, et rendaient au roi trois cents talents.

XCII. De Babylone et du reste de l'Assyrie, il lui revenait mille talents d'argent, et cinq cents jeunes eunuques : c'était le neuvième département. D'Agbatane et du reste de la Médie, des Paricaniens et des Orthocorybantiens, qui faisaient le dixième gouvernement, il tirait quatre cent cinquante talents. Les Caspiens, les Pausices, les Pantimathiens et les Darites composaient le onzième gouvernement. Ils payaient ensemble deux cents talents. Tout le pays, depuis les Bactriens jusqu'aux Ægles, faisait la douzième satrapie, et rendait un tribut de trois cent soixante talents.

---

[1] Cet Amphilochus, fils d'Amphiaraüs et d'Ériphyle, fut un célèbre devin. Il fut roi d'Argos, mais il ne put se maintenir dans ce royaume, et il en sortit pour aller fonder la ville d'Argos Amphilochium, dans le golfe d'Ambracie. Il bâtit aussi Malle en Cilicie. Les Pamphyliens qui servaient sur la flotte des Perses descendaient des Grecs qui, avec Amphilochus et Calchas, avaient été dispersés par la tempête après la prise de Troie. Ce ne peut être que ce même Amphilochus, puisque Strabon parle du voyage d'Amphilochus, fils d'Amphiaraüs, avec Calchas. (L.)

[2] 35,304 livres 2 onces 2 gros 32 grains pesant.

XCIII. Le treizième département payait quatre cents talents [1]. Il s'étendait depuis le Pactyice, l'Arménie et les pays voisins, jusqu'au Pont-Euxin. Les Sagartiens, les Sarangéens, les Thamanéens, les Outiens, les Myciens et les peuples qui habitent les îles de la mer Erythrée, où le roi envoie ceux qu'il relègue, payaient un tribut de six cents talents : ils étaient compris sous la quatorzième satrapie. La quinzième renfermait les Saces et les..., qui donnaient deux cent cinquante talents. Les Parthes, les Chorasmiens, les Sogdiens et les Ariens étaient taxés à trois cents talents : cette satrapie était la seizième.

XCIV. Les Paricaniens et les Éthiopiens asiatiques rendaient quatre cents talents. Ils composaient le dix-septième gouvernement. Le dix-huitième renfermait les Matianiens, les Sapires et les Alarodiens. Ils étaient taxés à deux cents talents. Les Mosches, les Tibaréniens, les Macrons, les Mosynœques, les Mardes, payaient trois cents talents. Ils faisaient le dix-neuvième département. Les Indiens sont, de tous les peuples qui nous soient connus, le plus nombreux. Ils payaient autant d'impôts que tous les autres ensemble, et ils étaient taxés à trois cent soixante talents de paillettes d'or. C'était le vingtième gouvernement.

XCV. Si l'on veut réduire au talent euboïque tout cet argent qui se payait au poids du talent babylonien, on trouvera neuf mille huit cent quatre-vingts talents ; et, si l'on met le prix de l'or à treize fois autant que celui de l'argent, en les réduisant aussi au talent euboïque, on aura quatre mille six cent quatre-vingts talents de poudre d'or. En réunissant toutes ces sommes, on verra que Darius retirait par an un tribut de quatorze mille cinq cent soixante talents euboïques, sans y comprendre d'autres sommes plus petites que je passe sous silence.

XCVI. Tels étaient les revenus que Darius tirait de l'Asie et d'une petite partie de la Libye. Il leva aussi, dans la suite, des impôts sur les îles, ainsi que sur les peuples qui habitaient l'Europe jusqu'en Thessalie. Le roi met ses revenus dans ses

---

[1] Indépendamment de cette somme, « les Arméniens, dit Strabon, donnaient tous les ans au roi, pendant les fêtes de Mithra, vingt mille chevaux. » Ces chevaux venaient de la plaine Niséenne. Il paraît par là que Strabon pensait que cette plaine était en Arménie, quoiqu'elle fût réellement en Médie. Mais peut-être que, du temps de ce géographe, cette plaine dépendait de l'Arménie. (L.)

trésors, et voici comment. Il fait fondre l'or et l'argent dans des vaisseaux de terre; lorsqu'ils sont pleins, on ôte le métal du vaisseau; et, quand il a besoin d'argent, il en fait frapper autant qu'il lui en faut.

XCVII. Tels sont les différents gouvernements et les impôts auxquels ils sont soumis. La Perse est la seule province que je n'aie point mise au rang des pays tributaires, car les Perses habitent une contrée exempte de l'impôt; ils accordent du moins un don gratuit. Il en était de même des Éthiopiens, voisins de l'Égypte, que Cambyse subjugua dans son expédition contre les Éthiopiens-Macrobiens, et de ceux qui habitent la ville sacrée de Nysa, et qui célèbrent des fêtes en l'honneur de Bacchus. Ces Éthiopiens et leurs voisins sèment les mêmes grains que les Indiens-Calaties, et leurs maisons sont sous terre. Ces deux peuples portaient tous les trois ans au roi deux chénices d'or fin, avec deux cents troncs d'ébène et vingt grandes dents d'éléphant. De plus, ils lui présentaient cinq jeunes Éthiopiens; et cet usage s'observait encore de mon temps.

Les peuples de Colchide se taxaient eux-mêmes pour lui faire un présent, ainsi que leurs voisins jusqu'au mont Caucase; car tout leur pays, jusqu'à cette montagne, est soumis aux Perses; mais les nations qui habitent au nord du Caucase ne tiennent aucun compte d'eux. Ces peuples avaient coutume d'envoyer pour don gratuit, de cinq en cinq ans, cent jeunes garçons et autant de jeunes filles. Ce présent, auquel ils s'étaient taxés eux-mêmes, se faisait encore de mon temps. Les Arabes donnaient aussi tous les ans au roi mille talents [1] d'encens. Tels étaient les présents de ces différents peuples, sans compter les tributs dont nous avons parlé.

XCVIII. Quant à cette grande quantité de poudre d'or que les Indiens payent, comme je l'ai dit, en tribut au roi de Perse, voici comment ils se la procurent. La partie des Indes qui s'étend vers le soleil levant est sablonneuse; car, de tous les peuples que nous connaissons, et dont on dise quelque chose de certain, il n'y en a pas un qui soit plus près de l'aurore et du lever du soleil que les Indiens. Ils sont, de ce côté, les premiers habitants de l'Asie. A l'est, les sables rendent le pays désert.

61,432 livres 4 onces 5 gros 24 grains.

On comprend sous le nom d'Indiens plusieurs peuples qui ne parlent pas une même langue; les uns sont nomades, et les autres ont une demeure fixe. Il y en a qui habitent dans les marais formés par les débordements du fleuve, et qui se nourrissent de poissons crus, qu'ils pêchent sur des bateaux faits de roseaux. Ils coupent ces cannes de nœud en nœud; chaque morceau fait une nacelle. Ces Indiens portent des habits tissus d'une plante qui croît dans les rivières; ils la recueillent, et, l'ayant bien battue, ils l'entrelacent en forme de natte, et s'en revêtent comme si c'était une cuirasse.

XCIX. D'autres Indiens, qui habitent à l'est de ceux-ci, sont nomades, et vivent de chair crue. On les appelle Padéens. Voici les lois qu'on leur attribue. Quiconque parmi eux tombe malade, si c'est un homme, ses plus proches parents et ses meilleurs amis le tuent, apportant pour raison que la maladie le ferait maigrir et que sa chair en serait moins bonne. Il a beau nier qu'il soit malade, ils l'égorgent impitoyablement, et se régalent de sa chair. Si c'est une femme, ses plus proches parentes la traitent de la même manière que les hommes en agissent entre eux. Ils tuent ceux qui sont parvenus à un grand âge, et les mangent; mais il s'en trouve peu, parce qu'ils ont grand soin de tuer tous ceux qui tombent malades.

C. Il y a d'autres Indiens qui ont des usages différents. Ils ne tuent aucun animal; ils ne sèment rien, n'ont point de maisons, et vivent d'herbages. Ils ont chez eux une espèce de grain que la terre produit d'elle-même. Ce grain est à peu près de la grosseur du millet, et vient dans une cosse. Ils le recueillent, le font bouillir avec sa cosse, et le mangent. Si quelqu'un d'entre eux tombe malade, il va dans un lieu désert et s'y couche, sans que personne s'en occupe, soit pendant sa maladie, soit après sa mort.

CI. Ces Indiens, dont je viens de parler, voient publiquement leurs femmes, comme les bêtes. Ils sont tous de la même couleur, et elle approche beaucoup de celle des Éthiopiens. La liqueur séminale n'est pas blanche chez eux, comme chez les autres hommes, mais noire comme leur peau, et ressemble à celle des Éthiopiens. Ces sortes d'Indiens sont fort éloignés des Perses; ils habitent du côté du midi, et n'ont jamais été soumis à Darius.

CII. Il y a d'autres Indiens, qui habitent au nord. Ils sont voisins de la ville de Caspatyre et de la Pactyice. Leurs mœurs et leurs coutumes approchent beaucoup de celles des Bactriens. Ils sont aussi les plus braves de tous les Indiens, et ce sont eux qu'on envoie chercher l'or. Il y a aux environs de leur pays des endroits que le sable rend inhabitables. On trouve dans ces déserts et parmi ces sables des fourmis plus petites qu'un chien, mais plus grandes qu'un renard. On en peut juger par celles qui se voient dans la ménagerie du roi de Perse, et qui viennent de ce pays, où elles ont été prises à la chasse.

Ces fourmis ont la forme de celles qu'on voit en Grèce ; elles se pratiquent sous terre un gîte. Pour le faire, elles poussent en haut la terre, de la même manière que nos fourmis, et le sable qu'elles élèvent est rempli d'or. On envoie les Indiens ramasser ce sable dans les déserts. Ils attellent ensemble chacun trois chameaux : ils mettent un mâle de chaque côté, et entre deux une femelle, sur laquelle ils montent. Mais ils ont l'attention de ne se servir que de celles qui nourrissent, et qu'ils viennent d'arracher à leurs petits encore à la mamelle. Leurs chameaux ne sont pas moins légers à la course que les chevaux, et portent néanmoins de plus grands fardeaux.

CIII. Je ne ferai point ici la description de la figure du chameau ; les Grecs la connaissent ; je dirai seulement ce qu'ils ignorent. Le chameau a deux cuisses et deux genoux à chaque jambe de derrière, et le membre passe entre les cuisses de derrière, et est tourné vers la queue.

CIV. Les Indiens, ayant attelé leurs chameaux de la sorte, règlent tellement leur marche vers les lieux où est l'or, qu'ils n'y arrivent et ne l'enlèvent que pendant la grande chaleur du jour; car alors l'ardeur du soleil oblige les fourmis à se cacher sous terre. Dans ce pays, le soleil est le plus ardent le matin, et non à midi, comme chez les autres nations. Ils l'ont aplomb sur la tête jusqu'à l'heure où finit chez nous le marché. Dans cette partie du jour il est beaucoup plus brûlant qu'il ne l'est en Grèce en plein midi. Aussi dit-on que pendant ce temps-là ils se tiennent dans l'eau. A midi, il est à peu près aussi chaud dans les autres pays que chez les Indiens; mais, après midi, la chaleur est aussi modérée chez eux qu'elle l'est le matin chez les autres peuples ; et, plus il s'éloigne du midi, plus l'air devient frais, de sorte qu'à son coucher ils jouissent d'une grande fraîcheur.

CV. Les Indiens ne sont pas plutôt arrivés sur les lieux, qu'ils remplissent de sable les sacs qu'ils ont apportés, et s'en retournent en diligence : car, au rapport des Perses, les fourmis, averties par l'odorat, les poursuivent incontinent. Il n'est point, disent-ils, d'animal si vite à la course ; et si les Indiens ne prenaient pas les devants pendant qu'elles se rassemblent, il ne s'en sauverait pas un seul. C'est pourquoi les chameaux mâles, ne courant pas si vite que les femelles, resteraient en arrière, s'ils n'étaient point tirés ensemble et à côté d'elles. Quant aux femelles, le souvenir de leurs petits leur donne des forces. C'est ainsi, disent les Perses, que ces Indiens recueillent la plus grande partie de leur or : celui qu'ils tirent de leurs mines est plus rare.

CVI. Les extrémités de la terre habitée ont eu, en quelque sorte, en partage ce qu'elle a de plus beau, comme la Grèce jouit du plus beau climat. L'Inde est, ainsi que je viens de le dire, la dernière contrée habitée à l'est. Les quadrupèdes et les volatiles y sont beaucoup plus grands que dans les autres pays ; mais les chevaux y sont plus petits que ceux de la Médie, qu'on appelle Nyséens. Ce pays abonde en or : on le tire des mines, des fleuves qui le charrient avec leurs eaux, et de la manière dont nous avons dit qu'on l'enlevait. On y voit, outre cela, des arbres sauvages qui, pour fruit, portent une espèce de laine[1] plus belle et meilleure que celle des brebis. Les Indiens s'habillent avec la laine qu'ils recueillent sur ces arbres.

CVII. Du côté du midi, l'Arabie est le dernier des pays habités. C'est aussi le seul où l'on trouve l'encens[2], la myrrhe, la can-

---

[1] C'est le coton. Les anciens l'appelaient *byssus*, et le regardaient comme une espèce de lin, et tantôt comme une sorte de laine qui croissait sur un arbre dans l'Inde. Théophraste appelle ces arbrisseaux arbres portant laine, ἐριοφόρα δένδρα. Ctésias dit au rapport de Varron, qu'il y a dans l'Inde des arbres qui portent de la laine. Pomponius Méla est du même avis. « L'Inde, dit-il, est si grasse et si fertile, que le miel découle des feuilles des arbres, et que les bois y portent de la laine. » Il ajoute ensuite que les Indiens sont habillés de lin, ou de la laine dont il vient de parler. Cet auteur confond ici le lin avec le coton, les Indiens n'ayant jamais connu le lin. (L.)

[2] L'arbre qui porte l'encens ne croît qu'en Arabie ; on le trouve particulièrement dans cette partie qu'on appelle *Thurifère*, dans un canton qui est vers le milieu de l'Arabie, après les Atramites, proche la ville

nelle, le cinnamome, le lédanon. Les Arabes recueillent toutes ces choses avec beaucoup de peine, excepté la myrrhe.

Pour récolter l'encens, ils font brûler sous les arbres qui le donnent une gomme appelée styrax, que les Phéniciens apportent aux Grecs. Ils brûlent cette gomme pour écarter une multitude de petits serpents volants, d'espèces différentes, qui gardent ces arbres. Ce sont ces sortes de serpents qui volent par troupes vers l'Égypte. Il n'y a que la fumée du styrax qui puisse les éloigner de ces arbres.

CVIII. Les Arabes disent aussi que tout le pays serait rempli de ces serpents, s'il ne leur arrivait la même chose que nous savons arriver aux vipères. C'est la Providence divine dont la sagesse a voulu, comme cela est vraisemblable, que tous les animaux timides, et qui servent de nourriture, fussent très-féconds, de crainte que la grande consommation qu'on en fait n'en détruisît l'espèce, et qu'au contraire tous les animaux nuisibles et féroces fussent beaucoup moins féconds.

Le lièvre trouve partout des ennemis; les bêtes, les oiseaux, les hommes, lui font la guerre : aussi cet animal est-il extrêmement fécond. Sa femelle est, de tous les animaux, la seule qui conçoive quoique déjà pleine, et qui porte en même temps des petits dont les uns sont couverts de poil, les autres n'en ont point encore, et d'autres ne font que de se former, tandis qu'elle en conçoit encore d'autres.

La lionne, au contraire, cet animal si fort et si féroce, ne porte qu'une fois en sa vie, et ne fait qu'un petit : car sa matrice sort avec son fruit; et en voici la raison. Dès que le lionceau commence à remuer dans le ventre de sa mère, comme il a les griffes beaucoup plus pointues que tout autre animal, il déchire la matrice; et plus il croît, plus il la déchire. Enfin, lorsque la lionne est près de mettre bas, il n'y reste rien d'intact.

CIX. Si donc les vipères et les serpents volants d'Arabie ne mouraient que de leur mort naturelle, il serait impossible aux

---

de Saba, capitale du pays des Sabéens. Ce canton est naturellement inaccessible, étant entouré de rochers. On y voit des forêts d'encens qui ont vingt schènes de long sur dix de large. Elles sont voisines des Minéens, qui habitent un autre pays par lequel on apporte l'encens, et de là vient qu'anciennement on appelait l'encens *thus minœum*. (L.)

hommes de vivre ; mais, lorsqu'ils frayent ensemble, la femelle, dans l'accouplement et dans l'instant de l'émission, prend le mâle à la gorge, s'y attache fortement, et ne lâche point prise qu'elle ne l'ait dévoré. Ainsi périt le mâle. La femelle en reçoit la punition ; ses petits, étant prêts à sortir, lui rongent la matrice et le ventre, se font un passage, et vengent de la sorte la mort de leur père. Les autres serpents, qui ne font point de mal aux hommes, pondent des œufs, d'où l'on voit éclore une grande quantité de petits serpents. Au reste, il y a des vipères par toute la terre, mais on ne voit qu'en Arabie des serpents ailés ; c'est pour cela qu'ils s'y trouvent en si grand nombre.

CX. C'est ainsi que les Arabes recueillent l'encens. Voici comment ils font la récolte de la cannelle. Lorsqu'ils vont la chercher, ils se couvrent le corps entier, et même le visage, excepté les yeux, de peaux de bœufs et de chèvres. La cannelle croît dans un lac peu profond. Sur ce lac et tout à l'entour, il y a des bêtes ailées semblables à des chauves-souris. Ces animaux jettent des cris perçants et terribles, et sont très-forts. Les Arabes ont soin de les repousser et de se garantir les yeux, et avec cette précaution ils récoltent la cannelle.

CXI. Le cinnamome[1] se recueille d'une façon encore plus merveilleuse. Les Arabes eux-mêmes ne sauraient dire ni comment il vient, ni quelle est la terre qui le produit. Quelques-uns prétendent qu'il croît dans le pays où Bacchus fut élevé. Ils racontent que de certains gros oiseaux vont chercher ces pelures que nous appelons cinnamome, nom que nous avons appris des Phéniciens ; que ces oiseaux les portent à leurs nids, qu'ils construisent avec de la boue sur des montagnes escarpées, et où aucun homme ne peut monter. Pour avoir ces brins de cinnamome, on prétend que les Arabes emploient cet artifice : ils prennent de la chair de bœuf, d'âne et d'autres bêtes mortes, la coupent en très-gros morceaux, et l'ayant portée le plus près des nids qu'il leur est possible, ils s'en éloignent. Les oiseaux fondent sur cette proie, et l'emportent dans leurs nids ; mais comme ces nids ne sont point assez solides pour la soutenir, ils

---

[1] C'est le nom que les Grecs et les Latins du Bas-Empire ont donné à notre cannelle, qui est le casia d'Hérodote, et le casia syrinx ou casia fistula de la plupart des auteurs. Mais les anciens entendaient sous le nom de cinnamome l'arbre même qui donne la cannelle. (L.)

se brisent et tombent à terre. Les Arabes surviennent alors, et ramassent le cinnamome, qu'ils font ensuite passer dans les autres pays.

CXII. Le lédanon[1], que les Arabes appellent ladanum, se recueille d'une manière encore plus merveilleuse que le cinnamome. Quoique odoriférant, il vient dans un endroit d'une odeur désagréable : car on le trouve dans la barbe des boucs et des chèvres, tel que la gomme qui découle de quelques arbres. On le fait entrer dans la composition de plusieurs parfums, et c'est principalement avec le lédanon que se parfument les Arabes. En voilà assez sur les substances odoriférantes.

CXIII. L'Arabie exhale une odeur divine. Les Arabes ont deux espèces de moutons dignes d'admiration, et qu'on ne voit point ailleurs : les uns ont la queue longue au moins de trois coudées. Si on la leur laissait traîner, il y viendrait des ulcères, parce que la terre l'écorcherait et la meurtrirait. Mais aujourd'hui tous les bergers de ce pays savent faire de petits chariots, sur chacun desquels ils attachent la queue de ces animaux. L'autre espèce de moutons a la queue large d'une coudée.

CXIV. L'Éthiopie s'étend au couchant de l'Arabie, en tirant vers le midi : c'est le dernier des pays habités. Elle produit beaucoup d'or, des éléphants monstrueux, toutes sortes d'arbres sauvages, et de l'ébène. Les hommes y sont grands, beaux, bien faits, et vivent fort longtemps.

CXV. Telles sont les extrémités de l'Asie et de la Libye. Quant à celles de l'Europe à l'occident, je n'en puis rien dire de certain : car je n'admets pas un fleuve que les barbares nomment Éridan, qui se jette dans la mer du Nord, et dont on dit que nous vient l'ambre. Je ne connais pas non plus les îles Cassitérides, d'où l'on apporte l'étain : le nom même du fleuve est une preuve de mon sentiment. Éridanos n'est point un mot bar-

---

[1] Le lédum est un arbrisseau odoriférant qui s'élève à deux ou trois pieds. Les chèvres broutent les feuilles du lédum, sur lesquelles il y a une matière gommeuse dont leur barbe se charge. Les paysans ont soin de la ramasser avec des peignes de bois faits exprès; ensuite ils la fondent, la coulent, et la mettent en masse; c'est ce qu'on appelle *lédanon* ou *ladanon*. « On l'amasse aussi avec une espèce de fouet à long manche et à double rang de courroies, qu'on fait rouler sur ces plantes, et qui se chargent ainsi de la glu odoriférante attachée sur les feuilles. » (TOURNEFORT.)

bare, c'est un nom grec inventé par quelque poëte. D'ailleurs, je n'ai jamais trouvé personne qui ait pu me dire, comme témoin oculaire, quelle est cette mer que l'on place dans cette région de l'Europe. Ce qu'il y a de certain, c'est que l'étain et l'ambre nous viennent de cette extrémité du monde.

CXVI. Il paraît constant qu'il y a une très-grande quantité d'or vers le nord de l'Europe : mais je ne saurais dire avec certitude comment on parvient à se le procurer. On dit cependant que les Arimaspes enlèvent cet or aux Gryphons, et que ces Arimaspes n'ont qu'un œil. Mais qu'il y ait des hommes qui naissent avec un œil seulement, et qui, dans tout le reste, ressemblent aux autres hommes, c'est ce que je ne puis me persuader. Quoi qu'il en soit, il paraît que les extrémités de la terre possèdent ce que nous estimons de plus beau et de plus rare.

CXVII. Il y a, en Asie, une plaine environnée de tous côtés d'une montagne qui a cinq ouvertures. Cette plaine appartenait autrefois aux Chorasmiens. Elle est située sur les frontières de ce même peuple, sur celles des Hyrcaniens, des Parthes, des Sarangéens et des Tamanéens ; mais, depuis que les Perses sont en possession de la puissance souveraine, elle appartient au roi.

De cette montagne, qui renferme la plaine en question, coule un grand fleuve appelé Acès. Il prenait autrefois son cours par chacune des cinq ouvertures, se distribuait de tous côtés, et arrosait les terres des peuples dont je viens de parler. Mais, depuis qu'ils sont tous sous la domination des Perses, voici ce qui leur est arrivé. Le roi a fait faire, à chacune des ouvertures de la montagne, des portes ou écluses ; l'eau ne trouvant plus d'issue, et se répandant toujours dans la plaine qui est entre les montagnes, en a fait une vaste mer. Ces peuples ne pouvant plus se servir de ces eaux, dont ils faisaient usage auparavant, se trouvent exposés à de fâcheux accidents. Il est vrai qu'en hiver il pleut chez eux comme chez les autres nations ; mais en été ils ont besoin d'eau lorsqu'ils sèment le millet et le sésame, et elle leur manque. Voyant donc qu'on ne leur en donne point, ils vont avec leurs femmes trouver les Perses ; et, se tenant aux portes du palais du roi, ils poussent des cris lamentables. Alors le roi ordonne de lâcher les écluses du côté de ceux qui ont le plus besoin d'eau. Lorsque leurs terres sont suffisamment abreuvées, on referme les écluses. Il vient ensuite un ordre de les ouvrir pour ceux dont les besoins sont les plus pressants. Mais, comme je l'ai ouï dire, le roi exige, pour les lâcher, de grandes sommes d'argent, sans compter l'impôt.

CXVIII. Intapherne, un de sept Perses qui avaient conspiré contre le mage, se permit une insulte qui le fit punir de mort. Immédiatement après le soulèvement contre les mages, il voulut entrer dans le palais pour parler au roi : car il avait été arrêté, entre les sept ligués contre le mage, qu'ils auraient leurs entrées libres chez le roi sans avoir besoin d'introducteur, à moins qu'il ne fût avec l'une de ses femmes. Intapherne voulut entrer chez Darius, croyant qu'il ne devait point se faire annoncer, parce qu'il était un des sept. Le garde de la porte et l'introducteur lui refusèrent l'entrée, disant que le roi était avec une de ses femmes. Intapherne, s'imaginant qu'ils mentaient, tire son cimeterre, leur coupe le nez et les oreilles, qu'il fait attacher à la bride de son cheval, et, la leur ayant passée à l'entour du cou, il les laisse aller.

CXIX. Ils se présentèrent au roi, et lui dirent pourquoi on les avait ainsi maltraités. Darius, appréhendant que cette violence n'eût été commise de concert avec les cinq autres, les fit venir l'un après l'autre, et les sonda chacun en particulier, pour savoir s'ils approuvaient ce qui s'était passé. Quand il fut bien sûr que cela s'était fait sans leur participation, comme il avait lieu de croire qu'Intapherne chercherait à se révolter avec ses parents, il le fit arrêter, lui, ses fils et toute sa famille. S'étant assuré de leurs personnes, il les fit mettre aux fers, et les condamna à mort.

La femme d'Intapherne se rendait chaque jour aux portes du palais, tout éplorée, et poussant des cris lamentables. Ses pleurs et son assiduité firent impression sur le cœur de Darius. On vint lui dire, de la part de ce prince : « Le roi Darius t'accorde un « des prisonniers ; tu peux choisir, parmi tes parents, celui que « tu veux délivrer du supplice. » Après un moment de réflexion, elle répondit : « Si le roi m'accorde la vie d'un de mes proches, « je choisis mon frère préférablement à tous les autres. » Darius en fut surpris. « Quel motif, lui fit-il dire, te fait préférer ton « frère à ton mari et à tes enfants, quoiqu'il ne te soit pas si « proche que tes enfants, et qu'il doive t'être moins cher que « ton mari ? — O roi, répondit-elle, si Dieu le permet, je pourrai

« trouver un autre mari, et avoir d'autres enfants lorsque j'au-
« rai perdu ceux-ci; mais, mon père et ma mère étant morts,
« il n'est pas possible que j'aie jamais d'autre frère. Tels sont
« les motifs qui me l'ont fait préférer. » Darius, trouvant sa
réponse pleine de sens, et l'ayant goûtée, lui rendit non-seulement ce frère qu'elle avait demandé, mais encore l'aîné de ses
enfants. Quant aux autres, il les fit tous mettre à mort. Ainsi
périt, dès le commencement, l'un des sept.

CXX. Vers le temps de la maladie de Cambyse, il arriva ce qui
suit. Orétès, Perse de nation, à qui Cyrus avait donné le gouvernement de Sardes, conçut le projet abominable de se saisir
de Polycrate de Samos, et de le faire mourir, quoiqu'il n'en eût
jamais reçu la moindre offense ni en paroles ni en actions, et
qu'il ne l'eût même jamais vu. Mais voici la raison qu'en donnent la plupart de ceux qui racontent cette histoire.

Orétès, se trouvant un jour à la porte du palais avec Mitrobate, gouverneur de Dascylium, de discours en discours, ils en
vinrent aux reproches. Comme leur dispute roulait sur le courage : « Peux-tu compter, dit Mitrobate à Orétès, pour un homme
« de cœur, toi qui ne t'es pas encore emparé de l'île de Samos,
« quoiqu'elle soit contiguë à ton gouvernement, et si facile à
« subjuguer, qu'un de ses habitants l'a prise avec quinze sol-
« dats, et en est maintenant le maître. » Orétès fut, dit-on, si
sensible à ce reproche, qu'il chercha moins les moyens de se
venger de celui qui le lui avait fait, que de perdre Polycrate, à
l'occasion duquel il l'avait reçu.

CXXI. Quelques-uns, mais en plus petit nombre, racontent
qu'Orétès envoya un héraut à Samos lui faire une demande quelconque; on ne dit point ce que c'était. Quand le héraut arriva,
ce prince était sur un lit de repos dans l'appartement des hommes, ayant près de lui Anacréon de Téos. Le héraut s'étant
avancé pour lui parler, Polycrate, qui avait alors le visage du
côté du mur, soit hasard, soit dessein de montrer le mépris
qu'il faisait d'Orétès, ne daigna point se tourner, ni même lui
répondre.

CXXII. On rapporte ces deux causes de la mort de Polycrate:
chacun est libre de croire celle qui lui paraîtra la plus probable.
Orétès, étant à Magnésie sur le Méandre, envoya à Samos un
Lydien nommé Myrsus, fils de Gygès, vers Polycrate, dont il

connaissait le caractère. Polycrate est le premier de tous les Grecs que nous connaissions qui ait eu le dessein de se rendre maître de la mer, si l'on excepte Minos de Cnosse, ou quelque autre plus ancien que ce législateur, en supposant qu'il y en ait eu. Quant à ce qu'on appelle les temps historiques, Polycrate est le premier qui se soit flatté de l'espérance de s'emparer de l'Ionie et des îles. Orétès, instruit de ses vues, lui envoya ce message :

« *Orétès parle ainsi à Polycrate :*

« J'ai appris que tu as conçu de vastes projets, mais que tes
« richesses n'y répondent pas. Si donc tu suis mes conseils,
« tu seras heureux, et tu me mettras moi-même à couvert de
« tout danger. Cambyse a dessein de me faire mourir; on me
« le mande comme une chose certaine. Donne-moi une retraite
« chez toi, et reçois-moi avec mes trésors; la moitié est à toi,
« laisse-moi l'autre : ils te rendront maître de toute la Grèce.
« Au reste, si tu as quelque doute au sujet de mes richesses,
« envoie-moi quelqu'un de confiance, je les lui montrerai. »

CXXIII. Polycrate, charmé des offres d'Orétès, lui accorda d'autant plus volontiers sa demande, qu'il avait une grande passion pour l'argent. D'abord il lui envoya Mæandrius, son secrétaire, fils d'un père du même nom. Ce Mæandrius était de Samos; ce fut lui, qui quelque temps après, consacra dans le temple de Junon le riche ameublement de l'appartement de Polycrate.

Orétès, sachant qu'on devait venir visiter ses trésors, fit remplir de pierres huit grands coffres presque jusqu'aux bords. Il fit couvrir ces pierres de pièces d'or, et ayant fait fermer les coffres avec un nœud, il les tint prêts. Cependant Mæandrius arrive, visite les trésors, et retourne faire son rapport à Polycrate.

CXXIV. Celui-ci partit pour se rendre auprès d'Orétès, malgré les représentations des devins et celles de ses amis. D'ailleurs sa fille avait cru voir en songe son père élevé dans les airs, où il était baigné par les eaux du ciel, et oint par le soleil. Effrayée de cette vision, elle fit tous ses efforts pour le dissuader de partir; et, comme il allait s'embarquer sur un vaisseau à cinquante rames, elle lui fit entendre des choses de mauvais augure. Alors il la menaça de ne la marier de longtemps, s'il revenait sain et sauf de voyage. « Je souhaite, lui répondit-elle, « que tes menaces aient leur effet; et j'aime mieux rester long- « temps vierge que d'être privée de mon père. »

CXXV. Polycrate, sans aucun égard pour les conseils qu'on lui donnait, s'embarqua pour se rendre auprès d'Orétès avec plusieurs de ses amis, et entre autres avec le médecin Démocède, fils de Calliphon, de la ville de Crotone, et le plus habile homme de son temps dans sa profession. Arrivé à Magnésie, il y périt misérablement, et d'une manière indigne de son rang et de la grandeur de son âme. En effet, de tous les tyrans qui ont régné sur les villes grecques, il n'y en a pas un seul, si l'on excepte ceux de Syracuse, dont la magnificence mérite d'être comparée à celle de Polycrate. Orétès l'ayant fait périr d'une mort que j'ai horreur de rapporter[1], le fit mettre en croix. Il renvoya tous les Samiens qui l'avaient suivi, et leur dit qu'ils devaient lui savoir gré de la liberté qu'il leur laissait. Quant aux étrangers et aux esclaves qui avaient accompagné Polycrate, il les retint tous dans la servitude. Polycrate, élevé en l'air, accomplit toutes les circonstances du songe de sa fille. Il était baigné par les eaux du ciel et oint par le soleil, dont la chaleur faisait sortir les humeurs de son corps. Ce fut là qu'aboutirent les prospérités de Polycrate, comme le lui avait prédit Amasis.

CXXVI. La mort de Polycrate ne tarda pas à être vengée sur Orétès. Cambyse étant mort, et les mages s'étant emparés du trône, Orétès, qui résidait à Sardes, bien loin de rendre aucun service aux Perses, à qui les Mèdes avaient enlevé la couronne, profita de ces temps de troubles et de désordres pour faire périr Mitrobate, gouverneur de Dascylium, qui lui avait fait des reproches au sujet de Polycrate, et son fils Cranape, quoiqu'ils fussent l'un et l'autre en grande considération parmi les Perses. Outre une infinité d'autres crimes, un courrier lui ayant apporté de la part de Darius des ordres qui ne lui étaient pas agréables, il aposta des assassins pour l'attaquer sur le chemin lorsqu'il s'en retournerait. Ils le tuèrent lui et son cheval, et en firent disparaître les cadavres.

CXXVII. Darius ne fut pas plutôt sur le trône, qu'il résolut de

---

[1] Orétès le fit sans doute écorcher vif, genre de supplice assez ordinaire en Perse. (WESSELING.)

ne point laisser impunis les crimes d'Orétès, et particulièrement la mort de Mitrobate et de son fils. Mais il jugea d'autant moins convenable d'envoyer une armée au commencement de son règne, et dans le temps que les affaires étaient encore dans une espèce de fermentation, qu'il savait qu'Orétès avait des forces considérables. Sa garde, en effet, était composée de mille Perses, et son gouvernement comprenait la Phrygie, la Lydie et l'Ionie. Voici ce qu'il imagina.

Il convoqua les Perses les plus considérables. « Perses, leur « dit-il, qui d'entre vous me promettra d'exécuter une chose où « il ne s'agit que d'habileté, et où il n'est pas nécessaire d'em- « ployer la force et le grand nombre? car la violence est inutile « quand il ne faut que de l'adresse. Qui d'entre vous tuera Oré- « tès ou me l'amènera vif, lui qui n'a jamais rendu aucun ser- « vice aux Perses, et qui a commis plusieurs crimes? Il a fait « périr deux d'entre nous, Mitrobate et son fils; et, non content « de cela, il a fait assassiner les courriers que je lui envoyais « pour lui ordonner de se rendre auprès de moi. C'est une in- « sulte qu'on ne peut supporter. Prévenons par sa mort des « maux encore plus grands qu'il pourrait faire aux Perses. »

CXXVIII. Sur cette proposition, trente Perses promirent, à l'envi l'un de l'autre, de le servir. Pour terminer leurs contestations, Darius ordonna que le sort en déciderait. On tira donc; et le sort étant tombé sur Bagéus, fils d'Artontès, voici comment il s'y prit. Il écrivit plusieurs lettres sur différentes affaires, les scella du sceau de Darius, et partit pour Sardes avec ces dépêches. Aussitôt qu'il y fut arrivé, il alla trouver Orétès, et donna les lettres, l'une après l'autre, au secrétaire du roi, pour en faire lecture : car tous les gouverneurs de province ont auprès d'eux des secrétaires du roi. En donnant ces lettres, Bagéus avait l'intention de sonder les gardes du gouverneur, pour voir s'ils seraient disposés à l'abandonner. Ayant remarqué qu'ils avaient beaucoup de respect pour ces lettres, et encore plus pour leur contenu, il en donna une autre, conçue en ces termes : « Perses, le roi Darius vous défend de servir désormais « de gardes à Orétès. » Là-dessus, ils mirent sur-le-champ bas leurs piques. Bagéus, encouragé par leur soumission, mit entre les mains du secrétaire la dernière lettre, ainsi conçue : « Le roi Darius ordonne aux Perses qui sont à Sardes de tuer

« Orétès. » Aussitôt les gardes tirent leurs cimeterres, et tuent le gouverneur sur place. Ce fut ainsi que la mort de Polycrate de Samos fut vengée par celle du Perse Orétès.

CXXIX. Les biens de celui-ci ayant été confisqués et transportés à Suse, il arriva, peu de temps après, que Darius, étant à la chasse, se donna une entorse au pied, en descendant de cheval. Elle fut si violente, que la cheville du pied se déboîta. Darius avait à sa cour les médecins qui passaient pour les plus habiles qu'il y eût en Égypte. S'étant mis d'abord entre leurs mains, ils lui tournèrent le pied avec tant de violence, qu'ils augmentèrent le mal. Le roi fut sept jours et sept nuits sans fermer l'œil, tant la douleur était vive. Enfin, le huitième jour, comme il se trouvait très-mal, quelqu'un qui, pendant son séjour à Sardes, avait entendu dire quelque chose de la profession de Démocède de Crotone, lui parla de ce médecin : Darius se le fit amener en diligence. On le trouva confondu parmi les esclaves d'Orétès, comme un homme dont on ne faisait pas grand cas. On le présenta au roi couvert de haillons, et traînant ses entraves.

CXXX. Darius lui ayant demandé s'il savait la médecine, Démocède n'en convint point, dans la crainte de se fermer à jamais le chemin de la Grèce s'il se faisait connaître. Darius, s'étant aperçu qu'il feignait d'ignorer un art qui lui était familier, ordonna à ceux qui le lui avaient amené d'apporter des fouets et des poinçons. Démocède ne crut pas devoir dissimuler plus longtemps. Il dit qu'il n'avait pas pris une connaissance profonde de la médecine, mais qu'il en avait pris une légère teinture en fréquentant un médecin. Sur cet aveu, le roi se mit entre ses mains. Démocède le traita à la manière des Grecs ; et, faisant succéder les calmants aux remèdes violents, il parvint à lui procurer du sommeil, et en peu de temps il le guérit, quoique ce prince eût perdu toute espérance de jamais se servir de son pied. Cette cure achevée, Darius lui fit présent d'une paire d'entraves d'or. Démocède lui demanda s'il prétendait doubler ainsi son mal, en récompense de sa guérison. Le roi, charmé de cette repartie, l'envoya à ses femmes. Les eunuques qui le conduisaient leur dirent que c'était lui qui avait rendu la vie au roi. Ces femmes firent présent à Démocède de statères qu'elles puisaient dans un coffre avec une soucoupe. Ce présent fut si considérable, que le domestique qui le suivait, et qui s'appelait Sciton, fit une grosse somme des pièces d'or qu'il ramassa à mesure qu'elles tombaient des soucoupes.

CXXXI. Voici à quelle occasion Démocède avait quitté Crotone, sa patrie, et s'était attaché à Polycrate. Il vivait avec un père d'un caractère dur et colère. Ne pouvant plus supporter son humeur, il alla à Égine, où, s'étant établi, il surpassa, dès la première année, les plus habiles médecins, quoiqu'il ne se fût point préparé à y exercer sa profession, et qu'il n'eût aucun des instruments nécessaires. La seconde année, les Éginètes lui donnèrent un talent de pension sur le trésor public. La troisième, les Athéniens lui firent une pension de cent mines. Enfin, la quatrième année, Polycrate lui offrit deux talents, et, ainsi l'attira à Samos. C'est à lui que les médecins de Crotone doivent la plus grande partie de leur réputation. Il fut un temps où on les regarda comme les premiers médecins de la Grèce, et les Cyrénéens comme les seconds. Vers le même temps, les Argiens passaient pour les plus habiles musiciens de la Grèce.

CXXXII. Démocède ayant parfaitement guéri Darius, eut une très-grande maison à Suse ; il mangeait à la table du roi, et rien ne lui manquait, que la liberté de retourner en Grèce. Il obtint du roi la grâce des Égyptiens qui étaient auparavant ses médecins ordinaires, et qui, pour s'être laissé surpasser en leur art par un médecin grec, avaient été condamnés à être mis en croix. Il sauva un devin d'Élée qui avait suivi Polycrate, et qu'on avait mis au nombre des esclaves, sans qu'on songeât à lui. Enfin, Démocède jouissait auprès du roi d'une très-grande considération.

CXXXIII. Il survint, peu de temps après, à Atossa, fille de Cyrus et femme de Darius, une tumeur au sein, qui s'ouvrit et fit de grands progrès. Tant que le mal fut peu considérable, cette princesse le cacha par pudeur, et n'en dit mot à personne. Mais quand elle vit qu'il devenait dangereux, elle manda Démocède et le lui fit voir. Il lui promit de la guérir ; mais il exigea d'elle, avec serment, qu'elle l'obligerait à son tour dans une chose dont il la prierait, l'assurant qu'elle ne lui demanderait rien dont elle eût à rougir.

CXXXIV. Atossa, guérie par les remèdes de Démocède, résolut de lui tenir parole. Étant au lit avec Darius, elle lui parla ainsi,

selon les instructions de Démocède : « Je m'étonne, seigneur,
« qu'ayant tant de troupes à ta disposition, tu demeures tran-
« quillement dans ton palais, sans songer à conquérir de nou-
« veaux pays et à étendre les bornes de ton empire. Cependant
« il convient à un monarque jeune, et qui possède de grandes
« richesses, de se signaler par des actions qui fassent connaître
« à ses sujets qu'ils ont un homme de cœur à leur tête. Il
« t'importe, par deux raisons, de suivre mon conseil : la pre-
« mière, pour montrer aux Perses qu'ils ont un roi plein de
« courage et de valeur ; la seconde, afin qu'accablés de tra-
« vaux, l'oisiveté ne les porte point à se soulever contre toi.
« Fais donc quelques grands exploits, tandis que tu es dans
« la fleur de l'âge. L'âme croît avec le corps ; mais, à mesure
« que le corps vieillit, l'âme vieillit aussi, et devient inhabile à
« tout. » Ainsi parla Atossa, suivant les instructions de Démocède.

« Tes discours, lui répondit Darius, s'accordent avec mes
« desseins. J'ai résolu de marcher contre les Scythes, et de
« construire à cet effet un pont pour passer de notre continent
« dans l'autre. Il ne faut que peu de temps pour en venir à
« bout. »

« Seigneur, reprit Atossa, ne commence point, je t'en prie,
« par les Scythes ; ils seront à toi quand tu le voudras : marche
« plutôt contre la Grèce. Car, seigneur, sur ce que j'ai ouï dire
« des femmes de ce pays, je ne désire rien tant que d'avoir à
« mon service des Lacédémoniennes, des Argiennes, des Athé-
« niennes et des Corinthiennes. Tu as ici l'homme du monde le
« plus propre à t'instruire de ce qui regarde la Grèce, et à te
« servir de guide dans cette expédition ; c'est celui qui t'a guéri
« de ton entorse. »

« Puisque tu es d'avis, répondit Darius, que nous commen-
« cions par la Grèce, il me semble qu'avant tout il est à propos
« d'envoyer quelques Perses avec l'homme dont tu me parles,
« pour prendre une connaissance exacte du pays ; et, lorsqu'à
« leur retour ils m'auront instruit de tout ce qu'ils auront vu
« et appris, je me mettrai en marche. »

CXXXV. A peine eut-il dit ces choses, qu'il les exécuta. Dès
que le jour commença à paraître, il fit venir quinze Perses des
premiers de la nation, leur commanda de suivre Démocède, de
reconnaître avec lui tous les pays maritimes de la Grèce, et

leur enjoignit surtout de prendre garde qu'il ne leur échappât, et de le ramener avec eux, quelque chose qui arrivât. Ces ordres donnés, il manda Démocède, et le pria de revenir dès qu'il aurait fait voir aux Perses toute la Grèce. Il lui commanda aussi de porter avec lui tous ses meubles, pour en faire présent à son père et à ses frères, lui promettant de le dédommager au centuple ; et, outre cela, il lui dit qu'il le ferait accompagner par un vaisseau de charge rempli de ces présents et de toutes sortes de richesses. Les promesses de ce prince étaient, comme je le crois, sans artifice ; cependant Démocède, craignant qu'il n'eût dessein de l'éprouver, accepta tous ces dons sans empressement. Mais pour les meubles qui lui appartenaient, il dit qu'il les laisserait à Suse, afin de les retrouver à son retour. Il se contenta du vaisseau de charge que lui promettait le roi, afin de porter les présents qu'il faisait à ses frères.

CXXXVI. Darius, lui ayant aussi donné ses ordres, lui dit de se rendre avec les Perses sur les bords de la mer. Lorsqu'ils furent arrivés en Phénicie, ils allèrent à Sidon, où ils firent équiper sur-le-champ deux trirèmes et un vaisseau de charge, qu'ils remplirent de toutes sortes de richesses. Leurs préparatifs achevés, ils passèrent en Grèce, dont ils visitèrent les côtes et levèrent le plan. Enfin, après en avoir reconnu les places les plus célèbres, ils firent voile pour l'Italie, et abordèrent à Tarente. Aristophilide, roi de ce pays, fit ôter, par bonté pour Démocède, le gouvernail des vaisseaux des Mèdes [1], et arrêter en même temps les Perses comme espions. Tandis qu'on les tenait en prison, Démocède se retira à Crotone. Lorsqu'il fut arrivé chez lui, Aristophilide relâcha les Perses, et leur rendit ce qu'il avait fait enlever de leurs vaisseaux.

CXXXVII. Les Perses, ayant remis à la voile, poursuivirent Démocède, et arrivèrent à Crotone. Ils l'arrêtèrent dans la place publique, où ils le rencontrèrent. La crainte de la puissance des Perses avait disposé une partie des Crotoniates à le livrer ; mais d'autres l'arrachèrent de leurs mains, et les repoussèrent à coups de bâtons.

[1] Pour bien entendre ce passage, il faut se rappeler que les Grecs désignaient fréquemment les Perses sous le nom de Mèdes, quoique les Mèdes fussent des peuples auxquels les Perses avaient enlevé l'empire. (Miot.)

« Crotoniates, leur disaient les Perses, prenez garde à ce que
« vous faites : celui que vous nous enlevez est un esclave fu-
« gitif ; il appartient au roi. Pensez-vous donc que Darius
« souffre impunément une telle insulte, et que vous vous trou-
« viez bien de l'avoir arraché de nos mains ? car enfin votre ville
« ne sera-t-elle pas la première que nous attaquerons, et que
« nous tâcherons de réduire en servitude ? »

Ces menaces furent inutiles. Les Crotoniates, sans y avoir
égard, leur enlevèrent non-seulement Démocède, mais encore
le vaisseau de charge, qu'ils avaient amené avec eux. Les Perses,
privés de leur guide, retournèrent en Asie, sans chercher à
pénétrer plus avant dans la Grèce pour reconnaître le pays.

Démocède, à leur départ, leur enjoignit de dire à Darius qu'il
était fiancé avec la fille de Milon. Le nom de ce lutteur était
alors fort connu à la cour de Perse. Pour moi, je pense qu'il
hâta ce mariage, et qu'il y dépensa de grandes sommes, afin
de faire voir à Darius qu'il jouissait aussi dans sa patrie d'une
grande considération.

CXXXVIII. Les Perses ayant quitté Crotone, furent poussés par
les vents contraires en Iapygie, où on les fit prisonniers. Mais
Gillus, banni de Tarente, les délivra, et les ramena à Darius. La
reconnaissance avait disposé ce prince à lui accorder toutes
ses demandes. Gillus lui raconta sa disgrâce, et le pria de le
faire rétablir à Tarente. Mais, pour ne pas jeter l'épouvante et
le trouble dans la Grèce, comme cela n'aurait pas manqué d'arriver si l'on eût envoyé à cause de lui une flotte considérable
en Italie, il dit que les Cnidiens suffiraient pour le rétablir dans
sa patrie, et qu'étant ami des Tarentins, il était persuadé qu'à
leur sollicitation on ne ferait nulle difficulté de lui accorder son
rappel. Darius le lui promit ; et, sans différer plus longtemps,
il envoya un exprès à Cnide, avec ordre aux Cnidiens de ramener Gillus à Tarente. Les Cnidiens obéirent ; mais ils ne purent rien obtenir des Tarentins, et ils n'étaient pas assez puissants pour employer la force. C'est ainsi que les choses se
passèrent. Ces Perses sont les premiers qui soient venus d'Asie
en Grèce pour reconnaître le pays.

CXXXIX. Après ces événements, Darius prit Samos. De toutes
les villes, tant grecques que barbares, celle-ci fut la première
qu'il attaqua, pour les raisons que je vais dire. Beaucoup de

Grecs avaient suivi Cambyse, fils de Cyrus, dans son expédition en Égypte; les uns, comme on peut le croire, pour trafiquer, d'autres pour servir, et quelques-uns aussi par curiosité et pour voir le pays. Du nombre de ces derniers fut Syloson, banni de Samos, fils d'Éaque et frère de Polycrate. Il lui arriva une aventure qui contribua à sa fortune. Se promenant un jour sur la place de Memphis, un manteau d'écarlate sur les épaules, Darius, qui n'était alors qu'un simple garde du corps de Cambyse, et qui ne jouissait pas encore d'une grande considération, l'aperçut et eut envie de son manteau. Il s'approcha de cet étranger, et le pria de le lui vendre. Syloson, remarquant que Darius en avait une envie extrême, lui répondit, comme inspiré de quelque dieu : « Pour quelque prix que ce soit, je ne veux « point le vendre; mais, puisqu'il faut que les choses soient « ainsi, j'aime mieux t'en faire présent. » Darius loua sa générosité, et accepta le manteau.

CXL. Syloson croyait avoir perdu son manteau par son trop de facilité; mais, quelque temps après, Cambyse étant mort, les sept Perses détrônèrent le mage, et Darius, l'un des sept conjurés, monta sur le trône. Syloson, ayant appris que la couronne était échue à celui à qui, sur ses vives instances, il avait donné son manteau en Égypte, part pour Suse, se rend au palais, et, s'étant assis au vestibule, il dit qu'il avait autrefois obligé Darius. Le garde de la porte, qui avait entendu ce discours, en fit son rapport au roi. « Quel est donc ce Grec, se dit en lui-même « Darius étonné, qui m'a prévenu de ses bienfaits? Je n'ai que « depuis peu la puissance souveraine, et depuis ce temps à peine « peut-il en être venu un seul à ma cour. Pour moi, je ne sache « point qu'aucun Grec m'ait rien prêté. Mais qu'on le fasse en- « trer; je verrai ce qu'il veut dire. »

Le garde ayant introduit Syloson, les interprètes lui demandèrent qui il était, et en quoi il pouvait se vanter d'avoir obligé Darius. Syloson raconta tout ce qui s'était passé au sujet du manteau, et ajouta que c'était lui-même qui l'avait donné.

« O le plus généreux de tous les hommes! répondit Darius, « tu es donc celui qui m'a fait un présent dans le temps où « je n'avais pas la moindre autorité! Quoique ce présent soit « peu de chose, je t'en ai cependant autant d'obligation que si « j'en recevais aujourd'hui un considérable; et, pour recon-

« naître ce plaisir, je te donnerai tant d'or et d'argent, que tu
« n'auras jamais sujet de te repentir d'avoir obligé Darius, fils
« d'Hystaspe. — Grand roi, reprit Syloson, je ne te demande ni
« or ni argent ; rends-moi Samos, ma patrie, et délivre-la de
« l'oppression. Depuis qu'Orétès a fait mourir mon frère Po-
« lycrate, un de nos esclaves s'en est emparé ; c'est cette patrie
« que je te demande ; rends-la-moi, seigneur, sans effusion
« de sang, et ne permets pas qu'elle soit réduite en servi-
« tude. »

CXLI. Darius lui accorda sa demande. Il envoya une armée sous les ordres d'Otanès, un des sept qui avaient détrôné le mage, et lui recommanda d'exécuter tout ce dont Syloson le prierait. Otanès se rendit sur les bords de la mer, où il fit embarquer ses troupes.

CXLII. Mœandrius, fils de Mœandrius, avait alors la puissance souveraine dans l'île de Samos ; Polycrate lui en avait confié la régence. Il voulut se montrer le plus juste de tous les hommes ; mais les circonstances ne le lui permirent pas. Quand il eut appris la mort de Polycrate, il érigea d'abord un autel à Jupiter Libérateur, et traça autour de cet autel l'enceinte sacrée qu'on voit encore aujourd'hui dans le faubourg de Samos. Ensuite il convoqua une assemblée de tous les citoyens, et leur tint ce discours : « Vous savez, Samiens, que Polycrate m'a confié son
« sceptre avec son autorité, et qu'aujourd'hui il ne tient qu'à
« moi de conserver l'empire sur vous. Mais, autant que je le
« pourrai, je ne ferai jamais ce que je condamne dans les
« autres. J'ai blâmé Polycrate de s'être rendu maître de ses
« égaux, et je n'approuverai jamais la même conduite dans un
« autre. Mais enfin il a rempli sa destinée. Quant à moi, je me
« démets de la puissance souveraine, et je rétablis l'égalité.
« Accordez-moi seulement, je vous prie, par une sorte de dis-
« tinction que je crois juste, six talents [1] de l'argent de Po-
« lycrate. Permettez encore que je me réserve, à moi et à mes
« descendants, à perpétuité, le sacerdoce de Jupiter Libérateur,
« à qui j'ai élevé un autel, et je vous rends votre ancienne
« liberté. »

Telles furent les propositions de Mœandrius ; mais un Samien,

---

[1] 32,400 livres.

se levant du milieu de l'assemblée, lui dit : « Tu ne mérites pas
« de nous commander, toi qui as toujours été un méchant et un
« scélérat. Il faut bien plutôt te faire rendre compte de l'argent
« que tu as administré. » Celui qui parla de la sorte s'appelait
Télésarque ; il jouissait d'une grande considération parmi ses
concitoyens.

CXLIII. Mæandrius, faisant réflexion que, s'il se dépouillait de
l'autorité souveraine, quelqu'un s'en emparerait et se mettrait
en sa place, ne pensa plus à la quitter. Dès qu'il fut rentré
dans la citadelle, il manda les citoyens l'un après l'autre,
comme s'il eût voulu leur rendre compte de l'administration
des finances ; mais ils furent arrêtés et mis aux fers. Pendant
qu'ils étaient en prison, Mæandrius tomba malade. Son frère
Lycarète crut qu'il n'en reviendrait point, et, pour usurper plus
facilement la puissance souveraine dans Samos, il fit mourir
tous les prisonniers : car il paraît bien que les Samiens ne se
souciaient pas d'être libres.

CXLIV. Cependant les Perses qui ramenaient Syloson étant
arrivés à Samos, n'y trouvèrent pas la moindre résistance. Ceux
du parti de Mæandrius, et Mæandrius lui-même, leur déclarèrent qu'ils étaient prêts à capituler et à sortir de l'île. Otanès
accepta cette proposition ; et, lorsque le traité eut été conclu,
les gens les plus distingués d'entre les Perses firent apporter
des siéges, et s'assirent devant la forteresse.

CXLV. Le tyran Mæandrius avait un frère, nommé Charilée,
dont l'esprit n'était pas fort sain, et qu'on tenait enchaîné dans
un cachot pour quelque faute qu'il avait commise. Charilée,
informé de ce qui se passait, et ayant vu par une ouverture de
sa prison les Perses tranquillement assis, se mit à crier qu'il
voulait parler à son frère. Mæandrius, qui l'avait entendu, ordonna de le délier, et de le lui amener. Il n'eut pas plutôt été
amené, que, chargeant son frère d'invectives, il tâcha de l'engager à se jeter sur les Perses. « O le plus lâche de tous les
« hommes ! tu as bien eu le cœur assez dur pour me faire en-
« chaîner dans une prison souterraine, moi qui suis ton frère,
« et qui n'ai mérité par aucun crime un pareil traitement, et tu
« n'as pas le courage de te venger des Perses, qui te chassent
« de ta maison et de ta patrie, quoiqu'il te soit facile de les
« vaincre ! Mais, si tu les redoutes, donne-moi tes troupes auxi-

« liaires, et je les ferai repentir d'être venus ici. Quant à toi, je
« suis prêt à te renvoyer de cette île. »

CXLVI. Ainsi parla Charilée. Mæandrius prit en bonne part son discours. Il n'était pas cependant, à mon avis, assez insensé pour s'imaginer qu'avec ses forces il pourrait l'emporter sur le roi ; mais il enviait à Syloson le bonheur de recouvrer sans peine la ville de Samos, et de la recevoir florissante, et sans qu'on y eût fait le moindre dégât. En irritant les Perses, il voulait affaiblir la puissance des Samiens, et ne les livrer qu'en cet état. Il savait bien, en effet, que, si les Perses étaient maltraités, ils s'aigriraient contre les Samiens. D'ailleurs il avait un moyen sûr pour se retirer de l'île quand il le voudrait. Il avait fait pratiquer sous terre un chemin qui conduisait de la forteresse à la mer. Et en effet il sortit de Samos par cette route, et mit à la voile. Pendant ce temps-là Charilée, ayant fait prendre les armes à toutes les troupes auxiliaires, ouvrit les portes, et fit une sortie sur les Perses, qui, bien loin de s'attendre à cet acte d'hostilité, croyaient que tout était réglé. Les auxiliaires tombèrent sur les Perses de distinction, qu'on portait en litière, et les massacrèrent. Tandis qu'ils les passaient au fil de l'épée, le reste de l'armée perse vint au secours, et poussa les auxiliaires avec tant de vigueur, qu'ils furent contraints de se renfermer dans la forteresse.

CXLVII. Otanès s'était ressouvenu jusqu'alors des ordres que Darius lui avait donnés en partant, de ne tuer aucun Samien, de n'en réduire aucun en servitude, et de rendre l'île de Samos à Syloson, sans permettre qu'on y fît le dégât ; mais, à la vue du carnage qui s'était fait des Perses, il les oublia. Il ordonna à son armée de faire main basse sur tout ce qu'elle trouverait en son chemin, hommes et enfants, sans aucune distinction. Ainsi, tandis qu'une partie de ses troupes assiégeait la citadelle, les autres firent main basse sur tous ceux qu'ils rencontrèrent, tant dans les lieux sacrés que dans les profanes.

CXLVIII. Mæandrius, s'étant sauvé de Samos, fit voile vers Lacédémone. Lorsqu'il y fut arrivé avec les richesses qu'il avait emportées, il fit tirer de ses coffres des coupes d'or et d'argent, et ses gens se mirent à les nettoyer. Pendant ce temps-là, il alla trouver Cléomène, fils d'Anaxandride, roi de Sparte ; et, s'entretenant avec lui, il l'amena insensiblement dans sa maison.

Voyant ce prince saisi d'admiration à la vue de ces vases, il le pressa d'en prendre autant qu'il voudrait.

Cléomène montra en cette occasion qu'il était le plus juste des hommes. Quoique Mœandrius insistât jusqu'à deux ou trois fois, il ne voulut jamais accepter ses dons. Mais, ayant appris que ce Samien faisait présent de ces vases à d'autres citoyens, et que, par ce moyen, il se procurait du secours, il alla trouver les éphores, et leur remontra qu'il était de l'intérêt de la république de faire sortir du Péloponèse cet étranger, de crainte, ajouta-t-il, qu'il ne me corrompe moi-même et d'autres citoyens aussi. Les éphores approuvèrent le conseil de Cléomène, et firent signifier à Mœandrius par un héraut qu'il eût à sortir de la république.

CXLIX. Quand les Perses eurent pris tous les habitants de Samos comme dans un filet, ils remirent la ville à Syloson, mais sans aucun habitant. Quelque temps après, Otanès repeupla cette île, à l'occasion d'une vision qu'il eut en songe, et d'un mal dont il fut attaqué aux parties de la génération.

CL. Tandis que l'armée navale se rendait à Samos, les Babyloniens se révoltèrent après avoir fait de grands préparatifs. Pendant le règne du mage, et tandis que les sept Perses se soulevaient contre lui, ils profitèrent des troubles qu'il y eut à cette occasion, pour se disposer à soutenir un siége sans que les Perses en eussent la moindre connaissance. Après qu'ils eurent secoué ouvertement le joug, ils prirent les mesures suivantes : de toutes les femmes qui se trouvèrent dans Babylone, chaque homme, indépendamment de sa mère, ne se réserva que celles qu'il aimait le plus de toutes celles de sa maison. Quant aux autres, ils les assemblèrent toutes en un même lieu, et les étranglèrent. Celle que chacun s'était réservée devait lui apprêter à manger; et ils étranglèrent le reste, afin de ménager leurs provisions.

CLI. A la première nouvelle de leur révolte, Darius assembla toutes ses forces, et marcha contre eux. Lorsqu'il fut arrivé devant la place, il en forma le siége; mais les Babyloniens firent voir qu'ils s'en inquiétaient peu. Ils montèrent sur leurs remparts, et se mirent à danser et à faire des plaisanteries contre Darius et son armée; et l'un d'entre eux leur dit cette parole remarquable : « Perses, pourquoi perdre ainsi le temps devant

« nos murailles? Retirez-vous plutôt; vous prendrez Babylone
« lorsque les mules engendreront. » Ainsi parla un Babylonien, ne pensant pas qu'une mule pût jamais engendrer.

CLII. Il y avait déjà un an et sept mois que Darius était avec son armée devant Babylone sans pouvoir la prendre : il en était très-affligé. Il s'était, mais en vain, servi de toutes sortes de stratagèmes ; il avait même eu recours à celui qui avait autrefois réussi à Cyrus ; mais les Babyloniens se tenaient sans cesse sur leurs gardes, et il n'était pas possible de les surprendre.

CLIII. Le vingtième mois du siége, il arriva un prodige chez Zopyre, fils de ce Mégabyse qui, avec les six autres conjurés, détrôna le mage : une des mules qui lui servaient à porter ses provisions fit un poulain. Il n'en voulut d'abord rien croire ; mais, s'en étant convaincu par ses yeux, il défendit expressément à ses gens d'en parler. S'étant mis ensuite à réfléchir sur ce prodige, il se rappela les paroles du Babylonien qui avait dit, au commencement du siége, qu'on prendrait la ville lorsque les mules engendreraient. Il crut, en conséquence de ce présage, qu'on pouvait prendre Babylone, que le Babylonien avait parlé de la sorte par une permission divine, et que la mule avait mis bas pour lui.

CLIV. Ayant reconnu que les destins assuraient la prise de Babylone, il alla trouver Darius, et lui demanda s'il avait fort à cœur la conquête de cette place. Ce prince lui ayant répondu qu'il le souhaitait ardemment, il délibéra comment il ferait pour s'en emparer, et pour que la prise de cette ville ne pût être attribuée à d'autre qu'à lui. Les Perses estiment en effet beaucoup les belles actions ; et chez eux, c'est le plus sûr moyen de parvenir aux plus grands honneurs. Ayant fait réflexion qu'il ne pouvait se rendre maître de cette place qu'en se mutilant, pour passer ensuite chez les ennemis en qualité de transfuge, il ne balança pas un instant, et ne tint aucun compte d'une difformité sans remède. Il se coupa donc le nez et les oreilles, se rasa d'une manière ridicule le tour de la tête, se mit le corps en sang à coups de fouet, et, en cet état, il alla se présenter au roi.

CLV. Darius, indigné de voir un homme de ce rang si cruellement traité, se lève précipitamment de son trône, et lui demande avec empressement qui l'avait ainsi mutilé, et pour quel sujet. « Personne que toi, seigneur, répondit Zopyre, n'est assez

« puissant pour me traiter de la sorte. Une main étrangère ne
« m'a point mis en cet état ; je l'ai fait moi-même, outré de
« voir les Assyriens se moquer des Perses. — O le plus malheu-
« reux des hommes, s'écria Darius ; en disant que tu t'es traité
« à cause des assiégés d'une manière irrémédiable, tu cherches
« à couvrir d'un beau nom l'action la plus honteuse ! Insensé !
« les ennemis se rendront-ils donc plutôt, parce que tu t'es
« ainsi mutilé ? N'as-tu donc pas perdu l'esprit quand tu t'es
« mis en cet état ? — Seigneur, reprit Zopyre, si je t'avais
« communiqué mon dessein, tu ne m'aurais jamais permis de
« l'exécuter ; aussi n'ai-je pris conseil que de moi-même. Ba-
« bylone est à nous, si tu ne nous manques pas. Dans l'état où
« tu me vois, je vais passer dans la ville en qualité de trans-
« fuge ; je dirai aux Babyloniens que ce traitement m'a été fait
« par ton ordre : j'espère que, si je réussis à les persuader,
« j'obtiendrai le commandement d'une partie de leurs troupes.
« Pour toi, seigneur, le dixième jour après que j'aurai été reçu
« à Babylone, choisis mille hommes dont la perte importe peu,
« place-les près de la porte de Sémiramis. Sept jours après,
« postes-en deux mille autres près de la porte de Ninive.
« Laisse ensuite passer vingt jours, et tu enverras quatre mille
« hommes près de la porte des Chaldéens. Mais que les uns et
« les autres n'aient pour se défendre d'autres armes que leurs
« épées. Enfin, le vingtième jour après, fais avancer le reste
« de l'armée droit à la ville, pour donner un assaut général.
« Mais surtout place-moi les Perses aux portes Bélides et Cis-
« siennes. Je ne doute point que les Babyloniens, témoins de
« mes grandes actions, ne me confient entre autres choses les
« clefs de ces portes : alors nous aurons soin, les Perses et moi,
« de faire ce qu'il faudra. »

CLVI. Ce discours achevé, il s'enfuit vers les portes de la
ville, se retournant de temps en temps, comme s'il eût été un
véritable transfuge. Ceux qui étaient en sentinelle sur les tours
l'ayant aperçu, descendirent promptement ; et, ayant entr'ouvert un guichet de la porte, ils lui demandèrent qui il était et
ce qu'il venait chercher. Il leur répondit qu'il était Zopyre, et
qu'il venait se rendre aux Babyloniens. Sur cette déclaration,
les gardes de la porte le conduisirent à l'assemblée de la nation.
Lorsqu'il fut arrivé, il se mit à déplorer son malheur : il attri-

bua à Darius le traitement qu'il s'était fait, et leur dit que ce prince l'avait mis en cet état parce que, ne voyant nulle apparence de forcer la place, il lui avait conseillé d'en lever le siége. « Maintenant donc, leur dit-il, je viens vers vous, ô Baby-
« loniens, et pour votre plus grand avantage, et pour le plus
« grand malheur de Darius, de son armée et des Perses. Tous
« ses projets me sont connus; il ne m'aura point ainsi mutilé
« impunément. » Ainsi parla Zopyre.

CLVII. Les Babyloniens, voyant un Perse du premier rang le nez et les oreilles coupés, le corps déchiré de coups et tout en sang, crurent qu'il disait vrai, et qu'il venait les secourir. Ils étaient disposés à lui accorder tout ce qu'il souhaitait. Il leur demanda des troupes; on lui en donna, et il fit tout ce dont il était convenu avec le roi.

Le dixième jour après son arrivée, il sortit à la tête des troupes dont les Babyloniens lui avaient confié le commandement, et, ayant investi dans leur poste les premiers mille hommes que Darius avait envoyés par son conseil, il les tailla en pièces. Les Babyloniens, ayant reconnu que ses actions répondaient à ses discours, en témoignèrent une grande joie, et n'en furent que plus disposés à lui obéir en tout.

Zopyre laissa passer le nombre de jours dont il était convenu avec Darius; et, s'étant mis à la tête de l'élite des troupes babyloniennes, il fit une seconde sortie, dans laquelle il tua deux mille hommes. Les Babyloniens, témoins de cette action, ne s'entretenaient que de Zopyre.

Après ce second exploit, laissant encore écouler le nombre de jours convenu, il fit une troisième sortie, mena ses troupes vers le poste où il avait dit à Darius d'envoyer quatre mille hommes; et, les ayant investis, il les massacra. Ce nouveau succès le rendit tout-puissant parmi les assiégés : il était tout; on lui confia le commandement de l'armée et la garde des remparts.

CLVIII. Enfin Darius fit, au jour marqué, approcher son armée de toutes parts pour donner un assaut général. Alors Zopyre manifesta sa fraude. Tandis que les Babyloniens, montés sur les remparts, se défendaient contre l'armée de Darius, Zopyre ouvrit les portes Cissiennes et Bélides, et introduisit les Perses dans la place. Ceux des Babyloniens qui s'en étaient aperçus se réfugièrent dans le temple de Jupiter Bélus ; mais ceux qui ne l'avaient pas vu tinrent ferme dans leurs postes, jusqu'à ce qu'ils eussent aussi reconnu qu'on les avait trahis.

CLIX. Ce fut ainsi que Babylone tomba pour la seconde fois en la puissance des Perses. Darius, s'en étant rendu maître, en fit abattre les murs et enlever toutes les portes. Cyrus, qui l'avait prise avant lui, n'avait fait ni l'un ni l'autre. Il fit ensuite mettre en croix environ trois mille hommes des plus distingués de Babylone. Quant aux autres, il leur permit d'habiter la ville comme auparavant. En même temps il eut soin de leur donner des femmes pour la repeupler : car les Babyloniens, comme nous l'avons dit au commencement, avaient étranglé les leurs dans la vue de ménager leurs provisions. Il ordonna donc aux peuples voisins d'envoyer des femmes à Babylone, et chaque nation fut taxée à un certain nombre. Elles se montaient en tout à cinquante mille. C'est de ces femmes que sont descendus les Babyloniens d'aujourd'hui.

CLX. Il n'y a jamais eu en Perse, au jugement de Darius, dans les siècles les plus reculés ou dans les derniers temps, personne qui ait surpassé Zopyre par ses belles actions, excepté Cyrus, à qui jamais aucun Perse ne se jugea digne d'être comparé. On rapporte que Darius déclarait souvent qu'il eût mieux aimé que Zopyre ne se fût pas traité si cruellement, que de devenir maître de vingt autres villes comme Babylone. Il lui accorda les plus grandes distinctions : tous les ans, il lui faisait présent de ce que les Perses regardent comme le plus honorable. Il lui donna la ville de Babylone, sans exiger la moindre redevance, pour en jouir sa vie durant, et y ajouta beaucoup d'autres choses. Zopyre eut un fils, nommé Mégabyse, qui commanda en Égypte contre les Athéniens et leurs alliés. De ce Mégabyse naquit le Zopyre qui émigra de chez les Perses pour s'établir à Athènes.

FIN DU TROISIÈME LIVRE.

LIVRE QUATRIÈME

MELPOMÈNE

LA SCYTHIE. — HERCULE. — LES GRYPHONS. — LES HYPERBORÉENS. DESCRIPTION DE LA TERRE. — PEUPLE DE SCYLAX. — USAGE DES SCYTHES. — ANACHARSIS. — EXPÉDITION DE DARIUS. — LE PONT-EUXIN. — LES AMAZONES. — THRACES. — LES GÈTES. — LA LIBYE. — CULTE DU SOLEIL, ETC.

I. Après la prise de Babylone, Darius marcha contre les Scythes. L'Asie était alors riche, très-peuplée, et se trouvait dans l'état le plus florissant. Ce prince voulait se venger des Scythes qui, après avoir envahi les premiers la Médie, avaient battu les troupes qu'on leur opposait, et commencé à violer la justice. Car ils s'étaient rendus maîtres de l'Asie supérieure pendant vingt-huit années, comme je l'ai dit auparavant. Ils y étaient entrés en poursuivant les Cimmériens, et en avaient enlevé l'empire aux Mèdes, qui le possédaient auparavant.

Après une absence de vingt-huit ans, les Scythes avaient voulu retourner dans leur patrie; mais ils n'eurent pas moins de peine à rentrer en Scythie qu'ils n'en avaient eu contre les Mèdes. Une armée nombreuse était allée au-devant d'eux, et leur en avait disputé l'entrée; car leurs femmes, ennuyées de la longueur de leur absence, avaient eu commerce avec leurs esclaves.

II. Les Scythes crèvent les yeux à tous leurs esclaves, afin de les employer à traire le lait, dont ils font leur boisson ordinaire. Ils ont des soufflets d'os qui ressemblent à des flûtes; ils les mettent dans les parties naturelles des juments; les esclaves soufflent dans ces os avec la bouche, tandis que d'autres tirent le lait. Ils se servent, à ce qu'ils disent, de ce moyen parce que le souffle fait enfler les veines des juments, et baisser leur mamelle.

Lorsqu'ils ont tiré le lait, ils le versent dans des vases de bois autour desquels ils placent leurs esclaves pour le remuer et l'agiter. Ils enlèvent la partie du lait qui surnage, la regardant comme la meilleure, et celle de dessous comme la moins estimée. C'est pour servir à cette fonction que les Scythes crèvent les yeux à tous leurs prisonniers : car ils ne sont point cultivateurs, mais nomades.

III. De ces esclaves et des femmes scythes, il était né beaucoup de jeunes gens, qui, ayant appris quelle était leur naissance, marchèrent au-devant des Scythes qui revenaient de la Médie. Ils commencèrent d'abord par couper le pays en creusant un large fossé depuis les monts Tauriques jusqu'au Palus-Méotis, qui est d'une vaste étendue. Ils allèrent ensuite camper devant les Scythes qui tâchaient de pénétrer dans le pays, et les combattirent. Il y eut entre eux des actions fréquentes, sans que les Scythes pussent remporter le moindre avantage. « Scythes, que « faisons-nous? s'écria l'un d'entre eux; s'ils nous tuent quel-« qu'un des nôtres, notre nombre diminue; et, si nous tuons « quelqu'un d'entre eux, nous diminuons nous-mêmes le « nombre de nos esclaves. Laissons là, si vous m'en croyez, « nos arcs et nos javelots, et marchons à eux, armés chacun « du fouet dont il se sert pour mener ses chevaux. Tant qu'ils « nous ont vus avec nos armes, ils se sont imaginé qu'ils étaient « nés nos égaux. Mais quand, au lieu d'armes, ils nous verront « le fouet à la main, ils apprendront qu'ils sont nos esclaves, et, « convaincus de la bassesse de leur naissance, ils n'oseront plus « nous résister.

IV. Ce conseil fut suivi. Les esclaves étonnés prirent aussitôt la fuite, sans songer à combattre. C'est ainsi que rentrèrent dans leur pays les Scythes, qui, après avoir été les maîtres de l'Asie, en avaient été chassés par les Mèdes. Darius leva contre eux une nombreuse armée, pour se venger de cette invasion.

V. Les Scythes disent que de toutes les nations du monde la leur est la plus nouvelle, et qu'elle commença ainsi que je vais le rapporter.

La Scythie était autrefois un pays désert. Le premier homme qui y naquit s'appelait Targitaüs. Ils prétendent qu'il était fils de Jupiter et d'une fille du Borysthène : cela ne me paraît nullement croyable ; mais telle est l'origine qu'ils rapportent. Ce Targitaüs eut trois fils, Lipoxaïs, Arpoxaïs, et, le plus jeune, Colaxaïs.

Sous leur règne, il tomba du ciel, dans la Scythie, une charrue, un joug, une hache et une soucoupe d'or. L'aîné les aperçut le premier, et s'en approcha dans le dessein de s'en emparer ; mais aussitôt l'or devint brûlant. Lipoxaïs s'étant retiré, le second vint ensuite, et l'or s'enflamma de nouveau. Ces deux frères s'étant donc éloignés de cet or brûlant, le plus jeune s'en approcha, et trouvant l'or éteint, il le prit et l'emporta chez lui. Les deux aînés, en ayant eu connaissance, lui abandonnèrent la royauté sans partage.

VI. Ceux d'entre les Scythes qu'on appelle Auchates sont, à ce qu'on dit, issus de Lipoxaïs ; ceux qu'on nomme Catiares et Traspies descendent d'Arpoxaïs, le second des trois frères ; et du plus jeune, les Paralates. Tout ces peuples en général s'appellent Scolotes, du nom de leur roi ; mais il a plu aux Grecs de leur donner le nom de Scythes.

VII. C'est ainsi que les Scythes racontent l'origine de leur nation. Ils ajoutent qu'à compter de cette origine et de Targitaüs, leur premier roi, jusqu'au temps où Darius passa dans leur pays, il n'y a pas en tout plus de mille ans, mais que certainement il n'y en a pas moins. Quant à l'or sacré, les rois le gardent avec le plus grand soin. Chacun d'eux le fait venir tous les ans dans ses États, et lui offre de grands sacrifices pour se le rendre propice. Si celui qui a cet or en garde s'endort le jour de la fête, en plein air, il meurt dans l'année, suivant les Scythes ; et c'est pour le dédommager qu'on lui donne toutes les terres dont il peut, dans une journée, faire le tour à cheval. Le pays des Scythes étant très-étendu, Colaxaïs le partagea en trois royaumes, qu'il donna à ses trois fils. Celui des trois royaumes où l'on gardait l'or tombé du ciel était le le plus grand. Quant aux régions situées au nord et au-dessus des derniers habitants de ce pays, les Scythes disent qu'elles ne sont ni visibles, ni abordables, à cause des plumes qui y tombent de tous côtés.

L'air en est rempli, et la terre couverte[1] ; et c'est ce qui intercepte la vue.

VIII. Voilà ce que les Scythes disent d'eux-mêmes, et de leur pays. Mais les Grecs, qui habitent les bords du Pont-Euxin, racontent qu'Hercule, emmenant les troupeaux de bœufs de Géryon, arriva dans le pays occupé maintenant par les Scythes, et qui était alors désert ; que Géryon demeurait par delà le Pont, dans une île que les Grecs appellent Érythie, située près de Gadès, dans l'Océan, au delà des colonnes d'Hercule. Ils prétendent aussi que l'Océan commence à l'est, et environne toute la terre de ses eaux ; mais ils n'en apportent aucune preuve.

Ils ajoutent qu'Hercule, parti de ce pays, arriva dans celui qu'on connaît aujourd'hui sous le nom de Scythie ; qu'y ayant été surpris par l'hiver et le froid, il étendit sa peau de lion, s'en enveloppa, et s'endormit ; et que ses juments, qu'il avait détachées de son char pour paître, disparurent pendant son sommeil, par une cause surnaturelle.

IX. Hercule les chercha à son réveil, parcourut tout le pays, et arriva dans le canton appelé Hylée. Là, il trouva, dans un antre, une certaine Échidna, monstre composé de deux natures, femme depuis la tête jusqu'au-dessous de la ceinture, serpent par le reste du corps. Surpris en la voyant, il lui demanda si elle n'avait point vu quelque part ses chevaux. « Je les ai chez moi, lui dit-elle ; mais je ne te les rendrai point avant que tu te
« sois uni avec moi. » Hercule lui accorda à ce prix ce qu'elle désirait. Cette femme différait cependant de lui remettre ses chevaux, afin de jouir plus longtemps de sa compagnie. Hercule de son côté souhaitait les recouvrer pour partir incessamment. Enfin elle les lui rendit, et lui tint en même temps ce discours : « Tes chevaux étaient venus ici ; je te les ai gardés :
« j'en ai reçu la récompense. J'ai conçu de toi trois enfants.
« Mais que faudra-t-il que j'en fasse quand ils seront grands ?
« Les établirai-je dans ce pays-ci, dont je suis la souveraine ?
« ou veux-tu que je te les envoie ? »

« Quand ces enfants auront atteint l'âge viril, lui répondit

---

[1] Ces plantes ne sont rien autre chose que des flocons de neige, qui tombent en grande abondance dans ces pays, comme on le verra ci-dessous, § XXXI. (L.)

« Hercule, suivant les Grecs, en te conduisant de la manière
« que je vais dire, tu ne courras point risque de te tromper.
« Celui d'entre eux que tu verras bander cet arc comme moi
« et se ceindre de ce baudrier comme je fais, retiens-le dans ce
« pays, et qu'il y fixe sa demeure. Celui qui ne pourra point
« exécuter les deux choses que j'ordonne, fais-le sortir du
« pays. Si tu fais ainsi, tu n'auras qu'à t'en applaudir, et tu
« m'auras obéi. »

X. Hercule, en finissant ces mots, tira l'un de ses arcs, car il en avait eu deux alors, et le donna à cette femme. Il lui montra aussi le baudrier ; à l'endroit où il s'attachait pendait une coupe d'or : il lui en fit aussi présent, après quoi il partit. Lorsque ces enfants eurent atteint l'âge viril, elle nomma l'aîné Agathyrsus, le suivant Gélonus, et le plus jeune Scythès. Elle se souvint aussi des ordres d'Hercule, et les suivit. Les deux aînés, trouvant au-dessus de leurs forces l'épreuve prescrite, furent chassés par leur mère, et allèrent s'établir en d'autres pays. Scythès, le plus jeune des trois, fit ce que son père avait ordonné, et resta dans sa patrie. C'est de ce Scythès, fils d'Hercule, que sont descendus tous les rois qui lui ont succédé en Scythie ; et, jusque aujourd'hui, les Scythes ont toujours porté au bas de leur baudrier une coupe, à cause de celle qui était attachée à ce baudrier. Telle fut la chose qu'imagina sa mère en sa faveur. C'est ainsi que les Grecs qui habitent les bords du Pont-Euxin rapportent cette histoire.

XI. Il y a encore sur le même sujet une autre tradition à laquelle je souscris volontiers. Les Scythes nomades qui habitaient en Asie, accablés par les Massagètes, avec qui ils étaient en guerre, passèrent l'Araxe et vinrent en Cimmérie : car le pays que possèdent aujourd'hui les Scythes appartenait autrefois, à ce que l'on dit, aux Cimmériens. Ceux-ci, les voyant fondre sur leurs terres, délibérèrent entre eux sur cette attaque. Les sentiments furent partagés, et tous deux furent extrêmes ; celui des rois était le meilleur. Le peuple était d'avis de se retirer, et de ne point s'exposer au hasard d'un combat contre une si grande multitude ; les rois voulaient, de leur côté, qu'on livrât bataille à ceux qui venaient les attaquer. Le peuple ne voulut jamais céder au sentiment de ses rois, ni les rois à celui de leurs sujets. Le peuple était d'avis de se retirer sans combattre, et de livrer le pays à ceux qui venaient l'envahir; les rois, au contraire, avaient décidé qu'il valait mieux mourir dans la patrie que de fuir avec le peuple. D'un côté, ils envisageaient les avantages dont ils avaient joui jusqu'alors; et, d'un autre, ils prévoyaient les maux qu'ils auraient indubitablement à souffrir s'ils abandonnaient leur patrie.

Les deux partis persévérant dans leur première résolution, la discorde s'alluma entre eux de plus en plus. Comme ils étaient égaux en nombre, ils en vinrent aux mains. Tous ceux qui périrent dans cette occasion furent enterrés, par le parti du peuple, près du fleuve Tyras, où l'on voit encore aujourd'hui leurs tombeaux. Après avoir rendu les derniers devoirs aux morts, on sortit du pays, et les Scythes, le trouvant désert et abandonné, s'en emparèrent.

XII. On trouve encore aujourd'hui, dans la Scythie, les villes de Cimmérium et de Porthmies Cimmériennes. On y voit aussi un pays qui retient le nom de Cimmérie, et un bosphore appelé Cimmérien. Il paraît certain que les Cimmériens, fuyant les Scythes, se retirèrent en Asie, et qu'ils s'établirent dans la presqu'île où l'on voit maintenant une ville grecque appelée Sinope. Il ne paraît pas moins certain que les Scythes s'égarèrent en les poursuivant, et qu'ils entrèrent en Médie. Les Cimmériens, dans leur fuite, côtoyèrent toujours la mer; les Scythes, au contraire, avaient le Caucase à leur droite, jusqu'à ce que, s'étant détournés de leur chemin, ils pénétrèrent jusqu'au cœur de la Médie.

XIII. Cette autre tradition est également reçue des Grecs et des barbares. Mais Aristée de Proconnèse, fils de Caystrobie, écrit dans son poëme épique[1] qu'inspiré par Phébus, il alla jusque chez les Issédons; qu'au-dessus de ces peuples on trouve les Arimaspes, qui n'ont qu'un œil; qu'au delà sont les Gryphons, qui gardent l'or; que plus loin encore demeurent les Hyperboréens, qui s'étendent vers la mer; que toutes ces nations, excepté les Hyperboréens, font continuellement la guerre à leurs voisins, à commencer par les Arimaspes; que les Issédons

---

[1] Il a écrit les Arimaspies, poëme épique en trois livres, sur la guerre des Arimaspes avec les Gryphons. Longin en a rapporté six vers, qui sont plus fleuris, au jugement de ce célèbre critique, que grands et sublimes. (L.)

ont été chassés de leur pays par les Arimaspes, les Scythes par les Issédons ; et les Cimmériens, qui habitaient les côtes de la mer au midi, l'ont été par les Scythes. Ainsi Aristée ne s'accorde pas même avec les Scythes sur cette contrée.

XIV. On a vu de quel pays était le poëte Aristée. Mais je ne dois pas passer sous silence ce que j'ai ouï raconter de lui à Proconnèse et à Cyzique.

Aristée était d'une des meilleures familles de son pays ; on raconte qu'il mourut à Proconnèse, dans la boutique d'un foulon, où il était entré par hasard ; que le foulon, ayant fermé sa boutique, alla sur-le-champ avertir les parents du mort ; que ce bruit s'étant bientôt répandu par toute la ville, un Cyzicénien, qui venait d'Artacé, contesta la nouvelle, et assura qu'il avait rencontré Aristée allant à Cyzique, et qu'il lui avait parlé ; que, pendant qu'il le soutenait fortement, les parents du mort se rendirent à la boutique du foulon, avec tout ce qui était nécessaire pour lui donner la sépulture ; mais que, lorsqu'on eut ouvert la maison, on ne trouva Aristée ni mort ni vif ; que, sept ans après, il reparut à Proconnèse, y fit ce poëme épique que les Grecs appellent maintenant Arimaspies, et qu'il disparut pour la seconde fois. Voilà ce que disent les villes de Proconnèse et de Cyzique.

XV. Mais voici ce que je sais être arrivé aux Métapontins en Italie, trois cent quarante ans après qu'Aristée eut disparu pour la seconde fois, comme je le conjecture d'après ce que j'ai entendu dire à Proconnèse et à Métaponte. Les Métapontins content qu'Aristée leur ayant apparu leur commanda d'ériger un autel à Apollon, et d'élever près de cet autel une statue à laquelle on donnerait le nom d'Aristée de Proconnèse ; qu'il leur dit qu'ils étaient le seul peuple des Italiotes qu'Apollon eût visité ; que lui-même, qui était maintenant Aristée, accompagnait alors le dieu sous la forme d'un corbeau ; et qu'après ce discours il disparut. Les Métapontins ajoutent qu'ayant envoyé à Delphes demander au dieu ce que signifiait cette apparition, la Pythie leur avait ordonné d'exécuter ce qu'il leur avait prescrit, et qu'ils s'en trouveraient mieux ; et que, sur cette réponse, ils s'étaient conformés aux ordres qui leur avaient été donnés. On voit encore maintenant sur la place publique de Métaponte, près de la statue d'Apollon, une autre statue qui porte le nom d'Aristée, et des lauriers qui les environnent. Mais en voilà assez sur Aristée.

XVI. On n'a aucune connaissance certaine de ce qui est au delà du pays dont nous avons dessein de parler. Pour moi, je n'ai trouvé personne qui l'ait vu. Aristée, dont je viens de faire mention, n'a pas été au delà des Issédons, comme il le dit dans son poëme épique. Il avoue aussi qu'il tenait des Issédons ce qu'il racontait des pays plus éloignés. Quoi qu'il en soit, nous avons porté nos recherches le plus loin qu'il nous a été possible, et nous allons dire tout ce que nous avons appris de plus certain par les récits qu'on nous a faits.

XVII. Après le port des Borysthénites, qui occupe justement le milieu des côtes maritimes de toute la Scythie, les premiers peuples qu'on rencontre sont les Callipides; ce sont des Gréco-Scythes. Au-dessus d'eux sont les Alazons. Ceux-ci et les Callipides observent les mêmes coutumes que les Scythes; ils sèment du blé et mangent des oignons, de l'ail, des lentilles et du millet. Au-dessus des Alazons habitent les Scythes laboureurs, qui sèment du blé, non pour en faire leur nourriture, mais pour le vendre. Par delà ces Scythes on trouve les Neures. Autant que nous avons pu le savoir, la partie septentrionale de leur pays n'est point habitée. Voilà les nations situées le long du fleuve Hypanis, à l'ouest du Borysthène.

XVIII. Quand on a passé ce dernier fleuve, on rencontre d'abord l'Hylée, vers les côtes de la mer. Au-dessus de ce pays sont les Scythes cultivateurs. Les Grecs qui habitent les bords de l'Hypanis les appellent Borysthénites; ils se donnent eux-mêmes le nom d'Olbiopolites. Le pays de ces Scythes cultivateurs a, du côté du levant, trois jours de chemin, et s'étend jusqu'au fleuve Panticape; mais celui qu'ils ont au nord est de onze jours de navigation, en remontant le Borysthène. Plus avant, on trouve de vastes déserts au delà desquels habitent les Androphages, nation particulière, et nullement scythe. Au-dessus des Androphages, il n'y a plus que de véritables déserts; du moins n'y rencontre-t-on aucun peuple, autant que nous le sachions.

XIX. A l'est de ces Scythes cultivateurs et au delà du Panticape, vous trouvez les Scythes nomades, qui ne sèment ni ne labourent. Ce pays entier, si vous en exceptez l'Hylée, est sans arbres. Ces nomades occupent à l'est une étendue de quatorze jours de chemin jusqu'au fleuve Gerrhus.

XX. Au delà du fleuve Gerrhus est le pays des Scythes royaux. Ces Scythes sont les plus braves et les plus nombreux; ils regardent les autres comme leurs esclaves. Ils s'étendent, du côté du midi, jusqu'à la Tauride; à l'est, jusqu'au fossé que creusèrent les fils des esclaves aveugles, et jusqu'à Cremnes, ville commerçante sur le Palus-Mæotis. Il y a même une partie de cette nation qui s'étend jusqu'au Tanaïs. Au nord, au-dessus de ces Scythes royaux, on rencontre les Mélanchlænes, peuple qui n'est point scythe. Au delà des Mélanchlænes, il n'y a, autant que nous pouvons le savoir, que des marais et des terres sans habitants.

XXI. Le pays au delà du Tanaïs n'appartient pas à la Scythie; on entre chez les Sauromates. Ils commencent à l'extrémité du Palus-Mæotis, et occupent le pays qui est au nord; il est de quinze journées de marche : on n'y voit ni arbres fruitiers ni sauvages. La seconde contrée au-dessus des Sauromates est habitée par les Budins; elle porte toutes sortes d'arbres en abondance. Mais, au-dessus et au nord des Budins, le premier pays où l'on entre est un vaste désert de sept jours de chemin.

XXII. Après ce désert, en inclinant vers l'est, vous trouvez les Thyssagètes : c'est une nation indigène et nombreuse, qui ne vit que de sa chasse. Les Iyrques leur sont contigus. Ils habitent le même pays, et ne vivent aussi que de gibier, qu'ils prennent de cette manière : comme tout est plein de bois, les chasseurs montent sur les arbres pour épier et attendre la bête. Ils ont chacun un cheval dressé à se mettre ventre à terre, afin de paraître plus petit. Ils mènent aussi un chien avec eux. Aussitôt que le chasseur aperçoit du haut de l'arbre la bête à sa portée, il l'atteint d'un coup de flèche, monte sur son cheval, et la poursuit avec son chien, qui ne le quitte point.

Au delà des Iyrques, en avançant vers l'est, on trouve des Scythes qui, ayant secoué le joug des Scythes royaux, sont venus s'établir en cette contrée.

XXIII. Tout le pays dont je viens de parler, jusqu'à celui des Scythes, est une plaine dont le sol est fertile; mais au delà il est rude et pierreux. Lorsque vous en avez traversé une grande partie, vous trouvez des peuples qui habitent au pied de hautes montagnes. On dit qu'ils sont tous chauves de naissance, hommes

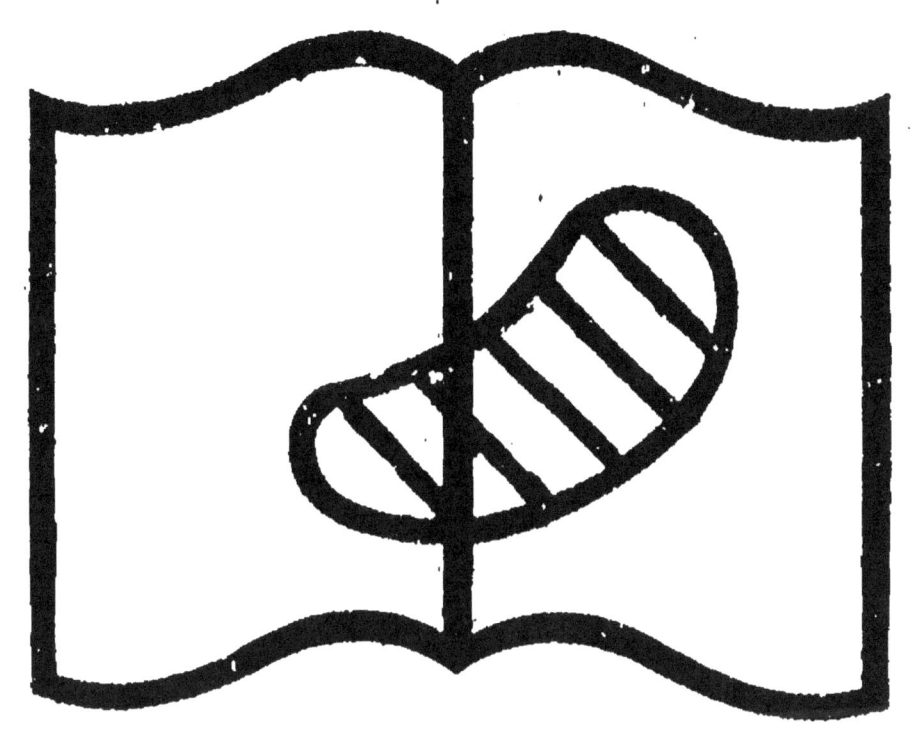

Illisibilité partielle

VALABLE POUR TOUT OU PARTIE DU
DOCUMENT REPRODUIT

et femmes ; qu'ils ont le nez aplati et le menton allongé. Ils ont une langue particulière; mais ils sont vêtus à la scythe. Enfin, ils vivent du fruit d'une espèce d'arbre appelé pontique. Cet arbre, à peu près de la grandeur d'un figuier, porte un fruit à noyau de la grosseur d'une fève. Quand ce fruit est mûr, ils le pressent dans un morceau d'étoffe, et en expriment une liqueur noire et épaisse, qu'ils appellent aschy. Ils sucent cette liqueur, et la boivent mêlée avec du lait. A l'égard du marc le plus épais, ils en font des masses qui leur servent de nourriture : car ils ont peu de bétail, faute de bons pâturages.

Ils demeurent toute l'année chacun sous un arbre. L'hiver, ils couvrent ces arbres d'une étoffe de laine blanche foulée, qu'ils ont soin d'ôter pendant l'été. Personne ne les insulte : on les regarde en effet comme sacrés. Ils n'ont en leur possession aucune arme offensive. Leurs voisins les prennent pour arbitres dans leurs différends; et quiconque se réfugie dans leur pays y trouve un asile inviolable, où personne n'ose l'attaquer. On les appelle Argippéens.

XXIV. On a une connaissance exacte de tout le pays jusqu'à celui qu'occupent ces hommes chauves, et de toutes les nations en deçà. Il n'est pas difficile d'en savoir des nouvelles par les Scythes qui vont chez eux, par les Grecs de la ville de commerce [1] située sur le Borysthène, et par ceux des autres villes commerçantes situées sur le Pont-Euxin. Ces peuples parlent sept langues différentes. Ainsi les Scythes qui voyagent dans leur pays ont besoin de sept interprètes.

XXV. On connaît donc tout ce pays jusqu'à celui de ces hommes chauves: mais on ne peut rien dire de certain de celui qui est au-dessus; des montagnes élevées et inaccessibles en interdisent l'entrée. Les Argippéens racontent cependant qu'elles sont habitées par des Ægipodes, ou hommes aux pieds de chèvre [2]; mais cela ne me paraît mériter aucune sorte de croyance. Ils ajoutent aussi que, si l'on avance plus loin, on trouve d'au-

---

[1] C'est la ville de Dorysthène.
[2] Ces montagnards, accoutumés à gravir sur les plus hautes montagnes, étaient sans doute comparés, par les Argippéens, aux chèvres qui grimpent sur les plus grandes élévations. Ainsi, ceux-ci prenaient au figuré cette expression, *pied de chèvre*, tandis qu'Hérodote l'entendait au propre. (L.)

tres peuples qui dorment six mois de l'année. Pour moi, je ne puis absolument le croire. On sait que le pays à l'est des Argippéens est occupé par les Issédons ; mais celui qui est au-dessus, du côté du nord, n'est connu ni des Argippéens ni des Issédons, qui n'en disent que ce que j'ai rapporté d'après eux.

XXVI. Voici les usages qui s'observent, à ce qu'on dit, chez les Issédons. Quand un Issédon a perdu son père, tous ses parents lui amènent du bétail : ils l'égorgent, et, l'ayant coupé par morceaux, ils coupent de même le cadavre du père de leur hôte, et, mêlant toutes les chairs ensemble, ils en font un festin. Quant à la tête, ils en ôtent le poil et les cheveux, et, après l'avoir parfaitement nettoyée, ils la dorent, et s'en servent comme d'un vase précieux dans les sacrifices solennels qu'ils offrent tous les ans. Les fils rendent ces devoirs à leurs pères, ainsi que les Grecs célèbrent l'anniversaire de la mort des leurs. Au reste, ils passent aussi pour aimer la justice ; et, chez eux, les femmes ont autant d'autorité que les hommes.

XXVII. On connaît donc aussi ces peuples ; mais, pour le pays qui est au-dessus, on sait, par le témoignage des Issédons, qu'il est habité par des hommes qui n'ont qu'un œil, et par des Gryphons qui gardent l'or. Les Scythes l'ont appris des Issédons, et nous des Scythes. Nous les appelons Arimaspes en langue scythe. Arima signifie *un* en cette langue, et *spou* œil.

XXVIII. Dans tout le pays dont je viens de parler, l'hiver est si rude, et le froid si insupportable pendant huit mois entiers, qu'en répandant de l'eau sur la terre on n'y fait point de boue, mais seulement en y allumant du feu. La mer même se glace, ainsi que le Bosphore Cimmérien ; et les Scythes de la Chersonèse passent en corps d'armée sur cette glace, et y conduisent leurs chariots pour aller dans le pays des Sindes. L'hiver continue de la sorte huit mois entiers ; les quatre autres mois, il fait encore froid. L'hiver, dans ces contrées, est bien différent de celui des autres pays. Il y pleut si peu en cette saison, que ce n'est pas la peine d'en parler, et l'été ne cesse de pleuvoir. Il n'y tonne point dans le temps que l'on tonne ailleurs ; mais le tonnerre est très-fréquent en été. S'il s'y fait entendre en hiver, on le regarde comme un prodige. Il en est de même des tremblements de terre. S'il en arrive en Scythie, soit en été, soit en hiver, c'est un prodige. Les chevaux y soutiennent le froid ; mais les mulets et les ânes ne le peuvent absolument, quoique ailleurs les chevaux exposés à la gelée dépérissent, et que les ânes et les mulets y résistent sans peine.

XXIX. Je pense que la rigueur du climat empêche les bœufs d'y avoir des cornes. Homère rend témoignage à mon opinion dans l'Odyssée, lorsqu'il parle en ces termes : « Et la Libye, où « les cornes viennent promptement aux agneaux. »

Cela est fort bien dit : car, dans les pays chauds, les cornes poussent de bonne heure aux animaux, et dans ceux où il fait un froid violent, ils n'en ont point du tout, ou, si elles poussent, ce n'est qu'avec peine.

XXX. Dans ce pays, le froid en est la cause ; mais, pour le dire en passant, puisque je me suis accoutumé, dès le commencement de cette histoire, à faire des digressions, je m'étonne que, dans toute l'Élide, il ne s'engendre point de mulets, quoique le climat n'y soit pas froid, et qu'on n'en puisse alléguer aucune autre cause sensible. Les Éléens disent que c'est l'effet de quelque malédiction. Lorsque le temps s'approche où les cavales sont en chaleur, les Éléens les conduisent dans les pays voisins, où ils les font saillir par des ânes ; lorsqu'elles sont pleines, ils les ramènent chez eux.

XXXI. Quant aux plumes dont les Scythes disent que l'air est tellement rempli qu'ils ne peuvent ni voir ni pénétrer plus avant, voici l'opinion que j'en ai. Il neige toujours dans les régions situées au-dessus de la Scythie, mais vraisemblablement moins en été qu'en hiver. Quiconque a vu de près la neige tomber à gros flocons comprend facilement ce que je dis. Elle ressemble en effet à des plumes. Je pense donc que cette partie du continent, qui est au nord, est inhabitable à cause des grands froids, et que, lorsque les Scythes et leurs voisins parlent de plumes, ils ne le font que par comparaison avec la neige. Voilà ce qu'on dit sur ces pays si éloignés.

XXXII. Ni les Scythes, ni aucun autre peuple de ces régions, ne parlent des Hyperboréens, si ce n'est peut-être les Issédons : et ceux-ci même, à ce que je pense, n'en disent rien : car les Scythes, qui, sur le rapport des Issédons, nous parlent des peuples qui n'ont qu'un œil, nous diraient aussi quelque chose des Hyperboréens. Cependant Hésiode en fait mention, et Homère aussi dans les Épigones[1], en supposant du moins qu'il soit l'auteur de ce poëme.

XXXIII. Les Déliens en parlent beaucoup plus amplement. Ils racontent que les offrandes des Hyperboréens leur venaient enveloppées dans de la paille de froment. Elles passaient chez les Scythes : transmises ensuite de peuple en peuple, elles étaient portées le plus loin possible vers l'occident, jusqu'à la mer Adriatique. De là, on les envoyait du côté du midi. Les Dodonéens étaient les premiers Grecs qui les recevaient. Elles descendaient de Dodone jusqu'au golfe Maliaque, d'où elles passaient en Eubée, et, de ville en ville, jusqu'à Caryste. De là, sans toucher à Andros, les Carystiens les portaient à Ténos, et les Téniens à Délos. Si l'on en croit les Déliens, ces offrandes parviennent de cette manière dans leur île. Ils ajoutent que, dans les premiers temps, les Hyperboréens envoyèrent ces offrandes par deux vierges, dont l'une, suivant eux, s'appelait Hypéroché, et l'autre Laodicé ; que, pour la sûreté de ces jeunes filles, les Hyperboréens les firent accompagner par cinq de leurs citoyens, qu'on appelle actuellement Perphères, et à qui l'on rend de grands honneurs à Délos ; mais que, les Hyperboréens ne les voyant pas revenir, et regardant comme une chose très-fâcheuse s'il leur arrivait de ne jamais revoir leurs députés, ils prirent le parti de porter sur leurs frontières leurs offrandes enveloppées dans de la paille de froment ; ils les remettaient ensuite à leurs voisins, les priant instamment de les accompagner jusqu'à une autre nation. Elles passent ainsi, disent les Déliens, de peuple en peuple, jusqu'à ce qu'enfin elles parviennent dans leur île. J'ai remarqué, parmi les femmes de Thrace et de Péonie, un usage qui se rapporterait à ces choses saintes. Elles ne sacrifient jamais à Diane la royale sans faire usage de paille de froment. Voilà, dit-on, ce qu'elles font.

XXXIV. Les jeunes Déliens de l'un et de l'autre sexe se coupent les cheveux en l'honneur de ces vierges hyperboréennes qui moururent à Délos. Les filles leur rendent ce devoir avant

---

[1] Ce poëme est très-ancien, quoique, suivant toutes les apparences, Homère n'en soit pas l'auteur. Le scoliaste d'Aristophane l'attribue à Antimachus. Mais Antimachus de Colophon, qui était antérieur à Platon, suivant Suidas, était postérieur à Hérodote, ou du moins son contemporain. (L.)

leur mariage. Elles prennent une boucle de leurs cheveux, l'enroulent autour d'un fuseau, et la mettent sur le tombeau de ces vierges, qui est dans le lieu consacré à Diane, à main gauche en entrant, et qu'un olivier couvre de son ombre. Les jeunes Déliens entortillent leurs cheveux autour d'une certaine herbe, et les mettent aussi sur le tombeau. Tels sont les honneurs que les habitants de Délos rendent à ces vierges.

XXXV. Les Déliens disent aussi que, dans le même siècle où ces députés vinrent à Délos, deux autres vierges hyperboréennes, dont une s'appelait Argé, et l'autre Opis, y étaient déjà venues avant Hypéroché et Laodicé. Celles-ci apportaient à Ilithye le tribut qu'elles étaient chargées d'offrir pour obtenir de faciles accouchements. Mais Argé et Opis étaient arrivées en la compagnie des dieux mêmes. Aussi les Déliens leur rendent-ils d'autres honneurs. Leurs femmes quêtent pour elles, et célèbrent leurs noms dans un hymne qu'Olen de Lycie a composé en leur honneur. Les Déliens disent encore qu'ils ont appris aux insulaires et aux Ioniens à célébrer et à nommer dans leurs hymnes Opis et Argé, et à faire la quête pour elles. C'est cet Olen qui, venu de Lycie à Délos, a composé le reste des anciens hymnes qui se chantent en cette île. Les Déliens ajoutent qu'après avoir fait brûler sur l'autel les cuisses des victimes, on en répand la cendre sur le tombeau d'Opis et d'Argé. Ce tombeau est derrière le temple de Diane, à l'est, et près de la salle à manger des Céens.

XXXVI. En voilà assez sur les Hyperboréens. Je ne m'arrête pas en effet à ce qu'on conte d'Abaris, qui était, dit-on, Hyperboréen, et qui, sans manger, voyagea par toute la terre, porté sur une flèche. Au reste, s'il y a des Hyperboréens[1], il doit y avoir aussi des Hypernotiens[2]. Pour moi, je ne puis m'empêcher de rire quand je vois ceux qui ont donné des descriptions de la circonférence de la terre, prétendre, sans se laisser guider par la raison, que la terre est ronde comme si elle eût été travaillée au tour, que l'Océan l'environne de toutes parts, et que l'Asie est égale à l'Europe. Mais je vais montrer en peu de mots la grandeur de chacune de ces deux parties du monde, et en décrire la figure.

[1] Suivant l'étymologie, qui sont au delà de Borée.
[2] Hypernotiens, qui sont au delà du sud.

XXXVII. Le pays occupé par les Perses s'étend jusqu'à la mer Australe, qu'on appelle mer Érythrée. Au-dessus, vers le nord, habitent les Mèdes ; au-dessus des Mèdes, les Sapires ; et, par delà les Sapires, les Colchidiens, qui sont contigus à la mer du Nord, où se jette le Phase. Ces quatre nations s'étendent d'une mer à l'autre.

XXXVIII. De là, en allant vers l'occident, on rencontre deux péninsules opposées qui aboutissent à la mer. Je vais en faire la description : l'une, du côté du nord, commence au Phase, s'étend vers la mer le long du Pont-Euxin, et de l'Hellespont jusqu'au promontoire de Sigée dans la Troade : du côté du sud, cette même péninsule commence au golfe Myriandrique, adjacent à la Phénicie le long de la mer jusqu'au promontoire Triopium. Cette péninsule est habitée par trente nations différentes.

XXXIX. L'autre péninsule commence aux Perses, et s'étend jusqu'à la mer Érythrée[1] et le long de cette mer. Elle comprend la Perse, ensuite l'Assyrie et l'Arabie. Elle aboutit, au moins est-ce l'usage de le dire, au golfe Arabique, où Darius fit conduire un canal qui vient du Nil. De la Perse à la Phénicie, le pays est grand et vaste ; depuis la Phénicie, la même péninsule s'étend le long de cette mer-ci par la Syrie de la Palestine et l'Égypte, où elle aboutit. Elle ne renferme que trois nations. Tels sont les pays de l'Asie à l'occident de la Perse.

XL. Les pays à l'est, au-dessus des Perses, des Mèdes, des Sapires et des Colchidiens, sont bornés de ce côté par la mer Érythrée, et, du côté du nord, par la mer Caspienne et par l'Araxe, qui prend son cours vers le soleil levant. L'Asie est habitée jusqu'à l'Inde ; mais, depuis ce pays, on rencontre à l'est des déserts que personne ne connaît, et dont on ne peut rien dire de certain. Tels sont les pays que comprend l'Asie, et telle est son étendue.

XLI. La Libye suit immédiatement l'Égypte, et fait partie de la seconde péninsule, laquelle est étroite aux environs de l'Égypte. En effet, depuis cette mer-ci jusqu'à la mer Érythrée,

---

[1] Il faut faire attention que non-seulement le golfe Arabique était connu sous ce nom, mais encore le golfe Persique et l'océan Austral, c'est-à-dire cette vaste étendue de mer qui est entre ces deux golfes. (L.)

il n'y a que cent mille brasses, qui font mille stades. Mais, depuis cet endroit étroit, la péninsule devient spacieuse et prend le nom de Libye.

XLII. J'admire d'autant plus ceux qui ont décrit la Libye, l'Asie et l'Europe, et qui en ont déterminé les bornes, qu'il y a beaucoup de différence entre ces trois parties de la terre : car l'Europe atteint presque en longueur les deux autres; mais il ne me paraît pas qu'elle puisse leur être comparée par rapport à la largeur. La Libye montre elle-même qu'elle est environnée de la mer, excepté du côté où elle confine à l'Asie. Nécos, roi d'Égypte, est le premier que nous sachions qui l'ait prouvé. Lorsqu'il eut renoncé à creuser le canal qui devait conduire les eaux du Nil au golfe Arabique, il fit partir des Phéniciens sur des vaisseaux, avec ordre d'entrer, à leur retour, par les colonnes d'Hercule, dans la mer septentrionale, et de revenir de cette manière en Égypte.

Les Phéniciens, s'étant donc embarqués sur la mer Érythrée, naviguèrent dans la mer Australe. Quand l'automne était venu, ils abordaient à l'endroit de la Libye où ils se trouvaient, et semaient du blé. Ils attendaient ensuite le temps de la moisson, et, après la récolte, ils se remettaient en mer. Ayant ainsi voyagé pendant deux ans, la troisième année ils doublèrent les colonnes d'Hercule, et revinrent en Égypte. Ils racontèrent, à leur arrivée, que, en faisant voile autour de la Libye, ils avaient eu le soleil à leur droite. Ce fait ne me paraît nullement croyable[1]; mais peut-être le paraîtra-t-il à quelque autre. C'est ainsi que la Libye a été connue pour la première fois.

XLIII. Les Carthaginois racontent que, depuis ce temps, Sataspe, fils de Téaspis, de la race des Achéménides, avait reçu l'ordre de faire le tour de la Libye, mais qu'il ne l'acheva pas. Rebuté par la longueur de la navigation et effrayé des déserts[2]

---

[1] Hérodote ne doute point que les Phéniciens n'aient fait le tour de l'Afrique, et qu'ils ne soient revenus en Égypte par le détroit de Gibraltar. Mais il ne peut croire que dans le cours de leur navigation ils aient eu le soleil à droite. Les Phéniciens devaient cependant l'avoir nécessairement après qu'ils eurent passé la ligne ; et cette circonstance précieuse, et qui n'a pu être imaginée dans un siècle où l'astronomie était encore en son enfance, assure l'authenticité de ce voyage, dont, sans cela, on pourrait douter. (L.)

[2] Les côtes de l'Afrique n'étaient point habitées.

qu'il rencontra sur sa route, il revint sur ses pas sans avoir terminé les travaux que sa mère lui avait imposés.

Sataspe avait fait violence à une jeune personne, fille de Zopyre, fils de Mégabyse. Étant sur le point d'être mis en croix pour ce crime par les ordres de Xerxès, sa mère, qui était sœur de Darius, demanda sa grâce, promettant de le punir plus rigoureusement que le roi ne le voulait, en le forçant à faire le tour de la Libye jusqu'à ce qu'il parvînt au golfe Arabique. Xerxès lui ayant accordé sa grâce à cette condition, Sataspe vint en Égypte, y prit un vaisseau et des matelots du pays, et, s'étant embarqué, il fit voile par les colonnes d'Hercule. Lorsqu'il les eut passées, il doubla le promontoire Soloéis, et fit route vers le sud. Mais, après avoir mis plusieurs mois à traverser une vaste étendue de mer, voyant qu'il lui en restait encore une plus grande à parcourir, il retourna sur ses pas, et regagna l'Égypte. De là, il se rendit à la cour de Xerxès. Il y raconta que, sur les côtes de la mer les plus éloignées qu'il eût parcourues, il avait vu de petits hommes, vêtus d'habits de palmier, qui avaient abandonné leurs villes pour s'enfuir dans les montagnes aussitôt qu'ils l'avaient vu aborder avec son vaisseau ; qu'étant entré dans leurs villes, il ne leur avait fait aucun mal, et s'était contenté d'en enlever du bétail. Il ajouta qu'il n'avait point achevé le tour de la Libye, parce que son vaisseau avait été arrêté et n'avait pu avancer. Xerxès, persuadé qu'il ne lui disait pas la vérité, fit exécuter la première sentence ; et il fut mis en croix, parce qu'il n'avait pas achevé l'épreuve qu'on lui avait imposée. Un eunuque de Sataspe n'eut pas plutôt appris la mort de son maître, qu'il s'enfuit à Samos avec de grandes richesses, dont s'empara un certain Samien. Je sais son nom, mais je veux le passer sous silence.

XLIV. La plus grande partie de l'Asie fut découverte par Darius. Ce prince, voulant savoir en quel endroit de la mer se jetait l'Indus, qui, après le Nil, est le seul fleuve dans lequel on trouve des crocodiles, envoya, sur des vaisseaux, des hommes sûrs, et entre autres Scylax de Caryande. Ils s'embarquèrent à Caspatyre, dans la Pactyice, descendirent le fleuve à l'est jusqu'à la mer : de là, naviguant vers l'occident, ils arrivèrent enfin, le trentième mois après leur départ, au même port où les Phéniciens, dont j'ai parlé ci-dessus, s'étaient autrefois embarqués par l'ordre du roi d'Égypte pour faire le tour de la Libye. Ce périple achevé, Darius subjugua les Indiens, et se servit de cette mer. C'est ainsi qu'on a reconnu que l'Asie, si l'on en excepte la partie orientale, ressemble en tout à la Libye.

XLV. Quant à l'Europe, il ne paraît pas que personne jusqu'ici ait découvert si elle est environnée de la mer à l'est et au nord. Mais on sait qu'en sa longueur elle atteint presque les deux autres parties de la terre[1]. Je ne puis conjecturer pourquoi la terre étant une, on lui donne trois différents noms, qui sont des noms de femmes, et pourquoi on donne à l'Asie pour bornes le Nil, fleuve d'Égypte, et le Phase, fleuve de Colchide; ou, selon d'autres, le Tanaïs, le Palus-Mæotis, et le détroit Cimmérien. Enfin je n'ai pu savoir comment s'appelaient ceux qui ont ainsi divisé la terre, ni d'où ils ont pris les noms qu'ils lui ont donnés. La plupart des Grecs disent que la Libye tire le sien d'une femme originaire du pays, et l'Asie de la femme de Prométhée; mais les Lydiens revendiquent ce dernier nom, et soutiennent qu'il vient d'Asias, fils de Cotys et petit-fils de Manès, dont l'Asiade, tribu de Sardes, a aussi emprunté le sien.

Quant à l'Europe, personne ne sait si elle est environnée de la mer. Il ne paraît pas non plus qu'on sache ni d'où elle a tiré ce nom, ni qui le lui a donné; à moins que nous ne disions qu'elle l'a pris d'Europe de Tyr : car auparavant, ainsi que les deux autres parties du monde, elle n'avait point de nom. Il est certain qu'Europe était Asiatique, et qu'elle n'est jamais venue dans ce pays que les Grecs appellent maintenant Europe; mais qu'elle passa seulement de Phénicie en Crète, et de Crète en Lycie. C'en est assez à cet égard, et nous nous en tiendrons là-dessus aux opinions reçues.

XLVI. Le Pont-Euxin, que Darius attaqua, est de tous les pays celui qui produit les nations les plus ignorantes. J'en excepte

---

[1] Il n'est pas étonnant qu'Hérodote se fût fait cette idée de l'Europe et de l'Asie, puisqu'à l'exception des Massagètes, de l'Arabie, et d'une partie de l'Inde, il ne connaissait de l'Asie que les pays soumis à Darius. D'ailleurs cet historien plaçait en Europe cet immense pays qui est au nord du Caucase, de la mer Caspienne et des Massagètes. D'un côté, il ajoutait à l'Europe des contrées immenses qu'il retranchait de l'Asie, et d'un autre il y avait dans cette partie du monde des pays d'une vaste étendue qui n'étaient pas encore connus. Il ne faut donc pas être surpris qu'il assure que l'Europe est plus grande que l'Asie et l'Afrique. (L.)

toutefois les Scythes. Parmi celles en effet qui habitent en deçà du Pont-Euxin, nous ne pouvons pas en citer une seule qui ait donné des marques de prudence et d'habileté, ni même qui ait fourni un homme instruit, si ce n'est la nation scythe, et Anacharsis. Les Scythes sont, de tous les peuples que nous connaissons, ceux qui ont trouvé les moyens les plus sûrs pour se conserver les avantages les plus précieux ; mais je ne vois chez eux rien autre chose à admirer. Ces avantages consistent à ne point laisser échapper ceux qui viennent les attaquer, et à ne pouvoir être joints quand ils ne veulent point l'être : car ils n'ont ni villes ni forteresses. Ils traînent avec eux leurs maisons; ils sont habiles à tirer de l'arc étant à cheval. Ils ne vivent point du labourage, mais de bétail, et n'ont point d'autres maisons que leurs chariots. Comment de pareils peuples ne seraient-ils pas invincibles, et d'un abord difficile ?

XLVII. Ils ont imaginé ce genre de vie, tant parce que la Scythie y est très-propre, que parce que leurs rivières la favorisent et leur servent de rempart. Leur pays est un pays de plaines, abondant en pâturages et bien arrosé : il n'est, en effet, guère moins coupé de rivières que l'Égypte l'est de canaux. Je ne parlerai que des plus célèbres, de celles sur lesquelles on peut naviguer en remontant de la mer. Tels sont l'Ister, fleuve qui a cinq embouchures; ensuite le Tyras, l'Hypanis, le Borysthène, le Panticape, l'Hypacyris, le Gerrhus et le Tanaïs. Je vais en décrire le cours.

XLVIII. L'Ister, le plus grand de tous les fleuves que nous connaissions, est toujours égal à lui-même, soit en été, soit en hiver. On le rencontre le premier en Scythie à l'occident des autres, et il est le plus grand, parce qu'il reçoit les eaux de plusieurs autres rivières. Parmi celles qui contribuent à le grossir, il y en a cinq grandes qui traversent la Scythie : celle que les Scythes appellent Porata, et les Grecs Pyretos, le Tiarante, l'Ararus, le Naparis et l'Ordessus. La première de ces rivières est grande; elle coule à l'est, et se mêle avec l'Ister; la seconde, je veux dire le Tiarante, est plus petite, et coule plus à l'occident ; les trois dernières, l'Ararus, le Naparis et l'Ordessus, ont leur cours entre les deux autres, et se jettent aussi dans l'Ister. Telles sont les rivières qui, prenant leur source en Scythie, vont grossir l'Ister.

XLIX. Le Maris coule du pays des Agathyrses, et se jette dans l'Ister. Des sommets du mont Hémus sortent trois autres grandes rivières, l'Atlas, l'Auras et le Tibisis; elles prennent leur cours vers le nord, et se perdent dans le même fleuve. Il en vient aussi trois autres par la Thrace et le pays des Thraces-Crobyziens, qui se rendent dans l'Ister. Ces fleuves sont l'Athrys, le Noës et l'Artanès. Le Cios vient de la Pæonie et du mont Rhodope; il sépare par le milieu le mont Hémus, et se décharge dans le même fleuve. L'Angrus coule de l'Illyrie vers le nord, traverse la plaine Triballique, se jette dans le Brongus, et celui-ci dans l'Ister; de sorte que l'Ister reçoit tout à la fois les eaux de deux grandes rivières. Le Carpis et l'Apis sortent du pays au-dessus des Ombriques, coulent vers le nord, et se perdent dans le même fleuve. On ne doit pas au reste s'étonner que l'Ister reçoive tant de rivières, puisqu'il traverse toute l'Europe. Il prend sa source dans le pays des Celtes (ce sont les derniers peuples de l'Europe du côté de l'occident, si l'on excepte les Cynètes), et, après avoir traversé l'Europe entière, il entre dans la Scythie par une de ses extrémités.

L. La réunion de toutes les rivières dont je viens de parler et de beaucoup d'autres rend l'Ister le plus grand des fleuves. Mais, si on le compare lui seul avec le Nil, on donnera la préférence au fleuve d'Égypte, parce que celui-ci ne reçoit ni rivière ni fontaine qui serve à le grossir[1]. L'Ister, comme je l'ai déjà dit, est toujours égal, soit en été, soit en hiver. En voici, ce me semble, la raison. En hiver, il n'est pas plus grand qu'à son ordinaire, ou du moins guère plus qu'il doit l'être naturellement, parce qu'en cette saison il pleut très-peu dans les pays où il passe, et que toute la terre y est couverte de neige. Cette neige, qui est tombée en abondance pendant l'hiver, venant à se fondre en été, se jette dans l'Ister. La fonte des neiges, et les pluies fréquentes et abondantes qui arrivent en cette saison,

---

[1] Hérodote se trompe. L'Astapus ou Abawi, l'Astaboras ou Atbara, qui sont des rivières très-considérables, et une multitude d'autres qui viennent de l'Abyssinie et des pays au delà, grossies par les pluies du tropique, versent toutes leurs eaux dans le Nil en Éthiopie. Mais peut-être notre historien a-t-il voulu dire seulement que le Nil, depuis son entrée en Égypte, ne reçoit ni rivière ni fontaine; ce qui est exactement vrai. (L.)

contribuent à le grossir Si donc, en été, le soleil attire à lui plus d'eau qu'en hiver, celles qui se rendent dans ce fleuve sont aussi, à proportion, plus abondantes en été qu'en hiver. Il résulte de cette opposition une compensation qui fait paraître ce fleuve toujours égal.

LI. L'Ister est donc un des fleuves qui coulent en Scythie. On rencontre ensuite le Tyras ; il vient du nord, et sort d'un grand lac qui sépare la Scythie de la Neuride. Les Grecs qu'on appelle Tyrites habitent vers son embouchure.

LII. L'Hypanis est le troisième : il vient de la Scythie, et coule d'un grand lac autour duquel paissent des chevaux blancs sauvages. Le lac s'appelle avec raison la Mère de l'Hypanis. Cette rivière, qui prend sa source dans ce lac, est petite, et son eau est douce pendant l'espace de cinq journées de navigation ; mais ensuite, et à quatre journées de la mer, elle devient très-amère. Cette amertume provient d'une fontaine qu'elle reçoit, et qui est si amère, que, quoique fort petite, elle ne laisse pas de gâter toutes les eaux de cette rivière, qui est grande entre les petites. Cette fontaine est sur les frontières du pays des Scythes laboureurs et des Alazons, et porte le même nom que l'endroit d'où elle sort. On l'appelle en langue scythe Exampée, qui signifie en grec Voies sacrées. Le Tyras et l'Hypanis s'approchent l'un de l'autre dans le pays des Alazons ; mais bientôt après ils s'éloignent, et laissent entre eux un grand intervalle.

LIII. Le Borysthène est le quatrième fleuve, et le plus grand de ce pays après l'Ister. C'est aussi, à mon avis, le plus fécond de tous les fleuves non-seulement de la Scythie, mais du monde, si l'on excepte le Nil, avec lequel il n'y en a pas un qui puisse entrer en comparaison. Il fournit au bétail de beaux et d'excellents pâturages. On y pêche abondamment toutes sortes de bons poissons. Son eau est très-agréable à boire, et elle est toujours claire et limpide, quoique les fleuves voisins soient limoneux. On recueille sur ses bords d'excellentes moissons ; et, dans les endroits où l'on ne sème point, l'herbe y vient fort haute et en abondance. Le sel se cristallise de lui-même à son embouchure et en grande quantité. Il produit de gros poissons sans arêtes, qu'on sale ; on les appelle antacées. On y trouve aussi beaucoup d'autres choses dignes d'admiration.

Jusqu'au pays appelé Gerrhus, il y a quarante journées de navigation, et l'on sait que ce fleuve vient du nord. Mais on ne connaît ni les pays qu'il traverse plus haut, ni les nations qui l'habitent. Il y a néanmoins beaucoup d'apparence qu'il coule à travers un pays désert, pour venir sur les terres des Scythes cultivateurs. Ces Scythes habitent sur ses bords pendant l'espace de dix journées de navigation. Ce fleuve et le Nil sont les seuls dont je ne puis indiquer les sources, et je ne crois pas qu'aucun Grec en sache davantage. Quand le Borysthène est près de la mer, l'Hypanis mêle avec lui ses eaux en se jetant dans le même marais. La langue de terre qui est entre ces deux fleuves s'appelle le promontoire d'Hippolaüs. On y a bâti un temple à Cérès. Au delà de ce temple, vers le bord de l'Hypanis, habitent les Borysthénites. Mais en voilà assez sur ces fleuves.

LIV. On rencontre ensuite le Panticape, et c'est la cinquième rivière. Elle vient aussi du nord, sort d'un lac, entre dans l'Hylée, et, après l'avoir traversée, elle mêle ses eaux avec celles du Borysthène. Les Scythes cultivateurs habitent entre ces deux rivières.

LV. La sixième est l'Hypacyris; elle sort d'un lac, traverse par le milieu les terres des Scythes nomades, et se jette dans la mer près de la ville de Carcinitis, enfermant à droite le pays d'Hylée, et ce qu'on appelle la Course d'Achille.

LVI. Le septième fleuve est le Gerrhus; il se sépare du Borysthène vers l'endroit où ce fleuve commence à être connu, depuis le Gerrhus, pays qui lui donne son nom. En coulant vers la mer, il sépare les Scythes nomades des Scythes royaux, et se jette dans l'Hypacyris.

LVII. Le huitième, enfin, est le Tanaïs; il vient d'un pays fort éloigné, et sort d'un grand lac, d'où il se jette dans un autre encore plus grand, qu'on appelle Méotis, qui sépare les Scythes royaux des Sauromates. L'Hyrgis se décharge dans le Tanaïs.

LVIII. Tels sont les fleuves célèbres dont la Scythie a l'avantage d'être arrosée. L'herbe que produit ce pays est la meilleure pour le bétail, et la plus succulente que nous connaissions, comme on peut le remarquer en ouvrant les bestiaux qui s'en sont nourris. Les Scythes ont donc en abondance les choses les plus nécessaires à la vie.

LIX. Quant à leurs autres coutumes, les voici telles qu'elles sont établies chez eux. Ils cherchent à se rendre propices principalement Vesta, ensuite Jupiter, et la Terre, qu'ils croient femme de Jupiter ; et, après ces trois divinités, Apollon, Vénus-Uranie, Hercule, Mars. Tous les Scythes reconnaissent ces divinités ; mais les Scythes royaux sacrifient aussi à Neptune. En langue scythe, Vesta s'appelle Tabiti ; Jupiter, Papœus, nom qui, à mon avis, lui convient parfaitement ; la Terre, Apia ; Apollon, Œtosyros ; Vénus-Uranie, Artimpasa ; Neptune, Thamimasadas. Ils élèvent des statues, des autels et des temples à Mars, et n'en élèvent qu'à lui seul.

LX. Les Scythes sacrifient de la même manière dans tous les lieux consacrés. Ces sacrifices se font ainsi : la victime est debout, les pieds de devant attachés. Celui qui doit l'immoler se tient derrière, tire à lui la corde, et la fait tomber. Tandis qu'elle tombe, il invoque le dieu auquel il va la sacrifier. Il lui met ensuite une corde au cou, et serre la corde avec un bâton qu'il tourne. C'est ainsi qu'il l'étrangle ; il n'y a ni feu allumé, ni prémices, ni libations. La victime étranglée, le sacrificateur la dépouille, et se dispose à la faire cuire.

LXI. Comme il n'y a point du tout de bois en Scythie, voici comment ils ont imaginé de faire cuire la victime. Quand ils l'ont dépouillée, ils enlèvent toute la chair qui est sur les os, et la mettent dans des chaudières, s'il se trouve qu'ils en aient. Ces chaudières ressemblent beaucoup aux cratères de Lesbos, excepté qu'elles sont beaucoup plus grandes. On allume dessous du feu avec les os de la victime. Mais, s'ils n'ont point de chaudières, ils mettent toutes les chairs avec de l'eau dans le ventre de l'animal[1], et allument les os dessous. Ces os font un très-bon feu, et le ventre tient aisément les chairs désossées. Ainsi le bœuf se fait cuire lui-même, et les autres victimes se font cuire aussi chacune elle-même. Quand le tout est cuit, le sacrificateur offre les prémices de la chair et des entrailles, en les jetant devant lui. Ils immolent aussi d'autres animaux, et principalement des chevaux.

LXII. Telles sont les espèces d'animaux que les Scythes sacri-

---

[1] Avant l'invention des chaudières, les peuples barbares se servaient de peaux pour faire cuire les aliments. Les Arabes Bédouins, les Groenlandais et plusieurs peuples de la Tartarie en font encore usage. (Wesseling.)

fent à ces dieux, et tels sont leurs rites. Mais voici ceux qu'ils observent à l'égard du dieu Mars : dans chaque nome on lui élève un temple de la manière suivante, dans un champ destiné aux assemblées de la nation. On entasse des fagots de menu bois, et on en fait une pile de trois stades en longueur et en largeur, et moins en hauteur. Sur cette pile est une espèce de plate-forme carrée, dont trois côtés sont inaccessibles ; le quatrième va en pente, de manière qu'on puisse y monter. On y entasse tous les ans cent cinquante charretées de menu bois pour relever cette pile, qui s'affaisse par les injures des saisons. Au haut de cette pile, chaque nation scythe plante un vieux cimeterre de fer, qui leur tient lieu de simulacre de Mars[1]. Ils offrent tous les ans à ce cimeterre des sacrifices de chevaux et d'autres animaux, et lui immolent plus de victimes qu'au reste des dieux. Ils lui sacrifient aussi le centième de tous les prisonniers qu'ils font sur leurs ennemis, mais non de la même manière que les animaux ; la cérémonie est bien différente. Ils font d'abord des libations avec du vin sur la tête de ces victimes humaines, les égorgent ensuite sur un vase, portent ce vase au haut de la pile, et en répandent le sang sur le cimeterre. Pendant qu'on porte ce sang au haut de la pile, ceux qui sont au bas coupent le bras droit avec l'épaule à tous ceux qu'ils ont immolés, et les jettent en l'air. Après avoir achevé le sacrifice, ils se retirent ; le bras reste où il tombe, et le corps demeure étendu dans un autre endroit.

LXIII. Tels sont les sacrifices établis parmi ces peuples ; mais ils n'immolent jamais de pourceaux, et ne veulent pas même en nourrir dans leur pays.

LXIV. Quant à la guerre, voici les usages qu'ils observent. Un Scythe boit du sang du premier homme qu'il renverse, coupe la tête à tous ceux qu'il tue dans les combats, et la porte au roi. Quand il lui a présenté la tête d'un ennemi, il a part à tout le butin ; sans cela, il en est privé. Pour écorcher une tête, le Scythe fait d'abord une incision à l'entour, vers les oreilles, et,

---

[1] D'autres peuples barbares honoraient le dieu de la guerre sous l'emblème d'un cimeterre. Ammien Marcellin dit des Huns : *Nec templum apud eos visitur aut delubrum... sed gladius, barbarico ritu, humi figitur nudus, eumque ut Martem... colunt.* A Rome même, une pique représentait autrefois le dieu Mars, **comme nous l'apprenons de Varron.** (L.)

la prenant par le haut, il en arrache la peau en la secouant. Il pétrit ensuite cette peau entre ses mains, après en avoir enlevé toute la chair avec une côte de bœuf; et, quand il l'a bien amollie, il s'en sert comme d'une serviette. Il la suspend à la bride du cheval qu'il monte, et s'en fait honneur : car plus un Scythe peut avoir de ces sortes de serviettes, plus il est estimé vaillant et courageux. Il s'en trouve beaucoup qui cousent ensemble des peaux humaines, comme des capes de bergers, et qui s'en font des vêtements. Plusieurs aussi écorchent, jusqu'aux ongles inclusivement, la main droite des ennemis qu'ils ont tués, et en font des couvercles à leurs carquois. La peau d'homme est en effet épaisse et brillante ; et, de toutes les peaux, c'est presque la plus remarquable par sa blancheur. D'autres enfin écorchent des hommes tout entiers, et lorsqu'ils ont étendu leurs peaux sur des morceaux de bois, ils les portent sur leurs chevaux. Telles sont les coutumes reçues parmi ces peuples.

LXV. Les têtes elles-mêmes, non de tous, mais de leurs plus grands ennemis, sont traitées comme il suit. Ils scient le crâne au-dessous des sourcils, et le nettoient. Les pauvres se contentent de le revêtir par dehors d'un morceau de cuir de bœuf, sans apprêt : les riches non-seulement le couvrent d'un morceau de peau de bœuf, mais ils le dorent aussi en dedans, et s'en servent comme d'une coupe à boire. Ils font la même chose des têtes de leurs proches, si, après avoir eu quelque querelle ensemble, ils ont remporté sur eux la victoire en présence du roi. S'il vient chez eux quelque étranger dont ils fassent cas, ils lui présentent ces têtes, lui content comment ceux à qui elles appartenaient les ont attaqués, quoiqu'ils fussent leurs parents, et comment ils les ont vaincus. Ils en tirent vanité, et appellent cela des actions de valeur.

LXVI. Chaque gouverneur donne tous les ans un festin dans son nome, où l'on sert du vin mêlé avec de l'eau dans un cratère. Tous ceux qui ont tué des ennemis boivent de ce vin; ceux qui n'ont rien fait de semblable n'en goûtent point ; ils sont honteusement assis à part, et c'est pour eux une grande humiliation. Tous ceux qui ont tué un grand nombre d'ennemis boivent, en même temps, dans deux coupes jointes ensemble.

LXVII. Les devins sont en grand nombre parmi les Scythes, et se servent de baguettes de saule pour exercer la divination. Ils apportent des faisceaux de baguettes, les posent à terre, les délient, et, lorsqu'ils ont mis à part chaque baguette, ils prédisent l'avenir. Pendant qu'ils font ces prédictions, ils reprennent les baguettes l'une après l'autre, et les remettent ensemble. Ils ont appris de leurs ancêtres cette sorte de divination. Les Énarées, qui sont des hommes efféminés, disent qu'ils tiennent ce don de Vénus. Ils se servent, pour exercer leur art, d'écorce de tilleul : ils fendent en trois cette écorce, l'entortillent autour de leurs doigts, puis ils la défont, et annoncent ensuite l'avenir.

LXVIII. Si le roi des Scythes tombe malade, il envoie chercher trois des plus célèbres d'entre ces devins, qui exercent leur art de la manière que nous avons dit. Ils lui répondent ordinairement que tel et tel, dont ils disent en même temps les noms, ont fait un faux serment en jurant par les Lares du palais. Les Scythes, en effet, jurent assez ordinairement par les Lares du palais, quand ils veulent faire le plus grand de tous les serments.

Aussitôt on saisit l'accusé, l'un d'un côté, l'autre de l'autre ; quand on l'a amené, ils lui déclarent que, par l'art de la divination, ils sont sûrs qu'il a fait un faux serment en jurant par les Lares du palais, et qu'ainsi il est cause de la maladie du roi. Si l'accusé nie le crime et s'indigne qu'on ait pu le lui imputer, le roi fait venir le double d'autres devins. Si ceux-ci le convainquent aussi de parjure par les règles de la divination, on lui tranche sur-le-champ la tête, et ses biens sont confisqués au profit des premiers devins. Si les devins que le roi a mandés en second lieu le déclarent innocent, on en fait venir d'autres, et puis d'autres encore ; et, s'il est déchargé de l'accusation par le plus grand nombre, la sentence qui l'absout est l'arrêt de mort des premiers devins.

LXIX. Voici comment on les fait mourir : on remplit de menu bois un chariot, auquel on attelle des bœufs ; on place les devins au milieu de ces fagots, les pieds attachés, les mains liées derrière le dos, et un bâillon à la bouche. On met ensuite le feu aux fagots, et l'on chasse les bœufs en les épouvantant. Plusieurs de ces animaux sont brûlés avec les devins ; d'autres se sauvent à demi brûlés, lorsque la flamme a consumé le timon. C'est ainsi qu'on brûle les devins, non-seulement pour ce crime, mais encore pour d'autres causes ; et on les appelle faux devins.

LXX. Le roi fait mourir les enfants mâles de ceux qu'il punit de mort : mais il épargne les filles. Lorsque les Scythes prêtent un serment, voici comment ils procèdent : ils versent du vin dans une grande coupe de terre, et les contractants y versent de leur sang en se faisant de légères incisions au corps avec un couteau ou une épée ; après quoi ils trempent dans cette coupe un cimeterre, des flèches, une hache et un javelot. Ces cérémonies achevées, ils prononcent une longue formule de prières, et boivent ensuite une partie de ce qui est dans la coupe, et, après eux, les personnes les plus distinguées de leur suite [1].

LXXI. Les tombeaux de leurs rois sont dans le pays de Gerrhus, où le Borysthène commence à être navigable. Quand le roi vient à mourir, ils font en cet endroit une grande fosse carrée. Cette fosse achevée, ils enduisent le corps de cire, lui fendent le ventre, et, après l'avoir nettoyé et rempli de souchet broyé, de parfums, de graine d'ache et d'anis, ils le recousent. On porte ensuite le corps sur un char dans une autre province, dont les habitants se coupent, comme les Scythes royaux, un peu de l'oreille, se rasent les cheveux autour de la tête, se font des incisions aux bras, se déchirent le front et le nez, et se passent des flèches à travers la main gauche. De là, on porte le corps du roi sur un char dans une autre province de ses États, et les habitants de celle où il a été porté d'abord suivent le convoi. Quand on lui a fait parcourir toutes les provinces et toutes les nations soumises à son obéissance, il arrive dans le pays des Gerrhons, à l'extrémité de la Scythie, et on le place dans le lieu de sa sépulture, sur un lit de verdure. On plante ensuite autour du corps des piques, et on pose par-dessus des pièces de bois, qu'on couvre de branches de saule. On met dans l'espace

---

[1] Lorsque Henri III entra en Pologne pour prendre possession de ce royaume, il trouva à son arrivée trente mille chevaux rangés en bataille. Le général, s'approchant de lui, tire son sabre, s'en pique le bras, et recueillant dans sa main le sang qui coulait de sa blessure, il le but, en disant : *Seigneur, malheur à celui de nous qui n'est pas prêt à verser pour votre service tout ce qu'il a dans les veines ! c'est pour cela que je ne veux rien perdre du mien.* (L.)

vide de cette fosse une des concubines du roi, qu'on a étranglé auparavant, un échanson, un cuisinier, un écuyer, son ministre, un de ses serviteurs, des chevaux; en un mot, les prémices de toutes ses richesses, et des coupes d'or : ils ne connaissent en effet ni l'argent ni le cuivre. Cela fait, ils remplissent la fosse de terre, et travaillent tous, à l'envi l'un de l'autre, à élever sur le lieu de sa sépulture un tertre très-haut.

LXXII. L'année révolue, ils prennent, parmi le reste des serviteurs du roi, ceux qui lui étaient le plus utiles. Ces serviteurs sont tous Scythes de nation, le roi n'ayant point d'esclaves achetés à prix d'argent, et se faisant servir par ceux de ses sujets à qui il l'ordonne. Ils étranglent une cinquantaine de ces serviteurs, avec un pareil nombre de ses plus beaux chevaux[1]. Ils leur ôtent les entrailles, leur nettoient le ventre, et, après l'avoir rempli de paille, ils le recousent. Ils posent sur deux pièces de bois une moitié de roue dont la circonférence touche à terre; ils soutiennent de la même manière l'autre moitié, et plusieurs autres encore par le même procédé. Ils élèvent ensuite sur ces demi-cercles les chevaux, après leur avoir fait passer des pieux dans toute leur longueur jusqu'au cou : les premiers demi-cercles soutiennent les épaules des chevaux, et les autres les flancs et la croupe; de sorte que les jambes n'étant point appuyées restent suspendues. Ils leur mettent ensuite un mors et une bride, tirent la bride en avant, et l'attachent à un pieu. Cela fait, ils prennent les cinquante jeunes gens qu'ils ont étranglés, les placent chacun sur un cheval, après leur avoir fait passer, le long de l'échine du dos jusqu'au cou, une perche dont l'extrémité inférieure s'emboîte dans le pieu qui traverse le cheval. Enfin, lorsqu'ils ont arrangé ces cinquante cavaliers autour du tombeau, ils se retirent.

LXXIII. Telles sont les obsèques qu'ils font à leurs rois. Quant au reste des Scythes, lorsqu'il meurt quelqu'un d'entre

[1] Je ne doute pas que ces sacrifices inhumains ne paraissent une fable à ceux d'entre les modernes qui ne jugent des nations étrangères que d'après la leur. Qu'ils sachent qu'à la Chine, c'est-à-dire dans le pays le plus doux et le plus policé qu'il y ait, l'empereur Chun-Tchi ayant perdu une de ses épouses en 1660, fit sacrifier sur le tombeau de cette femme plus de trente esclaves. Il était Tartare, c'est-à-dire Scythe. Cet exemple récent rend croyable ce que nous dit Hérodote des anciens Scythes. (L.)

eux, ses plus proches parents le mettent sur un chariot, et le conduisent chez leurs amis : ces amis le reçoivent, et préparent chacun un festin à ceux qui accompagnent le corps, et font pareillement servir au mort les mets qu'ils présentent aux autres. On transporte ainsi, de côté et d'autre, les corps des particuliers pendant quarante jours; ensuite on les enterre. Lorsque les Scythes ont donné la sépulture à un mort, ils se purifient de la manière suivante. Après s'être lavé la tête et se l'être essuyée, ils observent à l'égard du reste du corps ce que je vais dire. Ils inclinent trois perches l'une vers l'autre, et sur ces perches ils étendent des étoffes de laine foulée. Ils placent ensuite au milieu de ces perches et de ces étoffes un vase dans lequel ils mettent des pierres rougies au feu.

LXXIV. Il croît en Scythie du chanvre; il ressemble fort au lin, excepté qu'il est plus gros et plus grand. Il lui est en cela de beaucoup supérieur. Cette plante vient d'elle-même et de graine. Les Thraces s'en font des vêtements qui ressemblent tellement à ceux de lin, qu'il faut être connaisseur pour les distinguer, et quelqu'un qui n'en aurait jamais vu de chanvre les prendrait pour des étoffes de lin.

LXXV. Les Scythes prennent de la graine de chanvre, et, s'étant glissés sous ces tentes de laine foulée, ils jettent de cette graine sur des pierres rougies au feu. Lorsqu'elle commence à brûler, elle répand une si grande vapeur, qu'il n'y a point en Grèce d'étuve qui ait plus de force. Les Scythes, étourdis par cette vapeur, jettent des cris confus. Elle leur tient lieu de bain : car jamais ils ne se baignent. Quant à leurs femmes, elles broient sur une pierre raboteuse du bois du cyprès, de cèdre ou de l'arbre qui porte l'encens; et, lorsque le tout est bien broyé, elles s'en frottent tout le corps et le visage. Cette pâte leur donne une odeur agréable; et le lendemain, quand elles l'ont enlevée, elles sont propres et fraîches.

LXXVI. Les Scythes ont un prodigieux éloignement pour les coutumes étrangères. Ils n'adoptent celles d'aucun peuple; mais il n'en est point dont ils aient plus d'éloignement que de celles des Grecs. Anacharsis, et Scylès après lui, en sont une preuve. Anacharsis, ayant parcouru beaucoup de pays, et montré partout une grande sagesse, s'embarqua sur l'Hellespont pour retourner dans sa patrie. Étant abordé à Cyzique dans le temps que les Cyzicéniens étaient occupés à célébrer avec solennité la fête de la Mère des dieux, il fit vœu, s'il retournait sain et sauf dans sa patrie, d'offrir à cette déesse des sacrifices avec les mêmes rites et cérémonies qu'il avait vu pratiquer par les Cyzicéniens, et d'instituer, en son honneur, la veillée de la fête. Lorsqu'il fut arrivé dans l'Hylée, contrée de la Scythie entièrement couverte d'arbres de toute espèce et située près de la Course d'Achille, il célébra la fête en l'honneur de la déesse, ayant de petites statues attachées sur lui, et tenant à la main un tambourin. Il fut aperçu en cet état par un Scythe qui alla le dénoncer au roi Saulius. Le roi, s'étant lui-même transporté sur les lieux, n'eut pas plutôt vu Anacharsis occupé à la célébration de cette fête, qu'il le tua d'un coup de flèche; et même encore aujourd'hui, si l'on parle d'Anacharsis aux Scythes, ils font semblant de ne le point connaître, parce qu'il avait voyagé en Grèce, et qu'il observait des usages étrangers. J'ai ouï dire à Timné, tuteur d'Ariapithe, qu'Anacharsis était oncle paternel d'Idanthyrse, roi des Scythes; qu'il était fils de Gnyrus, petit-fils de Lycus, et arrière-petit-fils de Spargapithe. Si donc Anacharsis était de cette maison, il est certain qu'il fut tué par son propre frère. Idanthyrse était en effet fils de Saulius, et ce fut Saulius qui tua Anacharsis.

LXXVII. Cependant j'en ai entendu parler autrement à des Péloponésiens. Ils disent qu'Anacharsis, ayant été envoyé par le roi des Scythes dans les pays étrangers, devint disciple des Grecs; qu'étant de retour dans sa patrie, il dit au prince qui l'avait envoyé que tous les peuples de la Grèce s'appliquaient aux sciences et aux arts, excepté les Lacédémoniens; mais que ceux-ci seuls s'étudiaient à parler et à répondre avec prudence et modération : mais cette histoire est une pure invention des Grecs. Anacharsis fut donc tué, comme on vient de le dire, et il éprouva ce malheur pour avoir pratiqué des coutumes étrangères, et avoir eu commerce avec les Grecs.

LXXVIII. Bien des années après, Scylès, fils d'Ariapithe, roi des Scythes, eut le même sort. Ariapithe avait plusieurs enfants; mais il avait eu Scylès d'une femme étrangère, de la ville d'Istrie, qui lui apprit la langue et les lettres grecques. Quelque temps après, Ariapithe fut tué en trahison par Spargapithe, roi des Agathyrses. Scylès, étant monté sur le trône, épousa

Opœa, Scythe de nation, femme de son père, et dont le feu roi avait eu un fils, nommé Oricus.

Quoique Scylès fût roi des Scythes, les coutumes de la Scythie ne lui plaisaient nullement ; et il se sentait d'autant plus de goût pour celles des Grecs, qu'il y avait été instruit dès sa plus tendre enfance. Voici quelle était sa conduite : toutes les fois qu'il menait l'armée scythe vers la ville des Borysthénites, dont les habitants se disent originaires de Milet, il la laissait devant la ville, et, dès qu'il y était entré, il en faisait fermer les portes. Il quittait alors l'habit scythe, en prenait un à la grecque, et, vêtu de la sorte, il se promenait sur la place publique, sans être accompagné de gardes, ni même de toute autre personne. Pendant ce temps-là on faisait sentinelle aux portes, de peur que quelque Scythe ne l'aperçût avec cet habit. Outre plusieurs autres usages des Grecs, auxquels il se conformait, il observait aussi leurs cérémonies dans les sacrifices aux dieux. Après avoir demeuré dans cette ville un mois ou même davantage, il reprenait l'habit scythe, et allait rejoindre son armée. Il pratiquait souvent la même chose. Il se fit aussi bâtir un palais à Borysthène, et y épousa une femme du pays.

LXXIX. Les destins ayant résolu sa perte, voici ce qui l'occasionna : Scylès désira se faire initier aux mystères de Bacchus. Comme on commençait la cérémoni et qu'on allait lui mettre entre les mains les choses sacrées, il arriva un grand prodige. Il avait à Borysthène un palais, dont j'ai fait mention un peu auparavant. C'était un édifice superbe et vaste, autour duquel on voyait des sphinx et des griffons de marbre blanc. Le dieu le frappa de ses traits, et il fut entièrement réduit en cendres. Scylès n'en continua pas moins la cérémonie qu'il avait commencée. Les Scythes reprochent aux Grecs leurs bacchanales, et pensent qu'il est contraire à la raison d'imaginer un dieu qui pousse les hommes à des extravagances. Lorsque Scylès eut été initié aux mystères de Bacchus, un habitant de Borysthène se rendit secrètement à l'armée des Scythes : « Vous « vous moquez de nous, leur dit-il, parce qu'en célébrant les « bacchanales, le dieu se rend maître de nous. Ce dieu s'est « aussi emparé de votre roi ; Scylès célèbre Bacchus, et le dieu « l'agite et trouble sa raison. Si vous ne voulez pas m'en « croire, suivez-moi, et je vous le montrerai. » Les premiers de la nation le suivirent. Le Borysthénite les plaça secrètement dans une tour, d'où ils virent passer Scylès avec sa troupe, célébrant les bacchanales. Les Scythes, regardant cette conduite comme quelque chose de très-affligeant pour leur nation, firent, en présence de toute l'armée, le rapport de ce qu'ils venaient de voir.

LXXX. Scylès étant parti après cela pour retourner chez lui, ses sujets se révoltèrent, et proclamèrent en sa place Octamasade, son frère, fils de la fille de Térès. Ce prince, ayant appris cette révolte, et quel en était le motif, se réfugia en Thrace. Sur cette nouvelle, Octamasade, à la tête d'une armée, le poursuivit dans sa retraite. Quand il fut arrivé sur les bords de l'Ister, les Thraces vinrent à sa rencontre. Mais comme on était sur le point de donner bataille, Sitalcès envoya un héraut à Octamasade, avec ordre de lui dire : « Qu'est-il besoin de tenter, l'un et l'autre, le hasard d'un combat? Tu es fils de ma sœur, et tu as mon frère en ta puissance : si tu me le rends, je te livrerai Scylès; et tu ne nous exposeras point au sort d'une bataille. » Voilà ce que Sitalcès lui fit dire par un héraut. Le frère de Sitalcès s'était en effet réfugié auprès d'Octamasade.

Ce prince accepta l'offre, remit son oncle maternel à Sitalcès, et reçut en échange son frère Scylès. Sitalcès n'eut pas plutôt son frère en son pouvoir, qu'il se retira avec ses troupes; et dès qu'on eut rendu Scylès, Octamasade lui fit trancher la tête sur la place même. Telle est l'exactitude des Scythes dans l'observation de leurs coutumes, et la rigueur avec laquelle ils punissent ceux qui en affectent d'étrangères.

LXXXI. Quant à la population de la Scythie, je n'en ai jamais rien pu apprendre de certain : les uns m'ont dit que ce pays était très-peuplé, et les autres, qu'à ne compter que les véritables Scythes, il l'était peu. Mais voici ce que j'ai vu par moi-même.

Entre le Borysthène et l'Hypanis, est un certain canton qu'on appelle Exampée. J'en ai fait mention un peu plus haut, en parlant d'une fontaine dont les eaux sont si amères, que celles de l'Hypanis, dans lequel elle se jette, en sont tellement altérées, qu'il n'est pas possible d'en boire. Il y a dans ce pays un vase d'airain six fois plus grand que le cratère qui se voit à l'embouchure du Pont-Euxin, et que Pausanias, fils de Cléombrote, y a consacré. Je vais en donner les dimensions, en faveur de ceux qui ne l'ont point vu. Ce vase d'airain, qui est dans la Scythie, contient aisément six cents amphores, et il a six doigts d'épaisseur. Les habitants du pays m'ont dit qu'il avait été fait de pointes de flèches ; que leur roi Ariantas, voulant savoir le nombre de ses sujets, commanda à tous les Scythes d'apporter chacun une pointe de flèche, sous peine de mort ; qu'on lui en apporta en effet une quantité prodigieuse, dont il fit faire ce vase d'airain, qu'il consacra dans le lieu qu'on appelle Exampée, comme un monument qu'il laissait à la postérité. Voilà ce que j'ai appris de la population des Scythes.

LXXXII. La Scythie n'a rien de merveilleux que les fleuves qui l'arrosent ; ils sont très-considérables et en très-grand nombre. Mais, indépendamment de ses fleuves et de ses vastes plaines, on y montre encore une chose digne d'admiration : c'est l'empreinte du pied d'Hercule, sur un roc près du Tyras. Cette empreinte ressemble à celle d'un pied d'homme, mais elle a deux coudées de long. Revenons maintenant au sujet dont je m'étais proposé de parler au commencement de ce livre.

LXXXIII. Darius fit de grands préparatifs contre les Scythes ; il dépêcha des courriers, pour ordonner aux uns de lever une armée de terre, aux autres d'équiper une flotte, à d'autres enfin de construire un pont sur le Bosphore de Thrace. Cependant Artabane, fils d'Hystaspe et frère de Darius, n'était nullement d'avis que le roi entreprît de porter la guerre en Scythie. Il lui représenta la pauvreté des Scythes ; mais, quand il vit que ses remontrances, quoique sages, ne faisaient aucune impression sur son esprit, il n'insista pas davantage. Les préparatifs achevés, Darius, à la tête de son armée, partit de Suse.

LXXXIV. Alors un Perse, nommé Œobazus, dont les trois fils étaient de cette expédition, pria Darius d'en laisser un auprès de lui. Ce prince lui répondit, comme à un ami dont la demande était modérée, qu'il les lui laisserait tous trois. Le Perse, charmé de cette réponse, se flattait que ses trois fils allaient avoir leur congé ; mais le roi ordonna à ceux qui l'entouraient de faire mourir tous les enfants d'Œobazus ; et, après leur mort, on les laissa en cet endroit-là même.

LXXXV. Darius se rendit de Suse à Chalcédoine, sur le Bosphore, où l'on avait fait le pont. Il s'y embarqua, et fit voile vers les îles Cyanées, qui étaient autrefois errantes, s'il faut en croire les Grecs. Il s'assit dans le temple, et de là se mit à considérer le Pont-Euxin : c'est, de toutes les mers, celle qui mérite le plus notre admiration. Elle a onze mille cent stades de longueur, sur trois mille trois cents de largeur à l'endroit où elle est le plus large. L'embouchure de cette mer a quatre stades de large sur environ vingt-six stades de long. Ce col, ou détroit, s'appelle Bosphore. C'était là où l'on avait jeté le pont. Le Bosphore s'étend jusqu'à la Propontide. Quant à la Propontide, elle a cinq cents stades de largeur sur quatorze cents de longueur, et se jette dans l'Hellespont, qui, dans l'endroit où il est le moins large, n'a que sept stades de largeur sur quatre cents de longueur. L'Hellespont communique à une mer d'une vaste étendue, qu'on appelle la mer Égée.

LXXXVI. On a mesuré ces mers de la manière suivante : dans les longs jours, un vaisseau fait en tout environ soixante et dix mille brasses, et soixante mille par nuit. Or, de l'embouchure du Pont-Euxin au Phase, qui est sa plus grande longueur, il y a neuf jours et huit nuits de navigation : cela fait onze cent dix mille brasses, c'est-à-dire onze mille cent stades. De la Sindique à Thémyscire, sur le Thermodon, où le Pont-Euxin est le plus large, on compte trois jours et deux nuits de navigation, qui font trois cent trente mille brasses, ou trois mille trois cents stades. C'est ainsi que j'ai pris les dimensions du Pont-Euxin, du Bosphore et de l'Hellespont ; et ces mers sont naturellement telles que je les ai représentées. Le Palus-Mæotis se jette dans le Pont-Euxin ; il n'est guère moins grand que cette mer, et on l'appelle la mer du Pont.

LXXXVII. Lorsque Darius eut considéré le Pont-Euxin, il revint par mer au pont de bateaux, dont Mandroclès de Samos était l'architecte. Il examina aussi le Bosphore ; et, sur le bord de ce détroit, on érigea, par son ordre, deux colonnes de pierre blanche. Il fit graver sur l'une, en caractères assyriens[1], et sur l'autre, en lettres grecques, les noms de toutes les nations qu'il avait à sa suite. Or, il menait à cette guerre tous les peuples qui lui étaient soumis. On comptait dans cette armée sept cent

---

[1] Les lettres assyriennes étaient les mêmes que les chaldéennes.

mille hommes avec la cavalerie, sans y comprendre la flotte, qui était de six cents voiles.

Depuis l'expédition des Perses en Scythie, les Byzantins ont transporté ces deux colonnes dans leur ville, et les ont fait servir à l'autel de Diane Orthosienne, excepté une seule pierre qu'on a laissée auprès du temple de Bacchus à Byzance, et qu est entièrement chargée de lettres assyriennes. Au reste, l'endroit du Bosphore où Darius fit jeter un pont est, ce me semble, autant que je puis le conjecturer, à moitié chemin de Byzance, au temple qu'on voit à l'embouchure du Pont-Euxin.

LXXXVIII. Darius, satisfait de ce pont, fit de riches présents à Mandroclès de Samos, qui en était l'architecte. Mandroclès employa les prémices de ces présents à faire faire un tableau qui représentait le pont du Bosphore, avec le roi Darius assis sur son trône et regardant défiler ses troupes. Il fit une offrande de ce tableau au temple de Junon[1], et y ajouta une inscription en ces termes :

« Mandroclès a consacré à Junon ce monument en mémoire
« du pont de bateaux qu'il a construit pour joindre les rives
« du Bosphore poissonneux. C'est ainsi qu'en réalisant la pensée
« du roi Darius, il acquit pour lui-même une couronne et pour
« Samos de la gloire. »

Tel est le monument qu'a laissé celui qui a présidé à la construction de ce pont.

LXXXIX. Darius, ayant récompensé Mandroclès, passa en Europe. Il avait ordonné aux Ioniens de faire voile par le Pont-Euxin jusqu'à l'Ister, de jeter un pont sur ce fleuve quand ils y seraient arrivés, et de l'attendre en cet endroit. Les Ioniens, les Éoliens et les habitants de l'Hellespont conduisaient l'armée navale. La flotte doubla donc les Cyanées, fit voile droit à l'Ister ; et, après avoir remonté le fleuve pendant deux jours, depuis la mer jusqu'au col où il se partage en plusieurs bras qui forment autant d'embouchures, toute l'armée navale y construisit un pont. Darius, ayant traversé le Bosphore sur le pont de bateaux, prit son chemin par la Thrace ; et, quand il fut arrivé aux sources du Téare, il y campa trois jours.

XC. Les peuples qui habitent sur ses bords prétendent que

---

[1] Le fameux temple de Junon à Samos.

ses eaux sont excellentes contre plusieurs maladies, et particulièrement qu'elles guérissent les hommes et les chevaux de la gale. Ses sources sortent du même rocher au nombre de trente-huit : les unes sont chaudes, les autres froides. Elles sont à égale distance de la ville d'Héræum, qui est près de Périnthe et d'Apollonie, ville située sur le Pont-Euxin, c'est-à-dire à deux journées de marche de l'une et de l'autre de ces places. Le Téare se jette dans le Contadesdus, le Contadesdus dans l'Agrianès, l'Agrianès dans l'Hèbre, et l'Hèbre dans la mer, près de la ville d'Ænos.

XCI. Darius, étant arrivé aux sources du Téare, y assit son camp. Il prit tant de plaisir à voir ce fleuve, qu'il fit ériger dans le même endroit une colonne, avec cette inscription :
Les sources du Téare donnent les meilleures et les plus belles eaux du monde : Darius, fils d'Hystaspe, le meilleur et le plus beau de tous les hommes, roi des Perses et de toute la terre ferme, marchant contre les Scythes, est arrivé sur ses bords. Telle est l'inscription qu'il fit en ce lieu.

XCII. Darius partit de là pour se rendre à une autre rivière qu'on appelle Artiscus, et qui traverse le pays des Odryses. Quand il fut arrivé sur ses bords, il désigna à ses troupes un certain endroit, où il ordonna à chaque soldat de mettre une pierre en passant. L'ordre fut exécuté par toute l'armée; et Darius, ayant laissé en ce lieu de grands tas de pierres, continua sa marche.

XCIII. Avant que d'arriver à l'Ister, les Gètes, qui se disent immortels, furent les premiers peuples qu'il subjugua. Les Thraces de Salmydesse, et ceux qui demeurent au-dessus d'Apollonie et de Mésambria, qu'on appelle Syrmiades et Nypséens, s'étaient rendus à lui sans combattre et sans faire la moindre résistance. Les Gètes, par un fol entêtement, se mirent en défense ; mais ils furent sur-le-champ réduits en esclavage. Ces peuples sont les plus braves et les plus justes d'entre les Thraces.

XCIV. Les Gètes se croient immortels, et pensent que celui qui meurt va trouver le dieu Zalmoxis, que quelques-uns croient le même que Gébéléizis. Tous les cinq ans ils tirent au sort quelqu'un de leur nation, et l'envoient porter de leurs nouvelles à Zalmoxis, avec ordre de lui représenter leurs besoins. Voici comment se fait la députation. Trois d'entre eux sont chargés de tenir chacun une javeline la pointe en haut, tandis que d'autres prennent, par les pieds et par les mains, celui qu'on envoie à Zalmoxis. Ils le lancent en l'air, de façon qu'il retombe sur la pointe des javelines. S'il meurt de ses blessures, ils croient que le dieu leur est propice; s'il n'en meurt pas, ils l'accusent d'être un méchant. Quand ils ont cessé de l'accuser, ils en députent un autre, et lui donnent aussi leurs ordres, tandis qu'il est encore en vie. Ces mêmes Thraces tirent aussi des flèches contre le ciel, quand il tonne et qu'il éclaire, pour menacer le dieu, persuadés qu'il n'y a point d'autre dieu que celui qu'ils adorent.

XCV. J'ai néanmoins ouï dire aux Grecs qui habitent l'Hellespont et le Pont que ce Zalmoxis était un homme, et qu'il avait été à Samos esclave de Pythagore, fils de Mnésarque; qu'ayant été mis en liberté il avait amassé de grandes richesses avec lesquelles il était retourné dans son pays. Quand il eut remarqué la vie malheureuse et grossière des Thraces, comme il avait été instruit des usages des Ioniens, et qu'il avait contracté avec les Grecs, et particulièrement avec Pythagore, un des plus célèbres philosophes de la Grèce, l'habitude de penser plus profondément que ses compatriotes, il fit bâtir une salle où il festoyait les premiers de la nation. Au milieu du repas, il leur apprenait que ni lui, ni ses conviés, ni leurs descendants à perpétuité, ne mourraient point, mais qu'ils iraient dans un lieu où ils jouiraient éternellement de toutes sortes de biens. Pendant qu'il traitait ainsi ses compatriotes, et qu'il les entretenait de pareils discours, il se faisait faire une demeure souterraine. Ce logement achevé, il se déroba aux yeux des Thraces, descendit dans ce souterrain, et y demeura environ trois ans. Il fut regretté et pleuré comme mort. Enfin, la quatrième année, il reparut, et rendit croyables, par cet artifice, tous les discours qu'il avait tenus.

XCVI. Je ne rejette ni n'admets ce qu'on raconte de Zalmoxis et de son logement souterrain, mais je pense qu'il est antérieur de bien des années à Pythagore. Au reste, que Zalmoxis ait été un homme, ou que ce soit quelque dieu du pays des Gètes, c'en est assez sur ce qui le concerne. Les Gètes, chez qui se pratique la cérémonie dont je viens de parler, ayant été subjugués par les Perses, suivirent l'armée.

XCVII. Darius, étant arrivé sur les bords de l'Ister avec son armée de terre, la fit passer de l'autre côté du fleuve. Alors il commanda aux Ioniens de rompre le pont, et de l'accompagner par terre avec toutes les troupes de la flotte. Mais comme ils étaient sur le point de le rompre et d'exécuter ses ordres, Coès, fils d'Erxandre, qui commandait les Mityléniens, parla à Darius en ces termes, après lui avoir demandé la permission de lui dire son sentiment :

« Seigneur, puisque tu vas porter la guerre dans un pays où
« il n'y a ni terres labourées ni villes, laisse subsister le pont
« tel qu'il est : ordonne seulement à ceux qui l'ont construit
« de rester auprès pour le garder. Par ce moyen, soit que nous
« trouvions les Scythes et que nous réussissions selon notre espé-
« rance, soit que nous ne puissions les rencontrer, nous pour-
« rons nous retirer avec sécurité. Ce n'est pas que je craigne
« que nous soyons battus par les Scythes ; mais j'appréhende
« que, ne pouvant les trouver, il ne nous arrive malheur en
« errant dans les déserts. On dira peut-être que je parle pour
« moi, et que je voudrais rester ici. Mais, seigneur, content
« de proposer à ton conseil le sentiment qui me paraît le plus
« avantageux, je suis prêt à te suivre, et la grâce que je te
« demande, c'est de ne me point laisser ici. »

Darius, charmé de ce discours, lui dit : « Mon hôte de Les-
« bos, lorsque après mon expédition je serai de retour sain et
« sauf dans mes États, ne manque pas de te présenter devant
« moi, afin que je te récompense dignement du bon conseil
« que tu me donnes. »

XCVIII. Ayant ainsi parlé, il fit soixante nœuds à une courroie [1], manda les tyrans des Ioniens, et leur tint ce discours :
« Ioniens, j'ai changé d'avis au sujet du pont : prenez cette
« courroie, et ayez soin d'exécuter mes ordres. Quand vous me
« verrez parti pour la Scythie, commencez dès lors à défaire
« chaque jour un de ces nœuds. Si je ne suis pas de retour ici

[1] Cette manière de supputer les temps suppose encore beaucoup de grossièreté et d'ignorance de la part des Perses. Environ un siècle et demi après cette époque, à Rome, on enfonçait tous les ans un clou dans la muraille du temple de Minerve. C'était par le nombre de ces clous qu'on supputait le nombre des années. Darius comptait conquérir la Scythie en deux mois ; mais il est vraisemblable qu'il en mit au moins cinq, sans même avoir pu réussir. (L.)

« après que vous les aurez tous dénoués, vous retournerez dans « votre patrie. Mais, puisque j'ai changé de sentiment, gardez « le pont jusqu'à ce temps, et ne négligez rien, tant pour le « défendre que pour le conserver ; vous me rendrez en cela « un grand service. » Darius, ayant ainsi parlé, marcha en avant.

XCIX. La Thrace a devant elle la partie de la Scythie qui aboutit à la mer. A l'endroit où finit le golfe de Thrace, commence la Scythie. L'Ister en traverse une partie, et se jette dans la mer du côté du sud-est.

Je vais indiquer ce qu'on trouve après l'Ister, et donner la mesure de la partie de la Scythie qui est au delà de ce fleuve, du côté de la mer. L'ancienne Scythie est située au midi jusqu'à la ville de Carcinitis. Le pays au delà de cette ville, en allant vers la même mer, est montagneux ; il est habité par la nation taurique, qui s'étend jusqu'à la ville de Chersonèse-Trachée, et cette ville est sur les bords de la mer qui est à l'est. Il y a en effet deux parties des confins de la Scythie qui sont bornées, comme l'Attique, l'une par la mer qui est au sud, l'autre par celle qui est à l'est. Les Taures sont, par rapport à cette partie de la Scythie, dans la même position que serait, par rapport aux Athéniens, un autre peuple qui habiterait la pointe du promontoire Sunium, qui s'étend depuis le bourg de Thorique jusqu'à celui d'Anaphlyste, et s'avance beaucoup dans la mer. Telle est la situation de la Tauride, s'il est permis de comparer de petites choses aux grandes. Mais, en faveur de ceux qui n'ont jamais côtoyé cette partie de l'Attique, je vais expliquer cela d'une autre façon ; qu'on suppose qu'une autre nation que celle des Iapyges habite le promontoire d'Iapygie, à commencer au port de Brentésium, et le coupe ou sépare depuis cet endroit jusqu'à Tarente. Au reste, en parlant de ces deux promontoires, c'est comme si je parlais de plusieurs autres pareils auxquels la Tauride ressemble.

C. Au delà de la Tauride, on trouve des Scythes qui habitent le pays au-dessus des Taures, et celui qui s'étend vers la mer qui est à l'est, ainsi que les côtes occidentales du Bosphore Cimmérien et du Palus-Mæotis jusqu'au Tanaïs, fleuve qui se décharge dans une anse de ce Palus. A prendre donc depuis l'Ister, et à remonter par le milieu des terres, la Scythie est bornée premièrement par le pays des Agathyrses, ensuite par celui des Neures, troisièmement par celui des Androphages, enfin par celui des Mélanchlænes.

CI. La Scythie étant tétragone, et deux de ses côtes s'étendant le long de la mer, l'espace qu'elle occupe vers le milieu des terres est parfaitement égal à celui qu'elle a le long des côtes. En effet, depuis l'Ister jusqu'au Borysthène, il y dix journées de chemin ; du Borysthène au Palus-Mæotis, il y en a dix autres ; et depuis la mer, en remontant par le milieu des terres jusqu'au pays des Mélanchlænes, qui habitent au-dessus des Scythes, il y a vingt jours de marche. Or, je compte deux cents stades pour chaque journée de chemin. Ainsi la Scythie aura quatre mille stades de traverse le long des côtes, et quatre mille autres stades à prendre droit par le milieu des terres. Telle est l'étendue de ce pays.

CII. Les Scythes ayant considéré qu'ils ne pouvaient pas, avec leurs seules forces, vaincre en bataille rangée une armée aussi nombreuse que celle de Darius, envoyèrent des ambassadeurs à leurs voisins. Les rois de ces nations, s'étant assemblés, délibérèrent sur cette armée qui venait envahir la Scythie. Ces rois étaient ceux des Taures, des Agathyrses, des Neures, des Androphages, des Mélanchlænes, des Gélons, des Budins et des Sauromates.

CIII. Le peuple qu'on appelle Taures a des coutumes particulières. Ils immolent à la vierge de la manière que je vais dire les étrangers qui échouent sur leurs côtes, et tous les Grecs qui y abordent et qui tombent entre leurs mains. Après les cérémonies accoutumées, ils les assomment d'un coup de massue sur la tête : quelques-uns disent qu'ils leur coupent ensuite la tête et l'attachent à une croix, et qu'ils précipitent le corps du haut du rocher où le temple est bâti ; quelques autres conviennent du traitement fait à la tête, mais ils assurent qu'on enterre le corps, au lieu de le précipiter du haut du rocher. Les Taures eux-mêmes disent que la déesse à laquelle ils font ces sacrifices est Iphigénie, fille d'Agamemnon. Quant à leurs ennemis, si un Taure fait dans les combats un prisonnier, il lui coupe la tête et l'emporte chez lui. Il la met ensuite au bout d'une perche qui dépasse de beaucoup son toit et même sa cheminée. Ils élèvent de la sorte la tête de leurs prisonniers, afin, disent-ils, qu'elle garde toute la maison. Ils subsistent du butin qu'ils font à la guerre.

CIV. Les Agathyrses portent, la plupart du temps, des ornements d'or, et sont les plus efféminés de tous les hommes. Les femmes sont communes entre eux, afin qu'étant tous unis par les liens du sang, et que ne faisant tous, pour ainsi dire, qu'une seule et même famille, ils ne soient sujets ni à la haine ni à la jalousie. Quant au reste de leurs coutumes, elles ont beaucoup de conformité avec celles des Thraces.

CV. Les Neures observent les mêmes usages que les Scythes. Une génération avant l'expédition de Darius, ils furent forcés de sortir de leur pays, à cause d'une multitude de serpents qu'il produisit, et parce qu'il en vint en plus grand nombre des déserts qui sont au-dessus d'eux. Ils en furent tellement infestés, qu'ils s'expatrièrent, et se retirèrent chez les Budins.

Il paraît que ces peuples sont des enchanteurs. En effet, s'il faut en croire les Scythes et les Grecs établis en Scythie, chaque Neure se change une fois par an en loup pour quelques jours, et reprend ensuite sa première forme. Les Scythes ont beau dire, ils ne me feront pas croire de pareils contes; ce n'est pas qu'ils ne les soutiennent, et même avec serment.

CVI. Il n'est point d'hommes qui aient des mœurs plus sauvages que les Androphages. Ils ne connaissent ni les lois ni la justice; ils sont nomades. Leurs habits ressemblent à ceux des Scythes; mais ils ont une langue particulière. De tous les peuples dont je viens de parler, ce sont les seuls qui mangent de la chair humaine.

CVII. Les Mélanchlænes portent tous des habits noirs; de là vient leur nom. Ils suivent les usages des Scythes.

CVIII. Les Budins forment une grande et nombreuse nation. Ils ont les yeux remarquablement bleus et le poil roux. Il y a dans leur pays une ville bâtie en bois; elle s'appelle Gélonus. Ses murailles sont aussi toutes de bois; elles sont hautes, et ont à chaque face trente stades de longueur. Leurs maisons et leurs temples sont aussi de bois. Il y a en effet dans ce pays des temples consacrés aux dieux des Grecs. Ils sont bâtis à la façon des Grecs, et ornés de statues, d'autels et de chapelles de bois. De trois en trois ans, ils célèbrent des fêtes en l'honneur de Bacchus. Aussi les Gélons sont-ils Grecs d'origine. Ayant été chassés des villes de commerce [1], ils s'établirent dans le pays des Budins. Leur langue est un mélange de grec et de scythe.

CIX. Les Budins n'ont ni la même langue ni la même manière de vivre que les Gélons. Ils sont autochthones, nomades, et les seuls de cette contrée qui mangent de la vermine. Les Gélons, au contraire, cultivent la terre, vivent de blé, ont des jardins, et ne ressemblent aux Budins ni par l'air du visage ni par la couleur. Les Grecs les confondent, et comprennent les Budins sous le nom de Gélons; mais ils se trompent.

Leur pays entier est couvert d'arbres de toute espèce; et, dans le canton où il y en a le plus, on trouve un lac grand et spacieux, et un marais bordé de roseaux. On prend dans ce lac des loutres, des castors, et d'autres animaux qui ont le museau carré. Leurs peaux servent à doubler les manteaux, et leurs testicules sont excellents pour les maux de matrice.

CX. Quant aux Sauromates, voici ce qu'on en dit. Lorsque les Grecs eurent combattu contre les Amazones [2], que les Scythes appellent Aiorpata, nom que les Grecs rendent en leur langue par celui d'Androctones (qui tuent les hommes), car *aior*, en scythe, signifie un homme, et *pata* veut dire tuer; quand ils eurent, dis-je, remporté la victoire sur les bords du Thermodon, on raconte qu'ils emmenèrent avec eux, dans trois vaisseaux, toutes celles qu'ils avaient pu faire prisonnières. Lorsqu'on fut en pleine mer, elles attaquèrent leurs vainqueurs et les taillèrent en pièces. Mais, comme elles n'entendaient rien à la manœuvre des vaisseaux et qu'elles ne savaient pas faire usage du gouvernail, des voiles et des rames, après qu'elles eurent tué les hommes, elles se laissèrent aller au gré des flots et des vents, et abordèrent à Cremnes, sur le Palus-Mæotis. Cremnes est du pays des Scythes libres. Les Amazones, étant

---

[1] Ce sont les villes sur le Pont-Euxin, et la ville de Borysthène.

[2] Cette nation a véritablement existé; mais, sa manière d'exister étant très-précaire, elle a bientôt été éteinte. « Un grand nombre d'écrivains célèbres attestent qu'Hercule fit une expédition contre les Amazones, et qu'il enleva à Hippolyte, leur reine, son baudrier, qu'il emporta en Grèce; et que les Athéniens, sous la conduite de Thésée, vainquirent ces femmes, qui avaient fait une invasion en Europe, et qu'ils les repoussèrent. Cette histoire a été écrite par Clinon avec le même soin que l'on a écrit les batailles des Athéniens contre les Perses. » (ARRIAN., *Exped. Alexand.*, lib. VII.)

descendues de leurs vaisseaux en cet endroit, avancèrent par le milieu des terres habitées ; et, s'étant emparées du premier haras qu'elles rencontrèrent sur leur route, elles montèrent à cheval, et pillèrent les terres des Scythes.

CXI. Les Scythes ne pouvaient deviner qui étaient ces ennemis, dont ils ne connaissaient ni le langage ni l'habit ; ils ignoraient aussi de quelle nation ils étaient, et, dans leur surprise, ils n'imaginaient pas d'où ils venaient. Trompés par l'uniformité de leur taille, ils les prirent d'abord pour des hommes, et, dans cette idée, ils leur livrèrent bataille. Mais ils reconnurent, par les morts restés en leur pouvoir après le combat, que c'étaient des femmes. Ils résolurent, dans un conseil tenu à ce sujet, de n'en plus tuer aucune, mais de leur envoyer les plus jeunes d'entre eux en aussi grand nombre qu'ils conjecturaient qu'elles pouvaient être, avec ordre d'asseoir leur camp près de celui des Amazones, de faire les mêmes choses qu'ils leur verraient faire, de ne pas combattre quand elles les attaqueraient, mais de prendre la fuite, et de s'approcher et de camper près d'elles lorsqu'elles cesseraient de les poursuivre. Les Scythes prirent cette résolution, parce qu'ils voulaient avoir des enfants de ces femmes belliqueuses.

CXII. Les jeunes gens suivirent ces ordres : les Amazones, ayant reconnu qu'ils n'étaient pas venus pour leur faire du mal, les laissèrent tranquilles. Cependant les deux camps s'approchaient tous les jours de plus en plus. Les jeunes Scythes n'avaient, comme les Amazones, que leurs armes et leurs chevaux, et vivaient, comme elles, de chasse et de butin

CXIII. Vers l'heure de midi, les Amazones s'éloignaient du camp, seules ou deux à deux, pour satisfaire aux besoins de la nature. Les Scythes, s'en étant aperçus, firent la même chose. Un d'entre eux s'approcha d'une de ces Amazones isolées, et celle-ci, loin de le repousser, lui accorda ses faveurs. Comme elle ne pouvait lui parler, parce qu'ils ne s'entendaient pas l'un l'autre, elle lui dit par signes de revenir le lendemain au même endroit avec un de ses compagnons, et qu'elle amènerait aussi une de ses compagnes. Le jeune Scythe, de retour au camp, y raconta son aventure ; et le jour suivant il revint avec un autre Scythe au même endroit, où il trouva l'Amazone, qui l'attendait avec une de ses compagnes.

CXIV. Les autres jeunes gens, instruits de cette aventure, apprivoisèrent aussi le reste des Amazones ; et, ayant ensuite réuni les deux camps, ils demeurèrent ensemble, et chacun prit pour femme celle dont il avait eu d'abord les faveurs. Ces jeunes gens ne pouvaient apprendre la langue de leurs compagnes ; mais les Amazones apprirent celle de leurs maris ; et, lorsqu'ils commencèrent à s'entendre, les Scythes leur parlèrent ainsi : « Nous avons des parents, nous avons des biens ; me-
« nons une autre vie : réunissons-nous au reste des Scythes, et
« vivons avec eux. Nous n'aurons jamais d'autres femmes que
« vous. »

« Nous ne pourrions pas, répondirent les Amazones, demeu-
« rer avec les femmes de votre pays. Leurs coutumes ne res-
« semblent en rien aux nôtres : nous tirons de l'arc, nous lan-
« çons le javelot, nous montons à cheval, et nous n'avons point
« appris les ouvrages propres à notre sexe. Vos femmes ne
« font rien de ce que nous venons de dire, et ne s'occupent
« qu'à des ouvrages de femmes. Elles ne quittent point leurs
« chariots[1], ne vont point à la chasse, et même nulle part ail-
« leurs. Nous ne pourrions par conséquent jamais nous accor-
« der ensemble. Mais si vous voulez nous avoir pour femmes,
« et montrer de la justice, allez trouver vos pères, demandez-
« leur la partie de leurs biens qui vous appartient ; revenez
« après l'avoir reçue, et nous vivrons en notre particulier. »

CXV. Les jeunes Scythes, persuadés, firent ce que souhaitaient leurs femmes ; et, lorsqu'ils eurent recueilli la portion de leur patrimoine qui leur revenait, ils les rejoignirent. Alors elles leur parlèrent ainsi : « Après vous avoir privés de vos pères,
« et après les dégâts que nous avons faits sur vos terres, nous
« en craindrions les suites s'il nous fallait demeurer dans ce
« pays ; mais, puisque vous voulez bien nous prendre pour fem-
« mes, sortons-en tous d'un commun accord, et allons nous
« établir au delà du Tanaïs. »

CXVI. Les jeunes Scythes y consentirent. Ils passèrent le Tanaïs ; et, ayant marché trois jours à l'est, et autant depuis le Pa-

---

[1] C'est que leurs chariots leur tenaient lieu de maisons. Or tout le monde sait qu'en Grèce les femmes sortaient rarement des leurs. Mais j'ai bien peur qu'Hérodote n'ait attribué aux femmes scythes les mœurs des Grecques. (L.)

lus-Mæotis vers le nord, ils arrivèrent dans le pays qu'ils habitent encore maintenant, et où ils fixèrent leur demeure. De là vient que les femmes des Sauromates ont conservé leurs anciennes coutumes : elles montent à cheval, et vont à la chasse, tantôt seules et tantôt avec leurs maris. Elles les accompagnent aussi à la guerre, et portent les mêmes habits qu'eux.

CXVII. Les Sauromates font usage de la langue scythe ; mais, depuis leur origine, ils ne l'ont jamais parlée avec pureté, parce que les Amazones ne la savaient qu'imparfaitement. Quant aux mariages, ils ont réglé qu'une fille ne pourrait se marier qu'elle n'eût tué un ennemi[1]. Aussi y en a-t-il qui, ne pouvant accomplir la loi, meurent de vieillesse sans avoir été mariées.

CXVIII. Les ambassadeurs des Scythes, ayant été admis à l'assemblée des rois des nations dont nous venons de parler, apprirent à ces princes que Darius, après avoir entièrement subjugué l'autre continent, était passé dans le leur sur un pont de bateaux qu'il avait fait construire à l'endroit le plus étroit du Bosphore ; qu'il avait ensuite soumis les Thraces et traversé l'Ister sur un pont, à dessein de se rendre maître de leur pays. « Il ne
« serait pas juste, ajoutèrent-ils, que, gardant la neutralité, vous
« nous laissiez périr par votre négligence : marchons donc de
« concert au-devant de l'ennemi qui vient envahir notre patrie.
« Si vous nous refusez, et que nous nous trouvions pressés,
« nous quitterons le pays ; ou, si nous y restons, ce sera aux
« conditions que nous imposeront les Perses : car enfin que
« faire à cela, si vous ne voulez pas nous donner de secours ?
« Ne vous flattez pas que votre sort en soit meilleur ; et que,
« contents de nous avoir subjugués, les Perses vous épargnent.
« Leur invasion ne vous regarde pas moins que nous. En voici
« une preuve à laquelle vous n'avez rien à opposer. Si les Perses
« n'avaient point d'autre intention que de venger l'assujettisse-
« ment où nous les avons tenus précédemment, ils se seraient
« contentés de marcher contre nous, sans attaquer les autres

---

[1] « Les femmes des Sauromates, dit Hippocrate, montent à cheval, tirent de l'arc, lancent le javelot de dessus le cheval, et vont à la guerre, tant qu'elles sont filles. Elles ne se marient point qu'elles n'aient tué trois ennemis, et ne cohabitent point avec leurs maris qu'elles n'aient fait les cérémonies sacrées prescrites par la loi. Les femmes mariées cessent d'aller à cheval, à moins qu'il ne soit nécessaire de faire une expédition générale. » (L.)

« peuples; et par là ils auraient fait voir à tout le monde qu'ils
« n'en voulaient qu'aux Scythes. Mais à peine sont-ils entrés
« dans ce continent, qu'ils ont façonné au joug tous les peuples
« qui se sont rencontrés sur leur route, et déjà ils ont soumis
« les Thraces et les Gètes, nos voisins. »

CXIX. Le discours des ambassadeurs fini, ces princes délibérèrent sur leur proposition : les avis furent partagés. Les rois des Gélons, des Budins et des Sauromates promirent unanimement du secours aux Scythes; mais ceux des Agathyrses, des Neures, des Androphages, des Mélanchlænes et des Taures leur firent cette réponse : « Si vous n'aviez pas fait les premiers une
« guerre injuste aux Perses, vos demandes nous paraîtraient
« équitables, et, pleins de déférence pour vous, nous ferions la
« même chose que vous. Mais vous avez envahi leur pays sans notre
« participation, vous l'avez tenu sous le joug aussi longtemps
« que le dieu l'a permis; et aujourd'hui que le même dieu suscite les Perses contre vous, ils vous rendent la pareille. Pour
« nous, nous ne les offensâmes point alors, et nous ne serons
« pas aujourd'hui les premiers agresseurs. Si cependant ils
« viennent aussi attaquer notre pays, s'ils commencent des hostilités contre nous, nous saurons les repousser; mais jusqu'à
« ce moment nous resterons tranquilles : car il nous paraît que
« les Perses n'en veulent qu'à ceux qui les ont insultés les premiers. »

CXX. Les Scythes, ayant eu connaissance de cette réponse, résolurent de ne point présenter de bataille aux Perses et de ne point les attaquer ouvertement, mais de céder peu à peu le terrain en se retirant toujours en avant, de combler les puits et les fontaines qu'ils trouveraient sur leur route, de détruire l'herbe, et pour cet effet de se partager en deux corps. On convint aussi que les Sauromates se rendraient dans les États de Scopasis; que, si les Perses tournaient de ce côté, ils se retireraient peu à peu au Tanaïs, le long du Palus-Méotis, et que, lorsque l'ennemi retournerait sur ses pas, ils se mettraient alors à le poursuivre. Tel était le plan de défense que devait suivre cette partie des Scythes royaux.

Quant aux deux autres parties des Scythes royaux, il avait été décidé que la plus grande, sur laquelle régnait Idanthyrse, se joindrait à la troisième, dont était roi Taxacis, et que toutes les deux, réunies avec les Gélons et les Budins, auraient aussi une journée d'avance sur les Perses, qu'elles se retireraient peu à peu, et en exécutant les résolutions prises dans le conseil; et surtout qu'elles attireraient les ennemis droit sur les terres de ceux qui leur avaient refusé leur alliance, afin de les forcer aussi à la guerre contre les Perses, et de leur faire prendre les armes malgré eux. Elles devaient ensuite retourner dans leur pays, et même attaquer l'ennemi, si, après en avoir délibéré, ce parti leur paraissait avantageux.

CXXI. Cette résolution prise, les Scythes allèrent au-devant de Darius, et se firent précéder par l'élite de la cavalerie. Ils avaient fait prendre les devants à leurs chariots, qui tenaient lieu de maisons à leurs femmes et à leurs enfants, et leur avaient donné ordre d'avancer toujours vers le nord. Ces chariots étaient accompagnés de leurs troupeaux, dont ils ne menaient avec eux que ce qui leur était nécessaire pour vivre.

CXXII. Tandis que les chariots avançaient vers le nord, les coureurs découvrirent les Perses environ à trois journées de l'Ister. Comme ils n'en étaient éloignés que d'une journée, ils campèrent dans cet endroit, et détruisirent toutes les productions de la terre. Les Perses ne les eurent pas plutôt aperçus, qu'ils les suivirent dans leur retraite. Ayant ensuite marché droit à une des trois parties des Scythes royaux, ils la poursuivirent à l'est jusqu'au Tanaïs. Les Scythes traversèrent le fleuve, et les Perses, l'ayant passé après eux, ne cessèrent de les suivre que lorsque, après avoir parcouru le pays des Sauromates, ils furent arrivés dans celui des Budins.

CXXIII. Les Perses ne commirent aucun dégât tout le temps qu'ils furent en Scythie et dans le pays des Sauromates, les habitants ayant détruit tout ce qui était dans les campagnes; mais, quand ils eurent pénétré dans le pays des Budins, ils trouvèrent la ville de bois. Comme elle était entièrement déserte, et que les habitants en avaient tout emporté, ils y mirent le feu. Cela fait, ils allèrent en avant, marchant sur les traces de l'ennemi; enfin, après avoir parcouru le pays des Budins, ils arrivèrent dans un désert par delà ces peuples, où l'on ne rencontre pas un seul homme. Ce désert a sept journées de chemin; on trouve au-dessus le pays des Thyssagètes, d'où viennent quatre grandes rivières : le Lycus, l'Oarus, le Tanaïs et le Syrgis, qui se jettent dans le Palus-Mæotis, après avoir arrosé les terres des Mæotes.

CXXIV. Darius étant arrivé dans ce désert, s'arrêta sur les bords de l'Oarus, où il campa avec son armée. Il fit ensuite construire huit grands forts, à soixante stades ou environ l'un de l'autre, dont les ruines subsistent encore maintenant. Tandis qu'il s'occupait de ces ouvrages, les Scythes qu'il avait poursuivis firent le tour par le haut du pays, et retournèrent en Scythie. Comme ils avaient entièrement disparu, et qu'ils ne se montraient plus, il laissa ses forts imparfaits, et dirigea sa marche à l'occident, persuadé que ces Scythes formaient toute la nation, et qu'ils s'étaient sauvés de ce côté. Comme il marchait à grandes journées, il arriva en Scythie, où il rencontra[1] les deux corps d'armée des Scythes. Il ne les eut pas plutôt trouvés qu'il se mit à les poursuivre; mais ils avaient soin de se tenir toujours à une journée de lui.

CXXV. Ils s'enfuyaient, suivant les conventions faites entre eux, chez les peuples qui avaient refusé leur alliance; et Darius les suivait sans relâche. Ils se jetèrent premièrement sur les terres des Mélanchlænes, qu'ils bouleversèrent eux et les Perses à leur suite. De là ils attirèrent les Perses chez les Androphages, qu'ils bouleversèrent, et de là chez les Neures, qui furent également bouleversés; enfin ils se sauvèrent du côté des Agathyrses. Mais ceux-ci, voyant leurs voisins alarmés prendre la fuite, envoyèrent aux Scythes un héraut, avant qu'ils eussent mis le pied dans leur pays, afin de leur en interdire l'entrée, les menaçant de leur livrer bataille, en cas qu'ils y vinssent. Après ces menaces, les Agathyrses portèrent leurs forces sur leurs frontières, pour les en écarter.

Les Mélanchlænes, les Androphages et les Neures, voyant les Scythes se jeter avec les Perses sur leurs terres, ne se mirent pas en devoir de les repousser. Saisis de crainte à cette vue, ils oublièrent leurs menaces, et s'enfuirent dans les déserts, vers le nord. Quant aux Scythes, comme les Agathyrses leur interdisaient l'entrée de leur pays, ils ne cherchèrent plus à y pénétrer; mais au sortir de la Neuride, ils rentrèrent dans leur patrie, où les Perses les suivirent.

[1] L'un était commandé par Idanthyrse, et l'autre par Taxacis. *Voyez*, § cxx.

CXXVI. Darius, s'étant aperçu que les Scythes suivaient toujours la même tactique, envoya un cavalier à Idanthyrse, leur roi, avec ordre de lui parler en ces termes : « O le plus misérable des hommes, pourquoi fuis-tu toujours lorsqu'il est en ton pouvoir de t'arrêter et de me livrer bataille, si tu te crois assez fort pour me résister? Si, au contraire, tu te sens trop faible, cesse de fuir devant moi; entre en conférence avec ton maître, et ne manque pas de lui apporter la terre et l'eau, comme un gage de ta soumission. »

CXXVII. « Roi des Perses, répondit Idanthyrse, voici l'état de mes affaires : la crainte ne m'a fait fuir devant personne jusqu'à ce jour, et maintenant je ne te fuis pas. Je ne fais actuellement que ce que j'avais coutume de faire aussi en temps de paix. Mais je vais te dire pourquoi je ne t'ai pas combattu sur-le-champ. Comme nous ne craignons ni qu'on prenne nos villes, puisque nous n'en avons point, ni qu'on fasse du dégât sur nos terres, puisqu'elles ne sont point cultivées, nous n'avons pas de motifs pour nous hâter de livrer bataille. Si cependant tu veux absolument nous y forcer, nous avons les tombeaux de nos pères; trouve-les, et essaye de les renverser : tu connaîtras alors si nous combattrons oui ou non pour les défendre. Nous ne te livrerons pas bataille auparavant, à moins que la raison ne nous y oblige. C'en est assez sur ce qui regarde le combat. Quant à mes maîtres, je n'en reconnais point d'autre que Jupiter, l'un de mes ancêtres, et Vesta, reine des Scythes. Au lieu de la terre et de l'eau, je t'enverrai les présents qu'il convient de t'offrir. Quant à toi, qui te vantes d'être mon maître, c'est à toi de pleurer[1]. » Telle est la réponse des Scythes, que le héraut alla porter à Darius.

CXXVIII. Au seul nom de servitude, les rois des Scythes, irrités, firent partir les Scythes sur qui régnait Scopasis, avec les Sauromates qui servaient avec eux, pour aller conférer avec les Ioniens, à qui l'on avait confié la garde du pont de l'Ister. Quant aux Scythes qui restaient dans le pays, ils résolurent de ne plus forcer les Perses à courir de côté et d'autre, mais de les attaquer toutes les fois qu'ils prendraient leur repas. En consé-

---

[1] C'est l'expression du plus grand mépris.

quence, ayant observé le temps où ils le prenaient, ils exécutèrent ce qui avait été concerté entre eux. Dans ces attaques, la cavalerie des Scythes mettait toujours en fuite celle des Perses ; mais celle-ci en fuyant se repliait sur l'infanterie, qui ne manquait pas de la soutenir. Ainsi, lorsque les Scythes avaient fait reculer la cavalerie ennemie, la crainte des gens de pied les forçait aussitôt à se retirer. Ils ne laissaient pas néanmoins de recommencer de pareilles attaques pendant la nuit.

CXXIX. Une chose fort étonnante cependant favorisait les Perses et en même temps nuisait aux Scythes, quand ils attaquaient le camp ennemi : c'était le braiement des ânes et l'aspect des mulets. Il ne naît en effet, en Scythie, ni âne ni mulet, comme je l'ai dit plus haut ; et même on n'en voit pas un seul dans tout le pays, à cause du froid. Les ânes jetaient par leurs cris l'épouvante parmi la cavalerie des Scythes. Il arrivait souvent que celle-ci allait à la charge ; mais si, sur ces entrefaites, les chevaux les entendaient, ils dressaient les oreilles d'étonnement, et reculaient troublés, parce qu'ils n'étaient accoutumés ni aux cris ni à la figure de ces animaux. Mais c'était un faible avantage.

CXXX. Les Scythes, s'étant aperçus de l'embarras des Perses, eurent recours à cet artifice pour les faire rester plus longtemps en Scythie, et les tourmenter par l'extrême disette de toutes choses. Ils leur abandonnèrent quelques-uns de leurs troupeaux avec ceux qui les gardaient, et se retirèrent dans un autre canton. Les Perses se jetèrent sur ces troupeaux, et les enlevèrent.

CXXXI. Quoique ce fait se fût reproduit souvent, néanmoins Darius se trouva dans une extrême disette. Les rois des Scythes, en étant instruits, lui envoyèrent un héraut avec des présents, qui consistaient en un oiseau, un rat, une grenouille et cinq flèches. Les Perses demandèrent à l'envoyé ce que signifiaient ces présents. Il répondit qu'on l'avait seulement chargé de les offrir, et de s'en retourner aussitôt après ; qu'il les exhortait cependant, s'ils avaient de la sagacité, à tâcher d'en pénétrer le sens.

CXXXII. Dans un conseil tenu à ce sujet, Darius prétendait que les Scythes lui donnaient la terre et l'eau, comme un gage de leur soumission. Il le conjecturait sur ce que le rat naît dans la

terre, et se nourrit de blé ainsi que l'homme ; que la grenouille s'engendre dans l'eau ; que l'oiseau a beaucoup de rapport avec le cheval, et qu'enfin les Scythes, en lui donnant des flèches, lui livraient leurs forces. Tel fut le sentiment de Darius. Mais Gobryas, l'un des sept qui avaient détrôné le mage, fut d'un autre avis. « Perses, leur dit-il, ces présents signifient que, si vous
« ne vous envolez pas dans les airs comme des oiseaux, ou si
« vous ne vous cachez pas sous terre comme des rats, ou si vous
« ne sautez pas dans les marais comme des grenouilles, vous
« ne reverrez jamais votre patrie, mais que vous périrez par
« ces flèches. » C'est ainsi que les Perses interprétèrent ces présents.

CXXXIII. La partie des Scythes à qui l'on avait précédemment confié la garde des environs du Palus-Mæotis, et qui venait de recevoir l'ordre d'aller sur les bords de l'Ister pour s'aboucher avec les Ioniens, ne fut pas plutôt arrivée au pont que ceux-ci avaient jeté sur cette rivière, qu'ils leur parlèrent en ces termes : « Ioniens, nous venons vous apporter la liberté,
« supposé toutefois que vous vouliez nous écouter. Nous avons
« en effet appris que Darius vous a enjoint de garder ce pont
« durant soixante jours seulement, et que s'il n'était pas de re-
« tour dans cet intervalle, vous seriez les maîtres de vous re-
« tirer dans votre patrie. En exécutant cet ordre, il n'aura rien
« à vous reprocher, et nous n'aurons aucun sujet de plainte
« contre vous. Puisque vous êtes demeurés le nombre de jours
« prescrit, que ne retournez-vous dans votre pays ? » Les Ioniens ayant promis de le faire, les Scythes se retirèrent en diligence.

CXXXIV. Après l'envoi des présents, le reste des Scythes se mit en ordre de bataille vis-à-vis des Perses, tant l'infanterie que la cavalerie, comme s'ils avaient voulu en venir aux mains. Mais, tandis qu'ils étaient ainsi rangés en bataille, un lièvre se leva entre les deux armées. Ils ne l'eurent pas plutôt aperçu, qu'ils le poursuivirent en jetant de grands cris. Darius demanda quelle était la cause de ce tumulte ; et, sur ce qu'on lui répondit que les Scythes couraient après un lièvre, il dit à ceux d'entre les Perses avec qui il avait coutume de s'entretenir :
« Ces hommes-ci ont pour nous un grand mépris. L'interpré-
« tation qu'a donnée Gobryas de leurs présents me paraît ac-
« tuellement juste. Mais, puisque son sentiment me semble

« vrai, je pense qu'il nous faut un bon conseil pour sortir sains
« et saufs de ce pas dangereux. — O roi, répondit Gobryas, je
« ne connaissais guère la pauvreté de ces peuples que par ce
« qu'en publiait la renommée ; mais depuis notre arrivée je la
« connais mieux, en voyant de quelle manière ils se jouent de
« nous. Ainsi je suis d'avis qu'aussitôt que la nuit sera venue,
« on allume des feux dans le camp, selon notre coutume, et
« qu'après avoir engagé par des propos trompeurs la partie de
« l'armée la moins propre aux fatigues à y rester, et qu'après
« avoir attaché ici tous les ânes, nous partions avant que les
« Scythes aillent droit à l'Ister pour en rompre le pont, et avant
« que les Ioniens prennent une résolution capable de nous faire
« périr. »

CXXXV. Darius suivit le conseil de Gobryas. Dès que la nuit fut venue, il laissa dans le camp les malades avec ceux qu'il se souciait le moins de perdre. Il y fit aussi attacher tous les ânes, afin que leurs cris se fissent entendre. Quant aux hommes, il les y laissait sous prétexte de garder le camp, tandis qu'avec la fleur de ses troupes il irait en personne attaquer l'ennemi, mais, en effet, parce qu'ils étaient faibles ou malades. Ayant persuadé ces malheureux, il fit allumer des feux, et marcha en grande diligence vers l'Ister. Les ânes, se voyant dans une espèce de solitude, se mirent à braire beaucoup plus fort qu'auparavant. Les Scythes, entendant leurs cris, crurent les Perses toujours dans leur camp.

CXXXVI. Quand le jour parut, les soldats que Darius avait abandonnés, se voyant trahis, tendirent les mains aux Scythes, et leur dirent tout ce que leur situation put leur suggérer. Là-dessus les deux parties des Scythes, s'étant réunies promptement à la troisième, coururent après les Perses droit à l'Ister, avec les Sauromates, les Budins et les Gélons. Mais, comme la plus grande partie de l'armée perse consistait en infanterie, et qu'elle ne savait pas les chemins, parce qu'il n'y en avait pas de tracés, et qu'au contraire les Scythes étaient à cheval, et qu'ils connaissaient la route la plus courte, ils ne purent se rencontrer. Les Scythes arrivèrent au pont de l'Ister longtemps avant les Perses ; et, sachant qu'ils n'étaient point encore venus, ils s'adressèrent ainsi aux Ioniens, qui étaient sur leurs vaisseaux :

« Ioniens, le terme qui vous a été prescrit est passé ; vous

« avez tort de rester plus longtemps. Si la crainte vous a rete-
« nus jusqu'à présent en ces lieux, rompez maintenant le pont,
« retirez-vous promptement, et, flattés d'avoir recouvré votre
« liberté, rendez-en grâces aux dieux et aux Scythes. Quant à
« celui qui était auparavant votre maître, nous allons le traiter
« de manière qu'il ne fera plus la guerre à personne. »

CXXXVII. L'affaire mise en délibération, Miltiade d'Athènes, qui était commandant, et tyran de la Chersonèse de l'Hellespont, fut d'avis de suivre le conseil des Scythes, et de rendre la liberté à l'Ionie ; mais Histiée, tyran de Milet, s'y opposa. Il représenta qu'ils ne régnaient dans leurs villes que par Darius ; que, si la puissance de ce prince était détruite, ils perdraient leur autorité, et que lui-même ne pourrait plus conserver la sienne dans Milet, ni les autres la leur dans leurs États, les villes préférant toutes la démocratie à la tyrannie. Tous ceux qui avaient d'abord été de l'avis de Miltiade revinrent à celui d'Histiée.

CXXXVIII. Ceux qui furent de cette opinion étaient en grande estime auprès du roi. Parmi les tyrans de l'Hellespont, il y avait Daphnis d'Abydos, Hippoclus de Lampsaque, Hérophante de Parium, Métrodore de Proconèse, Aristagoras de Cyzique, Ariston de Byzance ; ceux de l'Ionie étaient Strattis de Chios, Æacès de Samos, Léodamas de Phocée, Histiée de Milet, qui fut d'un avis contraire à celui de Miltiade. Aristagoras de Cyme fut le seul homme considérable qui assistait à ce conseil, du côté des Éoliens.

CXXXIX. Le sentiment d'Histiée ayant été approuvé, on ajouta qu'on romprait, de la longueur de la portée d'un trait, l'extrémité du pont du côté de la Scythie, afin de montrer aux Scythes qu'on voulait, en quelque sorte, les obliger, quoique dans le fond on n'en fît rien, et de crainte que les Scythes ne voulussent, malgré eux, passer l'Ister sur le pont. Il fut aussi réglé qu'on leur enverrait dire qu'en rompant la partie du pont qui aboutissait à leur pays, on avait dessein de leur donner une entière satisfaction. Après quoi Histiée répondit aux Scythes, au nom du conseil :

« Scythes, votre avis est salutaire, et vous nous pressez fort
« à propos. Comme vous nous montrez la vraie route que nous
« devons suivre, nous vous ferons voir aussi que nous sommes

« disposés à vous servir : nous rompons en effet le pont, comme
« vous le voyez, et nous nous porterons avec ardeur à recou-
« vrer notre liberté. Pour vous, pendant que nous sommes oc-
« cupés à détruire ce pont, il est à propos que vous alliez cher-
« cher les Perses, et qu'après les avoir trouvés, vous nous
« vengiez, en vous vengeant vous-mêmes comme il convient. »

CXL. Les Scythes, se fiant pour la seconde fois aux Ioniens, rebroussèrent chemin pour aller chercher les Perses ; mais ils prirent une autre route, et les manquèrent. Ce fut leur faute, puisqu'ils avaient détruit les foins, et comblé les fontaines. Sans ce dégât, il leur aurait été aisé de trouver les Perses, s'ils l'eussent voulu. Le parti qu'ils avaient cru le plus avantageux fut alors cause de leur méprise. Ils cherchèrent l'ennemi dans les cantons de la Scythie où il y avait de l'eau et des fourrages pour les chevaux, persuadés qu'il s'enfuyait de ce côté. Mais les Perses suivaient l'ancienne route qu'ils avaient observée ; et cependant ils eurent bien de la peine à gagner l'endroit où ils avaient traversé le fleuve. Y étant arrivés de nuit, et trouvant le pont rompu, ils craignirent que les Ioniens ne les eussent abandonnés.

CXLI. Darius avait dans son armée un Égyptien d'une voix extrêmement sonore ; il lui commanda de se tenir sur les bords de l'Ister, et d'appeler Histiée de Milet. Aux premiers cris de l'Égyptien, Histiée mit sur-le-champ tous les vaisseaux en état de passer l'armée, et rétablit le pont.

CXLII. Les Perses échappèrent par ce moyen ; et les Scythes, qui les cherchaient, les manquèrent pour la seconde fois. C'est à cette occasion que ceux-ci disent des Ioniens qu'à les considérer comme libres, ce sont les plus vils et les plus lâches de tous les hommes ; et que si on les envisage comme esclaves, ce sont les esclaves les plus attachés à leurs maîtres, et les moins capables de s'enfuir. Tels sont les traits que lancent les Scythes contre les Ioniens.

CXLIII. Darius traversa la Thrace, et arriva à Sestos dans la Chersonèse, où il s'embarqua pour passer en Asie. Il nomma Mégabyse, Perse de naissance, général des troupes qu'il laissait en Europe. Le discours que tint un jour ce prince, en présence des siens, est bien honorable pour ce général. Comme il se disposait à manger des grenades, à la première qu'il ouvrit, Artabanc, son frère, lui demanda quelle chose il désirerait avoir en aussi grande quantité qu'il y avait de grains dans cette grenade. Darius répondit qu'il aimerait mieux avoir autant de Mégabyses que de voir la Grèce sous son obéissance. Tel fut le témoignage honorable que lui rendit ce prince parmi les Perses ; mais alors il lui donna des marques de sa confiance, en le laissant en Europe avec quatre-vingt mille hommes sous ses ordres.

CXLIV. Un mot de ce Mégabyse a rendu son nom immortel parmi les habitants de l'Hellespont. Étant à Byzance, il apprit que les Chalcédoniens avaient bâti leur ville dix-sept ans avant que les Byzantins eussent fondé la leur. Là-dessus, il dit qu'ils étaient sans doute alors aveugles, puisque, sans cela, ils n'auraient pas choisi pour leur ville une situation désagréable, lorsqu'il s'en présentait une plus belle. Ce général subjugua, avec les troupes que lui avait laissées Darius, tous les peuples de l'Hellespont qui n'étaient pas les amis des Mèdes.

CXLV. Il y eut, vers le même temps, une expédition considérable en Libye, dont je dirai le sujet ; mais il est à propos de raconter auparavant quelques faits nécessaires pour le bien entendre.

Les descendants des Argonautes, chassés de l'île de Lemnos par les Pélasges, qui avaient enlevé de Brauron les femmes des Athéniens, firent voile à Lacédémone. Ils campèrent sur le mont Taygète, où ils allumèrent du feu. Les Lacédémoniens, les ayant aperçus, leur envoyèrent demander qui ils étaient, et d'où ils venaient. Ils répondirent qu'ils étaient Minyens, et descendants de ces héros qui s'étaient embarqués sur le navire *Argo*, et qui avaient abordé à Lemnos, où ils leur avaient donné naissance. Sur ce rapport de l'origine des Minyens, les Lacédémoniens envoyèrent une seconde fois leur demander à quel dessein ils venaient dans leur pays, et par quelle raison ils avaient allumé du feu. Les Minyens répondirent qu'ayant été chassés par les Pélasges, ils venaient chez leurs pères, comme cela était juste, et qu'ils priaient les Lacédémoniens de les recevoir chez eux, et de leur faire part non-seulement de leurs terres, mais encore des honneurs et des dignités de l'État. Les Lacédémoniens furent d'avis de les recevoir aux conditions qu'ils proposaient. Ce qui les y détermina principalement fut que les Tyndarides avaient été de l'expédition des Argonautes. Ils reçurent donc les Minyens, leur donnèrent des terres, et les distribuèrent parmi leurs tribus. Ceux-ci se marièrent aussitôt, et donnèrent à d'autres les femmes qu'ils avaient amenées de Lemnos.

CXLVI. Peu de temps après, les Minyens montrèrent tout à coup leur insolence, en voulant avoir part à la royauté, et en faisant plusieurs autres actions contraires aux lois. Les Lacédémoniens résolurent de les faire mourir ; en conséquence, ils furent arrêtés et mis en prison. A Lacédémone, les exécutions se font la nuit, et jamais de jour. Lors donc qu'on était sur le point de les faire mourir, leurs femmes, qui étaient Spartiates et filles des premiers de la ville, demandèrent la permission d'entrer dans la prison, pour parler à leurs maris. Comme on ne les soupçonnait d'aucun artifice, cette permission leur fut accordée. Elles ne furent pas plutôt entrées, qu'elles donnèrent leurs habits à leurs maris, et se revêtirent des leurs. Les Minyens, ayant pris les habits de leurs femmes, sortirent à la faveur de ce déguisement, et, s'étant échappés de la sorte, ils retournèrent au mont Taygète.

CXLVII. Vers ce même temps, Théras partit de Lacédémone pour aller fonder une colonie. Autésion, son père, était fils de Tisamène, petit-fils de Thersandre, et arrière-petit-fils de Polynice[1]. Il était de la race de Cadmus, et oncle maternel d'Eurysthène et de Proclès, tous deux fils d'Aristodémus. Comme ceux-ci étaient encore enfants, il eut, pendant leur minorité, la régence du royaume. Mais, quand ils furent devenus grands, ils gouvernèrent par eux-mêmes. Théras, affligé d'obéir, après avoir goûté les douceurs du commandement, déclara qu'il ne resterait point à Lacédémone, et qu'il s'embarquerait pour aller joindre ses parents.

Les descendants de Membliare, fils de Pœcile, Phénicien, demeuraient dans l'île qu'on nomme aujourd'hui Théra, et qui s'appelait autrefois Calliste. Cadmus, fils d'Agénor, avait abordé à cette île en cherchant Europe ; et, soit que le pays lui plût, ou par quelque autre raison, il y laissa plusieurs Phéniciens avec Membliare, l'un de ses parents. Ils l'habitèrent pendant

---

[1] Théras était le sixième descendant d'Œdipe, et le dixième de Cadmus. « Le sixième descendant d'Œdipe, dit Callimaque, mena de Sparte à Théra une colonie. » Le scoliaste de Callimaque suppose que Théras était fils de Tisamène, et petit-fils d'Autésion. C'est le contraire. (L.)

huit générations avant que Théras vint de Lacédémone dans cette île, alors connue sous le nom de Calliste.

CXLVIII. Théras partit de Sparte pour cette île avec grand nombre de Lacédémoniens qu'on tira des tribus. Son intention n'était pas d'en chasser les anciens habitants, mais d'y demeurer avec eux dans l'union la plus étroite. Les Lacédémoniens persistaient toujours dans la résolution de faire mourir les Minyens, qui, après s'être échappés des prisons, étaient campés sur le mont Taygète. Théras sollicita leur grâce, et s'engagea à les faire sortir du pays. Elle lui fut accordée ; et, ayant mis à la voile avec trois vaisseaux à trente rames, il se rendit chez les descendants de Membliare. Il n'emmena avec lui qu'une petite partie des Minyens ; les autres, en beaucoup plus grand nombre, chassèrent les Paroréates et les Caucons de leur pays ; et, s'étant partagés en six corps, ils y bâtirent six villes : Lépréum, Macistos, Phrixes, Pyrgos, Épium et Nudium, qui ont été la plupart détruites de mon temps par les Éléens. Quant à l'île de Calliste, elle s'appela Théra, du nom de son fondateur.

CXLIX. Son fils refusant de s'embarquer avec lui, Théras dit qu'il le laisserait comme une brebis parmi les loups. Ce propos fit donner à ce jeune homme le nom d'Oiolycus[1], qui prévalut sur celui qu'il avait auparavant. Oiolycus eut un fils appelé Égée. Les Égides, tribu considérable à Sparte, tirent de lui leur nom. Ceux de cette tribu, voyant qu'ils ne pouvaient conserver d'enfants, bâtirent, sur la réponse d'un oracle, un temple aux Furies de Laïus et d'Œdipe ; et, depuis ce temps, ils ne perdirent plus leurs enfants. Pareille chose arriva dans l'île de Théra à leurs descendants.

CL. Jusqu'ici les Lacédémoniens s'accordent avec les habitants de Théra ; mais ceux-ci sont les seuls qui racontent la suite de la manière que je vais dire.

Grinus, fils d'Æsanius, descendant de ce Théras, et roi de l'île de Théra, alla à Delphes pour y offrir une hécatombe. Il était accompagné de plusieurs habitants de cette île, et entre autres de Battus, fils de Polymneste, de la race d'Euphémus, l'un des Minyens. Ce prince consultant l'oracle sur quelque chose, la Pythie lui répondit de fonder une ville en Libye. « Roi Apollon,

---

[1] Οἶς signifie une brebis, et λύκος, un loup.

« répliqua Grinus, je suis vieux et courbé sous le poids des ans :
« charge plutôt de cette entreprise quelqu'un de ces jeunes gens
« qui sont venus avec moi; » et, en disant cela, il montrait Battus. Les Théréens, de retour dans leur île, n'eurent aucun égard
à la réponse de l'oracle, ne sachant point où était la Libye,
et n'osant pas envoyer une colonie dans une pareille incertitude.

CLI. On fut ensuite sept ans à Théra sans qu'il y plût, et tous
les arbres y périrent de sécheresse, excepté un seul. Les Théréens ayant consulté l'oracle, la Pythie leur reprocha de n'avoir
point envoyé en Libye la colonie qu'elle leur avait ordonné d'y
envoyer. Comme ils ne voyaient pas de remède à leurs maux,
ils députèrent en Crète, pour s'informer s'il n'y avait pas quelque Crétois, ou quelque étranger qui eût voyagé en Libye. Leurs
envoyés parcoururent l'île, et, étant arrivés à la ville d'Itanos,
ils y firent connaissance avec un teinturier en pourpre, nommé
Corobius, qui leur dit qu'il avait été poussé par un vent violent
à l'île de Platée en Libye. Une récompense qu'ils lui donnèrent
le détermina à les accompagner à Théra. On ne fit partir d'abord
qu'un petit nombre de citoyens pour examiner les lieux. Corobius leur servit de guide. Lorsqu'il les eut conduits à l'île de
Platée, ils l'y laissèrent avec des vivres pour quelques mois, et,
s'étant remis en mer, ils vinrent en diligence faire leur rapport
aux Théréens au sujet de cette île.

CLII. Comme ils furent plus longtemps absents qu'ils n'en
étaient convenus, Corobius se trouva dans une très-grande disette.
Mais un vaisseau de Samos qui allait en Égypte, et dont le patron
s'appelait Colœus, ayant abordé à Platée, les Samiens apprirent
de Corobius quelle était sa situation. Ils lui laissèrent des vivres
pour un an; et, comme ils désiraient se rendre en Égypte, ils
remirent à la voile par un vent d'est. Mais, ce vent ne discontinuant point, ils passèrent les colonnes d'Hercule, et arrivèrent
à Tartessus, sous la conduite de quelque dieu. Comme ce port
n'avait point été jusqu'alors fréquenté, ils firent, à leur retour,
le plus grand profit sur leurs marchandises qu'aucun Grec que
nous connaissions ait jamais fait, si du moins l'on excepte Sostrate d'Égine, fils de Léodamas, avec qui personne ne peut entrer en comparaison. Les Samiens ayant mis à part six talents[1],

[1] 32,400 livres de notre monnaie. Leur gain était par conséquent de
324,000 livres.

qui étaient le dixième de leur gain, en firent faire un vase d'airain en forme de cratère argolique, autour duquel on voit des têtes de griffons l'une vis-à-vis de l'autre. Ils en firent présent au temple de Junon, où il est soutenu par trois colosses d'airain, de sept coudées de haut, appuyés sur les genoux. L'action de Colœus fut le principe de la grande amitié que les Cyrénéens et les Théréens ont contractée avec les Samiens.

CLIII. Les Théréens, ayant laissé Corobius dans l'île, dirent, à leur retour à Théra, comment ils avaient acquis une île sur les côtes de la Libye. Là-dessus il fut résolu que de tous leurs cantons, qui étaient au nombre de sept, on enverrait des hommes, que les frères tireraient au sort, et que Battus serait leur roi. En conséquence de cette résolution, on envoya à Platée deux vaisseaux de cinquante rames chacun. Telle est la manière dont les Théréens racontent cette histoire.

CLIV. Les Cyrénéens sont d'accord avec eux en tout, excepté en ce qui concerne Battus. Voici de quelle manière ils le rapportent. Étéarque, roi de la ville d'Axus, en Crète, ayant perdu sa femme, dont il avait une fille nommée Phronime, en épousa une autre, qui ne fut pas plutôt entrée dans sa maison, qu'elle fut pour Phronime une vraie marâtre : elle la maltraita, et lui adressa toutes sortes d'injures ; enfin elle l'accusa d'impudicité, et parvint à le faire croire à son mari.

Étéarque, persuadé par cette femme, se porta contre sa fille à une action odieuse. Il y avait alors à Axus un marchand de Théra, nommé Thémison. Ce prince le manda, et, ayant contracté avec lui l'hospitalité, il lui fit promettre avec serment de lui prêter son ministère dans toutes les choses où il aurait besoin de lui. Le serment exigé, il lui remit sa fille entre les mains, et lui dit de l'emmener, et de la jeter dans la mer. Thémison, fâché qu'on lui eût fait faire un serment pour le tromper, renonça à l'amitié d'Étéarque. Il remit à la voile avec la princesse ; et, quand il fut en pleine mer, il l'attacha avec des cordes, et, pour s'acquitter de son serment, il la descendit dans la mer ; mais il l'en retira, et la mena dans l'île de Théra.

CLV. Lorsqu'elle y fut arrivée, Polymnestus, homme distingué, la prit pour concubine. Il en eut, au bout d'un certain temps, un fils qui bégayait et grasseyait. Cet enfant fut appelé Battus, suivant les Théréens et les Cyrénéens ; mais je pense qu'il eut un autre nom, et qu'après son arrivée en Libye il fut ainsi surnommé, tant à cause de la réponse qu'il avait reçue de l'oracle de Delphes, que par rapport à sa dignité : car Battus signifie roi dans la langue des Libyens ; et ce fut, à mon avis, par cette raison que la Pythie, sachant qu'il devait régner en Libye, lui donna dans sa réponse un nom libyen. En effet, lorsqu'il fut parvenu à l'âge viril, étant allé à Delphes pour consulter l'oracle sur le défaut de sa langue, la Pythie lui répondit : « Battus, tu « viens ici au sujet de ta voix : mais Apollon t'ordonne d'établir « une colonie dans la Libye, féconde en bêtes à laine. » C'est comme si elle eût dit en grec : « O roi, tu viens au sujet de ta « voix. » Battus lui répondit : « Roi, je suis venu te consulter « sur le défaut de ma langue ; mais tu me commandes des cho- « ses impossibles, en m'envoyant établir une colonie en Libye. « Avec quelles troupes, avec quelles forces puis-je exécuter un « tel projet ? » Malgré ces raisons, il ne put engager la Pythie à lui parler autrement. Voyant donc que l'oracle persistait dans sa réponse, il quitta Delphes, et retourna à Théra.

CLVI. Mais dans la suite il lui arriva beaucoup de malheurs, ainsi qu'aux autres habitants de l'île. Comme ils en ignoraient la cause, ils envoyèrent à Delphes consulter l'oracle sur leurs maux actuels. La Pythie leur répondit qu'ils seraient plus heureux s'ils fondaient, avec Battus, la ville de Cyrène en Libye. Sur cette réponse, ils firent partir Battus avec deux vaisseaux à cinquante rames. Battus et ceux qui l'accompagnaient, forcés par la nécessité, firent voile en Libye ; mais ils revinrent à l'île de Théra. Les Théréens les attaquèrent lorsqu'ils voulurent descendre à terre, et, ne leur permettant point d'aborder, ils leur ordonnèrent de retourner à l'endroit d'où ils venaient. Contraints d'obéir, ils reprirent la même route, et s'établirent dans une île attenante à la Libye. Cette île, comme il a été dit ci-dessus, s'appelle Platée : on assure qu'elle est de la grandeur de la ville actuelle des Cyrénéens.

CLVII. Les Théréens restèrent deux ans dans l'île de Platée ; mais comme rien ne leur prospérait, ils y laissèrent l'un d'entre eux, et le reste se rembarqua pour aller à Delphes. Quand ils y furent arrivés, ils dirent à la Pythie qu'ils s'étaient établis en Libye, et que cependant ils n'en étaient pas plus heureux. La Pythie leur répondit : « J'admire ton habileté ; tu n'as jamais été en

« Libye, et tu prétends connaître ce pays mieux que moi, qui
« y ai été. » Sur cette réponse, Battus retourna avec ceux de
sa suite : car le dieu ne les tenait pas quittes de la colonie, qu'ils
n'eussent été dans la Libye même. De retour à Platée, ils prirent celui d'entre eux qu'ils y avaient laissé, et s'établirent dans
la Libye, vis-à-vis de l'île, à Aziris, lieu charmant, environné de
deux côtés par des collines agréables, et, d'un autre côté, arrosé
par une rivière.

CLVIII. Ils demeurèrent six années à Aziris; mais la septième
ils se laissèrent persuader d'en sortir, sur les vives instances des
Libyens, et sur la promesse qu'ils leur firent de les mener sur
un territoire meilleur encore. Les Libyens, leur ayant fait quitter cette habitation, les conduisirent vers le couchant; et, de
crainte qu'en passant par le plus beau des pays les Grecs ne s'en
aperçussent, ils proportionnèrent tellement leur marche à la
durée du jour, qu'ils le leur firent traverser pendant la nuit. Ce
beau pays s'appelle Irasa. Quand ils les eurent conduits à une
fontaine qu'on prétend consacrée à Apollon : « Grecs, leur di« rent-ils, la commodité du lieu vous invite à fixer ici votre de« meure : le ciel y est percé de trous. »

CLIX. Sous Battus, le fondateur, dont le règne fut de quarante ans, et sous Arcésilas son fils, qui en régna seize, les
Cyrénéens ne se trouvèrent pas en plus grand nombre qu'au
commencement de la colonie. Mais sous Battus, leur troisième
roi, surnommé l'Heureux, la Pythie, par ses oracles, excita tous
les Grecs à s'embarquer pour aller habiter la Libye avec les Cyrénéens, qui les invitaient à venir partager leurs terres. Cet
oracle était conçu en ces termes : « Celui qui n'ira dans la fer« tile Libye qu'après le partage des terres aura un jour sujet de
« s'en repentir. » Les Grecs, s'étant rendus à Cyrène en grand
nombre, s'emparèrent d'un canton considérable. Les Libyens
leurs voisins, et Adicran leur roi, se voyant insultés et dépouillés de leurs terres par les Cyrénéens, eurent recours à Apriès,
roi d'Égypte, et se soumirent à lui. Ce prince envoya contre Cyrène des forces considérables. Les Cyrénéens, rangés en bataille
à Irasa et près de la fontaine de Thesté, en vinrent aux mains,
et les défirent. Les Égyptiens, qui ne les avaient pas encore
éprouvés, les méprisaient; mais ils furent tellement battus
qu'il n'en retourna en Égypte qu'un très-petit nombre. Le peu

ple fut, à ce sujet, si irrité contre Apriès, qu'il se révolta.

CLX. Arcésilas, fils de Battus, régna après son père. Ce prince eut, aussitôt après son avénement au trône, quelques différends avec ses frères ; mais enfin ils quittèrent le pays, et passèrent dans une autre partie de la Libye. Ayant délibéré entre eux, ils bâtirent une ville qu'ils appelèrent Barcé, nom qu'elle porte encore aujourd'hui. Pendant qu'ils étaient occupés à la construire, ils soulevèrent les Libyens contre les Cyrénéens. Arcésilas marcha contre les révoltés, et contre ceux des Libyens qui les avaient reçus. Les Libyens, qui les redoutaient, s'enfuirent chez les Libyens orientaux. Arcésilas les poursuivit ; et, les ayant atteints à Leucon en Libye, ils résolurent de lui livrer bataille. On en vint aux mains, et la victoire se déclara tellement en leur faveur, qu'il demeura sur la place, du côté des Cyrénéens, sept mille hommes pesamment armés. Après cet échec, Arcésilas tomba malade ; et, ayant pris médecine, il fut étranglé par son frère Léarque. Mais Éryxo, appelant la ruse à son secours, fit périr le meurtrier de son mari.

CLXI. Son fils Battus lui succéda : il était boiteux, et ne se tenait pas ferme sur ses pieds. Les Cyrénéens, extrêmement affligés de leurs pertes, envoyèrent à Delphes demander à l'oracle quelle forme de gouvernement ils devaient établir pour vivre heureux. La Pythie leur ordonna de faire venir de Mantinée, en Arcadie, quelqu'un qui pût rétablir parmi eux la concorde. Les Cyrénéens s'étant adressés aux Mantinéens, ceux-ci leur donnèrent un homme des plus estimés de leur ville, nommé Démonax, qui se rendit avec eux à Cyrène. Lorsqu'il se fut instruit de l'état des affaires, il partagea les Cyrénéens en trois tribus, dont une comprenait les Théréens et leurs voisins, l'autre les Péloponésiens et les Crétois, et la troisième tous les insulaires. Enfin, on mit en réserve, pour Battus, certaines portions de terre avec les sacrificatures, et on rendit au peuple toutes les autres prérogatives dont les rois avaient joui jusqu'alors.

CLXII. Ces règlements subsistèrent sous le règne de Battus ; mais, sous celui de son fils, il s'éleva de grands troubles au sujet des honneurs. En effet, Arcésilas, fils de Battus le Boiteux et de Phérétime, déclara qu'il ne souffrirait point que les lois de Démonax subsistassent, et redemanda les prérogatives dont avaient joui ses ancêtres. Arcésilas excita des troubles à ce sujet; mais, son parti ayant eu le dessous, il s'enfuit à Samos, et Phérétime, sa mère, à Salamine en Cypre.

Salamine était, en ce temps-là, gouvernée par Évelthon, qui consacra à Delphes un très-bel encensoir, qu'on voit dans le trésor des Corinthiens. Phérétime, étant arrivée à la cour d'Évelthon, lui demanda des troupes pour se rétablir à Cyrène, elle et son fils. Mais ce prince lui donnait plus volontiers toute autre chose qu'une armée. Phérétime acceptait ses présents, et les trouvait très-beaux; mais elle ajoutait qu'il lui serait beaucoup plus honorable de lui accorder des troupes. Comme elle faisait toujours la même réponse à chaque présent, Évelthon lui accorda enfin un fuseau d'or, avec une quenouille revêtue de laine, et lui fit dire que l'on faisait aux femmes de pareils présents, mais qu'on ne leur donnait pas une armée.

CLXIII. Pendant ce temps-là, Arcésilas, faisant espérer le partage des terres, assembla à Samos, où il était, une armée nombreuse. Lorsqu'elle fut levée, il alla à Delphes consulter l'oracle sur son retour. La Pythie lui répondit : « Apollon accorde à ta « famille la domination de Cyrène pour quatre Battus et quatre « Arcésilas, c'est-à-dire pour huit générations; mais il t'exhorte « à ne rien tenter de plus. Quant à toi, Arcésilas, il te conseille « de rester tranquille quand tu seras de retour dans ta patrie. « Si tu trouves un fourneau plein de vases de terre, garde-toi « bien de les faire cuire, remets-les plutôt à l'air; et si tu mets « le feu au fourneau, n'entre pas dans l'endroit environné d'eau, « autrement tu périras toi-même avec le plus beau des tau« reaux. » Tel fut l'oracle de la Pythie.

CLXIV. Arcésilas retourna à Cyrène avec les troupes qu'il avait levées à Samos. Lorsqu'il eut recouvré ses États, il fit faire, sans aucun égard pour l'oracle, le procès à ceux qui s'étaient soulevés contre lui, et l'avaient obligé à prendre la fuite. Les uns sortirent de leur patrie pour n'y jamais revenir; d'autres, ayant été arrêtés, furent envoyés à Cypre pour y être punis de mort; mais les Cnidiens, chez qui ils abordèrent, les délivrèrent, et les envoyèrent à l'île de Théra. Quelques autres, enfin, se réfugièrent dans une grande tour qui appartenait à un particulier nommé Aglomachus. Arcésilas, ayant fait entasser du bois à l'entour, y mit le feu. Ce crime commis, il reconnut le sens de l'oracle, qui lui avait défendu, par l'organe de la Pythie, de faire cuire les vases de terre qu'il trouverait dans le fourneau. Dans la crainte donc d'être tué, suivant la prédiction de l'oracle, il s'éloigna volontairement de Cyrène, s'imaginant que cette ville était la place entourée d'eau que la Pythie lui avait désignée. Il avait épousé une de ses parentes, fille d'Alazir, roi des Barcéens. Il se réfugia chez ce prince; mais des Barcéens et quelques fugitifs de Cyrène, l'ayant aperçu dans la place publique, le tuèrent, et avec lui Alazir son beau-père. Ce fut ainsi qu'Arcésilas remplit sa destinée, et qu'il périt pour avoir désobéi à l'oracle, volontairement ou involontairement.

CLXV. Tandis qu'Arcésilas travaillait dans Barcé à son propre malheur, Phérétime sa mère jouissait à Cyrène des honneurs de son fils; et, entre autres prérogatives, elle assistait aux délibérations du sénat. Mais, dès qu'elle eut connaissance qu'il avait été tué en cette ville, elle s'enfuit en Égypte, parce qu'Arcésilas avait autrefois rendu quelques services à Cambyse, fils de Cyrus, en lui livrant Cyrène et en lui payant tribut. Arrivée dans ce pays, elle supplia Aryande de la venger, sous prétexte que son fils n'avait été assassiné que parce qu'il favorisait le parti des Mèdes.

CLXVI. Aryande avait été établi gouverneur d'Égypte par Cambyse. Dans la suite, il fut puni de mort, pour avoir voulu s'égaler à Darius. Ayant en effet appris et ayant vu par lui-même que ce prince avait envie de laisser, pour monument de son règne, quelque chose que les autres rois n'eussent point encore exécuté, il marcha sur ses traces jusqu'à ce qu'il eût reçu la récompense qu'il méritait. Darius avait fait battre de la monnaie de l'or le plus pur[1]. Aryande, gouverneur d'Égypte, fit frapper de son côté des monnaies d'argent qu'on appelle aryandiques : elles sont encore aujourd'hui regardées comme étant d'un argent extrêmement fin. Darius, en ayant été instruit, l'accusa de rébellion, et le fit mourir sous ce prétexte.

CLXVII. Aryande eut compassion de Phérétime; il lui donna une armée composée de toutes les forces d'Égypte, tant de terre que de mer. Les troupes de terre étaient commandées par Ama-

---

[1] On appelait ces pièces d'or des *dariques*. La darique valait 20 drachmes; la drachme, 18 sous de notre monnaie. Ainsi la darique valait 18 livres. (L.)

sis, qui était Maraphien, et celles de mer par Badrès, Pasagarde d'extraction. Mais, avant de les faire partir, il envoya un héraut à Barcé, pour s'informer du meurtrier d'Arcésilas. Les Barcéens prirent tous cet assassinat sur eux : car ce prince leur avait fait beaucoup de mal. Sur cette réponse, Aryande envoya l'armée avec Phérétime.

CLXVIII. Cette cause était le prétexte dont Aryande cherchait à colorer son expédition contre les Libyens, qu'il avait, à mon avis, dessein de subjuguer. La Libye renferme beaucoup de nations différentes. Il y en avait peu qui fussent soumises au roi, et la plupart ne tenaient aucun compte de Darius. Voici l'ordre dans lequel on trouve les peuples de la Libye, à commencer depuis l'Égypte[1]. Les premiers qu'on rencontre sont des Adyrmachides. Ils ont presque les mêmes usages que les Égyptiens, mais ils s'habillent comme le reste des Libyens. Leurs femmes portent à chaque jambe un anneau de cuivre, et laissent croître leurs cheveux : si elles sont mordues par un pou, elles le prennent, le mordent à leur tour, et le jettent ensuite. Ces peuples sont les seuls Libyens qui aient cette coutume ; ils sont aussi les seuls qui présentent leurs filles au roi lorsqu'elles vont se marier. Celle qui lui plaît ne s'en retourne qu'après qu'il en a joui. Cette nation s'étend depuis l'Égypte jusqu'à un port appelé Plynos.

CLXIX. Les Giligammes touchent aux Adyrmachides : ils habitent le pays qui est vers l'occident jusqu'à l'île Aphrodisias. Dans cet intervalle est l'île de Platée, où les Cyrénéens envoyèrent une colonie. Aziris, où ils s'établirent aussi, est sur le continent, ainsi que le port de Ménélas. C'est là qu'on commence à trouver le silphium. Le pays où croît cette plante s'étend dans l'île de Platée jusqu'à l'embouchure de la Syrte[2]. Ces peuples ont presque les mêmes coutumes que les autres.

CLXX. Après les Giligammes, on trouve les Asbystes, du côté du couchant : ils habitent au-dessus de Cyrène; mais ils ne s'étendent pas jusqu'à la mer : les côtes maritimes sont occupées par les Cyrénéens. Les chars à quatre chevaux sont

---

[1] Hérodote interrompt ici sa narration pour faire la description de l'Afrique, et la reprend plus bas, § cc.
[2] Il s'agit ici de la grande Syrte, dont l'embouchure n'est pas éloignée de Barcé, et qui est beaucoup plus près de l'Égypte que la petite. (L.)

beaucoup plus en usage chez eux que chez les autres Libyens, et ils s'étudient à imiter la plupart des coutumes des Cyrénéens.

CLXXI. Les Auschises sont à l'occident des Asbystes, auxquels ils confinent : ils habitent au-dessus de Barcé, et s'étendent jusqu'à la mer, près des Hespérides. Les Cabales demeurent vers le milieu du pays des Auschises : leur nation est peu nombreuse ; elle s'étend sur les côtes de la mer vers Tauchire, ville du territoire de Barcé. Ils ont les mêmes usages que ceux qui habitent au-dessus de Cyrène.

CLXXII. Le pays des Auschises est borné à l'ouest par celui des Nasamons, peuple nombreux. En été, les Nasamons laissent leurs troupeaux sur le bord de la mer, et montent à un certain canton, nommé Augila, pour y recueillir les fruits des palmiers. Ces arbres y croissent en abondance, y viennent très-beaux, et portent tous des fruits. Les Nasamons vont à la chasse des sauterelles, les font sécher au soleil, et, les ayant réduites en poudre, ils mêlent cette poudre avec le lait qu'ils boivent. Ils ont coutume d'avoir chacun plusieurs femmes, et de les voir publiquement, à peu près comme les Massagètes, après avoir planté à terre leur bâton. Lorsqu'un Nasamon se marie pour la première fois, la première nuit de ses noces, la mariée accorde ses faveurs à tous les convives, et chacun lui fait un présent qu'il a apporté de sa maison.

Voici leur manière de prêter serment et d'exercer la divination. Ils mettent la main sur le tombeau des hommes qui ont parmi eux la réputation d'avoir été les plus justes et les plus gens de bien, et jurent par eux. Pour exercer la divination, ils vont aux tombeaux de leurs ancêtres ; ils y font leurs prières, et y dorment ensuite. Si, pendant leur sommeil, ils ont quelque songe, ils en font usage dans leur conduite. Ils se donnent mutuellement la foi en buvant réciproquement de la main l'un de l'autre. S'ils n'ont rien de liquide, ils ramassent à terre de la poussière, et la lèchent.

CLXXIII. Les Psylles étaient voisins des Nasamons ; ils périrent de la manière que je vais dire. Le vent du midi avait de son souffle desséché leurs citernes : car tout leur pays était en dedans de la Syrte, et sans eau. Ayant tenu conseil entre eux, ils résolurent, d'un consentement unanime, d'aller faire la guerre au vent du midi. Je rapporte les propos des Libyens. Lorsqu'ils furent arrivés dans les déserts sablonneux, le même vent, soufflant avec violence, les ensevelit sous des monceaux de sable. Les Psylles détruits, les Nasamons s'emparèrent de leurs terres.

CLXXIV. Au-dessus de ces peuples, vers le midi, dans un pays rempli de bêtes féroces, sont les Garamantes, qui fuient le commerce de la société de tous les hommes : ils n'ont aucune sorte d'armes, et ne savent pas même se défendre.

CLXXV. Cette nation habite au-dessus des Nasamons. Elle a pour voisins les Maces. Ceux-ci sont à l'ouest et le long de la mer. Ils se rasent de manière qu'il reste, sur le haut de la tête, une touffe de cheveux. Ils y parviennent en laissant croître leurs cheveux sur le milieu de la tête, et en se rasant de très-près des deux côtés. Quant ils vont à la guerre, ils portent, pour armes défensives, des peaux d'autruches. Le Cinyps descend de la colline des Grâces, traverse leur pays, et se jette dans la mer. Cette colline est entièrement couverte d'une épaisse forêt; au lieu que le reste de la Libye, dont j'ai parlé jusqu'ici, est un pays où l'on ne voit point d'arbres : de cette colline à la mer il y a deux cents stades.

CLXXVI. Les Gindanes touchent aux Maces. On dit que leurs femmes portent chacune, autour de la cheville du pied, autant d'anneaux de peau qu'elles ont vu d'hommes; celle qui en a le plus est la plus estimée, comme ayant été aimée d'un plus grand nombre d'hommes.

CLXXVII. Les Lotophages habitent la partie de la côte, voisine des Gindanes et s'avançant dans la mer. Ces peuples ne vivent que des fruits du lotos[1] : ce fruit est à peu près de la grosseur de celui du lentisque, et d'une douceur pareille à celle des dattes. Les Lotophages en font aussi du vin.

CLXXVIII. Ils confinent, le long de la mer, aux Machlyes : ceux-ci font usage du lotos, mais beaucoup moins que les Lotophages. Les Machlyes s'étendent jusqu'au Triton, fleuve considérable qui se jette dans un grand lac nommé Tritonis, où l'on

---

[1] C'est une espèce de jujubier, le *rhamnus lotus* de Linné. Son fruit a beaucoup de rapport avec celui du jujubier cultivé, le *rhamnus ziziphus*; mais il en diffère en ce qu'il est sphérique et plus petit. (*Dissertation de Desfontaines sur le lotus*, dans les *Mémoires de l'Académie des sciences.*)

voit l'île de Phla. On dit qu'il avait été prédit par les oracles que les Lacédémoniens enverraient une colonie dans cette île : on raconte le fait de cette manière.

CLXXIX. Quand Jason eut fait construire, au pied du mont Pélion, le navire *Argo*[1], et qu'il y eut embarqué une hécatombe avec un trépied d'airain, il se mit en mer, et doubla le Péloponèse, dans le dessein d'aller à Delphes. Lorsqu'il fut arrivé vers le promontoire Malée, il s'éleva un vent du nord qui le jeta en Libye, et il se trouva dans les bas-fonds du lac Tritonis avant d'avoir découvert la terre. Ne sachant comment sortir de ce pas dangereux, on dit qu'un triton lui apparut et lui demanda son trépied, lui promettant de lui montrer une route sûre et de le tirer de ce péril. Jason y ayant consenti, le triton lui montra le moyen de sortir de ce bas-fond : il prit ensuite le trépied, le mit dans son propre temple, et, s'asseyant dessus, il prédit à Jason et aux siens tout ce qui devait leur arriver. Il lui annonça aussi que, lorsque ce trépied aurait été enlevé par quelqu'un de leurs descendants, il était de toute nécessité que les Grecs eussent cent villes sur les bords du lac Tritonis. On ajoute que les Libyens voisins du lac, ayant appris cette réponse de l'oracle, cachèrent le trépied.

CLXXX. Après les Machlyes, on trouve les Auséens. Ces deux nations habitent autour du lac Tritonis ; mais elles sont séparées par le fleuve Triton. Les Machlyes laissent croître leurs cheveux sur le derrière de la tête, et les Auséens sur le devant. Dans une fête que ces peuples célèbrent tous les ans en l'honneur de Minerve, les filles, partagées en deux troupes, se battent les unes contre les autres à coups de pierres et de bâtons. Elles disent que ces rites ont été institués par leurs pères en l'honneur de la déesse née dans leur pays, que nous appelons Minerve ; et elles donnent le nom de fausses vierges à celles qui meurent de leurs blessures. Mais, avant d'engager le combat, elles revêtent d'une armure complète à la grecque celle qui, de l'aveu de

[1] « Les Grecs avaient appris la navigation et l'art de construire des vaisseaux des Phéniciens qui étaient venus avec Cadmus en Béotie. Ces peuples avaient deux sortes de vaisseaux : les uns ronds, qu'ils appelaient *gaules* ; les autres longs, qu'ils nommaient *arca* ou *arco*. Les Grecs, changeant, suivant leur usage, le *c* en *g*, firent *argo*. Mais, venant ensuite à oublier la cause de cette dénomination, ils inventèrent, suivant leur usage, des fables pour en rendre raison. » (BOCHART.)

toutes, est la plus belle ; et, lui ayant mis aussi sur la tête un casque à la corinthienne, elles la font monter sur un char, et la promènent autour du lac. Je ne sais de quelle façon ils armaient autrefois leurs filles, avant que les Grecs eussent établi des colonies autour d'eux. Je pense cependant que c'était à la manière des Égyptiens. Je suis en effet d'avis que le bouclier et le casque sont venus d'Égypte chez les Grecs. Ils prétendent que Minerve est fille de Neptune et de la nymphe du lac Tritonis, et qu'ayant eu quelque sujet de plainte contre son père, elle se donna à Jupiter, qui l'adopta pour sa fille. Les femmes sont en commun chez ces peuples ; elles ne demeurent point avec les hommes, et ceux-ci les voient à la manière des bêtes. Les enfants sont élevés par leurs mères ; quand ils sont grands, on les mène à l'assemblée que les hommes tiennent tous les trois mois. Celui à qui un enfant ressemble passe pour en être le père.

CLXXXI. Tels sont les peuples nomades qui habitent les côtes maritimes de la Libye. Au-dessus, en avançant dans le milieu des terres, on rencontre la Libye remplie de bêtes féroces, au-delà de laquelle est une élévation sablonneuse, qui s'étend depuis Thèbes en Égypte, jusqu'aux colonnes d'Hercule. On trouve dans ce pays sablonneux, environ de dix journées en dix journées, de gros quartiers de sel sur des collines. Du haut de chacune de ces collines, on voit jaillir, au milieu du sel, une eau fraîche et douce. Autour de cette eau on trouve des habitants, qui sont les derniers du côté des déserts, et au-dessus de la Libye sauvage. Les premiers qu'on y rencontre, en venant de Thèbes, sont les Ammoniens, à dix journées de cette ville. Ils ont un temple avec des rites qu'ils ont empruntés de celui de Jupiter Thébain. Il y a en effet à Thèbes, comme je l'ai déjà dit, une statue de Jupiter avec une tête de bélier. Entre autres fontaines, ils en ont une dont l'eau est tiède au point du jour, fraîche à l'heure du marché, et extrêmement froide à midi ; aussi ont-ils soin, à cette heure, d'arroser leurs jardins. A mesure que le jour baisse elle devient moins froide, jusqu'au coucher du soleil, où elle est tiède. Elle s'échauffe ensuite de plus en plus, jusqu'à ce qu'on approche du milieu de la nuit : alors elle bout à gros bouillons. Lorsque le milieu de la nuit est passé, elle se refroidit jusqu'au lever de l'aurore on l'appelle la fontaine du Soleil.

CLXXXII. A dix autres journées de chemin après les Ammoniens, on trouve, sur cette élévation de sable, une autre colline de sel, semblable à celle qu'on voit chez les Ammoniens, avec une source d'eau. Ce canton est habité; il s'appelle Augiles: c'est là que les Nasamons vont, en automne, recueillir les dattes.

CLXXXIII. A dix autres journées du territoire d'Augiles, on rencontre une autre colline de sel avec de l'eau, et une grande quantité de palmiers portant du fruit, comme dans les autres endroits dont on vient de parler. Les Garamantes, nation fort nombreuse, habitent ce pays. Ils répandent de la terre sur le sel, et sèment ensuite. Il n'y a pas loin de là chez les Lotophages; mais, du pays de ceux-ci, il y a trente journées de chemin jusqu'à celui où l'on voit ces sortes de bœufs qui paissent en marchant à reculons, parce qu'ils ont les cornes rabattues en devant; c'est pour cela qu'ils vont à reculons, quand ils paissent; car ils ne peuvent alors marcher en avant, attendu que leurs cornes s'enfonceraient dans la terre. Ils ne diffèrent des autres bœufs qu'en cela, et en ce qu'ils ont le cuir plus épais et plus souple. Ces Garamantes font la chasse aux Troglodytes-Éthiopiens; ils se servent pour cela de chars à quatre chevaux. Les Troglodytes-Éthiopiens sont, en effet, les plus légers et les plus vites de tous les peuples dont nous ayons jamais ouï parler. Ils vivent de serpents, de lézards et autres reptiles; ils parlent une langue qui n'a rien de commun avec celles des autres nations; on croit entendre le cri des chauves-souris.

CLXXXIV. A dix journées des Garamantes, on trouve une autre colline de sel, avec une fontaine et des hommes à l'entour: ils s'appellent Atarantes, et sont les seuls hommes que je sache n'avoir point de nom propre. Réunis en corps de nation, ils s'appellent Atarantes; mais les individus n'ont point de nom qui les distingue les uns des autres. Ils maudissent le soleil lorsqu'il est à son plus haut point d'élévation et de force, et lui disent toutes sortes d'injures, parce qu'il les brûle, ainsi que le pays.

A dix autres journées de chemin, on rencontre une autre colline de sel, avec de l'eau et des habitants aux environs. Le mont Atlas touche à cette colline. Il est étroit et rond de tous côtés, mais si haut, qu'il est, dit-on, impossible d'en voir le sommet, à cause des nuages dont il est toujours couvert l'été comme l'hiver. Les habitants du pays disent que c'est une colonne du ciel. Ils ont pris de cette montagne le nom d'Atlantes, et l'on dit qu'ils ne mangent de rien qui ait eu vie, et qu'ils n'ont jamais de songes.

CLXXXV. Je connais le nom de ceux qui habitent cette élévation jusqu'aux Atlantes; mais je n'en puis dire autant de ceux qui sont au delà. Cette élévation s'étend jusqu'aux colonnes d'Hercule, et même par delà. De dix journées en dix journées, on y trouve des mines de sel et des habitants. Les maisons de tous ces peuples sont bâties de quartiers de sel : il ne pleut en effet jamais dans cette partie de la Libye; autrement les murailles des maisons, étant de sel, tomberaient bientôt en ruine. On tire de ces mines deux sortes de sel, l'un blanc, et l'autre pourpre. Au-dessus de cette élévation sablonneuse, vers le midi et l'intérieur de la Libye, on ne trouve qu'un affreux désert, où il n'y a ni eau, ni bois, ni bêtes sauvages; on n'y trouve aucune humidité.

CLXXXVI. Tout le pays qui s'étend depuis l'Égypte jusqu'au lac Tritonis est habité par des Libyens nomades, qui vivent de chair et de lait. Ils ne mangent point de vaches, non plus que les Égyptiens, et ne se nourrissent point de porc. Les femmes de Cyrène ne se croient pas permis non plus de manger de la vache, par respect pour la déesse Isis, qu'on adore en Égypte; elles jeûnent même, et célèbrent des fêtes en son honneur. Les femmes de Barcé, non-seulement ne mangent point de vache, mais elles s'abstiennent encore de manger de la chair de porc. Telle est la vérité.

CLXXXVII. Les peuples à l'occident du lac Tritonis ne sont point nomades; ils n'ont point les mêmes usages, et ne font pas à leurs enfants ce qu'observent, à l'égard des leurs, les Libyens nomades. Quand les enfants des Libyens nomades ont atteint l'âge de quatre ans, ils leur brûlent les veines du haut de la tête, et quelques-uns celles des tempes, avec de la laine qui n'a point été dégraissée. Je ne puis assurer que tous ces peuples nomades suivent cet usage, mais il est pratiqué par plusieurs. Ils prétendent que cette opération les empêche d'être, par la suite, incommodés de l'humeur qui coule du cerveau, et qu'elle leur procure une santé parfaite. En effet, entre tous les peuples que nous connaissons, il n'y en a point qui soient plus sains que les Libyens ; mais je n'oserais assurer qu'ils en soient redevables à cette opération. Si leurs enfants ont des spasmes pendant qu'on les brûle, ils les arrosent avec de l'urine de bouc ; c'est un remède de leur invention : au reste, je ne fais que rapporter ce que disent les Libyens.

CLXXXVIII. Les sacrifices des nomades se font de cette manière : ils commencent par couper l'oreille de la victime (cela leur tient lieu de prémices), et la jettent sur le faîte de leurs maisons ; cela fait, ils lui tordent le cou : ils n'en immolent qu'au Soleil et à la Lune. Tous les Libyens font des sacrifices à ces deux divinités ; cependant, ceux qui habitent sur les bords du lac Tritonis en offrent aussi à Minerve, ensuite à Triton et à Neptune, mais principalement à Minerve.

CLXXXIX. Les Grecs ont emprunté des Libyennes l'habillement et l'égide de Minerve, excepté que l'habit des Libyennes est de peau, et que les franges de leurs égides ne sont pas des serpents, mais des bandes minces de cuir : le reste de l'habillement est le même. Le nom de ce vêtement prouve que l'habit des statues de Minerve vient de Libye. Les femmes de ce pays portent en effet, par-dessus leurs habits, des peaux de chèvres sans poil, garnies de franges et teintes en rouge, et c'est de là que les Grecs ont tiré le nom d'égide. Je crois aussi que les cris perçants qu'on entend dans les temples de cette déesse tirent leur origine de ce pays. C'est en effet un usage constant parmi les Libyennes, et elles s'en acquittent bien. C'est aussi des Libyens que les Grecs ont appris à atteler quatre chevaux à leurs chars.

CXC. Les Libyens nomades enterrent leurs morts comme les Grecs : j'en excepte les Nasamons, qui les enterrent assis, ayant soin, quand quelqu'un rend le dernier soupir, de le tenir dans cette attitude, et prenant garde qu'il n'expire couché sur le dos. Leurs logements sont portatifs, et faits d'asphodèles [1] entrelacés avec des joncs. Tels sont les usages de ces nations.

[1] L'asphodèle est une plante de la famille des liliacées, et qui est en abondance sur les bords de la Méditerranée. Les tiges de l'espèce connue sous le nom d'asphodèle rameux sont assez élevées pour construire des habitations légères, ou du moins pour les couvrir. L'asphodèle était

CXCI. A l'ouest du fleuve Triton, les Libyens laboureurs touchent aux Auséens; ils ont des maisons, et se nomment Maxyes. Ils laissent croître leurs cheveux sur le côté droit de la tête, rasent le côté gauche, et se peignent le corps avec du vermillon, ils se disent descendus des Troyens. Le pays qu'ils habitent, ainsi que le reste de la Libye occidentale, est beaucoup plus rempli de bêtes sauvages, et couvert de bois, que celui des nomades : car la partie de la Libye orientale qu'habitent les nomades est basse et sablonneuse jusqu'au fleuve Triton. Mais depuis ce fleuve, en allant vers le couchant, le pays occupé par les laboureurs est très-montagneux, couvert de bois et plein de bêtes sauvages. C'est dans cette partie occidentale de la Libye que se trouvent les serpents d'une grandeur prodigieuse, les lions, les éléphants, les ours, les aspics, les ânes qui ont des cornes [1], les cynocéphales et les acéphales, qui ont, si l'on en croit les Libyens, les yeux à la poitrine. On y voit aussi des hommes et des femmes sauvages, et une multitude d'autres monstres fabuleux.

CXCII. Dans le pays des nomades, on ne trouve aucun de ces animaux; mais il y en a d'autres, tels que des pigarges, des chevreuils, des bubalis, des ânes, non pas de cette espèce d'ânes qui ont des cornes, mais d'une autre qui ne boit point. On y voit aussi des oryes qui sont de la grandeur du bœuf: on se sert des cornes de cet animal pour faire les bras des cithares. Il y a aussi des renards, des hyènes, des porcs-épics, des béliers sauvages, des dictyes, des thoës [2], des panthères, des boryes, des crocodiles terrestres qui ont environ trois coudées de long, et qui ressemblent aux lézards ; des autruches, et de petits serpents qui ont chacun une corne. Toutes ces sortes d'animaux se ren-

---

consacré aux cérémonies funèbres, et les anciens supposaient que les morts s'en nourrissaient. Les prés où apparaissent les ombres des héros, dans le onzième livre de l'*Odyssée*, sont des prés d'asphodèle. (Mior.)

[1] Aristote parle d'ânes qui n'ont qu'une corne : c'est l'âne d'Inde. Mais, comme il n'en parle que sur le rapport d'autrui, il y a grande apparence qu'il a puisé ce qu'il en dit dans l'*Histoire de l'Inde* de Ctésias. Cet âne de Ctésias me paraît fabuleux ; celui d'Hérodote ne me le paraît pas moins. (L.)

[2] Homère parle aussi du thos. Cet animal paraît être le chacal. Il est d'une couleur plus obscure que le renard, et à peu près de la même grandeur. Il glapit aussi de même que cet animal. Les Arabes l'appellent *deeb* ou *chathal*. (L.)

contrent en ce pays, et, outre cela, tous ceux qui se trouvent ailleurs, excepté le cerf et le sanglier : car il n'y a ni sangliers ni cerfs en Libye. On y voit aussi trois sortes de rats; les dipodes, les zégéries, nom libyen qui signifie en notre langue des collines; les rats de la troisième espèce s'appellent hérissons. Il naît, outre cela, dans le Silphium, des belettes qui ressemblent à celles de Tartessus. Telles sont, autant que j'ai pu le savoir par mes recherches, les espèces d'animaux qu'on voit chez les Libyens nomades.

CXCIII. Les Zavèces touchent aux Libyens-Maxyes; quand ils sont en guerre, les femmes conduisent les chars.

CXCIV. Les Gyzantes habitent immédiatement après les Zavèces. Les abeilles font dans leur pays une prodigieuse quantité de miel; mais on dit qu'il s'en fait beaucoup plus encore par l'industrie des hommes. Les Gyzantes se peignent tous avec du vermillon, et mangent des singes : ces animaux sont très-communs dans leurs montagnes.

CXCV. Auprès de ce pays est, au rapport des Carthaginois, une île appelée Cyraunis; elle a deux cents stades de long et est fort étroite. On y passe aisément du continent; elle est toute couverte d'oliviers et de vignes. Il y a dans cette île un lac, de la vase duquel les filles du pays tirent des paillettes d'or avec des plumes d'oiseaux frottées de poix. J'ignore si le fait est vrai; je me contente de rapporter ce qu'on dit : au reste, ce récit pourrait être vrai, puisque j'ai été témoin moi-même de la manière dont on tire la poix d'un lac de Zacynthe. Cette île renferme plusieurs lacs : le plus grand a soixante-dix pieds en tous sens, sur deux brasses de profondeur. On enfonce dans ce lac une perche à l'extrémité de laquelle est attachée une branche de myrte; on retire ensuite cette branche avec de la poix qui a l'odeur du bitume, mais qui d'ailleurs vaut mieux que celle de Piérie. On jette cette poix dans une fosse creusée près du lac, et quand on y a amassé une quantité considérable, on la retire de la fosse pour la mettre dans des amphores. Tout ce qui tombe dans le lac passe sous terre, et reparaît quelque temps après dans la mer, quoiqu'elle soit éloignée du lac d'environ quatre stades. Ainsi, ce qu'on raconte de l'île qui est près de la Libye peut être vrai.

CXCVI. Les Carthaginois disent qu'au delà des colonnes d'Hercule il y a un pays habité où ils vont faire le commerce. Quand ils y sont arrivés, ils tirent leurs marchandises de leurs vaisseaux, et les rangent le long du rivage : ils remontent ensuite sur leurs bâtiments, où ils font beaucoup de fumée. Les naturels du pays, apercevant cette fumée, viennent sur le bord de la mer, et, après y avoir mis de l'or pour le prix des marchandises, ils s'éloignent. Les Carthaginois sortent alors de leurs vaisseaux, examinent la quantité d'or qu'on a apportée, et, si elle leur paraît répondre au prix de leurs marchandises, ils l'emportent et s'en vont. Mais, s'il n'y en a pas pour leur valeur, ils s'en retournent sur leurs vaisseaux, où ils restent tranquilles. Les autres reviennent ensuite, et ajoutent quelque chose, jusqu'à ce que les Carthaginois soient contents. Ils ne se font jamais tort les uns aux autres. Les Carthaginois ne touchent point à l'or, à moins qu'il n'y en ait pour la valeur de leurs marchandises ; et ceux du pays n'emportent point les marchandises avant que les Carthaginois n'aient enlevé l'or.

CXCVII. Tels sont les peuples de Libye dont je peux dire les noms. La plupart ne tenaient pas alors plus de compte du roi des Mèdes qu'ils ne le font encore à présent. J'ajoute que ce pays est habité par quatre nations, et qu'autant que je puis le savoir, il n'y en a pas davantage. De ces quatre nations, deux sont indigènes et deux sont étrangères. Les indigènes sont les Libyens et les Éthiopiens. Ceux-là habitent la partie de la Libye qui est au nord, et ceux-ci celle qui est au midi : les deux nations étrangères sont les Phéniciens et les Grecs.

CXCVIII. Quant à la fertilité, la Libye ne peut, ce me semble, être comparée ni à l'Asie ni à l'Europe : j'en excepte seulement le Cinyps, pays qui porte le même nom que le fleuve dont il est arrosé. Il peut entrer en parallèle avec les meilleures terres à blé : aussi ne ressemble-t-il en rien au reste de la Libye. C'est une terre noire, et arrosée de plusieurs sources : elle n'a rien à craindre de la sécheresse, et les pluies excessives ne faisant que l'abreuver, elle n'en souffre aucun dommage (il pleut en effet dans cette partie de la Libye). Ce pays rapporte autant de grains que la Babylonie. Celui des Hespérides est aussi un excellent pays. Dans les années où les terres rapportent le plus, elles rendent le centuple ; mais le Cinyps rapporte environ trois cents pour un.

CXCIX. La Cyrénaïque est le pays le plus élevé de cette partie de la Libye habitée par les nomades. Il y a trois saisons admirables : on commence la moisson et la vendange sur les bords de la mer; on passe ensuite au milieu du pays, qu'on appelle les collines : le blé et le raisin sont alors mûrs, et ne demandent qu'à être recueillis. Pendant qu'on fait la récolte du milieu des terres, ils viennent aussi en maturité dans les endroits les plus reculés, et veulent être moissonnés et vendangés. On a par conséquent mangé les premiers grains, et l'on a bu les premiers vins, lorsque la dernière récolte arrive. Ces récoltes occupent les Cyrénéens huit mois de l'année. Mais en voilà assez sur ce pays.

CC. Les Perses[1] qu'Aryande avait envoyés d'Égypte pour venger Phérétime, étant arrivés devant Barcé, en firent le siége après l'avoir sommée de leur livrer les meurtriers d'Arcésilas. Les Barcéens, étant tous coupables de la mort de ce prince, n'écoutèrent point leurs propositions. Pendant neuf mois que dura le siége, les Perses poussèrent des mines jusqu'aux murailles, et attaquèrent la place vigoureusement. Un ouvrier en cuivre découvrit leurs mines par le moyen d'un bouclier d'airain[2]. Il faisait le tour de la ville, dans l'enceinte des murailles, avec son bouclier, et l'approchait contre terre. Dans les endroits où les ennemis ne minaient pas, le bouclier ne rendait aucun son; mais il en rendait dans ceux où ils travaillaient. Les Barcéens contre-minèrent en ces endroits, et tuèrent les mineurs perses. Quant aux assauts, les habitants surent les repousser.

CCI. Le siége de Barcé durait depuis longtemps, et il s'y était fait de part et d'autre des pertes considérables, mais non moins fortes du côté des Perses que du côté des Barcéens, lorsque Amasis, qui commandait l'armée de terre, voyant qu'il ne pouvait pas les vaincre à force ouverte, résolut de les réduire par la ruse. Voici le stratagème qu'il imagina.

Il fit creuser pendant la nuit un large fossé, sur lequel on mit

---

[1] Hérodote reprend ici la narration qu'il avait interrompue, § CLXVIII, par la description de la Libye.

[2] Ce trait d'histoire prouve que l'art de faire des mines pour prendre une place est très-ancien, et que celui de les éventer ne l'est pas ni lus. Ce trait historique est précieux dans l'art d'attaquer et de défendre les places. Énée a très-bien fait de le rapporter. *Voy.* ÆNEAS POLIORCET., § 37, p. 1711. (L.)

des pièces de bois très-faibles qu'on couvrit de terre, de sorte que le terrain était de niveau et égal partout. Au point du jour, il invita les Barcéens à un pourparler : ils reçurent cette nouvelle avec joie, ne demandant pas mieux que d'en venir à un accommodement. On fit donc un traité, et on jura de part et d'autre, sur le fossé couvert, d'en observer tous les articles tant que ce terrain subsisterait dans l'état où il était alors. Les articles du traité portaient que les Barcéens payeraient au roi un tribut convenable, et que les Perses ne formeraient point de nouvelles entreprises contre eux.

Les serments prêtés, les Barcéens, comptant sur la foi du traité, ouvrirent toutes leurs portes, sortirent de la ville, et y laissèrent entrer ceux des ennemis qui voulurent y venir. Pendant ce temps-là, les Perses ayant détruit le pont caché, entrèrent en foule dans la ville. Ils rompirent le pont, afin de ne point violer le traité qu'ils avaient juré d'observer tant que le terrain sur lequel ils le faisaient demeurerait en l'état où il était alors. En effet, le pont une fois détruit, le traité ne subsistait plus.

CCII. Les Perses livrèrent à Phérétime les plus coupables d'entre les Barcéens ; aussitôt elle les fit mettre en croix autour des murailles ; et, ayant fait couper le sein à leurs femmes, elle en fit border le mur. Elle abandonna le reste des Barcéens aux Perses, à titre de butin, excepté les Battiades et ceux qui n'avaient eu aucune part à l'assassinat de son fils : ceux-ci eurent la garde de la ville.

CCIII. Les Perses, ayant réduit en esclavage le reste des Barcéens, s'en retournèrent. Quand ils furent arrivés à Cyrène, les Cyrénéens, par égard pour un oracle, les laissèrent passer librement par leur ville. Pendant qu'ils la traversaient, Barès, qui commandait l'armée navale, leur dit de la piller ; mais Amasis, qui était à la tête des troupes de terre, ne voulut pas le permettre, leur représentant qu'ils n'avaient été envoyés que pour réduire Barcé. Lorsqu'ils l'eurent traversée, et qu'ils eurent assis leur camp sur la colline de Jupiter Lycéen, ils se repentirent de ne s'en être pas emparés. Ils retournèrent donc sur leurs pas, et tentèrent de rentrer dans la place ; mais les Cyrénéens se mirent en devoir de s'y opposer. Quoiqu'il n'y eût pas de combat, les Perses furent néanmoins tellement effrayés, qu'ils se retirèrent précipitamment à soixante stades de là, et y posèrent leur camp. Tandis qu'ils y campaient, il leur vint un courrier de la part d'Aryande, qui les rappelait : ils eurent alors recours aux Cyrénéens, et les prièrent de leur donner des vivres. Les Cyrénéens leur en ayant accordé, ils reprirent la route d'Égypte. Mais, tant qu'ils furent en marche, et jusqu'à leur arrivée en Égypte, les Libyens ne cessèrent de les harceler pour enlever leurs habits et leurs bagages, tuant les traînards et ceux qui restaient en arrière.

CCIV. Cette armée des Perses ne pénétra pas plus avant en Libye que le pays des Hespérides. Quant à ceux d'entre les Barcéens que les Perses avaient réduits en servitude, on les envoya d'Égypte au roi Darius. Ce prince leur donna des terres dans la Bactriane, avec une bourgade qui subsiste encore maintenant, et à laquelle ils donnèrent le nom de Barcé.

CCV. Phérétime fit une fin malheureuse. A peine fut-elle de retour de Libye en Égypte, après s'être vengée des Barcéens, qu'elle périt misérablement, dévorée par les vers dont son corps fourmilla : tant il est vrai que les dieux haïssent et châtient ceux qui portent trop loin leur ressentiment. Telle fut la vengeance que Phérétime, femme de Battus, exerça contre les Barcéens.

FIN DU QUATRIÈME LIVRE.

LIVRE CINQUIÈME

TERPSICHORE

SUITE DE L'HISTOIRE DE DARIUS. — ATHÈNES ET SPARTE. — DES PISISTRATIDES. — CLÉOMÈNE. — LES STATUES D'ÉGINE. — ORIGINE DE L'INIMITIÉ DES ATHÉNIENS ET DES ÉGINÈTES. — CYPSÉLUS, TYRAN DE CORINTHE. — HIPPIAS. — PRISE DE SARDES PAR LES IONIENS ET LES ATHÉNIENS. — DARIUS LANCE UNE FLÈCHE CONTRE LE CIEL, EN DEMANDANT AUX DIEUX DE SE VENGER DES ATHÉNIENS. — TOUTES LES VILLES DE L'HELLESPONT, DE L'IONIE ET DE L'ÉOLIE SONT SOUMISES PAR LES PERSES, etc.

I. Les Perses que Darius avait laissés en Europe sous la conduite de Mégabyse subjuguèrent d'abord, parmi les peuples de l'Hellespont, les Périnthiens[1] qui refusaient d'obéir au roi. Les Péoniens des bords du Strymon les avaient auparavant fort maltraités dans une guerre qu'ils leur avaient faite, sur la réponse d'un oracle. Cet oracle leur avait enjoint de marcher contre les Périnthiens, de les attaquer si, lorsque les deux armées seraient en présence l'une de l'autre, ceux-ci les provoquaient au combat en les appelant par leur nom, et de se tenir tranquilles s'ils ne le faisaient pas. Les Péoniens obéirent. Les Périnthiens ayant assis leur camp devant la ville et vis-à-vis les Péoniens, les défièrent à trois combats particuliers : l'un, d'un homme contre un homme ; le second, d'un cheval contre un cheval ; le troisième, d'un chien contre un chien. Ils eurent le dessus dans les deux premiers combats, et, charmés de cet

---

Les Périnthiens tiraient leur nom de Périnthe, qu'on appelait aussi Héraclée, ville de Thrace sur les bords de l'Hellespont.

avantage, ils entonnaient le Pœon [1], lorsque les Pæoniens, conjecturant que c'était cela même qu'avait voulu faire entendre le dieu, se dirent les uns aux autres : L'oracle est accompli, faisons actuellement notre devoir ; et sur-le-champ ils les attaquèrent tandis qu'ils chantaient le Pœon, et les taillèrent en pièces, de manière qu'il en réchappa très-peu.

II. Tel fut l'avantage que les Pæoniens avaient auparavant remporté sur ces peuples ; mais, en cette occasion-ci, les Périnthiens combattirent généreusement pour leur liberté contre Mégabyse, qui ne dut la victoire qu'au nombre de ses troupes. Périnthe soumise, Mégabyse parcourut la Thrace avec son armée, en subjugua toutes les villes et tous les peuples, et les façonna au joug, suivant les ordres qu'il en avait reçus de Darius.

III. Les Thraces sont, du moins après les Indiens, la nation la plus nombreuse de la terre. S'ils étaient gouvernés par un seul homme, ou s'ils étaient bien unis entre eux, ils seraient, à mon avis, le plus puissant de tous les peuples ; mais cette union est impraticable, et c'est cela même qui les rend faibles. Ils ont chacun un nom différent, suivant la contrée qu'ils habitent : cependant leurs lois et leurs usages sont en tout à peu près les mêmes, excepté chez les Gètes, les Trauses, et ceux qui habitent au-dessus des Crestoniens.

IV. J'ai parlé ailleurs [2] des coutumes des Gètes, qui se disent immortels ; quant à celles des Trauses, elles ressemblent parfaitement aux usages du reste des Thraces, excepté en ce qui regarde les enfants nouveau-nés et les morts. Lorsqu'il naît chez eux un enfant, ses parents, assis autour de lui, font une énumération de tous les maux auxquels la nature humaine est sujette, et gémissent sur le sort fâcheux qu'il doit nécessairement éprouver pendant sa vie. Mais si quelqu'un meurt, ils l'inhument en plaisantant, et se réjouissent du bonheur qu'il a d'être délivré d'une infinité de maux.

[1] Le Pœon ou Pœan était un hymne dont il y avait deux sortes. Le premier se chantait avant la bataille, en l'honneur de Mars ; le second, après la victoire, ou celui d'Apollon. Cet hymne commençait par ces mots : Io Pœan. L'allusion de Pœon, nom de cet hymne, au nom des Pæoniens, est sensible, et c'est pour la conserver que j'ai traduit : Ils chantaient le Pœon. (L.)

[2] Liv. IV, § xciii, xciv, xcv et xcvi.

V. Chez les peuples qui demeurent au-dessus des Crestoniens, chaque particulier a plusieurs femmes. Lorsqu'un d'entre eux vient à mourir, il s'élève entre ses femmes de grandes contestations pour savoir celle qu'il aimait le mieux, et ses amis s'intéressent vivement à cette dispute. Celle en faveur de qui on prononce un jugement si honorable reçoit les éloges des hommes et des femmes. Son plus proche parent l'immole ensuite sur le tombeau de son mari, et on l'enterre avec lui. Les autres femmes sont très-affligées de cette préférence; c'est pour elles un très-grand affront.

VI. Les autres Thraces ont coutume de vendre leurs enfants, à condition qu'on les emmènera hors du pays. Ils ne veillent pas sur leurs filles, et leur laissent la liberté de se livrer à ceux qui leur plaisent; mais ils gardent étroitement leurs femmes, et les achètent fort cher de leurs parents. Ils portent des stigmates sur le corps[1] : c'est chez eux une marque de noblesse ; il est ignoble de n'en point avoir. Rien de si beau à leurs yeux que l'oisiveté, rien de si honorable que la guerre et le pillage, et de si méprisable que de travailler à la terre. Tels sont leurs usages les plus remarquables.

VII. Ils n'adorent que Mars, Bacchus[2] et Diane; mais les rois seuls honorent principalement Mercure, dont ils se croient descendus, et ne jurent que par lui.

VIII. Voici comment se font les funérailles des gens riches. On expose le mort pendant trois jours, et, après avoir immolé toutes sortes d'animaux, on fait un festin auquel les pleurs servent de prélude. On lui donne ensuite la sépulture, après l'avoir brûlé ou non. On élève un tertre[3] sur le lieu de la sépulture,

[1] Si l'on en croit Plutarque, les Thraces imprimaient encore de son temps à leurs femmes des stigmates, pour venger Orphée, qu'elles avaient fait mourir. Phanoclès est d'accord avec lui dans un poëme sur Orphée, dont Stobée nous a conservé un fragment. Si cette raison est vraie, il est bien étonnant que ce qui fut dans l'origine une punition soit devenu dans la suite un ornement et une marque de noblesse. (L.)

[2] Le culte de Bacchus chez les Thraces est attesté par plusieurs autres auteurs, et entre autres par Euripide. Aussi voyons-nous, dans le *Rhésus*, attribué à ce poëte, que ce prince, ayant été tué par Ulysse, fut porté dans les antres de Thrace par la Muse qui lui avait donné le jour, et qu'étant devenu dieu, d'homme qu'il avait été, il y rendait les oracles de Bacchus. (L.)

[3] On élevait, sur le lieu de la sépulture des personnes distinguées,

et l'on célèbre des jeux de toute espèce, avec des prix dont les plus considérables sont adjugés aux vainqueurs dans le combat singulier. Telles sont les funérailles chez les Thraces.

IX. On ne peut rien dire de certain sur les peuples qui habitent au nord de la Thrace. Mais le pays au delà de l'Ister paraît désert et immense, et n'est occupé, autant que j'ai pu l'apprendre, que par les Sigynnes. Leurs habits ressemblent à ceux des Mèdes. Leurs chevaux sont petits et camus; leur poil est épais, et long de cinq doigts; ils n'ont pas assez de force pour porter les hommes; mais, attelés à un char, ils vont très-vite; et c'est la raison qui engage ces peuples à faire usage de chariots. Ils sont limitrophes des Vénètes, qui habitent sur les bords de la mer Adriatique, et prétendent être une colonie de Mèdes. Mais je ne puis comprendre comment les Mèdes se sont transplantés en ce pays; cependant tout est possible avec le temps[1]. Les Ligures, au delà de Marseille, appellent les marchands Sigynnes, et les Cypriens donnent ce nom aux javelots.

X. Les Thraces assurent que le pays au delà de l'Ister est rempli par des abeilles qui empêchent de pénétrer plus avant. Cela me paraît d'autant moins vraisemblable, que cet insecte ne peut supporter un grand froid; je crois plutôt que la rigueur du climat rend inhabitables les pays situés sous l'Ourse. Voilà ce qu'on dit de cette contrée, dont Mégabyse subjuguait le littoral.

XI. Darius n'eut pas plutôt traversé l'Hellespont, qu'il se rendit à Sardes, où, s'étant rappelé le service d'Histiée de Milet et l'avis de Coës de Mitylène, il les manda en cette ville, et remit à leur choix la récompense qu'ils désiraient. Histiée, qui était déjà tyran de Milet, ne souhaitait point d'autre pouvoir; il se contenta de demander Myrcine, canton des Édoniens, où il

une espèce de tertre ou tumulus. C'est ce que Virgile exprime si bien : *Ingens aggeritur tumulo tellus.* (L.)

[1] « Lorsque les Scythes, dit Diodore, subjuguèrent une partie de l'Asie, ils en firent sortir plusieurs peuplades, entre autres une d'Assyriens qu'ils transplantèrent dans l'Asie Mineure, et une de Mèdes, qui passa vers le Tanaïs, et qui forma la nation des Sauromates. » Une branche de ces Sauromates s'était-elle étendue avec le temps du côté du Danube, et les Sigynnes en descendaient-ils? cela paraît vraisemblable. Mais il y aurait à présent de la témérité à vouloir décider sur l'origine d'un peuple qu'ignorait Hérodote, qui était beaucoup plus près que nous de ces temps-là. (L.)

avait l'intention de bâtir une ville. Quant à Coès, comme il n'était point tyran, mais simple particulier, il choisit la souveraineté de Mitylène. Ayant obtenu tous les deux ce qu'ils désiraient, ils se mirent en route.

XII. Un spectacle dont Darius fut témoin fit naître à ce prince l'envie d'ordonner à Mégabyse de transporter les Pæoniens d'Europe en Asie. Pigrès et Mantyès, tous deux Pæoniens, aspiraient à devenir tyrans de leur patrie. Dès que Darius eut repassé en Asie, ils se rendirent à Sardes avec leur sœur, qui était belle et d'une taille avantageuse ; et ayant épié l'occasion où ce prince était assis dans le faubourg des Lydiens, ils parèrent leur sœur le mieux qu'ils purent, et l'envoyèrent chercher de l'eau. Elle portait un vase sur la tête, menait un cheval par la bride, entortillée autour de son bras, et filait du lin. Darius, la voyant passer, y fit d'autant plus attention que sa conduite était contraire aux usages des femmes de Perse, de Lydie, et même du reste de l'Asie. Cette raison la lui ayant fait remarquer, il ordonna à quelques-uns de ses gardes de la suivre, et d'observer ce qu'elle ferait de son cheval. Ils la suivirent ; elle alla à la rivière, fit boire son cheval, et, ayant rempli d'eau sa cruche, elle revint par le même chemin, sa cruche sur la tête, la bride du cheval passée autour du bras, et tournant son fuseau.

XIII. Darius, étonné du rapport de ses gardes et de ce qu'il avait vu lui-même, se la fit amener. Lorsqu'elle fut devant lui, ses frères étaient avec elle, et observaient à distance ce qui se passait. Darius l'ayant interrogée sur son pays, ces jeunes gens répondirent qu'ils étaient Pæoniens, et qu'elle était leur sœur. Ce prince leur demanda de nouveau ce qu'ils étaient venus faire à Sardes, quelle espèce d'hommes étaient les Pæoniens, et en quel endroit de la terre ils habitaient. Ils lui dirent qu'ils étaient venus lui offrir leurs services, que la Pæonie avec ses villes était située sur les bords du Strymon, que ce fleuve n'était pas éloigné de l'Hellespont, qu'ils étaient Teucriens d'origine, et colonie de Troie. Telle fut la réponse à chacune de ses questions. Il voulut encore savoir si les femmes de ce pays étaient toutes aussi laborieuses que leur sœur. « Oui, seigneur, » répondirent-ils sans balancer. Tout leur manége, en effet, n'avait pour but que d'amener cette réponse.

XIV. Là-dessus Darius écrivit à Mégabyse, qu'il avait laissé en Thrace avec une armée sous ses ordres, de faire sortir les Péoniens de leur pays, et de les lui amener avec leurs femmes et leurs enfants. Aussitôt un courrier à cheval se rendit en diligence sur l'Hellespont, et, l'ayant traversé, il remit la dépêche du prince à Mégabyse. Ce général, en ayant fait lecture, prit des guides en Thrace, et marcha avec son armée contre la Péonie.

XV. Sur la nouvelle que les Perses marchaient contre eux, les Péoniens se rendirent avec leurs forces sur les bords de la mer, s'imaginant qu'ils seraient attaqués par cet endroit; les Péoniens étaient donc prêts à repousser l'attaque de Mégabyse. Mais Mégabyse, instruit qu'ils gardaient avec toutes leurs forces réunies les passages du côté de la mer, prit par le haut des terres avec ses guides, et, étant tombé sur leurs villes à l'improviste et avant qu'ils s'en doutassent, il s'en empara d'autant plus aisément, qu'il n'y trouva personne. Les Péoniens, apprenant que leurs villes étaient au pouvoir de l'ennemi, se dispersèrent sur-le-champ, et, chacun étant retourné chez soi, ils se rendirent aux Perses. Ainsi une partie des Péoniens, c'est-à-dire les Siropéoniens, les Péoples, et ceux qui occupaient le pays qui va jusqu'au lac Prasias, furent arrachés de leurs demeures et transportés en Asie.

XVI. Les Péoniens des environs du mont Pangée, les Dobères, les Agrianes, les Odomantes, et les Péoniens du lac Prasias, ne purent être d'abord subjugués. Mégabyse essaya néanmoins de soumettre ceux-ci. Leurs maisons sont ainsi construites : sur des pieux très-élevés, enfoncés dans le lac, on a posé des planches jointes ensemble : un pont étroit est le seul passage qui y conduise [1]. Les habitants plantaient autrefois ces pilotis à frais communs; mais dans la suite il fut réglé qu'on en apporterait trois du mont Orbélus à chaque femme que l'on épouserait. La pluralité des femmes est permise en ce pays. Ils ont chacun sur ces planches leur cabane avec une trappe [2]

---

[1] Cette manière de construire les cabanes me rappelle que Tcherkask, capitale des Cosaques du Don ou Tanaïs, est bâtie de la sorte, avec cette différence que les eaux du lac Prasias sont tranquilles, et que le Tanaïs est un fleuve très-rapide; ce qui rend la construction de ces maisons plus merveilleuse. (L.)

[2] J'imagine que ces portes se levaient et s'abaissaient comme nos

bien jointe qui conduit au lac; et, dans la crainte que leurs enfants ne tombent par cette ouverture, ils les attachent par le pied avec une corde. En place de foin, ils donnent aux chevaux et aux bêtes de somme du poisson [1]. Il est si abondant dans ce lac, qu'en y descendant par la trappe un panier, on le retire peu après rempli de poissons de deux espèces, dont les uns s'appellent papraces [2] et les autres tillons.

XVII. On mena en Asie ceux des Péoniens qui furent subjugués. Cette expédition achevée, Mégabyse dépêcha en Macédoine sept Perses, qui tenaient après lui le premier rang dans l'armée, pour demander à Amyntas la terre et l'eau, au nom de Darius. Du lac Prasias [3] en Macédoine, il n'y a pas loin. En effet, la mine qui rapporta dans la suite à Alexandre un talent par jour touche à ce lac. Après cette mine, est le mont Dysorum; lorsqu'on l'a passé, on est en Macédoine.

XVIII. Les députés de Mégabyse ne furent pas plutôt arrivés auprès d'Amyntas, qu'ils lui demandèrent, au nom de Darius, la terre et l'eau; ce que ce prince accorda. Les ayant ensuite invités à loger dans son palais, il leur donna un repas magnifique, et les accueillit avec beaucoup de bienveillance. Après le repas, les Perses en buvant dirent à Amyntas : « Notre hôte, « quand nous donnons un grand repas, nous sommes dans

ponts-levis. Le cataractès des anciens se levait et s'abaissait aussi, mais en sens contraire. (L.)

[1] Athénée parle d'un certain peuple de Thrace qui nourrissait ses bœufs de poissons. Il l'appelle *ceux qui habitent auprès de Mosyne de Thrace.* Comme on ne connaît point en Thrace d'endroit de ce nom, je soupçonne que c'est le même peuple dont parle Hérodote, et qu'Athénée donne à leur ville le nom de Mosyne, à cause de leurs maisons de bois. Thorm. Torffæus assure, dans son Histoire de Norwège, que dans les pays froids et maritimes de l'Europe on nourrit le bétail avec du poisson. (WESSELING.)

[2] Je ne crois pas qu'aucun autre auteur ait parlé du paprax. Ce poisson m'est inconnu. Quant au tillon, c'est le même, à ce qu'il paraît, que le poisson qu'Aristote nomme tillon. Il l'associe avec le balène, autre poisson qui ne m'est pas plus connu. « Le balène, dit cet habile naturaliste, et le tillon sont sujets à un ver qui se forme dans leur corps pendant la canicule : il les affaiblit et les oblige de s'élever sur l'eau; ce qui les fait périr brûlés par la chaleur. » (L.)

[3] D'Anville prétend que le lac Bolbec est le lac Prasias, mais il ne cite aucune autorité. La position de ce lac est d'autant plus difficile à déterminer, qu'Hérodote est, je crois, le seul auteur ancien qui en parle.

« l'usage d'introduire dans la salle du festin nos concubines et
« nos jeunes femmes, et de les faire asseoir à côté de nous.
« Puisque tu nous reçois avec tant de bonté et de magnificence,
« et que tu donnes à Darius la terre et l'eau, pourquoi ne
« suis-tu pas aujourd'hui les usages des Perses? — Nos cou-
« tumes sont autres, répondit Amyntas, et ce n'est point l'usage
« parmi nous que les femmes se trouvent avec les hommes;
« mais, puisque tu souhaites encore ce témoignage de notre
« déférence, vous êtes nos maîtres, vous serez obéis. » Aussitôt
il envoya chercher les femmes. Lorsqu'elles furent arrivées,
elles prirent place à côté l'une de l'autre et en face des Perses.
Ceux-ci, les voyant si belles, dirent à Amyntas qu'il n'était pas
bien à lui de les tenir si éloignées, et qu'il aurait mieux valu
qu'elles ne fussent pas venues du tout que de ne point s'asseoir
à leurs côtés, et de se placer vis-à-vis d'eux pour être le tour-
ment de leurs yeux. Amyntas, cédant à la nécessité, ordonna
aux femmes de se mettre à côté des Perses. Elles obéirent, et
sur-le-champ ceux-ci, échauffés par le vin, portèrent la main
sur le sein de ces femmes, et tentèrent même de les embrasser.

XIX. Amyntas, quoique affligé du spectacle qu'il avait sous
les yeux, se tenait cependant tranquille, tant était grande la
frayeur que lui inspiraient les Perses. Mais Alexandre son fils,
qui était jeune, et qui n'avait aucune expérience du malheur,
se trouvant à ce repas, ne put se contenir, en sorte que, poussé
à bout, il dit à Amyntas : « Cède, mon père, à ton âge; retire-
« toi, et va te reposer sans assister plus longtemps à cette dé-
« bauche. Je resterai et j'aurai soin que rien ne manque à nos
« hôtes. » Amyntas comprit qu'Alexandre roulait dans sa tête
quelque funeste projet. « Je crois, mon fils, lui dit-il, m'aper-
« cevoir à ton discours que tu es échauffé, et que tu veux me
« renvoyer pour exécuter quelque dessein que tu médites;
« mais je te conjure de ne rien entreprendre contre ces hom-
« mes-ci, de crainte que tu ne sois cause de notre perte : vois
« plutôt leurs actions sans t'émouvoir. Quant à moi, je cède à
« tes instances et je me retire. »

XX. Amyntas étant sorti en finissant cette prière, Alexandre
adressa la parole aux Perses : « Amis, si vous souhaitez les fa-
« veurs de toutes ces femmes, ou seulement de quelques-unes
« d'entre elles, vous n'avez qu'à me le déclarer, vous aurez

« toutes les facilités qui dépendront de moi. L'heure de se re-
« tirer s'approche, et je vois que le vin vous a inspiré de la
« gaieté. Permettez, s'il vous plaît, qu'elles aillent prendre le
« bain ; elles reviendront ensuite vous trouver. »

Ce discours fut approuvé des Perses. Les femmes sortirent, et Alexandre les renvoya dans leur appartement. Il fit ensuite habiller en femme un pareil nombre de jeunes hommes sans barbe, les arma d'un poignard, et étant rentré dans la salle avec eux : « Perses, dit-il, nous croyons vous avoir donné un repas très-
« splendide, et nous vous avons fait servir ce que nous avions
« de mieux, et tout ce qu'il a été possible de se procurer. Mais
« ce qui l'emporte sur tout, nous vous abandonnons avec géné-
« rosité nos mères et nos sœurs, afin de vous convaincre que
« nous avons pour vous les égards que vous méritez. Ne man-
« quez pas, de votre côté, de rapporter au roi, qui vous a dé-
« putés, l'accueil favorable que vous a fait un Grec, prince de
« Macédoine, et à table et au lit. » Alexandre fit ensuite asseoir à côté de chaque Perse un Macédonien, comme s'il eût été une femme ; mais, dans l'instant que les Perses voulurent les toucher, ces jeunes gens les massacrèrent.

XXI. Ainsi périrent ces députés avec toute leur suite. Ils étaient, en effet, accompagnés d'un grand nombre de valets, de voitures, et d'un bagage très-considérable ; tout disparut avec eux. Peu de temps après, les Perses firent des enquêtes sur ce meurtre ; mais Alexandre les arrêta par sa prudence, en donnant, avec de grandes sommes, sa sœur Gygée en mariage à Bubarès, l'un des commissaires nommés pour s'informer des hommes qui avaient péri. Le bruit de leur mort fut ainsi enseveli dans un profond silence.

XXII. Ces princes sont Grecs et issus de Perdiccas, comme ils le disent eux-mêmes ; j'en ai une connaissance certaine, et je le prouverai dans la suite de cette Histoire. D'ailleurs les hellanodices[1] qui président aux jeux d'Olympie l'ont ainsi décidé.

---

[1] On appelait ainsi les juges qui présidaient aux jeux olympiques. Leur nombre a varié en différents temps. Il fut longtemps de dix, quelquefois de plus et quelquefois de moins, suivant le nombre des tribus des Éléens ; mais enfin il revint à dix dans la cviiie olympiade, et subsista de la sorte jusqu'au temps de Pausanias, qui florissait l'an 174 de notre ère. Ils ne jugeaient pas tous sur toutes sortes de combats, mais seulement ceux qui étaient délégués à cet effet. On pouvait appeler de

Alexandre ayant en effet pris la résolution de combattre à ces jeux, et s'étant présenté dans la lice, ceux qui devaient disputer le prix de la course voulurent l'exclure, alléguant que les Grecs seuls devaient être admis à ces jeux. Mais, ayant prouvé qu'il était Argien, on jugea qu'il était Grec ; et, lorsqu'il se présenta pour le combat du stade, son nom sortit de l'urne avec celui du premier combattant : c'est ainsi que les choses se passèrent[1].

XXII. Mégabyse arriva sur les bords de l'Hellespont avec les Péoniens, et, l'ayant traversé, il vint à Sardes. Instruit qu'Histiée de Milet fermait déjà de murs le lieu appelé Myrcine sur le Strymon, qu'il avait demandé à Darius, et que ce prince lui avait accordé pour le récompenser de ce qu'il avait gardé le pont, ne fut pas plutôt à Sardes avec les Péoniens, qu'il en parla au roi. « Qu'as-tu fait, seigneur, lui dit-il, en permettant
« à un Grec habile et prudent de posséder une ville dans un
« endroit de la Thrace où il y a des mines d'argent et beaucoup
« de bois propre à faire des rames ! Ce pays, d'ailleurs, est en-
« vironné d'un grand nombre de Grecs et de Barbares, qui, le
« prenant pour leur chef, le suivront jour et nuit partout où il
« voudra les mener. Réprime, seigneur, cet homme entrepre-
« nant, de crainte que tu ne te trouves engagé dans une guerre

---

leurs décisions, et même les accuser devant le sénat d'Olympie, qui cassait quelquefois leurs jugements. Ceux qu'on avait élus hellanodices devaient demeurer dix mois de suite dans un palais qui leur était approprié à Olympie, qu'on appelait Ἑλλανοδικαιῶν, Hellanodiceon, afin de s'y instruire de ce qu'ils devaient faire lorsqu'ils entreraient en charge. (L.)

[1] Voici ce qui se faisait aux jeux olympiques pour apparier les combattants. On avait une urne d'argent consacrée au dieu. On y mettait de petites ballottes environ de la grosseur d'une fève, deux marquées d'un A, deux d'un B, deux d'un C, et ainsi de suite, selon le nombre de ceux qui se présentaient pour combattre. Alors les champions s'avançaient l'un après l'autre, faisaient leur prière à Jupiter, et chacun, mettant la main dans l'urne, tirait une des ballottes. Il leur était défendu de regarder quelle lettre il y avait dessus. Il y avait là un héraut armé d'une baguette, qu'il tenait levée et prête à frapper, pour les en empêcher. Quand ils avaient tous tiré, l'alytarque, ou quelqu'un des hellanodices, prenait la ballotte de chacun des champions rangés en cercle, la regardait et appariait ceux qui avaient la même lettre. Si le nombre des athlètes était impair, celui qui avait la lettre unique entrait en combat contre le vainqueur ; ce qui n'était pas un petit avantage, parce qu'il se mesurait tout frais avec un homme déjà fatigué. (BELLANGER.)

« civile. Appelle-le avec douceur, et, lorsqu'il sera en ta puis-
« sance, empêche-le de jamais retourner en Grèce. »

XXIV. Ce discours d'un homme dont la vue excellente perçait dans l'avenir persuada aisément Darius. Ce prince dépêcha aussitôt après un courrier à Myrcine, avec ordre de dire à Histiée : « Histiée, le roi Darius te parle ainsi par ma bouche : après y
« avoir bien pensé, je ne trouve personne qui ait pour moi et
« pour mon gouvernement plus d'attachement que toi. J'en ai
« pour garants tes actions, et non de vains discours. Je m'oc-
« cupe actuellement de grands projets, ta présence m'est abso-
« lument nécessaire; je t'attends pour te les communiquer. »

Histiée, persuadé par ce discours, et tenant à grand honneur d'être admis dans les conseils du roi, vint à Sardes. Darius lui dit à son arrivée : « Je t'ai mandé parce que, depuis mon re-
« tour de Scythie et ton absence, je n'ai rien tant désiré que de
« te revoir et de m'entretenir avec toi, convaincu qu'un ami
« prudent et attaché à nos intérêts est le bien le plus précieux.
« Or j'ai remarqué ces deux qualités en toi, et je puis en rendre
« témoignage. Je te sais gré d'être venu. Écoute maintenant ce
« que j'ai à te proposer. Laisse là Milet et la nouvelle ville que
« tu bâtis en Thrace; suis-moi à Suse, tu auras part à tous mes
« biens, tu mangeras à ma table, et tu seras de mon conseil. »

XXV. Ce discours fini, Darius partit pour Suse avec Histiée, après avoir nommé Artapherne, son frère de père, gouverneur de Sardes, et Otane commandant des côtes maritimes. Celui-ci était fils de Sisamnès, l'un des juges royaux que Cambyse avait fait mourir et écorcher après sa mort, parce qu'il avait reçu de l'argent pour rendre un jugement injuste. On lui avait ensuite découpé la peau par bandes, et l'on en avait couvert le siège où il rendait la justice[1]. Cela fait, Cambyse donna au fils la place du père, lui recommandant de se rappeler, en rendant la justice, sur quel siège il était assis.

XXVI. Cet Otane, qui avait rendu la justice sur ce tribunal,

[1] Il paraît qu'il était d'usage en Perse de couvrir de la peau des mauvais juges les sièges où ils avaient rendu la justice. On les faisait quelquefois mourir avant de les écorcher, mais quelquefois aussi on les écorchait en vie. Artaxerxés traita de la sorte des juges qui avaient rendu des sentences iniques. Ils furent écorchés vifs, l'on étendit leurs peaux sur leurs sièges, afin que les juges eussent toujours sous les yeux un exemple de la punition qu'on infligeait aux prévaricateurs. (L.)

succéda alors à Mégabyse dans le commandement de l'armée. Il prit Byzance, Chalcédoine, Lamponium, et se rendit maître d'Antandros dans la Troade[1]. Les Lesbiens lui ayant ensuite donné des vaisseaux, il subjugua Lemnos et Imbros, qui étaient encore alors toutes deux habitées par des Pélasges.

XXVII. (Les Lemniens combattirent courageusement, et firent une belle défense; mais ils succombèrent à la longue. Les Perses donnèrent pour gouverneur à ceux qui survécurent à ce désastre Lycarète, frère de Méandrius, qui avait régné à Samos. Ce Lycarète mourut dans son gouvernement de Lemnos.)

Otane subjugua tous ces peuples, et les réduisit en esclavage, les accusant, les uns de n'avoir point aidé les Perses dans leur expédition contre les Scythes, les autres d'avoir harcelé l'armée de Darius à son retour de Scythie. Telle fut la conduite qu'il tint pendant qu'il commandait en ces quartiers.

XXVIII. Le repos dont on jouit ensuite fut très-court. Les Ioniens éprouvèrent de nouveaux malheurs, et ils leur vinrent de l'île de Naxos et de la ville de Milet. Naxos était alors la plus riche de toutes les îles, et la ville de Milet était plus florissante qu'elle ne l'avait jamais été; on la regardait comme l'ornement de l'Ionie. Elle avait beaucoup souffert de ses divisions intestines, les deux générations précédentes; mais les Pariens y avaient rétabli l'union et la concorde, à la prière des Milésiens, qui les avaient choisis, préférablement aux autres Grecs, pour médiateurs.

XXIX. Voici comment les Pariens y parvinrent. Leurs députés, gens de considération, ayant remarqué à leur arrivée l'état déplorable de Milet, dirent qu'ils voulaient en parcourir le territoire. Ils le visitèrent, et, quand ils rencontraient dans ce pays dévasté un champ bien cultivé, ils mettaient par écrit le nom du propriétaire. Après l'avoir parcouru en entier, et n'y avoir vu qu'un petit nombre de champs en bon état, ils retournèrent à la ville, où ils convoquèrent l'assemblée du peuple, et nommèrent pour gouverner l'État ceux dont ils avaient trouvé les

---

[1] Chalcédoine, Lamponium et Antandros étaient en Asie, et par conséquent n'étaient pas du gouvernement d'Otane, successeur de Mégabyse, qui ne commandait qu'en Europe. Mais peut-être Otane avait-il le commandement des côtes de l'Asie avant de succéder au gouvernement de Mégabyse. (L.)

terres bien cultivées. Ils croyaient, dirent-ils, qu'ils prendraient le même soin des affaires publiques que des leurs propres, et ils ordonnèrent à tous ceux qui avaient été auparavant en querelle de les reconnaître pour leurs magistrats et de leur obéir. Tels furent les moyens qu'employèrent ceux de Paros pour rétablir l'union à Milet.

XXX. Les maux qu'éprouva l'Ionie lui vinrent de ces deux villes. Voici quelle en fut la cause : Quelques citoyens des plus riches de Naxos, exilés par le peuple, se retirèrent à Milet, dont était gouverneur Aristagoras, fils de Molpagoras, gendre et cousin d'Histiée, fils de Lysagoras, que Darius retenait à Suse : car Histiée, tyran de Milet, était à Suse lorsque les exilés de Naxos, qui étaient ses amis, se rendirent en cette ville. Les Naxiens prièrent, à leur arrivée, Aristagoras de leur donner du secours pour les aider à rentrer dans leur patrie. Celui-ci, ayant fait réflexion que, s'ils étaient rétablis par son moyen, il aurait dans Naxos la suprême autorité, prit pour prétexte l'alliance qu'ils avaient avec Histiée, et leur parla en ces termes :

« Je ne puis vous donner des forces suffisantes pour vous ramener dans l'île malgré les Naxiens; car j'apprends qu'ils ont huit mille hommes pesamment armés, et beaucoup de vaisseaux de guerre; mais je ferai mon possible pour vous servir avec zèle, et voici un moyen que j'imagine : Artapherne, fils d'Hystape et frère du roi Darius, est mon ami. Il est gouverneur de toutes les côtes maritimes de l'Asie, et il a à ses ordres une armée nombreuse avec une flotte considérable. Je pense qu'il fera ce que nous désirons. »

Là-dessus, les Naxiens pressèrent Aristagoras de les favoriser de tout son pouvoir, et lui dirent qu'ils s'engageaient à fournir à l'entretien des troupes et à faire des présents à Artapherne; car ils espéraient fort que, dès qu'ils paraîtraient à Naxos, les habitants se soumettraient aussi bien que les autres insulaires. Il n'y avait en effet aucune des Cyclades qui reconnût alors la puissance de Darius.

XXXI. Aristagoras, étant arrivé à Sardes, représenta à Artapherne que, si l'île de Naxos n'était pas d'une grande étendue, elle était du moins agréable, fertile, riche en argent et en esclaves, et dans le voisinage de l'Ionie. « Envoies-y donc des troupes avec les bannis. Tes frais te seront remboursés, et, si tu con-

« sens à ma proposition, je suis prêt à te remettre des fonds
« considérables que j'ai entre les mains : car il est juste qu'étant
« les auteurs de l'entreprise, toute la dépense roule sur nous;
« d'ailleurs tu rendras le roi maître de Naxos et des îles qui en
« dépendent, de Paros, d'Andros et des autres Cyclades. De là
« tu pourras aisément attaquer l'Eubée, île vaste et riche, non
« moins grande que celle de Cypre, et dont la conquête est très-
facile. Cent vaisseaux te suffiront. »

« Tes propositions, répondit Artapherne, sont très-avanta-
« geuses au roi, et ton conseil est excellent ; je n'y trouve à re-
« dire que le nombre des vaisseaux. Au lieu de cent, tu en auras
« deux cents prêts à mettre à la voile au commencement du
« printemps; mais il faut avoir aussi l'agrément du roi. »

XXXII. Aristagoras retourna à Milet, très-content de cette réponse. Quant à Artapherne, il n'eut pas plutôt reçu l'approbation du roi, à qui il avait envoyé à Suse faire part de ce projet, qu'il fit équiper deux cents trirèmes, et leva une armée considérable chez les Perses et les alliés ; il en donna le commandement à Mégabate, Perse de nation, de la maison d'Achémène, son cousin et celui de Darius, dont la fille fut fiancée dans la suite, si ce qu'on dit est vrai[1], à Pausanias, fils de Cléombrote, roi de Lacédémone, qui désirait passionnément devenir tyran de la Grèce. Artapherne, l'ayant déclaré général, l'envoya avec son armée à Aristagoras.

XXXIII. Mégabate, s'étant embarqué à Milet avec Aristagoras, les Ioniens et les bannis de Naxos, fit mine de voguer vers l'Hellespont. Lorsqu'il fut arrivé à l'île de Chios, il s'arrêta à Caucase[2], afin de passer de là à Naxos à la faveur du vent du nord. Mais, comme cette flotte ne devait pas être funeste aux Naxiens, il survint une aventure qui les sauva. Mégabate, visitant les sentinelles en faction sur les vaisseaux, n'en trouva point sur un vaisseau myndien. Irrité de cette négligence, il ordonna à ses gardes de chercher le capitaine de ce vaisseau,

---

[1] Il paraît par là que, dans le temps qu'Hérodote écrivait cela, il n'avait point connaissance de la lettre par laquelle Pausanias demandait à Xerxès sa fille en mariage. On peut la voir dans Thucydide, liv. I. (L.)

[2] C'était probablement le nom de quelques îlots qui formaient une rade. Ce nom s'est perdu, au moins ne se retrouve-t-il dans aucun géographe ancien. (Mior.)

qui avait nom Scylax, de lui faire passer la tête par une des ouvertures des rames, et de l'attacher en cet état de manière qu'il eût la tête hors du vaisseau et le corps en dedans. On vint apprendre à Aristagoras le mauvais traitement que Mégabate avait fait à son hôte de Mynde. Il alla sur-le-champ demander sa grâce; mais, n'ayant pu l'obtenir, il se rendit sur le vaisseau de Scylax, et le détacha lui-même. Mégabate, furieux à cette nouvelle, lui témoigna son indignation. « En quoi cela te re-« garde-t-il? reprit Aristagoras; Artapherne ne t'a-t-il pas en-« voyé pour m'obéir, et pour faire voile partout où je te l'or-« donnerai? Pourquoi te mêler de ce qui ne te concerne pas? » Mégabate, outré de ce discours, envoya, aussitôt qu'il fut nuit, avertir les Naxiens du danger qui les menaçait.

XXXIV. Ils ne s'attendaient nullement à être attaqués par cette flotte; mais, lorsqu'ils l'eurent appris, ils transportèrent sur-le-champ dans leur ville tout ce qu'ils avaient à la campagne, firent entrer dans la place des vivres et du vin, et mirent les murs en état de défense, comme des gens qui s'attendent à un siége. Cependant les Perses passèrent de l'île de Chios dans celle de Naxos, mirent le siége devant la ville, qu'ils trouvèrent bien fortifiée, et poussèrent leurs attaques pendant quatre mois. Mais lorsqu'ils eurent dépensé tout ce qu'ils avaient apporté d'argent, et qu'outre cela Aristagoras en eut employé aussi beaucoup, voyant qu'il en fallait encore davantage pour continuer le siége, ils bâtirent dans l'île une forteresse pour les bannis, et se retirèrent ensuite sur le continent, après avoir échoué dans leur entreprise.

XXXV. Aristagoras, incapable de tenir la promesse faite à Artapherne, ne savait comment acquitter les subsides que l'armée réclamait; de plus, il craignait le mécontentement de cette armée et le ressentiment de Mégabate, et pensait que la souveraineté de Milet allait lui être enlevée. Ces sujets de crainte lui firent prendre la résolution de se révolter. Sur ces entrefaites, il arriva de Suse un courrier qui lui enjoignait de prendre les armes. Cet ordre était empreint sur la tête du courrier. Histiée, voulant mander à Aristagoras de se soulever, ne trouva pas d'autre moyen de le faire avec sûreté, parce que les chemins étaient soigneusement gardés. Il fit raser la tête au plus fidèle de ses esclaves, y imprima des caractères, et attendit que ses cheveux fussent revenus. Lorsqu'ils le furent, il l'envoya aussitôt à Milet, avec ordre seulement de dire, à son arrivée, à Aristagoras de lui raser la tête, et de l'examiner ensuite. Ces caractères, comme je viens de le dire, lui ordonnaient de se révolter. Histiée prit cette résolution, parce qu'il se trouvait très-malheureux d'être retenu à Suse, et qu'il avait de grandes espérances que, si Milet se soulevait, Darius l'enverrait vers la mer pour lui amener Aristagoras. Il sentait, en effet, que, s'il ne suscitait point de troubles en cette ville, il n'y retournerait jamais.

XXXVI. Ces raisons déterminèrent Histiée à dépêcher ce courrier. Son arrivée chez Aristagoras coïncida avec les événements que je viens de raconter. Celui-ci en délibéra avec ses amis, leur exposa son opinion et le conseil que lui donnait Histiée. Ils l'exhortèrent tous unanimement à secouer le joug, excepté l'historien Hécatée, qui tâcha d'abord de l'en détourner, en lui représentant la puissance de Darius, et en lui faisant le dénombrement de tous les peuples soumis à son empire. Mais, comme il ne put le persuader, le second conseil qu'il lui donna, ce fut de songer à se rendre maître de la mer, ajoutant qu'il n'y avait que ce moyen pour réussir dans son entreprise ; car il n'ignorait pas que les forces de Milet étaient peu considérables, mais qu'il avait tout lieu d'espérer l'empire de la mer, s'il enlevait du temple des Branchides[1] les richesses que Crésus, roi de Lydie, y avait offertes ; qu'on les ferait servir à cet usage, et qu'on empêcherait par là les Perses de les piller. Ces richesses étaient considérables, comme je l'ai fait voir au premier livre[2] de mon Histoire. L'avis d'Hécatée ne prévalut point ; on n'en résolut pas moins de se révolter, et il fut décidé qu'on enverrait par mer à Myunte l'un d'entre eux, pour tâcher de se saisir des commandants de la flotte, qui était dans ce port depuis son retour de Naxos.

[1] Le temple des Branchides ou d'Apollon Didyméen, comme on l'appela dans la suite, était peu éloigné de Milet, tant par terre que par mer. Il était bâti sur le promontoire Posidélum, à dix-huit stades du rivage. Le nom de Branchides venait d'une famille qui prétendait descendre de Branchus, fondateur vrai ou supposé de ce temple, et qui resta en possession du sacerdoce jusqu'au temps de Xerxès. Les anciennes maisons, en Grèce, mêlaient leur origine avec la fable, et voulaient qu'on les crût issues des dieux, afin de s'élever au-dessus du vulgaire et de s'en concilier le respect. (L.)

[2] § XCII.

XXXVII. Iatragoras, qu'on avait envoyé dans ce dessein, se saisit par ruse d'Oliate, fils d'Ibanolis, tyran de Mylasse; d'Histiée, fils de Timnès, tyran de Termère; de Coës, fils d'Erxandre, à qui Darius avait donné Mytilène; d'Aristagoras, fils d'Héraclide, tyran de Cyme, et de beaucoup d'autres.

Ce fut ainsi qu'Aristagoras se révolta ouvertement, et qu'il fit à Darius tout le mal qu'il put imaginer. Premièrement, il se démit en apparence de la tyrannie, et rétablit l'égalité dans Milet, afin d'engager les Milésiens à le seconder d'eux-mêmes. Secondement, il fit la même chose dans le reste de l'Ionie, en chassa les tyrans, et, pour se concilier l'affection des villes, il leur livra ceux qu'il avait fait enlever sur les vaisseaux qui l'avaient accompagné à l'expédition de Naxos, et les fit remettre chacun à la ville dont il avait été tyran.

XXXVIII. Les Mytiléniens n'eurent pas plutôt Coës entre les mains, qu'ils le conduisirent au supplice et le lapidèrent. Les Cyméens renvoyèrent leur tyran, et, comme cet exemple fut imité par la plupart des autres villes, la tyrannie se trouva abolie en Ionie. Aristagoras de Milet ne l'eut pas plutôt abolie, qu'il ordonna à chaque ville d'établir des stratèges[1]. Il s'embarqua ensuite sur un trirème pour se rendre à Lacédémone : car il avait besoin de se procurer une grande alliance.

XXXIX. Anaxandride, fils de Léon, roi de Sparte, était mort; Cléomène, son fils, régnait en sa place. Il était parvenu à la couronne moins par ses belles actions que par sa naissance. Anaxandride avait épousé une fille de sa sœur. Il l'aimait, mais il n'en avait pas d'enfant. Les éphores, l'ayant un jour mandé à ce sujet, lui tinrent ce langage : « Si ton intérêt personnel te
« touche peu, nous ne devons pas, nous autres, laisser éteindre
« par ta négligence la race d'Eurysthène. Renvoie ta femme,
« puisqu'elle ne te donne pas d'enfant, et prends-en une autre.
« Une telle conduite te rendra agréable aux Spartiates. » Il leur répondit qu'il ne ferait ni l'un ni l'autre; que sa femme

---

[1]. Des *stratèges*. Στρατηγός n'est point ici un général d'armée, mais un magistrat dont les fonctions répondaient probablement à celles des archontes à Athènes, des cosmes en Crète et en beaucoup de villes doriennes, etc. On substitua même à Athènes les stratèges aux archontes, vers le commencement du iv° siècle de notre ère, comme l'a prouvé le père Corsini *in Fastis Atticis dissert.*, t, p. 45. (L.)

étant irréprochable, il ne pouvait approuver le conseil qu'ils lui donnaient de la renvoyer et d'en épouser une autre ; en un mot, qu'il ne leur obéirait pas.

XL. Les éphores, ayant délibéré sur cette réponse avec les sénateurs, lui dirent : « Puisque tu as tant d'attachement pour « ta femme, suis l'avis que nous allons te proposer, de crainte « que, par ta résistance, tu ne forces les Spartiates à prendre « contre toi quelque fâcheuse résolution. Nous ne te pressons « plus de renvoyer ta femme, aie pour elle les mêmes égards ; « mais épouses-en encore une autre, dont tu puisses avoir des « enfants. » Anaxandride y consentit. Il eut après cela deux femmes et deux maisons, contre les usages de Sparte[1].

XLI. Peu de temps après, la seconde femme étant accouchée de Cléomène, dont nous parlons, elle le présenta aux Spartiates comme l'héritier présomptif de la couronne. La première femme, qui avait été auparavant stérile, ayant aussi conçu vers ce temps-là, voici ce qui lui arriva. Elle était réellement enceinte ; mais les parents de la seconde femme, alarmés de cette nouvelle, répandirent dans le public qu'elle faisait courir ces vains bruits dans le dessein de supposer un enfant. Comme ils en témoignaient leur indignation, et que le temps pressait, les éphores, qui se défiaient d'elle, l'environnèrent et la gardèrent à vue pendant qu'elle accouchait. Elle eut d'abord Doriée, puis Léonidas, et ensuite Cléombrote. Quelques-uns disent aussi que Léonidas et Cléombrote étaient jumeaux. Quant à la seconde femme, qui fut mère de Cléomène, et qui était fille de Prinétade et petite-fille de Démarménès, elle n'eut plus d'autre enfant.

XLII. On dit que Cléomène n'avait pas l'esprit bien sain, et même qu'il était furieux. Doriée, au contraire, se distinguait parmi tous les jeunes gens de son âge, et se persuadait que son courage et son mérite l'élèveraient au trône. Plein de cette idée, il fut irrité de ce que les Lacédémoniens avaient, après la mort d'Anaxandride, nommé, suivant les lois, Cléomène, qui était

---

[1] Clément d'Alexandrie dit cependant qu'on infligeait, à Lacédémone, des peines aux monogames ; mais Cragius conjecture avec raison qu'il faut lire κακογάμιον, et la défense alors regardera seulement les degrés de parenté : car il y en avait chez ce peuple où les mariages étaient interdits. (L.)

son aîné. Ne voulant point dépendre de ce prince, il alla fonder une colonie avec ceux qu'il avait demandés. Il était tellement indigné, qu'il s'embarqua pour la Libye sans consulter l'oracle sur le lieu où il l'établirait, et sans observer aucune des cérémonies usitées en pareille occasion. Il y arriva, conduit par des Théréens qui lui servirent de guides, et s'établit à Cynips, très-beau canton de la Libye, et sur les bords du fleuve. Mais, en ayant été chassé la troisième année par les Maces, peuple libyen d'origine, et par les Carthaginois, il revint dans le Péloponèse.

XLIII. Il y trouva Anticharès d'Éléon, qui lui conseilla, suivant les oracles rendus à Laïus, de fonder en Sicile Héraclée, parce que le pays d'Éryx appartenait, disait-il, en entier aux Héraclides, par l'acquisition qu'en avait faite Hercule[1]. Là-dessus, il alla consulter l'oracle de Delphes, afin de savoir s'il se rendrait maître du pays pour lequel il était prêt à partir. La Pythie lui ayant répondu qu'il s'en emparerait, il monta sur la flotte qui l'avait mené en Libye, et longea les côtes d'Italie.

XLIV. Les Sybarites se disposaient alors, comme ils le disent eux-mêmes, à marcher avec Télys, leur roi, contre la ville de Crotone. Ils ajoutent que les Crotoniates effrayés prièrent Doriée de leur donner du secours, et que, celui-ci leur en ayant accordé, ils attaquèrent avec lui la ville de Sybaris et la prirent[2].

---

[1] « Hercule, désirant faire le tour entier de la Sicile, partit du promontoire Pélorias pour se rendre vers Éryx. En s'approchant du pays qui est près d'Éryx, Éryx, fils de Vénus et de Butès, qui avait régné auparavant en ces lieux, le défia à la lutte. Comme Éryx avait mis son pays pour prix du combat, et Hercule ses bœufs, le premier se fâcha d'abord, parce que ses bœufs n'étaient pas d'un prix proportionné à celui du pays; mais Hercule lui ayant fait voir que s'il perdait ses bœufs il serait aussi privé de l'immortalité, Éryx accepta la condition, et, ayant été vaincu, il fut dépouillé de ses terres. Hercule laissa ce pays aux habitants, et leur permit d'en tirer les fruits, jusqu'à ce qu'un de ses descendants vînt le redemander, ce qui ne manqua pas d'arriver; car, grand nombre de générations après, Doriée de Lacédémone vint en Sicile, recouvra ce pays, et y bâtit la ville d'Héraclée. » (Diod. Sicul., liv. IV, § 23.)

[2] Sybaris était une ville puissante, gouvernée par Télys, qui en était le démagogue. Cet homme persuada par ses accusations aux Sybarites de bannir cinq cents des plus puissants d'entre les citoyens, et de vendre leurs biens à l'encan. Les exilés se retirèrent à Crotone, et se réfugièrent auprès des autels qui étaient sur la place. Télys envoya des ambassadeurs à Crotone, avec ordre de redemander les exilés, ou de déclarer

Telle est la manière dont se conduisit, au rapport des Sybarites, Doriée et ceux qui l'avaient suivi. Mais les Crotoniates assurent que, dans la guerre contre les Sybarites, ils n'empruntèrent du secours d'aucun autre étranger que de Callias d'Élée. Ce devin, de la race des Jamides[1], s'était sauvé de chez Télys, tyran de Sybaris, parce que les entrailles des victimes ne lui présageaient rien de favorable dans la guerre contre Crotone, et s'était réfugié auprès d'eux. Tel est le langage que tiennent les Crotoniates.

XLV. Voici les preuves qu'en apportent les uns et les autres. Celles des Sybarites sont, d'un côté, le bois sacré et le temple que fit élever Doriée, auprès du lit desséché du Crathis, à Minerve Crathienne, après avoir pris leur ville avec les Crotoniates; d'un autre, la mort de Doriée, et c'est la plus forte preuve qu'ils puissent donner, parce qu'il fut tué pour avoir agi contre les ordres de l'oracle. Car si, au lieu de les transgresser, il les eût accomplis en allant au lieu où il l'envoyait, il se serait emparé du pays d'Éryx, l'aurait conservé, et n'aurait pas péri lui-même avec son armée. Mais les Crotoniates montrent chez eux les terres qu'ils donnèrent à Callias d'Élée; sa postérité en jouissait encore de mon temps. Ils ne firent rien de pareil ni pour Doriée, ni pour ses descendants; et cependant, s'ils en avaient reçu du secours dans la guerre contre les

---

la guerre en cas de refus. Le peuple était disposé à les rendre; mais, le philosophe Pythagore les ayant engagés à les protéger, ils résolurent de prendre leur défense. Les Sybarites mirent trois cent mille hommes sur pied; les Crotoniates, commandés par Milon l'athlète, allèrent au-devant d'eux avec cent mille hommes. Celui-ci, qui avait remporté six fois le prix aux jeux olympiques, et qui n'avait pas moins de grandeur d'âme que de force de corps, enfonça le premier ceux qui lui étaient opposés. Les Sybarites furent battus, la plupart furent tués en fuyant, et leur ville, prise et pillée, fut réduite en une parfaite solitude. Cinquante-sept ans après, un certain Thessalus rassembla les Sybarites qui avaient survécu au désastre de leur patrie, et ayant rétabli la ville, elle fut de nouveau détruite par les Crotoniates. Mais, six ans après, les Athéniens y envoyèrent une colonie, la rebâtirent dans le voisinage de l'ancienne ville, et donnèrent à cette ville le nom de Thurium. La destruction de Sybaris par les Crotoniates est de l'an 4207 de la période julienne; 507 ans avant l'ère vulgaire. (L.)

[1] Jamus était un devin d'Élée, fils d'Apollon et d'Évadné, laquelle était fille de Neptune et de Pitané, fille du fleuve Eurotas. Apollon lui accorda le don de la divination, et à tous ses descendants, qu'on appelait Jamides. (L.)

Sybarites, ils lui auraient donné beaucoup plus qu'à Callias. On vient de voir les témoignages des uns et des autres; chacun peut suivre l'opinion qui lui plaira le plus.

XLVI. Quelques autres Spartiates, tels que Thessalus, Parébate, Célées et Euryléon, s'étaient joints à Doriée[1] pour aller fonder une colonie. Lorsqu'ils furent arrivés en Sicile avec toute la flotte, ils furent battus par les Phéniciens[2] et les habitants d'Égeste, et périrent dans le combat, excepté Euryléon. Celui-ci rassembla les débris de l'armée, s'empara de Minoa[3], colonie de Sélinunte, et délivra les Sélinusiens du tyran Pythagore; mais, après l'avoir renversé du trône, il en prit lui-même possession. Son règne ne fut pas long. Les Sélinusiens se soulevèrent, et le massacrèrent près de l'autel de Jupiter Agoréen, où il s'était réfugié.

XLVII. Philippe, fils de Butacide, citoyen de Crotone, accompagna Doriée, et périt avec lui. Il avait été banni de Crotone pour avoir été fiancé à la fille de Télys, tyran de Sybaris; mais, ayant été frustré de ce mariage, il s'embarqua pour Cyrène. Il en partit ensuite sur une trirème qui lui appartenait, et suivit Doriée avec des soldats qu'il avait pris à sa solde. Il avait remporté le prix aux jeux olympiques, et c'était le plus bel homme qu'il y eût alors en Grèce. Les habitants d'Égeste lui rendirent, à cause de sa beauté, des honneurs que nul autre n'avait reçus avant lui. Ils lui élevèrent sur le lieu de sa sépulture une chapelle comme à un héros, où ils lui offrirent des sacrifices pour se le rendre propice.

XLVIII. Ainsi mourut Doriée. S'il fût resté à Sparte, et qu'il eût pu vivre sous la domination de Cléomène, il aurait été roi de Lacédémone. Cléomène régna peu de temps; il mourut sans enfants mâles, et ne laissa qu'une fille nommée Gorgo[4].

---

[1] Il est encore parlé de Doriée, liv. VII, § CLVIII et CCV.

[2] Les Carthaginois, qui étaient Phéniciens d'origine, et que les Latins appelaient *Pœni*.

[3] Cette ville porta depuis le nom d'Héraclée.

[4] Elle épousa Léonidas. Lorsque ce prince partit pour les Thermopyles, Gorgo lui ayant demandé ses ordres : « Épousez, lui dit-il, un homme de bien, et devenez mère de braves gens. » Il s'attendait en effet à périr. Cette princesse était très-vertueuse, et c'est une des femmes que Plutarque propose pour modèle à Eurydice. (L.)

XLIX. Aristagoras[1], tyran de Milet, arriva donc à Sparte tandis que Cléomène en occupait le trône. Il vint pour s'aboucher avec lui, comme le disent les Lacédémoniens, tenant à la main une planche de cuivre sur laquelle était gravée la circonférence entière de la terre avec toutes les mers et les rivières dont elle est arrosée[2] ; il lui parla en ces termes :

« Cléomène, ne sois point étonné de mon empressement à
« me rendre ici. Les affaires sont urgentes. Il s'agit de la li-
« berté des Ioniens. Si leur esclavage est pour nous un oppro-
« bre, un sujet de douleur, à plus forte raison doit-il l'être
« pour vous, qui êtes les premiers de la Grèce. Ils sont vos pa-
« rents, ils sont vos frères ; délivrez-les de la servitude, je vous
« en conjure au nom des dieux des Grecs. Cette entreprise est
« aisée. Les Barbares ne sont point belliqueux, et vous, vous
« êtes parvenu par votre valeur au plus haut degré de gloire
« qu'on puisse obtenir par les armes. Ils ne se servent dans les
« batailles que de l'arc et de courts javelots ; ils se présentent
« au combat avec des habits embarrassants, et la tiare en tête[3],
« ce qui fait qu'on peut les vaincre facilement. Les peuples de
« ce continent sont plus riches que tous les autres peuples en-
« semble, en or, en argent, en cuivre, en étoffes de diverses
« couleurs, en bêtes de charge et en esclaves. Tous ces biens
« seront à vous, si vous le voulez. Ces pays se touchent, comme
« je vais te le montrer. Les Lydiens sont voisins des Ioniens ;
« leur pays est fertile et riche en argent. » En disant cela, il lui montrait ces peuples sur la carte de la terre tracée sur la

---

[1] Hérodote reprend ici la narration qu'il avait interrompue, § XXXIX par une digression sur les enfants d'Anaxandride, et particulièrement sur les aventures de Doriée, frère de Cléomène.

[2] Voilà une époque bien ancienne pour les cartes géographiques, du moins en Grèce, puisque le voyage d'Aristagoras à Lacédémone doit être de la première année de la LXIXe olympiade, 504 ans avant l'ère vulgaire. Elles devaient même être en ce temps-là assez communes, puisque Anaximandre en avait fait 71 ans auparavant. On sait qu'il florissait 575 ans avant notre ère. C'est Strabon qui nous apprend, d'après Ératosthène, que ce philosophe, qui avait été disciple de Thalès, avait le premier publié une carte géographique. (L.)

[3] Κυρβασίας dans le texte. Ce mot, qui signifie la crête d'un coq, se prend aussi pour la tiare des Perses. « Les images, dit Démétrius de Phalère (dans son livre sur l'élocution), sont agréables, par exemple, si vous comparez le coq au roi de Perse, parce que cet oiseau porte la crête droite. » Les rois portaient la tiare droite. (L.)

planche de cuivre. « Les Phrygiens sont à l'est, continuait Aris-
« tagoras ; ils confinent aux Lydiens : leur pays est, de tous
« ceux que je connais, le plus riche en troupeaux et en fruits.
« Viennent ensuite les Cappadociens, que nous nommons Sy-
« riens, et après eux les Ciciliens, qui s'étendent jusqu'à cette
« mer-ci, où est l'île de Cypre. Ils payent au roi un tribut an-
« nuel de cinq cents talents. Les Arméniens les suivent ; ils
« ont aussi beaucoup de bétail. Les Matianiens leur sont con-
« tigus, et occupent ce pays. Ils touchent à la Cissie, qu'arrose
« le Choaspe, et sur lequel est située la ville de Suse, où le
« grand roi fait sa résidence, et où sont ses trésors. Si vous
« prenez cette ville, vous pourrez avec confiance le disputer en
« richesses à Jupiter même. Mais vous vous battez contre les
« Messéniens, qui vous sont égaux en forces, et contre les Ar-
« cadiens et les Argiens, pour un petit pays qui n'est pas même
« très-fertile, et pour reculer un peu les bornes de votre ter-
« ritoire. Ces peuples n'ont ni or ni argent ; et cependant ce
« sont ces métaux qui excitent la cupidité, et qui nous portent
« à risquer notre vie dans les combats. Il se présente une occa-
« sion de vous emparer sans peine de l'Asie entière : que pour-
« riez-vous souhaiter de plus ? »

Aristagoras ayant ainsi parlé : « Mon ami, reprit Cléomène,
« je te rendrai réponse dans trois jours. »

L. Les choses n'allèrent pas plus loin dans cette conférence :
le jour fixé pour la réponse étant venu, ils renouèrent l'entretien. Alors Cléomène demanda à Aristagoras combien il y avait
de journées de la mer qui baigne les côtes de l'Ionie à la résidence du roi. Quoique Aristagoras eût jusqu'alors trompé Cléomène avec beaucoup d'adresse, il fit ici une fausse démarche.
Il devait, en effet, déguiser la vérité, s'il avait dessein d'attirer
les Spartiates en Asie ; mais, au lieu de le faire, il répondit
qu'il y avait trois mois de chemin. Cléomène l'interrompit sur-
le-champ, et, sans lui permettre d'achever ce qu'il se préparait
à dire sur ce chemin : « Mon ami, lui dit-il, en proposant aux
« Lacédémoniens une marche de trois mois par delà la mer, tu
« leur tiens un langage désagréable. Sors de Sparte avant le
« coucher du soleil. »

LI. En finissant ces mots, Cléomène se retira dans son palais.
Aristagoras l'y suivit, une branche d'olivier à la main, et, allan

droit au foyer, comme un suppliant, il le conjura de l'écouter, et de faire retirer Gorgo, sa fille, jeune enfant de huit à neuf ans, le seul qu'il eût, et qui était alors auprès de lui. Cléomène lui répondit qu'il pouvait dire ce qu'il souhaitait, et que la présence de cet enfant ne devait pas l'arrêter. Alors Aristagoras lui promit d'abord dix talents[1], en cas qu'il lui accordât sa demande, et, sur le refus de Cléomène, il augmenta la somme, et vint peu à peu jusqu'à lui offrir cinquante talents[2]. Mais la jeune Gorgo s'écria : « Fuis, mon père, fuis ; cet étranger te « corrompra. » Cléomène, charmé de ce conseil, passa dans une autre chambre, et Aristagoras se vit contraint de sortir de Sparte sans avoir trouvé l'occasion de lui faire connaître la route qui mène de la mer à la résidence du roi. En voici la description.

LII. Il y a sur toute cette route des maisons royales ou stathmes[3], et de très-belles hôtelleries : ce chemin est sûr, et traverse des pays très-peuplés. On voyage d'abord en Lydie et en Phrygie, et l'on y rencontre vingt stathmes en quatre-vingt-quatorze parasanges et demie. Au sortir de la Phrygie, vous trouvez l'Halys, sur lequel il y a des portes, qu'il faut nécessairement passer pour traverser ce fleuve, et un fort considérable. Vous parcourez ensuite la Cappadoce jusqu'aux frontières de la Cilicie en vingt-huit journées, qui font cent quatre parasanges. Mais, sur cette frontière même, il faut passer deux défilés et deux forts, après quoi vous faites dans la Cilicie quinze parasanges et demie en trois journées. L'Euphrate, qu'on passe en bateaux, lui sert de bornes, et la sépare de l'Arménie. On fait en Arménie cinquante-six parasanges et demie, et l'on y rencontre quinze stathmes, et des troupes en chacun ; ce pays est arrosé par quatre fleuves navigables qu'il faut nécessairement traverser. Le premier est le Tigre ; le deuxième et le troisième ont le même nom, quoiqu'ils soient très-différents, et qu'ils ne

[1] 54,000 livres.
[2] 270,000 livres.
[3] Ces stathmes ou maisons royales servaient probablement aussi à loger les voyageurs. On sait que dans l'Orient on a exercé de tout temps l'hospitalité, et qu'encore actuellement on trouve sur toutes les grandes routes de vastes édifices très-commodes où logent les voyageurs avec leur suite, sans qu'il leur en coûte rien. On les appelle des caravansérails. (L.)

sortent pas du même pays : car le premier prend sa source en Arménie, et l'autre dans le pays des Matianiens. Le Gynde, que Cyrus partagea en trois cent soixante canaux, est le quatrième. De l'Arménie on entre dans la Matiane, où l'on fait quatre journées. On traverse ensuite la Cissie en onze journées, qui font quarante-deux parasanges et demie, jusqu'au Choaspe, fleuve qu'on passe aussi en bateaux, et sur lequel est aussi la ville de Suse. De Sardes à Suse, il y a donc en tout cent onze journées ou stathmes.

LIII. Si la mesure du chemin royal par parasanges est exacte, et si l'on évalue la parasange à trente stades, comme en effet elle les vaut, il y a de Sardes au palais royal de Memnon [1] treize mille cinq cent stades, ou quatre cent cinquante parasanges. A cent cinquante stades par jour, cette route est précisément de quatre-vingt-dix jours.

LIV. Aristagoras de Milet avait donc raison de dire à Cléomène, roi de Lacédémone, qu'il y avait trois mois de chemin jusqu'à la résidence du roi. Mais, si l'on veut encore plus d'exactitude, il faut joindre à cette route celle d'Éphèse à Sardes. Ainsi l'on compte en tout de la mer des Grecs à Suse (c'est ainsi qu'on appelle la ville de Memnon) quatorze mille quarante stades : car il y en a cinq cent quarante d'Éphèse à Sardes ; et par cette addition, ce chemin de trois mois se trouve allongé de trois jours.

LV. Aristagoras, chassé de Sparte, se rendit à Athènes, qui venait de recouvrer la liberté de la manière que je vais le dire. Hipparque, fils de Pisistrate et frère du tyran Hippias, eut en dormant une vision très-claire de son malheur. Il n'en fut pas moins tué par Aristogiton [2] et Harmodius [3], Géphyréens d'ori-

---

[1] « On dit que cette ville (Suse) a été bâtie par Tithon, père de Memnon. Elle a cent vingt stades de circonférence ; sa figure est oblongue ; sa citadelle s'appelait Memnonium. (STRABON, liv. XV.) »

[2] Hipparque fut tué la troisième année de la LXVI⁰ olympiade. Lorsqu'il fut tué, il possédait la tyrannie selon l'opinion la plus commune des Athéniens. (L.)

[3] Les ancêtres d'Aristogiton et d'Harmodius étaient Géphyréens. Les Géphyréens faisaient partie de ces peuples qui suivirent Cadmus en Béotie, où ils s'établirent dans le canton qu'on appelait le Tanagrique. En ayant été chassés par les Béotiens, ils se retirèrent à Athènes, où ils furent admis au nombre des citoyens à de certaines conditions. (*Voyez* dans Thucydide, liv. VI, l'histoire de ces deux jeunes gens.)

gine; mais les Athéniens, loin d'être plus libres, furent gouvernés pendant quatre années d'une manière encore plus tyrannique qu'il ne l'avaient été auparavant.

LVI. Voici quelle fut la vision d'Hipparque. Il crut voir, la première nuit des Panathénées [1], un grand homme beau et bien fait, debout près de lui, qui lui disait ces vers énigmatiques : « Lion, supporte courageusement ton sort intolérable ; nul « homme ne peut éviter la punition qu'il a méritée par son in- « justice. »

Dès que le jour parut, il communiqua sa vision aux interprètes des songes ; et après avoir fait des expiations pour en détourner l'effet, il conduisit la procession solennelle où il perdit la vie.

LVII. Les Géphyréens, de qui descendaient les meurtriers d'Hipparque, étaient, comme ils le disent eux-mêmes, originaires d'Érétrie ; mais j'ai découvert par mes recherches qu'ils étaient Phéniciens, et du nombre de ceux qui accompagnèrent Cadmus lorsqu'il vint s'établir dans le pays qu'on appelle actuellement Béotie, et que le territoire de Tanagre leur était échu en partage. Les Cadméens furent d'abord chassés par les Argiens ; les Géphyréens l'ayant ensuite été par les Béotiens, ils se retirèrent chez les Athéniens, qui les admirent au nombre de leurs concitoyens, leur refusant divers droits qui ne méritent pas d'être rapportés.

LVIII. Pendant le séjour que firent en ce pays les Phéniciens qui avaient accompagné Cadmus, et au nombre desquels étaient les Géphyréens, ils introduisirent en Grèce plusieurs connaissances, et entre autres des lettres qui étaient, à mon avis, inconnues auparavant dans ce pays. Au commencement, les Grecs firent usage des caractères phéniciens. Mais, dans la suite des temps, ces lettres changèrent avec la langue, et prirent une

---

[1] Les Panathénées étaient une fête instituée en l'honneur de Minerve. Il y avait les petites et les grandes Panathénées. L'origine des petites remonte à Thésée. Lorsque ce prince réunit tous les petits peuples de l'Attique dans la ville d'Athènes, il y établit la fête des Panathénées, qui était commune à toute la nation. Elle se célébrait tous les ans, le 14 du mois d'hécatombéon, qui correspond au 27 juillet. Son institution est de l'an 3398 de la période julienne, 1316 ans avant l'ère vulgaire. Les grandes Panathénées se célébraient tous les cinq ans, la troisième année de chaque olympiade. (L.)

autre forme. Les pays circonvoisins étant alors occupés par les Ioniens, ceux-ci adoptèrent ces lettres, dont les Phéniciens les avaient instruits, mais ils y firent quelques légers changements. Ils convenaient de bonne foi, et comme le voulait la justice, qu'on leur avait donné le nom de lettres phéniciennes parce que les Phéniciens les avaient introduites en Grèce. Les Ioniens appellent aussi, par une ancienne coutume, les livres des diphthères [1], parce qu'autrefois, dans le temps que le biblos était rare, on écrivait sur des peaux de chèvre et de mouton; et encore à présent, il y a beaucoup de Barbares qui écrivent sur ces sortes de peaux.

LIX. Moi-même j'ai vu aussi à Thèbes en Béotie, des lettres cadméennes dans le temple d'Apollon Isménien. Elles sont gravées sur des trépieds, et ressemblent beaucoup aux lettres ioniennes. Sur un de ces trépieds on voit cette inscription : « Amphitryon m'a dédié à son retour de chez les Téléboens. » Cette inscription pourrait être du temps de Laïus, fils de Labdacus, dont le père était Polydore, fils de Cadmus.

LX. Le second trépied dit, en vers hexamètres : « Scæus, « victorieux au pugilat, m'a dédié à Apollon, dont les flèches « atteignent de loin, pour lui servir d'ornement. » Ce Scæus pourrait être le fils d'Hippocoon, contemporain d'Œdipe, fils de Laïus, si véritablement c'est lui qui a consacré ce trépied, et non point un autre Scæus de même nom que le fils d'Hippocoon.

LXI. On lit aussi sur le troisième, en vers hexamètres : « Le « tyran Laodamas a dédié ce trépied à Apollon, qui ne manque « jamais le but, afin de servir d'ornement à son temple. » Sous ce prince, fils d'Étéocle [2], les Cadméens, chassés par les Ar-

---

[1] C'est-à-dire des peaux, du parchemin. « Une loi, dit Diodore de Sicile, ordonnait, chez les Perses, d'écrire l'histoire sur des peaux. On les appelait les diphthères royales. » Ces diphthères contenaient les annales de la nation, et se déposaient dans les archives royales. (BELLANGER.)

[2] Laodamas, fils d'Étéocle, succéda à son père au trône de Thèbes. Il eut pour tuteur, pendant sa minorité, Créon, fils de Ménécée, qui était régent du royaume. Laodamas était majeur, et gouvernait par lui-même, lorsque les Argiens se mirent une seconde fois en campagne pour assiéger Thèbes. Les Thébains allèrent au-devant d'eux jusqu'aux environs de Glisante. Laodamas tua dans le combat Ægialée, fils d'Adraste. Cependant les Argiens gagnèrent la bataille. Laodamas se retira la nuit suivante chez les Illyriens, avec ceux des Thébains qui voulurent le suivre. Les

giens, se réfugièrent chez les Enchéléens. On laissa alors les Géphyréens tranquilles ; mais les Béotiens les obligèrent dans la suite à se retirer à Athènes [1]. Ils y bâtirent des temples, auxquels le reste des Athéniens ne participe en aucune manière, et qui n'ont rien de commun avec les autres temples de la ville, surtout celui de Cérès Achéenne, et ses mystères.

LXII. Après avoir rapporté la vision qu'eut Hipparque, et l'origine des Géphyréens, du nombre desquels étaient ses meurtriers, il faut reprendre le récit que j'avais commencé, et raconter comment les Athéniens furent délivrés de leurs tyrans.

Hippias, irrité du meurtre de son frère, gouvernait avec la plus grande rigueur. Les Alcméonides, Athéniens d'origine, bannis par Pisistrate, avec d'autres exilés, bien loin de réussir à rentrer par force avec les autres bannis, avaient reçu un échec considérable, en tâchant de rentrer dans leur patrie et de lui rendre la liberté. Ils fortifièrent Lipsydrion, qui est au-dessus de Pœonia, et, mettant tout en usage pour détruire les Pisistratides, ils s'engagèrent avec les amphictyons [2] à bâtir pour un certain prix le temple qu'on voit à présent à Delphes [3], et qui n'existait point alors. Comme ils n'étaient pas moins distingués par leurs richesses que par leur illustre et ancienne

Argiens ayant pris Thèbes, la remirent à Thersandre, fils de Polynice. Avant Laodamas, Cadmus s'était aussi retiré dans l'Illyrie, chez les Enchéléens. (L.)

[1] On leur permit de s'établir sur les bords du Céphise, qui sépare l'Attique proprement dite du territoire d'Éleusis. On construisit en cet endroit un pont, afin qu'il y eût des deux côtés une libre communication. (L.)

[2] Le nom d'amphictyons se donnait à la plus illustre assemblée de la Grèce. Dans l'origine elle n'avait d'autre objet que de protéger le temple de Delphes, et de rendre la justice à la multitude de ceux qui accouraient de toutes les parties de la Grèce pour consulter le dieu. Androtion prétend, dans son Histoire de l'Attique, que les peuples du voisinage de Delphes s'assemblant dans cette ville, cette assemblée prit de là le nom d'amphictyons. On peut regarder cette assemblée comme les états généraux de la Grèce. Elle se tenait deux fois par an, au printemps et en automne. Chaque ville qui avait le droit d'amphictyonie envoyait deux députés à cette assemblée. (L.)

[3] Le temple de Delphes, selon Pausanias, n'était, dans son origine qu'une chapelle faite avec des branches du laurier qui croît auprès du Tempé ; un certain Ptéras de Delphes le bâtit ensuite d'une manière sans doute plus solide. On le construisit après en airain ; mais il fut englouti, ou fondu par le feu. Il fut bâti pour la quatrième fois en pierre, par Trophonius et Agamède. Ce temple fut brûlé la première année de la

extraction, ils rendirent ce temple encore plus magnifique que le modèle sur lequel ils l'avaient entrepris; et entre autres choses, quoiqu'on fût convenu avec eux qu'ils le bâtiraient de marbre commun, ils construisirent la façade de marbre de Paros.

LXIII. Les Alcméonides étant à Delphes engagèrent, comme le disent les Athéniens, la Pythie, à force d'argent, à proposer à tous les Spartiates qui venaient consulter le dieu, soit en leur particulier, soit au nom de la république, de rendre la liberté à Athènes. Comme elle leur faisait sans cesse la même proposition, ils envoyèrent une armée sous les ordres d'Anchimolius, fils d'Aster, homme de distinction, afin de chasser d'Athènes les Pisistratides, quoiqu'ils fussent unis très-particulièrement avec eux par les liens de l'hospitalité : les ordres des dieux leur étant plus précieux que toute considération humaine. Ces troupes allèrent par mer et débarquèrent au port de Phalère.

Les Pisistratides, ayant eu connaissance de ce projet avant l'exécution, appelèrent à leur secours les Thessaliens, qui étaient leurs alliés. Ceux-ci déférèrent à leur prière, et leur accordèrent d'une voix unanime mille hommes de cavalerie commandés par Cinéas leur roi, qui était Conéen. Ce secours arrivé, les Pisistratides firent couper tout ce qui embarrassait la plaine de Phalère; et, après l'avoir rendue commode pour les chevaux, ils envoyèrent la cavalerie contre les Lacédémoniens. Elle fondit sur eux, leur tua beaucoup de monde, et entre autres Anchimolius, et obligea ceux qui survécurent à cette déroute à se renfermer dans leurs vaisseaux. Tel fut le succès de la première expédition des Lacédémoniens. Anchimolius fut enterré près du temple d'Hercule à Cynosarge, gymnase situé aux Alopèces, dans l'Attique.

LXIV. Après cette défaite, les Lacédémoniens envoyèrent par terre et non par mer des forces plus considérables contre Athènes. Elles étaient commandées par Cléomène, fils d'Anaxandride, un de leurs rois. A leur entrée dans l'Attique, la cavalerie thessalienne les attaqua la première, et fut bientôt mise en déroute; elle perdit plus de quarante hommes, et se retira sur-le-champ en Thessalie. Cléomène arriva dans la ville avec

cinquante-huitième olympiade : les amphictyons firent marché à 300 talents (1,620,000 fr.) pour le rebâtir, et taxèrent les Delphiens au quart de cette somme. (L.)

ceux des Athéniens qui souhaitaient la liberté et assiégea les tyrans, qui s'étaient renfermés dans la citadelle bâtie par les Pélasges.

LXV. Il aurait été absolument impossible aux Lacédémoniens de chasser les Pisistratides ; aussi ne songeaient-ils pas à rester longtemps devant la place, qui était abondamment pourvue de vivres ; et, après l'avoir tenue assiégée pendant quelques jours, ils seraient retournés à Sparte, s'il n'était point survenu sur ces entrefaites un accident fâcheux pour les uns et favorable pour les autres. Les enfants des Pisistratides furent pris tandis qu'on les faisait sortir secrètement du pays. Cet événement déconcerta totalement les mesures des tyrans. Pour avoir leurs enfants, ils se soumirent aux conditions que leur imposèrent les Athéniens, et s'engagèrent à sortir de l'Attique dans cinq jours. Ils se retirèrent ensuite à Sigée, ville sur le Scamandre, après avoir gouverné trente-six ans les Athéniens.

Ils étaient Pyliens d'origine, de la famille de Nélée, et avaient les mêmes ancêtres que Codrus et Mélanthus, qui avaient régné autrefois à Athènes quoique étrangers. Hippocrate donna à son fils le nom de Pisistrate parce qu'un des fils de Nestor l'avait porté, et afin de perpétuer le souvenir de cette origine. C'est ainsi que les Athéniens furent délivrés de leurs tyrans. Je vais maintenant rapporter ce qu'il y eut de plus mémorable parmi les événements heureux ou malheureux qui arrivèrent à ces mêmes Athéniens après qu'ils eurent recouvré leur liberté, et avant que l'Ionie eût secoué le joug de Darius, et qu'Aristagoras de Milet fût venu le prier de lui donner du secours.

LXVI. Athènes, déjà puissante, le devint encore plus lorsqu'elle fut délivrée de ses tyrans. Deux de ses citoyens y jouissaient alors d'un grand crédit : Clisthène, de la race des Alcméonides, qui suborna, à ce qu'on prétend, la Pythie, et Isagoras, fils de Tisandre. Celui-ci était d'une maison illustre : je ne puis rien dire cependant sur son origine ; mais ceux de cette famille sacrifient à Jupiter Carien [1]. Ces deux rivaux partageaient l'État

---

[1] Les Cariens étaient extrêmement méprisés, et on les regardait comme de vils esclaves, parce qu'ils avaient les premiers donné des troupes pour de l'argent. Ainsi les exposait-on dans les occasions les plus périlleuses. De là était venu le proverbe rapporté par Pausanias dans son Lexique, ἐν Καρὶ τὸν κίνδυνον, pour signifier qu'on voulait faire une épreuve

par leurs factions, et se disputaient l'autorité. Clisthène, ayant eu du désavantage, tâcha de se rendre le peuple favorable ; bientôt après, il partagea les quatre tribus en dix, changea les noms qu'elles tenaient des fils d'Ion[1], Géléon, Égicore, Argade et Hople, et en imagina d'autres qu'il prit parmi les héros du pays, si l'on en excepte Ajax[2], qu'il leur associa, parce que ce héros avait été voisin et allié des Athéniens.

LXVII. Il s'était, à mon avis, proposé en cela pour modèle Clisthène[3], son aïeul maternel, tyran de Sicyone. Car, celui-ci étant en guerre avec les Argiens : d'un côté, il abolit les jeux où les rapsodes disputaient le prix en chantant les vers d'Homère, parce que dans ses poésies la ville d'Argos et les Argiens étaient célébrés par-dessus tous les autres Grecs ; d'un autre côté, il désirait passionnément bannir de ses États Adraste, fils de Tanaüs, parce qu'il était Argien. Cet Adraste avait sur la place de Sicyone une chapelle qui subsiste encore maintenant. Clisthène alla à Delphes demander au dieu s'il chasserait le roi Adraste. La Pythie lui répondit qu'Adraste était roi des Sicyoniens, et lui un homme à lapider. Le dieu ne lui ayant pas permis d'exécuter son dessein, il chercha, en s'en retournant, le moyen de se débarrasser d'Adraste. Lorsqu'il crut l'avoir trouvé, il envoya demander à Thèbes, en Béotie, Mélanippe, fils d'Asta-

---

périlleuse, en se servant d'un homme vil. Ces peuples avaient un temple qui leur était commun avec les Lydiens et les Mysiens, qui étaient leurs frères ; on l'appelait le temple de Jupiter Carien. Ceux qui sacrifiaient à Jupiter Carien se reconnaissaient pour être originaires de Carie. Ainsi, en disant qu'Isagoras offrait des sacrifices à Jupiter Carien, c'était le faire passer pour être d'une famille carienne et esclave.

[1] Le nom des quatre anciennes tribus a varié en différents temps. Sous Cécrops, on leur donnait le nom de Cécropis, d'Autochthon, d'Actæa et de Paralia. Sous Cranaüs, elles furent appelées Cranaïs, Atthis, Mésogée et Diacris. Sous Érichthonius, elles prirent le nom de Dias, d'Athénaïs, de Posidonias et d'Héphæstias. Enfin, sous Érechthée, elles s'appelèrent les Géléontes, les Ægicores, les Ergadéis et les Hoplètes, du nom des fils d'Ion. (L.)

[2] De ce nom vient la tribu Æantide. Ajax, fils de Télamon, avait été roi de Salamine, île voisine de l'Attique. (L.)

[3] Pausanias assure qu'il fut choisi par les amphictyons pour faire la guerre aux Cyrrhéens, qui avaient pillé le temple de Delphes et commis d'autres sacrilèges. Cependant il paraît certain qu'il ne commanda au siége de Cirrha que les troupes qu'il y avait menées, et que ce fut moins en vertu d'un décret des amphictyons qu'il les y conduisit, que par un effet de son zèle pour la cause du dieu. (L.)

cus[1]. Les Thébains le lui ayant accordé, il le fit apporter, lui consacra une chapelle dans le Prytanée même, et le plaça dans l'endroit le plus fort. Il en usa ainsi (car je ne dois pas oublier le motif qui le faisait agir) parce que Mélanippe avait été le plus grand ennemi d'Adraste, et qu'il avait tué Mécistée, frère du même Adraste, et Tydée son gendre. Après lui avoir assigné une chapelle, il transporta à Mélanippe les fêtes et les sacrifices qu'on faisait en l'honneur d'Adraste, fêtes que les Sicyoniens avaient coutume de célébrer avec beaucoup de magnificence. Leur pays, en effet, avait appartenu à Polybe, dont la fille était mère d'Adraste ; et ce prince, n'ayant point d'enfants, avait laissé en mourant ses États à son petit-fils. Entre autres honneurs qu'ils rendaient à Adraste, ils célébraient aussi ses malheurs dans leurs chœurs tragiques et lui payaient un tribu de louanges sans s'adresser à Bacchus. Clisthène rendit les chœurs à Bacchus, et ordonna que le reste de la fête se ferait en l'honneur de Mélanippe. Ce fut ainsi qu'il en agit à l'égard d'Adraste.

LXVIII. Enfin il changea les noms des tribus de Sicyone, afin que celles des Doriens n'eussent pas dans cette ville le même nom qu'elles avaient à Argos, et par celui qu'il leur donna il les couvrit de ridicule. Car des noms du porc et de l'âne auxquels il ajouta la terminaison *atai*, il en fit les Hyates, les Onéates et les Chœréates. J'en excepte cependant la tribu dont il était, qu'il appela Archélaens, à cause de l'autorité suprême qu'il avait sur le peuple. Les Sicyoniens conservèrent ces noms sous le règne de Clisthène, et soixante ans encore après sa mort. Enfin, après en avoir délibéré, ils les changèrent en ceux d'Hylléens, de Pamphyliens et de Dymanates, et donnèrent en l'honneur d'Égialée, fils d'Adraste, le nom d'Égialéens à la quatrième tribu qu'ils ajoutèrent aux trois autres.

LXIX. Telle fut la conduite de ce prince. Clisthène l'Athénien, qui tirait son nom de Clisthène de Sicyone, son aïeul maternel, ne voulut pas, je pense, à son imitation, que les tribus portassent le même nom à Athènes que parmi les Ioniens, à cause du

---

[1] « On montre sur le grand chemin le tombeau de Mélanippe, le plus grand guerrier qu'il y ait eu parmi les Thébains. Lorsque les Argiens vinrent attaquer Thèbes, il tua Tydée et Mécistée, frère d'Adraste, et l'on dit qu'il périt de la main d'Amphiaraüs. » (PAUSANIAS, lib. IX.)

mépris qu'il avait pour ceux-ci. Lorsqu'il se fut concilié la bienveillance de ses concitoyens, qui avaient perdu auparavant tous les priviléges d'un peuple libre, il changea les noms des tribus ; d'un petit nombre il en fit un plus grand ; au lieu de quatre phylarques [1], il en créa dix, et distribua les bourgades dans les dix tribus. S'étant ainsi concilié le peuple, il prit un très-grand ascendant sur le parti qui lui était opposé.

LXX. Isagoras, ayant à son tour succombé, eut recours à Cléomène, roi de Lacédémone. Ce prince s'était lié avec lui d'une étroite amitié dans le temps qu'on assiégeait les Pisistratides, et même on l'accusait d'entretenir des relations avec la femme d'Isagoras. Il envoya d'abord un héraut à Athènes, pour en faire chasser Clisthène et beaucoup d'autres Athéniens, sous prétexte qu'ils avaient encouru l'anathème. Il suivait en cela les instructions d'Isagoras ; car les Alcméonides et ceux de leur parti étaient accusés d'un meurtre dont nous allons parler. Quant à Isagoras, il n'avait en lui-même aucune part à ce meurtre, non plus que ses amis.

LXXI. Voici à quelle occasion on donna à cette portion des Athéniens le nom d'Énagées. Cylon d'Athènes, ayant été victorieux [2] aux jeux olympiques, porta son ambition jusqu'à vouloir s'emparer de la tyrannie. Il se concilia l'amitié de gens de son âge, et tâcha, avec leur secours, de se rendre maître [3] de la citadelle ; mais, n'ayant pu réussir dans son projet, il s'assit en suppliant aux pieds de la statue de Minerve. Les prytanes des naucrates [4], qui gouvernaient alors Athènes, le relevèrent, lui et les siens, après s'être engagés à ne les point punir de mort. Mais ils furent massacrés, et l'on accusa les Alcméoni-

---

[1] Phylarque, chef de tribu. Il y en avait autant que de tribus. Les phylarques obéissaient aux hyparques. (L.)

[2] Il remporta le prix du stade double en la trente-cinquième olympiade, selon Eusèbe. Cela est confirmé par Pausanias, qui n'ajoute pas cependant en quelle olympiade il fut victorieux. (L.)

[3] Cylon était d'une des plus illustres maisons d'Athènes, et très-riche ; il avait épousé une fille de Théagène, tyran de Mégare. Sur la foi d'un oracle trompeur, il tenta de s'emparer de la citadelle d'Athènes. Cependant on lui éleva dans cette citadelle une statue de bronze ; mais on conjecture que ce fut parce qu'il avait remporté aux jeux olympiques le prix du stade double. (L.)

[4] C'étaient des magistrats spécialement chargés de l'administration de la marine à Athènes. (Miot.)

des de ces meurtres. Cet événement est antérieur à Pisistrate[1].

LXXII. Cléomène ayant donc envoyé un héraut pour faire chasser Clisthène, ainsi que les Énagées, ce dernier se retira de lui-même. Cléomène n'en vint pas moins, quelque temps après, à Athènes, accompagné de peu de monde. A son arrivée, il chassa sept cents familles athéniennes[2] qu'Isagoras lui désigna. Cela fait, il tenta de casser le sénat, et voulut confier l'autorité à trois cents personnes du parti d'Isagoras. Mais le sénat s'y étant opposé et ayant refusé d'obéir, Cléomène s'empara de la citadelle avec Isagoras et ceux de sa faction. Le reste des Athéniens, qui était uni de sentiments avec le sénat, les y tint assiégés pendant deux jours ; le troisième, on traita avec les Lacédémoniens renfermés dans la citadelle, et il leur fut permis de sortir de l'Attique à de certaines conditions : ainsi s'accomplit ce qui avait été présagé à Cléomène[3]. Car, étant monté à la citadelle à dessein de s'en emparer, il voulut entrer dans le sanctuaire de la déesse (Minerve) pour la consulter. Mais la prêtresse, s'étant levée de son siége avant qu'il eût passé la porte, lui dit : « Lacédémonien, retourne sur tes pas, et n'entre point dans ce « temple ; il n'est pas permis aux Doriens d'y mettre le pied. « — Je ne suis pas Dorien, répondit Cléomène, mais Achéen[4] ; » et, sans s'inquiéter de ce présage, il tenta l'entreprise, et fut alors obligé de se retirer avec les Lacédémoniens sans avoir pu réussir. Les autres furent mis aux fers pour être punis de mort. De ce nombre était Timasithée de Delphes, dont je pourrais rap-

[1] Il est antérieur de 62 ans. Cylon voulut s'emparer d'Athènes l'an 4102 de la période julienne, et Pisistrate s'en rendit maître l'an 4164.

[2] Ce terme n'est point inutile. Hérodote l'a ajouté parce qu'il y avait à Athènes beaucoup d'étrangers domiciliés qui jouissaient de tous les droits de citoyens, excepté qu'ils ne pouvaient occuper aucune place qui leur donnât quelque autorité dans l'État. On les appelait métèques, μέτοικοι, terme qui signifie proprement des *gens qui ont transporté leur domicile ailleurs, qui ont quitté leur patrie pour s'établir ailleurs.* Leurs descendants à perpétuité n'avaient pas plus de part au gouvernement de l'État que ceux de leurs ancêtres qui s'y étaient établis les premiers, à moins que des services essentiels ne les eussent fait admettre au nombre des citoyens. (L.)

[3] Φήμη est ce que les Latins appellent *omen*. Omen, dit Festus, *quasi oremen, quia fit ab ore*. Les anciens observaient avec soin les paroles des personnes qu'ils rencontraient, afin d'en tirer un présage heureux ou fâcheux pour l'avenir. (L.)

[4] Les Achéens avaient été les maîtres de Lacédémone avant le retour des Héraclides. C'est une misérable défaite de Cléomène. (L.)

porter des traits de bravoure et les travaux manuels. On les fit mourir dans les prisons.

LXXIII. Les Athéniens, ayant ensuite rappelé Clisthène et les sept cents familles bannies par Cléomène, envoyèrent à Sardes des ambassadeurs pour faire alliance avec les Perses. Ils étaient, en effet, persuadés qu'ils auraient une guerre à soutenir contre Cléomène et les Lacédémoniens. Ces ambassadeurs ayant à leur arrivée exposé les ordres dont ils étaient chargés, Artapherne, fils d'Hystaspe, gouverneur de Sardes, leur demanda quelle sorte d'hommes ils étaient, et dans quel endroit de la terre ils habitaient, pour prier les Perses de s'allier avec eux. Les envoyés ayant satisfait à ses questions, il leur dit en peu de mots : « Si « les Athéniens veulent donner au roi Darius la terre et l'eau, il « fera alliance avec eux; sinon, qu'ils se retirent. » Comme les envoyés désiraient fort cette alliance, ils répondirent, après en avoir délibéré, qu'ils y consentaient; mais, à leur retour à Athènes, on les accusa sévèrement.

LXXIV. Cependant Cléomène, qui n'ignorait pas les actions et les propos insultants des Athéniens, leva des troupes dans tout le Péloponèse, sans parler de leur destination; il avait dessein de se venger d'eux, et de leur donner pour tyran Isagoras, qui était sorti de la citadelle avec lui. Il entra dans le territoire d'Éleusis avec des forces considérables; et les Béotiens, de concert avec lui, prirent Œnoé et Hysies, bourgades à l'extrémité de l'Attique. Les Chalcidiens étaient aussi entrés par un autre côté sur les terres de la république, et y portaient le ravage. Quoique ces diverses attaques causassent de l'embarras aux Athéniens, ils remirent à un autre temps à se venger des Béotiens et des Chalcidiens, pour aller sur-le-champ en ordre de bataille au-devant des Péloponésiens, qui étaient à Éleusis.

LXXV. Les deux armées étaient prêtes à en venir aux mains, lorsque les Corinthiens, ayant les premiers réfléchi sur l'injustice de leur conduite, changèrent de résolution et se retirèrent. Démarate, fils d'Ariston, qui était aussi roi de Sparte, et qui avait amené avec Cléomène les troupes de la république, suivit cet exemple, quoique jusqu'à ce moment il n'eût eu aucun différend avec lui. Les deux rois accompagnaient alors l'armée; mais, depuis l'époque de cette division, il leur fut défendu par une loi d'entrer ensemble tous les deux en campagne, et il fut aussi réglé que, l'un des deux rois étant séparé de l'autre, on laisserait aussi à Sparte l'un des deux Tyndarides : car auparavant ils allaient tous les deux au secours des rois, et les accompagnaient dans leurs expéditions. Le reste des alliés assemblés à Éleusis, témoins des divisions des rois de Lacédémone et du départ des Corinthiens, se retirèrent aussi chez eux.

LXXVI. Ce fut la quatrième fois que les Doriens entrèrent dans l'Attique. Ils y étaient venus deux fois pour faire la guerre aux Athéniens, et deux fois pour les intérêts de ce même peuple : la première, quand ils menèrent une colonie à Mégare, expédition qu'on pourrait avec raison placer sous le règne de Codrus ; la seconde et la troisième, lorsqu'ils chassèrent les Pisistratides ; la quatrième enfin, lorsque Cléomène conduisit les Péloponésiens contre Éleusis.

LXXVII. Cette armée s'étant honteusement dissipée, les Athéniens cherchèrent alors à se venger. Ils marchèrent d'abord contre les Chalcidiens ; mais les Béotiens étant venus à leur secours sur les bords de l'Euripe, les Athéniens ne les eurent pas plutôt aperçus, qu'ils résolurent de les attaquer les premiers. En conséquence, ils leur livrèrent bataille, leur tuèrent beaucoup de monde, firent sept cents prisonniers, et remportèrent une victoire complète. Ce même jour, ils passèrent dans l'Eubée, en vinrent aux mains avec les Chalcidiens, et, les ayant aussi vaincus, ils laissèrent dans l'île une colonie de quatre mille hommes, à qui ils distribuèrent au sort les terres des Hippobotes : tel est le nom qu'on donnait aux habitants les plus riches de cette île. Ils mirent aux fers tous les prisonniers qu'ils firent, tant sur eux que sur les Béotiens, et les gardèrent étroitement ; mais dans la suite ils les relâchèrent moyennant deux mines par tête, et appendirent aux murs de la citadelle leurs entraves, qu'on voyait encore de mon temps suspendues aux murailles, en partie brûlées par le Mède, et vis-à-vis du temple qui est à l'ouest. Ils consacrèrent aux dieux la dixième partie de l'argent qu'ils retirèrent de la rançon des prisonniers, et l'on en fit un char de bronze à quatre chevaux, qu'on plaça à main gauche à l'entrée des propylées de la citadelle, avec cette inscription :

LES ATHÉNIENS ONT DOMPTÉ PAR LEURS EXPLOITS LES BÉOTIENS ET LES CHALCIDIENS, ET, LES AYANT CHARGÉS DE CHAINES, ILS ONT

ÉTEINT LEUR INSOLENCE DANS L'OBSCURITÉ D'UNE PRISON. DE LA DÎME DE LEUR RANÇON ILS ONT OFFERT A PALLAS CES CHEVAUX.

LXXVIII. Les forces des Athéniens allaient toujours en croissant. On pourrait prouver de mille manières que l'égalité entre les citoyens est le gouvernement le plus avantageux; cet exemple seul le démontre. Tant que les Athéniens restèrent sous la puissance de leurs tyrans, ils ne se distinguèrent pas plus à la guerre que leurs voisins; mais, ayant une fois secoué le joug, ils acquirent sur eux une très-grande supériorité. Cela prouve que, dans le temps qu'ils étaient détenus dans l'esclavage, ils se comportaient lâchement de propos délibéré, parce qu'ils travaillaient pour un maître, au lieu qu'ayant recouvré la liberté, chacun s'empressa avec ardeur à travailler pour soi. Ainsi firent les Athéniens.

LXXIX. Les Thébains, cherchant depuis cette victoire à se venger des Athéniens, envoyèrent consulter le dieu de Delphes; la Pythie leur répondit qu'ils ne pourraient pas se venger par eux-mêmes, et leur conseilla de faire leur rapport à l'assemblée du peuple, et de s'adresser à leurs plus proches. Les envoyés convoquèrent, à leur retour, l'assemblée du peuple, et lui communiquèrent la réponse de l'oracle. Les Thébains, apprenant que le dieu leur ordonnait de s'adresser à leurs plus proches, se disaient les uns aux autres : « Les Tanagréens, les Coro-
« néens et les Thespiens ne sont-ils pas nos plus proches voi-
« sins? ne font-ils pas la guerre de concert avec nous, et ne
« se battent-ils pas avec ardeur pour nos intérêts? qu'est-il
« besoin de les prier? selon nous, ce n'est pas là le sens de l'o-
« racle. »

LXXX. Ils discouraient là-dessus, lorsque quelqu'un de l'assemblée, apprenant le sujet des délibérations, s'écria : « Je crois
« entendre le sens de l'oracle. Thébé et Ægine étaient filles, à
« ce qu'on dit, d'Asopus, et par conséquent sœurs. Je pense
« donc que le dieu nous ordonne de prier les Éginètes de nous
« venger. » Comme cet avis leur parut le meilleur, ils envoyèrent sur-le-champ, conformément à la réponse du dieu, prier les Éginètes de leur donner du secours, comme étant leurs plus proches. Ceux-ci leur promirent de leur envoyer les Æacides.

LXXXI. Les Thébains, pleins de confiance en l'alliance des

Æacides, s'essayèrent contre les Athéniens; mais en ayant été très-malmenés, ils envoyèrent une seconde députation aux Éginètes pour leur rendre les Æacides et pour les prier de leur donner des troupes. Les Éginètes, fiers de leurs richesses, et se rappelant leur ancienne inimitié contre Athènes, se rendirent aux prières des Thébains, et firent la guerre aux Athéniens sans la leur avoir déclarée. En effet, tandis que ceux-ci pressaient vivement les Béotiens, ils passèrent dans l'Attique sur des vaisseaux de guerre, pillèrent Phalère, avec un grand nombre de bourgades sur la côte, et causèrent par là beaucoup de dommage aux Athéniens.

LXXXII. L'inimitié qu'avaient contre eux les Éginètes avait l'origine que je vais dire. Les Épidauriens, affligés d'une grande stérilité, consultèrent le dieu de Delphes sur ce fléau. La Pythie leur ordonna d'ériger des statues à Damia et à Auxésia [1], et leur promit qu'après cela ils s'en trouveraient mieux. Les Épidauriens lui ayant ensuite demandé s'ils les feraient en pierre ou en bronze, elle leur dit de n'y employer ni l'un ni l'autre, mais l'olivier franc. Les Épidauriens, persuadés que les oliviers de l'Attique étaient les plus sacrés, prièrent en conséquence les Athéniens de leur permettre d'en couper. On dit même qu'en ce temps-là l'Attique était le seul pays où il y en eût [2]. Les Athéniens le leur permirent, à condition qu'ils amèneraient tous les ans des victimes à Minerve-Polias [3] et à Érech-

---

[1] Damia et Auxésia étaient les mêmes que Cérès et Proserpine; elles procuraient la fertilité des terres, et elles avaient un temple à Tégée, où elles étaient surnommées Carpophores, c'est-à-dire qui procure d'abondantes moissons. (L.)

[2] Il est faux qu'on ne trouvât alors des oliviers que dans l'Attique. Hérodote le savait bien; mais il ne voulait pas heurter de front la petite vanité des Athéniens, et, pour sauver son honneur il a mis cette restriction : On dit. (L.)

[3] Le titre de Polias, donné à Minerve, qui se rencontre dans une infinité de passages des anciens, a été rarement entendu. M. Brunck l'a bien rendu dans ce passage de Sophocle : Νίκη τ' Ἀθηνᾶ Πολιάς, et *victrix Minerva arcium præses*. Les autres versions portent *urbium custos*. Minerve Polias, ou protectrice de la citadelle, était non-seulement adorée à Athènes, mais encore par différents peuples. Il en est fait mention dans le traité entre ceux de Hiérapytne et de Priansius en Crète, et dans le serment prêté par les habitants de Gortyne et de Priansius. La statue de cette déesse se conservait à Athènes, dans le temple qu'elle avait dans la citadelle. On l'y voyait encore du temps de Plutarque; c'était un **morceau de bois informe**, comme nous l'apprend Tertullien. (L.)

thée. Les Épidauriens, ayant accepté ces conditions, obtinrent ce qu'ils demandaient ; et, ayant fait des statues de ces oliviers, ils les posèrent dans leur pays, qui devint fertile, et ils remplirent leurs engagements avec les Athéniens.

LXXXIII. Les Éginètes reconnaissaient avant cette époque, et même encore en ce temps-là, la souveraineté d'Épidaure, et ils étaient obligés de se rendre en cette ville pour y faire juger les procès qui s'élevaient entre eux. Mais depuis ils construisirent des vaisseaux, et, s'étant abandonnés à leur mauvaise foi, ils se révoltèrent contre les Épidauriens, se déclarèrent leurs ennemis ; et, comme ils étaient devenus les maîtres de la mer, ils ravagèrent leurs terres, et leur enlevèrent les statues de Damia et d'Auxésia, qu'ils placèrent au milieu de leur île, dans un canton nommé Œa, environ à vingt stades de la ville. Lorsqu'ils les eurent mises en cet endroit, ils tâchèrent de se les rendre propices en instituant en leur honneur des sacrifices et des chœurs de femmes qui se disaient des injures ; et ils assignèrent à chacune de ces déesses dix chorèges. Ces chœurs n'invectivaient point les hommes, mais seulement les femmes du pays. Les Épidauriens avaient eu aussi chez eux de pareilles cérémonies, et ils en ont d'autres dont on ne parle pas.

LXXXIV. Ces statues ayant été enlevées, les Épidauriens cessèrent de s'acquitter des sacrifices dont ils étaient convenus avec les Athéniens. Ceux-ci, irrités de ce qu'ils manquaient à leurs engagements, leur en firent témoigner leur mécontentement ; mais les Épidauriens prouvèrent aux députés d'Athènes qu'ils ne faisaient point en cela d'injustice ; que, tant qu'ils avaient eu ces statues dans leur pays, ils avaient rempli leurs engagements ; mais que, depuis qu'elles n'étaient plus en leur possession, il n'était pas juste qu'ils payassent encore ce tribut, et qu'ils devaient l'exiger des Éginètes, qui en étaient les maîtres. Sur cette réponse, les Athéniens envoyèrent à Égine demander les statues ; mais les Éginètes leur dirent qu'ils n'avaient rien à démêler avec eux.

LXXXV. Les Athéniens racontent qu'après cette demande, ils envoyèrent sur une trirème, au nom de l'État, les citoyens qu'ils avaient déjà députés, et qu'étant arrivés en Égine, ils tâchèrent d'arracher ces statues de dessus leurs bases, afin de les emporter avec eux, comme étant d'un bois qui leur appartenait ; que, n'ayant pu s'en rendre maîtres de cette manière, ils leur passèrent des cordes pour les tirer; mais que, pendant qu'ils les tiraient, il survint un tel coup de tonnerre, accompagné d'un si grand tremblement de terre, qu'ils en perdirent la raison au point qu'ils s'entre-tuèrent les uns les autres comme s'ils eussent été ennemis, et qu'il n'en réchappa qu'un seul qui se transporta à Phalère.

LXXXVI. Tel est le récit des Athéniens. Les Éginètes prétendent de leur côté que, si les Athéniens n'avaient eu qu'un seul vaisseau ou seulement un petit nombre, ils les auraient aisément repoussés, quand ils n'en auraient point eu du tout eux-mêmes; mais qu'ils vinrent avec une flotte considérable; qu'eux-mêmes prirent alors le parti de céder, et de ne point engager un combat naval. Ils ne peuvent cependant assurer s'ils cédèrent parce qu'ils se sentaient trop faibles pour combattre sur mer, ou si ce fut dans la vue d'exécuter le projet qu'ils méditaient [1]. Ils ajoutent que les Athéniens, ne voyant personne se présenter pour leur livrer bataille, descendirent de leurs vaisseaux, et se portèrent vers les statues; que, n'ayant pu les arracher de leur base, ils leur passèrent des cordes, et les tirèrent; que les statues, pendant qu'on les tirait, tirèrent de leur côté jusqu'à ce que ces statues se fussent mises toutes deux à genoux, posture qu'elles ont conservée depuis ce temps-là. Ce trait ne me paraît point vraisemblable; il le sera peut-être pour quelque autre. Telle fut, selon les Éginètes, la conduite des Athéniens. Quant à ce qui les regarde eux-mêmes, ils dirent qu'ayant appris que les Athéniens devaient venir les attaquer, ils avertirent les Argiens de se tenir prêts; que ceux-là ayant fait une descente à Égine, les Argiens les secoururent sur-le-champ, passèrent d'Épidaure dans l'île à l'insu des Athéniens, et tombèrent sur eux à l'improviste après leur avoir coupé le chemin de leurs vaisseaux. Ils ajoutent que dans le même temps il survint un coup de tonnerre avec un tremblement de terre.

LXXXVII. Ce témoignage des Éginètes est confirmé par celui des Argiens. Les Athéniens conviennent aussi qu'il n'y eut qu'un seul d'entre eux qui se fût sauvé dans l'Attique. Mais les

---

[1] Ce projet est celui d'appeler les Argiens à leur secours, dont il est parlé un peu plus bas.

Argiens prétendent qu'ils battirent les Athéniens, et qu'il n'y eut que cet homme qui survécût à la défaite de leurs troupes, au lieu que, suivant les Athéniens, cet homme échappa lui seul à la vengeance des dieux; et même encore ne put-il s'y soustraire, puisqu'il périt de la manière que je vais dire. De retour à Athènes, il raconta le malheur qui était arrivé: là-dessus les femmes de ceux qui avaient été de cette expédition, outrées de ce qu'il s'était sauvé lui seul, s'attroupent autour de lui, le piquent avec les agrafes de leurs robes, en lui demandant chacune des nouvelles de son mari, et le font mourir de la sorte. L'atrocité de cette action parut aux Athéniens encore plus déplorable que leur défaite même; et, ne sachant quelle autre punition leur infliger, ils les obligèrent à prendre les habits des Ioniennes. Elles portaient auparavant l'habillement dorien, qui approche beaucoup de celui des femmes de Corinthe. On changea donc leurs habits en tunique de lin [1], afin de rendre inutiles les agrafes. Mais, puisqu'il faut dire la vérité, cet habillement n'est pas, dans son origine, ionien, mais carien, l'habit de toutes les femmes grecques étant anciennement le même que celui que portent actuellement les Doriennes.

LXXXVIII. On prétend que les Argiens et les Éginètes ordonnèrent, en conséquence de cette action, que leurs femmes porteraient des agrafes une fois et demie plus grandes qu'à l'ordinaire; que la principale offrande des femmes à ces déesses [2] se ferait en agrafes; que dans la suite on n'offrirait à leur temple aucune chose qui vînt de l'Attique, pas même un vase de terre, et qu'on ne pourrait y boire que dans des coupes du pays. Cette contrariété a été poussée si loin, que, de mon temps, les femmes des Argiens et des Éginètes portaient encore des agrafes plus grandes qu'autrefois.

LXXXIX. Telle fut, comme je l'ai dit, l'origine de l'inimitié des Athéniens contre les Éginètes. Ces derniers, se ressouvenant encore de ce qui s'était passé au sujet de ces statues, se rendi-

---

[1] Ces tuniques avaient des manches. Les robes des Doriennes n'en avaient point; elles se les mettaient sur les épaules, et les attachaient par devant avec des agrafes. Aussi, Vénus ayant été blessée à la main par Diomède, Minerve la badine à ce sujet, et attribue sa blessure à l'agrafe de quelque Grecque que cette déesse avait voulu engager à suivre un Troyen. (L.)

[2] Damia et Auxésia.

rent avec empressement à l'invitation des Thébains, et donnèrent du secours aux Béotiens. Les Éginètes ravagèrent les côtes de l'Attique ; mais, tandis que les Athéniens se disposaient à marcher contre eux, il leur vint de Delphes un oracle qui leur ordonnait de suspendre le châtiment des Éginètes pendant trente ans, à compter de leurs premières insultes ; et que si, après avoir élevé un temple à Æacus, ils les attaquaient la trente-unième année, cette guerre aurait le succès qu'ils s'en promettaient ; au lieu que, s'ils la leur faisaient sur-le-champ, ils auraient beaucoup à souffrir dans cet intervalle, qu'ils feraient aussi beaucoup de mal aux Éginètes, mais qu'enfin ils les subjugueraient. Les Athéniens n'eurent pas plutôt eu communication de cet oracle, qu'ils élevèrent à Æacus le temple qui est à présent sur la place publique ; mais, voyant qu'il leur fallait contenir pendant trente ans le ressentiment des injures qu'ils avaient reçues, ils ne voulurent pas différer si longtemps.

XC. Une affaire que leur suscitèrent les Lacédémoniens fut un obstacle à la vengeance qu'ils méditaient. Les Lacédémoniens, instruits du manége des Alcméonides avec la Pythie, et des intrigues de celle-ci contre eux et contre les Pisistratides, en furent doublement affligés, et parce qu'ils avaient chassé d'Athènes leurs hôtes et leurs amis, et parce que les Athéniens ne leur en savaient aucun gré. Indépendamment de ces raisons, ils étaient encore animés par les oracles, qui leur prédisaient qu'ils auraient beaucoup à souffrir de la part des Athéniens ; oracles qu'ils avaient auparavant ignorés, et que Cléomène, qui les avait portés à Sparte, leur fit alors connaître. Ce prince avait enlevé ces oracles de la citadelle. Ils avaient auparavant appartenu aux Pisistratides ; mais les ayant laissés dans le temple de Minerve lorsqu'ils furent chassés, Cléomène s'en était emparé.

XCI. Quand les Lacédémoniens s'en virent les maîtres, et qu'ils se furent aperçus que les forces des Athéniens prenaient de nouveaux accroissements, et qu'ils n'étaient nullement disposés à leur obéir, venant alors à réfléchir que si ce peuple était libre, il tiendrait avec eux la balance égale, et que, s'il était retenu dans l'esclavage, il deviendrait prêt à obéir, après avoir pesé chacune de ces considérations, ils firent venir Hippias, fils de Pisistrate, de Sigée sur l'Hellespont, où s'étaient réfugiés les Pisistratides. Hippias s'étant rendu à leur invitation, ainsi que

les députés de leurs alliés, qu'ils avaient aussi mandés, les Spartiates leur parlèrent en ces termes : « Confédérés, nous recon-
« naissons notre faute : entraînés par des oracles trompeurs,
« nous avons chassé de leur patrie de vrais amis qui s'étaient
« engagés à tenir Athènes sous nos lois : nous avons ensuite
« remis l'autorité entre les mains d'un peuple ingrat, qui, se
« voyant libre par nous, ose actuellement lever la tête, et a eu
« l'insolence de nous chasser de chez lui, nous et notre roi.
« Enflé d'une vaine gloire, ses forces vont toujours en augmen-
« tant : les Béotiens et les Chalcidiens leurs voisins le savent,
« et l'ont appris à leurs dépens; d'autres le sauront bientôt,
« pour peu qu'ils choquent ce peuple orgueilleux. Mais puis-
« que nous avons commis une faute, réparons-la, en tâchant
« de nous venger avec votre secours. C'est dans ce des-
« sein que nous avons invité Hippias à venir à Sparte, et
« que nous vous avons priés de vous y rendre, afin que, réu-
« nissant nos forces, et agissant de concert, nous le ramenions
« à Athènes, et que nous lui rendions ce que nous lui avons
« ravi. »

XCII. Ainsi parlèrent les Spartiates. Ce discours ne fut point approuvé du plus grand nombre des alliés. Ils gardaient tous le silence, lorsque Sosiclès de Corinthe parla en ces termes : « La-
« cédémoniens, nous devons certes nous attendre à voir le ciel
« prendre la place de la terre, et la terre celle du ciel, les
« hommes vivre dans la mer, et les poissons sur la terre, puis-
« que vous cherchez à détruire l'isocratie[1] dans les villes, et
« que vous vous disposez à établir à sa place la tyrannie, projet
« le plus injuste et le plus sanguinaire qu'il y ait au monde.
« S'il vous paraît avantageux de soumettre les États de la Grèce
« à des tyrans, commencez par en prendre un pour vous-mêmes,
« et cherchez ensuite à en donner aux autres. Vous n'avez ja-
« mais éprouvé le gouvernement tyrannique, et vous veillez
« avec le plus grand soin pour qu'il ne s'introduise point à
« Sparte. Cependant, par un abus étrange, vous entreprenez
« de l'établir aujourd'hui chez vos alliés. Mais si vous en aviez

[1] Ce mot signifie égalité dans les parties constituantes de l'État. Il est opposé au gouvernement monarchique, et encore plus au tyrannique, qui ne reconnaît point de lois. (L.)

« fait le même essai que nous, nous ne doutons point que vous
« n'eussiez ouvert un meilleur avis.

« La forme du gouvernement de Corinthe était oligarchique,
« et l'autorité était concentrée dans la maison des Bacchia-
« des[1], qui ne se mariaient que dans leur famille. Amphion, l'un
« d'entre eux, eut une fille boiteuse, nommée Labda[2]. Aucun
« des Bacchiades n'ayant voulu l'épouser, on la maria à Éétion,
« fils d'Échécratès, du bourg de Pétra, mais Lapithe d'origine,
« et descendant de Cænée[3]. Comme il n'avait point d'enfant de
« cette femme, ni d'aucune autre, il alla consulter le dieu de
« Delphes pour savoir s'il en aurait. A peine fut-il entré dans
« le temple, que la Pythie lui adressa ces paroles.

« Éétion, tu n'es honoré de personne, quoique tu mé-
« rites beaucoup de l'être. Labda porte dans son sein une
« grosse pierre qui écrasera des despotes, et gouvernera Co-
« rinthe. »

« Cette réponse du dieu fut par hasard rapportée aux Bac-

---

[1] Le premier de cette branche qui régna à Corinthe s'appelait Bacchis, fils de Prumnis. Il succéda aux Alétiades, qui avaient occupé le trône de Corinthe pendant cinq générations. Les Bacchiades, qui tiraient leur nom de ce Bacchis, régnèrent dans cette ville le même espace de temps. Le dernier fut Télestès, fils d'Aristomède. Il fut tué par Ariée et Pérantas, qui le haïssaient. La royauté finit en lui. On choisit ensuite parmi les Bacchiades des prytanes ou magistrats annuels, qui gouvernèrent l'État jusqu'à ce que Cypsélus, fils d'Éétion, s'emparât de la tyrannie et les chassât. (L.)

[2] Ce n'était pas son vrai nom, mais une espèce de surnom ou de sobriquet que lui avait donné le dieu de Delphes, parce qu'elle était boiteuse, ayant les jambes et les pieds tournés à peu près comme un *lambda*, qui est une lettre de l'alphabet grec. Remarquez qu'anciennement on appelait *labda* la lettre qui fut dans la suite nommée *lambda*. C'était assez la coutume, chez les anciens, de donner pour sobriquets des noms tirés de l'alphabet. On dit qu'Ésope fut surnommé *Théta* par Iadmon son maître, parce qu'il était d'un esprit fin et rusé, et que les esclaves l'appelaient Θῆτες; que Galérius Crassus, tribun militaire sous l'empereur Tibère, était surnommé *Béta*, parce qu'il aimait la bette ou poirée. (L.)

[3] Ce Lapithe Cænée vivait du temps d'Hercule; il était roi des Lapithes, brave et invulnérable. Dans un combat qui se donna entre les Centaures et les Lapithes, la terre s'étant entr'ouverte sous ses pieds, il y fut englouti. Les poètes imaginèrent que les Centaures ayant fondu sur lui en grand nombre, et ne pouvant ni le percer ni l'assommer, l'avaient enfoncé en terre à coups de massue. (*Voyez* Apollonius de Rhodes, liv. I.)

« chiades. Ils avaient reçu auparavant, au sujet de Corinthe,
« un oracle qui leur avait paru obscur, et qui signifiait la même
« chose que celui que le dieu venait de rendre à Éétion. Il était
« conçu en ces termes :

« Un aigle enfantera parmi ces rochers un lion fort et cruel
« qui fera périr beaucoup de monde. Réfléchissez là-dessus,
« vous qui habitez la sourcilleuse Corinthe et les bords de la
« belle fontaine de Pirène. »

« Les Bacchiades ne pouvaient former aucune conjecture sur
« cet oracle, qui leur avait été rendu antérieurement ; mais,
« lorsqu'ils eurent connaissance de celui d'Éétion, ils compri-
« rent aussitôt le premier, parce qu'il s'accordait parfaitement
« bien avec celui qui avait été rendu à Éétion. S'étant donc aussi
« assurés du sens de cet oracle, ils le tinrent secret, dans l'in-
« tention de faire périr l'enfant qui naîtrait à Éétion. Sa femme
« ne fut pas plutôt accouchée, qu'ils envoyèrent dix d'entre
« eux au bourg où il demeurait, pour tuer cet enfant. Lorsqu'ils
« y furent arrivés, et qu'ils furent entrés dans la cour d'Éétion,
« ils demandèrent l'enfant. Labda, qui ignorait le motif de leur
« arrivée, et qui pensait qu'ils le demandaient par amitié pour
« son père, le remit entre les mains de l'un d'entre eux. Ils
« avaient résolu en chemin que le premier qui le tiendrait en-
« tre ses bras, l'écraserait contre terre. Cet enfant n'eut pas
« plutôt passé des mains de sa mère dans celles de celui-ci,
« que, par un bonheur extraordinaire, il lui sourit. Cet homme
« en fut touché, et, la compassion l'empêchant de le tuer, il
« le remit à un autre, celui-ci à un troisième ; enfin ils se le
« passèrent tous ainsi de main en main, sans qu'aucun d'eux
« voulût le faire périr. Ils sortirent de la maison après l'avoir
« rendu à sa mère ; et, se tenant près de la porte, ils se firent
« réciproquement de vifs reproches, accusant surtout celui qui
« avait pris le premier l'enfant, parce qu'il n'avait pas exécuté ce
« dont ils étaient convenus. Ces altercations ayant duré quel-
« que temps, ils prirent enfin la résolution de rentrer, et de
« participer tous à sa mort. Mais il fallait que la race d'Éétion
« fût le germe d'où devaient sortir les malheurs de Corinthe.
« Labda, qui était près de la porte, avait tout entendu ; et,
« craignant qu'ils ne changeassent de résolution, et qu'ils ne
« reprissent son fils pour le tuer, elle alla le cacher dans un

« coffre à blé[1], qui lui parut le lieu le plus sûr, et dont on se
« douterait le moins ; car elle était persuadée que, s'ils ren-
« traient pour chercher son fils, ils feraient par toute la maison
« des perquisitions. Cela ne manqua point aussi d'arriver. Ils
« rentrèrent dans la maison ; et ayant inutilement cherché par-
« tout, ils prirent le parti de s'en aller, et de dire à ceux qui
« les avaient envoyés qu'ils s'étaient acquittés de leur mission.
« Ce fut, en effet, le langage qu'ils tinrent à leur retour. Lors-
« que cet enfant fut devenu grand, on lui donna le nom de Cyp-
« sélus, pour rappeler le souvenir du danger qu'il avait évité
« par le moyen d'un coffre à blé. Étant ensuite parvenu à l'âge
« viril, il alla consulter le dieu de Delphes, qui lui fit une ré-
« ponse ambiguë. Plein de confiance en cet oracle, il attaqua
« Corinthe et s'en empara. Cet oracle était conçu en ces termes:

« Heureux cet homme qui entre dans mon temple, Cypsélus,
« fils d'Éétion, roi de l'illustre ville de Corinthe, lui, ses enfants,
« mais non les enfants de ses enfants ! »

« Voici comment Cypsélus se conduisit lorsqu'il fut devenu
« tyran. Il exila un grand nombre de Corinthiens[2], en dépouilla
« beaucoup de leurs biens, et en fit mourir encore davantage.
« Enfin, il acheva heureusement sa vie, après un règne de trente
« ans, et son fils Périandre lui succéda. Celui-ci montra dans
« les commencements beaucoup plus de douceur que son père ;
« mais les liaisons qu'il entretint par ses ambassadeurs avec
« Thrasybule, tyran de Milet, le rendirent encore plus cruel

---

[1] Cette corbeille fut conservée dans le temple de Junon à Olympie. Elle était de cèdre, avec des histoires sculptées sur le cèdre en or et en ivoire. On peut en voir la description dans Pausanias, liv. V, chap. xvii et suivants. Il est très-vraisemblable que ce coffre n'était point celui dans lequel on cacha Cypsélus, mais un autre qu'on fit sur le modèle de celui-là, afin de conserver la mémoire d'un événement aussi précieux aux Cypsélides. (L.)

[2] Denys d'Halicarnasse rapporte qu'un certain Corinthien, nommé Démaratus, de la famille des Bacchiades, s'étant adonné au commerce, passa en Italie sur un vaisseau qui lui appartenait, aussi bien que les marchandises... Il amassa de cette manière de grandes richesses ; mais une sédition s'étant élevée à Corinthe, et les Bacchiades ayant été opprimés par la tyrannie de Cypsélus, Démaratus pensa qu'il ne serait pas sûr pour lui de vivre sous un gouvernement tyrannique. Il s'embarqua avec tous ses biens, et passa de Corinthe en Étrurie. S'étant marié dans le pays, son fils se rendit à Rome, et devint roi des Romains sous le nom de Tarquin, qu'il prit de Tarquinies, ville d'Étrurie, où il était né. (L.)

« que Cypsélus. Il avait fait demander à ce prince quelle forme
« de gouvernement il pourrait établir, afin de régner sûrement.
« Thrasybule conduisit l'envoyé de Périandre hors de la ville, se
« promenant avec lui dans les blés, et faisant à cet envoyé des
« questions sur son départ de Corinthe ; et revenant souvent
« sur cet objet, il coupait tous les épis plus élevés que les au-
« tres, et les jetait par terre ; de sorte qu'il détruisit ce qu'il y
« avait de plus beau et de meilleur parmi ces blés. Quand il eut
« parcouru ce champ, il renvoya le député de Périandre sans
« lui donner aucune sorte de conseils. Ce député ne fut pas plu-
« tôt de retour à Corinthe, que Périandre s'empressa de lui
« demander quels conseils lui donnait Thrasybule ; il lui répon-
« dit qu'il ne lui en avait donné aucun ; qu'il était surpris qu'il
« l'eût envoyé auprès d'un homme assez insensé pour détruire
« son propre bien ; et en même temps il lui raconta ce qu'il lui
« avait vu faire.

« Périandre, comprenant le sens de cette action, et persuadé
« que Thrasybule lui conseillait de faire mourir les citoyens les
« plus élevés, se porta, dès ce moment, à toutes sortes de mé-
« chancetés envers ses concitoyens. Il exila et fit mourir ceux
« qu'avait épargnés Cypsélus, et acheva ce que celui-ci avait
« commencé. Il fit aussi en un même jour dépouiller de leurs
« habits toutes les femmes de Corinthe, à l'occasion de Mélisse,
« sa femme. Il avait envoyé consulter l'oracle des morts sur les
« bords de l'Achéron, dans le pays des Thesprotiens, au sujet
« d'un dépôt qu'avait laissé un étranger. Mélisse, étant appa-
« rue, répondit qu'elle ne dirait ni n'indiquerait où était ce
« dépôt, parce qu'étant nue, elle avait froid ; les habits qu'on
« avait enterrés avec elle ne lui servant de rien, puisqu'on ne
« les avait pas brûlés. Et pour prouver la vérité de ce qu'elle
« avançait, elle ajouta que Périandre avait mis son pain dans
« un four froid. Cette preuve parut d'autant plus certaine à Pé-
« riandre, qu'il avait joui de sa femme après sa mort. Ses en-
« voyés ne lui eurent pas plutôt fait part, à leur retour, de la
« réponse de Mélisse, qu'il fit publier par un héraut que toutes
« les femmes de Corinthe eussent à s'assembler dans le temple
« de Junon. Elles s'y rendirent comme à une fête, avec leurs
« plus riches parures ; mais, les femmes libres comme les sui-
« vantes, il les fit toutes dépouiller par ses gardes, qu'il avait

« apostés dans ce dessein. On porta ensuite par son ordre tous
« ces habits dans une fosse, où on les brûla, après qu'il eut
« adressé ses prières à Mélisse. Cela fait, l'ombre de Mélisse
« indiqua à celui qu'il avait envoyé pour la seconde fois le lieu
« où elle avait mis le dépôt.

« Telle est, Lacédémoniens, la tyrannie; tels sont ses effets.
« Aussi fûmes-nous alors fort étonnés, nous autres Corinthiens,
« quand nous vous vîmes mander Hippias; mais le langage que
« vous tenez maintenant nous surprend encore davantage. Nous
« vous conjurons, au nom des dieux de la Grèce, de ne point
« établir dans les villes la tyrannie. Mais si, persistant dans
« votre premier dessein, vous entreprenez, contre toute justice,
« de rétablir Hippias dans Athènes, sachez que vous n'aurez
« pas du moins les Corinthiens pour approbateurs. »

XCIII. Sosiclès, député de Corinthe, ayant cessé de parler, Hippias lui répondit, après avoir invoqué les mêmes dieux, que les Corinthiens auraient un jour plus sujet que tout autre peuple de regretter les Pisistratides, lorsque serait arrivé le temps fixé par les destins où ils seraient vexés par les Athéniens. Hippias leur parlait ainsi, parce que nul homme n'avait une connaissance plus parfaite des oracles. Le reste des alliés avait jusque-là gardé le silence; mais, ayant ouï le discours de Sosiclès, ils s'écrièrent d'une voix unanime, qu'ils étaient de son avis; et, s'adressant aux Lacédémoniens, ils les conjurèrent de ne rien entreprendre contre une ville grecque, et de n'introduire aucune nouveauté dans son gouvernement. Ainsi échoua le projet des Lacédémoniens.

XCIV. Hippias étant parti de Lacédémone, Amyntas, roi de Macédoine, lui donna Anthémonte, et les Thessaliens Iolcos; mais il n'accepta ni l'une ni l'autre de ces offres, et retourna à Sigée. Pisistrate ayant conquis cette place sur les Mytiléniens, y avait établi pour tyran un fils naturel, nommé Hégésistrate, qu'il avait eu d'une femme d'Argos. Mais ce jeune homme ne jouit pas tranquillement du bien qu'il tenait de lui. Les Mytiléniens et les Athéniens étaient depuis longtemps en guerre, et les villes d'Achilléium et de Sigée leur servaient de place d'armes, d'où ils faisaient de fréquentes courses sur le territoire des uns et des autres. Les premiers redemandaient ce pays; les autres ne convenaient pas qu'il leur appartînt, et de plus ils prou-

vaient qu'eux-mêmes, et tous les autres Grecs qui avaient aide
Ménélas à venger le rapt d'Hélène, avaient autant de droit au
territoire de Troie que les Éoliens.

XCV. Il arriva dans cette guerre, et dans les combats que se
livrèrent ces deux peuples, beaucoup d'aventures, et une entre
autres qui regarde le poëte Alcée[1]. Dans une action où les Athéniens
eurent l'avantage, il s'enfuit, et laissa en leur pouvoir son
bouclier, qu'ils suspendirent à Sigée[2] dans le temple de Minerve.
Il composa, sur ce sujet, une ode qu'il envoya à Mytilène,
et dans laquelle il racontait à Ménalippe, son ami, le malheur
qui lui était arrivé. Périandre, fils de Cypsélus, rétablit la paix
entre les Mytiléniens et les Athéniens, qui l'avaient pris pour
arbitre. Il décida qu'ils cultiveraient le pays dont chacun était
en possession. Sigée resta en conséquence aux Athéniens.

XCVI. Hippias s'étant rendu de Lacédémone en Asie, il n'y eut
rien qu'il ne remuât pour rendre les Athéniens odieux à Artapherne,
et fit tout pour mettre Athènes en sa puissance, et pour
la soumettre à Darius. Ses menées étant venues à la connaissance
des Athéniens, ils envoyèrent des députés à Sardes, pour
dissuader les Perses d'ajouter foi aux discours de leurs bannis.
Mais Artapherne leur ordonna de rappeler Hippias, s'ils désiraient
se conserver. Ils étaient si éloignés d'accepter cette
condition, qu'ils furent d'avis de se déclarer ouvertement contre
les Perses.

---

[1] Poëte lyrique très-célèbre, grand ennemi des tyrans, qu'il a immolés
dans ses vers à l'amour de la liberté. Il fleurissait en la XLIIe olympiade,
comme on le présume par des synchronismes. Suidas nous apprend en
effet que Pittacus tua en cette olympiade Mélanchrus, tyran de Mytilène,
et nous voyons dans Diogène Laërce qu'il fut aidé dans cette entreprise
par les frères d'Alcée. Il ne nous reste de ce poëte que des fragments qui
ont été rassemblés avec soin par Henri Estienne, à la suite de son *Pindare*
en deux volumes in-16. (L.)

[2] Chez les anciens c'était un grand honneur pour les vainqueurs que
d'enlever les armes aux ennemis; et une grande ignominie aux vaincus
de les perdre. Les lois établies dans la plupart des États de la Grèce punissaient
même ceux qui, dans une déroute, perdaient leur bouclier. Ce
malheur arriva au poëte Archiloque dans la guerre des Thasiens contre
les Saïens, peuples de Thrace : moins sage qu'Alcée, il osa s'en vanter
dans ses vers; et en cela il fut imité par Horace. Les Romains ne firent
que rire de la plaisanterie naïve d'Horace; mais les Spartiates, plus austères
que les Romains, chassèrent Archiloque de Sparte, où la curiosité
l'avait conduit. (L.)

XCVII. Tandis qu'ils étaient dans cette résolution, et qu'on les calomniait chez les Perses, Aristagoras de Milet, que Cléomène, roi de Lacédémone, avait chassé de Sparte, arriva à Athènes, la plus puissante ville qu'il y eût en Grèce. S'étant présenté à l'assemblée du peuple, il y parla, comme il l'avait fait à Sparte, des richesses de l'Asie et de la facilité qu'il y aurait à vaincre les Perses, qui ne se servaient ni de boucliers ni de lances. A ces raisons il ajouta que les Milésiens étant une colonie des Athéniens, il était naturel que ceux-ci, qui étaient très-puissants, les remissent en liberté : et, comme il avait un besoin très-pressant de leur secours, il n'y eut point de promesses qu'il ne leur fît, jusqu'à ce qu'il les eût enfin persuadés. Il paraît en effet plus aisé d'en imposer à beaucoup d'hommes qu'à un seul, puisque Aristagoras, qui ne put surprendre Cléomène seul, réussit à tromper trente mille Athéniens. Le peuple, persuadé, résolut d'envoyer vingt vaisseaux au secours des Ioniens, et nomma pour les commander Mélanthius, qui était universellement estimé parmi ses concitoyens. Cette flotte fut une source de maux tant pour les Grecs que pour les Barbares.

XCVIII. Aristagoras s'embarqua et prit les devants. Lorsqu'il fut arrivé à Milet, il imagina un projet dont il ne devait résulter aucun avantage pour les Ioniens ; aussi avait-il moins en vue de les obliger que de chagriner Darius. Il envoya en Phrygie vers les Péoniens, qui avaient été transplantés des bords du Strymon, où Mégabyse les avait faits prisonniers, et qui habitaient le bourg et le territoire qu'on leur avait assignés. Son député leur dit à son arrivée : « Péoniens, Aristagoras, tyran de Milet, « m'a chargé de vous donner un conseil qui vous sera salutaire, « si vous voulez le suivre. L'Ionie entière a pris les armes « contre le roi ; c'est pour vous une occasion favorable de re- « tourner dans votre patrie sans aucun danger. Rendez vous « seulement sur les bords de la mer ; quant au reste du voyage, « nous y pourvoirons. »

Les Péoniens embrassèrent ce parti avec bien de la joie. Prenant aussitôt avec eux leurs femmes et leurs enfants, ils s'enfuirent vers la mer, excepté un petit nombre que la crainte du danger retint dans leur habitation. A peine furent-ils arrivés sur ses bords, qu'ils passèrent à Chios. Ils y étaient déjà, lorsqu'il survint de la cavalerie perse qui les poursuivait vivement.

Ces troupes, n'ayant pu les joindre, leur firent dire à Chios qu'ils eussent à revenir. Les Péoniens ne les écoutèrent pas. Les habitants de Chios les transportèrent de leur île en celle de Lesbos, et les Lesbiens à Dorisque, d'où ils se rendirent par terre en Péonie.

XCIX. Les Athéniens arrivèrent avec vingt vaisseaux et cinq trirèmes des Érétriens, qui les accompagnèrent, moins par égard pour eux que pour reconnaître les bienfaits des Milésiens. Ceux-ci, en effet, les avaient aidés dans la guerre qu'ils avaient eue à soutenir contre les Chalcidiens, lorsque les Samiens secoururent ces derniers contre les Érétriens et les Milésiens Quand ils furent arrivés, et qu'ils eurent été joints par le reste des alliés, Aristagoras fit une expédition contre Sardes, où il ne se trouva point en personne. Il resta à Milet, et nomma, pour commander les Milésiens, Charopinus, son frère, et mit Hermophante à la tête des alliés.

C. Les Ioniens, ayant abordé à Éphèse, laissèrent leurs vaisseaux à Coresse[1], dans le territoire de cette ville, et, ayant pris avec eux des Éphésiens pour leur servir de guides, ils s'avancèrent dans les terres avec des forces considérables. Ils suivirent les bords du Caystre, passèrent le mont Tmolus, et arrivèrent à Sardes. Comme ils ne trouvèrent point de résistance, ils prirent cette place, excepté la citadelle, qu'Artapherne défendait avec une garnison nombreuse.

CI. Un accident garantit cette ville du pillage. La plupart des maisons étaient de cannes et de roseaux, et toutes celles qui étaient en briques étaient couvertes de roseaux. Un soldat ayant mis le feu à une de ces maisons, l'incendie se communiqua aussitôt de proche en proche, et la ville fut réduite en cendres. Pendant qu'elle était en proie aux flammes, les Lydiens, et tout ce qu'il y avait de Perses à Sardes, se voyant pris de tous côtés, et ne trouvant point d'issue pour s'échapper, parce que le feu avait déjà gagné les extrémités de la ville, se rendirent en foule sur la place, et sur les bords du Pactole, qui la traverse par le milieu. Ce fleuve roule dans ses eaux des paillettes d'or qu'il a détachées du Tmolus, et au sortir de Sardes il se jette dans

---

[1] Coresse, nom d'une montagne assez élevée, distante d'Éphèse de quarante stades environ. Il y avait au pied de cette montagne un bourg du même nom, et une rade. (Miot.)

l'Hermus, et l'Hermus dans la mer. Les Perses et les Lydiens, entassés dans la place et sur les bords de cette rivière, furent forcés de se défendre. Les Ioniens, voyant les uns se mettre en défense et les autres marcher à eux en grand nombre, furent effrayés, et se retirèrent vers le mont Tmolus, d'où ils partirent la nuit pour se rendre à leurs vaisseaux.

CII. Le temple de Cybèle, déesse du pays, fut consumé avec la ville; et cet incendie servit dans la suite de prétexte aux Perses pour mettre le feu aux temples de la Grèce. Sur la nouvelle de cette invasion, les Perses qui habitaient en deçà de l'Halys s'assemblèrent et accoururent au secours des Lydiens. Ils ne trouvèrent plus les Ioniens à Sardes; mais, les ayant suivis sur leurs traces, ils les atteignirent à Éphèse. Les Ioniens firent volte-face, livrèrent combat et furent battus. Il y en eut beaucoup de tués; et parmi les personnes de distinction, on compte Eualcis, commandant des Érétriens, qui avait été plusieurs fois victorieux aux jeux dont le prix est une couronne, et dont les louanges avaient été chantées par Simonide de Céos. Ceux qui se sauvèrent de cette bataille se dispersèrent dans les villes. Telle fut l'issue de la lutte.

CIII. Les Athéniens abandonnèrent après cela totalement les Ioniens, et ne voulurent plus leur donner de secours, malgré les prières que leur adressa Aristagoras par ses députés. Quoique privés de l'alliance des Athéniens, les Ioniens ne s'en disposèrent pas moins à continuer la guerre contre Darius, la conduite qu'ils avaient tenue avec ce prince ne leur laissant point d'autre ressource. Ils firent voile dans l'Hellespont, et s'emparèrent de Byzance et de toutes les autres villes voisines. Au sortir de cette mer, ils allèrent en Carie, dont la plus grande partie se ligua avec eux; et la ville de Caune, qui avait refusé auparavant leur alliance, y entra aussitôt après l'incendie de Sardes.

CIV. Les Cypriens se liguèrent tous de leur propre mouvement avec eux, excepté les habitants d'Amathonte. Ils s'étaient révoltés contre les Mèdes à l'occasion que je vais dire. Gorgus, roi de Salamine[1], fils de Chersis, petit-fils de Siromus et ar-

---

[1] Ce Gorgus descendait d'Evelthon, roi de Salamine, et contemporain d'Arcésilas III, roi de Cyrène. Ce dernier prince donna un asile dans ses États à Phérétime, mère d'Arcésilas. Il régnait par conséquent vers l'an 4187 de la période julienne, 527 ans avant l'ère vulgaire. (L.)

rière-petit-fils d'Évelthon, avait un frère cadet, nommé Onésilus. Cet Onésilus l'avait souvent exhorté auparavant à se soulever contre le roi. Lorsqu'il eut appris la révolte des Ioniens, il le pressa encore davantage ; mais, n'ayant pu l'y engager, il épia le moment qu'il était sorti de Salamine, et aussitôt il lui en ferma les portes à l'aide des gens de son parti. Gorgus, dépouillé de ses États, se retira chez les Mèdes. Onésilus se voyant maître de Salamine, tous les Cypriens prirent, à sa prière, part à la révolte, excepté ceux d'Amathonte, qui ne voulurent point l'écouter. Il les assiégea.

CV. Il était devant cette place, lorsqu'on annonça à Darius que Sardes avait été prise et brûlée par les Athéniens et les Ioniens ; qu'Aristagoras de Milet était le chef de la ligue formée contre lui. On raconte que, lorsqu'il apprit cette nouvelle, il ne tint aucun compte des Ioniens, sachant bien que leur révolte ne resterait pas impunie ; mais qu'il s'informa quel peuple c'était que les Athéniens, et que, sur ce qu'on le lui eut appris, il demanda son arc, et qu'y ayant mis une flèche, il la tira vers le ciel et en frappa l'air[1] en s'écriant : « O Jupiter, puissé-je me « venger des Athéniens ! » Il ordonna ensuite à un de ses officiers de lui répéter à trois reprises, toutes les fois qu'on lui servirait à dîner : Seigneur, souviens-toi des Athéniens.

CVI. Cet ordre donné, il manda Histiée de Milet, qu'il retenait depuis longtemps. « Histiée, lui dit-il, j'apprends que le gou« verneur à qui tu as confié Milet a excité des troubles contre « moi, qu'il a fait venir des peuples de l'autre continent, et que, « les ayant joints aux Ioniens, que je saurai punir, il les a en« gagés à le suivre, et m'a enlevé la ville de Sardes. Cette en« treprise te paraît-elle honnête ? Aurait-elle pu s'exécuter sans « ta participation ? Prends garde de te rendre coupable une « autre fois. — Que me dis-tu, seigneur, répondit Histiée. Me « crois-tu capable de donner un conseil qui puisse te causer le « plus léger chagrin ? Que prétendrais-je en agissant de la

---

[1] Cette action est une espèce de déclaration de guerre. L'usage actuel des Kalmacs, peuples tartares voisins de la Perse, le donne à penser. « Les Kalmacs, dit Chardin, indignés, vinrent vers la fin de la campagne sur la frontière qui sépare les deux États, et là ils tirèrent solennellement une flèche dans les terres de Perse, qui est le signal avec lequel ils déclarent la guerre. » (*Voyage de Chardin*, t. XV, p. 302.)

« sorte ? De quoi manquai-je près de toi ? Ne me fais-tu point
« part de tous tes biens ? Ne daignes-tu pas m'admettre à tous
« tes conseils ? Si mon lieutenant a formé l'entreprise dont tu
« me parles, c'est, seigneur, de son propre mouvement ; mais
« je ne puis absolument me persuader que lui et les Milésiens
« aient excité des troubles contre toi. Si cependant ils l'ont fait,
« si ce qu'on t'en a dit est vrai, considère, seigneur, si tu n'y
« as pas donné lieu en m'arrachant des bords de la mer[1].
« Les Ioniens désiraient sans doute depuis longtemps se sous-
« traire à ton obéissance ; mon éloignement a favorisé leurs
« vues. Si j'eusse été sur les lieux, aucune ville n'eût osé re-
« muer. Renvoie-moi donc au plus tôt en Ionie, afin que j'y ré-
« tablisse ton autorité dans son premier état, et que je remette
« en tes mains Aristagoras, l'auteur de cette trame. Ces deux
« points exécutés selon tes intentions, je jure par les dieux,
« protecteurs des rois, que je ne quitterai point l'habit que
« j'aurai à mon arrivée en Ionie, que je ne t'aie rendu tributaire
« la grande île de Sardaigne. »

CVII. Darius se laissa persuader par ce discours, qui ne tendait qu'à le tromper. Il renvoya Histiée, et lui ordonna, en partant, de revenir à Suse aussitôt qu'il aurait rempli ses engagements.

CVIII. Pendant qu'on portait au roi la nouvelle de la prise de Sardes ; que ce prince, après avoir tiré une flèche contre le ciel, délibérait sur ce sujet avec Histiée, et qu'Histiée, congédié par lui, se rendait sur les bords de la mer, on apprit à Onésilus de Salamine, qui était occupé au siége d'Amathonte, qu'on attendait incessamment à Cypre Artybius, Perse de naissance, avec une armée considérable de troupes de sa nation. Sur cette nouvelle, Onésilus dépêcha des hérauts aux Ioniens, pour les inviter à le secourir. Ceux-ci, sans perdre le temps en longues délibérations, vinrent à son secours avec une flotte nombreuse. Les Ioniens étaient déjà à Cypre, lorsque les Perses, ayant passé de la Cilicie en cette île, se rendirent par terre à Salamine ; les Phéniciens doublèrent de leur côté le promontoire qu'on appelle les Cléides de Cypre.

[1] Il me semble que l'expression qu'Hérodote met dans la bouche d'Histiée pouvait faire soupçonner à Darius qu'il était à la cour malgré lui, et par conséquent confirmer ce prince dans ses soupçons.

CIX. Pendant que ces événements se passaient, les tyrans de Cypre convoquèrent les commandants des Ioniens, et leur parlèrent en ces termes : « Ioniens, nous vous donnons le choix,
« nous autres Cypriens, d'attaquer les Perses ou les Phéniciens.
« Si vous voulez essayer sur terre vos forces contre les Perses,
« il est temps de quitter vos vaisseaux et de vous ranger en
« bataille ; et nous, après être montés sur nos vaisseaux, nous
« combattrons contre les Phéniciens ; si vous aimez mieux atta-
« quer les Phéniciens, faites-le. Mais, quel que soit votre choix,
« songez que de vous dépend la liberté de Cypre et de l'Io-
« nie. »

« Princes de Cypre, répondirent les Ioniens, le conseil com-
« mun de l'Ionie nous a envoyés pour garder la mer, et non
« pour remettre nos vaisseaux aux Cypriens, et pour combattre
« nous-mêmes à terre contre les Perses. Nous tâcherons de
« faire notre devoir dans le poste où l'on nous a placés. Pour
« vous, rappelez-vous le dur asservissement où vous ont tenus
« les Mèdes, et combattez en gens de cœur. » Telle fut la réponse des Ioniens.

CX. Les ennemis étant arrivés dans la plaine de Salamine, les rois de Cypre choisirent les meilleurs soldats de Salamine et de Soles pour les opposer aux Perses, et rangèrent leurs autres troupes contre le reste de l'armée. Quant à Onésilus, il se plaça lui-même vis-à-vis d'Artybius, général des Perses.

CXI. Artybius montait un cheval instruit à se dresser contre un homme armé. Onésilus, qui en fut averti, en parla à son écuyer, Carien de nation, homme plein de courage et très-entendu dans l'art de la guerre. « J'apprends, lui dit-il, que le
« cheval d'Artybius se dresse, et que des pieds et des dents il
« tue celui contre lequel on le pousse. Fais sur-le-champ tes ré-
« flexions là-dessus, et dis-moi lequel tu aimes mieux observer
« et frapper, du maître ou du cheval. — Seigneur, répondit
« l'écuyer, je suis prêt à faire l'un et l'autre, ou l'un des deux,
« et absolument tout ce qu'il te plaira de m'ordonner. Je te di-
« rai cependant ce qui me paraît convenable à tes intérêts. Je
« pense qu'un roi et un général doivent combattre contre un
« roi et un général. Si tu fais périr un général, il en résultera
« pour toi une grande gloire ; s'il te tue (ce qu'aux dieux ne
« plaise !), il est moins triste de mourir d'une noble main.

« Quant à nous autres serviteurs, il faut que nous combattions
« contre d'autres serviteurs. A l'égard du cheval d'Artybius,
« ne crains point son manége ; je te garantis qu'il ne se dres-
« sera plus contre personne. »

CXII. Il dit, et bientôt après les deux armées de terre et de mer en vinrent aux mains. Les Ioniens firent paraître beaucoup de valeur sur mer, et battirent en cette journée les Phéniciens : ceux qui se distinguèrent le plus furent les Samiens. Les armées de terre s'approchèrent et fondirent l'une sur l'autre. Voici ce qui arriva aux deux généraux. Tandis qu'Artybius poussait son cheval contre Onésilus, celui-ci le frappe, comme il en était convenu avec son écuyer. Le cheval dresse en même temps ses pieds sur le bouclier d'Onésilus ; le Carien les lui coupe avec une faux ; le cheval s'abat, et le général perse tombe avec lui.

CXIII. Pendant qu'on était occupé à combattre, Stésénor, tyran de Curius, qui commandait un corps considérable de troupes, passa du côté de l'ennemi. On prétend que les Curiens sont une colonie d'Argiens. Les chariots de guerre des Salaminiens suivirent aussitôt l'exemple des Curiens. Les Perses acquirent par ce moyen de la supériorité. Les Cypriens prirent la fuite ; il en périt beaucoup, et entre autres Onésilus, fils de Chersis, celui-là même qui avait excité les Cypriens à la révolte. Aristocypros, roi des Soliens, perdit aussi la vie à cette journée. Il était fils de ce Philocypros que Solon d'Athènes, étant venu à Cypre, célébra dans ses vers par-dessus tous les tyrans.

CXIV. Les habitants d'Amathonte coupèrent la tête d'Onésilus parce qu'il les avait assiégés, la portèrent à Amathonte, et la mirent sur une des portes de la ville. Quelque temps après, cette tête étant vide, un essaim d'abeilles la remplit de rayons de miel. Là-dessus ceux d'Amathonte consultèrent l'oracle, qui leur répondit d'enterrer cette tête, d'offrir tous les ans des sacrifices à Onésilus comme à un héros, et qu'ils s'en trouveraient mieux. Ils obéirent, et de mon temps ils lui sacrifiaient encore.

CXV. Les Ioniens, qui s'étaient battus sur mer près de Cypre, ayant appris que les affaires d'Onésilus étaient perdues sans ressources, et que les villes de Cypre étaient assiégées, excepté Salamine, que ses habitants avaient rendue à Gorgus leur ancien roi, remirent sur-le-champ à la voile pour se rendre en Ionie.

De toutes les villes de Cypre, Soles fut celle qui fit une plus longue résistance. Les Perses poussèrent des mines sous le mur tout autour de la place, et la prirent de cette manière le cinquième mois.

CXVI. Les Cypriens furent de nouveau réduits en esclavage, après avoir joui de la liberté pendant un an. Daurisès, gendre de Darius, Hyméès, Otane, et d'autres généraux perses, qui avaient aussi épousé des filles de ce prince, poursuivirent les Ioniens qui avaient été de l'expédition de Sardes, et les battirent après les avoir forcés à rentrer dans leurs vaisseaux. Ils se partagèrent ensuite les villes et les pillèrent.

CXVII. Daurisès tourna ses armes contre les villes de l'Hellespont. Dardanus, Abydos, Percote, Lampsaque et Pæsos ne résistèrent chacune qu'un jour. Mais, tandis qu'il était en marche pour se rendre de Pæsos à Parium, il apprit que les Cariens s'étaient révoltés contre les Perses, de concert avec les Ioniens. Sur cette nouvelle, il quitta l'Hellespont, rebroussa chemin, et mena ses troupes en Carie.

CXVIII. Les Cariens en eurent connaissance avant son arrivée. Là-dessus ils s'assemblèrent au lieu nommé les Colonnes-Blanches, sur les bords du Marsyas, qui se jette dans le Méandre après avoir traversé le territoire d'Idrias. Les avis furent partagés. Le meilleur, du moins autant que j'en puis juger, fut celui de Pixodare, fils de Mausole, de la ville de Cindys, qui avait épousé une fille de Syennésis, roi de Cilicie. Il conseilla aux Cariens de passer le Méandre, et de combattre ayant le fleuve à dos, afin que, ne pouvant reculer, la nécessité de rester dans ce poste leur inspirât plus de courage qu'ils n'en avaient naturellement. Cet avis ne prévalut pas ; il fut au contraire résolu que les Perses auraient le Méandre derrière eux, sans doute afin que, s'ils venaient à être vaincus et à être mis en fuite, ils tombassent dans le fleuve, et ne pussent se sauver.

CXIX. Les Perses ayant traversé le Méandre, les Cariens leur livrèrent bataille sur les bords du Marsyas. Le combat fut rude et long, mais enfin ils furent forcés de céder au nombre. Il périt dans cette action deux mille hommes du côté des Perses, et dix mille de celui des Cariens. Ceux d'entre ces derniers qui échappèrent à cette déroute se réfugièrent à Labranda, dans le temple de Jupiter Stratius, et dans un grand bois de platanes qui lui est consacré. Les Cariens sont les seuls peuples, que je sache, qui offrent des sacrifices à Jupiter Stratius. Lorsqu'ils furent renfermés dans ce bois, ils délibérèrent s'il leur serait plus avantageux de se rendre aux Perses ou d'abandonner totalement l'Asie.

CXX. Pendant qu'ils délibéraient, les Milésiens vinrent à leur secours avec leurs alliés. Les Cariens abandonnèrent alors leurs premières résolutions et se préparèrent à recommencer la guerre. Ils en vinrent aux mains avec les Perses qui venaient les attaquer, et furent battus plus complétement que la première fois. En général, il périt beaucoup de monde à cette journée, surtout du côté des Milésiens.

CXXI. Quelque temps après, les Cariens réparèrent cette défaite dans une autre action. Ayant appris que les Perses étaient en marche pour attaquer leurs villes, ils se mirent en embuscade sur le chemin de Pédase. Les Perses, s'y étant engagés pendant la nuit, y périrent avec leurs généraux Daurisès, Amorgès, et Sisimacès. Myrsus, fils de Gygès, y fut aussi tué.

CXXII. Héraclide, fils d'Ibanolis, de la ville de Mylasse, conduisait cette embuscade. Tel fut le sort des Perses. Hymées, qui était aussi du nombre de ceux qui avaient poursuivi les Ioniens après leur expédition contre Sardes, tourna vers la Propontide, et prit Cios en Mysie. Ayant eu ensuite avis que Daurisès avait quitté l'Hellespont pour marcher en Carie, il abandonna la Propontide, et mena son armée vers l'Hellespont. Il subjugua tous les Éoliens du territoire d'Ilion et les Gergithes, reste des anciens Teucriens. Tandis qu'il était occupé de ces conquêtes, il fut attaqué d'une maladie, dont il mourut dans la Troade.

CXXIII. Artapherne, gouverneur de Sardes, reçut ordre d'aller avec Otane, un des trois généraux de l'armée de Darius, en Ionie et dans l'Éolide, qui lui est contiguë. Ils prirent Clazomène en Ionie, et Cyme dans l'Éolide.

CXXIV. Aristagoras de Milet, l'auteur du soulèvement de l'Ionie et des troubles qui l'agitaient, montra en cette occasion bien peu de fermeté. Il fut tellement déconcerté de la prise de ces villes, qu'il résolut de prendre la fuite; et d'ailleurs il lui paraissait impossible de l'emporter sur le roi. Il convoqua en conséquence ses partisans, et délibéra avec eux s'il ne leur serait pas avantageux d'avoir un asile tout prêt, en cas qu'ils fussent chassés de Milet, soit qu'il fallût les mener en Sardaigne, ou à Myrcine, dans le pays des Édoniens, ville que Darius avait donnée à Histiée, et que celui-ci avait commencé à environner de murs. Telle fut la proposition d'Aristagoras.

CXXV. L'historien Hécatée, fils d'Hégésandre, n'était point d'avis qu'il envoyât une colonie dans l'un ou l'autre de ces deux pays, mais qu'il bâtît un château dans l'île de Léros, si on le chassait de Milet, et qu'il s'y tînt tranquille; et que de là il pourrait retourner à Milet. Tel fut l'avis d'Hécatée.

CXXVI. Aristagoras penchait davantage pour aller à Myrcine. Il confia Milet à Pythagore, homme de distinction, qui était de cette ville; et, prenant avec lui tous ceux qui voulurent l'accompagner, il fit voile en Thrace, et s'empara du pays qu'il avait en vue à son départ. Il en partit ensuite pour aller faire le siége d'une place, où il périt avec son armée par les mains des Thraces qui la défendaient, et qui avaient consenti à sortir par capitulation.

FIN DU CINQUIÈME LIVRE.

LIVRE SIXIÈME

ÉRATO

Darius s'empare de Milet. — Le poète Phrynicus. — Darius envoie demander la terre et l'eau aux peuples de la Grèce. — Prérogatives des rois de Sparte. — Prise d'Érétrie par les Perses — Cléomène. — Sa mort. — Les Perses attaquent Athènes. — Bataille de Marathon. — Miltiade. — Les Spartiates n'arrivent qu'après la victoire. — Miltiade devant Paros. — Il échoue dans son expédition. — Condamné a une amende. — Les Pélasges. — Lemnos.

I. Ainsi périt Aristagoras, l'auteur de la révolte de l'Ionie. Quant à Histiée, tyran de Milet, Darius ne l'eut pas plutôt renvoyé, qu'il partit de Suse, et se rendit à Sardes. A son arrivée en cette ville, Artapherne, qui en était gouverneur, lui demanda quelles raisons pouvaient, à son avis, avoir engagé les Ioniens à se révolter. Histiée lui répondit, comme s'il n'eût pas été instruit de l'état actuel des affaires, qu'il ne savait rien et était surpris de ce qui s'était passé. Mais Artapherne s'aperçut qu'il usait d'artifice : « Histiée, lui dit-il en homme qui connaissait la vraie
« cause de la révolte, tu as cousu le soulier, et Aristagoras l'a
« chaussé. »

II. Histiée, alarmé de ce discours, qui prouvait qu'Artapherne était instruit de ses menées, s'enfuit vers la mer à l'entrée de la nuit, et trompa Darius. Quoiqu'il eût promis à ce prince de lui soumettre la grande île de Sardaigne, il prit le commandement des Ioniens dans la guerre qu'ils soutenaient contre lui, et passa dans l'île de Chios, où les habitants l'enchaînèrent, l'accusant d'y être venu de la part de ce prince pour y exciter des troubles.

Mais on lui rendit la liberté quand on eut appris la vérité, et qu'il était ennemi du roi.

III. Les Ioniens lui demandèrent ensuite pourquoi il avait ordonné avec tant d'empressement à Aristagoras de faire révolter l'Ionie, et leur avait causé par là tant de maux. Mais, au lieu de leur en dire la vraie raison, il leur répondit qu'il avait envoyé ces ordres parce que Darius avait résolu de transporter les Phéniciens en Ionie, et les Ioniens en Phénicie, quoique ce prince n'eût jamais eu un pareil dessein; mais il voulait effrayer les Ioniens.

IV. Il écrivit après cela à des Perses établis à Sardes, avec qui il s'était entretenu de la révolte, et confia ces lettres à Hermippus d'Atarnée; mais celui-ci, au lieu de les porter à leur adresse, les remit à Artapherne. Celui-ci, sachant par cette voie tout ce qui se tramait, ordonna à Hermippus de rendre ces lettres à ceux à qui elles étaient adressées et de lui remettre à lui-même leurs réponses. Cette conspiration découverte, il fit mourir beaucoup de Perses.

V. Il y eut à cette occasion des troubles à Sardes. Histiée déchu de ses espérances, les habitants de Chios le menèrent à Milet, comme il les en avait priés. Les Milésiens, charmés d'être délivrés d'Aristagoras, étaient d'autant moins portés à recevoir dans leur pays un autre tyran, qu'ils avaient déjà goûté les douceurs de la liberté. Il tenta, la nuit, de rentrer de force dans la ville; mais il fut blessé à la cuisse par un citoyen de Milet. Repoussé de sa patrie, il revint à Chios; et, comme il ne put engager les habitants de cette île à lui donner des vaisseaux, il passa de là à Mytilène, et en obtint des Lesbiens. Ceux-ci équipèrent huit trirèmes avec lesquelles il fit voile vers Byzance, où, ayant jeté l'ancre, il intercepta tous les vaisseaux venant du Pont-Euxin, excepté ceux qui se déclaraient prêts à lui obéir.

VI. Tandis qu'Histiée et les Mytiléniens s'occupaient ainsi, on attendait à Milet même une flotte considérable, avec une nombreuse armée de terre. Les généraux des Perses, ayant rassemblé leurs forces éparses, et les ayant réunies en un seul corps, allèrent droit à la capitale, sans s'occuper des petites villes, dont ils faisaient moins de cas. Parmi les troupes navales, les Phéniciens témoignaient le plus d'ardeur; les Cypriens nouvellement subjugués les accompagnaient avec les Ciliciens et les Égyptiens.

VII. Sur la nouvelle que ces troupes venaient attaquer Milet et le reste de l'Ionie, les Ioniens envoyèrent des députés au Panionium. L'affaire mise en délibération après leur arrivée, il fut décidé qu'on n'opposerait point d'armée de terre aux Perses, que les Milésiens défendraient eux-mêmes leur ville, que l'on compléterait les équipages de tous les vaisseaux, sans en excepter un seul, et que, lorsqu'ils seraient complets, la flotte s'assemblerait au plus tôt à Lada pour y combattre en faveur de Milet. Lada est une petite île située devant la ville de Milet.

VIII. Cette résolution prise, lorsque les équipages des vaisseaux furent complets, les Ioniens vinrent au rendez-vous avec tous les Éoliens de l'île de Lesbos. Voici quel était leur ordre de bataille. Les Milésiens occupaient l'aile à l'est avec quatre-vingts vaisseaux. Immédiatement après eux étaient les Priéniens avec douze vaisseaux. Venaient ensuite ceux de Myonte avec trois vaisseaux, et après eux les Téiens avec dix-sept. Ceux-ci étaient suivis par cent voiles de Chios. Près d'eux étaient les Érythréens et les Phocéens; ceux-ci avec trois vaisseaux, ceux-là avec huit. Les Lesbiens, placés immédiatement après eux, avaient soixante-dix voiles. Enfin les Samiens occupaient l'autre aile à l'ouest avec soixante vaisseaux. Cela faisait en tout trois cent cinquante-trois trirèmes du côté des Ioniens ; telle était cette flotte.

IX. Celle des Barbares était de six cents voiles. Lorsqu'elle fut arrivée sur la côte de Milet, et que toute l'armée de terre se trouva réunie, les généraux perses, ayant eu avis du grand nombre de vaisseaux ioniens, craignirent de n'être point encore assez forts pour les vaincre, et que, faute d'avoir la supériorité sur mer, ils ne pussent prendre Milet, et qu'ils ne s'attirassent la colère de Darius. Après en avoir conféré ensemble, ils convoquèrent les tyrans ioniens, qu'Aristagoras de Milet avait privés de leurs États, et qui, s'étant réfugiés chez les Mèdes, se trouvaient alors à l'armé campée devant Milet. Quand ils les eurent assemblés, ils leur adressèrent ce discours : « Ioniens, voici le « moment de montrer votre zèle pour le service du roi; que « chacun de vous essaye de détacher ses concitoyens du reste « des alliés. Promettez-leur qu'ils ne seront point punis de leur « révolte, qu'on ne mettra point le feu à leurs édifices, tant

« sacrés que profanes ; enfin qu'il ne seront pas plus mal traités
« qu'ils ne l'ont été jusqu'à ce jour. Mais s'ils rejettent vos pro-
« positions, s'ils veulent en venir absolument à un combat,
« menacez-les de tous les malheurs qui ne manqueront pas de
« fondre sur eux, en cas qu'ils soient vaincus ; assurez-les qu'ils
« seront réduits en esclavage, que leurs enfants mâles seront
« faits eunuques, que leurs filles seront transportées à Bactres,
« et qu'on donnera leur pays à d'autres peuples. »

X. Ainsi parlèrent les Perses. Dès que la nuit fut venue, les tyrans d'Ionie envoyèrent chacun vers ses propres concitoyens, pour leur faire part des résolutions du conseil. Mais ceux à qu ils s'adressèrent, s'imaginant que les Perses ne faisaient ces propositions qu'à eux seuls, les rejetèrent avec mépris, et ne voulurent point trahir la cause commune. Ces choses se passèrent aussitôt après l'arrivée des Perses à Milet.

XI. Les Ioniens tinrent ensuite conseil à l'île de Lada, où ils s'étaient assemblés. On y ouvrit plusieurs avis, et Denys entre autres, chef des Phocéens, parla en ces termes : « Nos
« affaires, Ioniens, sont suspendues sur le tranchant du rasoir.
« Il n'y a point de milieu pour nous entre la liberté et l'escla-
« vage, et même l'esclavage où gémissent les esclaves fugitifs.
« Maintenant donc, si vous voulez supporter les travaux et la
« fatigue, vous aurez à souffrir pour le présent ; mais, lorsque
« vous aurez vaincu vos ennemis, vous pourrez jouir tranquil-
« lement de la liberté. Si, au contraire, vous vous abandonnez
« à la mollesse et au désordre, je n'espère point que vous puis-
« siez vous soustraire à la punition de votre révolte. Suivez mes
« conseils, remettez-vous entre mes mains, et je vous réponds
« que, si les dieux tiennent la balance égale, les Perses n'en
« viendront point aux mains avec nous, ou que, s'ils nous at-
« taquent, ils auront le dessous. »

XII. Les Ioniens, émus de ces paroles, déférèrent à Denys le commandement de la flotte. Celui-ci faisait avancer tous les jours les vaisseaux, présentant un front étroit sur beaucoup de profondeur, et exerçait les rameurs à passer entre les lignes, afin d'aguerrir les combattants. Le reste du jour, il tenait les vaisseaux à l'ancre [1], sans donner aux Ioniens, dans toute la jour-

---

[1] Les Grecs étaient dans l'usage de ranger leurs vaisseaux près de la

née, un moment de relâche. Les Ioniens obéirent exactement pendant sept jours; mais le huitième jour, accablés par la fatigue et l'ardeur du soleil, comme des gens qui n'étaient pas accoutumés à tant de travaux : « Quel dieu, se disaient-ils, « avons-nous donc offensé, pour essuyer tant de fatigues? Avons-« nous donc perdu le sens et la raison, pour nous remettre « entre les mains d'un Phocéen présomptueux qui nous maî-« trise, quoiqu'il n'ait fourni que trois vaisseaux, et qui nous « accable de travaux insupportables? Déjà plusieurs d'entre « nous ont éprouvé des maladies, beaucoup d'autres en sont « menacés. Tout autre mal est préférable à ceux-ci. La servitude « qui nous attend serait moins rude que celle que nous éprou-« vons actuellement. Allons, Ioniens, ne lui obéissons plus. » Ils dirent, et sur-le-champ personne ne voulut plus obéir. Ils dressèrent des tentes dans l'île, comme une armée de terre, et se tinrent à l'ombre, sans vouloir ni rentrer dans leurs vaisseaux, ni reprendre les exercices.

XIII. Les généraux samiens, instruits de la conduite des Ioniens, et témoins du désordre qui régnait parmi eux, acceptèrent les offres d'Æacès, fils de Syloson, qui les avait déjà fait prier de la part des Perses de renoncer à la confédération des Ioniens. Ils le firent d'autant plus volontiers, qu'il leur paraissait impossible de l'emporter sur un prince aussi puissant que Darius, et qu'ils étaient assurés que, si la flotte des Perses était battue, il en viendrait une autre cinq fois plus forte. Aussitôt, dis-je, qu'ils eurent remarqué la mauvaise conduite des Ioniens, ils saisirent ce prétexte pour les abandonner, et regardèrent la conservation des édifices sacrés et profanes comme un très-grand avantage. Cet Æacès, dont ils avaient accepté les propositions, était fils de Syloson et petit-fils d'Æacès. Il était tyran de Samos, lorsqu'Aristagoras de Milet le dépouilla de sa souveraineté, ainsi que les autres tyrans d'Ionie.

côté, et de se tenir eux-mêmes à terre. Lorsque les sentinelles apercevaient les vaisseaux ennemis, ils en donnaient avis, et sur-le-champ on montait sur les vaisseaux. On ne saurait faire un pas dans l'*Histoire hellénique* de Xénophon, sans trouver des exemples de cette coutume, qui fut cause de la destruction de la flotte athénienne à Ægos-Potamos. Les Ioniens, à qui le général ne permettait pas d'aller à terre, devaient trouver ce service très-rude; et, comme ils n'étaient point accoutumés à la discipline militaire, il n'est point étonnant qu'ils l'aient regardée comme une servitude dont ils s'empressèrent de secouer le joug. (L.)

XIV. Lorsque les Phéniciens firent avancer leurs vaisseaux contre les Ioniens, ceux-ci allèrent aussi à leur rencontre, leurs vaisseaux en ligne et sur un front étroit. Les deux flottes s'étant approchées, la mêlée commença ; mais depuis ce moment je ne puis assurer quels furent ceux d'entre les Ioniens qui dans ce combat furent lâches ou vaillants : car ils s'accusent réciproquement. Mais on dit que les Samiens, ayant déployé leurs voiles, quittèrent leurs rangs, comme ils en étaient convenus avec Æacès, et cinglèrent vers Samos, excepté onze vaisseaux, dont les capitaines, refusant d'obéir à leurs chefs, restèrent et se battirent. Le conseil général des Samiens ordonna qu'en mémoire de cette action on élèverait une colonne où seraient gravés leurs noms avec ceux de leurs ancêtres, comme un témoignage de leur valeur. Cette colonne est dans la place publique. Les Lesbiens, voyant prendre la fuite aux Samiens, qui étaient près d'eux, s'enfuirent aussi, et leur exemple fut suivi par un grand nombre d'Ioniens.

XV. Parmi ceux qui soutinrent le combat, les habitants de Chios furent les plus maltraités, parce qu'au lieu de se conduire en lâches, ils firent des actions très-éclatantes. Ils avaient fourni, comme on l'a dit précédemment, cent vaisseaux, montés chacun de quarante combattants choisis parmi les plus braves citoyens. Ils s'aperçurent de la trahison de la plupart des alliés ; mais, ne voulant pas imiter leur lâcheté, ils livrèrent le combat avec le petit nombre de ceux qui ne les quittèrent point, et passèrent et repassèrent entre les vaisseaux ennemis, pour revenir de nouveau à la charge, jusqu'à ce qu'après en avoir pris un grand nombre, ils eussent perdu la plupart des leurs. Ils s'enfuirent alors dans leur île avec ceux qui leur restaient.

XVI. Mais ceux dont les vaisseaux désemparés ne pouvaient les suivre, se voyant poursuivis, s'enfuirent vers Mycale, où ils se firent échouer ; et ayant laissé leurs navires en cet endroit, ils firent le voyage par terre. Lorsqu'ils furent sur le territoire d'Éphèse, ils s'avancèrent, à l'entrée de la nuit, vers la ville où les femmes célébraient alors les Thesmophories [1]. Les Éphésiens n'étaient pas encore instruits de ce qui était arrivé à ceux de

---

[1] Les Thesmophories étaient une fête que les femmes célébraient en l'honneur de Cérès, parce qu'elle était supposée avoir la première donné des lois aux hommes. Cette fête durait cinq jours.

Chias. Voyant ces troupes entrer sur leurs terres, ils s'imaginèrent que c'étaient des brigands qui venaient enlever leurs femmes, et, courant tous à leur secours, ils massacrèrent ces malheureux. Tel fut leur sort.

XVII. Denys de Phocée, voyant les affaires des Ioniens ruinées, prit trois vaisseaux aux ennemis, et alla, sans perdre un moment, et dans l'état où il était, non pas vers Phocée, sachant que cette ville serait réduite en esclavage avec le reste de l'Ionie, mais droit en Phénicie, où il coula à fond quelques vaisseaux marchands, et fit voile en Sicile avec beaucoup d'argent qu'il leur avait enlevé. De là il exerçait ses brigandages sur les Carthaginois et les Tyrrhéniens, en épargnant les Grecs.

XVIII. Après la défaite de la flotte ionienne, les Perses assiégèrent Milet par terre et par mer. Ils battirent cette place avec toutes sortes de machines de guerre ; et ayant poussé des mines sous ses murs, ils la prirent d'assaut, la sixième année après la révolte d'Aristagoras, et réduisirent ses habitants en servitude : en sorte que ce malheur s'accorde avec l'oracle rendu au sujet de Milet.

XIX. Les Argiens étant allés à Delphes consulter l'oracle sur le salut de la ville, le dieu leur fit une réponse dont une partie les regardait, et l'autre, par forme d'addition, concernait les Milésiens. Je ferai mention de celle qui intéresse les Argiens, lorsque j'en serai à cet endroit de mon histoire. Quant à la partie de l'oracle touchant les Milésiens qui étaient absents, elle était conçue en ces termes : « Et alors, ô ville de Milet, qui machines de pernicieux desseins, tu seras une riche proie pour beaucoup de gens. Tes femmes laveront les pieds à beaucoup d'hommes à longue chevelure, et d'autres prendront soin de notre temple de Didyme [1]. » Cet oracle s'accomplit à l'égard des Milésiens. La plupart furent tués par les Perses, qui portent les cheveux fort longs ; leurs femmes et leurs enfants furent réduits en esclavage ; l'enceinte sacrée, le temple et l'oracle de Didyme furent pillés et brûlés. Quant aux richesses de ce temple, j'en ai fait plusieurs fois mention en d'autres endroits de mon histoire.

---

[1] Didyme était le nom d'un lieu du territoire de Milet. Il y avait en cet endroit un temple dédié à Apollon surnommé Didyméen. (L.)

XX. On mena à Suse les prisonniers qu'on fit sur les Milésiens. Darius les envoya habiter sur la mer Érythrée, à Ampé, où le Tigre se jette dans la mer, et ne leur fit point d'autre mal. Les Perses se réservèrent les environs de Milet et la plaine, et donnèrent les montagnes en propriété aux Cariens de Pédase.

XXI. Les Sybarites, qui habitaient Laos et Scidros depuis qu'ils avaient été chassés de leur ville, ne rendirent pas la pareille aux Milésiens opprimés par les Perses. En effet, à la prise de Sybaris par les Crotoniates, les Milésiens de tout âge s'étaient rasé la tête, et avaient témoigné une grande affliction. Aussi jamais union n'avait été plus intime que celle qui avait régné entre ces deux villes. Les Athéniens n'imitèrent pas les Sybarites. Ils furent excessivement affligés de la prise de Milet, et ils manifestèrent leur douleur de mille manières. Le théâtre fondit en larmes à la représentation de la tragédie de Phrynichus [1], dont le sujet était la prise de cette ville; et même ils condamnèrent ce poëte à une amende de mille drachmes [2], parce qu'il leur avait rappelé la mémoire de leurs malheurs domestiques: de plus, ils défendirent à qui que ce fût de jouer désormais cette pièce. Milet perdit ainsi ses anciens habitants.

XXII. Ceux d'entre les Samiens qui étaient riches ne furent pas contents de la conduite de leurs généraux à l'égard des Mèdes. Ils résolurent, dans un conseil tenu après le combat naval, de s'établir ailleurs avant l'arrivée d'Æacès, de crainte qu'en restant dans leur patrie, ils ne retombassent sous son joug et sous celui des Mèdes. Vers ce même temps, les Zancléens de Sicile envoyèrent en Ionie pour inviter les Ioniens à se rendre à Calacté, où ils avaient dessein de bâtir une ville Ionienne. Ce lieu appartient aux Sicules, et se trouve dans la partie de la Sicile qui regarde la Tyrrhénie. Les Samiens furent les seuls qui se rendirent à cette invitation. Ils partirent avec quelques Milésiens qui avaient échappé à la ruine de leur patrie.

XXIII. Pendant que les Samiens, qui allaient en Sicile, étaient sur les côtes des Locriens-Épizéphyriens, les Zancléens faisaient

---

[1] Les anciens parlent de trois Phrynichus, tous trois Athéniens, tous trois poëtes dramatiques. Ils étaient antérieurs à Eschyle. Celui dont il est question ici fut le premier qui mit sur la scène un rôle de femme.

[2] Environ 900 francs de notre monnaie.

avec Scythès, leur roi, le siége d'une ville de Sicile qu'ils voulaient détruire. Sur cette nouvelle, Anaxilas, tyran de Rhégium, qui avait alors des démêlés avec les Zancléens, vint les trouver, et leur conseilla de renoncer à Calacté, et de se rendre maîtres de Zancle, qui était dépourvue de défenseurs. Les Samiens, s'étant laissé persuader, s'emparèrent de cette ville. Aussitôt que les Zancléens en eurent connaissance, ils accoururent, et appelèrent à leur secours Hippocrate, tyran de Géla, qui était leur allié. Ce prince vint avec une armée ; mais il fit mettre aux fers Scythès, tyran des Zancléens, qui venait de perdre ses États, et Pythogène son frère, et les envoya tous deux à Inycus. Quant au reste des Zancléens, il les remit aux Samiens, après s'être entendu et avoir échangé des serments avec eux. Il fut convenu que les Samiens lui donneraient la moitié des meubles et des esclaves qu'on trouverait dans la ville, et qu'Hippocrate aurait, pour sa part, tout ce qui serait dans les campagnes. Il mit aux fers la plupart des Zancléens, qu'il traita en esclaves, et en livra trois cents des plus considérables aux Samiens pour les faire mourir ; mais ceux-ci les épargnèrent.

XXIV. Scythès, le monarque des Zancléens, s'enfuit d'Inycus à Himère ; de là il passa en Asie, et se rendit auprès de Darius. Ce prince le regarda comme le plus honnête homme de tous les Grecs qui étaient venus à sa cour : car il y retourna après avoir été en Sicile avec sa permission ; et il mourut de vieillesse chez les Perses, après avoir joui toute sa vie d'un très-grand bonheur.

XXV. Les Samiens qui avaient secoué le joug des Mèdes se mirent sans peine en possession de la belle ville de Zancle. Après le combat naval, dont l'objet était de recouvrer Milet, les Perses firent ramener à Samos, par les Phéniciens, Æacès, fils de Syloson, qu'ils estimaient beaucoup, et qui leur avait rendu de grands services. Il n'y eut que les Samiens dont la révolte ne fut point punie par la destruction de leur ville et l'incendie de leurs temples, parce que leurs vaisseaux s'étaient retirés pendant le combat naval. Aussitôt après la prise de Milet, les Perses se rendirent maîtres de la Carie, dont une partie des villes reçut volontairement le joug, et l'autre le subit par force.

XXVI. C'est ainsi que les choses se passèrent. Tandis qu'Histiée de Milet interceptait aux environs de Byzance les vaisseaux marchands ioniens qui sortaient du Pont-Euxin, on vint lui apprendre les malheurs arrivés à Milet. Aussitôt il remit à Bisalte, fils d'Apollophane, d'Abydos, les affaires de l'Hellespont, et fit voile à Chios avec les Lesbiens. Mais la garnison n'ayant pas voulu le recevoir, il lui livra bataille à l'endroit appelé Cœles, en tua un grand nombre; et partant de Polichna, dont il s'était emparé, il subjugua, à l'aide des Lesbiens, le reste des habitants de l'île, d'autant plus aisément qu'ils avaient été fort maltraités dans le combat naval.

XXVII. Lorsqu'une nation ou une ville doit éprouver quelque grand malheur, ce malheur est ordinairement précédé de quelques signes. Aussi ceux de Chios eurent-ils des présages avant-coureurs de leur désastre. D'un chœur de cent jeunes garçons qu'ils avaient envoyé à Delphes, il n'en revint que deux; les quatre-vingt-dix-huit autres périrent de la peste. Vers le même temps, et un peu avant le combat naval, le toit d'une école de a ville tomba sur des enfants à qui on enseignait les lettres; de cent vingt qu'ils étaient, il n'en échappa qu'un seul. Tels furent les signes que la Divinité leur envoya. Ils furent suivis de la perte de la bataille navale qui fit tomber leur ville. Survint ensuite Histiée avec les Lesbiens, qui eut d'autant moins de peine à les subjuguer qu'ils étaient déjà épuisés.

XXVIII. Histiée alla de Chios à Thasos avec un grand nombre d'Ioniens et d'Éoliens. Tandis qu'il en formait le siége, il apprit que les Phéniciens étaient sortis de Milet pour attaquer les autres places de l'Ionie. Sur cette nouvelle, il leva le siége de Thasos, et se rendit précipitamment dans l'île de Lesbos avec toute son armée. Mais n'ayant plus de provisions, et la faim se faisant sentir, il passa sur le continent pour moissonner le blé d'Atarnée et de la plaine du Caïque, dont la récolte appartenait aux Mysiens. Harpage, Perse de naissance, se trouvait par hasard dans ces contrées, à la tête d'une nombreuse armée : celui-ci combattit Histiée au moment où il débarquait, tailla en pièces la plus grande partie de ses troupes, et le fit prisonnier de la manière que je vais raconter.

XXIX. La bataille se donna à Malène, dans Atarnée : les Grecs tinrent ferme pendant longtemps; mais, la cavalerie perse étant tombée sur eux, ils furent mis en fuite. Les Perses furent redevables de cette victoire à leur cavalerie. L'espoir du pardon, dont se flattait Histiée, lui inspira un tel désir de la vie, que, se voyant arrêté dans sa fuite par un soldat prêt à lui passer son épée à travers le corps, il se fit connaître, et lui dit en perse qu'il était Histiée de Milet.

XXX. Si on l'eût mené à Darius dès qu'il fut fait prisonnier, je pense que, loin d'éprouver aucun fâcheux traitement, ce prince lui aurait pardonné sa révolte. Ce fut aussi par cette raison, et de crainte qu'au lieu d'être puni il ne reprît son ancienne faveur auprès de Darius, qu'Artapherne, gouverneur de Sardes, et Harpage, dont il était prisonnier, le firent mettre en croix aussitôt après qu'on l'eut amené à Sardes. On embauma ensuite sa tête, et on l'envoya à Suse à Darius. Ce prince, ayant appris ce qui s'était passé, s'en plaignit amèrement aux auteurs de cette action, et fut très-fâché de ce qu'on ne le lui avait pas amené vivant. Après avoir fait laver cette tête, il voulut qu'on l'ensevelît honorablement et qu'on lui donnât la sépulture, comme étant celle d'un homme qui avait rendu de grands services aux Perses et à lui-même. Tel fut le sort d'Histiée.

XXXI. La flotte des Perses, qui avait passé l'hiver aux environs de Milet, ayant remis à la voile la seconde année, prit aisément les îles voisines du continent, celles de Chios, de Lesbos, de Ténédos. Quand ils voulaient en prendre une, ils en enveloppaient les habitants comme dans un filet, de manière qu'ils ne pouvaient leur échapper. Voici comment. Ils se tiennent les uns les autres par la main, et, étendant leur ligne depuis la partie de la mer qui est au nord jusqu'à celle qui regarde le sud, ils parcourent l'île entière, et vont ainsi à la chasse des hommes. Ils s'emparèrent aussi avec la même facilité des villes Ioniennes de la terre ferme ; mais ils n'en traquèrent pas de même les habitants, cela n'était pas possible.

XXXII. Les généraux perses effectuèrent alors les menaces qu'ils avaient faites aux Ioniens, lorsque les deux armées étaient en présence. En effet, ils ne se furent pas plutôt rendus maîtres de leurs villes, qu'ils choisirent les plus beaux enfants pour en faire des eunuques, enlevèrent et envoyèrent au roi les plus belles filles, et non contents de cela, ils mirent le feu à leurs villes et à leurs temples. Les Ioniens furent ainsi subjugués pour la troisième fois : ils l'avaient été la première par les Lydiens, et dans la suite ils le furent deux fois par les Perses.

XXXIII. La flotte, en quittant l'Ionie, soumit la rive gauche de l'Hellespont. Les pays à droite sur le continent avaient été réduits auparavant par les Perses. Elle s'empara, dans la partie de l'Hellespont qui est en Europe, de la Chersonèse et de ses villes, de Périnthe, des châteaux qui sont en Thrace, de Sélybrie et de Byzance. Les Byzantins et les Chalcédoniens, qui habitent sur le rivage opposé, n'attendirent pas la flotte phénicienne ; ils quittèrent leurs villes, et s'enfuirent sur les côtes du Pont-Euxin, où ils fondèrent la ville de Mésembria. Les Phéniciens, ayant parcouru ces pays la flamme à la main, tournèrent du côté de Proconnèse et d'Artacé, et les brûlèrent aussi. Ils revinrent ensuite dans la Chersonèse pour détruire toutes les villes qu'ils avaient épargnées à leur premier abord. Mais ils n'allèrent point à Cyzique. Ses habitants avaient prévenu leur arrivée, en rentrant dans l'obéissance du roi par un traité qu'ils firent avec Œbarès, fils de Mégabase, gouverneur de Dascylium. Quant à la Chersonèse, les Phéniciens en subjuguèrent toutes les villes, excepté Cardia.

XXXIV. Miltiade, fils de Cimon et petit-fils de Stésagoras, était alors tyran de ces villes ; il les tenait de Miltiade, fils de Cypsélus, qui en avait acquis précédemment la souveraineté de la manière que je vais le raconter. Les Dolonces, peuple de Thrace, étaient en possession de cette Chersonèse. Accablés par les Apsinthiens, avec qui ils étaient en guerre, ils envoyèrent leurs rois à Delphes pour consulter l'oracle. La Pythie leur répondit d'emmener avec eux, pour fonder dans la contrée une colonie, le premier homme qui, au sortir du temple, les inviterait à loger dans sa maison. Les Dolonces s'en retournèrent par la voie Sacrée, traversèrent la Phocide et la Béotie[1] ; et comme personne ne leur offrait l'hospitalité, ils tournèrent du côté d'Athènes.

XXXV. Pisistrate jouissait alors à Athènes de la souveraine puissance. Miltiade y avait aussi quelque autorité. Il était d'une maison où l'on entretenait quatre chevaux pour les jeux olym-

---

[1] Il y avait un chemin sacré très-célèbre qui conduisait d'Athènes à Éleusis ; ce ne pouvait être celui-là. Mais c'était peut-être celui par où les Athéniens accompagnaient à Delphes la pompe sacrée. (WESSELING.)

piques[1]; sa naissance était illustre. Il remontait à Æacus[2] et à Ægine; mais, dans les temps plus récents, cette famille s'était naturalisée à Athènes depuis Philée, fils d'Ajax, le premier de cette famille qui soit devenu citoyen de cette ville. Miltiade, étant un jour assis devant sa porte, vit passer les Dolonces. Il reconnut, à leur habit et à leurs piques, qu'ils étaient étrangers. Il les appela, et, lorsqu'ils se furent approchés, il les pria d'entrer comme ses hôtes. Les Dolonces ayant accepté, et se voyant bien traités, lui découvrirent l'oracle, et le prièrent d'obéir au dieu. Ce discours le persuada d'autant plus aisément, qu'il était affligé de la domination de Pisistrate, et qu'il souhaitait s'éloigner de sa patrie. Il alla sur-le-champ à Delphes demander à l'oracle s'il se rendrait aux prières des Dolonces.

XXXVI. La Pythie le lui ayant aussi ordonné, Miltiade, fils de Cypsélus, qui auparavant avait remporté aux jeux olympiques le prix de la course du char à quatre chevaux, prit avec lui tous les Athéniens qui voulurent avoir part à cette expédition; et, s'étant embarqué avec eux et avec les Dolonces, il fut mis en possession du pays et établi tyran par ceux qui l'avaient amené. Il commença par fermer d'un mur l'isthme de la Chersonèse, depuis Cardia jusqu'à Pactye, afin d'en interdire l'entrée aux Apsinthiens, et de les empêcher de la ravager. L'isthme, en cet endroit, a trente-six stades; et la longueur de la Chersonèse entière, à compter de l'isthme, est de quatre cent vingt.

XXXVII. Après avoir fermé le col de la Chersonèse par un mur qui la mettait à l'abri des incursions des Apsinthiens, les Lampsacéniens furent les premiers que Miltiade attaqua. Mais ils le firent prisonnier dans une embuscade qu'ils lui dressèrent. Crésus, roi de Lydie, dont il était aimé, ne l'eut pas plutôt appris, qu'il envoya ordre à ceux de Lampsaque de le relâcher, avec menaces de les raser comme des pins, s'ils ne le faisaient

---

[1] C'est-à-dire qu'il était fort riche. L'Attique étant un pays stérile et peu propre aux pâturages, l'entretien des chevaux y était très-coûteux, et il fallait être riche pour en avoir. (L.)

[2] « Océanus et Téthys eurent un fils nommé Asopus; celui-ci eut une fille appelée Ægine, qui fut enlevée de Phliunte par Jupiter, et transportée dans l'île d'Ægine, où elle lui donna un fils nommé Æacus, qui fut roi de cette île. Æacus eut deux fils, Pelée et Télamon. Pelée alla à Phthie en Thessalie. Il y fut roi, et eut Achille. Télamon se retira en Salamine. » (*Diodore de Sicile*, liv. IV.)

pas. Les Lampsacéniens, incertains, ne comprenaient rien à la menace de ce prince [1]; mais un vieillard qui en saisit enfin le sens, quoique avec bien de la peine, leur en donna l'explication. De tous les arbres, dit-il, le pin est le seul qui, étant une fois coupé, ne pousse plus de rejeton et périt tout à fait [2]. Sur cette menace, les Lampsacéniens, qui redoutaient la puissance de Crésus, relâchèrent Miltiade.

XXXVIII. Miltiade avait donc ainsi échappé, grâce à Crésus. Il mourut dans la suite sans enfants, laissant sa principauté et ses richesses à son neveu Stésagoras, fils de Cimon son frère utérin. Depuis sa mort, les habitants de la Chersonèse lui offrent des sacrifices, comme c'est l'usage d'en faire à un fondateur; et ils ont institué des courses de chars et des jeux gymniques, où il n'est point permis aux Lampsacéniens de disputer le prix. On était encore en guerre contre ceux de Lampsaque, lorsque Stésagoras mourut aussi sans enfants, d'un coup de hache à la tête, que lui donna, dans le Prytanée, un homme qui passait pour un transfuge, mais qui au fond était un ennemi violent.

XXXIX. Stésagoras ayant péri de cette manière, les Pisistratides envoyèrent sur une trirème, dans la Chersonèse, Miltiade, fils de Cimon, et frère de Stésagoras qui venait de mourir, afin qu'il prît en main les rênes du gouvernement. Ils l'avaient déjà traité avec bienveillance à Athènes, comme s'ils n'eussent point eu part au meurtre de son père Cimon, dont je rapporterai ailleurs les circonstances. Miltiade, arrivé dans la Chersonèse, se tint renfermé dans son palais, sous prétexte d'honorer la mémoire de son frère. Sur cette nouvelle, tous ceux qui jouissaient de quelque autorité dans la Chersonèse s'étant rassemblés de toutes les villes, et étant venus ensemble le trouver pour prendre part à sa douleur, il les fit arrêter : par ce moyen, et en

---

[1] Les Lampsacéniens comprenaient très-bien en général la menace de Crésus, mais ils étaient embarrassés sur la manière dont elle était énoncée. Pourquoi, se demandaient-ils sans doute, Crésus nomme-t-il le pin plutôt que tout autre arbre? La difficulté ne consistait qu'en cela, et c'est cette difficulté que résout, quoique avec peine, le vieillard de Lampsaque. (L.)

[2] Ce vieillard de Lampsaque se trompait assurément. Le pin n'est pas le seul arbre qui meure lorsqu'on l'a coupé. Aulu-Gelle avait fait un chapitre exprès là-dessus; mais nous n'en avons plus que le sommaire. Quoi qu'il en soit, cette expression était passée en proverbe. (L.)

entretenant une garde de cinq cents hommes, il devint maître absolu dans la Chersonèse. Il épousa Hégésipyle, fille d'Olorus, roi de Thrace.

XL. Il y avait peu de temps que Miltiade, fils de Cimon, était arrivé en Chersonèse, lorsqu'il lui survint des affaires encore plus fâcheuses que celles qui l'occupaient alors. En effet, trois ans après ces événements, il s'enfuit à l'approche des Scythes. Irrités de l'invasion de Darius, les Scythes nomades s'étaient réunis en un corps d'armée, et s'étaient avancés jusqu'à cette Chersonèse. Miltiade, n'ayant pas osé les attendre, s'enfuit à leur approche; mais, après leur retraite, les Dolonces le ramenèrent. Ces événements arrivèrent trois ans avant les affaires présentes, dont il était alors occupé.

XLI. Alors donc Miltiade, ayant appris que les Phéniciens étaient à Ténédos, fit charger cinq trirèmes des trésors qu'il possédait, et mit à la voile pour Athènes. Il partit de la ville de Cardia, traversa le golfe Mélas; et tandis qu'il longeait la côte de la Chersonèse, les Phéniciens tombèrent sur lui. Miltiade se sauva avec quatre vaisseaux à Imbros; mais Métiochus, son fils aîné, qui commandait le cinquième, fut poursuivi par les Phéniciens et pris avec son vaisseau. Il était né d'une autre femme que de la fille d'Olorus, roi de Thrace. Les Phéniciens, ayant appris qu'il était fils de Miltiade, le menèrent au roi, s'imaginant que ce prince leur en saurait d'autant plus de gré que, dans le conseil des Ioniens, Miltiade avait été d'avis d'écouter les Scythes, qui les priaient de rompre le pont de bateaux, et de se retirer ensuite dans leur pays. Quand on le lui eut amené, il le combla de biens, au lieu de lui faire du mal, lui donna une maison et des terres, et lui fit épouser une Perse, dont il eut des enfants qui jouirent des priviléges des Perses.

XLII. D'Imbros, Miltiade vint à Athènes. Les Perses cessèrent cette année les hostilités contre les Ioniens, et s'appliquèrent à leur donner des règlements utiles. Artapherne, gouverneur de Sardes, manda les députés des villes ioniennes, et les obligea à s'engager par un traité à régler leurs différends par le droit au lieu d'user de violence et de pillage. Il fit ensuite mesurer leurs terres par parasanges, mesure usitée en Perse, qui équivaut à trente stades, et régla en conséquence les impôts que chaque ville devrait payer. Ces impôts ont toujours continué à se percevoir depuis ce temps-là jusqu'à présent, selon la répartition qui en fut faite par Artapherne, et qui était à peu près la même que celle qui était établie auparavant. Ces règlements tendaient à pacifier les troubles.

XLIII. Le roi, au retour du printemps, ôta le commandement des armées aux généraux précédents, et nomma en leur place Mardonius, fils de Gobryas. Celui-ci se rendit sur les bords de la mer avec une armée nombreuse de terre et de mer. Il était jeune, et venait d'épouser Artozostra, fille de Darius. Lorsqu'il fut arrivé en Cilicie avec toutes ces forces, il s'embarqua, et partit avec le reste de la flotte, tandis que l'armée de terre s'avançait vers l'Hellespont, sous la conduite d'autres généraux. Après avoir côtoyé l'Asie, il vint en Ionie, et je vais rapporter une chose qui paraîtra fort surprenante à ceux d'entre les Grecs qui ne peuvent se persuader que, dans l'assemblée des sept Perses, Otanès ait été d'avis d'établir en Perse le gouvernement démocratique, comme étant le plus avantageux. Il déposa les tyrans des Ioniens, et établit dans les villes la démocratie. Cela fait, il marcha en diligence vers l'Hellespont; et lorsqu'il y eut rassemblé une très-grande quantité de vaisseaux et de troupes, il traversa l'Hellespont, et prit son chemin par l'Europe pour se rendre à Érétrie et à Athènes.

XLIV. Ces deux places étaient le prétexte de l'expédition des Perses; mais ils avaient réellement intention de subjuguer le plus grand nombre de villes grecques qu'ils pourraient. D'un côté, la flotte soumit les Thasiens, sans la moindre résistance de leur part. D'un autre, l'armée de terre réduisit en esclavage ceux d'entre les Macédoniens qui ne l'avaient pas encore été; car tous les peuples qui habitent en deçà de la Macédoine étaient déjà asservis. De Thasos, la flotte côtoya le continent opposé jusqu'à Acanthe, d'où elle partit pour doubler le mont Athos. Tandis qu'elle le doublait, il s'éleva un vent du nord violent et impétueux, qui maltraita beaucoup de vaisseaux, et les poussa contre le mont Athos. On dit qu'il y en périt trois cents, et plus de vingt mille hommes. Les uns furent enlevés par les monstres marins qui se trouvent en très-grand nombre dans la mer aux environs de cette montagne, les autres furent écrasés contre les rochers; quelques-uns périrent de froid, et quelques autres parce qu'ils ne savaient pas nager. Tel fut le sort de l'armée navale.

XLV. Pendant que Mardonius était campé en Macédoine avec l'armée de terre, les Thraces-Bryges l'attaquèrent la nuit, lui tuèrent beaucoup de monde, et le blessèrent lui-même. Cependant ils n'évitèrent point l'esclavage. Mardonius, en effet, ne quitta point ce pays qu'il ne les eût subjugués. Ce peuple soumis, il s'en retourna en Perse avec les débris de ses armées, dont l'une avait essuyé un rude échec de la part des Bryges, et l'autre avait été fort maltraitée par la tempête auprès du mont Athos. Ainsi Mardonius fut obligé de repasser honteusement en Asie avec son armée.

XLVI. La seconde année après ces événements, les Thasiens furent accusés par leurs voisins de tramer une révolte. Darius leur ordonna d'abattre leurs murs, et d'envoyer leurs vaisseaux à Abdère. Comme les Thasiens avaient été assiégés par Histiée de Milet, et qu'ils jouissaient d'un revenu considérable, ils faisaient servir leurs richesses à construire des vaisseaux de guerre, et à entourer leur ville d'une muraille plus forte que la précédente. Ces richesses provenaient du continent et des mines de leur île. Les mines d'or de Scapté-Hylé rapportaient ordinairement au moins quatre-vingts talents. Celles de l'île ne rendaient pas autant. Le produit en était cependant si considérable, que les Thasiens étant la plupart du temps exempts de payer des impôts sur les denrées, les revenus du continent et des mines de l'île allaient, année commune, à deux cents talents [1], et même à trois cents [2] lorsqu'elles étaient du plus grand rapport.

XLVII. J'ai vu aussi ces mines. Les plus admirables de beaucoup étaient celles que découvrirent les Phéniciens qui fondèrent avec Thasos cette île, à laquelle il donna son nom. Les mines de cette île, découvertes par les Phéniciens, sont entre Cœnyre et le lieu nommé Ænyre. Vis-à-vis de l'île de Samothrace est une grande montagne que les fouilles précédentes ont détruite. Telles sont ces mines.

XLVIII. Les Thasiens, dociles aux ordres du roi, abattirent leurs murs, et conduisirent leurs vaisseaux à Abdère. Darius sonda ensuite les Grecs, afin de savoir s'ils avaient intention de lui faire la guerre, ou de se soumettre. Il envoya donc des hé-

---

[1] 1,080,000 livres de notre monnaie.
[2] 1,620,000 livres.

rauts de côté et d'autre en Grèce, avec ordre de demander en son nom la terre et l'eau. Il en dépêcha d'autres dans les villes maritimes qui lui payaient tribut, pour leur ordonner de construire des vaisseaux de guerre, et des bateaux pour le transport des chevaux.

XLIX. Les hérauts arrivés en Grèce pendant ces préparatifs, plusieurs peuples du continent accordèrent au roi la terre et l'eau, ainsi que tous les insulaires chez qui ces hérauts se transportèrent. Cet exemple fut suivi par les autres insulaires, et entre autres par les Éginètes. Ceux-ci ne les eurent pas plutôt donnés, que les Athéniens, irrités de cette conduite, et persuadés qu'ils ne l'avaient tenue que par haine contre eux, et dans le dessein de leur faire la guerre de concert avec les Perses, saisirent avidement ce prétexte pour les accuser à Sparte de trahir la Grèce.

L. Sur cette accusation, Cléomène, fils d'Anaxandride, roi de Sparte, passa à Égine pour arrêter les plus coupables. Comme il se disposait à le faire, les Éginètes s'y opposèrent, et entre autres Crios, fils de Polycrite, qui montra en cette occasion le plus de chaleur, et lui dit qu'il n'emmènerait point impunément aucun habitant d'Égine, qu'il agissait ainsi sans l'aveu de la république de Sparte, et seulement à l'instigation des Athéniens, qui l'avaient gagné avec de l'argent; qu'autrement il serait venu avec l'autre roi pour les arrêter. En tenant ce langage, Crios suivait les ordres qu'il avait reçus de Démarate. Cléomène, repoussé de l'île d'Égine, lui demanda son nom. Celui-ci le lui ayant dit : Eh bien! Crios, repartit alors Cléomène, arme bien tes cornes, car tu auras à lutter contre un rude adversaire.

LI. Démarate, fils d'Ariston, qui était resté pendant ce temps à la ville, et qui était aussi roi de Sparte, quoique d'une branche inférieure, accusait Cléomène son collègue. Ces deux princes avaient la même origine; mais celle d'Eurysthène, en qualité d'aînée, jouissait d'une plus grande considération.

LII. Les Lacédémoniens[1], qui ne sont en cela nullement d'accord avec les poëtes, prétendent qu'ils n'ont pas été conduits

---

[1] Hérodote interrompt sa narration pour parler de l'antiquité des rois de Lacédémone. Il la reprend ensuite § LXXIII.

dans le pays dont ils sont actuellement en possession par les fils d'Aristodémus, mais par Aristodémus lui-même, fils d'Aristomachus, petit-fils de Cléodéus, et arrière-petit-fils d'Hyllus ; que, peu de temps après, Argia, femme d'Aristodémus, qui était fille d'Autésion, petite-fille de Tisaméne, et qui avait Thersandre pour bisaïeul et Polynice pour trisaïeul, accoucha de deux fils jumeaux. Aristodémus avait à peine vu ces deux enfants, lorsqu'il mourut de maladie. Les Lacédémoniens d'alors résolurent dans un conseil de donner la couronne, selon la loi, à l'aîné ; mais, ne sachant sur lequel des deux faire tomber leur choix, parce qu'ils se ressemblaient parfaitement, et ne pouvant pas plus qu'auparavant distinguer l'aîné du cadet, ils interrogèrent la mère, qui leur répondit qu'elle l'ignorait elle-même. Elle fit cette réponse, non que cela fût vrai, mais parce qu'elle désirait que tous deux fussent rois. Dans cette incertitude, les Lacédémoniens envoyèrent demander à l'oracle de Delphes de quelle manière ils se conduiraient. La Pythie leur ordonna de regarder ces deux enfants comme leurs rois, mais de rendre plus d'honneur à l'aîné. Les Lacédémoniens ne se trouvant pas moins embarrassés pour reconnaître l'aîné, un Messénien, nommé Panitès, leur conseilla d'observer la conduite de la mère à l'égard de ses deux enfants ; que si elle lavait et allaitait l'un avant l'autre, ils auraient tout ce qu'ils cherchaient et ce qu'ils voulaient découvrir ; mais que si elle donnait ses soins indistinctement tantôt à l'un et tantôt à l'autre, il serait évident qu'elle n'en savait pas plus qu'eux, et que dans ce cas ils prendraient d'autres mesures. Les Spartiates ayant, suivant le conseil du Messénien, observé la mère sans qu'elle en sût le motif, remarquèrent celui qu'elle honorait toujours de ses premiers soins. Ils le regardèrent comme l'aîné, parce qu'elle lui témoignait plus de considération qu'à l'autre, le firent élever en public, et lui donnèrent le nom d'Eurysthéne, et à son frère cadet celui de Proclès. On dit que ces deux princes, devenus grands, ne purent jamais s'accorder, quoique frères, et que cette division subsiste pareillement parmi leurs descendants.

LIII. Tel est le récit des Lacédémoniens ; mais comme ils sont seuls de ce sentiment, je vais aussi rapporter les choses de la manière dont le racontent les Grecs. Ceux-ci font une énumération exacte des rois doriens jusqu'à Persée, fils de Danaé, sans y comprendre le dieu[1], et ils prouvent qu'ils sont Grecs; car, dès ces premiers temps, on les comptait déjà au nombre des Grecs. J'ai dit que ces princes doriens remontaient jusqu'à Persée, sans reprendre les choses de plus haut, parce que ce héros n'a point de père mortel de qui il ait pu emprunter un surnom, et tel qu'Amphitryon l'était à l'égard d'Hercule. J'ai donc eu raison de dire, jusqu'à Persée. Mais si, à compter de Danaé, fille d'Acrisius, on veut parler de leurs ancêtres, on trouvera que les chefs des Doriens sont originaires d'Égypte. Telle est, au rapport des Grecs, leur généalogie.

LIV. Mais, selon les traditions des Perses, Persée était lui-même Assyrien, et devint Grec, quoique ses pères ne le fussent pas. Ils conviennent aussi qu'il n'y avait aucune sorte de parenté entre Persée et les ancêtres d'Acrisius, ceux-ci étant Égyptiens, comme le disent les Grecs. En voilà assez sur ce sujet.

LV. Je ne raconterai point comment, étant Égyptiens, ils parvinrent à être rois des Doriens; d'autres l'ont dit avant moi : mais je ferai mention des choses que les autres n'ont pas touchées.

LVI. Les Spartiates ont accordé à leurs rois les prérogatives suivantes : deux sacerdoces, celui de Jupiter Lacédémonien, et celui de Jupiter Uranien[2]; le privilége de porter la guerre partout où ils le souhaiteraient, sans qu'aucun Spartiate puisse y apporter d'obstacle, sinon il encourt l'anathème. Lorsque l'armée se met en campagne, les rois marchent les premiers et se retirent les derniers. Ils ont à l'armée cent hommes d'élite pour leur garde; dans leurs expéditions, ils prennent autant de bétail qu'ils en veulent, et ils ont pour eux les peaux et le dos de tous les animaux qu'on immole. Tels sont les priviléges dont ils jouissent en temps de guerre.

LVII. Voici maintenant ceux qu'ils ont en temps de paix. S'il se fait un sacrifice au nom de la ville, les rois sont assis au festin à la première place, on les sert les premiers, et on leur donne à chacun le double de ce qu'ont les autres convives. Ils font aussi les premiers les libations, et les peaux des animaux qu'on immole leur appartiennent. On leur donne à chacun, à la nouvelle lune

---

[1] Jupiter, dont Persée passait pour le fils.
[2] Céleste.

et le septième jour du mois, aux frais publics, une victime parfaite, qu'ils sacrifient dans le temple d'Apollon. On y joint aussi une médimne de farine d'orge et une quarte de vin, mesure de Lacédémone. Dans tous les jeux ils ont la place d'honneur[1], et ils nomment à la dignité de proxènes[2] qui bon leur semble parmi les citoyens. Ils choisissent aussi chacun deux Pythiens, qui sont nourris avec eux aux dépens de l'État : tel est le nom qu'on donne aux députés qu'on envoie à Delphes consulter le dieu. Lorsque les rois ne se trouvent point au repas public, on leur envoie à chacun deux chénices de farine d'orge avec une cotyle de vin. Lorsqu'ils y vont, on leur sert une double portion. Si un particulier les invite à un repas, il leur rend les mêmes honneurs. Ils sont les dépositaires des oracles rendus ; mais les Pythiens doivent en avoir aussi communication. Les affaires suivantes sont les seules qui soient soumises à la décision des rois, et ils sont les seuls qui puissent les juger. Si une héritière n'a point encore été fiancée par son père, ils décident à qui elle doit être mariée. Les chemins publics les regardent ; et si quelqu'un veut adopter un enfant, il ne peut le faire qu'en leur présence. Ils assistent aux délibérations du sénat, qui est composé de vingt-huit sénateurs. S'ils n'y vont point, ceux d'entre les sénateurs qui sont leurs plus proches parents y jouissent des prérogatives des rois ; c'est-à-dire qu'ils ont deux voix, sans compter la leur.

LVIII. Tels sont les honneurs que la république de Sparte rend à ses rois pendant leur vie. Passons maintenant à ceux qu'elle leur rend après leur mort. A peine ont-ils terminé leurs jours, qu'on dépêche des cavaliers par toute la Laconie, pour

---

[1] Lorsque le roi venait quelque part, tout le monde se levait par honneur, excepté les éphores, dont la magistrature était en quelque sorte supérieure à la dignité royale, puisqu'elle avait été instituée pour lui donner des bornes. (L.)

[2] Ξένος est un homme qui reçoit dans sa maison un ami, etc., qui est en voyage, ou qui en est reçu lorsqu'il voyage lui-même. Πρόξενος est celui qui est chargé par l'État de recevoir les ambassadeurs et les députés des princes ou des villes. (Voyez Eustathe, sur Homère, t. III, pag. 405, lig. 36.) — Les États de la Grèce avaient aussi, dans les villes où ils envoyaient souvent des députés, des hommes attitrés chez qui ces députés allaient loger. On les appelait pareillement proxènes. Ce mot se rencontre fréquemment dans les harangues de Démosthène, et surtout dans celle pour la Couronne. (L.)

annoncer cette nouvelle; et des femmes à Sparte parcourent la ville en frappant sur des chaudrons. A ce signal, deux personnes de condition libre, un homme et une femme, prennent dans chaque maison des vêtements de deuil. Ils ne peuvent s'en dispenser, et s'ils y manquaient, ils seraient punis très-grièvement.

Les usages que pratiquent les Lacédémoniens à la mort de leurs rois ressemblent à ceux des barbares de l'Asie. La plupart de ceux-ci observent en effet les mêmes cérémonies en pareille occasion. Lorsqu'un roi de Lacédémone est mort, un certain nombre de Lacédémoniens, indépendamment des Spartiates, est obligé de se rendre à ses funérailles de toutes les parties de la Laconie. Lorsqu'ils sont assemblés dans le même endroit avec les Ilotes et les Spartiates eux-mêmes, au nombre de plusieurs milliers, ils se frappent le front à grands coups, hommes et femmes ensemble, en poussant des cris lamentables, et ne manquent jamais de dire que le dernier mort des rois était le meilleur. Si l'un des rois meurt à la guerre, on en fait faire une figure qu'on porte au lieu de la sépulture, sur un lit richement orné. Quand on l'a mis en terre, le peuple cesse ses assemblées, les tribunaux vaquent pendant dix jours, et durant ce temps le deuil est universel.

LIX. Ils ont encore ceci de commun avec les Perses. Le successeur du roi mort remet à son avénement au trône tout ce que les Spartiates devaient à ce prince ou au trésor public. Il en est de même chez les Perses : celui qui succède au dernier roi remet à toutes les villes les impôts qu'elles devaient à la mort de ce prince.

LX. Les Lacédémoniens s'accordent pareillement en ceci avec les Égyptiens. Chez eux, les hérauts, les joueurs de flûte, les cuisiniers, succèdent au métier de leurs pères. Les fils d'un joueur de flûte, d'un cuisinier ou d'un héraut, sont joueurs de flûte, cuisiniers ou hérauts. S'il se trouvait quelqu'un qui eût la voix plus sonore que le fils d'un héraut, ce talent ne ferait pas donner à celui-ci l'exclusion. Tels sont les usages qui s'observent à Lacédémone.

LXI. Tandis que Cléomène s'occupait dans l'île d'Égine nonseulement des intérêts de sa patrie, mais encore du bien général de la Grèce, Démarate l'accusait, moins par égard pour les

Éginètes que par envie et par jalousie. Mais Cléomène résolut, à son retour d'Égine, de le renverser du trône, en lui intentant une action pour la chose que je vais rapporter.

Ariston, roi de Sparte, n'avait point eu d'enfants de deux femmes qu'il avait épousées. Comme il était persuadé que c'était plutôt de la faute de ses femmes que de la sienne, il en prit une troisième; et voici comment se fit ce mariage. Il était intime ami d'un citoyen de Sparte dont la femme, après avoir été très-laide dans son enfance, était devenue, sans contredit, la plus belle personne de la ville. Sa nourrice la voyant extrêmement laide, et que ces parents, gens très-riches [1], en étaient fort affligés, s'avisa de la porter tous les jours au temple d'Hélène, qui est dans le lieu appelé Thérapné, au-dessus du temple de Phœbus. Toutes les fois qu'elle l'y portait, elle se tenait debout devant la statue de la déesse, et la priait de donner de la beauté à cet enfant. On raconte qu'un jour, cette nourrice revenant du temple, une femme lui apparut, et lui demanda ce qu'elle portait entre les bras; que lui ayant répondu que c'était un enfant, cette femme la pria instamment de le lui montrer; qu'elle le refusa, parce que les parents lui avaient absolument défendu de le laisser voir à qui que ce fût; mais que cette femme l'ayant priée avec beaucoup d'instance de le lui montrer, elle le fit d'autant plus volontiers qu'elle remarquait en elle un désir extrême de le voir. On ajoute que cette femme flatta cet enfant de la main en disant qu'elle serait la plus belle personne de Sparte, et que depuis ce jour elle changea de figure. Lorsqu'elle fut en âge d'être mariée, elle épousa Agétus, fils d'Alcidas, cet ami d'Ariston dont je viens de parler.

LXII. Comme Ariston en était vivement épris, il eut recours à cet artifice. Il promit à son ami, qui était le mari de cette femme, de lui donner ce qui lui plairait le plus parmi toutes les choses qui étaient en sa possession, à condition qu'il en agirait de même à son égard. Agétus, qui ne craignait rien pour sa femme, parce qu'il voyait qu'Ariston en avait une aussi, y con-

---

[1] Les terres de la Laconie ayant été partagées également entre tous les citoyens, et l'or et l'argent proscrits de la république de Sparte sous peine de mort, comment pouvait-il y avoir à Sparte des gens riches? La cupidité, plus forte que toutes les lois, avait déjà fait fermer les yeux sur un grand nombre d'abus. (L.)

sentit, et ils ratifièrent leurs promesses par des serments mutuels. Après quoi Ariston donna à Agétus ce que celui-ci avait trouvé le plus de son goût parmi ses trésors, dans l'espoir d'être traité de même. Il voulut ensuite emmener la femme de son ami ; mais celui-ci lui dit que, ce point seul excepté, il consentait au reste. Cependant Agétus, contraint par son serment et par la surprise frauduleuse d'Ariston, la lui laissa emmener.

LXIII. Ainsi Ariston renvoya sa seconde femme, et épousa cette troisième, qui accoucha de Démarate à un temps trop court, et avant que les dix mois fussent accomplis. Ariston siégeait avec les éphores, lorsqu'un de ses officiers vint lui annoncer qu'il lui était né un fils. Comme il savait en quel temps il avait épousé cette femme, il calcula les mois sur ses doigts [1], et dit ensuite avec serment : Cet enfant ne peut être à moi. Les éphores l'entendirent ; mais, dans le moment, ils n'y firent aucune attention. L'enfant grandit, et Ariston se repentit de ce mot imprudent ; car il fut intimement persuadé qu'il était son fils. Il le nomma Démarate, parce qu'avant sa naissance tout le peuple de Sparte avait demandé aux dieux, avec d'instantes prières, qu'il naquît un fils à Ariston, le plus estimé de tous les rois qui avaient jusqu'alors régné dans cette ville ; et ce fut par cette raison qu'on lui donna le nom de Démarate.

LXIV. Dans la suite Ariston mourut, et Démarate lui succéda. Mais les destins avaient sans doute résolu, que le mot qu'on avait entendu dire au père fît perdre la couronne au fils. Cléomène l'avait pris en aversion, d'abord lorsqu'il ramena l'armée d'Éleusis, et dans cette occasion-ci, lorsque Cléomène passa en Égine pour y arrêter ceux des Éginètes qui avaient pris le parti des Mèdes.

LXV. Cléomène, brûlant de se venger, fit promettre à Léotychide, fils de Ménarès, petit-fils d'Agis, et de la même branche que Démarate, de le suivre à Égine, s'il pouvait l'établir roi à

---

[1] Tous les calculs se faisaient, parmi les anciens, par le secours seul des doigts. On n'en peut douter, d'après les passages des auteurs où il en est fait mention. Je n'entreprendrai point cependant d'expliquer comment cela se pratiquait. Je me contenterai de dire que tous les nombres, jusqu'à cent, se mettaient sur la main gauche ; que le centième commençait sur la main droite, et que le deux-centième revenait sur la gauche. Cet usage existait encore du temps de saint Augustin, comme le témoigne un passage de la *Cité de Dieu*, liv. XVIII, chap. 55. (L.)

la place de celui-ci, et transigea avec lui à cette condition. Léotychide haïssait mortellement Démarate, parce qu'étant fiancé avec Percale, fille de Chilon et petite-fille de Démarménès, il l'avait privé de ce mariage par ses artifices, et parce qu'il l'avait prévenu en l'enlevant et en la prenant pour sa femme. Telle était la cause de la haine que portait Léotychide à Démarate. Il soutint alors avec serment, à la sollicitation de Cléomène, que, Démarate n'étant point fils d'Ariston, la couronne de Sparte ne lui appartenait pas légitimement. Après ce serment, il ne cessa de le poursuivre, et de répéter le propos qu'avait tenu Ariston lorsqu'un de ses officiers étant venu lui annoncer la naissance de son fils, il supputa les mois, et jura que cet enfant n'était point à lui. Léotychide, insistant sur ce propos, prouvait que Démarate n'était ni fils d'Ariston, ni roi légitime de Sparte ; et il prenait à témoin les éphores qui siégeaient alors avec ce prince, et qui lui avaient entendu tenir ce langage.

LXVI. Enfin, des disputes s'étant élevées à ce sujet, les Spartiates résolurent de demander à l'oracle de Delphes si Démarate était véritablement fils d'Ariston. Cette affaire ayant été déférée à la Pythie par les soins de Cléomène, celle-ci mit dans ses intérêts Cobon, fils d'Aristophante, qui jouissait à Delphes d'un très-grand crédit. Cobon persuada Périalle, grande prêtresse d'Apollon, de dire ce que souhaitait d'elle Cléomène. Ainsi, lorsque les députés de Sparte interrogèrent la Pythie, elle décida que Démarate n'était point fils d'Ariston. Mais, dans la suite, ces intrigues ayant été découvertes, Cobon fut banni de Delphes, et Périalle déposée.

LXVII. Ce fut ainsi qu'on s'y prit pour détrôner Démarate. Mais un affront le força de se sauver de Sparte, et de chercher un asile chez les Mèdes. Il avait été élu, après être descendu du trône, pour exercer un emploi dans la magistrature. Un jour qu'il assistait aux Gymnopédies [1], Léotychide, qui était déjà roi

---

[1] Les gymnopédies étaient à Sparte une fête où les enfants chantaient nus des hymnes en l'honneur d'Apollon, et des trois cents Lacédémoniens qui avaient péri au combat des Thermopyles. Ces fêtes se célébraient au mois d'hécatombéon, vers le 7 ou le 8, qui répondent au 20 et au 21 juillet. En effet, la bataille de Leuctres se donna le 5 de ce mois, et la nouvelle en vint à Sparte le dernier jour des jeux. On était alors au théâtre occupé à les voir, et le chœur des hommes était déjà entré. Ces jeux

en sa place, lui envoya demander, par dérision et pour l'insulter, comment il trouvait une place de magistrat après avoir été roi. Piqué de cette question, Démarate répondit qu'il connaissait par expérience l'un et l'autre état; mais que Léotychide n'était pas dans le même cas. Qu'au reste cette question serait un jour pour les Lacédémoniens la source de mille maux, ou de biens infinis. Cela dit, il sortit du théâtre en se couvrant le visage, et se retira dans sa maison. Il n'y fut pas plutôt, qu'il fit les préparatifs d'un sacrifice, et qu'il immola un bœuf à Jupiter. Le sacrifice achevé, il envoya prier sa mère de se rendre auprès de lui.

LXVIII. Lorsqu'elle fut venue, il lui mit entre les mains une partie des entrailles de la victime, et lui tint ce discours d'une manière suppliante : « Je te conjure, ma mère, et par Jupiter
« Hercéen [1], et par les autres dieux que je prends à témoin,
« de me dire sans aucun déguisement qui est mon père; car
« Léotychide m'a reproché, dans une querelle, que tu étais en-
« ceinte de ton premier mari lorsque tu passas dans la maison
« d'Ariston. D'autres tiennent des propos encore plus témé-
« raires: ils prétendent que tu t'es abandonnée à un muletier
« qui était à ton service, et que je suis son fils. Je te conjure
« donc, au nom des dieux, ma mère, de me dire la vérité. Si tu
« as commis quelqu'une des fautes que l'on t'impute, tu n'es
« point la seule, et tu as beaucoup de compagnes. Il court
« même un bruit dans Sparte qu'Ariston ne pouvait avoir d'en-
« fants [2], et qu'autrement il en aurait eu de ses premières
« femmes. »

« LXIX. Mon fils, lui répondait-elle, puisque tu me presses
« avec tant d'instance de te dire la vérité, je vais te la déclarer
« sans le moindre déguisement. La troisième nuit après mon
« mariage avec Ariston, un spectre qui lui ressemblait vint me
« trouver. Lorsqu'il eut couché avec moi, il me mit sur la tête

---

duraient par conséquent plusieurs jours, et les hommes y étaient pareillement admis, et non les enfants seuls. (L.)

[1] Jupiter gardien de l'enceinte de la maison. On regardait comme ayant droit de cité tous ceux qui avaient dans leur maison un autel consacré à Jupiter Hercéen. On peut croire, en effet, que c'est à Jupiter que Démarate offre le sacrifice dans lequel il invoque le témoignage de sa mère. (Miot.)

[2] Il y a dans le grec : *Et multus in urbe Sparta sermo est negantium Aristoni fuisse semen procreando aptum.* (L.)

« les couronnes qu'il portait, et se retira. Ariston entra ensuite,
« et, ayant aperçu ces couronnes, il me demanda qui me les
« avait données. Je lui répondis que c'était lui. Il le nia ; mais
« j'assurai ce fait avec serment, et je lui dis qu'il était indécent
« à lui de le nier ; qu'il était venu peu auparavant, et qu'après
« avoir couché avec moi il m'avait donné ces couronnes. Quand
« il me vit soutenir ce fait avec serment, il reconnut qu'il y
« avait là quelque chose de divin. D'un côté, il parut que ces
« couronnes avaient été prises de la chapelle du héros Astra-
« bacus, qui est près de la porte de la cour du palais ; d'un
« autre, les devins répondirent que c'était ce héros qui était
« venu lui-même me trouver. Voilà, mon fils, tout ce que tu
« voulais savoir. Le héros Astrabacus est ton père, et tu es son
« fils, ou celui d'Ariston ; car je te conçus cette nuit. Tes enne-
« mis insistent principalement sur ce qu'Ariston, ayant reçu la
« nouvelle de ta naissance, dit lui-même, en présence de plu-
« sieurs personnes, que tu n'étais pas son fils, parce que le
« terme de dix mois n'était pas encore passé ; mais cette parole
« lui échappa, parce qu'il n'était pas instruit à cet égard : car
« les femmes accouchent à neuf mois, à sept, et ne vont pas
« toutes jusqu'à la fin du dixième mois. Quant à moi, mon fils,
« je te mis au monde au bout de sept mois ; et Ariston recon-
« nut lui-même, peu de temps après, son imprudence. N'ajoute
« donc point foi aux propos qu'on tient sur ta naissance. Je t'ai
« dit la vérité entière : puisse la femme de Léotychide, puissent
« celles des gens qui tiennent un tel langage, donner à leurs
« maris des enfants de muletier ! » Telle fut sa réponse.

LXX. Démarate, ayant appris ce qu'il voulait savoir, se munit de provisions pour un voyage, et partit pour d'Élide, sous prétexte d'aller consulter l'oracle de Delphes. Sur un soupçon qu'il avait dessein de prendre la fuite, les Lacédémoniens le poursuivirent ; mais il les prévint et passa l'Élide dans l'île de Zacynthe. Les Lacédémoniens y passèrent après lui, enlevèrent ses esclaves, et voulurent se saisir de sa personne ; mais les Zacynthiens n'ayant pas voulu le leur livrer, il se retira en Asie auprès du roi Darius. Ce prince le reçut magnifiquement, et lui donna des terres et des villes. Ce fut ainsi que Démarate se retira en Asie, après avoir éprouvé un tel sort. Il s'était souvent distingué parmi ses concitoyens par ses actions et par sa prudence, et surtout par le prix de la course du char à quatre chevaux qu'il remporta aux jeux olympiques, honneur qu'il ne partagea avec aucun autre roi de Sparte.

LXXI. Démarate ayant été déposé, Léotychide, fils de Ménarès, lui succéda. Zeuxidamus, que quelques Spartiates appelaient Cyniscus, était son fils. Il ne régna point à Sparte, et mourut avant son père, laissant un fils nommé Archidamus. Cette perte engagea Léotychide à se marier : il épousa Eurydamé, sœur de Ménius, et fille de Diactoride. Il n'en eut point d'enfants mâles, mais une fille nommée Lampito, qu'épousa de son consentement Archidamus, fils de Zeuxidamus.

LXXII. Léotychide ne passa pas non plus sa vieillesse à Sparte, et Démarate fut en quelque sorte vengé, comme je vais le dire. Il commandait en Thessalie l'armée de Lacédémone, et il lui était aisé de se rendre maître de tout le pays; mais il accepta une grande somme d'argent, et fut pris sur le fait dans le camp même, assis sur un sac d'argent. Ayant été déféré en justice, il fut banni de Sparte, et sa maison rasée. Il se retira à Tégée, où il mourut; mais ces choses n'arrivèrent que longtemps après.

LXXIII. Cléomène[1], ayant réussi dans son entreprise contre Démarate, prit aussitôt avec lui Léotychide, et alla attaquer les Éginètes, contre lesquels il était violemment irrité, à cause de l'insulte qu'ils lui avaient faite. Les Éginètes, voyant les deux rois venir contre eux, ne crurent pas devoir faire une plus longue résistance. On en choisit dix des plus distingués par leur naissance et par leurs richesses, et entre autres Crios, fils de Polycrite, et Casambus, fils d'Aristocrate, qui avaient le plus d'autorité dans l'île; et on les mena dans l'Attique, où ils furent mis en dépôt entre les mains des Athéniens, leurs plus grands ennemis.

LXXIV. Après cette expédition, Cléomène, dont les intrigues contre Démarate étaient découvertes, redouta la colère des Spartiates ; et, pour se soustraire à leur jugement, il se retira secrètement en Thessalie. De là, il vint en Arcadie, où il excita des troubles, animant les Arcadiens contre Sparte; et, entre autres serments qu'il exigea d'eux, il leur fit promettre de le suivre

---

[1] Hérodote reprend ici la narration interrompue § LII.

partout où il voudrait les mener. Il désirait ardemment conduire les principaux du pays à la ville de Nonacris, pour les y faire jurer par les eaux du Styx, que l'on dit être en cette ville d'Arcadie. Ce qui paraît de cette eau est en petite quantité, et coule goutte à goutte d'un rocher dans un vallon environné de tous côtés d'une muraille. Nonacris, où se trouve cette fontaine, est une ville d'Arcadie près de Phénée.

LXXV. Les intrigues de Cléomène étant venues à la connaissance des Lacédémoniens, ils le rappelèrent à Sparte et lui rendirent l'autorité qu'il exerçait précédemment ; mais à peine y fut-il arrivé qu'il fut pris de folie furieuse ; il n'avait d'ailleurs jamais été sain d'esprit. En effet, s'il rencontrait un Spartiate en son chemin, il le frappait au visage de son sceptre. Ses parents, témoins de ses extravagances, l'avaient fait lier dans des entraves de bois. Mais un jour, se voyant seul avec un garde, il lui demanda un glaive : celui-ci le lui refusa d'abord ; mais, d'autant plus intimidé par ses menaces que c'était un Ilote, il lui en donna un. Cléomène ne l'eut pas plutôt reçu, qu'il commença à se déchirer les jambes dans toute leur longueur, et à en couper les chairs. Des jambes il passa aux cuisses, des cuisses aux hanches, aux côtés ; enfin, étant parvenu au ventre, il se le découpa, et mourut de la sorte. La plupart des Grecs prétendent que ce fut un châtiment de ce qu'il avait engagé la Pythie à prononcer contre Démarate. Les Athéniens assurent, au contraire, que ce fut en punition de ce qu'étant entré sur le territoire d'Éleusis, il avait coupé le bois consacré aux déesses ; mais ils sont les seuls de ce sentiment. Les Argiens disent, de leur côté, que ce fut parce qu'après avoir fait arracher de l'enclos consacré à Argos les Argiens qui s'y étaient réfugiés après la bataille, il les avait fait passer au fil de l'épée, et, dans un accès de folie, avait fait mettre le feu au bois lui-même.

LXXVI. Cléomène étant un jour allé consulter l'oracle de Delphes, la Pythie lui avait répondu qu'il prendrait Argos. Il se mit à la tête des Spartiates, et les mena sur les bords du fleuve Érasinus, qui sort, à ce qu'on prétend, du lac Stymphale ; car on assure que ce lac, après avoir disparu dans un gouffre, reparaît dans le territoire d'Argos ; et depuis cet endroit les Argiens l'appellent Érasinus. Lorsque Cléomène fut arrivé sur les bords de ce fleuve, il lui fit des sacrifices : mais, comme les entrailles des victimes ne lui annonçaient rien de favorable en cas qu'il le traversât, il dit qu'il savait gré à Érasinus de ne pas trahir ses concitoyens; mais que les Argiens n'auraient pas pour cela sujet de se réjouir. Aussitôt il fit rebrousser chemin à son armée, et la mena à Thyrée, où il immola un taureau à la mer; après quoi il la fit embarquer et la conduisit dans la Tirynthie, et de là à Nauplie.

LXXVII. Aussitôt que les Argiens en eurent connaissance, ils se portèrent en forces sur le bord de la mer. Lorsqu'ils furent près de Tiryns, au lieu où est Sépia, ils assirent leur camp vis-à-vis des Lacédémoniens, et à une très-petite distance de leur armée. Ils ne craignaient pas une bataille à découvert, mais la surprise et les embûches; et c'était le sens de la réponse que la Pythie leur avait rendue en commun à eux et aux Milésiens[1]. Elle était conçue en ces termes : « Lorsque la femelle victo-
« rieuse aura repoussé le mâle, et qu'elle se sera acquis de la
« gloire parmi les Argiens, alors grand nombre d'Argiennes se
« déchireront le visage; de sorte qu'un jour les races futures
« diront : Un serpent effroyable, dont le corps faisait trois re-
« plis, a été tué à coups de pique[2]. »

Le concours de toutes ces circonstances inspirait de la frayeur aux Argiens. Ils résolurent par cette raison de régler leurs mouvements sur le héraut des ennemis. Cette résolution prise, toutes les fois que le héraut de Sparte signifiait un ordre aux Lacédémoniens, ils exécutaient de leur côté la même chose.

[1] La première partie de cet oracle, qui concernait les Milésiens, se trouve ci-dessus, § XIX.
[2] Cet oracle est très-obscur, et le récit d'Hérodote n'y répand aucun jour. La première partie s'explique très-bien par ce que rapporte Pausanias : « Lorsque Cléomène mena ses troupes contre la ville d'Argos, qu'il croyait dépourvue de défenseurs, Télésilla fit monter sur les murailles les esclaves, et tous ceux qui, à cause de leur jeunesse ou de leur grand âge, ne pouvaient pas porter les armes. Elle rassembla ensuite toutes les armes qui restaient dans les maisons et dans les temples; elle en arma toutes les femmes qui étaient à la fleur de l'âge, et les plaça dans l'endroit par où elle savait que les ennemis devaient venir. Sans être effrayées ni de l'approche des Lacédémoniens, ni de leurs cris de guerre, ces femmes reçurent leur choc avec courage ; mais les Lacédémoniens faisant réflexion que s'ils les tuaient, cette victoire ne leur ferait aucun honneur, et que s'ils étaient défaits, ce serait une tache pour eux, ils aimèrent mieux se retirer. » Quant à la seconde partie, elle est restée inintelligible. (L.)

LXXVIII. Cléomène, ayant remarqué que les Argiens se réglaient sur le héraut de Sparte, ordonna à ses troupes de prendre les armes quand le héraut leur donnerait le signal du repos, et d'aller droit à eux. Les Lacédémoniens exécutèrent cet ordre, et fondirent sur les Argiens tandis qu'ils se mettaient à table, suivant le signal du héraut. Il y en eut beaucoup de tués ; mais ils se réfugièrent en beaucoup plus grand nombre dans le bois consacré à Argos, où ils furent gardés à vue.

LXXIX. Voici de quelle manière Cléomène se conduisit après cela. Ayant appris, par des transfuges qu'il avait dans son camp, les noms de ceux qui étaient renfermés dans le lieu sacré, il envoya un héraut qui les appela chacun par son nom, et leur dit qu'il avait leur rançon. Or la rançon est fixée par les Péloponnésiens à deux mines[1] par prisonnier. Environ cinquante Argiens sortirent à la voix du héraut, et Cléomène les fit massacrer[2]. L'épaisseur du bois ne permettant pas de voir ce qui se passait au dehors, ces meurtres échappèrent à la connaissance de ceux qui s'y étaient retirés ; mais l'un d'entre eux, étant monté sur un arbre, découvrit ce qui se passait. Depuis ce moment on eut beau les appeler, ils ne voulurent plus sortir.

LXXX. Alors Cléomène ordonna à tous les Ilotes d'entasser des matières combustibles autour du bois sacré ; et dès qu'ils eurent obéi, il y fit mettre le feu. Tandis qu'il brûlait, il demanda à un transfuge à quel dieu ce bois était consacré. Celui-ci lui répondit que c'était à Argos. A ces mots, il s'écria, en poussant un grand soupir : « O Apollon, tu m'as bien trompé par « ta réponse, en me disant que je prendrais Argos[3] ! Je conjec-« ture que l'oracle est accompli. »

LXXXI. Cléomène permit ensuite à la plus grande partie de ses troupes de retourner à Sparte ; et, ne gardant avec lui que mille hommes des plus braves, il alla à l'Héræum[4] pour y faire un sacrifice. Comme il se disposait à l'offrir lui-même sur l'au-

---

[1] 180 livres de notre monnaie.

[2] Tout moyen qui pouvait faire triompher les Lacédémoniens leur paraissait bon et légitime. La perfidie et le manque de foi ne leur coûtaient rien.

[3] Le héros Argus s'appelle en grec *Argos*. Cet équivoque avait trompé Cléomène.

[4] C'était un temple de Junon. Cette déesse s'appelait en grec Ἥρα, et son temple Ἡραῖον.

tel, le prêtre lui dit qu'il n'était pas permis à un étranger de sacrifier en ce temple, et le lui défendit en conséquence. Mais Cléomène ordonna aux Ilotes d'éloigner le prêtre de l'autel, et de le battre de verges ; après quoi il sacrifia lui-même, et, le sacrifice fini, il s'en retourna à Sparte.

LXXXII. Il n'y fut pas plutôt arrivé, que ses ennemis lui intentèrent une affaire devant les éphores, et l'accusèrent de ne s'être point emparé d'Argos, dont la prise était facile, parce qu'il s'était laissé corrompre. Je ne puis dire avec certitude si ce qu'il avança dans sa défense était vrai ou faux. Quoi qu'il en soit, il répondit qu'il avait cru l'oracle accompli par la prise du bois consacré à Argos, et qu'ainsi il ne devait rien tenter contre la ville qu'il n'eût du moins appris par les sacrifices si le dieu le lui livrerait, ou s'il s'opposerait à son entreprise ; que les sacrifices dans l'Héræum[1] ayant été favorables, il était sorti une flamme de la poitrine de la statue ; qu'il avait connu à ces marques certaines qu'il ne prendrait point la ville d'Argos : car si cette flamme fût sortie de la tête de la statue, il l'aurait prise d'assaut ; au lieu qu'étant sortie de la poitrine, il était clair qu'il avait fait tout ce que le dieu voulait qu'il fît. Cette défense parut aux Spartiates si plausible et si vraisemblable, qu'il fut absous à une grande majorité.

LXXXIII. La ville d'Argos fut tellement dépeuplée par cette défaite, que les esclaves s'emparèrent de l'administration publique, et remplirent les différentes magistratures. Mais les enfants de ceux qui avaient perdu la vie, étant parvenus à l'âge de puberté, remirent la ville en leur puissance, et les chassèrent. Les esclaves, se voyant chassés, s'emparèrent de Tiryns après une bataille. La concorde fut quelque temps rétablie entre eux et leurs maîtres ; mais dans la suite un devin, nommé Cléandre, de Phigalia en Arcadie, leur persuada d'attaquer leurs maîtres : cela occasionna une guerre très-longue, et qui ne fut terminée que par les avantages que remportèrent enfin et avec beaucoup de peine les Argiens.

LXXXIV. Les Argiens prétendent que ce fut pour cette cause que Cléomène perdit la raison, et périt misérablement. Mais les Spartiates eux-mêmes assurent que sa fureur ne vint pas des

---

[1] Temple de Junon.

dieux, mais de l'abus du vin, auquel il s'était accoutumé en fréquentant les Scythes.

Les Scythes nomades, persistant dans le dessein de se venger de l'invasion de Darius, envoyèrent des ambassadeurs à Sparte pour contracter alliance avec les Lacédémoniens. Il fut convenu entre eux que les Scythes tâcheraient de pénétrer du côté du Phase dans la Médie, et que les Spartiates partiraient d'Éphèse, se rendraient dans l'Asie supérieure, et que les deux armées feraient leur jonction dans un lieu convenu. Les Lacédémoniens disent que Cléomène eut avec les Scythes, qui étaient venus à Sparte pour cette négociation, des relations plus intimes qu'il ne convenait, et qu'il contracta avec eux l'habitude de boire du vin pur. Telle fut, selon les Spartiates, la cause qui le rendit furieux ; ils ajoutent que depuis ce temps, quand ils veulent boire du vin pur, ils se disent l'un à l'autre : Imitons les Scythes. C'est ainsi que les Spartiates parlent de la frénésie de Cléomène ; mais je pense que sa mort vengea Démarate.

LXXXV. Les Éginètes n'eurent pas plutôt appris la n ' de Cléomène, qu'ils envoyèrent à Sparte des députés po   er Léotychide au sujet de la détention de leurs otages à Athènes. Les juges, s'étant assemblés, décidèrent que les Éginètes avaient été traités indignement par Léotychide, et le condamnèrent à être remis entre leurs mains, pour qu'ils l'emmenassent à Égine, en la place des hommes qu'on leur retenait à Athènes. Les Éginètes se disposaient à exécuter cet arrêt, lorsque Théaside, fils de Léoprépès, citoyen distingué de Sparte, leur parla en ces termes : « Que voulez-vous faire, Éginètes? Allez-vous donc em-
« mener le roi de Sparte que vous ont livré ses concitoyens?
« Si les Spartiates ont dans leur colère prononcé un tel juge-
« ment, ne craignez-vous pas, si vous le mettez à exécution,
« qu'ils ne lancent un jour sur votre pays de terribles fléaux? »
Là-dessus les Éginètes se désistèrent de leur entreprise ; mais ce fut à condition que Léotychide les suivrait à Athènes et leur remettrait les otages.

LXXXVI. Ce prince, arrivé à Athènes, redemanda les otages. Les Athéniens, qui ne voulaient pas les remettre, temporisaient, sous prétexte que les deux rois les leur ayant confiés, il n'était pas juste de les rendre à l'un en l'absence de l'autre. Sur ce refus, Léotychide leur parla en ces termes : « Athéniens, pre-

« nez le parti que vous voudrez. Si vous rendez les otages,
« cette action sera juste ; et si vous les retenez, vous en ferez
« une injuste. Mais je veux vous raconter un fait arrivé à
« Sparte au sujet d'un dépôt.

« Nous disons, nous autres Spartiates, que, la troisième gé-
« nération avant moi, Glaucus, fils d'Épicyde, s'était distingué
« à Lacédémone entre tous ses compatriotes par plusieurs qua-
« lités, et surtout par sa probité. Mais voici, ajoutons-nous, ce
« qui lui arriva dans un temps déterminé. Il vint à Sparte un
« Milésien pour conférer avec lui sur une proposition qu'il vou-
« lait lui faire. Je suis de Milet, lui dit-il, et je viens pour
« goûter les fruits de ta probité, dont la renommée est aussi
« répandue en Ionie que dans le reste de la Grèce. Les ré-
« flexions que j'ai faites sur l'état précaire de l'Ionie, toujours
« exposée à des dangers, sur la tranquillité et la sûreté du Pé-
« loponnèse, et sur l'instabilité des fortunes de mon pays,
« qu'on ne voit jamais entre les mains des mêmes personnes,
« m'ont fait prendre la résolution de convertir en argent la
« moitié de tous mes biens, et de le déposer entre tes mains,
« persuadé qu'il y sera en sûreté. Charge-toi donc de cet ar-
« gent, et garde en même temps cette marque-ci ; tu le re-
« mettras à celui qui te représentera la pareille. Ainsi parla le
« Milésien, et Glaucus reçut le dépôt à cette condition.

« Longtemps après, les enfants de celui qui avait mis cet ar-
« gent en dépôt étant venus trouver à Sparte Glaucus, et lui
« ayant présenté la marque, ils lui redemandèrent la somme
« que lui avait remise leur père. Glaucus chercha à éluder leur
« demande par sa réponse. Je ne me souviens point de cette
« affaire, leur dit-il, et je ne me la rappelle en aucune ma-
« nière. Si cependant elle me revient à la mémoire, je ferai
« tout ce qui sera juste. Si j'ai reçu quelque chose, il convient
« de le rendre ; mais si je n'ai rien reçu du tout, je me servirai
« contre vous des lois des Grecs. Je remets donc la décision de
« cette affaire au quatrième mois, à compter de ce jour.

« Les Milésiens s'en retournèrent chez eux d'autant plus af-
« fligés, qu'ils croyaient leur argent perdu. Cependant Glaucus
« alla à Delphes consulter l'oracle, et demanda au dieu s'il lui
« était permis de s'emparer de cet argent par un serment. La
« Pythie lui fit cette réponse : Glaucus, fils d'Épicyde, la vic-

« toire que tu remporteras par un serment, et les richesses qui
« en seront le prix, auront sur-le-champ pour toi quelque chose
« d'agréable. Jure, puisque la mort n'épargne pas celui même
« qui est fidèle à ses engagements; mais songe que du serment
« naît un fils sans nom, sans mains et sans pieds, qui d'un vol
« rapide fond sur celui qui se parjure, et ne le quitte point
« qu'il ne l'ait détruit, lui, sa maison et sa race entière; au
« lieu qu'on voit prospérer les descendants de celui qui a reli-
« gieusement observé sa parole.

« Glaucus, touché de cette réponse, pria le dieu de lui par-
« donner ce qu'il avait dit. Tenter les dieux, répondit la Pythie,
« ou commettre l'injustice, c'est la même chose. Alors Glaucus
« envoya chercher les Milésiens, et leur rendit le dépôt.

« Voici maintenant, Athéniens, le but que je me suis pro-
« posé en vous racontant cette histoire. Il ne subsiste plus ac-
« tuellement à Sparte ni descendant de Glaucus, ni aucune
« maison qu'on croie lui avoir appartenu. Cette race est éteinte
« jusque dans ses derniers rejetons, et ses maisons ont été dé-
« truites jusque dans les fondements; tant il est avantageux de
« n'envisager un dépôt que comme un effet qu'il faut rendre à
« celui qui l'a confié. »

Ainsi parla Léotychide; mais ne remarquant dans les Athéniens, même après son histoire, aucune disposition à lui accorder sa demande, il se retira.

LXXXVII. Voici comment agirent les Éginètes, avant d'avoir
reçu la punition des premières insultes qu'ils avaient faites aux
Athéniens, dans la vue d'obliger les Thébains. Irrités contre
les Athéniens, dont ils croyaient avoir sujet de se plaindre, ils
se disposèrent à s'en venger. S'étant mis en embuscade, ils enlevèrent le *Théoris*, vaisseau athénien à cinq rangs de rames,
qui était au promontoire Sunium, et mirent aux fers les citoyens les plus distingués d'Athènes qui montaient ce vaisseau.

LXXXVIII. Les Athéniens, outrés d'une telle violence, ne dif-
férèrent plus à prendre toutes sortes de mesures pour les punir.
Nicodrome, fils de Cnœthus, homme de distinction à Égine,
mécontent de ses compatriotes, qui l'avaient banni précédemment, ayant appris en ce temps que les Athéniens se disposaient
à se venger des Éginètes, leur promit de leur livrer Égine, et
convint avec eux qu'il tenterait son entreprise un certain jour,

et qu'ils viendraient à son secours ce jour-là même. Nicodrome s'empara, suivant l'accord fait entre eux, de cette partie d'Égine qu'on appelle la vieille ville.

LXXXIX. Mais les Athéniens n'arrivèrent pas au temps marqué, parce que leur flotte n'était pas assez forte pour livrer bataille à celle des Éginètes, et l'entreprise échoua pendant qu'ils priaient les Corinthiens de leur prêter des vaisseaux. Les Corinthiens, qui étaient alors liés avec eux de l'amitié la plus étroite, se rendirent à leurs prières, et leur donnèrent vingt vaisseaux, moyennant cinq drachmes par vaisseaux ; car la loi leur défendait de les fournir gratuitement. Avec ce renfort, la flotte athénienne allait à soixante-dix vaisseaux en tout. Les Athéniens firent voile du côté d'Égine ; mais ils arrivèrent le lendemain du jour convenu.

XC. Nicodrome, ne voyant pas les Athéniens venir au jour convenu, s'enfuit d'Égine sur une barque, avec quelques Éginètes de son parti. On leur assigna Sunium pour le lieu de leur retraite, et de là ils faisaient des incursions et pillaient les Éginètes, restés dans l'île ; mais cela n'arriva que dans la suite.

XCI. Les riches ayant eu à Égine l'avantage sur le peuple, qui s'était soulevé avec Nicodrome, envoyèrent au supplice ceux qui tombèrent entre leurs mains. Mais ils commirent en cette occasion un sacrilège qu'ils ne purent jamais trouver le moyen d'expier par aucun sacrifice, et ils furent chassés de l'île avant que d'avoir apaisé la colère de Cérès. Comme on conduisait au supplice sept cents hommes du peuple faits prisonniers, un d'entre eux s'échappa des liens qui le retenaient, et se réfugia dans le vestibule de Cérès Thesmophore. Il saisit le marteau de la porte, et s'y tint fortement attaché. Les Éginètes ayant essayé vainement de l'en détacher, lui coupèrent les mains, qui restèrent attachées à la poignée de la porte, et le menèrent en cet état au supplice.

XCII. Ce fut ainsi que les Éginètes se traitèrent eux-mêmes. Ils furent ensuite attaqués par les Athéniens avec soixante-dix vaisseaux ; vaincus, ils implorèrent le secours des Argiens, à qui ils s'étaient adressés précédemment. Mais ceux-ci ne voulurent pas leur en donner. Ils se plaignirent de ce que les vaisseaux d'Égine, que Cléomène avait enlevés par force, avaient abordé en Argolide, que leurs troupes étaient descendues à terre avec celles des Lacédémoniens, et que des vaisseaux de Sicyone s'étaient joints aux leurs dans cette même invasion. Les Argiens avaient condamné les Éginètes et les Sicyoniens à une amende de mille talents [1], c'est-à-dire à cinq cents [2] pour chacun de ces deux peuples. Les Sicyoniens étaient convenus de leur tort ; et, moyennant cent talents [3], les Argiens leur avaient remis le reste de l'amende. Mais les Éginètes n'avaient pas même voulu reconnaître leur faute. Aussi, quand ils prièrent les Argiens de leur donner du secours, l'État ne leur en accorda point en son nom ; mais mille volontaires passèrent à leur service. Ils avaient à leur tête Eurybate, qui s'était exercé au pentathle [4]. Ils furent défaits à Égine par les Athéniens, et périrent pour la plupart avec leur commandant. Comme il s'était exercé aux combats d'homme à homme, il tua trois ennemis dans autant de combats ; mais il périt dans le quatrième, de la main de Sophane de Décélée.

XCIII. La flotte d'Égine, profitant du désordre des Athéniens, remporta la victoire, et prit quatre vaisseaux avec les troupes qui les montaient.

XCIV. Tandis que ces deux peuples se faisaient ainsi la guerre, Darius oubliait d'autant moins l'insulte des Athéniens, qu'un de ses officiers la lui rappelait continuellement, et que les Pisistratides le pressaient et calomniaient les Athéniens. Ce prince, qui désirait subjuguer tous les peuples de la Grèce qui lui avaient refusé la terre et l'eau, saisit ce prétexte. Il ôta le commandement de l'armée à Mardonius, qui n'avait pas été heureux sur mer, le donna à Datis, Mède d'extraction, et à son neveu Artapherne, fils d'Artapherne [5], et les envoya contre Athènes et Érétrie, avec ordre d'en réduire tous les habitants en esclavage, et de les lui amener.

XCV. Ces deux généraux prirent congé du roi, et se mirent

---

[1] 5,400,000 livres.
[2] 2,700,000 livres.
[3] 540,000 livres.
[4] Pentathle, les cinq combats en usage aux jeux olympiques, savoir : le saut, la course, le disque, le javelot et la lutte. Il y avait peu de combattants en état de disputer le prix dans les cinq combats, et ceux qui avaient obtenu le prix jouissaient d'une grande célébrité en Grèce. (MIOT.)
[5] Artapherne, gouverneur de Sardes, était frère de Darius ; liv. V, xxv, xxx, LXXIII, etc.

en marche. Arrivés en Cilicie avec une nombreuse armée de terre bien pourvue de tout, ils campèrent dans la plaine Aléienne. Tandis qu'ils y étaient, ils furent joints par toute l'armée navale, dont chaque nation avait reçu ordre de fournir son contingent. Les vaisseaux de transport pour la cavalerie, que Darius avait commandés l'année précédente aux peuples qui lui payaient tribut, se rendirent aussi au même endroit, et l'on y fit embarquer les chevaux. L'armée de terre s'embarqua aussi, et se rendit en Ionie avec six cents trirèmes. De là les Perses ne voguèrent pas droit vers l'Hellespont et la Thrace en côtoyant le continent; mais ils partirent de Samos, et prirent par la mer Icarienne à travers les îles, afin d'éviter, à mon avis, le mont Athos, que la perte considérable qu'ils avaient essuyée l'année précédente, en voulant le doubler, leur faisait beaucoup redouter. D'ailleurs l'île de Naxos, dont ils n'avaient pu se rendre maîtres, les forçait à prendre cette route.

XCVI. Au sortir de la mer Icarienne, on aborda à Naxos, dont les Perses voulaient se rendre maîtres tout d'abord; mais, se souvenant des événements antérieurs, les Naxiens s'enfuirent dans les montagnes, sans les attendre; les Perses mirent le feu aux temples et à la ville; et, après avoir réduit en esclavage tous ceux qui tombèrent entre leurs mains, ils se remirent en mer pour aller aux autres îles.

XCVII. Sur ces entrefaites, les Déliens s'enfuirent aussi de leur île, et se réfugièrent à Ténos. Les Perses prirent la route de Délos; mais Datis, dont le vaisseau devançait la flotte, leur défendit d'y aborder, et leur ordonna de se rendre à l'île de Rhénée, qui est au delà. Quand il eut appris la retraite des Déliens, il leur envoya un héraut, qui leur parla ainsi : « Hommes « sacrés, pourquoi fuyez-vous? Pourquoi concevoir de moi une opinion peu favorable? Je suis naturellement porté à épargner « le pays qui a vu naître Apollon et Diane, et à ne faire aucun « mal à ses habitants; et d'ailleurs j'en ai reçu l'ordre du roi. « Retournez donc dans vos maisons, et cultivez vos terres en « paix. » Tel est le discours que tint de sa part le héraut aux Déliens. Il fit ensuite brûler trois cents talents[1] d'encens qu'il avait entassé sur l'autel.

[1] Le talent attique pesait 51 livres 6 onces 7 gros 24 grains. Ainsi les 300 talents équivalent à 15,429 livres 7 onces 2 gros 48 grains. (L.)

XCVIII. Cela fait, Datis s'avança d'abord avec l'armée navale vers Éritrie, accompagné des Ioniens et des Éoliens. Quand il fut parti de Délos, on y éprouva un tremblement de terre, à ce que disent les Déliens; et jusqu'à mon temps c'est la seule fois que cette île en ait jamais essuyé. Mais le dieu voulut par ce prodige faire connaître aux hommes les maux qui allaient fondre sur eux; car la Grèce en éprouva plus sous les trois règnes consécutifs de Darius, fils d'Hystaspe, de Xerxès, fils de Darius, et d'Artaxerxès, fils de Xerxès, que pendant les vingt générations qui ont précédé le premier de ces princes. Ces maux lui sont venus en partie des Perses, et en partie des plus puissants de ces peuples [1] qui se sont disputé la souveraineté. Il n'est donc point contre la vraisemblance que cette île, qui avait été jusqu'à ce temps-là immobile, ait alors tremblé. L'oracle avait annoncé cet événement. « J'ébranlerai aussi, avait-il dit, « l'île de Délos, quelque immobile qu'elle soit. » Darius signifie en grec celui qui réprime, Xerxès un guerrier, et Artaxerxès un grand guerrier. On ne se tromperait point, en appelant ainsi ces princes en notre langue.

XCIX. Les barbares, étant partis de Délos, levèrent des troupes dans les îles où ils abordèrent, et y prirent pour otages les enfants des insulaires. Après avoir navigué autour de ces îles, ils abordèrent à Caryste, dont les habitants ne voulaient ni leur donner d'otages, ni marcher contre les Érétriens et les Athéniens leurs voisins. On les assiégea, et on ne cessa pas de ravager leur territoire qu'ils ne se fussent rendus aux Perses.

C. Les Érétriens, ayant eu avis que la flotte des Perses s'avançait contre eux, prièrent les Athéniens de leur donner du secours. Ceux-ci, bien loin de leur en refuser, leur envoyèrent en quatre mille hommes à qui l'on avait distribué au sort les terres de ceux qu'on appelait Hippobotes, chez les Chalcidiens. Mais les Érétriens n'étaient pas sincères; ils faisaient venir les Athéniens, et n'étaient pas d'accord. Les uns étaient d'avis d'abandonner la ville pour se retirer parmi les écueils de l'Eubée; les autres, ne considérant que leur avantage particulier et les récompenses qu'ils attendaient des Perses, se prépa-

---

[1] Il veut parler de la guerre du Péloponnèse, dont il a vu le commencement. (L.)

raient à trahir leur patrie [1]. Eschine, fils de Nothon, homme de distinction parmi les Érétriens, fit part aux Athéniens, à leur arrivée, de l'état où se trouvaient les affaires, et les pria de se retirer chez eux, afin de n'être pas enveloppés dans la ruine d'Érétrie. Les Athéniens suivirent le conseil d'Eschine, et se mirent à couvert du danger en passant à Orope.

CI. Les Perses abordèrent avec leur flotte sur les côtes d'Érétrie, vers Tamynes, Chœrées et Ægilies. Dès qu'ils y furent arrivés, ils mirent à terre leur cavalerie, et se disposèrent à attaquer les ennemis. Les Érétriens avaient résolu de ne point livrer de combat, et de ne faire aucune sortie, mais de s'occuper seulement de la défense des murs, depuis qu'avait prévalu l'avis de ne point abandonner la ville. L'attaque des murs fut très-vive, et pendant six jours qu'elle dura, il périt beaucoup de monde de part et d'autre. Mais, le septième jour, Euphorbe, fils d'Alcimachus, et Philagrus, fils de Cynéas, tous deux hommes de distinction, livrèrent la ville aux Perses. Ceux-ci n'y furent pas plutôt entrés, qu'ils pillèrent les temples, y mirent le feu, afin de se venger de l'incendie de celui de Sardes, et réduisirent les habitants en esclavage, selon les ordres de Darius.

CII. Ils s'arrêtèrent quelques jours à Érétrie, après s'en être emparés ; et, ayant remis à la voile pour se rendre dans l'Attique, ils serrèrent de près les Athéniens, pensant les traiter comme ils avaient traité les Érétriens. Hippias, fils de Pisistrate, les fit débarquer à Marathon, le lieu de l'Attique le plus commode pour les évolutions de la cavalerie, et le plus proche d'Érétrie.

CIII. Sur cette nouvelle, les Athéniens se rendirent aussi à Marathon. Ils étaient commandés par dix généraux ; Miltiade, fils de Cimon et petit-fils de Stésagoras, était le dixième. Cimon s'était expatrié pour se soustraire aux desseins pernicieux de Pisistrate, fils d'Hippocrate. Il lui était arrivé pendant son exil de remporter aux jeux olympiques le prix de la course du char à quatre chevaux, succès qu'avait déjà obtenu son frère utérin

[1] Gongyle, le seul Érétrien qui eût pris les intérêts des Perses, à ce que dit Xénophon, eut pour sa récompense les villes de Gambrium, de Palægambrium, de Myrine et de Grynia. Gorgion et Gongyle, ses descendants, en étaient encore en possession en la quatre-vingt-quinzième olympiade, c'est-à-dire 90 ans après, lorsque Thymbron, général lacédémonien, passa dans l'Asie Mineure pour faire la guerre aux Perses. (L.)

Miltiade. L'olympiade suivante, il remporta la victoire avec les mêmes cavales. Mais il fit proclamer Pisistrate en sa place, et, par cette condescendance, il se réconcilia avec le tyran, et retourna dans sa patrie. Il avait encore remporté une autre victoire aux jeux olympiques avec les mêmes chevaux; mais les enfants de Pisistrate, qui ne vivait plus pour lors, le firent tuer la nuit, près du Prytanée, par des assassins qu'ils envoyèrent secrètement à ce dessein. Cimon fut enterré devant la ville, au delà du chemin qui traverse Cœlé; et vis-à-vis de lui sont enterrés ses chevaux, qui avaient gagné trois fois le prix aux jeux olympiques. Les chevaux d'Évagoras de Lacédémone avaient eu aussi le même avantage; mais il n'y en a point qui aient remporté un plus grand nombre de victoires que ceux de Cimon. Stésagoras, l'aîné des enfants de Cimon, était alors dans la Chersonèse, chez Miltiade, son oncle paternel; et le plus jeune, nommé Miltiade, du nom de celui qui avait mené une colonie dans la Chersonèse, était à Athènes, auprès de Cimon, son père.

CIV. Ce Miltiade, qui était alors venu de la Chersonèse, était un des généraux. Il avait évité deux fois la mort : la première, lorsque les Phéniciens le poursuivirent jusqu'à Imbros, se faisant une affaire capitale de le prendre et de le mener au roi; la seconde, lorsqu'au sortir de ce péril, et se croyant en sûreté dans sa patrie, il fut, à son arrivée, attaqué par des ennemis, qui l'accusèrent en justice de s'être emparé de la tyrannie dans la Chersonèse. S'étant aussi justifié contre leurs accusations, il fut élu général des Athéniens par les suffrages du peuple.

CV. Avant de sortir de la ville, les généraux envoyèrent d'abord à Sparte, en qualité de héraut, Phidippide, Athénien de naissance, et hémérodrome de profession. S'il faut en croire le rapport que fit à son retour Phidippide lui-même, Pan lui apparut près du mont Parthénion, au-dessus de Tégée, l'appela à haute voix par son nom, et lui ordonna de demander aux Athéniens pourquoi ils ne lui rendaient aucun culte, à lui qui avait pour eux de la bienveillance, qui leur avait déjà été utile en plusieurs occasions, et qui le serait encore dans la suite. Les Athéniens ajoutèrent foi au rapport de Phidippide; et, quand l'état de leurs affaires le leur permit, ils bâtirent une chapelle à Pan au-dessous de la citadelle. Depuis cette époque, ils se rendent ce dieu propice par des sacrifices annuels, et par la course des flambeaux[1].

CVI. Ce même Phidippide, que les généraux athéniens avaient envoyé à Sparte, et qui raconta, à son retour, que Pan lui était apparu, arriva en cette ville le lendemain de son départ d'Athènes[2]. Aussitôt il se présenta devant les magistrats, et leur dit : « Lacédémoniens, les Athéniens vous prient de leur donner du « secours, et de ne pas permettre que la plus ancienne ville de « Grèce soit réduite en esclavage par des barbares. Érétrie a « déjà subi leur joug, et la Grèce se trouve affaiblie par la perte « de cette ville célèbre. » Là-dessus, les Lacédémoniens résolurent de donner du secours aux Athéniens ; mais il leur était impossible de le faire partir sur-le-champ, parce qu'ils ne voulaient point enfreindre la loi qui leur défendait de se mettre en marche avant la pleine lune ; et l'on n'était alors qu'au 9 du mois[3].

CVII. Pendant qu'ils attendaient la pleine lune, Hippias, fils de Pisistrate, faisait aborder les barbares à Marathon. La nuit précédente, il avait eu une vision pendant son sommeil, et s'était imaginé qu'il était couché avec sa mère. Ce songe lui faisait conjecturer qu'il retournerait à Athènes, et qu'après avoir recouvré l'autorité souveraine, il mourrait de vieillesse en son pa-

[1] Voici en quoi consistait cette course. Un homme, une torche à la main, courait de l'autel du dieu en l'honneur de qui se célébrait cette course, jusqu'à un certain but, sans éteindre son flambeau. Si le flambeau de celui qui court le premier s'éteint, il le cède au second, et celui-ci au troisième, si le même accident lui arrive. Si le troisième est aussi malheureux, le prix n'est adjugé à personne. Cette fête se célébrait en l'honneur de plusieurs divinités, comme Minerve, Vulcain, Prométhée, Pan, Esculape, etc. Dans les panathénées, ou fêtes de Minerve, les lampadophores partaient du Pirée ; et du Céramique, ou de l'Académie, dans celle de Vulcain et de Prométhée. Il y avait dans l'Académie une statue de l'Amour, consacrée par Pisistrate, où l'on allumait le flambeau sacré dans les courses que l'on faisait en l'honneur de ces dieux. (L.)

[2] C'est-à-dire qu'il fit en deux jours onze cent quarante stades, qui est la distance d'Athènes à Sparte. Cela parut une course considérable, jusqu'à ce qu'Anystis, courrier de Lacédémone, et Philonide, courrier d'Alexandre, firent en un jour, au rapport de Pline le naturaliste, le chemin de Sicyone à Élis, c'est-à-dire douze cents stades.

[3] Les mois étant lunaires, la pleine lune arrivait vers le 15. Les Lacédémoniens ne se mettaient point en marche avant la pleine lune. Cela est confirmé par le témoignage de Pausanias, liv. I, chap. xxviii, et de Lucien, sur l'Astrologie, cap. xxv, t. II, p. 371, qui attribue ce règlement à Lycurgue. (L.)

lais. Telles étaient les inductions qu'il tirait d'après le songe qu'il avait eu. Mais alors il s'acquitta du devoir de général ; on transporta par son ordre les prisonniers d'Érétrie dans l'île d'Ægilia, qui était de la dépendance des Styréens ; il fit placer les vaisseaux à la rade de Marathon à mesure qu'ils abordaient, et rangea en bataille les barbares qui étaient descendus à terre. Pendant qu'il était occupé de ces fonctions, il lui survint un éternument, et une toux plus forte qu'à l'ordinaire. Comme la plupart de ses dents étaient ébranlées par l'âge, la violence de la toux lui en fit sortir une de la bouche, qui tomba sur le sable. Ayant donné, mais en vain, tous ses soins pour la retrouver, il dit en soupirant à ceux qui se trouvaient auprès de lui : Cette terre n'est pas à nous, et nous ne pourrons point l'assujettir ; ma dent occupe tout ce qui m'en revenait. Cet accident lui fit conjecturer que son songe était accompli.

CVIII. Pendant que les Athéniens étaient en ordre de bataille dans un champ consacré à Hercule, les Platéens arrivèrent à leur secours avec toutes leurs forces. Ces peuples s'étaient donnés aux Athéniens, et ceux-ci avaient déjà essuyé bien des travaux à leur sujet. Voici à quelle occasion ils s'étaient mis sous leur protection. Les Platéens, accablés par les Thébains, avaient d'abord voulu se mettre sous la sauvegarde de Cléomène, fils d'Anaxandride, et des Lacédémoniens qui se trouvaient sur les lieux. Mais ceux-ci, sans accepter leurs offres, leur dirent : « Nous sommes si éloignés de vous, que le secours que nous « pourrions vous donner serait trop précaire ; et vous seriez « souvent réduits en servitude avant qu'aucun de nous l'eût « seulement appris. Nous vous conseillons donc de vous remet- « tre entre les mains des Athéniens ; ils sont vos voisins, et en « état, par leur courage, de vous protéger. » Au reste, les Lacédémoniens donnaient ce conseil aux Platéens, moins par bienveillance pour eux que parce qu'ils souhaitaient fatiguer les Athéniens, en les mettant aux prises avec les Béotiens. Les Platéens suivirent le conseil des Lacédémoniens ; et, tandis qu'on faisait à Athènes un sacrifice aux douze dieux, ils s'assirent près de l'autel en posture de suppliants, et se donnèrent aux Athéniens. Sur cette nouvelle, les Thébains marchèrent contre les Platéens, et les Athéniens volèrent à leur secours. Les deux armées étaient sur le point d'en venir aux mains, mais les Corinthiens ne le souffrirent pas; comme ils se trouvaient sur les lieux, ils furent pris pour arbitres, et réglèrent les limites, de l'aveu des deux parties, à condition que les Thébains laisseraient tranquilles ceux d'entre les peuples de Béotie qui ne voudraient pas continuer d'appartenir à la Béotie. Les Corinthiens se retirèrent chez eux après cette décision, les Athéniens en firent autant de leur côté; mais les Béotiens les ayant attaqués dans leur marche, ils fondirent sur eux et remportèrent la victoire. Ils passèrent les limites que les Corinthiens avaient fixées au territoire de Platée, et mirent pour bornes entre les Béotiens et les Platéens l'Asope même et Hysies. Les Platéens s'étant donc donnés aux Athéniens de la manière que nous venons de dire, ils vinrent alors à leur secours à Marathon.

CIX. Les généraux athéniens n'étaient point d'accord; les uns ne voulant pas qu'on combattit, parce qu'ils étaient en trop petit nombre; les autres, et surtout Miltiade, étant d'avis qu'on donnât la bataille. Les généraux étaient donc partagés, et le pire des deux avis allait prendre le dessus, lorsque Miltiade s'adressa au polémarque. Le polémarque[1] s'élit par le suffrage des fèves; il donne sa voix le onzième, et, suivant un ancien règlement, elle est d'un poids égal à celle des généraux. Callimaque d'Aphine était alors revêtu de cette dignité; Miltiade s'adressa donc à lui. « Callimaque, lui dit-il, le sort d'Athènes est actuelle-
« ment entre tes mains; il dépend de toi de la mettre dans les
« fers, ou d'assurer sa liberté en acquérant une gloire immor-
« telle, et telle que n'en a jamais approché celle d'Harmodius
« et d'Aristogiton. Les Athéniens n'ont jamais couru un si
« grand danger depuis la fondation de leur ville. S'ils succom-
« bent sous la puissance des Mèdes, livrés à Hippias, leur sup-
« plice est résolu; s'ils sont victorieux, cette ville pourra de-
« venir la première de la Grèce. Mais, comment ces choses
« peuvent-elles se faire; comment le bonheur ou le malheur de

[1] Le polémarque était le troisième des neuf archontes. Il offrait des sacrifices à Diane Agrotera, c'est-à-dire la chasseuse, et à Mars. Ces sacrifices se faisaient tous les ans, en mémoire de la victoire remportée à Marathon. Il réglait les jeux funèbres qu'on célébrait en l'honneur de ceux qui étaient morts à la guerre. Il faisait des sacrifices funèbres à Harmodius et à Aristogiton. Il jugeait les métœques, ou étrangers domiciliés, et exerçait à leur égard la même autorité que l'archonte éponyme envers les citoyens. (L.)

« la république dépendent-ils absolument de toi, c'est ce que
« je vais t'expliquer. Nous autres généraux, nous sommes par-
« tagés de sentiments : les uns veulent la bataille, les autres
« sont d'un avis contraire. Si nous différons de combattre, il est
« à craindre qu'il ne s'élève entre les Athéniens des dissensions
« qui les disposent à favoriser les Mèdes. Mais si nous livrons
« le combat avant que d'aussi lâches pensées entrent dans l'es-
« prit de quelques-uns d'entre nous, j'espère, les dieux restant
« neutres, que nous remporterons la victoire. Ces choses te
« regardent donc actuellement, et dépendent absolument de
« toi. Si tu joins ton suffrage au mien, notre patrie sera libre,
« et notre république la première de la Grèce. Si tu te ranges
« du parti de ceux qui ne veulent point de bataille, tu auras en
« partage le contraire des biens dont je viens de te faire l'énu-
« mération. »

CX. Le polémarque, gagné par ce discours, joignit sa voix à celle de Miltiade, et la bataille fut résolue. Après cela, les généraux qui avaient été d'avis de combattre remirent à Miltiade le commandement, quand ce fut leur tour de commander. Il l'accepta; cependant il ne voulut en faire usage que lorsque son tour fut arrivé.

CXI. Quand il fut venu, les Athéniens se rangèrent en bataille en cet ordre : Callimaque se mit à tête de l'aile droite[1], en vertu d'une loi qui ordonne chez les Athéniens que le polémarque occupe cette aile. Après le polémarque, les tribus se suivaient, chacune suivant le rang qu'elle tenait dans l'État, et sans laisser d'intervalle entre elles. Les Platéens étaient les derniers, et à l'aile gauche. Depuis cette bataille, lorsque les Athéniens offrent des sacrifices dans les fêtes qu'ils célèbrent tous les cinq ans[2], le héraut comprend aussi les Platéens dans

---

[1] La tribu Æantide était à l'aile droite, et le polémarque Callimaque était de cette tribu. Plutarque prouve ce fait par les élégies d'Eschyle, qui s'était distingué à cette bataille. Lorsque les Athéniens tinrent conseil pour marcher contre les barbares, et qu'on fit le décret pour se mettre en campagne, ajoute Plutarque, la tribu Æantide était en tour de présider aux assemblées. Cette même tribu se distingua aussi à la bataille de Platée. (L.)

[2] Les Délies et les Panathénées se célébraient tous les cinq ans. Il est probable qu'Hérodote parle ici des Panathénées, qui avaient plus de célébrité que les Délies.

les vœux qu'il fait pour la prospérité des Athéniens. Suivant cet ordre de bataille, le front de l'armée athénienne se trouvait égal à celui des Mèdes. Il n'y avait au centre[1] qu'un petit nombre de rangs, et de ce côté l'armée était très-faible; mais les deux ailes étaient nombreuses et fortes.

CXII. Les Athéniens étaient rangés en bataille[2], et les victimes n'annonçaient rien que de favorable. Un intervalle de huit stades[3] séparait les deux armées. Au premier signal, les Athéniens franchirent en courant cet espace. Les Perses, les voyant accourir, se disposèrent à les recevoir; mais remarquant que, malgré leur petit nombre et le défaut de cavalerie[4] et de gens de trait, ils se pressaient dans leur marche, ils les prirent pour des insensés qui couraient à une mort certaine. Les barbares s'en faisaient cette idée; mais les Athéniens les ayant joints, leurs rangs serrés, firent des actions mémorables. Ce sont, autant que nous avons pu le savoir, les premiers de tous les Grecs qui aient été à l'ennemi en courant, qui aient envisagé sans effroi l'habillement des Mèdes, et qui aient soutenu la vue de leurs soldats, quoique jusqu'alors le seul nom de Mèdes eût inspiré de la terreur aux Grecs.

CXIII. La bataille de Marathon dura longtemps. Les barbares furent vainqueurs au centre, les Perses et les Saces, qui s'y trouvaient, enfoncèrent les Athéniens; et, profitant de leur avantage, ils poursuivirent les vaincus du côté des terres. Cependant les Athéniens et les Platéens remportèrent la victoire

---

[1] Le centre, ou corps de bataille, n'était composé que des tribus Léontide et Antiochide. Thémistocle commandait la première, et Aristide la seconde. (L.)

[2] Xénophon rapporte que les Athéniens firent vœu d'immoler à Diane autant de chèvres qu'ils tueraient d'ennemis; et que, n'en pouvant trouver un nombre suffisant, ils résolurent d'en sacrifier tous les ans cinq cents. Élien raconte le même fait, avec quelque légère différence. Ce fut, selon lui, Miltiade qui fit vœu d'immoler trois cents chèvres. (L.)

[3] Il y a grande apparence qu'Hérodote ne veut parler ici que du plus petit stade, qui est d'environ cinquante toises, et qu'il entend par course non une course véritable, mais le pas redoublé.

[4] L'Attique n'avait point de pâturages, et par conséquent les Athéniens n'entretenaient point de cavalerie; ils prenaient à leur solde de la cavalerie de Thessalie. Mais ce pays était alors entre les mains des Perses, et d'ailleurs il paraît que les Thessaliens étaient attachés aux Pisistratides. (L.)

aux deux ailes[1]; mais, laissant fuir les barbares ils réunirent en un seul corps l'une et l'autre aile, attaquèrent les Perses et les Saces, qui avaient rompu le centre de leur armée, et les battirent. Les Perses ayant pris la fuite, les Athéniens les poursuivirent, tuant et taillant en pièces tous ceux qu'ils rencontrèrent, jusqu'à ce qu'étant arrivés sur les bords de la mer, ils demandèrent du feu, et s'emparèrent de quelques vaisseaux [2].

CXIV. Le polémarque Callimaque fut tué à cette bataille, après avoir bravement combattu. Stésilée, fils de Thrasylée, l'un des généraux, y périt aussi. Cynégire, fils d'Euphorion[3], ayant saisi un vaisseau par la partie élevée de la poupe, eut la main coupée d'un coup de hache, et fut tué, ainsi que beaucoup d'autres Athéniens de distinction.

CXV. Ce fut ainsi que les Athéniens s'emparèrent de sept vaisseaux ennemis. Les barbares se retirèrent avec le reste de leur flotte, sans revirer de bord; et, ayant repris les esclaves d'Érétrie dans l'île[4] où ils les avaient laissés, ils doublèrent le promontoire Sunium, dans le dessein de prévenir les Athéniens, et d'arriver dans leur ville avant eux. On prétend à Athènes

---

[1] Il est bien étonnant qu'Hérodote n'ait point parlé en cette occasion des exploits d'Aristide. Plutarque va suppléer à son silence. Aristide était l'un des dix généraux, ainsi que Thémistocle. Il opina, dans le conseil de guerre, à livrer bataille. Quand son jour de commander arriva, il céda son droit à Miltiade, et son exemple fut suivi des autres généraux. Thémistocle et Aristide, le premier à la tête de la tribu Léontide, et l'autre à celle de la tribu Antiochide, dont ils étaient, enfoncèrent les Perses, et les poussèrent jusqu'à leurs vaisseaux. Les Athéniens, craignant ensuite pour leur ville, s'y rendirent avec neuf tribus. On laissa Aristide à Marathon avec la sienne, pour garder les prisonniers et le butin. Il ne trompa point la bonne opinion qu'on avait de lui; car, l'or et l'argent étant semés çà et là, et les tentes et les vaisseaux qu'on avait pris étant pleins de hardes magnifiques et de richesses sans nombre, non-seulement il ne fut pas tenté d'y toucher, mais il empêcha les autres de le faire. Il y eut cependant des gens qui s'en approprièrent à son insu, entre autres Callias le porte-flambeau. (PLUTARQUE, *Vie d'Aristide*.)

[2] La bataille de Marathon se donna vers le 6 métageitnion, c'est-à-dire vers le 17 août, 490 ans avant notre ère. (FRÉRET, *Mémoires de l'Académie des belles-lettres*, t. XVIII, Hist., p. 149.)

[3] Cynégire était frère d'Eschyle, célèbre poëte tragique. Il se distingua à la bataille de Marathon; mais il ne paraît point qu'il y eût aucun commandement, non plus qu'Épizélus, comme le prétend l'auteur des Parallèles des Grecs et des Romains, faussement attribués à Plutarque. (L.)

[4] L'île d'Ægilia.

qu'ils conçurent ce projet par l'artifice des Alcméonides, qui, selon les conventions faites avec eux, leur montrèrent un bouclier tandis qu'ils étaient déjà sur leurs vaisseaux.

CXVI. Pendant que les Perses doublaient le promontoire Sunium, les Athéniens coururent à marche forcée au secours de leur ville, et prévinrent l'arrivée des barbares. Ils partirent d'un lieu consacré à Hercule à Marathon, et campèrent dans un autre consacré au même dieu à Cynosarge. Les Perses jetèrent l'ancre au-dessus de Phalère, qui servait alors de port aux Athéniens, et, après y être restés quelque temps, ils reprirent la route d'Asie.

CXVII. Il périt à la journée de Marathon environ six mille quatre cents hommes du côté des barbares, et cent quatre-vingt-douze de celui des Athéniens. Telle est la perte des uns et des autres[1]. Il arriva en cette bataille une chose étonnante à un Athénien nommé Épizélus, fils de Cuphagoras. Pendant qu'il était aux prises avec l'ennemi, et qu'il se conduisait en homme de cœur, il perdit la vue sans avoir été frappé, ni de près ni de loin; et depuis ce moment il demeura aveugle le reste de sa vie. On m'a assuré qu'en parlant de cet accident, il disait qu'il avait cru voir devant lui un grand homme pesamment armé, dont la barbe ombrageait tout son bouclier; que ce spectre le passa, et alla tuer celui qui combattait à ses côtés. Telle est l'histoire que raconte Épizélus, à ce que l'on m'a dit.

CXVIII. Datis eut à Mycone, en retournant en Asie avec l'armée, une vision pendant son sommeil; mais on ne dit point ce que c'était que cette vision. Dès que le jour parut, il fit faire des perquisitions sur toute la flotte; et, ayant trouvé sur un vaisseau phénicien une statue dorée d'Apollon, il demanda dans

---

[1] Cette bataille fut peinte dans le Portique, auquel la variété de ses peintures avait fait donner le nom de Pœcile, et qui s'appelait proprement le Pisanactéon. Les Platéens, et tous les Athéniens qui combattirent contre les Perses, y étaient représentés. Au commencement de la bataille, la victoire ne penche pas plus d'un côté que d'un autre; mais, lorsqu'elle est plus avancée, vous voyez les barbares fuir et se pousser les uns les autres dans un marais. A l'extrémité du tableau vous apercevez les vaisseaux phéniciens, et les Grecs qui massacrent les Perses qui veulent s'y jeter. Pline rapporte que la peinture était déjà à un haut point de perfection, et que Miltiade, Callimaque, Cynégire, du côté des Athéniens, Datis et Artapherne, de celui des barbares, y étaient peints d'après nature. (L.)

quel temple on l'avait pillée. Lorsqu'il l'eut appris, il se rendit lui-même sur son vaisseau à Délos, mit en dépôt la statue dans le temple, et enjoignit aux Déliens, qui étaient alors de retour dans leur île, de la reporter au Délium[1] des Thébains, qui est sur le bord de la mer, vis-à-vis de Chalcis. Cet ordre donné, Datis remit à la voile pour rejoindre sa flotte. Les Déliens ne reportèrent point la statue; mais, au bout de vingt ans, les Thébains la transportèrent eux-mêmes à Délium, en vertu d'un oracle.

CXIX. Datis et Artapherne n'eurent pas plutôt abordé en Asie, qu'ils menèrent à Suse les Érétriens qu'ils avaient réduits en esclavage[2]. Darius était très-irrité contre les Érétriens avant qu'ils eussent été faits prisonniers, parce qu'ils l'avaient injustement attaqué les premiers. Mais dès qu'on les lui eut amenés, et qu'il les vit en son pouvoir, il ne leur fit point de mal, et les envoya à Ardericca, stathme de la Cissie, qui lui appartenait en propre. Ce stathme est à deux cent dix stades de Suse[3], et à quarante du puits qui fournit trois sortes de substances, du bitume, du sel et de l'huile, qu'on puise de la manière que je vais dire. Pour y puiser, on a une roue, à laquelle est attachée, au lieu de seau, la moitié d'une outre, qu'on baisse sous ces substances, et avec laquelle on les puise. On les verse ensuite dans un réservoir, et de là elles se répandent dans un autre, où elles prennent trois formes différentes. Le bitume s'épaissit, le sel se cristallise sur-le-champ, et l'on ramasse l'huile dans des vases. Les Perses appellent cette huile rhadinacé. Elle est noire,

---

[1] Temple d'Apollon dans la ville de Délium.

[2] Il y eut sept cent quatre-vingts prisonniers faits à Érétrie, parmi lesquels il y avait des femmes, des vieillards et des enfants. La plupart des Érétriens se réfugièrent parmi les écueils de l'Eubée. Il y en eut quatre cents qui furent menés à Suse, au nombre desquels il y avait dix femmes. Le reste périt en Ionie et en Lydie. (L.)

[3] Si l'on s'en rapporte au témoignage de Damis, cette bourgade était dans la Médie, à une grande journée de Babylone. Il n'y a point de villes dit-il, en Cissie; on n'y voit que des bourgs. Les habitants en sont nomades, et quittent rarement leurs chevaux. Celui des Érétriens est au centre du pays. Ils se sont mis à couvert des surprises des barbares, en conduisant autour de leur demeure une rivière qui leur tient lieu de rempart. La terre, imprégnée de bitume, a une amertume innée. Ils vivent peu, à cause de la mauvaise qualité des eaux pleines de bitume qui s'attache aux intestins. Près du bourg est un tertre de terre assez mauvaise, qui sert à leur nourriture. (L.)

et d'une odeur forte. Darius envoya les Érétriens habiter dans ce lieu. Ils l'occupaient encore de mon temps, et ils avaient conservé leur ancienne langue. Voilà ce qui concerne les Érétriens.

CXX. Deux mille Lacédémoniens arrivèrent à Athènes après la pleine lune. Ils avaient une si grande ardeur de joindre les ennemis, qu'ils ne mirent que trois jours pour venir de Sparte dans l'Attique. Quoiqu'ils fussent arrivés après le combat, ils avaient un tel désir de voir les Mèdes, qu'ils se transportèrent à Marathon pour les contempler. Ils complimentèrent ensuite les Athéniens sur leur victoire, et s'en retournèrent dans leur pays.

CXXI. On fit courir contre les Alcméonides le bruit que, d'intelligence avec les Perses, ils leur avaient montré un bouclier, comme s'ils eussent voulu réduire Athènes sous le joug des barbares et d'Hippias : j'en suis étonné, et je ne puis y ajouter foi. Il paraît en effet qu'ils ont eu plus d'aversion pour les tyrans que Callias, fils de Phénippe et père d'Hipponicus, ou que du moins elle a été aussi grande. Or, Callias fut le seul homme à Athènes qui osât acheter les biens de Pisistrate lorsque la république les fit mettre en vente après qu'elle l'eut banni, et d'ailleurs il ne négligea aucune occasion de montrer la haine qu'il lui portait.

CXXII. Ce Callias mérite qu'on en parle souvent, tant à cause de l'ardeur qu'il témoigna pour la liberté de sa patrie, que parce qu'à Olympie il fut vainqueur à la course à cheval, qu'il fut le second au combat du char à quatre chevaux, et qu'ayant été victorieux aux jeux pythiques, il l'emporta en cette occasion sur tous les Grecs par sa magnificence. Il le mérite aussi par la conduite qu'il tint avec ses trois filles : car, lorsqu'elles furent en âge d'être mariées, il leur donna une riche dot; et leur ayant permis de se choisir des époux dans toute la nation, il les maria à ceux dont elles avaient fait choix.

CXXIII. Les Alcméonides ne haïssent pas moins les tyrans que ce Callias. Aussi suis-je étonné de cette accusation, et je ne puis croire qu'ils aient montré un bouclier aux Perses, eux qui avaient vécu loin de leur patrie tout le temps de la domination des tyrans, qui avaient forcé par leurs trames les Pisistratides à abandonner la tyrannie, et qui par cette conduite avaient plus contribué, à mon avis, à la liberté d'Athènes qu'Armodius et Aristogiton. Ceux-ci, en effet bien loin de faire cesser la tyrannie des Pisistratides, ne firent, en tuant Hipparque, qu'aigrir de plus en plus les tyrans; au lieu que les Alcméonides ont évidemment rendu la liberté à leurs concitoyens, s'il est vrai qu'ils aient engagé la Pythie, comme je l'ai dit précédemment, à ordonner aux Lacédémoniens de remettre Athènes en liberté.

CXXIV. Peut-être trahirent-ils leur patrie pour se venger de quelque mécontentement qu'ils avaient reçu du peuple. Mais il n'y avait personne, du moins à Athènes, qui fût plus estimé et plus comblé d'honneurs. Il est donc contre toute vraisemblance qu'ils aient montré par ce motif un bouclier aux Perses. Cependant un bouclier servit de signal; on ne peut le révoquer en doute. Mais par qui ce signal fut-il donné? je n'en puis rien dire de plus certain que ce qu'on vient de lire.

CXXV. Les Alcméonides se sont toujours distingués à Athènes dès les plus anciens temps. Mais ils ont encore tiré un plus grand lustre d'Alcméon, et de Mégaclès après lui. Alcméon, fils de Mégaclès, rendit aux Lydiens, que Crésus avait envoyés pour consulter l'oracle de Delphes, tous les services qui dépendaient de lui. Ce prince, instruit de l'accueil qu'il avait fait à ses députés, le manda à Sardes, et lui fit présent, à son arrivée, d'autant d'or qu'il en pourrait emporter en une seule fois. Alcméon mit en usage toute son industrie, afin de tirer le plus d'avantage possible d'un tel don. Ayant pris un habit des plus amples et les plus larges brodequins qu'il put trouver, il alla au trésor, conduit par les officiers du prince. Il se jeta sur un monceau de poudre d'or, en entassa premièrement le long de ses jambes autant qu'il en pouvait tenir dans ses brodequins; il en remplit ensuite toute l'ampleur de son habit, en poudra ses cheveux; et en ayant empli sa bouche, il sortit du trésor les joues bouffies, le corps bossu, traînant à peine ses brodequins, et ressemblant moins à un homme qu'à toute autre chose. Crésus se mit à rire en le voyant. Non-seulement il lui fit présent de cet or, mais il y ajouta d'autres dons qui n'étaient pas moins considérables. Cette maison étant ainsi devenue très-riche, Alcméon nourrit des chevaux[1], et fut victorieux à Olympie à la course du char à quatre chevaux.

[1] L'Attique étant sans pâturages, les chevaux y étaient fort chers.

CXXVI. Ensuite, à la génération suivante, Clisthène, tyran de Sicyone, éleva encore plus haut cette maison, et lui donna parmi les Grecs un éclat qu'elle n'avait point eu jusqu'alors. Clisthène, fils d'Aristonymus, petit-fils de Myron et arrière-petit-fils d'Andréas, avait une fille nommée Agariste, qu'il ne voulait marier qu'au plus accompli de tous les Grecs. Pendant la célébration des jeux olympiques, Clisthène, qui avait été vainqueur à la course du char à quatre chevaux, fit proclamer par un héraut que quiconque d'entre les Grecs se croirait digne de devenir son gendre vînt à Sicyone dans soixante jours, ou même plus tôt, parce qu'il avait fixé le mariage de sa fille un an après le soixantième jour commencé. Tous ceux qui, fiers de leur mérite personnel et de la célébrité de leur ville, aspiraient à l'honneur d'épouser Agariste, se rendirent à Sicyone, où les retint Clisthène, qui leur avait fait préparer un stade et une palestre, dans l'intention de les y éprouver.

CXXVII. Smindyride, fils d'Hippocrate, vint d'Italie. Il était de Sybaris, ville alors très-florissante, et avait porté le luxe au plus haut degré [1]. Damasus de Siris arriva aussi ; il était fils d'Amyris, surnommé le Sage. Ceux-là vinrent d'Italie. Amphimnestus, d'Épidamne, fils d'Épistrophus, vint du golfe Ionien. Celui-là fut le seul du golfe Ionien. On vit aussi un Étolien, frère de Titormus [2], qui surpassait les Grecs par sa force extraordinaire, et qui, fuyant le commerce des hommes, s'était retiré jusqu'à l'extrémité de l'Étolie. Ce frère de Titormus s'appelait Malès. Léocède, fils de Phidon, vint du Péloponèse ; il

---

[1] Ce Sybarite partit d'Italie avec mille oiseleurs et cuisiniers. Dans le repas que donna Clisthène à ses hôtes après leur arrivée, Smindyride ne voulut pas permettre que personne se mît à table près de lui, disant qu'il n'y souffrirait que la princesse pour laquelle il était venu. M. Blanchard, qui rapporte ce trait historique d'après Suidas, est fâché que l'histoire ne nous ait pas instruit du succès de cette prétention. S'il eût lu Hérodote, il aurait vu que Smindyride n'eut pas la princesse. (L.)

[2] Ce Titormus d'Étolie était, au rapport d'Alexandre d'Étolie, extrêmement vorace. Il disputa un jour avec Milon de Crotone à qui aurait plus tôt mangé un bœuf entier. Cela paraît incroyable. On conte cependant de ce dernier qu'il chargea sur ses épaules un taureau de quatre ans, le porta d'un bout à l'autre du stade, le tua ensuite, le coupa par morceaux, et le mangea lui seul en un jour. Théodore d'Hiérapolis raconte encore que Milon mangeait par jour vingt mines de viande et autant de pain, et qu'il buvait trois conges de vin ; c'est-à-dire qu'il mangeait un peu plus de 17 livres de viande et autant de pain. Ce dernier trait choque moins la vraisemblance, et rend incroyables les deux premiers. (L.)

descendait de Phidon, tyran d'Argos, qui établit les mesures dans le Péloponèse, et qui, de tous les Grecs, se conduisit de la manière la plus insolente, en chassant les agonothètes des Éléens [1], et en réglant lui-même en leur place les jeux olympiques : Amyantus, fils de Lycurgue, de Trépazunte en Arcadie ; Laphanès Azanien, du bourg de Pæos, fils de cet Euphorion qui reçut dans sa maison les Dioscures, suivant la tradition des Arcadiens, et qui depuis ce temps-là exerça l'hospitalité envers tous les étrangers, et Onomastus Éléen, fils d'Agæus, vinrent du Péloponèse même. D'Athènes vint Mégaclès, fils de cet Alcméon qui avait été à la cour de Crésus ; Hippoclide, fils de Tisandre, l'homme le plus riche et le mieux fait qu'il y eût à Athènes ; et Lysanias d'Érétrie, ville alors florissante. Ce fut le seul de toute l'Eubée. Il y vint de Thessalie Diactoride Cranonien, de la maison des Scopades, et Alcon, du pays des Molosses. Tel est le nombre de ceux qui recherchèrent Agariste.

CXXVIII. Lorsqu'ils furent arrivés au jour marqué, Clisthène s'informa d'abord de leur pays et de leur naissance ; puis il les retint un an près de lui, afin d'éprouver pendant ce temps-là leur mérite, leurs inclinations, leurs mœurs et leurs connaissances, dans les entretiens qu'il avait avec eux en particulier, ou dans les conversations générales, dans les exercices où il engageait les plus jeunes d'entre eux, et surtout dans les festins. Il agit de cette manière tant qu'ils furent chez lui, et les traita toujours avec magnificence. Mais, de tous ces amants, ceux qui étaient venus d'Athènes étaient le plus de son goût ; et surtout Hippoclide, fils de Tisandre, qu'il distinguait tant à cause de son courage que parce que ses ancêtres étaient parents des Cypsélides de Corinthe.

CXXIX. Le jour fixé par Clisthène pour déclarer celui qu'il choisissait pour gendre, et pour célébrer le mariage, étant venu, ce prince immola cent bœufs, et donna un grand festin, non-seulement aux amants de sa fille, mais encore à tous les Sicyoniens. Le repas fini, les aspirants s'entretinrent de musique à l'envi l'un de l'autre, et de tout ce qui fait le sujet or-

---

[1] Juges qui présidaient aux jeux olympiques. On les prenait parmi les Éléens, qui plus tard furent privés de ces fonctions honorables par les intrigues des Piséens ; ce qui amena une guerre sanglante entre les deux peuples. (Mior.)

dinaire des conversations. Pendant qu'on était occupé à boire [1], Hippoclide, dont s'occupait toute la compagnie, dit au joueur de flûte de lui jouer l'emmélie [2]. Le joueur de flûte obéit, et Hippoclide se mit à danser. Il était fort content de sa danse; mais Clisthène, qui l'observait, vit de mauvais œil ce qui se passait. Hippoclide, s'étant reposé quelque temps, se fit ensuite apporter une table sur laquelle il dansa d'abord des danses à la manière de Lacédémone, ensuite à celle d'Athènes; enfin, s'appuyant la tête sur la table, il gesticula des jambes. Quoique l'immodestie et l'impudence des deux premières danses eussent inspiré de l'aversion à Clisthène, et qu'il fût éloigné de le choisir pour gendre, cependant il se contenait, et ne voulait point faire d'éclat. Mais ne pouvant se maîtriser quand il le vit gesticuler des jambes : « Fils de Tisandre, lui dit-il, tu as manqué « ton mariage en dansant. — Peu s'en soucie Hippoclide, » reprit l'Athénien. Cette réponse passa depuis en proverbe.

CXXX. Alors Clisthène, ayant fait faire silence, parla ainsi à l'assemblée : « O prétendants de ma fille, j'ai pour vous la « plus grande estime, et je vous obligerais tous, si je le pou- « vais. Je ne voudrais pas, en effet, par le choix d'un d'entre « vous, exclure tous les autres. Mais comme je ne puis combler « les vœux de tant de personnes, n'ayant qu'une fille à marier, « je donne un talent d'argent [3] à chacun de ceux sur qui mon « choix ne peut tomber, afin de reconnaître l'honneur qu'il m'a « fait en recherchant mon alliance, et la peine qu'il a prise en « s'absentant de chez lui. Je fiance ma fille Agariste, suivant « les lois d'Athènes, à Mégaclès, fils d'Alcméon. » Mégaclès accepta l'alliance, et le mariage fut ratifié par Clisthène.

[1] En Grèce, on ne buvait point pendant le repas, mais après qu'on avait cessé de manger. On en voit un exemple dans la retraite des dix mille. Lorsqu'on apporta à boire à Aristus à la table de Seuthès, il répondit qu'il n'avait point encore achevé de dîner, et qu'on pouvait s'adresser à Xénophon, qui ne mangeait plus. (L.)

[2] Les danses se partageaient en deux espèces : les danses guerrières et les danses de paix. Les premières s'appelaient pyrrhiques, les autres emmélies. Celles-ci se subdivisaient. Il y en avait qui, quoique gaies, étaient décentes, modestes. Platon en fait l'éloge dans ses Lois. Il y avait une autre sorte d'emmélie bien différente de celle-là. Elle était indécente, immodeste et bouffonne. (L.)

[3] 5,400 livres. Ces prétendants à la main d'Agariste étant au nombre de treize, la somme que Clisthène leur distribua montait à 70,200 livres.

CXXXI. Ce fut ainsi que ce prince s'y prit pour choisir un gendre parmi tant de prétendants, et ce fut ainsi que les Alcméonides acquirent en Grèce une si grande célébrité. Le premier enfant qu'eut Mégaclès de ce mariage fut appelé Clisthène, du nom de son aïeul maternel, le tyran de Sicyone. Ce fut lui qui partagea le peuple en dix tribus, et qui établit le gouvernement démocratique. Il eut ensuite Hippocrate. D'Hippocrate naquit un autre Mégaclès et une autre Agariste, ainsi nommée d'Agariste, fille de Clisthène. Elle épousa Xanthippe, fils d'Ariphron. Tandis qu'elle était enceinte, elle crut en songe qu'elle enfantait un lion ; et, quelques jours après, elle accoucha de Périclès.

CXXXII. La défaite des Perses à Marathon augmenta la considération qu'on avait déjà à Athènes pour Miltiade. Il demanda au peuple soixante-dix vaisseaux, des troupes et de l'argent. Il ne leur dit point où il avait dessein de porter la guerre ; mais il leur promit de les enrichir, s'ils voulaient le suivre, et de les mener dans un pays d'où ils rapporteraient sans peine une quantité prodigieuse d'or. Flattés de cet espoir, les Athéniens lui accordèrent les vaisseaux qu'il demandait.

CXXXIII. Miltiade fit voile vers Paros avec les troupes qu'on lui donna ; il prit pour prétexte que les Pariens avaient accompagné les Perses à Marathon avec une trirème, et leur avaient fait les premiers la guerre. Tel était le motif apparent de l'expédition. Mais il y était porté par la haine qu'il avait contre eux depuis que Lysagoras, fils de Tisias, Parien de naissance, l'avait voulu rendre odieux au Perse Hydarnès [1]. Lorsqu'il fut arrivé à Paros avec ses troupes, il fit le siége de la ville, où les Pariens s'étaient renfermés, et leur envoya ensuite demander cent talents [2] par un héraut, avec menace, en cas de refus, de ne point retirer ses troupes qu'il ne les eût subjugués. Les Pariens, bien loin de songer à lui donner de l'argent, ne pensèrent qu'à la sûreté de leur ville ; et entre autres choses qu'ils imaginèrent, ils élevèrent pendant la nuit le mur, dans les endroits les plus faibles, une fois plus haut qu'il ne l'était anciennement.

CXXXIV. Tous les Grecs sont jusqu'ici d'accord ; mais les Pa-

---

[1] Il paraît que c'est le même Hydarnès qui était gouverneur de la côte d'Asie. *Voyez* liv. VII, § cxxxv.

[2] 540,000 livres.

riens racontent ainsi les événements suivants. Tandis que Miltiade était embarrassé sur les suites du siége, Timo, prêtresse des dieux infernaux, qui était de Paros et sa prisonnière, vint le trouver. Lorsqu'elle fut seule avec lui, elle lui conseilla de suivre les avis qu'elle allait lui donner, s'il avait envie de prendre la ville. Il l'écouta; il se rendit en conséquence à la colline qui est devant la ville; et, comme il ne pouvait pas ouvrir les portes du lieu consacré à Cérès Thesmophore, il sauta par-dessus le mur d'enclos, et marcha droit au temple; mais l'on ignore s'il avait dessein d'emporter quelqu'une des choses sacrées qu'il n'est pas permis de déplacer, ou s'il avait quelque autre intention. Lorsqu'il fut à la porte, il se sentit tout à coup saisi d'une si grande frayeur, qu'il tourna sur ses pas; mais en sautant par-dessus le mur, il se démit la cuisse, ou se déboîta le genou, suivant d'autres.

CXXXV. Ce fâcheux accident le força de remettre à la voile sans porter d'argent aux Athéniens, et sans s'être rendu maître de Paros. Il avait tenu cette place assiégée vingt-six jours, et avait ravagé pendant tout ce temps l'île entière. Les Pariens, instruits que Timo, prêtresse des dieux infernaux, avait servi de guide à Miltiade, voulurent la punir de trahison. Ils envoyèrent des députés à Delphes dès qu'ils eurent recouvré la tranquillité afin de demander au dieu s'ils feraient mourir la prêtresse des dieux infernaux, pour avoir enseigné aux ennemis les moyens de s'emparer de sa patrie, et pour avoir révélé à Miltiade des mystères interdits aux hommes. La Pythie leur défendit de faire mourir Timo. Elle ajouta qu'elle n'était point coupable; elle lui avait servi de guide pour le conduire à son malheur. Voilà ce que la Pythie répondit aux Pariens.

CXXXVI. Miltiade étant de retour de l'île de Paros, les Athéniens ne s'entretenaient que de sa malheureuse expédition, et surtout Xanthippe, fils d'Ariphron. Celui-ci lui intenta une affaire capitale devant le peuple, et l'accusa d'avoir trompé la nation. Miltiade ne comparut point en personne pour se défendre. La gangrène, qui s'était mise à sa cuisse, le retenait au lit, et le mettait dans l'impossibilité de le faire; mais ses amis prirent en main sa défense, et, rappelant souvent la gloire dont il s'était couvert à la journée de Marathon et à la prise de Lemnos, qu'il avait livrée aux Athéniens après les avoir vengés des

Pélasges, ils mirent le peuple dans ses intérêts. Il fut déchargé de la peine de mort, mais condamné pour sa faute à une amende de cinquante talents [1]. La gangrène ayant fait des progrès, il mourut quelque temps après ; et Cimon, son fils, paya les cinquante talents.

CXXXVII. Voici comment Miltiade, fils de Cimon, se rendit maître de l'île de Lemnos. Les Athéniens chassèrent anciennement les Pélasges de l'Attique. S'ils eurent raison, ou s'ils commirent en cela une injustice, c'est ce que je n'entreprendrai point de décider. Je me contente de rapporter ce que l'on en dit. Hécatée, fils d'Hégésandre, raconte dans son histoire que ce fut injustement. Les Athéniens, dit-il, voyant que le terrain qu'ils avaient cédé aux Pélasges au pied du mont Hymette, pour les récompenser d'avoir élevé le mur qui environne la citadelle était bien cultivé, quoique auparavant il fût mauvais et de nulle valeur, les en chassèrent, sans autre prétexte que leur jalousie et le désir de le recouvrer. Mais les Athéniens prétendent qu'ils le firent justement. Les Pélasges, disent-ils, faisaient du pied du mont Hymette, où ils demeuraient, des incursions sur leurs terres, et insultaient les jeunes filles des Athéniens qui allaient puiser de l'eau à la fontaine appelée Ennéacrounos : car il n'y avait point alors d'esclaves à Athènes, ni dans le reste de la Grèce. Toutes les fois que ces jeunes filles venaient à la fontaine, les Pélasges leur faisaient violence avec orgueil et mépris ; et, non contents de ces outrages, ils formèrent le projet de se rendre maîtres de l'État, et ils en furent pleinement convaincus. Les Athéniens ajoutent qu'ils firent paraître d'autant plus de générosité, qu'étant en droit de les faire mourir, puisqu'ils les avaient surpris machinant contre eux, ils ne voulurent pas le faire, et se contentèrent de leur ordonner de sortir du pays. Les Pélasges, forcés d'abandonner l'Attique, se dispersèrent en différents lieux, notamment à Lemnos. Ce récit est celui des Athéniens ; le premier vient d'Hécatée.

CXXXVIII. Or, les Pélasges qui étaient alors établis à Lemnos, cherchèrent les moyens de se venger des Athéniens. Comme ils connaissaient très-bien leurs jours de fêtes, ils équipèrent des vaisseaux à cinquante rames, et, s'étant mis en embuscade,

---

[1] 270,000 livres.

ils enlevèrent un grand nombre d'Athéniennes qui célébraient la fête de Diane dans le bourg de Brauron. Ils remirent ensuite à la voile et les menèrent à Lemnos, où ils les prirent pour concubines. Elles en eurent beaucoup d'enfants, à qui elles apprirent la langue et les usages d'Athènes. Ces enfants ne voulaient avoir aucun commerce avec ceux des femmes des Pélasges; et si quelqu'un d'entre eux venait à être frappé, ils accouraient tous à son secours, et se défendaient les uns les autres. Ils se croyaient même en droit d'être leurs maîtres, et ils étaient bien plus forts. Les Pélasges, observant ce qui se passait, tinrent conseil, et, pendant qu'ils délibéraient, la crainte s'empara d'eux : Quoi donc, se disaient-ils, s'ils sont déjà d'accord pour se donner du secours contre les enfants des femmes que nous avons épousées vierges, s'ils tâchent dès à présent de dominer sur eux, que ne feront-ils pas quand ils auront atteint l'âge viril! Ayant pris là-dessus la résolution de tuer tous les enfants qu'ils avaient eus des Athéniennes, ils exécutèrent ce projet, et massacrèrent aussi les mères en même temps. Depuis cette action, et une autre précédemment arrivée, où les femmes de Lemnos égorgèrent tous leurs maris, avec leur roi Thoas, l'usage s'établit en Grèce d'appeler actions lemniennes toutes les actions criminelles[1].

CXXXIX. Après que les Pélasges eurent massacré leurs concubines et les enfants qu'ils en avaient eus, la terre cessa de produire des fruits, et les femmes et les troupeaux devinrent stériles. Affligés par la famine et par la stérilité de leurs femmes, ils envoyèrent à Delphes prier le dieu de les délivrer de leurs maux. La Pythie leur commanda de donner aux Athéniens telle satisfaction que ceux-ci exigeraient. Les Pélasges se rendirent à Athènes, et promirent de subir la peine qu'on leur imposerait en réparation de leur crime. Les Athéniens dressèrent un lit dans le Prytanée avec toute la magnificence possible, et, ayant couvert une table de toutes sortes de mets excellents, ils dirent

---

[1] Voici le sujet qui porta les femmes de Lemnos à massacrer leurs maris. Les Lemniennes célébraient tous les ans une fête en l'honneur de Vénus; mais, ayant abandonné cette coutume, la déesse se vengea de ce mépris en leur donnant une odeur désagréable qui empêchait leurs maris de les approcher. Ces femmes, se voyant méprisées de leurs maris, les tuèrent tous. (L.)

aux Pélasges de leur livrer l'île de Lemnos dans le même état où était cette table. « Nous vous la livrerons, reprirent les Pé« lasges, lorsqu'un de vós vaisseaux arrivera par un vent de « nord-est de votre pays à Lemnos en un seul jour. » Ils firent cette réponse parce qu'ils croyaient la chose impossible : car l'Attique est située au sud de Lemnos et à une grande distance de cette île.

CXL. Les choses en restèrent là. Mais, après bien des années, la Chersonèse ou l'Hellespont ayant été conquise par les Athéniens, Miltiade, fils de Cimon, passa en un jour, à la faveur des vents étésiens, de la ville d'Éléonte, port de la Chersonèse, dans l'île de Lemnos. Il rappela aux Pélasges l'oracle, dont ils ne croyaient jamais voir l'accomplissement, et leur commanda de sortir de l'île. Les habitants d'Héphestia obéirent ; mais ceux de Myrine, ayant nié que la Chersonèse fût l'Attique, soutinrent le siége, jusqu'à ce qu'ils fussent forcés de capituler. C'est ainsi que les Athéniens et Miltiade s'emparèrent de Lemnos.

FIN DU SIXIÈME LIVRE.

LIVRE SEPTIÈME

POLYMNIE

MORT DE DARIUS. — XERXÈS LUI SUCCÈDE. — IL SOUMET L'ÉGYPTE. — IL VEUT SE VENGER DES GRECS ET FAIRE DE LA TERRE UN SEUL EMPIRE. — SONGE DE XERXÈS. — IL TIENT CONSEIL. — LA GUERRE CONTRE LA GRÈCE EST RÉSOLUE. — IL FAIT PERCER LE MONT ATHOS. — PYTHIUS. — PONT JETÉ SUR LA MER. — L'ARMÉE DÉFILE DEVANT XERXÈS PENDANT SEPT JOURS ET SEPT NUITS SANS REPOS. — DÉNOMBREMENT A LA MANIÈRE D'HOMÈRE. — REVUE DE LA FLOTTE. — XERXÈS CONSULTE DÉMARATE. — LE HÉRAUT DE SPARTE DEVANT XERXÈS. — THÉMISTOCLE. — AMBASSADE A GÉLON. — LES THERMOPYLES. — LÉONIDAS. — DIÉNECÈS. — INSCRIPTION AUX THERMOPYLES.

I. Quand la nouvelle de la bataille de Marathon parvint à Darius, fils d'Hystaspe, déjà fort irrité contre les Athéniens, à cause de l'incendie de Sardes, sa colère fut plus violente encore, et il résolut plus que jamais de porter la guerre en Grèce. Incontinent il envoya ordre à toutes les villes de ses États de lever un plus grand nombre de troupes et de fournir une plus grande quantité de chevaux, de vivres, et de vaisseaux de guerre et de transport, qu'elles n'en avaient donné pour la première expédition. Ces ordres ayant été portés de tous côtés, l'Asie entière fut dans une agitation continuelle pendant trois ans. Mais tandis qu'on levait, pour cette guerre, les hommes les plus braves, et qu'on était occupé de ces préparatifs, on apprit, la quatrième année, que les Égyptiens, qui avaient été subjugués par Cambyse, s'étaient révoltés contre les Perses. Darius n'en fut que plus ardent à marcher contre ces deux peuples.

II. Lorsque ce prince se préparait à marcher contre les Egyptiens et les Athéniens, il s'éleva entre les princes ses fils de grandes contestations au sujet de la souveraineté, parce que les lois défendent en Perse au prince d'entreprendre une expédition sans avoir désigné son successeur. Darius avait, avant que d'être roi, trois enfants d'une première femme, fille de Gobryas ; et, depuis qu'il était monté sur le trône, il en avait eu quatre autres d'Atossa, fille de Cyrus. Artobazane[1] était l'aîné des enfants de la première femme, et Xerxès de ceux de la seconde. Comme ils n'avaient pas la même mère, ils se disputaient la couronne. Artobazane croyait y avoir droit parce qu'il était l'aîné de tous les enfants, et que c'était un usage reçu partout que l'empire appartenait à l'aîné. Xerxès, de son côté, appuyait le sien sur ce que sa mère Atossa était fille de Cyrus, et sur l'obligation que les Perses avaient à ce prince de la liberté dont ils jouissaient.

III. Darius n'avait point encore prononcé, lorsque arriva à Suse Démarate, fils d'Ariston[2], qui s'était sauvé de Lacédémone après avoir été dépouillé de ses États. Ayant entendu parler du différend qui partageait les fils de ce prince, il conseilla à Xerxès, suivant ce qu'en a publié la renommée, d'ajouter aux raisons qu'il avait déjà données, qu'il était né depuis que Darius était monté sur le trône, au lieu qu'Artobazane était venu au monde tandis que Darius n'était encore qu'un homme privé ; que, par conséquent, il n'était ni juste ni naturel de le lui préférer. Démarate, qui lui donnait ce conseil, ajouta que c'était aussi l'usage à Sparte qu'un fils né après l'avénement du père à la couronne succédât au trône, quand même le père en aurait eu d'autres avant que d'être roi. Xerxès, ayant fait valoir les raisons que lui

---

[1] Je crois qu'il n'est plus fait mention dans l'histoire d'Artobazane. Je conjecture cependant que Mithridate, ce célèbre roi de Pont, qui résista pendant quarante ans aux Romains, et qui ne fut battu que par Pompée, était un de ses descendants. Diodore de Sicile, Polybe et d'autres auteurs font remonter ce dernier prince à un des sept Perses qui conjurèrent contre le mage Smerdis, sans cependant en désigner un en particulier. (L.)

[2] Xerxès donna à Démarate les villes de Pergame, de Teuthranie et d'Halisarnie, à cause qu'il l'avait accompagné dans son expédition contre la Grèce. Eurysthène et Proclès ses descendants en jouissaient encore vers la fin de la première année de la quatre-vingt-quinzième olympiade, c'est-à-dire 79 ans après, lorsqu'il se joignit à Thimbron, général lacédémonien.

avait suggérées Démarate, Darius les trouva justes, et le nomma son successeur. Pour moi, je crois que, même sans ce conseil, Xerxès aurait régné ; car Atossa[1] avait tout pouvoir.

IV. Darius ayant déclaré Xerxès son successeur, se disposa à se mettre en marche. Mais il mourut au milieu de ses préparatifs, l'année qui suivit la révolte de l'Égypte, après avoir régné trente-six ans entiers[2], et sans avoir eu la satisfaction de punir la révolte des Égyptiens et de se venger des Athéniens.

V. Darius étant mort, son fils Xerxès lui succéda. Les levées que faisait ce jeune prince étaient destinées contre l'Égypte, et dans les commencements il n'avait aucune envie de porter la guerre en Grèce. Mais Mardonius, fils de Gobryas et d'une sœur de Darius, et par conséquent cousin germain de Xerxès, et qui de tous les Perses avait le plus d'ascendant sur son esprit, lui parla en ces termes : « Seigneur, il n'est pas naturel de laisser « impunies les insultes des Athéniens. Ne t'occupe donc main- « tenant que des affaires que tu as sur les bras ; mais lorsque « tu auras châtié l'insolence des Égyptiens, marche avec toutes « tes forces contre Athènes : par là tu acquerras de la célébrité, « et personne n'osera désormais entrer à main armée dans tes « États. » A ces motifs de vengeance, il ajouta que l'Europe était un pays très-beau, d'une extrême fertilité, où l'on trouvait toutes sortes d'arbres fruitiers, et que le roi seul méritait de l'avoir en sa possession.

VI. Mardonius tenait ce langage, parce qu'il était avide de nouveautés, et qu'il convoitait le gouvernement de la Grèce. Il réussit, avec le temps, à engager Xerxès dans cette expédition : car il survint d'autres événements qui contribuèrent à persuader ce prince. D'un côté, il vint de Thessalie des ambassadeurs qui déployèrent le plus grand zèle à exciter le roi contre la Grèce.

---

[1] Cette princesse était fille de Cyrus, et fut femme de son frère Cambyse. Elle épousa ensuite le mage Smerdis, et après sa mort le roi Darius, auprès de qui elle eut beaucoup de crédit. Elle est, au rapport d'Hellanicus, la première qui ait écrit des lettres.

[2] Ce prince mourut la quatrième année de la soixante-treizième olympiade, quatre cent quatre-vingt-cinq ans avant notre ère. La bataille de Marathon se donna la troisième année de la soixante-douzième olympiade. Darius fit faire des préparatifs pendant trois ans, la quatrième année l'Égypte se révolta, et ce prince mourut l'année suivante, comme nous l'apprenons d'Hérodote. (L.)

Les Aleuades étaient rois de Thessalie. D'un autre côté, ceux d'entre les Pisistratides qui s'étaient rendus à Suse tenaient le même langage que les Aleuades, et même ils y ajoutaient encore d'autres raisons, parce qu'ils avaient avec eux Onomacrite d'Athènes, devin célèbre, qui fit un recueil des oracles de Musée. Ils s'étaient réconciliés avec lui avant d'aller à Suse. Car il avait été chassé d'Athènes par Hipparque, fils de Pisistrate, parce que Lasus[1] d'Hermione l'avait pris sur le fait comme il insérait parmi les vers de Musée un oracle qui prédisait que les îles voisines de Lemnos disparaîtraient dans la mer. Hipparque l'avait, dis-je, chassé par cette raison, quoique auparavant il eût été lié avec lui de la plus étroite amitié. Mais étant allé en ce temps-là à Suse avec les Pisistratides, comme ceux-ci en parlaient au roi d'une manière honorable, toutes les fois qu'il se présentait devant ce prince, il lui récitait des oracles. S'il y en avait qui annonçassent un malheur au barbare, il les passait sous silence ; mais, faisant choix de ceux qui prédisaient d'heureux événements, il lui disait, en parlant du passage de son armée en Grèce, qu'il était écrit dans les destinées qu'un Perse joindrait les deux bords de l'Hellespont par un pont.

VII. Ce fut ainsi qu'Onomacrite, par ses oracles, et les Pisistratides et les Aleuades par leurs conseils, portèrent Xerxès à faire la guerre aux Grecs ; il commença par les Égyptiens, qui s'étaient révoltés. Il les attaqua la seconde année après la mort de Darius. Lorsqu'il les eut subjugués, et qu'il eut fait peser sur eux un joug plus dur que celui de son père, il leur donna pour gouverneur Achéménès, son frère et fils de Darius. Ce prince fut tué dans la suite par Inaros, fils de Psammitichus, roi de Libye.

VIII. L'Égypte soumise, et Xerxès étant sur le point de marcher contre Athènes, ce prince convoqua les principaux d'entre les Perses, tant pour avoir leurs avis que pour les instruire de ses volontés. Lorsqu'ils furent assemblés, il leur parla en ces termes : « Perses, je ne prétends pas introduire parmi vous un

---

[1] Lasus était musicien, poëte, et même un des sept sages de la Grèce selon quelques-uns. On dit qu'il était fils de Charmantide, ou de Sysymbrinus, ou même de Chabrinus, selon Aristoxène. Il naquit à Hermione, ville de l'Argolide. Il fleurissait dans la soixante-huitième olympiade, et était contemporain de Darius, fils d'Hystaspe. Il institua les chœurs cycliques, et inventa le dithyrambe. (L.)

« nouvel usage, mais suivre celui que nous ont transmis nos
« ancêtres. Depuis que Cyrus a arraché la couronne à Astyage,
« et que nous avons enlevé cet empire aux Mèdes, nous ne
« sommes jamais restés dans l'inaction, comme je l'ai appris de
« nos anciens. Un dieu nous conduit, et sous ses auspices nous
« marchons de succès en succès. Il est inutile de vous parler
« des exploits de Cyrus, de Cambyse, de Darius mon père, et
« des provinces qu'ils ont ajoutées à notre empire; vous en
« êtes assez instruits. Quant à moi, du moment où je suis
« monté sur le trône, jaloux de ne point dégénérer de mes an-
« cêtres, je songe comment je pourrai procurer aux Perses
« une puissance non moins considérable que celle qu'ils m'ont
« laissée. En y réfléchissant, je trouve que nous pouvons illus-
« trer de plus en plus notre nom, acquérir un pays qui n'est
« pas inférieur au nôtre, qui même est plus fertile, et que
« nous aurons en même temps la satisfaction de punir les au-
« teurs des injures que nous avons reçues, et de nous en ven-
« ger. Je vous ai donc convoqués pour vous faire part de mes
« intentions. Après avoir construit un pont sur l'Hellespont, je
« traverserai l'Europe pour me rendre en Grèce, afin de venger
« et les Perses et mon père des insultes des Athéniens. Vous
« n'ignorez point que Darius avait résolu de marcher contre ce
« peuple. Mais la mort ne lui a pas permis de satisfaire son
« ressentiment. C'est à moi à venger et mon père et les Perses,
« et je ne me désisterai point de mon entreprise que je ne me
« sois rendu maître d'Athènes, et que je ne l'aie réduite en
« cendres. Ses habitants, vous le savez, ont commencé les pre-
« mières hostilités contre mon père et moi. Premièrement, ils
« sont venus à Sardes avec Aristagoras de Milet, notre esclave,
« et ils ont mis le feu aux temples et aux bois sacrés. Que ne
« vous ont-ils pas fait ensuite à vous-mêmes, quand vous êtes
« allés dans leur pays sous la conduite de Datis et d'Arta-
« pherne? Personne d'entre vous ne l'ignore. Voilà ce qui m'a-
« nime à marcher contre les Athéniens. Mais, en y réfléchis-
« sant, je trouve un grand avantage à cette expédition. Si nous
« venons à les subjuguer eux et leurs voisins, les habitants du
« pays de Pélops[1] le Phrygien, la Perse n'aura plus d'autres

---

[1] Hérodote s'est servi à dessein de cette tournure, afin de faire sentir

« bornes que le ciel, le soleil n'éclairera point de pays qui ne
« nous touche ; je parcourrai toute l'Europe, et avec votre se-
« cours je ne ferai de la terre entière qu'un seul empire. Car
« on m'assure que, les Grecs une fois réduits, il n'y aura plus
« de ville ni de nation qui puissent nous résister. Ainsi, cou-
« pables ou non, tous subiront également notre joug. En vous
« conduisant ainsi, vous me serez agréables. Que chacun de
« vous se hâte de venir au rendez-vous que j'indiquerai. Celui
« qui s'y trouvera avec les plus belles troupes, je lui ferai pré-
« sent des choses que l'on estime le plus dans notre patrie. Telle
« est ma résolution. Mais, afin qu'il ne paraisse pas que je
« veuille régler tout par mon seul sentiment, je vous permets
« de délibérer sur cette affaire, et j'ordonne à chacun de vous
« de m'en dire son avis. »

IX. Xerxès ayant cessé de parler, Mardonius prit la parole :
« Seigneur, tu es non-seulement le plus grand des Perses qui
« aient paru jusqu'ici, mais encore de tous ceux qui naîtront
« dans la suite. J'en atteste les choses vraies et excellentes que
« tu viens de dire, et cette grandeur d'âme qui ne souffrira
« point que les Ioniens d'Europe, ce peuple vil et méprisable,
« nous insultent impunément. Si, dans la seule vue d'étendre
« notre empire, nous avons soumis les Saces, les Indiens, les
« Éthiopiens, les Assyriens, et plusieurs autres nations puis-
« santes et nombreuses, qui n'avaient commis contre nous au-
« cune hostilité, ne serait-ce pas une honte pour nous de laisser
« impunie l'insolence des Grecs, qui ont été les premiers à
« nous insulter? Qu'avons-nous à craindre? serait-ce la multi-
« tude de leurs troupes, la grandeur de leurs richesses? Nous
« n'ignorons ni leur manière de combattre ni leur faiblesse ;
« nous avons subjugué ceux de leurs enfants qui habitent notre
« pays, et qui sont connus sous les noms d'Ioniens, d'Éoliens et
« de Doriens. Je connais par moi-même les forces des Grecs ;
« j'en fis l'épreuve lorsque je marchai contre eux par ordre du
« roi, ton père. Je pénétrai en Macédoine ; peu s'en fallut même
« que je n'allasse jusqu'à Athènes, et cependant personne ne
« vint à ma rencontre pour me combattre. L'ignorance et la

que Pélops étant Phrygien, et par conséquent esclave des Perses (*voyez* ci-dessous, § xi), le pays où domina ensuite ce Phrygien devait lui appartenir, à lui qui était son maître.

« sottise des Grecs ne leur permettent pas ordinairement,
« comme je l'ai ouï dire, de consulter la prudence dans les
« guerres qu'ils se font. Car, lorsqu'ils se la sont déclarée, ils
« cherchent, pour se battre, la plaine la plus belle et la plus
« unie. Ainsi les vainqueurs ne se retirent qu'avec de grandes
« pertes : comme les vaincus sont entièrement détruits, je n'en
« puis absolument rien dire.

« Puisqu'ils parlent tous la même langue, ne devraient-ils
« pas s'envoyer des hérauts et des ambassadeurs pour termi-
« ner leurs différends ? ne devraient-ils pas essayer de tous les
« moyens plutôt que d'en venir aux mains ? S'il était absolu-
« ment nécessaire de se battre, ne devraient-ils pas chercher
« les uns et les autres un terrain où il fût difficile d'être vaincu,
« et tenter en cet endroit le sort des armes ? Par suite de ce
« mauvais usage, les Grecs n'osèrent pas m'offrir la bataille
« lorsque j'allai jusqu'en Macédoine. Y a-t-il donc quelqu'un
« parmi eux qui s'oppose à toi et te présente le combat, à toi,
« seigneur, qui conduis toutes les forces de terre et de mer de
« l'Asie ? Je ne pense pas que les Grecs portent l'audace jusque-
« là. Si cependant je me trompais, si leur folie les poussait à en
« venir aux mains avec nous, qu'ils apprennent alors que de
« tous les hommes nous sommes les plus braves et les plus ha-
« biles dans l'art de la guerre. Il faut donc tenter toutes les
« voies possibles ; rien ne s'exécute de soi-même, et le succès
« est ordinairement le prix de quelque effort. » Ce fut ainsi que
Mardonius adoucit ce que le discours de Xerxès pouvait avoir de
trop dur ; après quoi il cessa de parler.

X. Comme les Perses gardaient tous le silence, et que pas un
n'osait proposer un avis contraire, Artabane, fils d'Hystaspe,
oncle paternel de Xerxès, et partant plus hardi, ouvrit le sien en
ces termes : « Seigneur, lorsque dans un conseil les sentiments
« ne sont pas partagés, on ne peut choisir le meilleur ; il faut
« s'en tenir à celui qu'on a proposé. Mais, quand ils le sont, on
« discerne le plus avantageux, de même qu'on ne distingue
« point l'or pur par lui-même, mais en le frottant contre un
« autre or. Je conseillai au roi Darius, ton père et mon frère,
« de ne point faire la guerre aux Scythes[1], qui n'habitent point

---

[1] Voyez liv. IV, § LXXXIII.

« des villes. Flatté de l'espérance de subjuguer ces peuples no-
« mades, il ne suivit pas mes conseils; il revint de son expé-
« dition après avoir perdu ses meilleures troupes. Et toi, sei-
« gneur, tu te disposes à marcher contre des hommes plus
« braves que les Scythes, et qui passent pour être très-habiles
« et sur terre et sur mer. Il est donc juste que je t'avertisse
« des dangers que tu auras à courir.

« Tu dis qu'après avoir jeté un pont sur l'Hellespont tu tra-
« verseras l'Europe avec ton armée pour te rendre en Grèce.
« Mais il peut arriver que nous soyons battus sur terre ou sur
« mer, ou même sur l'une et l'autre : car ces peuples ont la
« réputation d'être braves, et l'on peut conjecturer que cette
« réputation n'est pas mal fondée, puisque les Athéniens seuls
« ont défait cette puissante armée qui était entrée dans l'Atti-
« que sous la conduite de Datis et d'Artapherne. Mais suppo-
« sons qu'ils ne réussissent pas à nous battre sur terre et sur
« mer à la fois; s'ils nous livrent un combat naval, et qu'après
« nous avoir battus ils aillent rompre le pont que nous aurons
« construit sur l'Hellespont, nous serons alors, seigneur, dans
« un grand danger.

« Je ne fonde point cette conjecture sur ma prudence, mais
« sur le malheur qui pensa nous arriver lorsque le roi, ton
« père, ayant fait jeter un pont sur le Bosphore de Thrace et
« un autre sur l'Ister, passa dans la Scythie. Alors les Scythes
« firent mille instances aux Ioniens, à qui l'on avait confié la
« garde du pont de l'Ister, pour les engager à le rompre. Si,
« dans ce temps-là, Histiée, tyran de Milet, ne se fût point op-
« posé à l'avis des autres tyrans, c'en était fait des Perses et de
« leur empire. On ne peut même entendre sans frémir que la
« fortune du roi ait dépendu d'un seul homme.

« Ne t'expose donc point, seigneur, à de si grands périls,
« puisqu'il n'y a point de nécessité. Suis plutôt mes conseils,
« congédie maintenant cette assemblée, fais de nouvelles ré-
« flexions, et, quand tu le jugeras à propos, donne les ordres
« qui te paraîtront les plus utiles. Je trouve en effet qu'il y a un
« grand avantage à ne se déterminer qu'après une mûre déli-
« bération. Car quand même l'événement ne répondrait pas à
« notre attente, on a du moins la satisfaction qu'on s'est décidé
« avec sagesse, et que c'est la fortune qui a triomphé de la

« prudence. Mais lorsqu'on a pris une résolution honteuse, dût
« la fortune nous favoriser, le succès n'empêche pas qu'on ait
« agi inconsidérément.

« Ne vois-tu pas que Dieu lance sa foudre sur les plus grands
« animaux, et qu'il les fait disparaître, tandis que les petits ne
« lui causent pas même la plus légère inquiétude? ne vois-tu
« pas qu'elle tombe toujours sur les plus grands édifices et sur
« les arbres les plus élevés? car Dieu se plaît à abaisser tout ce
« qui s'élève. Ainsi une grande armée est souvent taillée en
« pièces par une petite. Dieu, dans sa jalousie, lui envoie des
« terreurs, ou la frappe de la foudre, et conséquemment elle
« périt d'une manière indigne de sa première fortune. Car il ne
« permet pas qu'un autre que lui s'élève et se glorifie. La pré-
« cipitation produit des fautes qui occasionnent des disgrâces
« éclatantes. Ce qu'on fait, au contraire, lentement, procure de
« grands avantages. Si on ne les aperçoit pas sur-le-champ, on
« les reconnaît du moins avec le temps.

« Voilà, seigneur, les conseils que j'ai à te donner. Et toi,
« Mardonius, fils de Gobryas, cesse de tenir sur les Grecs de
« vains propos; ils ne méritent pas qu'on en parle avec mépris.
« C'est en les calomniant que tu excites le roi à marcher en
« personne contre ces peuples; c'est du moins à quoi me pa-
« raissent tendre toutes tes vues, tout ton zèle. Au nom des
« dieux, ne te permets plus la calomnie; c'est le plus odieux
« des vices : c'est une injustice de deux personnes contre une
« troisième. Le calomniateur viole toutes les règles de l'équité,
« en ce qu'il accuse un absent. L'autre n'est pas moins cou-
« pable, en ce qu'il ajoute foi au calomniateur avant que d'être
« bien instruit. Enfin l'absent reçoit une double injure, en ce
« que l'un le dépeint sous de noires couleurs, et que l'autre le
« croit tel qu'on le lui représente.

« Mais, s'il faut absolument porter la guerre chez les Grecs,
« que le roi du moins reste en Perse, que nos enfants lui ré-
« pondent de nos conseils. Quant à toi, Mardonius, prends avec
« toi les meilleures troupes, et en aussi grand nombre que tu
« voudras; mets-toi à leur tête, et si les affaires du roi prospè-
« rent de la manière que tu le dis, qu'on m'ôte la vie à moi et
« à mes enfants. Mais, si elles ont le succès que je prédis, que
« les tiens éprouvent le même traitement, et toi-même aussi,

« si tu reviens de cette expédition. Si tu ne veux pas accepter
« cette condition, ou que tu sois absolument déterminé à mar-
« cher en Grèce, je ne crains point d'assurer que quelqu'un
« de ceux qui sont restés ici, apprendra incessamment que Mar-
« donius, après avoir causé aux Perses quelque grande cala-
« mité, aura servi de pâture aux chiens et aux oiseaux sur les
« terres des Athéniens, ou sur celles des Lacédémoniens,
« à moins que ce malheur ne lui arrive même en chemin, après
« avoir appris à quels hommes il persuade au roi de faire la
« guerre. »

XI. Ce discours mit Xerxès en fureur : « Si tu n'étais point,
« lui répondit-il, frère de mon père, tu recevrais le salaire que
« méritent tes discours insensés. Mais comme tu es un lâche,
« un homme sans cœur, je te ferai l'affront de ne te point me-
« ner en Grèce, et je te laisserai ici avec les femmes. J'exécu-
« terai, et même sans toi, tous mes projets. Qu'on ne me re-
« garde plus comme fils de Darius, qui comptait parmi ses
« ancêtres Hystaspe, Arsamès, Ariamnès, Teispès, Cyrus, Cam-
« byse, Teispès et Achéménès, si je ne me venge pas des Athé-
« niens. Je sais bien que si nous nous tenions tranquilles, ils
« ne s'y tiendraient pas, et que bientôt ils viendraient en armes
« sur nos terres, comme on peut le conjecturer par leurs pre-
« mières entreprises, par l'incendie de Sardes, et par les
« courses qu'ils ont faites en Asie. Il n'est donc plus possible ni
« aux uns ni aux autres de reculer ; il faut que nous les atta-
« quions ou qu'ils nous attaquent, que toutes ces contrées pas-
« sent sous la domination des Grecs, ou que la Grèce entière
« passe sous la nôtre. Il n'y a point de milieu, l'inimitié des
« deux nations ne le permet pas. Il est beau de venger les in-
« jures que ces peuples nous ont faites les premiers, afin que
« j'apprenne quel si grand danger je dois redouter d'une na-
« tion que Pélops le Phrygien [1], qui était esclave de mes ancê-
« tres, a tellement subjuguée, que le pays et ses habitants s'ap-
« pellent encore aujourd'hui de son nom. »

XII. Tels furent les discours prononcés ; mais, quand la nuit

[1] Pélops et son père Tantale étaient originaires de Sipyle, petite ville sur les frontières de la Phrygie et de la Lydie. Telle est l'opinion d'Euripide, dans l'*Iphigénie en Aulide*, vers 953. Apollodore dit que Niobé, ayant quitté la ville de Thèbes, vint trouver son père Tantale à Sipyle. (L).

fut venue, l'avis d'Artabane commençait à inquiéter Xerxès, il y fit de sérieuses réflexions, et comprit enfin qu'il ne lui était pas avantageux d'entreprendre une expédition contre la Grèce. Cette nouvelle résolution prise, il s'endormit, et, comme le disent les Perses, cette même nuit il eut une vision dans laquelle il lui sembla voir un homme d'une grande taille et d'une belle figure se présenter devant lui, et lui tenir ce discours : « Quoi donc, « roi de Perse, tu ne veux plus porter la guerre en Grèce, après « avoir ordonné à tes sujets de lever une armée ! Tu as tort de « changer ainsi de résolution, personne ne t'approuvera. Si tu « m'en crois, tu suivras la route que tu t'étais proposé de tenir « dans le jour. » Ces paroles achevées, il lui sembla voir l'homme s'envoler.

XIII. Le jour venu, Xerxès, loin d'avoir égard à ce songe, convoqua les mêmes personnes qu'il avait assemblées la veille, et leur parla en ces termes : « Si vous me voyez changer de ré-« solution, je vous prie de me le pardonner. Je ne suis point « encore arrivé à ce point de prudence où je dois un jour par-« venir ; d'ailleurs je suis continuellement obsédé par ceux qui « m'exhortent à l'entreprise dont je vous entretins hier. « Lorsque j'ai entendu l'avis d'Artabane, je me suis laissé tout « à coup emporter aux saillies d'une bouillante jeunesse, jusqu'à « parler d'une manière moins convenable que je ne l'aurais dû « à un vieillard. Mais je connais maintenant ma faute, et je « veux suivre son conseil. Demeurez donc tranquilles, puisque « j'ai renoncé à porter la guerre en Grèce. »

XIV. Ravis de ce discours, les Perses se prosternèrent devant le roi. La nuit suivante, le même fantôme se présenta de nouveau à Xerxès pendant son sommeil, et lui parla ainsi : « Fils « de Darius, tu as donc renoncé dans l'assemblée des Perses à « l'expédition de Grèce, et tu ne tiens pas plus de compte de « mes discours que si tu ne les avais pas entendus. Mais si tu « ne te mets incessamment en marche, apprends quelles se-« ront les suites de ton obstination ; de grand et de puissant « que tu es devenu en peu de temps, tu deviendras petit en « aussi peu de temps. »

XV. Effrayé de cette vision, Xerxès s'élance de son lit, mande Artabane. « Artabane, lui dit-il dès qu'il fut arrivé, je n'étais « pas dans mon bon sens, lorsque je répondis à tes conseils sa

« lutaires par des paroles injurieuses. Mais bientôt après je
« m'en repentis, et je reconnus que je devais suivre tes avis.
« Je ne le puis cependant, quelque désir que j'en aie. Car, de-
« puis mon changement de résolution et mon repentir, un
« fantôme m'apparaît, et m'en dissuade, et même à l'instant il
« vient de disparaître après m'avoir fait de grandes menaces.
« Si c'est un dieu qui me l'envoie, et qu'il veuille absolument
« que je porte la guerre en Grèce, le même fantôme t'apparaî-
« tra aussi, et te donnera les mêmes ordres qu'à moi. Cela
« pourra bien arriver de la sorte, comme je le conjecture, si tu te
« revêts de mes habits royaux, et qu'après t'être assis sur mon
« trône, tu te couches dans mon lit. »

XVI. Ainsi parla Xerxès. Artabane ne se rendit pas d'abord à
sa première invitation, parce qu'il ne se croyait pas digne de
s'asseoir sur le trône royal. Mais enfin, se voyant pressé par le
roi, il exécuta ses ordres après lui avoir tenu ce discours :
« Grand roi, il est aussi glorieux, à mon avis, de suivre un bon
« conseil que de bien penser soi-même. Tu excelles dans l'un
« et dans l'autre ; mais la compagnie des méchants te fait tort,
« et l'on peut t'appliquer ce qu'on dit de la mer. Rien de plus
« utile aux hommes ; mais le souffle impétueux des vents ne lui
« permet pas de suivre sa bonté naturelle. Quant à tes discours
« injurieux, j'en ai été moins affligé que de voir que, de deux
« avis dont l'un tendait à augmenter l'insolence des Perses, et
« l'autre à la réprimer, en montrant combien il est pernicieux
« d'apprendre aux hommes à ne point mettre de bornes à leurs
« désirs, tu aies suivi celui qui est le plus dangereux, et pour
« toi-même, et pour toute la nation. Mais aujourd'hui qu'après
« avoir embrassé le meilleur parti, tu renonces à l'expédition
« contre la Grèce, tu dis qu'un songe, envoyé par un dieu, te
« défend de congédier ton armée. Ces songes n'ont rien de
« divin, mon fils ; ils errent de côté et d'autre, et sont tels que
« je vais te l'apprendre, moi qui suis beaucoup plus âgé que
« toi. Les songes proviennent ordinairement des objets dont la
« pensée s'est occupée pendant le jour. Or tu sais que, le jour
« d'auparavant, l'expédition contre la Grèce fut fortement agitée
« dans le conseil.

« Au reste, si ce songe n'est pas tel que je l'assure, s'il a
« quelque chose de divin, tu as tout dit en peu de mots, ce

« fantôme m'apparaîtra, et me donnera les mêmes ordres qu'à
« toi. S'il veut encore se montrer, il ne le fera pas moins, soit
« que j'aie mes habits ou les tiens, et je ne le verrai pas plus
« en reposant dans ton lit que si j'étais dans le mien. Car enfin
« celui qui t'est apparu en dormant, quel qu'il puisse être, n'est
« pas assez simple pour s'imaginer, en me voyant avec tes ha-
« bits, que je sois le roi. S'il n'a aucun égard pour moi, s'il
« ne daigne pas se montrer, soit que je porte mes habits ou les
« tiens, mais qu'il aille te trouver, il faut alors faire attention à
« ses avertissements : car, s'il continue à se présenter à toi, je
« conviendrai moi-même qu'il y a là quelque chose de divin.
« Quant à ta résolution, si tu y persistes, et que rien ne puisse
« t'en faire changer, j'obéis, et je vais de ce pas coucher dans
« ton lit. Que ce fantôme m'apparaisse alors ; mais jusqu'à ce
« moment je persisterai dans mon sentiment. »

XVII. Après avoir ainsi parlé, Artabane, dans l'espoir de prouver à Xerxès que ce songe ne signifiait rien, fit ce qui lui avait été ordonné. Il se revêtit des habits de Xerxès, s'assit sur son trône, et se coucha ensuite dans le lit de ce prince. Quand il fut endormi, le même fantôme qu'avait vu Xerxès le vint aussi trouver, et lui adressa ces paroles : « C'est donc toi qui détournes
« Xerxès de son expédition contre la Grèce, comme si tu étais
« chargé de sa conduite. C'est toi qui t'opposes aux destins.
« Mais tu en seras puni dans la suite et pour le présent. Quant à
« Xerxès, on lui a fait voir les malheurs auxquels il est destiné
« s'il désobéit. »

XVIII. Telles furent les menaces qu'Artabane crut entendre ; il lui sembla aussi que ce fantôme voulait lui brûler les yeux avec un fer ardent. A cette vue, il pousse un grand cri, se lève avec précipitation, va trouver Xerxès, et, après lui avoir rapporté sa vision, il lui parle en ces termes : « Comme j'ai déjà
« vu, seigneur, des puissances considérables détruites par
« d'autres qui leur étaient très-inférieures, je te dissuadais
« d'autant plus de t'abandonner à l'ardeur de ta jeunesse, que
« je savais combien il est dangereux de désirer beaucoup de
« choses. Venant donc à me rappeler quel fut le succès des ex-
« péditions de Cyrus contre les Massagètes, de Cambyse contre
« les Éthiopiens, et de Darius contre les Scythes, où je me trou-
« vai ; sachant cela, je pensais qu'en demeurant tranquille tu

« serais le plus heureux de tous les hommes. Mais puisque les
« dieux t'excitent à cette entreprise, et qu'ils paraissent menacer
« les Grecs de quelque grand malheur, je me rends moi-même
« et je change d'avis. Fais donc part aux Perses du songe que le
« dieu t'a envoyé, fais-leur savoir qu'ils aient à continuer les
« préparatifs nécessaires en conséquence des ordres précédents.
« Et toi, seigneur, conduis-toi avec tant de sagesse, qu'avec
« le secours de Dieu tu ne manques à rien de ce que tu dois
« faire. »

Ce discours fini, encouragés l'un et l'autre par ce songe, Xerxès le communiqua aux Perses aussitôt que le jour parut, et Artabane, qui seul auparavant le détournait de cette expédition, la pressait alors ouvertement.

XIX. Tandis que Xerxès se disposait à marcher, il eut pendant son sommeil une troisième vision. Les mages, à qui il en fit part, jugèrent qu'elle regardait toute la terre, et que tous les hommes lui seraient assujettis. Il lui sembla avoir la tête ceinte du jet d'un olivier, dont les branches couvraient toute la terre, et que peu à peu cette couronne avait disparu. Aussitôt après cette interprétation des mages, les Perses qui avaient assisté au conseil se rendirent chacun dans son gouvernement, et exécutèrent avec toute l'ardeur imaginable les ordres du roi, afin de recevoir les récompenses promises.

XX. Ce fut ainsi que Xerxès leva des troupes, et sur le continent il n'y eut point d'endroit à l'abri de ses perquisitions. On employa, après la réduction de l'Égypte, quatre années entières [1] à faire des levées et à amasser des provisions ; enfin il se mit en marche dans le courant de la cinquième à la tête de forces immenses. Car, de toutes les expéditions dont nous ayons connaissance, celle-ci fut sans contredit la plus considérable. On ne

---

[1] Darius fut trois ans à faire les préparatifs nécessaires pour la guerre de Grèce : la quatrième année, l'Égypte se révolta, et ce prince mourut l'année suivante, qui était la cinquième année depuis la bataille de Marathon. Xerxès employa quatre ans aux préparatifs qu'il fit, et dans le courant de la cinquième année il se mit en chemin. Enfin, après une marche très-longue, il arriva à Sardes, où il séjourna pendant l'hiver. Au commencement du printemps, il passa à Abydos, et de là en Grèce. Il s'ensuit de ce calcul que Xerxès ne passa en Grèce que la onzième année après la bataille de Marathon. Cela s'accorde bien avec ce que dit Thucydide, que ce prince entreprit son expédition la dixième année après cette bataille. (WESSELING.)

peut lui comparer ni celle de Darius contre les Scythes, ni celle des Scythes qui, poursuivant les Cimmériens, entrèrent en Médie, et subjuguèrent presque toute l'Asie supérieure, raison qui porta dans la suite Darius à se venger d'eux. Il faut penser de même de l'expédition des Atrides contre Troie, et de celle des Mysiens et des Teucriens, qui, avant le temps de la guerre de Troie, passèrent le Bosphore pour se jeter dans l'Europe, subjuguèrent tous les Thraces, et, descendant vers la mer Ionienne, s'avancèrent au midi jusqu'au Pénée.

XXI. Ces expéditions et toutes celles dont je n'ai point parlé ne peuvent être mises en parallèle avec celle-ci. En effet, quelle nation de l'Asie Xerxès ne mena-t-il pas contre la Grèce? quelles rivières ne furent épuisées, si l'on en excepte les grands fleuves? Parmi ces peuples, les uns fournirent des vaisseaux, les autres de l'infanterie, d'autres de la cavalerie : ceux-ci des vaisseaux de transport pour les chevaux et les troupes, ceux-là des vaisseaux longs pour servir à la construction des ponts; d'autres enfin donnèrent des vivres et des vaisseaux pour les transporter. On avait fait aussi des préparatifs environ trois ans d'avance pour le mont Athos, parce que dans la première expédition la flotte des Perses avait essuyé une perte considérable en doublant cette montagne. Il y avait des trirèmes à la rade d'Éléonte dans la Chersonèse. De là partaient des détachements de tous les corps de l'armée, que l'on contraignait à coups de fouet de percer le mont Athos, et qui se succédaient les uns aux autres. Les habitants de cette montagne aidaient aussi à la percer. Bubarès, fils de Mégabyse, et Artachéès, fils d'Astrée, tous deux Perses de nation, présidaient à cet ouvrage.

XXII. L'Athos est une montagne vaste, célèbre et peuplée, qui avance dans la mer, et se termine du côté du continent en forme de péninsule, dont l'isthme a environ douze stades. Ce lieu consiste en une plaine avec de petites collines qui vont de la mer des Acanthiens jusqu'à celle de Torone, qui est vis-à-vis. Dans cet isthme, où se termine le mont Athos, est une ville grecque nommée Sané. En deçà de Sané, et dans l'enceinte de cette montagne, on trouve les villes de Dium, d'Olophyxos, d'Acrothoon, de Thyssos et de Cléonée. Telles sont les villes sises sur l'Athos.

XXIII. Voici comment on perça cette montagne. On tira une

ligne droite vers la ville de Sané, et les barbares se partagèrent le terrain par nations. Lorsque le canal se trouva à une certaine profondeur, ceux qui étaient au fond continuaient à creuser, les autres remettaient la terre à ceux qui étaient sur des échelles. Ceux-ci se la passaient de main en main, jusqu'à ce qu'on fût venu à ceux qui étaient tout au haut du canal ; alors ces derniers la transportaient et la jetaient ailleurs. Les bords du canal s'éboulèrent, excepté dans la partie confiée aux Phéniciens, et donnèrent aux travailleurs une double peine. Cela devait arriver nécessairement, parce que le canal était sans talus, et aussi large par haut que par bas. Si les Phéniciens ont fait paraître du talent dans tous leurs ouvrages, ce fut surtout en cette occasion. Pour creuser la partie qui leur était échue, ils donnèrent à l'ouverture une fois plus de largeur que le canal ne devait en avoir, et, à mesure que l'ouvrage avançait, ils allaient toujours en rétrécissant, de sorte que le fond se trouva égal à l'ouvrage des autres nations. Il y avait en ce lieu une prairie, dont ils firent leur marché, et où l'on transportait de l'Asie une grande quantité de farine.

XXIV. Quand je réfléchis sur ces travaux, je trouve que Xerxès fit percer le mont Athos [1] par orgueil, pour faire montre de sa puissance, et pour en laisser un monument. On aurait pu, sans aucune peine, transporter les vaisseaux d'une mer à l'autre par-dessus l'isthme ; mais il aima mieux faire creuser un canal de communication avec la mer, qui fût assez large pour que deux trirèmes pussent y voguer de front. Les troupes chargées de creuser ce canal avaient aussi ordre de jeter un pont sur le Strymon.

XXV. Ce prince fit préparer pour ces ponts des cordages de lin et de byblos, et l'on commanda de sa part aux Phéniciens et aux Égyptiens d'apporter des vivres pour l'armée, afin que les troupes et les bêtes de charge qu'il menait en Grèce

---

[1] Xerxès, s'il faut en croire Plutarque, écrivit au mont Athos une lettre pleine d'extravagance, que voici : « Divin Athos, qui portes ta cime jusqu'au ciel, ne va pas opposer à mes travailleurs de grandes pierres difficiles à travailler, autrement je te ferai couper et précipiter dans la mer. » On commença à creuser le canal un peu au-dessus de Sané, de sorte que cette ville était renfermée elle-même dans l'île, qui, avant les travaux entrepris par les ordres de Xerxès, était une péninsule. Thucydide le dit positivement. (*Voyez* liv. IV, § 109.)

ne souffrissent point de la faim. S'étant fait instruire de la situation des pays, il avait ordonné de transporter de toutes les parties de l'Asie des farines sur des vaisseaux de charge et propres à faire la traversée, et de les déposer dans les lieux les plus commodes, partie en un endroit, et partie en d'autres. La plupart de ces farines furent portées sur la côte de Thrace appelée Leucé Acté ; on en transporta aussi à Tyrodize sur les terres des Périnthiens, à Dorisque, à Éion sur le Strymon, et enfin en Macédoine.

XXVI. Tandis qu'on était occupé de ces travaux, Xerxès partit avec toute son armée de terre de Critalle en Cappadoce, où s'étaient rendues, suivant ses ordres, toutes les troupes qui devaient l'accompagner par terre, et se mit en marche pour Sardes. Quel fut le général qui reçut la récompense promise par le roi à celui qui amènerait les plus belles troupes ? je ne puis le dire, et même j'ignore absolument s'il en fut question. Les Perses, ayant passé l'Halys, entrèrent en Phrygie. Ils traversèrent ce pays, et arrivèrent à Célèna, où sont les sources du Méandre, et celles d'une autre rivière qui n'est pas moins grande que le Méandre, et que l'on appelle Catarractès. Le Catarractès prend sa source dans la place publique même de Célèna, et se jette dans le Méandre. On voit dans la citadelle la peau du Silène Marsyas [1] ; elle y fut suspendue par Apollon en forme d'outre, à ce que disent les Phrygiens, après que ce dieu l'eut écorché.

XXVII. Pythius, fils d'Atys, Lydien de nation, demeurait en cette ville. Il reçut Xerxès et toute son armée avec la plus grande magnificence, et lui offrit de l'argent pour les frais de la guerre. Là-dessus le roi demanda aux Perses qui étaient présents quel était ce Pythius, et quelles étaient ses richesses pour faire de pareilles offres. « Seigneur, lui dirent-ils, c'est celui-là
« même qui fit présent à Darius ton père du platane d'or et de
« la vigne d'or [2]. C'est, après toi, l'homme le plus riche dont
« nous ayons aujourd'hui connaissance. »

---

[1] Hyagnis, Phrygien, inventa à Célèna la flûte. Il florissait en même temps qu'Érichthonius, roi d'Athènes, l'an 1506 avant notre ère. Marsyas son fils lui succéda dans l'art de jouer de cet instrument. Il le perfectionna, et, fier de sa découverte, il entra en lice avec Apollon et fut vaincu. Ce dieu l'écorcha. (Diodore de Sicile, liv. III.)

[2] Cette vigne fut dans la suite enlevée de la citadelle de Suse par Anti-

XXVIII. Surpris de ces dernières paroles, Xerxès demanda ensuite lui-même à Pythius quelles étaient ses richesses. « Je « ne prétexterai point, grand roi, que j'en ignore le compte; je « vais te le dire sans rien déguiser. Car aussitôt que j'eus appris « que tu venais vers la mer grecque, comme j'avais le dessein « de te donner de l'argent pour la guerre, je trouvai, par le « calcul que j'en fis, que j'avais deux mille talents en argent [1], « et en or quatre millions de statères dariques moins sept mille. « Je te fais présent de ces richesses, et ne me réserve que mes « esclaves et mes terres, qui suffisent à ma subsistance. »

XXIX. Xerxès, ravi de ces offres, lui dit : « Mon hôte, depuis « mon départ de la Perse, je n'ai encore rencontré personne qui « ait voulu exercer l'hospitalité envers mon armée, ou qui soit « venu de lui-même m'offrir ses biens pour contribuer aux « frais de la guerre. Non content de recevoir mon armée avec « la plus grande magnificence, tu me fais encore les offres les « plus généreuses. Reçois donc en échange mon amitié; et, « pour qu'il ne manque rien à tes quatre millions, je te donne « les sept mille statères [2] que tu n'as pas, et ton compte sera « complet. Jouis donc toi seul du bien que tu as acquis, et aie « soin d'être toujours tel que tu t'es montré; car, tant que tu « en agiras de la sorte, tu ne t'en repentiras ni pour le présent « ni pour l'avenir. »

XXX. Ce prince exécuta sa promesse, et se remit en marche. Il passa près d'Anava, ville de Phrygie, et près d'un étang d'où l'on tire du sel, et arriva à Colosse, grande ville de Phrygie. Le Lycus y disparaît et se précipite dans un gouffre, d'où il sort environ à cinq stades de cette ville pour se jeter ensuite dans

gonus, la première année de la cent seizième olympiade, trois cent seize ans avant notre ère, et environ cent soixante-cinq ans après l'entrevue de Xerxès avec Pythius. Quant au platane d'or, ce n'était pas quelque chose de si merveilleux. Il était si petit, selon Antiochus, qu'il ne pouvait donner de l'ombre à une cigale. Mais il faut faire attention que cet Antiochus était député des Arcadiens auprès du grand roi, et que, piqué du peu de cas que ce prince avait fait paraître pour sa nation, il tâcha de le rabaisser, et qu'ainsi il n'est pas croyable.

[1] Le talent vaut 5,400 livres ; les 2,000 talents valent par conséquent 12,830,000 livres ; les 4,000,000 de statères d'or équivalent à 14,000 talents en argent, c'est-à-dire à 75,600,000 livres. Ainsi le total des richesses de Pythius montait à 86,400,000 livres. (L.)

[2] 12,000 livres de notre monnaie.

le Méandre. L'armée, étant partie de Colosse, arriva à Cydrara, sur les frontières de la Phrygie et de la Lydie, où une inscription gravée sur une colonne érigée par ordre de Crésus indiquait les bornes des deux pays.

XXXI. Au sortir de la Phrygie, il entra en Lydie. Dans cet endroit le chemin se partage en deux : l'un, à gauche, mène en Carie; l'autre, à droite, conduit à Sardes. Quand on prend celui-ci, il faut nécessairement traverser le Méandre et passer le long de la ville de Callatébos, où l'on fait du miel avec du myrica [1] et du blé. En suivant cette route, Xerxès trouva un platane qui lui parut si beau, qu'il le fit orner de colliers et de bracelets d'or, et qu'il en confia la garde à un Immortel. Enfin le deuxième jour il arriva à la ville des Lydiens.

XXXII. À peine fut-il arrivé à Sardes, qu'il envoya des hérauts dans la Grèce, excepté à Athènes et à Lacédémone, pour demander la terre et l'eau, et pour ordonner d'approvisionner la table du roi. Il les envoya sommer cette seconde fois de lui donner la terre et l'eau, parce qu'il pensait que ceux qui les avaient autrefois refusées à Darius, effrayés de sa marche, ne manqueraient pas de les lui offrir. C'est afin de s'en assurer qu'il fit partir ces hérauts.

XXXIII. Pendant qu'il se disposait à partir pour Abydos, on travaillait à construire le pont sur l'Hellespont, afin de passer d'Asie en Europe. Dans la Chersonèse et l'Hellespont, entre les villes de Sestos et de Madytos, est une côte fort rude, qui s'avance dans la mer vis-à-vis d'Abydos. Ce fut en ce lieu que Xanthippe, fils d'Ariphron, général des Athéniens, prit, peu de temps après, Artayctès, Perse de nation et gouverneur de Sestos. On le mit en croix, parce qu'il avait mené des femmes dans le temple de Protésilas à Éléonte, et avait commis des actions iniques.

XXXIV. Ceux que le roi avait chargés de ces ponts les commencèrent du côté d'Abydos, et les continuèrent jusqu'à cette côte, les Phéniciens en attachant des vaisseaux avec des cordages de lin, et les Égyptiens en se servant pour le même effet de cordages de byblos. Or, depuis Abydos jusqu'à la côte opposée,

---

[1] Le myrica des anciens est certainement notre tamarix, planté qui croît spontanément en France, en Italie, en Espagne et dans le Levant. (MIOT.)

il y a sept stades. Ces ponts achevés, il s'éleva une affreuse tempête qui rompit les cordages et brisa les vaisseaux.

XXXV. A cette nouvelle, Xerxès, indigné, fit donner, dans sa colère, trois cents coups de fouet à l'Hellespont, et y fit jeter une paire de ceps. J'ai ouï dire qu'il avait aussi envoyé avec les exécuteurs de cet ordre des gens pour en marquer les eaux d'un fer ardent. Mais il est certain qu'il commanda qu'en les frappant à coups de fouet, on leur tînt ce discours barbare et insensé : « Onde amère, ton maître te punit ainsi parce que tu « l'as offensé sans qu'il t'en ait donné sujet. Le roi Xerxès te « passera de force ou de gré. C'est avec raison que personne ne « t'offre des sacrifices, puisque tu es un fleuve[1] trompeur et « salé. » Il fit ainsi châtier la mer, et l'on coupa la tête à ceux qui avaient présidé à la construction des ponts.

XXXVI. Ceux qu'il avait chargés de cet ordre barbare l'ayant exécuté, il employa d'autres entrepreneurs à ce même ouvrage. Voici comment ils s'y prirent. Ils attachèrent ensemble trois cent soixante vaisseaux de cinquante rames et des trirèmes, et de l'autre côté trois cent quatorze. Les premiers présentaient le flanc au Pont-Euxin, et les autres, du côté de l'Hellespont, répondaient au courant de l'eau, afin de tenir les cordages encore plus tendus. Les vaisseaux ainsi disposés, ils jetèrent de grosses ancres, partie du côté du Pont-Euxin pour résister aux vents qui soufflent de cette mer, partie du côté de l'occident et de la mer Égée, à cause des vents qui viennent du sud et du sud-est. Ils laissèrent aussi en trois endroits différents un passage libre entre les vaisseaux à cinquante rames pour les petits bâtiments qui voudraient entrer dans le Pont-Euxin ou en sortir.

---

[1] Il paraît fort étrange qu'Hérodote donne à l'Hellespont le nom de fleuve; mais on peut en voir la raison dans le passage suivant de Wood : « Quand je naviguais dans la mer Égée, dans l'Hellespont, nous étions obligés de faire route contre un courant vif et constant, lequel, sans l'assistance d'un vent du nord, fait ordinairement trois nœuds par heure. Nous étions en même temps enfermés de tous côtés par les terres. Rien ne s'offrait à notre vue que des scènes champêtres, et tous les objets nous présentaient l'idée d'une belle rivière qui traverse un pays. Dans cette situation, je pouvais à peine me persuader que j'étais en mer, et il était tout aussi naturel de parler de la grande largeur comparative de l'Hellespont, que de faire mention de son embouchure, de son courant agréable, de ses bords couverts de bois, et de toutes les autres circonstances qui n'appartiennent qu'aux rivières. » Wood. (*Description de la Troade*, p. 300.)

Ce travail fini, on tendit les câbles avec des machines de bois qui étaient à terre. On ne se servit pas de cordages simples, comme on avait fait la première fois, mais on les entortilla, ceux de lin blanc deux à deux, et ceux de byblos quatre à quatre. Ces câbles étaient également beaux et d'une égale épaisseur, mais ceux de lin étaient à proportion plus forts, et chaque coudée pesait un talent[1]. Le pont achevé, on scia de grosses pièces de bois suivant la largeur du pont, et on les plaça, l'une à côté de l'autre, dessus les câbles qui étaient bien tendus. On les joignit ensuite ensemble, et lorsque cela fut fait, on posa dessus des planches bien jointes les unes avec les autres, et puis on les couvrit de terre qu'on aplanit. Tout étant fini, on pratiqua de chaque côté une barrière, de crainte que les chevaux et autres bêtes de charge ne fussent effrayés en voyant la mer au-dessous d'eux.

XXXVII. Les ponts achevés, ainsi que les digues qu'on avait faites aux embouchures du canal du mont Athos, afin d'empêcher le flux d'en combler l'entrée, le canal même étant tout à fait fini, on en porta la nouvelle à Sardes, et Xerxès se mit en marche. Il partit au commencement du printemps de cette ville, où il avait passé l'hiver, et prit la route d'Abydos avec son armée qui était en bon ordre. Tandis qu'il était en route, le soleil, quittant la place qu'il occupait dans le ciel, disparut quoiqu'il n'y eût point alors de nuages et que l'air fût très-serein, et la nuit prit la place du jour. Xerxès, inquiet de ce prodige, consulta les mages sur ce qu'il pouvait signifier. Les mages lui répondirent que le dieu présageait aux Grecs la ruine de leurs villes, parce que le soleil annonçait l'avenir à cette nation, et la lune à la leur. Xerxès, charmé de cette réponse, se remit en marche.

XXXVIII. Tandis qu'il continuait sa route avec son armée, le Lydien Pythius, effrayé du prodige qui avait paru dans le ciel, vint le trouver. Les présents qu'il avait faits à ce prince et ceux qu'il en avait reçus l'ayant enhardi, il lui parla ainsi : « Seigneur, je souhaiterais une grâce; daigneras-tu me l'accorder? c'est peu pour toi, c'est beaucoup pour moi. » Xerxès, s'attendant à des demandes bien différentes de celles qu'il lui fit, lui

---

[1] 54 livres 6 onces 7 gros 24 grains.

promit de lui tout accorder, et lui ordonna de dire ce qu'il souhaitait. Alors Pythius, plein de confiance, lui répondit : « Grand
« roi, j'ai cinq fils, et le sort a voulu que tous fissent partie de
« ton expédition contre la Grèce. Mais, seigneur, aie pitié de
« mon grand âge. Exempte seulement l'aîné de mes fils de ser-
« vir dans cette guerre, afin qu'il ait soin de moi, et qu'il prenne
« l'administration de mon bien. Quant aux quatre autres, mène-
« les avec toi, et puisses-tu revenir après avoir réussi selon tes
« désirs. »

XXXIX. « Méchant que tu es, lui répondit Xerxès indigné, je
« marche moi-même contre la Grèce avec mes enfants, mes
« frères, mes proches, mes amis ; et tu oses me parler de ton
« fils, toi, mon esclave, et qui aurais dû me suivre avec ta
« femme et ta maison ? Apprends aujourd'hui que l'esprit de
« l'homme réside dans ses oreilles. Quand il entend des choses
« agréables, il s'en réjouit, et sa joie se répand dans tout le
« corps ; mais lorsqu'il en entend de contraires, il s'irrite. Si tu
« t'es d'abord bien conduit, si tes promesses n'ont pas été
« moins belles, tu ne pourras pas cependant te vanter d'avoir
« surpassé un roi en libéralité. Ainsi, quoique aujourd'hui tu
« portes l'impudence à son comble, tu ne recevras pas le sa-
« laire qui t'est dû, et je te traiterai moins rigoureusement que
« tu ne le mérites. L'hospitalité qui nous lie te sauve la vie à
« toi et à quatre de tes fils ; mais je te punirai par la perte de
« celui-là seul que tu aimes le plus. » Après avoir fait cette réponse, il commanda sur-le-champ à ceux qui étaient chargés de pareils ordres de chercher l'aîné des fils de Pythius, de le couper en deux par le milieu du corps, et d'en mettre une moitié à la droite du chemin par où devait passer l'armée, et l'autre moitié à la gauche.

XL. Les ordres du roi exécutés, l'armée passa entre les deux parties de ce corps ; le bagage et les bêtes de charge les premiers, suivis de troupes de toutes sortes de nations, pêle-mêle, sans distinction, et faisant plus de la moitié de l'armée. Elles ne se trouvaient pas avec le corps d'armée où était le roi ; un intervalle considérable les en séparait. A la tête de celui-ci étaient mille cavaliers choisis entre tous les Perses, suivis de mille hommes de pied armés de piques, la pointe en bas ; troupe d'élite, comme la précédente. Venaient ensuite dix chevaux sacrés niséens, avec des harnais superbes. On leur donne le nom de niséens parce qu'ils viennent de la vaste plaine Niséenne en Médie[1] qui en produit de grands. Derrière ces dix chevaux paraissait le char sacré de Jupiter, traîné par huit chevaux blancs, et derrière ceux-ci marchait à pied un conducteur qui tenait les rênes : car il n'est permis à personne de monter sur ce siége. On voyait ensuite Xerxès sur un char attelé de chevaux niséens. Le conducteur allait à côté; il était Perse, et s'appelait Patiramphès, fils d'Otane.

XLI. Xerxès partit ainsi de Sardes, et quand l'envie lui en prenait, il passait de ce char sur un harmamaxe[2]. Il était suivi de mille hommes armés de piques, la pointe en haut, suivant l'usage. C'étaient les plus nobles et les plus braves d'entre les Perses. Après eux marchaient mille cavaliers d'élite, suivis de dix mille hommes de pied, choisis parmi le reste des Perses. De ces dix mille hommes, il y en avait mille qui avaient des grenades d'or au lieu de fer au bas de la lance[3]. Ils renfermaient au milieu d'eux les neuf mille autres; ceux-ci portaient à l'extrémité de leurs piques des grenades d'argent. Ceux qui marchaient la pique baissée en avaient aussi d'or ; mais ceux qui venaient immédiatement après Xerxès portaient des pommes d'or. Ces dix mille hommes étaient suivis de dix mille Perses à cheval. Entre ce corps de cavalerie et le reste des troupes qui marchaient pêle-mêle, il y avait un intervalle de deux stades.

XLII. Au sortir de la Lydie, l'armée fit route vers le Caïque, entra en Mysie, et, laissant ensuite à gauche le mont Cané, elle alla du Caïque par Atarnée à la ville de Carène. De cette ville, elle prit sa marche par la plaine de Thèbes, passa près d'Adramyttium et d'Antandros, ville pélasgique, d'où, laissant à gauche le mont Ida, elle pénétra dans la Troade. L'armée campa la nuit au pied de cette montagne. Il survint un grand orage accompagné de tonnerre et d'éclairs si affreux, qu'il périt en cet endroit beaucoup de monde. De là, l'armée campa sur les bords du

---

[1] Il y avait dans cette plaine de superbes haras de cent cinquante mille chevaux. Alexandre eut, à son retour de l'Inde, la curiosité de les aller voir. Il n'y en avait plus alors que cinquante mille, les autres ayant été enlevés par des brigands. (L.)

[2] Cette sorte de voiture était commode et particulière aux femmes. Il en est parlé dans l'Histoire des amours de Chéréas et de Callirrhoé.

[3] L'extrémité de la pique qui pose à terre.

Scamandre. Ce fut la première rivière, depuis le départ de Sardes, dont l'eau ne put suffire aux hommes et aux bêtes de charge.

XLIII. Dès que Xerxès fut arrivé sur les bords de cette rivière, il monta à Pergame de Priam[1], qu'il désirait fort de voir. Lorsqu'il l'eut examinée, et qu'il en eut appris toutes les particularités, il immola mille bœufs à Minerve de Troie[2], et les mages firent des libations en l'honneur des héros du pays. Ces choses achevées, une terreur *panique* se répandit dans le camp la nuit suivante. Le roi partit de là à la pointe du jour, ayant à sa gauche les villes de Rhœtium, d'Ophrynium et de Dardanus, qui est voisine de celle d'Abydos, et à sa droite les Gergithes-Teucriens.

XLIV. Lorsqu'on fut arrivé à Abydos, Xerxès voulut voir toutes ses troupes. On lui avait élevé sur un tertre une plate-forme de marbre blanc, suivant les ordres que les Abydéniens en avaient reçus auparavant. De là, portant ses regards sur le rivage, il contempla ses armées de terre et de mer. Après avoir joui de ce spectacle, il souhaita voir un combat naval. On le livra. Les Phéniciens de Sidon remportèrent la victoire. Xerxès fut enchanté du combat et de l'armée.

XLV. En voyant l'Hellespont couvert de vaisseaux, le rivage entier et les plaines d'Abydos remplis de gens de guerre, il se félicita lui-même sur son bonheur; mais peu après il versa des larmes.

XLVI. Artabane, son oncle paternel, qui d'abord lui avait parlé librement sur la guerre de Grèce, et qui avait voulu l'en dissuader, s'étant aperçu de ses pleurs, lui tint ce discours :
« Seigneur, ta conduite actuelle est bien différente de celle que
« tu tenais peu auparavant. Tu te regardais comme heureux,
« et maintenant tu verses des larmes. — Lorsque je réfléchis,
« répondit Xerxès, sur la brièveté de la vie humaine, et que de
« tant de milliers d'hommes il n'en restera pas un seul dans cent

[1] Pergame était le nom de la citadelle de Troie. Hérodote ajoute de Priam, pour distinguer cette citadelle de la ville de Pergame en Mysie, qui fut depuis la capitale d'un royaume, et de Pergame ville des Pièrès. (L.)

[2] Minerve *Iliade* dans le grec. Elle avait son temple dans la citadelle, comme on le voit dans Homère. Elle était en grande vénération dans le pays. Alexandre le Grand, étant allé à Troie, lui fit des sacrifices. (L.)

« ans, je suis ému de compassion. — Nous éprouvons, dit Arta
« bane, dans le cours de notre vie, des choses bien plus tristes
« que la mort même. Car, malgré sa brièveté, il n'y a point
« d'homme si heureux, soit parmi cette multitude, soit dans
« tout l'univers, à qui il ne vienne dans l'esprit, je ne dis pas
« une fois, mais souvent, de souhaiter de mourir. Les mal-
« heurs qui surviennent, les maladies qui nous troublent, font
« paraître la vie bien longue, quelque courte qu'elle soit. Dans
« une existence si malheureuse, l'homme soupire après la mort,
« et la regarde comme un port assuré. En assaisonnant notre
« vie de quelques plaisirs, le dieu fait bien voir sa jalousie.

XLVII. « — Artabane, reprit Xerxès, la vie de l'homme est
« telle que tu la présentes. Mais finissons un entretien si triste,
« lorsque notre fortune présente est si prospère. Dis-moi, je te
« prie, si la vision que tu as eue n'eût point été si claire, per-
« sisterais-tu dans ton ancien sentiment? me dissuaderais-tu
« encore de porter la guerre en Grèce, ou changerais-tu d'avis?
« parle sans rien déguiser. — Seigneur, dit Artabane, puisse la
« vision que nous avons eue avoir l'heureux accomplissement
« que nous désirons l'un et l'autre! Mais encore à présent je suis
« extrêmement effrayé, et je ne me sens pas maître de moi-
« même, lorsque entre autres choses sur lesquelles je réfléchis
« j'en vois deux de la plus grande importance qui te sont con-
« traires.

XLVIII. « — Quelles sont donc ces deux choses, reprit Xer-
« xès, qui, à ton avis, me sont si contraires? Peut-on reprocher
« à l'armée de terre de n'être point assez nombreuse, et crois-
« tu que les Grecs puissent nous en opposer une plus forte?
« trouves-tu notre flotte inférieure à la leur? serait-ce enfin
« l'une et l'autre? Si nos armées te paraissent trop peu con-
« sidérables, on peut faire au plus tôt de nouvelles levées.

XLIX. « — Seigneur, reprit Artabane, il n'y a point d'homme
« de sens qui puisse reprocher à tes armées de terre et de mer
« de n'être point assez nombreuses. Si tu fais de nouvelles le-
« vées, les deux choses dont je parle te seront encore plus con-
« traires. Ces deux choses sont la terre et la mer. En effet,
« s'il s'élève une tempête, il n'y a point, comme je le conjec-
« ture, de port au monde assez vaste pour contenir ta flotte,
« et pour la mettre en sûreté. Mais il ne suffit pas qu'il y ai

« un seul port, il faut encore qu'il y en ait de pareils dans tous
« les pays où tu iras. Or, comme tu n'as point de ports com-
« modes, sache, seigneur, que nous sommes à la merci des
« événements fortuits, et que nous ne leur commandons point.

« Voilà donc une des deux choses qui te sont ennemies. Pas-
« sons à l'autre. La terre ne te le sera pas moins que la mer ; en
« voici la preuve. Si rien ne s'oppose à tes conquêtes, elle te
« sera d'autant plus contraire que tu iras plus en avant, et que
« tu avanceras toujours insensiblement et sans t'en apercevoir.
« Car les hommes ne sont jamais rassasiés d'heureux succès.
« Ainsi, quand même tu ne serais pas arrêté dans ta marche,
« la longueur du trajet et la longueur du temps amèneront la
« famine. Le sage craint dans ses délibérations, et réfléchit
« sur tous les événements fâcheux qui peuvent survenir ; mais,
« dans l'exécution, il est hardi et intrépide. »

L. « — Artabane, reprit Xerxès, ce que tu viens de dire est
« vraisemblable. Mais il ne faut ni tout craindre, ni tout exa-
« miner avec une égale circonspection. Si, dans toutes les
« affaires qui se succèdent les unes aux autres, on délibérait
« avec le même scrupule, on n'exécuterait jamais rien. Il vaut
« mieux, en entreprenant tout avec hardiesse, éprouver la
« moitié des maux possibles que de ne rien faire en se laissant
« enchaîner par des frayeurs prématurées. Si tu combats toutes
« les opinions sans proposer en la place quelque chose de cer-
« tain, tu échoueras comme celui qui a été d'un avis contraire
« au tien, et en cela les choses vont de pair. Or je pense qu'un
« homme ne peut jamais avoir de connaissances certaines. Les
« gens hardis réussissent ordinairement ; tandis que ceux qui
« agissent avec lenteur et circonspection sont rarement cou-
« ronnés par le succès. A quel degré de puissance les Perses
« ne sont-ils pas parvenus ! Si les rois mes devanciers avaient
« pensé comme toi, ou si, sans être de ton avis, ils avaient eu
« des conseillers tels que toi, on ne verrait point ce peuple
« élevé à ce haut point de gloire. C'est en se précipitant dans
« les dangers qu'ils ont agrandi leur empire. Car on ne réussit
« ordinairement dans les grandes entreprises qu'en courant de
« grands dangers. Jaloux de leur ressembler, nous nous sommes
« mis en campagne dans la plus belle saison de l'année ; et,
« après avoir subjugué l'Europe entière, nous retournerons en

« Perse sans avoir éprouvé nulle part ni la famine ni rien autre
« chose de fâcheux. Nous avons en effet avec nous beaucoup de
« vivres, et toutes les nations où nous allons porter les armes
« cultivant la terre, et n'étant point nomades, nous trouverons
« dans leur pays du blé que nous pourrons nous approprier.

LI. « — Puisque tu ne nous permets pas, seigneur, reprit
« alors Artabane, de rien craindre, reçois du moins encore un
« conseil. Quand on a beaucoup à discuter, on est forcé d'é-
« tendre son discours.

« Cyrus, fils de Cambyse, subjugua toute l'Ionie, excepté
« Athènes, et la rendit tributaire des Perses. Je te conseille
« donc de ne pas mener les Ioniens contre leurs pères. Nous
« n'en avons pas besoin pour être supérieurs aux ennemis.
« S'ils nous accompagnent, il faut qu'ils soient ou les plus in-
« justes de tous les hommes, en contribuant à mettre sous le
« joug leur métropole, ou les plus justes, en l'aidant à défendre
« sa liberté. Leur injustice ne peut pas nous être d'un grand
« avantage, mais leur justice peut nous porter un grand pré-
« judice. Réfléchis donc, seigneur, sur la justesse de ce mot
« ancien : En commençant une entreprise, on ne voit pas tou-
« jours quelle en sera l'issue.

LII. « — Artabane, reprit Xerxès, tu te trompes dans tes
« avis, et surtout en craignant le changement des Ioniens.
« Nous avons des preuves de leur fidélité [1]. Toi-même tu en
« as été témoin, et tous ceux qui se sont trouvés à l'expédition
« de Darius contre les Scythes. Il dépendait d'eux de sauver
« l'armée ou de la faire périr, et cependant ils se sont montrés
« justes envers nous, et nous ont gardé la foi sans nous causer
« aucun mal. D'ailleurs je ne dois craindre aucune entreprise
« de la part d'un peuple qui m'a laissé pour gages, dans mes
« États, ses biens, ses femmes et ses enfants. Sois donc tran-
« quille, prends courage; veille à la conservation de ma maison
« et de mon empire; c'est à toi, à toi seul que je confie mon
« sceptre. »

LIII. Après ce discours, Xerxès renvoya Artabane à Suse, et
manda près de lui les plus illustres d'entre les Perses. Lors-

---

[1] Il est bien étonnant que Xerxès ne se soit pas rappelé leur révolte sous Darius.

qu'ils furent assemblés, il leur parla ainsi : « Perses, je vous ai
« convoqués pour vous exhorter à vous conduire en gens de
« cœur, et à ne point ternir l'éclat des exploits à jamais mé-
« morables de nos ancêtres. Que tous en général, que chacun
« de vous en particulier montre une égale ardeur. Travaillez
« avec zèle à l'intérêt commun. C'est pour ce motif que je vous
« exhorte à déployer toute votre valeur dans une lutte où nous
« avons affaire, à ce que j'apprends, à des peuples belliqueux.
« Si nous les battons, nous ne trouverons point ailleurs de ré-
« sistance. Passons donc actuellement en Europe, après avoir
« adressé nos prières aux dieux tutélaires de la Perse. »

LIV. Ce même jour les Perses se préparèrent à passer. Le lendemain, ils attendirent quelque temps pour voir lever le soleil. En attendant qu'il se levât, ils brûlèrent sur le pont toutes sortes de parfums, et le chemin fut jonché de myrte. Dès qu'il parut, Xerxès fit avec une coupe d'or des libations dans la mer, et pria le soleil de détourner les accidents qui pourraient l'empêcher de subjuguer l'Europe avant d'être arrivé à ses extrémités. Sa prière finie, il jeta la coupe dans l'Hellespont avec un cratère d'or, et un sabre à la façon des Perses, qu'ils appellent *acinacès*. Je ne puis décider avec certitude si, en jetant ces choses dans la mer, il en faisait un don au soleil, ou si, se repentant d'avoir fustigé l'Hellespont, il cherchait à l'apaiser par ses offrandes.

LV. Cette cérémonie achevée, on fit passer sur le pont qui était du côté du Pont-Euxin toute l'infanterie et toute la cavalerie ; et sur l'autre qui regardait la mer Égée, les bêtes de somme et les valets. Les dix mille Perses marchèrent les premiers, ayant tous une couronne sur la tête. Après eux venaient le corps de troupes composé de toutes sortes de nations. Il n'en passa pas davantage ce jour-là.

Le lendemain les cavaliers, et ceux qui portaient leurs piques la pointe en bas, passèrent les premiers : ils étaient aussi couronnés. Après eux venaient les chevaux sacrés et le char sacré, puis Xerxès lui-même, les piquiers et les mille cavaliers. Ils étaient suivis du reste de l'armée, et en même temps les vaisseaux se rendirent au rivage opposé. J'ai ouï dire aussi que le roi passa le dernier.

LVI. Quand Xerxès fut en Europe, il regarda défiler son armé sous les coups de fouet [1], ce qui dura pendant sept jours et sept nuits sans aucun relâche. Le roi ayant déjà traversé l'Hellespont, on prétend qu'un habitant [2] de cette côte s'écria : « O Jupiter ! « pourquoi, sous la forme d'un Perse et le nom de Xerxès, « traînes-tu à ta suite tous les hommes pour détruire la Grèce ? « Il te serait aisé de le faire sans leur secours. »

LVII. Les troupes ayant toutes défilé et étant en marche, il parut un grand prodige, dont Xerxès ne tint aucun compte, quoiqu'il fût facile à expliquer. Une cavale enfanta un lièvre. Il était aisé de conjecturer par ce prodige que Xerxès mènerait en Grèce avec beaucoup de faste et d'ostentation une armée nombreuse, mais qu'il retournerait au même lieu d'où il était parti, forcé pour son salut de courir en arrière. Il lui arriva aussi un autre prodige alors qu'il était encore à Sardes : une mule fit un poulain avec les parties qui caractérisaient les deux sexes : celles du mâle étaient au-dessus.

LVIII. Xerxès, sans aucun égard pour ces deux prodiges, alla en avant avec son armée de terre, tandis que sa flotte sortait de l'Hellespont et côtoyait le rivage, tenant une route opposée à celle de l'armée de terre : car la flotte allait vers le couchant pour se rendre au promontoire Sarpédon, où elle avait ordre de séjourner. L'armée de terre, au contraire, marchant vers l'aurore et le lever du soleil par la Chersonèse, traversa la ville d'Agora, ayant à droite le tombeau d'Hellé, fille d'Athamas, et à gauche la ville de Cardia. De là, tournant le golfe Mélas, elle traversa le fleuve Mélas, dont les eaux furent épuisées et ne purent alors lui suffire. Après avoir passé ce fleuve, qui donne son nom au golfe, l'armée alla vers l'occident, passa le long d'Ænos, ville éolienne, et du lac Stentoris, d'où elle arriva enfin à Dorisque.

LIX. Dorisque est une plage et une grande plaine de la Thrace. Cette plaine est arrosée par l'Hèbre, fleuve considérable, et l'on y a bâti un château royal appelé Dorisque, où les Perses entre-

---

[1] Chez les Perses, on faisait aller les troupes à l'ennemi sous les coups de fouet. (*Voyez* XÉNOPHON, *Cyri Expedit.*, lib. III, cap. IV, § XVI.)

[2] Lorsque vous trouvez, avec cet Hellespontien, Xerxès heureux dans le temps qu'il traverse la mer sur un pont de vaisseaux, jetez les yeux sur ceux qui percent le mont Athos sous les coups de fouet, et sur ceux à qui on a coupé le nez et les oreilles à cause que la tempête a détruit ce pont de vaisseaux ; et considérez que c'est votre vie, que c'est votre état que ces gens trouvent heureux. (PLUTARQUE. *De animi tranquillitate*, p. 470

tiennent une garnison depuis le temps que Darius marcha contre les Scythes. Ce lieu paraissant à Xerxès commode pour ranger ses troupes et pour en faire le dénombrement, il donna ses ordres en conséquence. Les vaisseaux étant tous arrivés à la côte de Dorisque, leurs capitaines les rangèrent, par ordre de ce prince, sur le rivage qui touche à ce château où sont Sala, ville des Samothraces, et Zona, et à l'extrémité un célèbre promontoire appelé Serrhium. Ce pays appartenait autrefois aux Ciconiens. Lorsqu'ils eurent tiré à terre leurs vaisseaux, ils se reposèrent, et pendant ce temps-là Xerxès fit, dans la plaine de Dorisque, le dénombrement de son armée.

LX. Je ne puis assurer ce que chaque nation fournit de troupes; personne ne le dit. Mais l'armée de terre montait en tout à dix-sept cent mille hommes. Voici comment se fit ce dénombrement. On assembla un corps de dix mille hommes dans un même espace, et, les ayant fait serrer autant qu'on le put, l'on traça un cercle à l'entour. On fit ensuite sortir ce corps de troupes, et l'on environna ce cercle d'un mur à la hauteur du nombril. Cet ouvrage achevé, on fit entrer d'autres troupes dans l'enceinte, et puis d'autres, jusqu'à ce que par ce moyen on les eût toutes comptées. Le dénombrement fait, on les rangea par nations.

LXI. Voici celles qui se trouvèrent à cette expédition. Premièrement, les Perses. Ils avaient des bonnets de feutre bien foulé qu'on appelle tiares, des tuniques de diverses couleurs et garnies de manches, des cuirasses de fer, travaillées en écailles de poissons, et de longs hauts-de-chausses [1] qui leur couvraient les jambes. Ils portaient une espèce de bouclier qu'on appelle gerrhes,[2] avec un carquois au-dessous [3], de courts javelots, de grands arcs, des flèches de cannes, et outre cela un poignard suspendu à la ceinture et portant sur la cuisse droite. Ils étaient commandés par Otanès, père d'Amestris, femme de Xerxès. Les Grecs leur donnaient autrefois le nom de Céphènes, et leurs

---

[1] Les Perses n'étaient pas les seuls peuples qui portassent des hauts-de-chausses. Les Gaulois en portaient aussi, d'après le témoignage de Diodore, ainsi que les Scythes, si l'on en croit Ovide.

[2] Espèce de bouclier d'osier qui a la forme d'un rhombe.

[3] Hérodote dit que les Perses avaient le carquois au-dessous du bouclier, parce que dans la marche ils ne portaient pas le bouclier à la main, mais suspendu aux épaules. (L.)

voisins celui d'Artéens [1], qu'eux-mêmes prenaient aussi. Mais Persée, fils de Jupiter et de Danaé, étant allé chez Céphée, fils de Bélus, épousa Andromède sa fille, et en eut un fils qu'il nomma Persès. Il le laissa à la cour de Céphée; et comme celui-ci n'avait point d'enfants mâles, toute la nation prit de ce Persès le nom de Perses.

LXII. Les Mèdes marchaient vêtus et armés de même. Cette manière de s'habiller et de s'armer est propre aux Mèdes, et non aux Perses. Ils avaient à leur tête Tigrane, de la maison des Achéménides. Tout le monde les appelait anciennement Ariens; mais, Médée de Colchos ayant passé d'Athènes dans leur pays, ils changèrent aussi de nom suivant les Mèdes eux-mêmes. Les Cissiens étaient habillés et armés comme les Perses; mais au lieu de tiares ils portaient des mitres. Anaphès, fils d'Otanès, les commandait. Les Hyrcaniens avaient aussi la même armure que les Perses, et reconnaissaient pour général Mégapane, qui eut depuis le gouvernement de Babylone.

LXIII. Les Assyriens avaient des casques d'airain tissus et entrelacés d'une façon extraordinaire et difficile à décrire. Leurs boucliers, leurs javelots et leurs poignards ressemblaient à peu près à ceux des Égyptiens. Outre cela, ils portaient des massues de bois hérissées de nœuds de fer et des cuirasses de lin [2]. Les Grecs leur donnaient le nom de Syriens, et les Barbares celui d'Assyriens. Les Chaldéens faisaient corps avec eux. Les uns et les autres étaient commandés par Otaspès, fils d'Artachée.

LXIV. Le casque des Bactriens approchait beaucoup de celui des Mèdes. Leurs arcs étaient de canne, à la mode de leur pays, et leurs dards fort courts. Les Saces, qui sont Scythes, avaient des bonnets foulés et terminés en pointe droite, des hauts-de-chausses, des arcs à la mode de leur pays, des poignards, et outre cela des haches appelées sagaris [3]. Quoique Scythes Amyr-

---

[1] Les Grecs appelaient anciennement les Perses Céphènes, et les peuples voisins des Perses les nommaient Artéens. (L.)

[2] Le lin résiste au tranchant du fer : *hi casses (nempe e lino) vel ferri aciem vincunt*. Mais comment acquérait-il cette force? On faisait macérer le lin dans du vin dur avec une certaine quantité de sel. On foulait et on collait jusqu'à dix-huit couches de ce lin les unes sur les autres, comme on fait le feutre. Il n'y avait point de trait qui pût percer une cuirasse faite de la sorte.

[3] Sagaris, sorte de hache particulière aux Amazones, qui coupait d'un côté seulement.

giens, on leur donnait le nom de Saces; car c'est ainsi que les Perses appellent tous les Scythes. Hystaspe, fils de Darius et d'Atossa, fille de Cyrus, commandait les Bactriens et les Saces.

LXV. Les Indiens portaient des habits de coton, des arcs de canne, et des flèches aussi de canne armées d'une pointe de fer. Ces peuples ainsi équipés servaient sous Pharnazathrès, fils d'Artabate. Les arcs des Ariens ressemblaient à ceux des Mèdes, et le reste de leur armure à celle des Bactriens. Ils étaient commandés par Sisamnès, fils d'Hydarnès.

LXVI. Les Parthes, les Chorasmiens, les Sogdiens, les Gandariens et les Dadices étaient armés comme les Bactriens. Artabaze, fils de Pharnace, commandait les Parthes et les Chorasmiens; Azane, fils d'Artée, les Sogdiens, et Artyphius, fils d'Artabane, les Gandariens et les Dadices.

LXVII. Les Caspiens étaient vêtus d'une saie de peaux de chèvres. Ils avaient des arcs et des flèches de canne, à la mode de leur pays, et des cimeterres. Ariomarde, frère d'Artyphius, les commandait. Les Sarangéens avaient des habits de couleur éclatante; leur chaussure, en forme de bottines, montait jusqu'aux genoux. Leurs arcs et leurs javelots étaient à la façon des Mèdes. Phérendate, fils de Mégabaze, était leur commandant. Les Pactyices avaient aussi une saie de peaux de chèvres, et pour armes des arcs à la façon de leur pays, et des poignards. Ils étaient commandés par Artyntès, fils d'Ithamatrès.

LXVIII. Les Outiens, les Myciens et les Paricaniens étaient armés comme les Pactyices. Arsamènes, fils de Darius, commandait les Outiens et les Myciens, et Siromitrès, fils d'Œbasus, les Paricaniens.

LXIX. Les habits des Arabes étaient amples et retroussés avec des ceintures. Ils portaient au côté droit de longs arcs qui se bandaient dans l'un et l'autre sens. Les Éthiopiens, vêtus de peaux de léopard et de lion, avaient des arcs de branches de palmiers de quatre coudées de long au moins, et de longues flèches de canne à l'extrémité desquelles était, au lieu de fer, une pierre pointue dont ils se servent aussi pour graver leurs cachets. Outre cela, ils portaient des javelots armés de cornes de chevreuil pointues et travaillées comme un fer de lance, des massues pleines de nœuds. Quand ils vont au combat, ils se frottent la moitié du corps avec du plâtre, et l'autre moitié avec du vermillon. Les Éthiopiens qui habitent au-dessus de l'Égypte et les Arabes étaient sous les ordres d'Arsamès, fils de Darius et d'Artystone, fille de Cyrus, que Darius avait aimée plus que toutes ses autres femmes, et dont il avait fait faire la statue en or, et travaillée au marteau. Arsamès commandait donc aux Éthiopiens qui sont au-dessus de l'Égypte et aux Arabes.

LXX. Les Éthiopiens orientaux (car les uns et les autres faisaient partie de l'armée) servaient avec les Indiens. Ils ressemblaient aux autres Éthiopiens, et n'en différaient que par le langage et la chevelure. Les Éthiopiens orientaux ont en effet les cheveux droits, au lieu que ceux de Libye les ont plus crépus que tous les autres hommes. Ils étaient armés à peu près comme les Indiens, et ils avaient sur la tête des peaux de front de cheval enlevées avec la crinière et les oreilles. Les oreilles se tenaient droites, et la crinière leur servait d'aigrette. Des peaux de grues leur tenaient lieu de boucliers.

LXXI. Les Libyens avaient des habits de peaux, et des javelots durcis au feu. Ils étaient commandés par Massagès, fils d'Oarizus.

LXXII. Les casques des Paphlagoniens étaient tissus; leurs boucliers petits, ainsi que leurs piques. Outre cela, ils avaient des dards et des poignards. La chaussure à la mode de leur pays allait à mi-jambe.

Les Ligyens, les Matianiens, les Marandyniens et les Syriens, que les Perses appellent Cappadociens, étaient armés comme les Paphlagoniens. Dotus, fils de Mégasidrès, commandait les Paphlagoniens et les Matianiens; et Gobryas, fils de Darius et d'Arystone, les Mariandyniens, les Ligyens et les Syriens.

LXXIII. L'armure des Phrygiens approchait beaucoup de celle des Paphlagoniens; la différence était fort légère. Les Phrygiens s'appelèrent Briges, suivant les Macédoniens, tant que ces peuples restèrent en Europe et demeurèrent avec eux; mais, étant passés en Asie, ils changèrent de nom en changeant de pays, et prirent celui de Phrygiens.

Les Arméniens étaient armés comme les Phrygiens, dont ils sont une colonie. Les uns et les autres étaient commandés par Artochmès, qui avait épousé une fille de Darius.

LXXIV. L'armure des Lydiens ressemblait à peu de chose près

43

à celle des Grecs. On appelait autrefois ces peuples Méoniens, mais dans la suite ils changèrent de nom, et prirent celui qu'ils portent de Lydus, fils d'Atys. Les Mysiens avaient des casques à la façon de leur pays, avec de petits boucliers et des javelots durcis au feu ; ils sont une colonie des Lydiens, et prennent le nom d'Olympiéniens du mont Olympe. Les uns et les autres avaient pour commandant Artapherne, fils d'Artapherne qui avait fait une invasion à Marathon avec Datis.

LXXV. Les Thraces avaient sur la tête des peaux de renards, et pour habillement des tuniques, et par-dessus une robe de diverses couleurs, très-ample, avec des brodequins de peaux de jeunes chevreuils. Ils avaient outre cela des javelots, des boucliers légers et de petits poignards. Ces peuples passèrent en Asie, où ils prirent le nom de Bithyniens. Ils s'appelaient auparavant Strymoniens, comme ils en conviennent eux-mêmes, dans le temps qu'ils habitaient sur les bords du Strymon, d'où les chassèrent, suivant eux, les Teucriens et les Mysiens. Bassace, fils d'Artabane, commandait les Thraces asiatiques.

LXXVI. Les Chalybiens portaient de petits boucliers de peaux de bœufs crues, chacun deux épieux à la lycienne, des casques d'airain, et, outre ces casques, des oreilles et des cornes de bœufs en airain avec des aigrettes. Des bandes d'étoffe rouge enveloppaient leurs jambes. Il y a chez ces peuples un oracle de Mars.

LXXVII. Les Cabaliens-Méoniens et les Lasoniens étaient armés et vêtus comme les Ciliciens. J'en parlerai lorsque j'en serai aux troupes ciliciennes. Les Milyens avaient de courtes piques, des habits attachés avec des agrafes, des casques de peaux, et quelques-uns avaient des arcs à la lycienne. Badrès, fils d'Ilystanès, commandait toutes ces nations. Les Mosches portaient des casques de bois, de petits boucliers, et des piques dont la hampe était petite et le fer grand.

LXXVIII. Les Tibaréniens, les Macrons et les Mosynœques étaient armés à la façon des Mosches. Ariomarde, fils de Darius et de Parmys, fille de Smerdis et petite fille de Cyrus, commandait les Mosches. Les Macrons et les Mosynœques étaient sous les ordres d'Artayctès, fils de Chérasmis, gouverneur de Sestos, sur l'Hellespont.

LXXIX. Les Mares portaient des casques tissus à la façon de

leur pays, et de petits boucliers de cuir avec des javelots. Les habitants de la Colchide avaient des casques de bois, de petits boucliers de peaux de bœufs crues, de courtes piques, et outre cela des épées. Pharandate, fils de Tésapis, commandait les Mares et les Colchidiens. Les Alarodiens et les Sapires, armés à la façon des Colchidiens, recevaient l'ordre de Masistius, fils de Siromitrès.

LXXX. Les insulaires de la mer Érythrée[1], qui venaient des îles où le roi fait transporter ceux qu'il exile, se trouvaient à cette expédition : leur habillement et leur armure approchaient beaucoup de ceux des Mèdes. Ces insulaires reconnaissaient pour leur chef Mardontès, fils de Bagée, qui fut tué deux ans après à la journée de Mycale, où il commandait.

LXXXI. Tels étaient les peuples qui allaient en Grèce par le continent, et qui composaient l'infanterie. Ils étaient commandés par les chefs dont je viens de parler. Ce furent eux qui les organisèrent, et qui en firent le dénombrement. Ils établirent sous eux des commandants de dix mille hommes et de mille hommes; et les commandants de dix mille hommes créèrent des capitaines de cent hommes et des dizeniers. Ainsi les différents corps de troupes et de nations avaient à leur tête des officiers subalternes; mais ceux que j'ai nommés commandaient en chef.

LXXXII. Ces chefs reconnaissaient pour leurs généraux, ainsi que toute l'infanterie, Mardonius, fils de Gobryas; Tritantæchmès, fils de cet Artabane qui avait conseillé au roi de ne point porter la guerre en Grèce; Smerdomènès, fils d'Otanès, tous deux neveux de Darius et cousins germains de Xerxès; Masiste, fils de Darius et d'Atossa; Gergis, fils d'Arize; et Mégabyse, fils de Zopyre.

LXXXIII. Toute l'infanterie les reconnaissait pour ses généraux, excepté les dix mille, corps de troupes choisi parmi tous les Perses, qui était commandé par Hydarnès, fils d'Hydarnès. On les appelait Immortels, parce que si quelqu'un d'entre eux

---

[1] Ce sont les habitants des îles du golfe Persique. Ces îles, qui étaient en grand nombre, étaient soumises aux Perses. Elles longeaient la Carmanie et la Perse. Il y en avait très-peu dans la mer Érythrée, et elles se trouvaient à une trop grande distance de la Perse pour avoir jamais été conquises par les rois de Perse. (L.)

venait à manquer pour cause de mort ou de maladie, on en élisait un autre à sa place, et parce qu'ils n'étaient jamais ni plus ni moins de dix mille. Les Perses surpassaient toutes les autres troupes par leur magnificence et par leur courage. Leur armure et leur habillement étaient tels que nous les avons décrits. Mais, indépendamment de cela, ils brillaient par la multitude des ornements en or dont ils étaient décorés. Ils menaient avec eux des harmamaxes pour leurs concubines, et un grand nombre de domestiques superbement vêtus. Des chameaux et d'autres bêtes de charge leur portaient des vivres, sans compter ceux qui étaient destinés au reste de l'armée.

LXXXIV. Toutes ces nations ont de la cavalerie; cependant il n'y avait que celles-ci qui en eussent amené. La cavalerie perse était armée comme l'infanterie, excepté un petit nombre qui portait sur la tête des lames d'airain et de fer.

LXXXV. Les Sagartiens, peuples nomades, sont originaires de Perse, et parlent la même langue. Leur habillement ressemble en partie à celui des Perses, et en partie à celui des Pactyices. Ils fournirent huit mille hommes de cavalerie. Ces peuples ne sont point dans l'usage de porter des armes d'airain et de fer, excepté des poignards; mais ils se servent à la guerre de cordes de cuir tressées, dans lesquelles ils mettent toute leur confiance. Voici leur façon de combattre. Dans la mêlée, ils jettent ces cordes, à l'extrémité desquelles sont des rets; s'ils en ont enveloppé un cheval ou un homme, ils le tirent à eux et, le tenant enlacé dans leurs filets, ils le tuent. Telle est leur manière de combattre. Ils faisaient corps avec les Perses.

LXXXVI. La cavalerie mède était armée comme leur infanterie, ainsi que celle des Cissiens. Les cavaliers indiens avaient les mêmes armes que leur infanterie; mais, indépendamment des chevaux de main, ils avaient des chars armés en guerre, traînés par des chevaux et des zèbres. La cavalerie bactrienne était armée comme leurs gens de pied. Il en était de même de celle des Caspiens et des Libyens; mais ces derniers menaient tous aussi des chariots. Les Caspires et les Paricaniens étaient armés comme leur infanterie. Les Arabes avaient aussi la même armure; mais ils avaient tous des chameaux dont la vitesse n'était pas moindre que celle des chevaux.

LXXXVII. Ces nations seules avaient fourni de la cavalerie.

Elle montait à quatre-ving' mille chevaux, sans compter les chameaux et les chariots. Toutes ces nations, rangées par escadrons, marchaient chacune à son rang; mais les Arabes occupaient le dernier, afin de ne point effrayer les chevaux, parce que cet animal ne peut souffrir le chameau.

LXXXVIII. Hermamithrès et Tithée, tous deux fils de Datis, commandaient la cavalerie. Pharnuchès, leur collègue, était retenu à Sardes par une maladie que lui avait occasionnée un accident fâcheux dans le temps que l'armée partait de cette ville. Son cheval, effrayé d'un chien qui se jeta à l'improviste entre ses jambes, se dressa et le jeta par terre. Pharnuchès vomit le sang, et tomba dans une maladie qui dégénéra en phthisie. Ses gens exécutèrent sur-le-champ l'ordre qu'il leur avait donné dès le commencement au sujet de son cheval. Ils conduisirent cet animal à l'endroit où il avait jeté par terre son maître, et lui coupèrent les jambes aux genoux. Cet accident fit perdre à Pharnuchès son commandement.

LXXXIX. Le nombre des trirèmes montait à douze cent sept. Voici les nations qui les avaient fournies. Les Phéniciens et les Syriens de la Palestine en avaient donné trois cents. Ces peuples portaient des casques à peu près semblables à ceux des Grecs, des cuirasses de lin, des javelots, et des boucliers dont le bord n'était pas garni de fer[1]. Les Phéniciens habitaient autrefois sur les bords de la mer Érythrée, comme ils le disent eux-mêmes; mais étant passés de là sur les côtes de Syrie, ils s'y établirent. Cette partie de la Syrie, avec tout le pays qui s'étend jusqu'aux frontières d'Égypte, s'appelle Palestine.

Les Égyptiens avaient fourni deux cents vaisseaux. Ils avaient pour armure de tête des casques de jonc tissu. Ils portaient des boucliers convexes dont les bords étaient garnis d'une large bande de fer, des piques propres aux combats de mer, et de grandes haches. La multitude avait des cuirasses et de grandes épées. Telle était l'armure de ces peuples.

XC. Les Cypriens avaient cent cinquante vaisseaux. Voici comment ces peuples étaient armés. Leurs rois avaient la tête couverte d'une mitre, et leurs sujets d'une citare; le reste de

---

[1] C'était cette espèce de bouclier, échancré comme celui des Amazones, qu'on appelait pelte.

l'habillement et de l'armure ressemblait à l'habit des Grecs. Les Cypriens sont un mélange de nations différentes. Les uns viennent de Salamine et d'Athènes, les autres d'Arcadie, de Cythnos, de Phénicie et d'Éthiopie, comme ils disent eux-mêmes.

XCI. Les Ciliciens amenèrent cent vaisseaux. Ils avaient des casques à la façon de leur pays, de petits boucliers de peaux de bœufs crues avec le poil, et des tuniques de laine, et chacun deux javelots, avec une épée à peu près semblable à celle des Égyptiens. Anciennement on les appelait Hypachéens; mais Cilix, fils d'Agénor, qui était Phénicien, leur donna son nom.

Les Pamphyliens fournirent trente vaisseaux. Ils étaient armés et équipés à la façon des Grecs. Ces peuples descendent de ceux qui, au retour de l'expédition de Troie, furent dispersés par la tempête avec Amphilochus et Calchas.

XCII. Les Lyciens contribuèrent de cinquante vaisseaux. Ils avaient des cuirasses, des grévières, des arcs de bois de cornouiller, des flèches de canne qui n'étaient point empennées, des javelots, une peau de chèvre sur les épaules, et des bonnets ailés sur la tête. Ils portaient aussi des poignards et des faux. Les Lyciens viennent de Crète et s'appelaient Termiles; mais Lycus, fils de Pandion, qui était d'Athènes, leur donna son nom.

XCIII. Les Doriens asiatiques donnèrent trente vaisseaux. Ils portaient des armes à la façon des Grecs, comme étant originaires du Péloponèse. Les Cariens avaient soixante-dix vaisseaux. Ils étaient habillés et armés comme les Grecs. Ils avaient aussi des faux et des poignards. On dit dans le premier livre quel nom on leur donnait autrefois.

XCIV. Les Ioniens amenèrent cent vaisseaux. Ils étaient armés comme les Grecs. Ils s'appelèrent Pélasges-Ægialéens, comme le disent les Grecs, tout le temps qu'ils habitèrent la partie du Péloponèse connue aujourd'hui sous le nom d'Achaïe, et avant l'arrivée de Danaüs et de Xuthus dans le Péloponèse. Mais dans la suite ils furent nommés Ioniens, d'Ion, fils de Xuthus.

XCV. Les Insulaires, armés comme les Grecs, donnèrent dix-sept vaisseaux. Ils étaient Pélasges; mais dans la suite ils furent appelés Ioniens, par la même raison que les douze villes ioniennes fondées par les Athéniens. Les Éoliens amenèrent soixante vaisseaux. Leur armure était la même que celle des

Grecs. On les appelait anciennement Pélasges, au rapport des Grecs. Les Hellespontiens, excepté ceux d'Abydos, qui avaient ordre du roi de rester dans le pays à la garde des ponts, et le reste des peuples du Pont, équipèrent cent vaisseaux. Ces peuples, qui étaient des colonies d'Ioniens et de Doriens, étaient armés comme les Grecs.

XCVI. Les Perses, les Mèdes et les Saces combattaient sur tous ces vaisseaux, dont les meilleurs voiliers étaient phéniciens, et principalement ceux de Sidon. Toutes ces troupes, ainsi que celles de terre, avaient chacune des commandants de son pays. Mais, n'étant point obligé à faire la recherche de leurs noms, je les passerai sous silence. Ils méritent en effet d'autant moins qu'on en parle, que non-seulement chaque peuple, mais encore toutes les villes ayant leurs commandants particuliers, les officiers ne suivaient pas en qualité de généraux, mais comme les autres esclaves qui marchaient à cette expédition, et que j'ai nommé les généraux qui avaient toute l'autorité, et les Perses qui commandaient en chef chaque nation.

XCVII. L'armée navale avait pour généraux Ariabignès, fils de Darius; Prexaspe, fils d'Aspathinès; Mégabaze, fils de Mégabate, et Achéménès, fils de Darius. Les Ioniens et les Cariens étaient commandés par Ariabignès, fils de Darius et de la fille de Gobryas; et les Égyptiens par Achéménès, frère de père et de mère de Xerxès. Les deux autres généraux commandaient le reste de la flotte, les vaisseaux à trente et à cinquante rames, les cercures[1], ceux qui servaient au transport des chevaux, et les vaisseaux longs, qui allaient à trois mille.

XCVIII. Entre les officiers de la flotte, les plus célèbres, du moins après les généraux, étaient Tétramneste, fils d'Anysus, de Sidon; Mapen, fils de Siromus, de Tyr; Merbal, fils d'Agbal, d'Arados; Syennésis, fils d'Oromédon, de Cilicie; Cybernisque, fils de Sicas, de Lycie; Gorgus, fils de Chersis, et Tymonax, fils de Timagoras, tous deux de l'île de Cypre; Histiée, fils de Tymnès; Pigrès, fils de Seldome, et Damasithyme, fils de Candaule, de Carie.

XCIX. Je ne vois aucune nécessité de parler des autres chefs. Je ne passerai cependant pas sous silence Artémise. Cette prin-

---

[1] Sorte de vaisseau fort long dont les Cypriens étaient les inventeurs.

cesse me paraît d'autant plus admirable, que, malgré son sexe elle voulut être de cette expédition. Son fils se trouvant encore en bas âge à la mort de son mari, elle prit les rênes du gouvernement, et sa grandeur d'âme et son courage la portèrent à suivre les Perses, quoiqu'elle n'y fût contrainte par aucune nécessité. Elle s'appelait Artémise, était fille de Lygdamis, originaire d'Halicarnasse du côté de son père, et de Crète du côté de sa mère. Elle commandait ceux d'Halicarnasse, de Cos, de Nisyros et de Calydnes. Elle vint trouver Xerxès avec cinq vaisseaux les mieux équipés de toute la flotte, du moins après ceux des Sidoniens; et, parmi les alliés, personne ne donna au roi de meilleurs conseils. Les peuples soumis à Artémise, dont je viens de parler, sont tous Doriens, comme je le pense. Ceux d'Halicarnasse sont originaires de Trézène, et les autres d'Épidaure. Mais c'en est assez sur l'armée navale.

C. Le dénombrement achevé, et l'armée rangée en bataille, Xerxès eut envie de parcourir les rangs et de la passer en revue. Monté sur son char, il inspecta l'une après l'autre toutes les nations, depuis les premiers rangs de la cavalerie et de l'infanterie jusqu'aux derniers, fit à tous des questions, et ses secrétaires écrivaient les réponses. La revue finie, et les vaisseaux mis en mer, il passa de son char sur un vaisseau sidonien, où il s'assit sous un pavillon d'étoffe d'or. Il vogua le long des proues des vaisseaux, questionnant comme il l'avait fait pour l'armée de terre, et écrivant les réponses. Les capitaines avaient mis leurs vaisseaux à l'ancre environ à quatre plèthres du rivage, les proues tournées vers la terre, sur une même ligne, et les soldats sous les armes, comme si on eût eu dessein de livrer bataille. Le roi les examinait en passant entre les proues et le rivage.

CI. La revue finie, il descendit de son vaisseau, et envoya chercher Démarate, fils d'Ariston, qui l'accompagnait dans son expédition contre la Grèce. Lorsqu'il fut arrivé, « Démarate, « lui dit-il, je désire te faire quelques questions; tu es Grec, et « même, comme je l'apprends et de toi-même et des autres « Grecs avec qui je m'entretiens, tu es d'une des plus grandes « et des plus puissantes villes de la Grèce. Dis-moi donc main- « tenant si les Grecs oseront lever les mains contre moi. Pour « moi, je pense que tous les Grecs et le reste des peuples de

« l'Occident réunis en un seul corps seraient d'autant moins en
« état de soutenir mes attaques, qu'ils ne sont pas d'accord
« entre eux. Mais je veux savoir ce que tu en penses. »

« Seigneur, répondit Démarate, te dirai-je la vérité, ou des
« choses flatteuses? » Le roi lui ordonna de dire la vérité, et
l'assura qu'il ne lui en serait pas moins agréable que par le
passé.

CII. « Seigneur, répliqua Démarate, puisque tu le veux ab-
« solument, je te dirai la vérité, et jamais tu ne pourras dans
« la suite convaincre de fausseté quiconque te tiendra le même
« langage. La Grèce a toujours été élevée à l'école de la pau-
« vreté ; la vertu s'y joint, fille de la tempérance et des lois
« stables, et c'est elle qui nous donne des armes contre la
« pauvreté et la tyrannie. Les Grecs qui habitent aux environs
« des Doriens méritent tous des louanges. Je ne parlerai pas
« cependant de tous ces peuples, mais seulement des Lacédé-
« moniens. J'ose, seigneur, t'assurer premièrement qu'ils n'é-
« couteront jamais tes propositions, parce qu'elles tendent à
« asservir la Grèce; secondement, qu'ils iront à ta rencontre,
« et qu'ils te présenteront la bataille, quand même tout le reste
« des Grecs prendrait ton parti. Quant à leur nombre, seigneur,
« ne me demande pas combien ils sont pour pouvoir exécuter
« ces choses. Leur armée ne fût-elle que de mille hommes,
« fût-elle de plus, ou même de moins, ils te combattront. »

CIII. « Que dis-tu, Démarate! lui répondit Xerxès en riant :
« mille hommes livreraient bataille à une armée si nombreuse!
« Dis-moi, je te prie, tu as été leur roi : voudrais-tu donc sur-
« le-champ combattre seul contre dix hommes? Si tes conci-
« toyens sont tels que tu l'avances, toi, qui es leur roi, tu dois,
« selon tes lois, entrer en lice contre le double; car si un seul
« Lacédémonien vaut dix hommes de mon armée, tu en peux
« combattre vingt, et tes discours seront alors conséquents.
« Mais si ces Grecs que tu me vantes tant te ressemblent, si
« leur taille n'est pas plus avantageuse que la tienne ou celle
« des Grecs avec qui je me suis entretenu, j'ai bien peur qu'il
« n'y ait dans ce propos beaucoup de vaine gloire et de jac-
« tance. Fais-moi donc voir d'une manière probable comment
« mille hommes, ou dix mille, ou cinquante mille, du moins
« tous également libres et ne dépendant point d'un maître,

« pourraient résister à une si forte armée. Car enfin s'ils sont
« cinq mille hommes, nous sommes plus de mille contre un.
« S'ils avaient, selon nos usages, un maître, la crainte leur
« inspirerait un courage qui n'est pas dans leur caractère ; et,
« contraints par les coups de fouet, ils marcheraient, quoiqu'en
« petit nombre, contre des troupes plus nombreuses. Les vôtres,
« indépendants comme ils sont, ne feraient ni l'un ni l'autre.
« Je pense même que, s'ils nous étaient égaux en nombre, il
« ne leur serait pas aisé de combattre contre les seuls Perses. En
« effet, c'est parmi nous qu'on trouve des exemples de cette va-
« leur ; encore y sont-ils rares et en petit nombre. Car il y a
« parmi mes gardes des Perses qui se battraient contre trois
« Grecs à la fois [1] ; et tu ne débites à leur sujet tant de sottises
« que parce que tu ne les as jamais éprouvés. »

CIV. « Seigneur, répliqua Démarate, je savais bien, en com-
« mençant ce discours, que la vérité ne te plairait pas ; mais,
« forcé de te la dire, je t'ai présenté les Spartiates tels qu'ils
« sont. Tu n'ignores pas, seigneur, à quel point je les aime ac-
« tuellement, eux qui, non contents de m'enlever les honneurs
« et les prérogatives que je tenais de mes pères, m'ont encore
« banni. Ton père m'accueillit, me donna une maison et des
« richesses [2]. Il n'est pas croyable qu'un homme sage repousse
« la main bienfaisante de son protecteur, au lieu de la chérir.
« Je ne me flatte point de pouvoir combattre contre dix hommes,
« ni même contre deux, et jamais, du moins de mon plein gré,
« je ne battrai contre un homme seul. Mais si c'était une né-
« cessité, ou que j'y fusse forcé par quelque grand danger, je
« combattrais avec le plus grand plaisir un de ces hommes qui
« prétendent pouvoir résister chacun à trois Grecs. Il en est de
« même des Lacédémoniens. Dans un combat d'homme à

---

[1] Cette fanfaronnade de Xerxès fut dans la suite punie par Polydamas. Darius, fils naturel d'Artaxerxès, et qui monta sur le trône par la faveur des Perses, avait entendu parler de sa force extraordinaire. L'ayant attiré à Suse par ses promesses, Polydamas défia trois de ces hommes que les Perses appellent immortels, combattit seul contre ces trois hommes, et les tua. (L.)

[2] Ce prince lui donna les villes de Pergame, de Teuthranie et d'Halisarnie. Eurysthène et Proclès, descendants de Démarate, en jouissaient encore en la cxv° olympiade, et se joignirent à Thimbron, général lacédémonien, qui passa dans l'Asie Mineure pour faire la guerre aux Perses. (L.)

« homme, ils ne sont inférieurs à personne ; mais réunis en
« corps, ils sont les plus braves de tous les hommes. En effet,
« quoique libres, ils ne le sont pas en tout. La loi est pour eux
« un maître absolu ; ils le redoutent beaucoup plus que tes
« sujets ne te craignent. Ils obéissent à ses ordres, et ses or-
« dres, toujours les mêmes, leur défendent la fuite, quelque
« nombreuse que soit l'armée ennemie, et leur ordonne de
« tenir toujours ferme dans leur poste, et de vaincre ou de mou-
« rir. Si mes discours ne te paraissent que des sottises, je
« consens à garder dans la suite le silence sur tout le reste. Je
« n'ai parlé jusqu'ici que pour obéir à tes ordres. Puisse, sei-
« gneur, cette expédition réussir selon tes vœux ! »

CV. Xerxès, au lieu de se fâcher, se mit à rire, et congédia Démarate avec bienveillance. Après cette conversation, ce prince destitua le gouverneur que Darius avait établi à Dorisque, et, ayant mis à la place Mascame, fils de Mégadoste, il traversa la Thrace avec son armée pour aller en Grèce.

CVI. Ce Mascame, qu'il laissa à Dorisque, était le seul à qui il avait coutume d'envoyer tous les ans des présents, parce qu'il était le plus brave de tous les gouverneurs établis par Darius ou par lui-même. Artaxerxès, fils de Xerxès, se conduisit de même à l'égard de ses descendants. Avant l'expédition de Grèce, il y avait des gouverneurs en Thrace et dans toutes les places de l'Hellespont. Mais après cette expédition ils en furent tous chassés, excepté Mascame, qui se maintint dans son gouvernement de Dorisque, malgré les efforts réitérés des Grecs. C'est pour le récompenser que tous les rois qui se succèdent en Perse lui font des présents à lui et à ses descendants.

CVII. De tous les gouverneurs que les Grecs chassèrent, Bogès, gouverneur d'Éion, est le seul qui ait obtenu l'estime du roi. Ce prince ne cessait d'en faire l'éloge, et il combla d'honneurs ceux de ses enfants qui lui survécurent en Perse. Bogès méritait en effet de grandes louanges. La place où il commandait étant assiégée par les Athéniens et par Cimon, fils de Miltiade, on lui permit d'en sortir par composition, et de se retirer en Asie. Mais Bogès, craignant que le roi ne le soupçonnât de s'être conservé la vie par lâcheté, refusa ces conditions et continua à se défendre jusqu'à la dernière extrémité. Enfin, quand il n'y eut plus de vivres dans la place, il fit élever un grand bûcher, tua ses enfants, sa femme, ses concubines, avec tous ses domestiques, et les fit jeter dans le feu. Il sema ensuite dans le Strymon, par-dessus les murailles, tout ce qu'il y avait d'or et d'argent dans la ville, après quoi il se jeta lui-même dans le feu. Ainsi c'est avec justice que les Perses le louent encore aujourd'hui.

CVIII. Xerxès, en partant de Dorisque pour la Grèce, força tous les peuples qu'il rencontra sur sa route à l'accompagner dans son expédition. Car toute cette étendue de pays jusqu'en Thessalie était réduite en esclavage, et payait tribut au roi depuis que Mégabyse, et Mardonius après lui, l'avaient subjuguée, comme nous l'avons dit plus haut. Au sortir de Dorisque, il passa d'abord près des places des Samothraces, dont la dernière du côté de l'occident s'appelle Mésambrie. Elle est fort près de Stryma, qui appartient aux Thasiens. Le Lissus passe entre ces deux villes. Cette rivière ne put alors suffire aux besoins de l'armée, et ses eaux furent épuisées. Ce pays s'appelait autrefois Galaïque; on le nomme aujourd'hui Briantique, mais il appartient à vrai dire aux Ciconiens.

CIX. Après avoir traversé le lit desséché du Lissus, il passa près de Maronéa, de Dicée et d'Abdère, villes grecques, et près des lacs fameux qui leur sont contigus, l'Ismaris, entre Maronéa et Stryma, et le Bistonis, proche de Dicée, dans lequel se jettent e Trave et le Compsate. Mais, n'y ayant point aux environs d'Abdère de lac célèbre, il traversa le fleuve Nestus, qui se jette dans la mer; ensuite il continua sa route près des villes du continent, dans le territoire de l'une desquelles il y a un lac poissonneux et très-salé de trente stades de circuit ou environ. Les bêtes de charge qu'on y abreuva seulement le mirent à sec. Cette ville s'appelait Pistyre. Xerxès passa près de ces villes grecques et maritimes, les laissant sur la gauche.

CX. Les peuples de Thrace dont il traversa le pays sont les Pæticns, les Ciconiens, les Bistoniens, les Sapæens, les Derssœens, les Édoniens, les Satres. Les habitants des villes maritimes le suivirent par mer, et l'on força ceux qui occupaient le milieu du pays, et dont je viens de parler, à l'accompagner par terre, excepté les Satres.

CXI. Les Satres n'ont jamais été soumis à aucun homme, autant que nous le pouvons savoir. Ce sont les seuls peuples de

Thrace qui aient continué à être libres jusqu'à mon temps. Ils habitent en effet de hautes montagnes couvertes de neige, où croissent des arbres de toute espèce, et sont très-braves. Ils ont en leur possession l'oracle de Bacchus. Cet oracle est sur les montagnes les plus élevées. Les Besses interprètent parmi ces peuples les oracles du dieu[1]. Une prêtresse rend ces oracles, de même qu'à Delphes, et ses réponses ne sont pas moins ambiguës.

CXII. Après avoir traversé ce pays, Xerxès passa près des places des Piéres, dont l'une s'appelle Phagrès et l'autre Pergame, ayant à sa droite le Pangée, grande et haute montagne, où il y a des mines d'or et d'argent qu'exploitent les Piéres, les Odomantes, et surtout les Satres.

CXIII. Il passa ensuite le long des Pœoniens, des Dobères et des Pœoples, qui habitent vers le nord au-dessus du mont Pangée, marchant toujours à l'occident, jusqu'à ce qu'il arrivât sur les bords du Strymon et à la ville d'Éion. Bogès, dont j'ai parlé plus haut, vivait encore, et en était gouverneur. Le pays aux environs du mont Pangée s'appelle Phyllis. Il s'étend à l'occident jusqu'à la rivière d'Angitas, qui se jette dans le Strymon, et du côté du midi jusqu'au Strymon même. Les mages firent sur le bord de ce fleuve un sacrifice de chevaux blancs, dont les entrailles présagèrent d'heureux succès[2].

CXIV. Les cérémonies magiques achevées sur le bord du fleuve, ainsi qu'un grand nombre d'autres, les Perses marchèrent par le territoire des Neuf-Voies des Édoniens vers les ponts qu'ils trouvèrent déjà construits sur le Strymon. Ayant appris que ce canton s'appelait les Neuf-Voies, ils y enterrèrent tout

---

[1] Ces Besses étaient un autre peuple de la Thrace méditerranée encore plus barbares que les Satres. Les prêtres de Bacchus étaient probablement choisis parmi cette nation féroce. (Mior.)

[2] « Lorsqu'ils (les Perses) viennent sur un lac, une rivière ou une fontaine, ils font une fosse et y égorgent la victime, prenant bien garde que l'eau pure qui est dans le voisinage soit ensanglantée, parce que cela la souillerait. Ils posent ensuite la chair de la victime sur des branches de myrte ou de laurier, la brûlent avec des baguettes minces en chantant leur théogonie, et font des libations avec de l'huile mêlée de lait et de miel, qu'ils versent non dans le feu, ou dans l'eau, mais à terre. Le chant de leur théogonie dure longtemps, et tandis qu'ils la chantent, ils tiennent à la main un faisceau de branches minces de bruyères. » (Strabon, liv. XV.)

vifs autant de jeunes garçons et de jeunes filles des habitants du pays. Les Perses sont dans l'usage d'enterrer des personnes vivantes ; et j'ai ouï dire qu'Amestris, femme de Xerxès, étant parvenue à un âge avancé, fit enterrer quatorze enfants des plus illustres maisons de la Perse, pour rendre grâces au dieu qu'on dit être sous terre.

CXV. L'armée partit des bords du Strymon, et passa près d'Argile, ville grecque sur le rivage de la mer à l'occident. Cette contrée et le pays au-dessus s'appellent Bisaltie. De là, ayant à gauche le golfe qui est proche du temple de Neptune, elle traversa la plaine de Sylée, et passa près de Stagyre, ville grecque ; elle arriva ensuite à Acanthe avec toutes les forces de ces nations, tant celles des habitants du mont Pangée, que celles des pays dont j'ai parlé ci-dessus. Les peuples maritimes l'accompagnèrent par mer, et ceux qui étaient plus éloignés de la mer le suivirent par terre. Les Thraces ne labourent ni n'ensemencent le chemin par où Xerxès fit passer son armée ; et encore aujourd'hui ils l'ont en grande vénération.

CXVI. Xerxès, étant arrivé à Acanthe, ordonna aux habitants de cette ville de le compter au nombre de leurs amis, leur fit présent de la robe médique ; et voyant avec quelle ardeur ils le secondaient dans cette guerre, et apprenant que le canal du mont Athos était achevé, il leur donna de grandes louanges.

CXVII. Tandis que ce prince était à Acanthe, Artachéés, qui avait présidé aux ouvrages du canal, mourut de maladie. Il était de la maison des Achéménides, et Xerxès en faisait grand cas. Sa taille surpassait en hauteur celle de tous les Perses ; il avait cinq coudées de roi moins quatre doigts[1]. D'ailleurs personne n'avait la voix aussi forte que lui. Xerxès, vivement affligé de cette perte, lui fit faire les funérailles les plus honorables. Toute l'armée éleva un tertre sur le lieu de sa sépulture, et, par l'ordre d'un oracle, les Acanthiens lui offrent des sacrifices comme à un héros, en l'appelant par son nom. Le roi regarda la mort d'Artachéés comme un grand malheur.

CXVIII. Ceux d'entre les Grecs qui reçurent l'armée, et qui donnèrent un repas à Xerxès, furent réduits à une si grande

---

[1] En supposant qu'il s'agit ici de la mesure en usage à Babylone, cela ferait sept pieds huit pouces, suivant l'évaluation de d'Anville.

misère, qu'ils furent obligés d'abandonner leurs maisons et de s'expatrier. Les Thasiens ayant reçu l'armée et donné un festin à ce prince au nom des villes qu'ils avaient dans la terre ferme, Antipater, fils d'Orgès, citoyen des plus distingués, qui avait été choisi pour le donner, prouva qu'il y avait dépensé quatre cents talents d'argent[1].

CXIX. Il en fut à peu près de même dans le reste des villes, comme le prouvèrent par leurs comptes ceux qui présidèrent à la dépense. Ce repas devait être d'autant plus magnifique, qu'ayant été prévenues longtemps auparavant, il se préparait avec le plus grand soin. Les hérauts n'eurent pas plutôt annoncé de côté et d'autre les ordres du roi, que dans les différentes villes les citoyens se partagèrent entre eux les grains, et ne s'occupèrent tous, pendant plusieurs mois, qu'à les moudre. On engraissa le plus beau bétail qu'on put acheter, et l'on nourrit dans des cages et dans des étangs toutes sortes de volailles et d'oiseaux de rivière, afin de recevoir l'armée. On fit aussi des coupes et des cratères d'or et d'argent, et tous les autres vases qu'on sert sur table. Ces préparatifs se faisaient pour le roi même et pour ses convives. Quant au reste de l'armée, on n'exigeait que l'approvisionnement. Dans tous les lieux où elle arrivait, on tenait prête une tente où Xerxès allait se loger : les troupes campaient en plein air. L'heure du repas venue, ceux qui hébergeaient l'armée se donnaient beaucoup de soins ; et, les conviés, après avoir bien soupé, passaient la nuit en cet endroit. Le lendemain, ils arrachaient la tente, pillaient la vaisselle et les meubles, et emportaient tout sans rien laisser.

CXX. On applaudit à ce sujet un propos de Mégacréon d'Abdère. Il conseilla aux Abdéritains de s'assembler tous dans leurs temples, hommes et femmes, pour supplier les dieux de détourner de dessus leur tête la moitié des maux prêts à y fondre ; qu'à l'égard de ceux qu'ils avaient déjà soufferts, ils devaient les remercier de ce que le roi Xerxès n'avait pas coutume de faire deux repas par jour : car si ceux d'Abdère avaient reçu l'ordre de préparer un dîner semblable au souper, il leur aurait fallu fuir l'arrivée du prince ou être ruinés de fond en comble.

CXXI. Quoique accablés, ces peuples n'en exécutaient pas

---

[1] 2,160,000 livres de notre monnaie.

moins les ordres qu'ils avaient reçus. Xerxès renvoya d'Acanthe les commandants de la flotte, et leur ordonna de l'attendre avec leurs vaisseaux à Therma, ville située sur le golfe Therméen, et qui lui donne son nom. On lui avait dit que c'était le plus court chemin. Voici l'ordre que l'armée avait suivi depuis Dorisque jusqu'à Acanthe. Toutes les troupes de terre étaient partagées en trois corps : l'un, commandé par Mardonius et Masistes, marchait le long des côtes de la mer, et accompagnait l'armée navale ; un autre corps, conduit par Tritantæchmès et Gergis, allait par le milieu des terres ; le troisième, où était Xerxès en personne, marchait entre les deux autres, sous les ordres de Smerdomènès et de Mégabyse.

CXXII. Xerxès n'eut pas plutôt congédié l'armée navale, qu'elle entra dans le canal du mont Athos, qui s'étendait jusqu'au golfe où sont les villes d'Assa, de Pilore, de Singos et de Sarta. Ayant pris des troupes dans ces places, elle fit voile vers le golfe de Therma, doubla Ampélos, promontoire du golfe Toronéen, passa près de Torone, de Galepsus, de Sermyle, de Mécyberne et d'Olynthe, villes grecques situées dans le pays qu'on appelle aujourd'hui Sithonie, où elle prit des vaisseaux et des troupes.

CXXIII. Du promontoire Ampélos, elle coupa court à celui de Canastrum, de toute la Pallène la partie la plus avancée dans la mer. Elle y prit pareillement des vaisseaux et des troupes qu'elle tira de Potidée, d'Aphytis, de Néapolis, d'Æga, de Thérambos, de Scioné, de Menda et de Sana. Toutes ces villes sont de la presqu'île connue maintenant sous le nom de Pallène, et autrefois sous celui de Phlégra. Après avoir longé ce pays, elle cingla vers le lieu du rendez-vous, et prit en chemin des villes voisines de Pallène, et limitrophes du golfe de Therme. Ces villes sont : Lipaxos, Combréa, Lises, Gigonos, Campsa, Smila, Ænia ; le pays où elles sont situées s'appelle encore aujourd'hui Crusæa. D'Ænia, par où j'ai fini l'énumération des villes ci-dessus nommées, la flotte cingla droit au golfe même de Therma et aux côtes de Mygdonie. Enfin elle arriva à Therma, où elle avait ordre de se rendre, à Sindos et à Chalestre sur l'Axius, qui sépare la Mygdonie de la Bottiéide. Les villes d'Ichnes et de Pella sont dans la partie étroite de ce pays qui borde la mer.

CXXIV. L'armée navale demeura à l'ancre près du fleuve

Axius, de la ville de Therme et des places intermédiaires, et y attendit le roi. Xerxès partit d'Acanthe avec l'armée de terre, et traversa le continent pour arriver à Therma. Il passa par la Péonie et la Crestonie arrosée par l'Échidore, qui prend sa source dans le pays des Crestonéens, traverse la Mygdonie, et a son embouchure près du marais voisin de l'Axius.

CXXV. Pendant que Xerxès était en marche, des lions attaquèrent les chameaux qui portaient les vivres. Ces animaux, sortant de leurs repaires, et descendant des montagnes, n'attaquaient que les chameaux, sans toucher ni aux bêtes de charge ni aux hommes. Les lions épargnaient les autres animaux, et ne se jetaient que sur les chameaux, quoique auparavant ils n'en eussent jamais vu, et qu'ils n'eussent jamais goûté de leur chair. Quelle qu'en soit la cause, le fait me paraît étonnant.

CXXVI. On voit dans ces cantons quantité de lions et de bœufs sauvages. Ces bœufs ont les cornes très-grandes, que l'on transporte en Grèce. Le Nestus, qui traverse Abdère, sert de bornes aux lions d'un côté [1], et de l'autre l'Achéloüs, qui arrose l'Acarnanie. Car n'on a jamais vu de lions en aucun endroit de l'Europe, à l'est, au delà du Nestus, et à l'ouest, dans tout le reste du continent, au delà de l'Achéloüs ; mais il y en a dans le pays entre ces deux fleuves.

CXXVII. Xerxès fit camper l'armée, à son arrivée à Therma. Elle occupait tout le terrain le long de la mer depuis la ville de Therme et la Mygdonie jusqu'au Lydias et à l'Haliacmon, qui, venant à mêler leurs eaux dans le même lit, servent de bornes à la Bottiéide et à la Macédoine. Ce fut donc en cet endroit que campèrent les Barbares. De tous les fleuves dont j'ai parlé ci-dessus, l'Échidore, qui coule de la Crestonie, fut le seul dont l'eau ne suffit point à leur boisson et qu'ils mirent à sec.

CXXVIII. Xerxès apercevant de Therma les montagnes de Thessalie, l'Olympe et l'Ossa, qui sont d'une hauteur prodigieuse, et apprenant qu'il y avait entre ces montagnes un vallon étroit par où coule le Pénée, avec un chemin qui mène en Thes-

---

[1] Il y avait encore des lions en Europe du temps d'Aristote. Cet auteur dit : « Cet animal est rare et ne naît pas en tout lieu. Dans l'Europe entière on n'en trouve qu'entre l'Achéloüs et le Nessus. » Dion Chrysostome assure qu'il n'y en avait plus de son temps en Europe, et qu'ils avaient disparu de la Macédoine et des autres lieux où l'on en voyait auparavant. (L.)

salie, il désira s'embarquer pour considérer l'embouchure de ce fleuve. Il devait en effet prendre les hauteurs à travers la Macédoine, pour venir de là dans le pays des Perrhæbes, auprès de la ville de Gonnos. Car on lui avait appris que c'était la route la plus sûre. A peine eut-il formé ce désir, qu'il monta sur le vaisseau sidonien, dont il se servait toujours en de semblables occasions. En même temps il donna le signal aux autres vaisseaux pour lever l'ancre, et laissa en cet endroit son armée de terre. Arrivé à l'embouchure du Pénée, Xerxès la contempla, et, ravi d'admiration, il manda les guides, à qui il demanda s'il était possible, en détournant le fleuve, de le faire entrer dans la mer par un autre endroit.

CXXIX. On dit que la Thessalie était anciennement un lac enfermé de tous côtés par de hautes montagnes, à l'est par les monts Pélion et Ossa, qui confondent leurs bases; au nord par l'Olympe, à l'ouest par le Pinde, au sud par l'Othrys. L'espace entre ces montagnes est occupé par la Thessalie, pays creux, arrosé d'un grand nombre de rivières, dont les cinq principales sont le Pénée, l'Apidanos, l'Onochonos, l'Énipée, le Pamisos. Ces rivières, que je viens de nommer, rassemblées dans cette plaine au sortir des montagnes qui environnent la Thessalie, traversent un vallon, même fort étroit, et se jettent dans la mer après s'être toutes réunies dans le même lit. Aussitôt après leur jonction, le Pénée conserve son nom, et fait perdre le leur aux autres.

On dit qu'autrefois, ce vallon et cet écoulement n'existant point encore, les cinq rivières, et outre cela le lac Bœbéis, n'avaient pas de nom, comme elles en ont aujourd'hui; que cependant elles coulaient de même qu'elles le font actuellement, et que, continuant toujours à couler, elles firent une mer de la Thessalie entière. Les Thessaliens eux-mêmes disent que Neptune a fait le vallon étroit par lequel le Pénée roule ses eaux, et ce sentiment est vraisemblable. Quiconque pense en effet que Neptune ébranle la terre, et que les séparations qu'y font les tremblements sont des ouvrages de ce dieu, ne peut disconvenir, en voyant ce vallon, que Neptune n'en soit l'auteur. Car ces montagnes, à ce qu'il me paraît, n'ont été séparées que par un tremblement de terre.

CXXX. Xerxès ayant demandé aux guides s'il existait quelque

autre issue du Pénée dans la mer, ceux-ci, instruits de l'état des lieux, lui répondirent : « Seigneur, le Pénée ne peut avoir, « pour entrer dans la mer, d'autre issue que celle-ci : car la « Thessalie est de tous côtés environnée de montagnes. » On rapporte que, sur cette réponse, Xerxès parla en ces termes : « Les Thessaliens sont prudents. Ils ont pris leurs précautions « de loin, parce qu'ils savent, entre autres choses, qu'il est fa- « cile de se rendre maître de leur pays. Il ne faudrait en effet « que faire refluer le fleuve dans les terres, en le détournant de « son cours, et en bouchant par une digue le vallon par où il « coule, pour submerger toute la Thessalie, excepté les mon- « tagnes. » Ce discours regardait les fils d'Aleuas, parce qu'é- tant Thessaliens ils s'étaient, les premiers de la Grèce, soumis au roi, et parce que Xerxès pensait qu'ils avaient fait amitié avec lui au nom de toute la nation.

CXXXI. Quand il eut bien examiné cette embouchure, il remit à la voile et s'en retourna à Therma. Il séjourna quelque temps aux environs de la Piérie, tandis que la troisième partie de ses troupes coupait les arbres et les buissons de la montagne de Macédoine, afin d'ouvrir un passage à toute l'armée pour entrer sur les terres des Perrhœbes. Pendant son séjour en ces lieux, les hérauts qu'il avait envoyés en Grèce pour demander la terre revinrent, les uns les mains vides, les autres avec la terre et l'eau.

CXXXII. Les peuples qui lui avaient fait leur soumission étaient les Thessaliens, les Dolopes, les Ænianes, les Perrhœbes, les Locriens, les Magnètes, les Méliens, les Achéens de la Phtio- tide, les Thébains et le reste des Béotiens, excepté les Thes- piens et les Platéens. Les Grecs qui avaient entrepris la guerre contre le Barbare se liguèrent entre eux par un serment conçu en ces termes : « Que tous ceux qui, étant Grecs, se sont donnés « aux Perses, sans y être forcés par la nécessité, payent au dieu « de Delphes, après le rétablissement des affaires, la dixième « partie de leurs biens. » Le serment que firent les Grecs était ainsi conçu.

CXXXIII. Xerxès ne détacha point de hérauts à Athènes et à Sparte pour exiger la soumission de ces villes. Darius leur en avait envoyé précédemment pour ce même sujet ; mais les Athé- niens les avaient jetés dans le Barathre, et les Lacédémoniens dans un puits, où ils leur dirent de prendre de la terre et de l'eau, et de les porter à leur roi. Voilà ce qui empêcha Xerxès de leur envoyer faire cette demande. Au reste, je ne puis dire ce qui arriva de fâcheux aux Athéniens pour avoir ainsi traité les hérauts de Darius. Leur ville et leurs pays furent, il est vrai, pillés et dévastés; mais je ne crois pas que le traitement fait à ces hérauts en soit la cause.

CXXXIV. La colère de Talthybius, qui avait été le héraut d'Agamemnon, s'appesantit sur les Lacédémoniens. Il y a à Sparte un lieu qui lui est consacré, et ses descendants (on les appelle Talthybiades) sont les seuls à qui, par honneur, on confie toutes les ambassades. Après cette époque, les entrailles des victimes cessèrent à Sparte d'être favorables. Cela dura longtemps mais enfin les Lacédémoniens, affligés de ce malheur, firent demander par des hérauts, dans de fréquentes assemblées tenues à ce sujet, s'il n'y avait point quelque Lacédémonien qui voulût mourir pour le salut de Sparte. Alors Sperthias, fils d'Anériste, et Bulis, fils de Nicolas, tous deux Spartiates d'une naissance distinguée, et des plus riches de la ville, s'offrirent d'eux-mêmes à la peine que voudrait leur imposer Xerxès, fils de Darius, pour le meurtre des hérauts commis à Sparte. Les Lacédémoniens les envoyèrent donc aux Mèdes, comme à une mort certaine.

CXXXV. Leur intrépidité et le langage qu'ils tinrent en ces circonstances ont droit à notre admiration. Étant partis pour Suse, ils arrivèrent chez Hydarnès, Perse de naissance, et gouverneur de la côte maritime d'Asie. Ce seigneur leur fit un accueil hospitalier, et après les avoir reçus à sa table, il leur dit : « Lacédémoniens, pourquoi donc avez-vous tant d'éloigne-
« ment pour l'amitié du roi? Vous voyez par l'état de ma for-
« tune qu'il sait honorer le mérite. Comme il a une haute
« opinion de votre courage, il vous donnerait aussi à chacun un
« gouvernement dans la Grèce, si vous vouliez le reconnaître
« pour votre souverain. — Hydarnès, lui répondirent-ils, le
« conseil que tu nous donnes est d'un homme qui n'a point
« pesé le pour et le contre. Tu nous conseilles cet état, parce
« que tu en as l'expérience, et que tu ne connais pas l'autre.
« Tu sais être esclave, mais tu n'as jamais goûté la liberté, et
« tu en ignores les douceurs. En effet, si jamais tu l'avais

« éprouvée, tu nous conseillerais de combattre pour elle, non-
« seulement avec des piques, mais encore avec des haches. »
Telle fut la réponse qu'ils firent à Hydarnès.

CXXXVI. Admis, à leur arrivée à Suse, à l'audience du roi, les gardes leur ordonnèrent de se prosterner et de l'adorer, et même ils leur firent violence. Mais ils protestèrent qu'ils n'en feraient rien, quand même on les pousserait par force contre terre ; qu'ils n'étaient point dans l'usage d'adorer un homme, et qu'ils n'étaient pas venus dans ce dessein à la cour de Perse. Après s'être défendus de la sorte, ils adressèrent la parole à Xerxès en ces termes et autres semblables : « Roi des Mèdes,
« les Lacédémoniens nous ont envoyés pour expier par notre
« mort celle des hérauts qui ont péri à Sparte. » Xerxès, faisant à ce discours éclater sa grandeur d'âme, répondit qu'il ne ressemblerait point aux Lacédémoniens, qui avaient violé le droit des gens en mettant à mort des hérauts ; qu'il ne ferait point ce qu'il leur reprochait ; qu'il ne voulait pas, par leur mort, acquitter les Lacédémoniens du crime qu'ils avaient commis.

CXXXVII. Cette conduite des Spartiates fit cesser pour le présent la colère de Talthybius, malgré le retour de Sperthias et de Bulis à Sparte. Mais longtemps après, à ce que disent les Lacédémoniens, cette colère se réveilla dans la guerre des Péloponésiens et des Athéniens. Pour moi, je trouve en cet événement quelque chose de surnaturel. Car que la colère de Talthybius se soit appesantie sur des envoyés, et qu'elle n'ait point cessé avant que d'avoir eu son effet, cela était juste ; mais qu'elle soit tombée sur les enfants de ces deux Spartiates qui s'étaient rendus auprès du roi pour apaiser sa colère, je veux dire sur Nicolas, fils de Bulis, et sur Anériste, fils de Sperthias, qui enleva des pêcheurs de Tirynthe qui naviguaient autour du Péloponèse [1] sur un vaisseau de charge monté par des hommes d'Andros ; il est évident pour moi que cet événement est l'effet du courroux de la divinité. Car Nicolas et Anériste ayant été envoyés en ambassade en Asie par les Lacédémoniens, Sitalcès,

---

[1] On voit par Thucydide que les Lacédémoniens firent mourir des marchands athéniens et des alliés de ce peuple qu'ils prirent sur des vaisseaux de charge naviguant autour du Péloponèse. (L.)

fils de Térès [1], roi des Thraces, et Nymphodore [2], fils de Pythéas, de la ville d'Abdère, les ayant trahis, ils furent pris vers Bisanthe sur l'Hellespont, et amenés dans l'Attique, où les Athéniens les firent mourir, et avec eux Aristéas [3], fils d'Adimante de Corinthe. Cet événement est postérieur de bien des années à l'expédition du roi contre la Grèce [4].

CXXXVIII. Je reviens maintenant à mon sujet. La marche de Xerxès ne regardait en apparence qu'Athènes, mais elle menaçait réellement toute la Grèce. Quoique les Grecs en fussent instruits depuis longtemps, ils n'en étaient pas cependant tous également affectés. Ceux qui avaient donné au Perse la terre et l'eau se flattaient de n'éprouver de sa part aucun traitement fâcheux. Ceux, au contraire, qui n'avaient pas fait leur soumission étaient effrayés, parce que toutes les forces maritimes de la Grèce n'étaient pas en état de résister aux attaques de Xerxès, et que le grand nombre, loin de prendre part à cette guerre, montrait beaucoup d'inclination pour les Mèdes.

CXXXIX. Je suis obligé de dire ici mon sentiment; et quand même il m'attirerait la haine de la plupart des hommes, je ne dissimulerai pas ce qui paraît, à mes yeux, être la vérité. Si la crainte du péril qui menaçait les Athéniens leur eût fait abandonner leur patrie, ou si, restant dans leur ville, ils se fussent soumis à Xerxès, personne n'aurait tenté de s'opposer au roi sur mer. Si personne n'eût résisté par mer à ce prince, voici sans doute ce qui serait arrivé sur le continent. Quand même les Péloponésiens auraient fermé l'isthme de plusieurs murailles, les Lacédémoniens n'en auraient pas moins été aban-

---

[1] Térès fut un prince valeureux et le fondateur du royaume des Odryses. Il eut deux fils, Sitalcès et Sparodous, et une fille dont on ignore le nom. Cette fille fut mariée à Ariapithès, roi des Scythes. (L.)

[2] Ce Nymphodore était beau-frère de Sitalcès, et en grand crédit auprès de lui. Il procura aux Athéniens l'alliance de Sitalcès, et fit déclarer Sadocus, fils de ce prince, citoyen d'Athènes. (L.)

[3] Il commandait les Corinthiens à la journée de Potidée, et il enfonça l'aile des Athéniens qui lui était opposée. Cet événement est de la seconde année de la LXXXVI⁰ olympiade. Il fut pris environ cinq ans après. Ayant été conduit à Athènes, on le fit mourir. La conduite injurieuse de son père Adimante envers Thémistocle, et sa fuite honteuse à la journée de Salamine, contribuèrent beaucoup à son malheur. (L.)

[4] Cela arriva la troisième année de la LXXXVII⁰ olympiade, comme on le voit par Thucydide. Hérodote écrivait donc en ce temps-là cette partie de son Histoire, ou bien il ajouta ces circonstances après l'événement. (L.)

donnés par les alliés, qui, voyant l'armée navale des Barbares prendre leurs villes l'une après l'autre, se seraient vus dans la nécessité de les trahir malgré eux. Seuls et dépourvus de tout secours, ils seraient morts en héros, après avoir accompli de glorieux exploits; ou ils auraient éprouvé le même sort que le reste des alliés; ou bien, avant que d'éprouver ce sort, ils auraient traité avec Xerxès, quand ils auraient vu le reste des Grecs prendre le parti des Mèdes. Ainsi, dans l'un ou l'autre cas, la Grèce serait tombée sous la puissance de cette nation; car, le roi étant maître de la mer, je ne vois pas de quelle utilité aurait été le mur dont on aurait formé l'isthme d'un bout à l'autre. On ne s'écarterait donc point de la vérité en disant que les Athéniens ont été les libérateurs de la Grèce. En effet, quelque parti qu'ils eussent pris, il devait être prépondérant. En préférant la liberté de la Grèce, ils réveillèrent le courage de tous les Grecs qui ne s'étaient point encore déclarés pour les Perses; et ce furent eux qui, après les dieux, repoussèrent le roi. Les réponses de l'oracle de Delphes, quelque effrayantes et terribles qu'elles fussent, ne leur persuadèrent pas d'abandonner la Grèce; ils demeurèrent fermes, et osèrent soutenir le choc de l'ennemi qui fondait sur leur pays.

CXL. Les Athéniens, voulant consulter l'oracle, envoyèrent à Delphes des théores [1]. Après les cérémonies usitées, ils entrèrent dans le sanctuaire et s'assirent; alors ils reçurent de la Pythie, nommée Aristonice, une réponse conçue en ces termes :

« Malheureux! pourquoi vous tenez-vous assis? Abandonnez
« vos maisons et les hauts sommets de votre ville circulaire,
« et fuyez jusqu'aux extrémités de la terre. Car ni la tête ne
« restera intacte, ni le corps, ni l'extrémité des pieds, ni les
« mains, ni rien de ce qui se trouve au milieu; tout disparaî-
« tra : car le feu et le redoutable Mars, monté sur un char
« syrien, ruineront non-seulement vos tours et vos forteresses,
« mais encore celles de plusieurs autres villes. Il embrasera
« les temples. Les dieux sont saisis d'effroi, la sueur découle
« de leurs simulacres, et déjà du faîte de leurs temples coule
« un sang noir, présage assuré des maux qui vous menacent.

---

[1] On appelait théore un ambassadeur envoyé pour offrir des sacrifices à quelque dieu ou pour consulter un oracle.

« Sortez donc de mon sanctuaire, armez-vous de courage
« contre tant de maux. »

CXLI. Cette réponse affligea beaucoup les députés d'Athènes. Timon, fils d'Androbule, citoyen des plus distingués de la ville de Delphes, les voyant désespérés à cause des malheurs prédits par l'oracle, leur conseilla de prendre des rameaux d'olivier, et d'aller une seconde fois consulter le dieu en qualité de suppliants. Ils suivirent ce conseil, et lui adressèrent ces paroles : « O roi ! fais-nous une réponse plus favorable sur le sort de « notre patrie, par respect pour ces branches d'olivier que « nous tenons entre nos mains; ou nous ne sortirons point de « ton sanctuaire, et nous y resterons jusqu'à la mort. » La prêtresse leur répondit ainsi pour la seconde fois : « C'est en « vain que Pallas emploie et les prières et les raisons auprès « de Jupiter Olympien, elle ne peut le fléchir. Cependant je « te donnerai encore cette réponse, inflexible comme le dia- « mant. Quand l'ennemi se sera emparé de tout ce que ren- « ferme le pays de Cécrops, et les antres du sacré Cithéron, « Jupiter, qui voit tout, accorde à Pallas une muraille de bois « qui seule ne pourra être détruite; elle te sera utile, à toi et « à tes enfants. N'attends donc pas tranquillement la cavalerie « et l'infanterie de l'armée nombreuse qui viendra t'attaquer « par terre ; prends plutôt la fuite, et lui tourne le dos : un « jour viendra que tu lui tiendras tête. Pour toi, ô divine Sa- « lamine ! tu perdras les enfants des femmes ; que Cérès soit « dispersée ou rassemblée. »

CXLII. Cette réponse parut aux théores moins dure que la précédente, et véritablement elle l'était. Ils la mirent par écrit et retournèrent à Athènes. A peine y furent-ils arrivés, qu'ils firent leur rapport au peuple. Le sens de l'oracle fut discuté, et les sentiments se trouvèrent partagés. Ceux-ci furent les plus opposés. Quelques-uns des plus âgés pensaient que le dieu déclarait par sa réponse que la citadelle ne serait point prise, car elle était anciennement fortifiée d'une palissade. Ils conjecturaient donc que la muraille de bois dont parlait l'oracle était cette palissade. D'autres soutenaient, au contraire, que le dieu désignait les vaisseaux, et que sans délais il en fallait équiper. Mais les deux derniers vers de la Pythie : « Pour toi, ô divine « Salamine ! tu perdras les enfants des femmes ; que Cérès soit

« dispersée ou rassemblée, » embarrassaient ceux qui disaient que les vaisseaux étaient le mur de bois, ces vers les attristaient : car les devins entendaient qu'ils seraient vaincus près de Salamine, s'ils se disposaient à un combat naval.

CXLIII. Il y avait alors à Athènes un citoyen nouvellement élevé au premier rang. Son nom était Thémistocle; mais on l'appelait fils de Néoclès. Il soutint que les interprètes n'avaient pas rencontré le vrai sens de l'oracle. Si le malheur prédit, disait-il, regardait en quelque sorte les Athéniens, la réponse de la Pythie ne serait pas, ce me semble, si douce. *Infortunée Salamine !* aurait-elle dit, au lieu de ces mots, *Ô divine Salamine !* si les habitants eussent dû périr aux environs de cette île. Mais, pour quiconque prenait l'oracle dans son vrai sens, le dieu avait plutôt en vue les ennemis que les Athéniens. Là-dessus il leur conseillait de se préparer à un combat naval, parce que les vaisseaux étaient le mur de bois. Les Athéniens décidèrent que l'avis de Thémistocle était préférable à celui des interprètes des oracles, qui dissuadaient le combat naval, et même en général de lever les mains contre l'ennemi, et conseillaient d'abandonner l'Attique et de faire ailleurs un nouvel établissement.

CXLIV. Antérieurement à cet avis, Thémistocle en avait ouvert un autre qui avait heureusement prévalu. Il y avait dans le trésor public de grandes richesses provenant des mines de Laurium. On était sur le point de distribuer à tous les citoyens dix drachmes[1] par tête. Thémistocle persuada aux Athéniens de ne point faire cette distribution, et de construire avec cet argent deux cents vaisseaux pour la guerre, entendant par ces mots la guerre qu'on avait à soutenir contre les Éginètes. Cette guerre fut le salut de la Grèce, parce qu'elle força les Athéniens à devenir marins. Ces vaisseaux ne servirent pas à l'usage auquel on les avait destinés, mais on les employa fort à propos pour les besoins de la Grèce. Ils se trouvèrent faits d'avance, et il ne fallut plus qu'y en ajouter quelques autres. Ainsi, dans un conseil tenu après qu'on eut consulté l'oracle, il fut résolu que, pour obéir au dieu, toute la nation, de concert avec les Grecs qui voudraient se joindre à elle, attaquerait par mer les

[1] 9 livres de notre monnaie.

Barbares qui venaient fondre sur la Grèce. Tels furent les oracles rendus aux Athéniens.

CLXV. Les Grecs les mieux intentionnés pour la patrie s'assemblèrent en un même lieu ; et, après s'être donné leur foi et avoir délibéré entre eux, il fut convenu qu'avant tout on se réconcilierait, et que de part et d'autre on ferait la paix ; car dans ce temps-là la guerre était allumée entre plusieurs villes, mais celle des Athéniens et des Éginètes était la plus vive.

Ayant ensuite appris que Xerxès était à Sardes avec son armée, ils furent d'avis d'envoyer en Asie des espions pour s'instruire de ses projets. Il fut aussi résolu d'envoyer des ambassadeurs, les uns à Argos, pour se liguer avec les Argiens contre les Perses ; les autres en Sicile, à Gélon, fils de Diomène ; d'autres à Corcyre pour exhorter les Corcyréens à donner du secours à la Grèce ; et d'autres en Crète. Ils avaient par là dessein de réunir, s'il était possible, le corps hellénique, et de faire unanimement les derniers efforts pour écarter les dangers dont tous les Grecs étaient également menacés. La puissance de Gélon passait alors pour très-considérable, et il n'y avait point d'État en Grèce dont les forces égalassent celles de ce prince.

CXLVI. Ces résolutions prises, et les haines apaisées, ils envoyèrent d'abord trois espions en Asie. Ceux-ci examinèrent, à leur arrivée, les forces de Xerxès ; mais, ayant été surpris, les généraux de l'armée de terre les condamnèrent à mort, et on les conduisit au supplice après les avoir mis à la torture. Aussitôt que Xerxès en eut été instruit, il blâma la conduite de ses généraux ; et sur-le-champ il dépêcha quelques-uns de ses gardes, avec ordre de lui amener les espions s'ils vivaient encore. Les gardes, les ayant trouvés vivants, les menèrent au roi.

Ce prince, ayant appris le sujet de leur voyage, ordonna à ses gardes de les accompagner partout, de leur faire voir toutes ses troupes, l'infanterie et la cavalerie, et, après que leur curiosité aurait été satisfaite, de les renvoyer sains et saufs où ils voudraient aller. En donnant ces ordres, il ajouta que, si on faisait périr ces espions, les Grecs ne pourraient être instruits d'avance de la grandeur de ses forces, qui étaient au-dessus de ce qu'en publiait la renommée ; et qu'en faisant mourir trois hommes, on ne ferait pas grand mal aux ennemis. Mais, en retournant dans leur pays, les Grecs, instruits de l'état de ses affaires, n'attendraient pas l'arrivée des troupes pour se soumettre, et ainsi il ne serait plus nécessaire de se donner la peine de conduire une armée contre eux.

CXLVII. Ce sentiment ressemble à cet autre du même prince. Tandis qu'il était à Abydos, il aperçut des vaisseaux qui, venant du Pont-Euxin, traversaient l'Hellespont pour porter du blé à Égine et dans le Péloponèse. Ceux qui étaient auprès de lui, ayant appris que ces vaisseaux appartenaient aux ennemis, se disposaient à les enlever, et, les yeux attachés sur lui, ils attendaient son ordre, lorsqu'il leur demanda où allaient ces vaisseaux. « Seigneur, répondirent-ils, ils vont porter du blé à tes « ennemis. — Eh bien, reprit-il, n'allons-nous pas aussi au « même endroit, chargés, entre autres choses, de blé ? Quels « torts nous font-ils donc en portant des vivres pour nous ? »

Les espions, ayant donc été ainsi congédiés, revinrent en Europe après avoir tout examiné.

CXLVIII. Aussitôt après que les Grecs confédérés eurent fait partir des espions pour l'Asie, ils envoyèrent des députés à Argos. Voici, selon les Argiens, comment se passèrent les choses qui les concernent. Ils disent qu'ils eurent connaissance dès les commencements des desseins des Barbares contre la Grèce; qu'ayant su, en même temps, que les Grecs voulaient les entraîner dans la ligue commune contre les Perses, ils avaient envoyé demander au dieu de Delphes quel parti devait leur être le plus avantageux; car depuis peu les Lacédémoniens, commandés par Cléomène, fils d'Anaxandride, leur avaient tué six mille hommes. La Pythie leur répondit en ces termes : « Peuple « haï de tes voisins, cher aux dieux immortels, tiens-toi sur « tes gardes prêt à frapper, ou à parer les coups de tes enne- « mis ; défends ta tête, et ta tête sauvera ton corps. » Telle fut, suivant eux, la réponse de la Pythie avant la venue des députés. Ils ajoutent qu'aussitôt après leur arrivée à Argos, on les admit au sénat, où ils exposèrent leurs ordres; que le sénat répondit que les Argiens étaient disposés à accorder du secours après avoir préalablement conclu une trêve de trente ans avec les Lacédémoniens, à condition qu'ils auraient la moitié du commandement de la moitié de l'armée des alliés; que le commandement leur appartenait de droit tout entier, mais cependant qu'ils se contenteraient de la moitié.

CXLIX. Telle fut, suivant eux, la réponse de leur sénat, quoique l'oracle leur eût défendu d'entrer dans la ligue des Grecs. Ils ajoutent que ce qui leur faisait le plus désirer la trêve de trente ans, malgré la crainte que l'oracle leur avait inspirée, c'était afin de donner à leurs enfants le temps de parvenir à l'âge viril. Si cette trêve n'était pas conclue, ils craignaient de tomber pour toujours sous le joug des Lacédémoniens, dans le cas où, affaiblis déjà par la guerre qu'ils venaient de soutenir contre eux, ils venaient encore à essuyer quelque échec de la part des Perses. Ceux d'entre les ambassadeurs qui étaient de Sparte répondirent au discours du sénat qu'à l'égard de la trêve, ils en feraient leur rapport au peuple; mais qu'au sujet du commandement des armées, il leur avait été enjoint de dire que les Spartiates ayant deux rois, et les Argiens un seul, il n'était pas possible d'ôter le commandement des troupes à l'un des deux rois de Sparte; mais que rien n'empêchait que le roi d'Argos ne partageât l'autorité également avec eux. Ainsi les Argiens disent qu'ils ne voulurent point souffrir l'ambition des Spartiates, et qu'ils aimèrent mieux obéir aux Barbares que de rien céder aux Lacédémoniens; qu'en conséquence ils ordonnèrent aux ambassadeurs de sortir de leur territoire avant le coucher du soleil, sous peine d'être traités en ennemis.

CL. C'est ainsi que les Argiens eux-mêmes racontent ce qui se passa en cette occasion; mais on le rapporte en Grèce d'une façon bien différente. Xerxès, dit-on, avant que d'entreprendre son expédition contre la Grèce, envoya un héraut à Argos, qui parla aux Argiens en ces termes : « Argiens, voici ce que vous
« dit le roi Xerxès. Nous pensons que Persès, l'un de nos an-
« cêtres, ayant eu pour père Persée, fils de Danaé, et pour mère
« Andromède, fille de Céphée, nous tenons de vous notre ori-
« gine. Il n'est donc point naturel ni que nous fassions la guerre
« à nos pères, ni qu'en donnant du secours aux Grecs, vous
« vous déclariez nos ennemis. Restez tranquilles chez vous. Si
« cette expédition a le succès que j'attends, je vous traiterai
« avec plus de distinction qu'aucun autre peuple. » On ajoute que, quoique ces propositions eussent paru de la plus grande importance aux Argiens, ils ne firent d'abord d'eux-mêmes aucune demande aux Grecs; mais que, lorsque ceux-ci les sollicitèrent d'entrer dans leur ligue, ils exigèrent une part dans le

commandement des armées, afin d'avoir un prétexte de demeurer tranquilles, sachant bien que les Lacédémoniens ne voudraient pas le partager avec eux.

CLI. Il y a des Grecs qui rapportent que, bien des années après, ce récit fut confirmé par le fait suivant. Les Athéniens avaient député pour quelques affaires à Suse, ville de Memnon [1], des ambassadeurs, et entre autres Callias, fils d'Hipponicus. Dans le même temps, les Argiens y avaient aussi envoyé des ambassadeurs, pour demander à Artaxerxès, fils de Xerxès, si l'alliance qu'ils avaient contractée avec Xerxès subsistait encore, ou s'il les regardait comme ennemis. Le roi Artaxerxès répondit qu'elle subsistait, et qu'il n'y avait point de ville qu'il aimât plus que celle d'Argos.

CLII. Au reste, je ne puis assurer que Xerxès ait envoyé un héraut à Argos pour dire aux Argiens ce que je viens de rapporter, ni que les ambassadeurs des Argiens se soient transportés à Suse pour demander à Ataxerxès si l'alliance subsistait encore avec lui. Je rapporte seulement les discours que les Argiens tiennent eux-mêmes. Tout ce que je sais, c'est que si tous les hommes portaient en un même lieu leurs mauvaises actions pour les échanger contre celles de leurs voisins, après avoir envisagé celles des autres, chacun remporterait avec plaisir ce qu'il aurait porté à la masse commune. Il y a sans doute des actions encore plus honteuses que celles des Argiens. Si je suis obligé de rapporter ce qu'on dit, je ne dois pas du moins croire tout aveuglément. Que cela soit dit pour toute cette Histoire. On raconte même que ce furent les Argiens qui excitèrent les Perses à passer en Grèce, parce qu'après avoir été vaincus par les Lacédémoniens, ils trouvaient tout autre état préférable à la situation déplorable où ils étaient alors. En voilà assez sur les Argiens.

CLIII. Il vint aussi en Sicile des ambassadeurs de la part des alliés, parmi lesquels était Syagrus, député de Lacédémone, pour s'aboucher avec Gélon. Un des ancêtres de ce Gélon fut citoyen de Géla. Il était originaire de Télos, île voisine du promontoire de Triopium. Les Lindiens de l'île de Rhodes et Antiphémus le

---

[1] Cette ville avait été bâtie par Titonus, père de Memnon : Hérodote l'appelle toujours ville memnonienne. Sa citadelle se nommait Memnonium. (*Strabon*, lib. IV.)

menèrent avec eux lorsqu'ils fondèrent la ville de Géla. Ses descendants étant devenus dans la suite prêtres des divinités infernales, ils continuèrent toujours à jouir de cette dignité. Ils la tenaient de Télinès, l'un de leurs ancêtres, qui y parvint de la manière que je vais dire. Une sédition s'étant élevée à Géla, les vaincus se sauvèrent à Mactorium, ville située au-dessus de Géla. Télinès les ramena dans leur patrie sans aucunes troupes, et n'ayant que les images sacrées de ces déesses. Où les avait-l prises? comment les possédait-il? c'est ce que je ne puis dire. Plein de confiance en ces choses, il ramena les habitants de Géla; mais ce fut à condition que ses descendants seraient prêtres des déesses. J'admire ce qu'on dit de l'entreprise de Télinès, et je suis étonné qu'il ait pu en venir à bout. Il n'est pas donné, je pense, à tout le monde d'exécuter de pareils projets; cela n'appartient qu'à de grandes âmes, qu'à des hommes hardis et courageux. Or les habitants de Sicile disent, au contraire, que c'était un homme naturellement mou et efféminé. Telle fut la manière dont il se mit en possession de cette dignité.

CLIV. Cléandre, fils de Pantarès, ayant été tué par Sabyllus, citoyen de Géla, après avoir régné sept ans dans cette ville, son frère Hippocrate s'empara de la couronne. Sous le règne de celui-ci, Gélon, descendant de l'hiérophante Télinès, ainsi que plusieurs autres, parmi lesquels on compte Ænésidémus, fils de Pataïcus, de simple garde du corps d'Hippocrate, s'éleva en peu de temps par son mérite à la dignité de général de la cavalerie. Il s'était en effet distingué contre les Callipolites, les Naxiens, les Zancléens, les Léontins, et, outre cela, contre les Syracusains et plusieurs peuples barbares qu'Hippocrate avait assiégés dans leurs capitales. De toutes les villes que je viens de nommer, il n'y eut que celle de Syracuse qui évita le joug d'Hippocrate. Il en battit les habitants près du fleuve Élorus: mais les Corinthiens et les Corcyréens les délivrèrent de la servitude, et les réconcilièrent avec ce prince, à condition qu'ils lui donneraient Camarine[1], qui leur appartenait de toute antiquité.

[1] Camarine était pour lors détruite; mais les Syracusains donnèrent le territoire de cette ville à Hippocrate, tyran de Géla. Ce prince y envoya une colonie, et la rétablit. (L.)

CLV. Hippocrate, après avoir régné autant de temps que son frère Cléandre, mourut devant la ville d'Hybla en faisant la guerre aux Sicules. Alors Gélon prit en apparence la défense d'Euclide et de Cléandre, tous deux fils d'Hippocrate, contre les citoyens de Géla, qui ne voulaient plus les reconnaître pour leurs maîtres. Ayant vaincu ceux-ci dans un combat, il s'empara réellement lui-même de l'autorité souveraine et en dépouilla les fils d'Hippocrate. Cette entreprise lui ayant réussi, il ramena de la ville de Casmène ceux d'entre les Syracusains qu'on appelait Gamores. Ils avaient été chassés par le peuple et par leurs propres esclaves, nommés Cillicyriens. En les rétablissant dans Syracuse, il s'empara aussi de cette place : car le peuple, voyant qu'il venait l'attaquer, lui livra la ville et se soumit.

CLVI. Lorsque Syracuse fut en sa puissance, il fit beaucoup moins de cas de Géla, dont il était auparavant en possession. Il en confia le gouvernement à son frère Hiéron, et garda pour lui Syracuse, qui était tout pour lui. Cette ville s'accrut considérablement en peu de temps et devint très-florissante. Il y transféra tous les habitants de Camarine, les en fit citoyens, et rasa leur ville. Il en agit de même à l'égard de plus de la moitié des Gélois. Il assiégea les Mégariens de Sicile, et les força de se rendre. Les riches, ayant été les promoteurs de la guerre, s'attendaient à périr. Cependant Gélon les envoya à Syracuse, et leur donna le droit de cité. A l'égard du peuple, il le fit conduire aussi à Syracuse, et l'y fit vendre pour être transporté hors de la Sicile, quoiqu'il n'eût point été l'auteur de cette guerre, et qu'il ne s'attendit pas à un sort fâcheux. Il en agit de même avec les Eubéens de Sicile, qu'il avait pareillement séparés en deux classes : il les traita ainsi les uns et les autres, parce qu'il était persuadé que le peuple était un voisin très-incommode. Ce fut ainsi que Gélon devint un puissant monarque.

CLVII. A peine les ambassadeurs des Grecs furent-ils arrivés à Syracuse, que Gélon leur donna audience. « Les Lacédémo« niens, les Athéniens et leurs alliés, lui dirent-ils, nous ont « députés pour t'inviter à réunir tes forces aux nôtres contre « les Barbares. Tu as sans doute appris que le roi de Perse est « prêt à fondre sur la Grèce, qu'après avoir jeté des ponts sur « l'Hellespont et amené de l'Asie toutes les forces de l'Orient, « il est sur le point de l'attaquer, et que, sous prétexte de

« marcher contre Athènes, il a réellement dessein de réduire
« la Grèce entière sous le joug. Tu es puissant, et la Sicile,
« dont tu es souverain, n'est pas une des moindres parties de
« la Grèce. Donne du secours aux vengeurs de la liberté, et
« joins-toi à eux pour la leur conserver. Car, toute la Grèce
« étant réunie, nous formerons une puissance considérable, et
« en état de combattre l'ennemi qui vient nous attaquer. Mais
« si les uns trahissent la patrie ou refusent de la secourir, si
« ses défenseurs, qui en sont la plus saine partie, sont réduits
« à un petit nombre, il est à craindre que toute la Grèce ne pé-
« risse. Car ne te flatte pas que le roi, après avoir remporté
« la victoire et nous avoir subjugués, n'aille pas jusqu'à toi.
« Prends tes précautions d'avance. En nous secourant, tu tra-
« vailleras à ta propre sûreté. Une entreprise bien concertée
« est presque toujours couronnée de succès.

CLVIII. « — Grecs, répondit avec véhémence Gélon, vous avez
« la hardiesse de m'inviter à joindre mes forces aux vôtres
« contre les Perses; et lorsque je vous priai de me secourir
« contre les Carthaginois, avec qui j'étais en guerre; lorsque
« j'implorai votre assistance pour venger sur les habitants
« d'Égeste la mort de Doriée, fils d'Anaxandride, et que j'offris
« de contribuer à remettre en liberté les ports et villes de com-
« merce, qui vous procuraient beaucoup d'avantages et de
« grands profits, non-seulement vous refusâtes de venir à mon
« secours, mais encore vous ne voulûtes pas venger avec moi
« l'assassinat de Doriée. Il n'a donc pas tenu à vous que ce pays
« ne soit entièrement devenu la proie des Barbares. Mais les
« choses ont pris une tournure plus favorable. Maintenant que
« la guerre est à votre porte et même chez vous, vous vous sou-
« venez enfin de Gélon. Quoique vous ayez agi avec moi d'une
« manière méprisante, je ne vous ressemblerai point, et je
« suis prêt à envoyer à votre secours deux cents trirèmes,
« vingt mille hoplites, deux mille hommes de cavalerie, deux
« mille archers, deux mille frondeurs et deux mille hommes
« de cavalerie légère. Je m'engage aussi à fournir du blé pour
« toute l'armée jusqu'à la fin de la guerre; mais c'est à con-
« dition que j'en aurai le commandement. Autrement, je n'irai
« point en personne à cette expédition, et je n'y enverrai per-
« sonne. »

CLIX. Syagrus ne pouvant se contenir : « Certes, dit-il, ce « serait un grand sujet de douleur pour Agamemnon, descen- « dant de Pélops, s'il apprenait que les Spartiates se fussent « laissé dépouiller du commandement par un Gélon et par des « Syracusains. Ne nous parle plus de te le céder. Si tu veux « secourir la Grèce, sache qu'il te faudra obéir aux Lacédémo- « niens ; si tu refuses de servir sous eux, nous n'avons pas be- « soin de tes troupes. »

CLX. Gélon, apercevant assez par cette réponse l'éloignement qu'on avait pour ses demandes, leur fit enfin cette autre pro- position : « O mon hôte spartiate, les injures qu'on dit à « l'homme excitent ordinairement sa colère ; mais vous aurez « beau me tenir des propos insultants, vous ne m'engagerez « point à vous faire une réponse indécente. Si vous êtes si épris « du commandement, il est naturel que je le sois encore plus, « puisque je fournis beaucoup plus de troupes et de vaisseaux « que vous n'en avez. Mais, puisque ma proposition vous ré- « volte, je veux bien relâcher quelque chose de mes premières « demandes. Si vous prenez pour vous le commandement des « troupes de terre, je me réserve celui de l'armée navale ; si « vous aimez mieux commander sur mer, je commanderai sur « terre. Il faut ou vous contenter de l'une de ces deux condi- « tions, ou retourner chez vous, et vous passer d'un allié tel « que moi. »

CLXI. Telles furent les offres de Gélon. L'ambassadeur d'A- thènes, prévenant celui de Lacédémone, répondit en ces termes : « Roi de Syracuse, la Grèce n'a pas besoin d'un général, mais « de troupes, et c'est pour t'en demander qu'elle nous a dé- « putés vers toi. Cependant tu nous déclares que tu n'en en- « verras pas, si l'on ne te reconnaît pour général, tant est « grande l'envie que tu as de nous commander. Quand tu de- « mandas le commandement de toutes nos forces, nous nous « contentâmes, nous autres Athéniens, de garder le silence, « persuadés que l'ambassadeur de Lacédémone saurait te ré- « pondre et pour lui et pour nous. Exclu du commandement « général, tu te bornes maintenant à celui de la flotte ; mais « les choses sont au point que, quand même le Lacédémonien « te l'accorderait, nous ne le souffririons jamais : car il nous « appartient, du moins au refus des Lacédémoniens. S'ils veu-

« lent prendre celui de la flotte, nous ne leur disputerons point ;
« mais nous ne le céderons à nul autre. Et en effet, ce serait
« bien en vain que nous posséderions la plus grande partie de
« l'armée navale des Grecs. Quoi donc! nous autres Athéniens,
« nous abandonnerions le commandement à des Syracusains,
« nous qui sommes le plus ancien peuple de la Grèce ; nous
« qui, seuls entre tous les Grecs, n'avons jamais changé de sol ;
« nous enfin qui comptons parmi nos compatriotes ce capi-
« taine qui alla au siége de Troie, et qui était, comme le dit
« Homère le poëte épique, des plus habiles pour mettre une
« armée en bataille ? Après un pareil témoignage, nous ne
« devons point rougir de parler avantageusement de notre
« patrie.

CLXII. « — Athénien, repartit Gélon, vous ne manquez point,
« à ce qu'il paraît, de généraux, mais de soldats. Au reste,
« puisque vous voulez tout garder, sans vous relâcher en rien,
« retournez au plus tôt en Grèce, et annoncez-lui qu'elle a
« perdu le printemps de son année. » Il comparait par ce propos la Grèce, privée de son alliance, à une année dont on aurait
retranché le printemps.

CLXIII. Après cette réponse de Gélon, les ambassadeurs des
Grecs remirent à la voile. Cependant Gélon, qui craignait que
les Grecs ne fussent pas assez forts pour vaincre le roi, et qui
d'un autre côté aurait cru insupportable et indigne d'un tyran
de Sicile d'aller servir dans le Péloponèse sous les ordres des
Lacédémoniens, négligea ce plan pour s'attacher à un autre. Il
n'eut pas plutôt appris que le roi avait traversé l'Hellespont,
qu'il donna trois vaisseaux à cinq rangs de rames à Cadmus, fils
de Scythès, de l'île de Cos, et l'envoya à Delphes avec des richesses considérables et des paroles de paix. Il avait ordre d'observer l'événement du combat, et, si le roi était vainqueur, de
lui présenter l'argent qu'il portait, et de lui offrir en même
temps la terre et l'eau pour toutes les villes de ses États ; et si
les Grecs au contraire remportaient la victoire, de revenir en
Sicile.

CLXIV. Ce Cadmus avait auparavant hérité de son père la
souveraineté de Cos. Quoiqu'elle fût alors bien affermie, il l'a-
vait cependant remise aux habitants, sans y être forcé par des
circonstances fâcheuses, mais volontairement, et par amour

pour la justice. Étant ensuite parti pour la Sicile, il fixa sa demeure avec les Samiens à Zancle, dont le nom a été changé en celui de Messine. Gélon, persuadé des motifs qui l'avaient fait venir en Sicile, et de l'amour qu'il lui avait vu pour la justice en plusieurs autres occasions, l'envoya à Delphes. Il faut joindre à ses autres actions pleines de droiture celle-ci, qui n'est pas la moindre. Maître de richesses considérables que Gélon lui avait confiées, il ne tenait qu'à lui de se les approprier; cependant il ne le voulut pas. Mais, après la victoire que remportèrent les Grecs sur mer et le départ de Xerxès, il retourna en Sicile avec toutes ces richesses.

CLXV. Les peuples de Sicile disent cependant aussi que sans les circonstances où se trouva Gélon, ce prince aurait donné du secours aux Grecs, quand même il aurait servi sous les Lacédémoniens. Térille, fils de Crinippe, tyran d'Himère, se voyant chassé de cette ville par Théson, fils d'Ænésidémus, tyran des Agrigentins, avait fait venir dans le même temps, sous la conduite d'Amilcar, fils d'Hannon, roi des Carthaginois, une armée de trois cent mille hommes composée de Phéniciens, de Libyens, d'Ibériens, de Ligyens, d'Hélisyces, de Sardoniens et de Cyrniens. Le général carthaginois s'était laissé persuader par l'hospitalité qu'il avait contractée avec Térille, et surtout par le zèle que lui avait témoigné Anaxilas, fils de Crétine, tyran de Rhégium, en lui donnant ses enfants en otage, afin de l'engager à venir en Sicile venger son beau-père. Il avait en effet épousé Cydippe, fille de Térille. Les Siciliens disent donc que Gélon, n'ayant pu par cette raison secourir les Grecs, envoya de l'argent à Delphes.

CLXVI. Ils disent encore que le jour où les Grecs battirent le roi à Salamine, Gélon et Théron défirent en Sicile Amilcar. Cet Amilcar était, suivant eux, Carthaginois du côté de son père, et Syracusain par sa mère : sa valeur l'avait élevé au trône de Carthage. J'ai ouï dire qu'ayant perdu la bataille, il disparut, et qu'on ne put le trouver nulle part, ni vif, ni mort, quoique Gélon l'eût fait chercher partout.

CLXVII. Mais les Carthaginois racontent la chose d'une manière très-vraisemblable. La bataille, disent-ils, que les Barbares livrèrent aux Grecs en Sicile, dura du lever de l'aurore jusqu'au coucher du soleil. L'on assure qu'elle dura tout ce temps-là. Amilcar, resté dans le camp pendant l'action, immolait des victimes, dont les entrailles lui promettaient d'heureux succès, et les brûlait tout entières sur un vaste bûcher. Mais s'étant aperçu, pendant qu'il faisait des libations sur les victimes, que ses troupes commençaient à prendre la fuite, il se jeta lui-même dans le feu, et, bientôt dévoré par les flammes, il disparut entièrement. Enfin, soit qu'il ait disparu de cette manière, comme le racontent les Phéniciens, soit d'une autre, comme le rapportent les Syracusains, les Carthaginois lui offrent des sacrifices, et lui ont élevé des monuments dans toutes les villes où ils ont établi des colonies, dont le plus grand est à Carthage. Mais en voilà assez sur les affaires de Sicile.

CLXVIII. Les ambassadeurs qui avaient été en Sicile tâchèrent aussi d'engager les Corcyréens à prendre le parti de la Grèce, et leur firent les mêmes demandes qu'à Gélon. Les Corcyréens répondirent d'une façon et agirent d'une autre. Ils promirent sur-le-champ d'envoyer des troupes à leur secours, ajoutant qu'ils ne laisseraient pas périr la Grèce par leur négligence, puisque, si elle venait à succomber, ils se verraient eux-mêmes réduits au premier jour à une honteuse servitude ; mais qu'ils la secourraient de toutes leurs forces. Cette réponse était spécieuse. Mais quand il fallut en venir aux effets, comme ils avaient d'autres vues, ils équipèrent soixante vaisseaux, et, ne les ayant fait partir qu'avec peine, ils s'approchèrent du Péloponèse et jetèrent l'ancre près de Pylos et de Ténare, sur les côtes de la Laconie, dans la vue d'observer quels seraient les événements de la guerre. Car, loin d'espérer que les Grecs remportassent la victoire, ils pensaient que le roi, dont les forces étaient de beaucoup supérieures, subjuguerait la Grèce entière. Ils agissaient ainsi de dessein prémédité, afin de pouvoir tenir ce langage au roi : « Seigneur, devaient-ils lui dire, les Grecs « nous ont engagés à les secourir dans cette guerre. Mais, « quoique nous ayons des forces considérables, et un plus grand « nombre de vaisseaux, du moins après les Athéniens, qu'aucun « autre État de la Grèce, nous n'avons pas voulu nous opposer « à tes desseins, ni rien faire qui te fût désagréable. » Ils espéraient par ce discours obtenir des conditions plus avantageuses que les autres; ce qui, à mon avis, aurait bien pu arriver. Cependant ils avaient une excuse toute prête à l'égard des Grecs;

aussi s'en servirent-ils. Car, les Grecs leur reprochant de ne les avoir pas secourus, ils répondirent qu'ils avaient équipé soixante trirèmes, mais que les vents étésiens les ayant mis dans l'impossibilité de doubler le promontoire Malée, ils n'avaient pu se rendre à Salamine, et que, s'ils n'étaient arrivés qu'après le combat naval, ce n'était point par mauvaise volonté. Ce fut ainsi qu'ils cherchèrent à tromper les Grecs.

CLXIX. Les Crétois, se voyant sollicités par les députés des Grecs, envoyèrent demander au dieu de Delphes, au nom de toute la nation, s'il leur serait avantageux de secourir la Grèce. « Insensés! leur répondit la Pythie, vous vous plaignez des maux « que Minos vous a envoyés dans sa colère à cause des secours « que vous donnâtes à Ménélas, et parce que vous aidâtes les « Grecs à se venger du rapt d'une femme que fit à Sparte un « Barbare, quoiqu'ils n'eussent pas contribué à venger sa mort « arrivée à Camicos; et vous voudriez encore les secourir! » Sur cette réponse, les Crétois refusèrent aux Grecs les secours qu'ils leur demandaient.

CLXX. On dit que Minos, cherchant Dédale [1], vint en Sicanie, qui porte aujourd'hui le nom de Sicile, et qu'il y mourut d'une mort violente; que quelque temps après les Crétois, excités par un dieu, passèrent tous en Sicanie avec une grande flotte, excepté les Polichnites et les Præsiens, et qu'ils assiégèrent pendant cinq ans la ville de Camicos, qui de mon temps était habitée par des Agrigentins; enfin que ne pouvant ni la prendre ni en continuer le siége, à cause de la famine, ils le levèrent; qu'ayant été surpris d'une tempête furieuse près de l'Iapygie, ils furent poussés sur la côte avec violence; que leurs vaisseaux s'étant brisés, et n'ayant plus de ressources pour se transporter en Crète, ils restèrent dans le pays et y bâtirent la ville d'Ilyria; qu'ils changèrent ensuite leur nom de Crétois en celui d'Iapyges-Messapiens, et que d'insulaires qu'ils avaient été jusqu'alors ils devinrent habitants de la terre ferme; que cette ville envoya dans

[1] Dédale était Athénien et arrière-petit-fils d'Érechthée. Il fut habile sculpteur, et inventa beaucoup de choses qui contribuèrent à la perfection de son art. Il y excella au point que la postérité imagina que ses statues voyaient et marchaient comme si elles eussent été animées. Il est le premier qui ait exprimé les regards, et qui ait représenté les hommes les jambes séparées et les mains étendues. Avant lui, on les représentait les yeux fermés et les mains baissées et collées aux côtés. (L.)

la suite des colonies; que longtemps après, les Tarentins, cherchant à les détruire, reçurent un furieux échec; de sorte que le carnage des Tarentins et de ceux de Rhégium fut très-considérable, et c'est le plus grand que les Grecs aient jamais essuyé et dont nous ayons connaissance. Ceux de Rhégium, forcés par Micythus, fils de Charos, à marcher au secours des Tarentins, avaient perdu en cette occasion trois mille hommes; mais on a point su quelle avait été la perte des Tarentins. Quant à Micythus, il était serviteur d'Anaxilas, et avait été laissé à Rhégium pour prendre soin de ses affaires. Ayant été obligé d'abandonner cette ville, il alla s'établir à Tégée en Arcadie, et consacra un grand nombre de statues à Olympie.

CLXXI. Ce que je viens de dire des habitants de Rhégium et de Tarente doit être considéré comme une digression. L'île de Crète étant déserte, les Præsiens disent qu'entre autres peuples qui vinrent s'y établir, il y eut beaucoup de Grecs; que la guerre de Troie arriva dans la troisième génération après la mort de Minos, et que les Crétois ne furent pas moins empressés à donner du secours à Ménélas. Ils ajoutent qu'à leur retour de Troie ils furent, pour cette raison-là même, attaqués de la peste et de la famine, eux et leurs troupeaux, et que la Crète ayant été dépeuplée pour la seconde fois, il y vint une troisième colonie, qui occupe maintenant cette île avec ceux que ces fléaux avaient épargnés. En leur rappelant ces malheurs, la Pythie les détourna de donner du secours aux Grecs.

CLXXII. Les Thessaliens suivirent par nécessité le parti des Mèdes, puisqu'ils firent voir qu'ils désapprouvaient les intrigues des Aleuades. Car, aussitôt qu'ils eurent appris que le roi était sur le point de passer en Europe, ils envoyèrent des ambassadeurs à l'isthme, où se tenait une assemblée des députés de la Grèce choisis par les villes les mieux intentionnées pour sa défense. Ces ambassadeurs, étant arrivés à l'isthme, parlèrent ainsi : « Grecs, il faut garder le passage de l'Olympe, afin de
« garantir de la guerre la Thessalie et la Grèce entière. Nous
« sommes prêts à le faire; mais il est nécessaire que vous y en-
« voyiez aussi des forces considérables. Si vous ne le faites
« point, sachez que nous traiterons avec le roi : car il n'est pas
« juste que, placés en avant du reste des Grecs, nous périssions
« seuls pour vous. Si vous nous refusez des secours, vous ne

« pouvez pas nous contraindre à vous en donner : car l'impuis-
« sance est au-dessus de toute contrainte, et nous cherchons
« les moyens de pourvoir à notre sûreté. »

CLXXIII. Ainsi parlèrent les Thessaliens. Là-dessus les Grecs résolurent d'envoyer par mer en Thessalie une armée de terre pour garder le passage. Les troupes n'eurent pas plutôt été levées, qu'elles s'embarquèrent et firent voile par l'Euripe. Arrivées à Alos, en Achaïe, elles y laissèrent leurs vaisseaux, et, s'étant mises en marche pour se rendre en Thessalie, elles vinrent à Tempé, où est le passage qui conduit de la basse Macédoine en Thessalie près du Pénée, entre l'Olympe et l'Ossa. Les Grecs, qui étaient environs dix mille hommes pesamment armés, campèrent en cet endroit. La cavalerie thessalienne se joignit à leurs troupes. Événétus, fils de Carénus, l'un des polémarques, avait été choisi pour commander les Lacédémoniens, quoiqu'il ne fût pas du sang royal ; Thémistocle, fils de Néoclès, était à la tête des Athéniens. Ils restèrent peu de jours en cet endroit ; car des envoyés d'Alexandre, fils d'Amyntas, roi de Macédoine, leur conseillèrent de se retirer, de crainte qu'en demeurant fermes dans ce défilé, il ne fussent écrasés par l'armée ennemie qui venait fondre sur eux, et dont ils leur firent connaître la force, tant celle des troupes de terre que celle des troupes de mer. Les Grecs suivirent aussitôt ce conseil, parce qu'ils le croyaient avantageux, et que le roi de Macédoine leur paraissait bien intentionné. Je pense cependant qu'ils y furent déterminés par la crainte dès qu'ils eurent appris que, pour entrer en Thessalie, il y avait un autre passage par le pays des Perrhæbes, du côté de la haute Macédoine, près de la ville de Gonnos, et ce fut en effet par cet endroit que pénétra l'armée de Xerxès. Les Grecs retournèrent à leurs vaisseaux et se rembarquèrent pour se rendre à l'isthme.

CLXXIV. Ce mouvement avait eu lieu en Thessalie dans le temps où le roi se disposait à passer d'Asie en Europe, et qu'il était déjà à Abydos. Les Thessaliens, abandonnés par leurs alliés, ne balancèrent plus à prendre le parti des Perses. Ils l'embrassèrent même avec zèle, et rendirent au roi des services importants.

CLXXV. Les Grecs, de retour à l'isthme, mirent en délibération, d'après le conseil d'Alexandre, de quelle manière ils feraient la guerre et en quels lieux ils la porteraient. L'avis qui prévalut fut de garder le passage des Thermopyles : car il paraissait plus étroit que celui par lequel on entre de Macédoine en Thessalie, et en même temps il était le plus voisin de leur pays. Quant au sentier par où furent tournés ceux d'entre les Grecs qui étaient aux Thermopyles, ils n'en eurent connaissance qu'après leur arrivée aux Thermopyles, et ce furent les Trachiniens qui le leur firent connaître. On prit donc la résolution de garder ce passage, afin de fermer aux Barbares l'entrée de la Grèce. Quant à l'armée navale, on fut d'avis de l'envoyer dans l'Artémisium [1], sur les côtes de l'Ilistiæotide. Ces deux endroits (les Thermopyles et l'Artémisium) sont près l'un de l'autre, de sorte que l'armée navale et celle de terre pouvaient se donner réciproquement de leurs nouvelles.

CLXXVI. Voici la description de ces lieux : l'Artémisium se rétrécit au sortir de la mer de Thrace, et devient un petit détroit entre l'île de Sciathos et les côtes de Magnésie. Après le détroit de l'Eubée, il est borné par un rivage sur lequel on voit un temple de Diane [2]. L'entrée en Grèce par la Trachinie est est d'un demi-pléthre à l'endroit où il a le moins de largeur. Mais le passage le plus étroit du reste du pays est devant et derrière les Thermopyles : car derrière, près d'Alpènes, il ne peut passer qu'un chariot ; et devant, près de la rivière de Phénix, et près de la ville d'Anthela, il n'y a pareillement de passage que pour une voiture. A l'ouest des Thermopyles est une montagne inaccessible, escarpée, qui s'étend jusqu'au mont Œta. Le côté du chemin à l'est est borné par la mer, par des marais et des ravins. Dans ce passage il y a des bains chauds, que les habitants appellent chytres [3], et près de ces bains est un autel consacré à Hercule. Ce même passage était fermé d'une muraille dans laquelle on avait anciennement pratiqué des portes.

[1] L'Artémisium est un bras de mer, entre l'Eubée et le continent de la Grèce.

[2] Diane s'appelle en grec *Artémisa*. C'est ce temple qui paraît avoir donné son nom à cette côte et au bras de mer.

[3] On les appelait chytres des femmes (baignoires des femmes), χύτρους γυναικείους. L'eau la plus bleue que j'aie vue, dit Pausanias, est celle des Thermopyles. Elle ne l'est pourtant pas toute, mais seulement celle qui coule dans la piscine, que ceux du pays appellent baignoires des femmes. (L.)

Les habitants de la Phocide l'avaient bâtie parce qu'ils redoutaient les Thessaliens, qui étaient venus de la Thesprotie s'établir dans l'Éolide qu'ils possèdent encore aujourd'hui. Ils avaient pris ces précautions parce que les Thessaliens tâchaient de les subjuguer, et de ce passage ils avaient fait alors une fondrière en y conduisant les eaux chaudes, mettant tout en usage pour fermer l'entrée de leur pays aux Thessaliens. La muraille, qui était très-ancienne, était en grande partie tombée de vétusté. Mais les Grecs, l'ayant relevée, jugèrent à propos de repousser de ce côté-là les Barbares. Près du chemin est un bourg nommé Alpènes, d'où les Grecs se proposaient de tirer leurs vivres.

CLXXVII. Après avoir considéré et examiné tous les lieux, celui-ci parut commode aux Grecs, parce que les Barbares ne pourraient faire usage de leur cavalerie, et que la multitude de leur infanterie leur deviendrait inutile. Aussi résolurent-ils de soutenir en cet endroit le choc de l'ennemi. Dès qu'ils eurent appris l'arrivée du roi dans la Piérie, ils partirent de l'isthme, et se rendirent, les uns par terre aux Thermopyles, et les autres par mer à Artémisium.

CLXXVIII. Tandis que les Grecs s'empressaient de se mettre en défense sur ces deux points, les Delphiens, inquiets et pour eux et pour la Grèce, consultèrent le dieu. La Pythie leur répondit d'adresser leurs prières aux Vents, qu'ils seraient de puissants défenseurs de la Grèce. Les Delphiens n'eurent pas plutôt reçu cette réponse, qu'ils en firent part à tous ceux d'entre les Grecs qui étaient zélés pour la liberté ; et comme ceux-ci craignaient beaucoup le roi, ils acquirent par ce bienfait un droit immortel à leur reconnaissance. Les Delphiens érigèrent ensuite un autel aux Vents à Thya, où l'on voit un lieu consacré à la fille de Céphisse, qui a donné son nom à ce canton, et leur offrirent des sacrifices. Ils se les rendent encore actuellement propices en vertu de cet oracle.

CLXXIX. Tandis que l'armée navale de Xerxès partait de la ville de Therma, dix vaisseaux, les meilleurs voiliers de la flotte, cinglèrent droit à l'île de Sciathos, où les Grecs avaient trois vaisseaux d'observation, un de Trézène, un d'Égine, et un d'Athènes. Ceux-ci, apercevant de loin les Barbares, prirent incontinent la fuite.

CLXXX. Les Barbares, s'étant mis à leur poursuite, enlevèrent d'abord le vaisseau trézénien, commandé par Praxinus. Ils égorgèrent ensuite à la proue le plus bel homme de tout l'équipage, regardant comme un présage heureux de ce que le premier Grec qu'ils avaient pris était aussi un très-bel homme : il avait nom Léon. Peut-être fut-il en partie redevable à son nom du mauvais traitement qu'on lui fit.

CLXXXI. La trirème d'Égine, commandée par Asonide, leur causa quelque embarras par la valeur de Pythès, fils d'Ischénoüs, un de ceux qui la défendaient. Quoique le vaisseau fût pris, Pythès ne cessa pas de combattre jusqu'à ce qu'il eût été entièrement haché en pièces. Enfin il tomba à demi mort ; mais, comme il respirait encore, les Perses qui combattaient sur les vaisseaux, admirant son courage, et s'estimant très-heureux de le conserver, le pansèrent avec de la myrrhe, et enveloppèrent ses blessures avec des bandes de byssus. De retour au camp, ils le montrèrent à toute l'armée avec admiration ; et ils eurent pour lui toute sorte d'égards, tandis qu'ils traitèrent comme de vils esclaves le reste de ceux qu'ils prirent sur ce vaisseau.

CLXXXII. Ces deux trirèmes ayant été prises de la sorte, la troisième, commandée par Phormus d'Athènes, s'enfuit, et alla échouer à l'embouchure du Pénée. Les Barbares s'emparèrent du vaisseau, sans pouvoir prendre ceux qui le montaient : car ils le quittèrent dès qu'ils eurent échoué, et s'en retournèrent à Athènes par la Thessalie. Les Grecs en station dans l'Artémisium apprirent cette nouvelle par les signaux[1] qu'on leur fit de l'île de Sciathos avec le feu. Ils en furent tellement épouvantés, qu'ils abandonnèrent l'Artémisium, et se retirèrent à Chalcis pour garder le passage de l'Euripe. Ils laissèrent néanmoins des éclaireurs sur les hauteurs de l'Eubée, afin d'observer l'ennemi.

CLXXXIII. Des dix vaisseaux barbares, trois abordèrent à l'écueil nommé Myrmex, entre l'île de Sciathos et la Magnésie, et élevèrent sur ce rocher une colonne de pierre qu'ils avaient apportée avec eux. Cependant la flotte partit de Therma dès que

[1] On élevait des torches de bois au-dessus des murs pour donner à connaître l'arrivée des ennemis, ou même des amis. Quand on les tenait tranquilles, cela signifiait les amis ; quand on les agitait, cela signifiait les ennemis.

les obstacles furent levés, et avança toute vers cet endroit, onze jours après le départ du roi de Therma. Pammon, de Scyros, leur indiqua ce rocher, qui se trouvait sur leur passage. Les Barbares employèrent un jour entier à passer une partie des côtes de la Magnésie, et arrivèrent à Sépias, et au rivage qui est entre la ville de Casthanée et la côte de Sépias.

CLXXXIV. Jusqu'à cet endroit et jusqu'aux Thermopyles, il n'était point arrivé de malheur à leur armée. Elle était encore alors, suivant mes conjectures, de douze cent sept vaisseaux venus d'Asie, et les troupes anciennes des différentes nations, montaient à deux cent quarante et un mille quatre cents hommes, à compter deux cents hommes par vaisseau. Mais indépendamment de ces soldats fournis par ceux qui avaient donné les vaisseaux, il y avait encore sur chacun d'eux trente combattants, tant Perses que Mèdes et Saces ; ces autres troupes montaient à trente-six mille deux cent dix hommes. A ceux-ci et aux premiers j'ajoute les soldats qui étaient sur les vaisseaux à cinquante rames, et supposant sur chacun quatre-vingts hommes, parce qu'il y en avait dans les uns plus, dans les autres moins, cela ferait deux cent quarante mille hommes, puisqu'il y avait trois mille vaisseaux de cette sorte, comme je l'ai dit ci-dessus[1]. L'armée navale venue d'Asie était en tout de cinq cent dix-sept mille six cent dix hommes, et l'armée de terre de dix-sept cent mille hommes d'infanterie, et de quatre-vingt mille de cavalerie ; à quoi il faut ajouter les Arabes qui conduisaient les chameaux, et les Libyens, montés sur les chars, qui faisaient vingt mille hommes. Telles furent les troupes amenées de l'Asie même, sans y comprendre les valets qui les suivaient, les vaisseaux chargés de vivres et ceux qui les montaient.

CLXXXV. Joignez encore à cette énumération les troupes levées en Europe, dont je ne puis rien dire que par conjecture. Les Grecs de Thrace et des îles voisines fournirent cent vingt vaisseaux, qui font vingt-quatre mille hommes. Quant aux troupes de terre que donnèrent les Thraces, les Pæoniens, les Éordes, les Bottiéens[2], les Chalcidiens, les Bryges, les Piéres, les Ma-

---

[1] Voyez ci-dessus, § XCVII.
[2] Les Bottiéens étaient Athéniens d'origine, et descendaient, selon Aristote, de ces enfants que les Athéniens avaient envoyés à Minos, en Crète, par forme de tribut. Ces enfants vieillissaient dans cette île en gagnant

cédoniens, les Perrhœbes, les Æniannes, les Dolopes, les Magnésiens, les Achéens et tous les peuples qui habitent les côtes maritimes de la Thrace, elles allaient, à ce que je pense, à trois cent mille hommes. Ce nombre, ajouté à celui des troupes asiatiques, faisait en tout deux millions six cent quarante et un mille six cent dix hommes.

CLXXXVI. Quoique le nombre des gens de guerre fût si considérable, je pense que celui des valets qui les suivaient, des équipages des navires d'avitaillement, et autres bâtiments qui accompagnaient la flotte, était plus grand, bien loin de lui être inférieur. Je veux bien cependant le supposer ni plus ni moins, mais égal. En ce cas-là, il faisait autant de milliers d'hommes que les combattants des deux armées [1]. Xerxès, fils de Darius, mena donc jusqu'à Sépias et aux Thermopyles cinq millions deux cent quatre-vingt-trois mille deux cent vingt hommes.

CLXXXVII. Tel fut le total du dénombrement de l'armée de Xerxès. Quant aux femmes qui faisaient le pain, aux concubines, aux eunuques, personne ne pourrait en dire le nombre avec exactitude, non plus que celui des chariots de bagages, des bêtes de somme, et des chiens indiens qui suivaient l'armée, tant il était grand. Je ne suis par conséquent nullement étonné que des rivières n'aient pu suffire à tant de milliers d'hommes. Car je trouve par mon calcul qu'en distribuant par tête une chénice [2] de blé seulement chaque jour, cela ferait par jour cent dix mille trois cent quarante médimnes [3], sans y comprendre celui qu'on donnait aux femmes, aux eunuques, aux bêtes de trait et de somme et aux chiens. Parmi un si grand nombre d'hommes, personne par sa beauté et la grandeur de sa taille ne méritait mieux que Xerxès de posséder cette puissance.

leur vie du travail de leurs mains. Les Crétois, voulant s'acquitter d'un vœu, envoyèrent à Delphes les prémices de leurs citoyens, auxquelles se joignirent les descendants de ces Athéniens. Comme ils ne pouvaient vivre en ce lieu, ils allèrent d'abord en Italie, et s'établirent aux environs de l'Iapygie; ils passèrent ensuite en Thrace, où ils prirent le nom de Bottiéens. De là vient que dans un sacrifice solennel leurs jeunes filles chantaient ce refrain : *Allons à Athènes*. (L.)

[1] L'armée de terre et celle de mer.

[2] La chénice signifie une mesure et la chose mesurée.

[3] Il y a quarante-huit chénices dans un médimne. Les cent dix mille trois cent quarante médimnes supposent qu'il y avait cinq millions deux cent quatre-vingt-seize mille trois cent vingt hommes dans l'armée des Perses. Or cette armée était moins forte de treize mille cent hommes. (L.)

CLXXXVIII. L'armée navale remit à la voile, et ayant abordé au rivage de la Magnésie, situé entre la ville de Casthanée et la côte de Sépias, les premiers vaisseaux se rangèrent vers la terre, et les autres se tinrent à l'ancre près de ceux-là. Le rivage n'étant pas en effet assez grand pour une flotte si nombreuse, ils s'échelonnèrent, la proue tournée vers la mer, sur huit rangs de hauteur. Ils passèrent la nuit dans cette position. Le lendemain, dès le point du jour, après un temps serein et un grand calme, la mer s'agita; il s'éleva une furieuse tempête, avec un grand vent d'est que les habitants du pays appellent hellesponin. Ceux qui s'aperçurent que le vent allait en augmentant, et qui étaient à la rade, prévinrent la tempête et se sauvèrent ainsi que leurs vaisseaux, en les tirant à terre. Quant à ceux que le vent surprit en pleine mer, les uns furent poussés contre ces endroits du mont Pélion qu'on appelle *ipnes*, les autres contre le rivage; quelques-uns se brisèrent au promontoire Sépias; d'autres furent portés à la ville de Mélibée, d'autres enfin à Casthanée; tant la tempête fut violente.

CLXXXIX. On dit qu'un autre oracle ayant répondu aux Athéniens d'appeler leur gendre à leur secours, ils avaient, sur l'ordre de cet oracle, adressé leurs prières à Borée. Borée, suivant la tradition des Grecs, épousa une Athénienne nommée Orithyie, fille d'Érechthée. Ce fut, dit-on, cette alliance qui fit conjecturer aux Athéniens que Borée était leur gendre. Ainsi, tandis qu'ils étaient avec leurs vaisseaux à Chalcis d'Eubée pour observer l'ennemi, dès qu'ils se furent aperçus que la tempête augmenterait, ou même avant ce temps-là, ils firent des sacrifices à Borée et à Orithyie, et les conjurèrent de les secourir, et de briser les vaisseaux des Barbares comme ils l'avaient été auparavant aux environs du mont Athos. Si, par égard pour leurs prières, Borée tomba avec violence sur la flotte des Barbares, qui était à l'ancre, c'est ce que je ne puis dire. Mais les Athéniens prétendent que Borée, qui les avait secourus auparavant, le fit encore en cette occasion. Aussi, lorsqu'ils furent de retour dans leur pays, ils lui bâtirent une chapelle sur les bords de l'Ilissus.

CXC. Il périt dans cette tempête quatre cents vaisseaux, suivant la plus petite évaluation. On y perdit aussi une multitude innombrable d'hommes, avec des richesses immenses. Ce naufrage fut très-avantageux à Aminoclès, fils de Crétinès, Magnète, qui avait du bien aux environs du promontoire Sépias. Quelque temps après il enleva quantité de vases d'or et d'argent que la mer avait jetés sur le rivage. Il trouva aussi des trésors des Perses, et se mit en possession d'une quantité immense d'or. Cet Aminoclès devint très-riche par ce moyen; mais il n'était pas heureux, car devenu le meurtrier de son fils, il était dévoré d'un cruel chagrin.

CXCI. La perte des vaisseaux chargés de vivres et autres bâtiments était innombrable. Les commandants de la flotte, craignant que les Thessaliens ne profitassent de leur désastre pour les attaquer, se fortifièrent d'une haute palissade, qu'ils firent avec les débris des vaisseaux; car la tempête dura trois jours. Enfin les mages l'apaisèrent le quatrième jour en immolant des victimes aux Vents, avec des cérémonies magiques en son honneur, et outre cela par des sacrifices à Thétis et aux Néréides; ou peut-être s'apaisa-t-elle d'elle-même. Ils offrirent des sacrifices à Thétis, parce qu'ils avaient appris des Ioniens qu'elle avait été enlevée de ce canton-là même par Pélée, et que toute la côte Sépias lui était consacrée, ainsi qu'au reste des Néréides. Quoi qu'il en soit, le vent cessa le quatrième jour.

CXCII. Les éclaireurs, accourant des hauteurs de l'Eubée le second jour, firent part aux Grecs de tout ce qui était arrivé dans le naufrage. Ceux-ci n'en eurent pas plutôt eu connaissance, qu'après avoir fait des libations à Neptune Sauveur, et lui avoir adressé des vœux, ils retournèrent à la hâte à Artémisium, dans l'espérance de n'y trouver qu'un petit nombre de vaisseaux ennemis. Ainsi les Grecs allèrent pour la seconde fois à Artémisium, s'y tinrent à la rade, et donnèrent depuis ce temps à Neptune le surnom de Sauveur, qu'il conserve encore maintenant.

CXCIII. Le vent étant tombé et les vagues apaisées, les Barbares remirent les vaisseaux en mer et côtoyèrent le continent. Lorsqu'ils eurent doublé le promontoire de Magnésie, ils allèrent droit au golfe qui mène à Pagase. Dans ce golfe de la Magnésie est un lieu où l'on dit que Jason et les autres Argonautes qui allaient à Æa en Colchide conquérir la toison d'or, abandonnèrent Hercule, qu'on avait mis à terre pour aller chercher de l'eau. Comme les Argonautes se remirent en mer en cet endroit, et qu'ils en partirent après avoir fait leur provision d'eau, il en a pris le nom d'Adêtes. Ce fut là que la flotte de Xerxès vint mouiller.

CXCIV. Quinze vaisseaux de cette flotte, restés derrière les autres, aperçurent les Grecs à Artémisium, et, les prenant pour leur armée navale, ils vinrent donner au milieu d'eux. Ce détachement était commandé par Sandocès, fils de Thaumasias, gouverneur de Cyme en Éolie. Il avait été un des juges royaux ; et Darius l'avait fait autrefois mettre en croix, parce qu'il avait rendu pour de l'argent un jugement injuste. Il était déjà en croix, lorsque ce prince, venant à réfléchir que les services qu'il avait rendus à la maison royale étaient en plus grand nombre que ses fautes, et reconnaissant que lui-même il avait agi avec plus de précipitation que de prudence, il le fit détacher. Ce fut ainsi que Sandocès évita la mort à laquelle il avait été condamné par Darius ; mais, ayant alors donné au milieu de la flotte ennemie, il ne devait pas s'y soustraire une seconde fois. Les Grecs, en effet, n'eurent pas plutôt vu ces vaisseaux venir à eux, et reconnu leur méprise, qu'ils tombèrent dessus, et les enlevèrent sans peine.

CXCV. Aridolis, tyran d'Alabande en Carie, fut pris sur un de ces vaisseaux, et Penthyle, fils de Démonoüs, de Paphos, sur un autre. De douze vaisseaux paphiens qu'il commandait, il en perdit onze par la tempête arrivée au promontoire Sépias, et lui-même tomba entre les mains des ennemis en allant à Artémisium avec le seul qui lui restait. Les Grecs les envoyèrent liés à l'isthme de Corinthe, après les avoir interrogés sur ce qu'ils voulaient apprendre de l'armée de Xerxès.

CXCVI. L'armée navale des Barbares arriva aux Aphètes, excepté ses quinze vaisseaux commandés, comme je l'ai dit, par Sandocès. De son côté, Xerxès avec l'armée de terre, ayant traversé la Thessalie et l'Achaïe, était entré le troisième jour sur les terres des Maliens. En passant par la Thessalie, il fit lutter sa cavalerie contre celle des Thessaliens, qu'on lui avait vantée comme la meilleure de toute la Grèce. Mais la sienne l'emporta de beaucoup sur celle des Grecs. De tous les fleuves de Thessalie, l'Onochonos fut le seul qui ne put suffire à abreuver l'armée. Quant à ceux qui arrosent l'Achaïe, l'Apidanos, quoique le plus grand de tous, y suffit à peine.

CXCVII. Lorsque Xerxès arriva à Alos en Achaïe, ses guides,

qui voulaient tout lui dire, lui firent part des histoires qu'on raconte en ce pays touchant le lieu consacré à Jupiter Laphystien. Athamas, fils d'Éole, dirent-ils à ce prince, trama avec Ino la perte de Phrixus ; mais voici la récompense qu'en reçurent ses descendants par l'ordre d'un oracle. Les Achéens interdirent à l'aîné de cette maison l'entrée de leur Prytanée, qu'ils appellent Léitus. Ils veillent eux-mêmes à l'exécution de cette loi. Si cet aîné y entre, il ne peut en sortir que pour être immolé. Plusieurs de ceux qui devaient être ainsi immolés, ajoutèrent les guides, s'étaient sauvés par crainte dans un autre pays ; mais si dans la suite ils retournaient dans leur patrie, et qu'ils fussent arrêtés, on les envoyait au Prytanée. On conduisait en grande pompe cette victime, toute couverte de bandelettes, et on l'immolait en cet état. Les descendants de Cytissore, fils de Phrixus, sont exposés à ce traitement parce que Cytissore revenant d'Æa, ville de Colchide, délivra Athamas des mains des Achéens, qui étaient sur le point de l'immoler pour purifier le pays, suivant l'ordre qu'ils avaient reçu d'un oracle. Par là, Cytissore attira sur ses descendants la colère du dieu. Sur ce récit, Xerxès, arrivé près du bois consacré à ce dieu, s'abstint lui-même d'y pénétrer, et défendit à ses troupes de le faire. Il témoigna le même respect pour la maison des descendants d'Athamas.

CXCVIII. Telles sont les choses qui se passèrent en Thessalie et en Achaïe. Xerxès alla ensuite de ces deux pays dans celui des Maliens, près d'un golfe où l'on voit tous les jours flux et reflux. Dans le voisinage de ce golfe est une plaine large dans un endroit, et très-étroite dans un autre. Des montagnes élevées et inaccessibles, qu'on appelle les roches Trachiniennes, enferment la Malide de toutes parts. Anticyre est la première ville qu'on rencontre sur ce golfe en venant d'Achaïe. Le Sperchius, qui vient du pays des Ænianes, l'arrose, et se jette près de là dans la mer. A vingt stades environ de ce fleuve, est un autre fleuve qui a nom Dyras ; il sortit de terre, à ce qu'on dit, pour secourir Hercule qui se brûlait. A vingt stades de celui-ci est le Mélas, dont la ville de Trachis n'est éloignée que de cinq stades.

CXCIX. La plus grande largeur de ce pays est en cet endroit. C'est une plaine de vingt-deux mille plèthres, qui s'étend depuis les montagnes près desquelles est située la ville de Trachis jusqu'à la mer. Dans la montagne qui environne la Trachinie, il y a au midi de Trachis une ouverture : l'Asopus la traverse, et passe au pied de la montagne.

CC. Au midi de l'Asopus coule le Phénix, rivière peu considérable, qui prend sa source dans ces montagnes, et se jette dans l'Asopus. Le pays auprès du Phénix est très-étroit. Le chemin qu'on y a pratiqué ne peut admettre qu'un seul char. Du Phénix aux Thermopyles il y a quinze stades. Dans cet intervalle est le bourg d'Anthela, arrosé par l'Asopus, qui se jette près de là dans la mer. A l'entour le terrain s'élargit. On y voit un temple de Cérès Amphictyonide[1], des siéges pour les amphictyons, et un temple d'Amphictyon lui-même.

CCI. Le roi Xerxès campait, dans la Trachinie, à Malis, et les Grecs dans le passage. Ce passage est appelé Thermopyles par la plupart des Grecs, et Pyles par les gens du pays et leurs voisins. Tels étaient les lieux où campaient les uns et les autres. L'armée des Barbares occupait tout le terrain qui s'étend au nord jusqu'à Trachis, et celle des Grecs, la partie de ce continent qui regarde le midi.

CCII. Les Grecs qui attendaient le roi de Perse dans ce poste consistaient en trois cents Spartiates pesamment armés, mille hommes moitié Tégéates, moitié Mantinéens, cent vingt hommes d'Orchomène en Arcadie, et mille hommes du reste de l'Arcadie (c'est tout ce qu'il y avait d'Arcadiens), quatre cents hommes de Corinthe, deux de Phlionte et quatre-vingts de Mycènes : ces troupes venaient du Péloponèse. Il y vingt aussi de Béotie sept cents Thespiens et quatre cents Thébains.

CCIII. Outre ces troupes, on avait invité toutes celles des Locriens-Opontiens, et mille Phocidiens. Les Grecs les avaient eux-mêmes engagés à venir à leur secours, en leur faisant dire par leurs envoyés qu'ils s'étaient mis les premiers en campagne, et qu'ils attendaient tous les jours le reste des alliés : que la

---

[1] Les assemblées des amphictyons se tenaient deux fois par an, au printemps et en automne. Celle du printemps se tenait à Delphes. Il en est fait mention dans deux décrets que nous a conservés Démosthène, et dans Strabon. Celle d'automne avait lieu aux environs d'Anthela, dans le temple de Cérès Amphictyonide. Cette assemblée religieuse était la plus respectable de toute la Grèce. A son ouverture, les pylagores offraient des sacrifices à Cérès. De là vient probablement le nom qu'on donna à ce temple. (L.)

mer serait gardée par les Athéniens, les Éginètes, et les autres peuples dont était composée l'armée navale; qu'ils avaient d'autant moins sujet de craindre, que ce n'était pas un dieu, mais un homme qui venait attaquer la Grèce; qu'il n'y avait jamais eu d'homme, et qu'il n'y en aurait jamais qui n'éprouvât quelque revers pendant sa vie; que les plus grands malheurs étaient réservés aux hommes les plus élevés; qu'ainsi celui qui venait leur faire la guerre, étant un mortel, devait être frustré de ses espérances. Ces raisons les déterminèrent à aller à Trachis au secours de leurs alliés.

CCIV. Chaque corps de troupes était commandé par un général de son pays; mais Léonidas de Lacédémone était le plus considéré, et commandait en chef toute l'armée. Il comptait parmi ses ancêtres Anaxandride, Léon, Eurycratide, Anaxandre, Eurycrate, Polydore, Alcamène, Téléclus, Archélaüs, Agésilas, Doryssus, Léobote, Echestratus, Agis, Eurysthène, Aristodème, Aristomache, Cléodée, Hyllus, Hercule.

CCV. Léonidas parvint à la couronne contre son attente. Cléomène et Doriée, ses frères, étant plus âgés que lui, il ne lui était point venu en pensée qu'il pût jamais devenir roi. Mais Cléomène était mort sans enfants mâles, et Doriée n'était plus; il avait fini ses jours en Sicile. Ainsi Léonidas, qui avait épousé une fille de Cléomène, monta sur le trône parce qu'il était l'aîné de Cléombrote, le plus jeune des fils d'Anaxandride. Il partit alors pour les Thermopyles, et choisit pour l'accompagner trois cents Spartiates, dans la force de l'âge et qui avaient des enfants. Il prit aussi avec lui les troupes des Thébains, dont j'ai déjà dit le nombre. Elles étaient commandées par Léontiade, fils d'Eurymachus. Les Thébains furent les seuls Grecs que Léonidas s'empressa de mener avec lui, parce qu'on les accusait fortement d'être dans les intérêts des Mèdes. Il les invita donc à cette guerre, afin de savoir s'ils lui enverraient des troupes, ou s'ils renonceraient ouvertement à l'alliance des Grecs. Ils lui en envoyèrent, quoiqu'ils fussent malintentionnés.

CCVI. Les Spartiates firent d'abord partir Léonidas avec ses trois cents hommes, afin d'engager par cette conduite le reste des alliés à se mettre en marche, et de crainte qu'ils n'embrassassent aussi les intérêts des Perses, en apprenant leur lenleur à secourir la Grèce. La fête des Carniens¹ les empêchait alors de se mettre en route avec toutes leurs forces ; mais ils comptaient partir aussitôt après, et ne laisser à Sparte que peu de monde pour la garde. Les autres alliés avaient même dessein ; car le temps des jeux olympiques était arrivé dans ces circonstances, et, comme ils ne s'attendaient pas à combattre sitôt aux Thermopyles, ils s'étaient contentés d'envoyer une avant-garde.

CCVII. Telles étaient les résolutions des Spartiates et des autres alliés. Cependant les Grecs qui étaient aux Thermopyles, saisis de frayeur à l'approche des Perses, délibérèrent s'ils ne se retireraient pas. Les Péloponésiens étaient d'avis de retourner dans le Péloponèse pour garder l'isthme. Mais Léonidas, voyant que les Phocidiens et les Locriens étaient indignés, opina qu'il fallait rester ; et il fut résolu de dépêcher des courriers à toutes les villes alliées, pour leur demander du secours contre les Perses, parce qu'ils étaient en trop petit nombre pour les repousser.

CCVIII. Pendant qu'ils délibéraient là-dessus, Xerxès envoya un cavalier pour reconnaître leur nombre et leur dessein. Il avait ouï dire, tandis qu'il était encore en Thessalie, qu'un petit corps de troupes s'était assemblé dans ce passage, et que les Lacédémoniens, commandés par Léonidas, de la race d'Hercule, étaient à leur tête. Le cavalier s'étant approché de l'armée, l'examina avec soin ; mais il ne put voir les troupes qui étaient derrière la muraille qu'on avait relevée. Il aperçut seulement celles qui campaient devant. Les Lacédémoniens gardaient alors ce poste. Les uns étaient occupés en ce moment aux exercices gymniques, les autres se peignaient les cheveux. Ce spectacle l'étonna : il prit connaissance de leur nombre, et s'en retourna tranquillement après avoir tout examiné avec soin, et sans être poursuivi, tant on s'inquiétait peu de lui.

¹ Les Carnies se célébraient pendant neuf jours à Sparte, en l'honneur d'Apollon. Cette fête fut instituée dans la vingt-sixième olympiade, selon Sosime, dans sa Chronique cité par Athénée. « Tous les Doriens avaient une vénération particulière pour Apollon Carnien. Elle tire son origine de Carnus, qui était d'Acarnanie, et qui avait reçu d'Apollon le don de la divination. Ayant été tué par Hippotès, fils de Phylas, Apollon fit éprouver sa colère aux Doriens dans leur camp. Hippotès fut banni pour ce meurtre : et depuis ce temps-là les Doriens résolurent d'apaiser les mânes du devin d'Acarnanie. » (L.)

CCIX. Le cavalier, de retour, raconta à Xerxès tout ce qu'il avait vu. Sur ce récit, le roi ne put imaginer qu'ils se disposassent, autant qu'il était en eux, à donner la mort ou à la recevoir, comme cela était cependant vrai. Cette manière d'agir lui paraissant ridicule, il envoya chercher Démarate, fils d'Ariston, qui était dans le camp. Démarate s'étant rendu à ses ordres, ce prince l'interrogea sur cette conduite des Lacédémoniens, dont il voulait connaître les motifs. « Seigneur, répondit Démarate, je te parlai de ce peuple lorsque nous marchâmes contre la Grèce ; et lorsque je te fis part des événements que je prévoyais, tu te moquas de moi. Quoiqu'il y ait du danger à soutenir la vérité contre un si grand prince, écoute-moi cependant. Ces hommes sont venus pour te disputer le passage, et ils s'y disposent : car ils ont coutume de prendre soin de leur chevelure quand ils sont à la veille d'exposer leur vie[1]. Au reste, si tu subjugues ces hommes-ci et ceux qui sont restés à Sparte, sache, seigneur, qu'il ne se trouvera pas une seule nation qui ose lever le bras contre toi : car les Spartiates, contre qui tu marches, sont le plus valeureux peuple de la Grèce, et leur royaume et leur ville sont les plus florissants et les plus beaux de tout le pays. » Xerxès, ne pouvant ajouter foi à ce discours, lui demanda une seconde fois comment les Grecs, étant en si petit nombre, pourraient combattre son armée. « Seigneur, reprit Démarate, traite-moi comme un imposteur, si cela n'arrive pas comme je le dis. »

CCX. Ce discours ne persuada pas le roi. Il laissa passer quatre jours, espérant que les Grecs prendraient la fuite. Le cinquième enfin, comme ils ne se retiraient pas, et qu'ils lui paraissaient ne rester que par impudence et par témérité, il se mit en colère, et envoya contre eux un détachement de Mèdes et de Cissiens, avec ordre de les faire prisonniers et de les lui amener. Les Mèdes fondirent avec impétuosité sur les Grecs ; mais il en périt un grand nombre. De nouvelles troupes vinrent à la charge,

---

[1] La chevelure longue distinguait l'homme libre de l'esclave. Lorsque les Lacédémoniens allaient affronter les plus grands dangers pour leur liberté, ils prenaient soin de leur chevelure. Plutarque ajoute que Lycurgue avait coutume de dire que les longs cheveux donnaient de la grâce aux beaux hommes, et rendaient les laids encore plus terribles. (L.)

et, quoique fort maltraitées, elles ne reculaient pas. Tout le monde vit alors clairement, et le roi lui-même, qu'il avait beaucoup d'hommes, mais peu de soldats. Ce combat dura tout le jour.

CCXI. Les Mèdes, se voyant si rudement menés, se retirèrent. Les Perses prirent leur place. (C'était la troupe que le roi appelait les Immortels, et qui était commandée par Hydarnès.) Ils allèrent à l'ennemi comme à une victoire facile ; mais, lorsqu'ils en furent venus aux mains, ils n'eurent pas plus d'avantage que les Mèdes, parce que leurs piques étaient plus courtes que celles des Grecs, et que l'action se passant dans un lieu étroit, ils ne pouvaient faire usage de leur nombre. Les Lacédémoniens combattirent d'une manière mémorable, et firent voir qu'ils étaient habiles, et que leurs ennemis étaient très-ignorants dans l'art militaire. Toutes les fois qu'ils tournaient le dos, ils tenaient leurs rangs serrés. Les Barbares, les voyant fuir, les poursuivaient en criant et avec un grand bruit ; mais dès qu'ils étaient près de se jeter sur eux, les Lacédémoniens, faisant volte-face, en renversaient un très-grand nombre. Ceux-ci essuyèrent aussi quelque perte légère. Enfin, les Perses voyant qu'après des attaques réitérées, tant par bataillons que de toute autre manière, ils faisaient de vains efforts pour se rendre maîtres du passage, ils se retirèrent.

CCXII. On dit que le roi, qui regardait le combat, craignant pour son armée, s'élança par trois fois de dessus son trône. Tel fut le succès de cette action. Les Barbares ne réussirent pas mieux le lendemain. Ils se flattaient cependant que les Grecs ne pourraient plus lever les mains, vu leur petit nombre et les blessures dont il les croyaient couverts. Mais les Grecs, rangés en bataille par nations et par bataillons, combattirent tour à tour, excepté les Phocidiens, qu'on avait placés sur la montagne pour garder le sentier. Les Perses, voyant qu'ils ne réussissaient pas mieux que le jour précédent, se retirèrent.

CCXIII. Le roi se trouvait très-embarrassé dans les circonstances présentes, lorsque Éphialte, Malien de nation et fils d'Eurydème, vint le trouver dans l'espérance de recevoir de lui quelque grande récompense. Ce traître lui découvrit le sentier qui conduit par la montagne aux Thermopyles, et fut cause par là de la perte des Grecs qui gardaient ce passage. Dans la suite, il se réfugia en Thessalie pour se mettre à couvert du ressentiment des Lacédémoniens ; mais, quoiqu'il eût pris la fuite, les pylagores, dans une assemblée des amphictyons aux Pyles, mirent sa tête à prix ; et dans la suite, étant venu à Anticyre, il fut tué par un Trachinien nommé Athénadès. Celui-ci le tua pour un autre sujet, dont je parlerai dans la suite de cette histoire ; mais il n'en reçut pas moins des Lacédémoniens la récompense promise. Ainsi périt Éphialte dans la suite.

CCXIV. On dit aussi que ce furent Onétès de Caryste, fils de Phanagoras, et Corydale d'Anticyre qui firent ce rapport au roi, et qui conduisirent les Perses autour de cette montagne. Je n'ajoute nullement foi à ce récit, et je m'appuie d'un côté sur ce que les pylagores des Grecs ne mirent point à prix la tête d'Onétès ni celle de Corydale, mais celle du Trachinien Éphialte ; ce qu'ils ne firent sans doute qu'après s'être bien assurés du fait. D'un autre côté, je sais qu'Éphialte prit la fuite à cette occasion. Il est vrai qu'Onétès aurait pu connaître ce sentier, quoiqu'il ne fût pas Malien, s'il se fût rendu le pays très-familier. Mais ce fut Éphialte qui conduisit les Perses par la montagne, et qui leur découvrit le sentier ; et c'est lui que j'accuse de ce crime.

CCXV. Les promesses d'Éphialte plurent beaucoup à Xerxès, et lui donnèrent bien de la joie. Aussitôt il envoya Hydarnès avec les troupes qu'il commandait pour mettre ce projet à exécution. Ce général partit du camp à l'heure où l'on allume les flambeaux. Les Maliens, habitants de ce pays, découvrirent ce sentier, et ce fut par là qu'ils conduisirent les Thessaliens contre les Phocidiens lorsque ceux-ci, ayant fermé d'un mur le passage de Thermopyles, se furent mis à couvert de leurs incursions ; e depuis un si long temps il était prouvé que ce sentier n'avai été d'aucune utilité aux Maliens.

CCXVI. En voici la description : il commence à l'Asope, qu coule par l'ouverture de la montagne qui porte le nom d'Ano pée, ainsi que le sentier. Il va jusqu'à la crête de la montagne, et finit vers la ville d'Alpène, la première du pays des Locriens du côté des Maliens, près de la roche appelée Mélampyge [1] et de

---

[1] Thia, fille de l'Océan, eut deux fils, qui insultaient les passants. Leur mère leur conseilla de ne faire tort à personne, de crainte de tomber entre les mains de quelque homme aux fesses noires (de quelque Mélampyge), et d'être punis de leur insolence. Hercule, les ayant un jour ren-

la demeure des Cercopes. C'est là que le chemin est le plus étroit.

CCXVII. Les Perses, ayant passé l'Asope près du sentier, marchèrent toute la nuit, ayant à droite les monts des Œtéens et à gauche ceux des Trachiniens. Ils étaient déjà sur le sommet de la montagne, lorsque l'aurore commença à paraître. On avait placé en cet endroit, comme je l'ai dit plus haut, mille Phocidiens pesamment armés pour garantir leur pays de l'invasion des Barbares et pour garder le sentier : car le passage inférieur était défendu par les troupes dont j'ai parlé, et les Phocidiens avaient promis d'eux-mêmes à Léonidas de garder celui de la montagne.

CCXVIII. Les Perses montaient sans être aperçus, les chênes dont est couverte cette montagne empêchant de les voir. Le temps étant calme, les Phocidiens les découvrirent aux bruits que faisaient sous leurs pieds les feuilles des arbres, comme cela était naturel. Aussitôt ils accoururent, se revêtirent de leurs armes, et dans l'instant parurent les Barbares. Les Perses, qui ne s'attendaient point à rencontrer d'ennemis, furent surpris à la vue d'un corps de troupes qui s'armait. Alors Hydarnès, craignant que ce ne fussent des Lacédémoniens, demanda à Éphialte de quel pays étaient ces troupes. Instruit de la vérité, il rangea les Perses en bataille. Les Phocidiens, accablés d'une nuée de flèches, s'enfuirent sur la cime de la montagne ; et, croyant que ce corps d'armée était venu exprès pour les attaquer, ils se préparèrent à les recevoir comme des gens qui se dévouent à la mort. Telle était la résolution des Phocidiens. Mais Hydarnès et les Perses, guidés par Éphialte, descendirent à la hâte de la montagne sans prendre garde seulement à eux.

CCXIX. Le devin Mégistias, ayant consulté les entrailles des victimes, apprit le premier aux Grecs qui gardaient le passage des Thermopyles qu'ils devaient périr le lendemain au lever de l'aurore. Ensuite des transfuges les avertirent du circuit que faisaient les Perses ; il faisait encore nuit lorsqu'ils reçurent cette

---

contrés, les lia ensemble par les pieds, et les chargea ensuite sur ses épaules, la tête en bas et au-dessous de la peau du lion. Ces deux frères ayant remarqué qu'Hercule avait les fesses velues, se rappelèrent ce que leur avait dit leur mère, et firent des éclats de rire. Hercule, ayant appris le sujet de leurs ris, les détacha et les laissa aller. (L.)

nouvelle. Enfin le jour parut, et les éclaireurs accoururent des hauteurs. Dans le conseil tenu à ce sujet, les sentiments furent partagés : les uns voulaient qu'on demeurât dans ce poste, et les autres étaient d'un avis contraire. On se sépara après cette délibération ; les uns partirent et se dispersèrent dans leurs villes respectives, les autres se préparèrent à rester avec Léonidas.

CCXX. On dit que Léonidas les renvoya de son propre mouvement, afin de ne pas les exposer à une mort certaine, jugeant qu'il n'était ni de son honneur ni de celui des Spartiates présents d'abandonner le poste qu'ils étaient venus garder. Je suis bien plus porté à croire que Léonidas, ayant remarqué le découragement des alliés et combien ils étaient peu disposés à courir le même danger que les Spartiates, leur ordonna de se retirer; et que, pour lui, il crut qu'il lui serait honteux de s'en aller, et qu'en restant il acquerrait une gloire immortelle, et assurerait à Sparte un bonheur inaltérable : car la Pythie avait répondu aux Spartiates, qui l'avaient consultée dès le commencement de cette guerre, qu'il fallait que Lacédémone fût détruite par les Barbares, ou que leur roi pérît. Sa réponse était conçue en vers hexamètres : « Citoyens de la spacieuse Sparte, ou votre ville « célèbre sera détruite par les descendants de Persée, ou tout « le pays de Lacédémone pleurera la mort d'un roi issu du sang « d'Hercule. Ni la force des taureaux ni celle des lions ne « pourront soutenir le choc impétueux du Perse; il a la puis- « sance de Jupiter. Non, rien ne pourra lui résister qu'il n'ait « fait sa proie de l'un ou de l'autre. » J'aime mieux penser que les réflexions de Léonidas sur cet oracle et que la gloire de cette action, qu'il voulait réserver aux seuls Spartiates, le déterminèrent à renvoyer les alliés, que de croire que ceux-ci furent d'un avis contraire au sien, et qu'ils se retirèrent avec tant de lâcheté.

CCXXI. Cette opinion me paraît vraie, et en voici une preuve très-forte. Il est certain que Léonidas non-seulement les renvoya, mais encore qu'il congédia avec eux le devin Mégias d'Acarnanie, afin qu'il ne pérît pas avec lui. Ce devin descendait, à ce qu'on dit, de Mélampus, et c'était lui qui sur l'inspection des victimes avait prédit ce qui arriva. Mais Mégistias ne l'abandonna point, et se contenta de renvoyer son fils unique, qu l'avait suivi dans cette expédition.

CCXXII. Les alliés que congédia Léonidas se retirèrent par obéissance. Les Thébains et les Thespiens restèrent avec les Lacédémoniens, les premiers malgré eux et contre leur gré, Léonidas les ayant retenus pour lui servir d'otages ; les Thespiens restèrent volontairement. Ils déclarèrent qu'ils n'abandonneraient jamais Léonidas et les Spartiates : ils périrent avec eux. Ils étaient commandés par Démophile, fils de Diadromas.

CCXXIII. Xerxès fit des libations au lever du soleil, et, après avoir attendu quelque temps, il se mit en marche vers l'heure où le marché est ordinairement plein de monde, comme le lui avait recommandé Éphialte ; car en descendant la montagne le chemin est beaucoup plus court que lorsqu'il la faut monter et en faire le tour. Les Barbares s'approchèrent avec Xerxès. Léonidas et les Grecs, marchant comme à une mort certaine, s'avancèrent beaucoup plus loin qu'ils n'avaient fait dans le commencement, et jusqu'à l'endroit le plus large du défilé ; car jusqu'alors le mur leur avait tenu lieu de défense. Les jours précédents ils n'avaient point passé les lieux étroits, et c'était là qu'ils avaient combattu. Mais ce jour-là, le combat s'engagea dans un espace plus étendu, et il y périt un grand nombre de Barbares. Leurs officiers, postés derrière les rangs le fouet à la main, poussaient les soldats en avant à force de coups. Il en tombait beaucoup dans la mer, où ils trouvaient la mort ; il en périssait un plus grand nombre sous les pieds de leurs propres troupes ; mais on n'y avait aucun égard. Les Grecs, s'attendant à une mort certaine de la part de ceux qui avaient tourné la montagne, déployaient la plus grande vigueur contre les Barbares, comme des gens désespérés et qui ne font aucun cas de la vie. Déjà la plupart avaient leurs piques brisées, et ne se servaient plus contre les Perses que de leurs épées.

CCXXIV. Léonidas fut tué dans cette action après avoir fait des prodiges de valeur. Il y périt aussi d'autres Spartiates d'un mérite distingué. Je me suis informé de leurs noms, et même de ceux des trois cents. Les Perses perdirent aussi beaucoup d'hommes du premier rang, et entre autres Abrocomès et Hypéranthès, tous deux fils de Darius. Ce prince les avait eus de Phratagune, fille d'Artane, lequel était frère de Darius, fils d'Hystaspe et petit-fils d'Arsame. Comme Artane n'avait pas d'autres enfants, tous ses biens passèrent avec elle à Darius.

CCXXV. Ces deux frères de Xerxès périrent donc là les armes à la main. Le combat fut très-violent sur le corps de Léonidas [1]. Les Perses et les Lacédémoniens se repoussèrent alternativement ; mais enfin les Grecs mirent quatre fois en fuite les ennemis, et par leur valeur ils retirèrent de la mêlée le corps de ce prince. Cet avantage dura jusqu'à l'arrivée des troupes conduites par Éphialte. A cette nouvelle, la victoire changea de parti. Les Grecs regagnèrent l'endroit le plus étroit du défilé ; puis, ayant passé la muraille, et leurs rangs toujours serrés, ils se tinrent tous, excepté les Thébains, sur la colline qui est à l'entrée du passage, et où se voit aujourd'hui le lion de pierre érigé en l'honneur de Léonidas. Ceux à qui il restait encore des épées s'en servirent pour leur défense ; les autres combattirent avec les mains nues et les dents ; mais les Barbares, les attaquant les uns de front, après avoir renversé la muraille, les autres de toutes parts, après les avoir environnés, les accablèrent de traits.

CCXXVI. Quoique les Lacédémoniens et les Thespiens se fussent conduits en gens de cœur, on dit cependant que Diénécès de Sparte les surpassa tous. On rapporte de lui un mot remarquable. Avant la bataille, ayant entendu dire à un Trachinien que le soleil serait obscurci par les flèches des Barbares, tant était grande leur multitude, il répondit sans s'émouvoir, et comme un homme qui ne tenait aucun compte du nombre des ennemis : « Notre hôte de Trachinie nous annonce toutes « sortes d'avantages ; si les Mèdes cachent le soleil, on combattra « à l'ombre, sans être exposé à son ardeur. » On rapporte aussi du même Diénécès plusieurs autres traits pareils, qui sont comme autant de monuments qu'il a laissés à la postérité.

CCXXVII. Alphée et Maron, fils d'Orsiphante, tous deux Lacédémoniens, se distinguèrent le plus après Diénécès ; et parmi

---

[1] Pendant que les Lacédémoniens prenaient leur repas, dit l'auteur des petits Parallèles attribués à Plutarque, les Barbares vinrent les attaquer en foule. Léonidas, les voyant approcher, dit aux siens : Dînez comme devant souper dans le palais de Pluton. Il fondit sur les Barbares, et, quoique percé de coups de piques, il parvint jusqu'à Xerxès, à qui il enleva le diadème. Lorsqu'il fut mort, le roi lui fit arracher le cœur, qui fut trouvé velu, comme le rapporte Aristide dans son premier livre de l'Histoire de Perse. (L.)

les Thespiens, Dithyrambus, fils d'Harmatide, acquit le plus de gloire.

CCXXVIII. Ils furent tous enterrés au même endroit où ils avaient été tués, et l'on voit sur leur tombeau cette inscription, ainsi que sur le monument de ceux qui avaient péri avant que Léonidas eût renvoyé les alliés : « Quatre mille Péloponésiens « combattirent autrefois ici contre trois millions d'hommes. » Cette inscription est commune à tous, mais celle-ci est pour les Spartiates en particulier : « Passant, va dire aux Lacédémo- « niens que nous reposons ici pour avoir obéi à leurs lois. » En voici une pour le devin Mégistias : « C'est ici le monument « de l'illustre Mégistias, qui fut autrefois tué par les Mèdes, « après qu'ils eurent passé le Sperchius. Il ne put se résoudre « à abandonner les chefs de Sparte, quoiqu'il sût que les Par- « ques arrivaient sur lui. »

Les amphictyons firent graver ces inscriptions sur des colonnes, afin d'honorer la mémoire de ces braves. J'en excepte l'inscription du devin Mégistias, que fit, par amitié pour lui, Simonide, fils de Léoprèpe.

CCXXIX. On assure qu'Eurytus et Aristodémus, tous deux du corps des trois cents, pouvant conserver leur vie en se retirant d'un commun accord à Sparte, puisqu'ils avaient été renvoyés du camp par Léonidas, et qu'ils étaient retenus au lit à Alpènes pour un grand mal d'yeux, ou revenir au camp et mourir avec les autres, s'ils ne voulaient pas retourner dans leur patrie ; on assure, dis-je, qu'ayant la liberté de choisir, ils ne purent jamais s'accorder, et furent toujours partagés d'opinion ; qu'Eurytus, sur la nouvelle du circuit des Perses, demanda ses armes, et que s'en étant revêtu il ordonna à son ilote de le conduire sur le champ de bataille ; qu'aussitôt après l'ilote prit la fuite, et que le maître, s'étant jeté dans le fort de la mêlée, perdit la vie, tandis qu'Aristodémus restait lâchement à Alpènes. Si Aristodémus, étant lui seul incommodé de ce mal d'yeux, se fût retiré à Sparte, ou s'ils y fussent retournés tous deux, les Spartiates, je crois, n'auraient point été irrités contre eux. Mais l'un ayant perdu la vie, et l'autre n'ayant pas voulu mourir, quoiqu'il eût les mêmes raisons, ils furent forcés de lui faire sentir tout le poids de leur colère.

CCXXX. Quelques-uns racontent qu'Aristodémus se sauva à

Sparte de la manière et sous le prétexte que nous avons dit. Mais d'autres prétendent que l'armée l'ayant député pour quelque affaire, il pouvait revenir à temps pour se trouver à la bataille, mais qu'il ne le voulut pas, et qu'il demeura longtemps en route afin de conserver ses jours. On ajoute que son collègue revint pour le combat, et fut tué.

CCXXXI. Aristodémus fut, à son retour à Lacédémone, accablé de reproches et couvert d'opprobre ; on le regarda comme un homme infâme. Personne ne voulut ni lui parler ni lui donner du feu, et il eut l'ignominie d'être surnommé le lâche. Mais, depuis, il répara sa faute à la bataille de Platée.

CCXXXII. On dit que Pantitès, du corps des trois cents, survécut à cette défaite. Il avait été député en Thessalie ; mais à son retour à Sparte, se voyant déshonoré, il s'étrangla.

CCXXXIII. Les Thébains, commandés par Léontiade, combattirent contre l'armée du roi tant qu'ils furent avec les Grecs et qu'ils s'y virent forcés. Mais dès qu'ils eurent reconnu que la victoire se déclarait pour les Perses, et que les Grecs qui avaient suivi Léonidas étaient refoulés sur la colline, ils se séparèrent d'eux, et s'approchèrent des Barbares en leur tendant les mains. Ils leur dirent en même temps qu'ils étaient attachés aux intérêts des Perses, qu'ils avaient été des premiers à donner au roi la terre et l'eau, qu'ils étaient venus aux Thermopyles malgré eux, et qu'ils n'étaient point cause de l'échec que le roi y avait reçu. La vérité de ce discours, appuyée du témoignage des Thessaliens, leur sauva la vie ; mais ils ne furent pas heureux, du moins en tout : car les Barbares qui les prirent en tuèrent quelques-uns à mesure qu'ils approchaient : le plus grand nombre fut marqué des marques royales par l'ordre de Xerxès, à commencer par Léontiade, leur général. Son fils Eurymachus, qui s'empara, dans la suite, de Platée avec quatre cents Thébains qu'il commandait, fut tué par les habitants de cette ville.

CCXXXIV. Telle fut l'issue du combat des Thermopyles. Xerxès, ayant demandé Démarate, lui adressa le premier la parole en ces termes : « Démarate, tu es un homme de bien, et la vérité
« de tes discours m'en est une preuve. Car tout ce que tu m'as
« dit s'est trouvé confirmé par l'événement. Mais apprends-
« moi maintenant combien il reste encore de Lacédémoniens,
« et combien il peut y en avoir qui soient aussi braves que ceux

« ci, ou s'ils le sont tous également. — Seigneur, répondit Dé-
« marate, les Lacédémoniens sont en grand nombre, et ils ont
« beaucoup de villes. Mais il faut t'instruire plus particulière-
« ment de ce que tu souhaites. Sparte, capitale du pays, con-
« tient environ huit mille hommes qui ressemblent tous à ceux
« qui ont combattu ici. Les autres Lacédémoniens, quoique bra-
« ves, ne les égalent pas. — Apprends-moi donc, reprit Xerxès,
« par quel moyen nous pourrons les subjuguer avec le moins
« de peine : car, puisque tu as été leur roi, tu connais quels
« sont leurs desseins.

CCXXXV. « — O roi, répondit Démarate, puisque tu me deman-
« des avec confiance mon avis, il est juste que je te fasse part de
« ce que je crois le meilleur. Envoie trois cents vaisseaux
« de ta flotte sur les côtes de la Laconie. Près de ces côtes
« est une île qu'on appelle Cythère. Chilon, l'homme le plus
« sage que nous ayons eu, disait qu'il serait avantageux aux
« Spartiates qu'elle fût au fond des eaux : car il s'attendait
« toujours qu'elle donnerait lieu à quelque projet pareil à
« celui dont je te parle; non qu'il prévît dès lors ton expé-
« dition, mais parce qu'il craignait également toute armée
« navale. Que ta flotte parte de cette île pour répandre la ter-
« reur sur les côtes de la Laconie. Les Lacédémoniens ayant
« la guerre à leur porte et chez eux, il n'est pas à craindre
« qu'ils donnent du secours au reste des Grecs, quand tu les
« attaqueras avec ton armée de terre. Le reste de la Grèce
« asservie, la Laconie seule sera trop faible pour te résister.
« Si tu ne prends pas ce parti, voici à quoi tu dois t'attendre.
« A l'entrée du Péloponèse est un isthme étroit, où tous les
« Péloponésiens, assemblés et ligués contre toi, te livreront de
« plus rudes combats que ceux que tu as eus à soutenir. Si tu
« fais ce que je te dis, tu te rendras maître de cet isthme et de
« toutes leurs villes. »

CCXXXVI. Achéménès, frère de Xerxès et général de l'armée
navale, présent à ce discours, et qui craignait que le roi ne se
laissât persuader, prit la parole. « Seigneur, dit-il, je vois que
« tu reçois favorablement les conseils d'un homme jaloux de ta
« prospérité, ou même qui trahit tes intérêts. Car tel est le ca-
« ractère ordinaire des Grecs : ils portent envie au bonheur, et
« détestent la puissance. Si, dans la position où nous nous

« trouvons, après avoir perdu quatre cents vaisseaux par un
« naufrage, tu en envoies trois cents autres croiser sur les
« côtes du Péloponèse, les ennemis seront aussi forts que nous. Si
« notre flotte ne se sépare point, elle sera invincible, et les Grecs
« seront hors d'état de lui résister Les deux armées marchant
« ensemble, celle de mer portera du secours à celle de terre,
« et celle-ci en donnera à la flotte. Si tu les sépares, elles se-
« ront inutiles l'une à l'autre. Content de bien régler tes affai-
« res, ne t'inquiète pas de celles de tes ennemis, n'examine
« point de quel côté ils porteront la guerre, quelles mesures ils
« prendront, et quelles sont leurs forces. Ce soin les regarde
« personnellement. Ne songeons de même qu'à nos intérêts. Si
« les Lacédémoniens livrent bataille aux Perses, ils ne répare-
« ront pas pour cela la perte qu'ils viennent d'essuyer.

CCXXXVII. « — Achéménès, reprit Xerxès, ton conseil me pa-
« raît juste, et je le suivrai. Mais Démarate propose ce qu'il croit
« m'être le plus avantageux; et quoique ton avis l'emporte sur
« le sien, je ne me persuaderai pas que ce prince soit mal
« intentionné. Ses discours précédents, que l'événement a jus-
« tifiés, me sont garants de sa droiture. Qu'un homme soit ja-
« loux du bonheur de son concitoyen, qu'il ait contre lui une
« haine secrète, et, s'il n'a pas fait de grands progrès dans la
« vertu, chose rare, qu'il ne lui donne pas les conseils qu'il
« croira les plus salutaires, je n'en serais pas surpris. Mais un
« hôte est l'homme qui a le plus de bienveillance pour un ami
« qu'il voit dans la prospérité; et si celui-ci le consulte, il ne
« lui donnera que d'excellents conseils. Démarate est mon hôte,
« et je veux que dans la suite on s'abstienne de mal parler de
« lui. »

CCXXXVIII. Xerxès ayant cessé de parler, passa à travers les
morts. Ayant appris que Léonidas était roi et général des Lacédémoniens, il ordonna qu'on lui coupât la tête et qu'on la
clouât à un poteau[1]. Ce traitement m'est une preuve convain-

---

[1] Les ossements de Léonidas furent rapportés des Thermopyles par
Pausanias, quarante ans après sa mort. Son tombeau était près de celui
de Pausanias, vis-à-vis le théâtre. Tous les ans on faisait les oraisons funèbres de ces grands hommes sur leurs monuments, et l'on y célébrait
des jeux où il n'y avait que les Spartiates qui fussent reçus à disputer le
prix. On voyait aussi au même endroit une colonne sur laquelle étaient

cante, entre plusieurs autres que je pourrais apporter, que Léonidas était, pendant sa vie, l'homme contre qui Xerxès était le plus animé; sans cela, il n'aurait pas traité son cadavre avec cette inhumanité. Car, de tous les hommes que je connais, il n'y en a point qui honorent ceux qui se distinguent par leur valeur plus que les Perses. Ces ordres furent exécutés par ceux à qui on les avait donnés.

CCXXXIX. Mais revenons à l'endroit de cette histoire que j'ai interrompu. Les Lacédémoniens apprirent les premiers que le roi se disposait à marcher contre la Grèce. Sur cet avis, ils envoyèrent à l'oracle de Delphes, qui leur fit la réponse dont j'ai parlé un peu auparavant. Cette nouvelle leur parvint d'une façon singulière. Démarate, fils d'Ariston, réfugié chez les Mèdes, n'était pas, comme je pense, et suivant toute sorte de vraisemblance, bien intentionné pour les Lacédémoniens. Ce fut lui cependant qui leur donna l'avis de la marche du roi. Mais si ce fut par bienveillance ou pour les insulter, c'est ce que je laisse à penser. Quoi qu'il en soit, Xerxès s'étant déterminé à faire la guerre aux Grecs, Démarate, qui était à Suse, et qui fut informé de ses desseins, voulut en faire part aux Lacédémoniens. Mais comme les moyens lui manquaient, parce qu'il était à craindre qu'on le découvrît, il imagina cet artifice. Il prit des tablettes doubles, en racla la cire, et écrivit ensuite sur le bois de ces tablettes les projets du roi. Après cela, il couvrit de cire les lettres, afin que ces tablettes n'étant point écrites, il ne pût arriver au porteur rien de fâcheux de la part de ceux qui gardaient les passages. Lorsqu'elles parvinrent à Lacédémone, nul n'y comprit rien, m'a-t-on dit; mais Gogo, fille de Cléomène et femme de Léonidas, leur apprit qu'en enlevant la cire ils trouveraient des caractères sur le bois. On suivit son conseil, et les caractères furent trouvés. Les Lacédémoniens lurent ces lettres, et les envoyèrent ensuite au reste des Grecs. Voilà, dit-on, comment les choses se passèrent.

gravés les noms des guerriers qui soutinrent l'effort des Perses aux Thermopyles, et ceux de leurs pères. (L.)

FIN DU SEPTIÈME LIVRE

LIVRE HUITIÈME

URANIE

THÉMISTOCLE. — COMBAT NAVAL PRÈS D'ARTÉMISIUM. — LES GRECS SE RETIRENT. — LES PERSES SONT FRAPPÉS DE LA FOUDRE PRÈS DU TEMPLE DE DELPHES. — BATAILLE NAVALE DE SALAMINE. — XERXÈS SPECTATEUR DE LA BATAILLE. — ARISTIDE SUR LA FLOTTE. — COURAGE D'ARTÉMISE. — DISCOURS DE MARDONIUS A XERXÈS. — DÉSASTRE DES PERSES. — THÉMISTOCLE S'ARRÊTE DANS LA POURSUITE DES ENNEMIS. — XERXÈS GAGNE L'HELLESPONT ET S'ARRÊTE EN ASIE. — IL LAISSE MARDONIUS AVEC TROIS CENT MILLE HOMMES. — ATHÈNES ET SPARTE REFUSENT LA PAIX.

I. Voici les peuples grecs qui composaient l'armée navale. Les Athéniens fournirent cent vingt-sept vaisseaux, montés en partie par eux, et en partie par les Platéens, dont le courage et le zèle suppléaient à leur peu d'expérience sur mer. Les Corinthiens en donnèrent quarante, et les Mégariens vingt. Les Chalcidiens en armèrent vingt, que les Athéniens leur avaient prêtés. Les Éginètes en donnèrent dix-huit, les Sicyoniens douze, les Lacédémoniens dix, les Épidauriens huit, les Érétriens sept, les Trézéniens cinq, les Styréens deux, et les habitants de l'île de Céos deux, avec deux vaisseaux à cinquante rames, et les Locriens-Opontiens envoyèrent en outre au secours des alliés sept vaisseaux à cinquante rames.

II. Tels étaient les peuples qui se rendirent à Artémisium, et le nombre des vaisseaux que chacun d'eux fournit. Ils montaient en tout à deux cent soixante et onze, sans compter les vaisseaux à cinquante rames. Les Spartiates nommèrent Eurybiade, fils d'Euryclide, commandant en chef de toute la flotte. Car les alliés avaient déclaré qu'ils n'obéiraient pas aux Athéniens, et que, s'ils n'avaient point à leur tête un Lacédémonien, ils se sépareraient de l'armée qui allait s'assembler.

III. Dès le commencement, et même avant d'envoyer demander des secours en Sicile, il fut question de confier le commandement de la flotte aux Athéniens. Mais les alliés s'y étant opposés, les Athéniens, qui avaient fort à cœur le salut de la Grèce, dont ils prévoyaient la ruine, si l'on se querellait au sujet du commandement, aimèrent mieux céder. Ils pensaient sagement. En effet, autant la paix l'emporte sur la guerre, autant une guerre civile est plus pernicieuse qu'une guerre étrangère, faite d'un commun accord. Persuadés de cette vérité, les Athéniens ne s'opposèrent point aux alliés, et cédèrent, pendant le temps seulement qu'ils eurent besoin de leur secours, comme ils le firent bien voir. Car le roi repoussé, et lorsqu'on combattait déjà pour s'emparer de son pays, les Athéniens, prétextant l'arrogance de Pausanias, enlevèrent le commandement aux Lacédémoniens. Mais cela se passa longtemps après.

IV. Ceux des Grecs qui étaient alors à la rade d'Artémisium ayant vu le grand nombre de vaisseaux arrivés aux Aphètes, la contrée entière pleine de troupes, et les affaires des Barbares prendre une tournure à laquelle ils ne s'étaient pas attendus, saisis de crainte, ils consultèrent entre eux s'ils ne s'enfuiraient pas dans le centre de la Grèce. Les Eubéens, avertis du sujet de leur délibération, prièrent Eurybiade d'attendre quelque temps, jusqu'à ce qu'ils eussent mis en lieu de sûreté leurs enfants et leur famille. Mais, n'ayant pu le persuader, ils allèrent trouver Thémistocle, qui commandait les Athéniens, et, moyennant trente talents [1], ils l'engagèrent à faire rester la flotte devant l'Eubée pour y livrer le combat naval.

V. Voici comment s'y prit Thémistocle pour retenir les Grecs. Il fit part à Eurybiade de cinq talents [2], sans doute comme s'il les lui eût donnés de son propre argent. Celui-ci gagné, il n'y avait plus qu'Adimante, fils d'Ocytus, commandant des Corinthiens, qui résistât, et qui voulût mettre à la voile, et partir incessamment. « Adimante, lui dit Thémistocle avec serment,

---

[1] 162,000 livres.
[2] 27,000 livres.

« tu ne nous abandonneras point : car je te ferai de plus grands
« dons que ne t'en ferait le roi des Mèdes pour t'engager à
« te séparer des alliés. » Il accompagna ce discours de trois
talents [1], qu'il envoya au vaisseau d'Adimante. Les généraux,
ébranlés par ces présents, goûtèrent les raisons de Thémistocle,
et l'on obligea les Eubéens. Thémistocle lui-même gagna beaucoup en gardant secrètement le reste de l'argent. Ceux à qui
il en avait donné une partie pensaient qu'il lui était venu d'Athènes pour l'usage qu'il en fit.

VI. Ainsi les Grecs demeurèrent sur les côtes d'Eubée, et la
bataille s'engagea de la manière que je vais le raconter. Les
Barbares avaient ouï dire que les Grecs n'avaient qu'un petit
nombre de vaisseaux à la rade d'Artémisium. Ayant reconnu,
en arrivant au point du jour aux Aphètes, la vérité de ce qu'on
leur avait dit, ils brûlaient de les attaquer, dans l'espérance de
les prendre. Ils ne furent pas cependant d'avis d'aller droit à
eux, de crainte que les Grecs, les voyant venir, ne prissent la
fuite, et ne leur échappassent à la faveur de la nuit : car, au
compte des Perses, le porte-flambeau ne devait pas même
échapper [2].

VII. Voici ce qu'ils imaginèrent pour faire réussir ce projet.
Ayant détaché deux cents vaisseaux de leur flotte, ils les envoyèrent par derrière l'île de Sciathos, avec ordre de faire le tour de
l'Eubée, le long du cap Capharée et de Céreste, pour n'être
pas aperçus de l'ennemi, et de se rendre ensuite dans l'Euripe,
afin de l'envelopper. Ce détachement, arrivé en cet endroit,
aurait fermé toute retraite aux Grecs, tandis qu'eux-mêmes les
auraient attaqués de front. Cette résolution prise, ils firent
partir les vaisseaux destinés à cette entreprise. Quant à eux, ils

---

[1] 16,200 livres. Il donna encore un talent à un Athénien. Ainsi il lui
resta la somme de 113,400 livres.

[2] Avant qu'on fît usage de la trompette, on donnait le signal du combat
avec un flambeau. Ceux qui le portaient était consacrés au dieu Mars.
Ils s'avançaient à la tête des armées, et dans l'espace qui était entre
deux, ils lâchaient leur flambeau, et se retiraient ensuite sans qu'on leur
fît le moindre mal. Les armées se battaient ; et, quand même toute une
armée eût péri, on sauvait toujours la vie au porte-flambeau, parce qu'il
était consacré au dieu Mars. De là vient le proverbe sur les défaites totales : Le porte-flambeau n'a pas même été épargné. Hérodote est le premier auteur où l'on voit cette expression, qui devint dans la suite si familière qu'elle passa en proverbe. (L.)

n'avaient pas dessein d'attaquer ce jour-là les Grecs, ni même avant que ceux qui doublaient l'Eubée n'eussent donné le signal de leur arrivée. Ces vaisseaux partis, on fit le dénombrement de ceux qui étaient restés aux Aphètes.

VIII. Pendant que les Perses étaient occupés à ce dénombrement, Scyllias de Scioné[1], le plus habile plongeur de son temps, qui avait sauvé des richesses immenses aux Perses dans leur naufrage auprès du mont Pélion, et qui s'en était approprié aussi beaucoup, songeait depuis longtemps à passer du côté des Grecs, mais jusqu'alors il n'en avait point trouvé l'occasion. Je ne sais pas avec certitude comment il se rendit auprès d'eux; mais si le fait qu'on rapporte est vrai, je le trouve bien surprenant. Car on dit qu'ayant plongé dans la mer aux Aphètes, il ne sortit point de l'eau qu'il ne fût arrivé à l'Artémisium. Il fit donc environ quatre-vingts stades en nageant dans la mer[2]. On raconte de ce même Scyllias plusieurs traits qui ont bien l'air d'être faux, et d'autres qui sont vrais. Quant à celui-ci, je pense que Scyllias se rendit à Artémisium sur un esquif. Aussitôt après son arrivée, il apprit aux généraux des Grecs les particularités du naufrage des Perses, et les avertit qu'on avait envoyé des vaisseaux pour doubler l'Eubée.

IX. Là-dessus, les Grecs tinrent conseil; et entre plusieurs avis qu'on y proposa, celui-ci prévalut. Il fut décidé qu'on resterait ce jour-là en repos à l'endroit où l'on se trouvait, et qu'on en partirait après minuit pour aller au-devant des vaisseaux qui doublaient l'Eubée. Cela fait, comme ils ne virent venir personne contre eux, ils allèrent vers le coucher du soleil, contre les Barbares, dans le but de s'essayer contre eux et de juger leur habileté dans le combat et dans la manœuvre.

X. Les généraux et les soldats de Xerxès, voyant les Grecs

[1] Ce Scyllias avait fait apprendre à Cyana sa fille l'art de plonger. Dans le temps de la tempête qui accueillit les Perses près du mont Pélion, ils plongèrent tous les deux, arrachèrent les ancres qui retenaient les vaisseaux de Xerxès, et lui causèrent par là une perte considérable. On érigea, par ordre des amphictyons, au père et à la fille, des statues dans le temple d'Apollon à Delphes. La statue de Cyana fut du nombre de celles que Néron fit transporter à Rome. (L.)

[2] Je crois qu'il s'agit ici de petits stades à cinquante et une toises le stade. Je trouve en effet quatre-vingts de ces stades dans la carte de la Grèce de M. d'Anville. Suivant cette évaluation, cela ferait une lieue et demie et un peu plus de demi-quart. (L.)

venir à eux en si petit nombre, les regardèrent comme des insensés. Ils levèrent aussi l'ancre, dans l'espérance de s'en rendre maîtres sans peine. Ils s'en flattaient avec d'autant plus de vraisemblance, qu'ils avaient l'avantage du côté du nombre, et que leurs vaisseaux étaient meilleurs voiliers que ceux des Grecs. Cette supériorité les détermina à les envelopper de toutes parts. Ceux d'entre les Ioniens qui étaient bien intentionnés pour les Grecs servaient à regret, et les voyaient investis avec d'autant plus de chagrin qu'ils étaient persuadés qu'il n'en échapperait pas un seul, tant ils leur paraissaient faibles. Ceux, au contraire, qui étaient charmés de leur situation s'empressaient à l'envi l'un de l'autre à qui prendrait le premier quelque vaisseau athénien, dans l'espérance d'en être récompensés du roi : car, dans l'armée des Barbares, on faisait plus de cas des Athéniens que des autres alliés.

XI. Au premier signal, les Grecs rangèrent d'abord les proues de leurs vaisseaux en face des Barbares, et rassemblèrent les poupes au milieu. Au second, ils les attaquèrent de front, quoique dans un espace étroit, et prirent trente vaisseaux aux Barbares, dont l'un était monté par Philaon, fils de Chersis, et frère de Gorgus, roi des Salaminiens, un des capitaines les plus estimés de cette flotte. Lycomède d'Athènes, fils d'Æschrée, enleva le premier un vaisseau aux ennemis : aussi eut-il le prix de la valeur. La victoire resta indécise, et la nuit sépara les combattants. Les Grecs retournèrent à la rade d'Artémisium, et les Barbares aux Aphètes, après un succès bien différent de celui auquel ils s'étaient attendus. Parmi tous les Grecs au service du roi, Antidore de Lemnos fut le seul qui passa du côté des alliés pendant le combat. Les Athéniens lui donnèrent des terres dans l'île de Salamine pour le récompenser de cette action.

XII. On était alors au milieu de l'été. Dès que la nuit fut venue, il tomba jusqu'au jour une pluie prodigieuse, accompagnée d'un tonnerre affreux qui partait du mont Pélion. Les flots et les vents poussèrent jusqu'aux Aphètes des corps morts avec des débris des vaisseaux. Ils venaient heurter contre la proue, et embarrassaient l'extrémité des rames. Les soldats, effrayés de ce bruit, s'attendaient à tout instant à périr. Que de maux n'éprouvèrent-ils pas ! A peine avaient-ils eu le temps de respirer après la tempête du mont Pélion, qu'on leur avait livré un rude combat, suivi d'un tonnerre affreux, d'une pluie impétueuse, et de courants qui se portaient avec violence dans la mer.

XIII. Voilà comment la nuit se passa pour eux; mais elle fut encore plus cruelle pour ceux qui avaient ordre de faire le tour de l'Eubée. Elle le fut d'autant plus, qu'ils étaient en mer lorsque la tempête s'éleva : aussi périrent-ils misérablement. Elle commença tandis qu'ils étaient vers les écueils de l'Eubée. Emportés par les vents sans savoir en quel lieu ils étaient poussés, ils se brisèrent contre ces rochers. Tout cela arriva par la permission d'un dieu, afin que la flotte des Perses se trouvât égale à celle des Grecs, ou qu'au moins elle n'eût pas une aussi grande supériorité de nombre. Ainsi périrent les Barbares contre les écueils de l'Eubée.

XIV. Les Barbares qui étaient aux Aphètes virent avec plaisir le jour paraître. Ils tinrent leurs vaisseaux tranquilles, et, après les malheurs qu'ils avaient éprouvés, ils s'estimèrent heureux de goûter enfin le repos dans le moment présent. Cependant il vint aux Grecs un renfort de cinquante-trois vaisseaux athéniens. Encouragés par ce secours, et par la nouvelle du naufrage des Barbares autour de l'Eubée, dont pas un n'était échappé, ils partirent dans le même temps que la veille, fondirent sur les vaisseaux ciliciens, les détruisirent, et retournèrent à la rade d'Artémisium à l'entrée de la nuit.

XV. Le troisième jour, les généraux des Barbares, indignés de se voir maltraités par un si petit nombre de vaisseaux, et craignant la colère du roi, n'attendirent point encore que les Grecs commençassent le combat; ils s'avancèrent vers le milieu du jour en s'animant mutuellement. Ces combats, par un hasard singulier, se donnèrent sur mer les mêmes jours que ceux des Thermopyles. La lutte était engagée pour défendre l'Euripe, comme elle l'était sous les ordres de Léonidas pour défendre les Thermopyles. Les Grecs s'exhortaient à ne point laisser pénétrer les Barbares dans la Grèce, et ceux-ci à détruire les armées grecques, et à se rendre maîtres des passages.

XVI. Pendant que les vaisseaux de Xerxès s'avançaient en ordre de bataille, les Grecs se tenaient tranquilles à la rade d'Artémisium. Les Barbares, rangés en forme de croissant, les enveloppaient de tous côtés, afin de les prendre tous. Mais les

Grecs allèrent à leur rencontre, et en vinrent aux mains. On combattit en cette journée à forces égales : car la flotte de Xerxès s'incommodait elle-même par sa propre grandeur et par le nombre de ses vaisseaux, qui se heurtaient les uns les autres et s'embarrassaient mutuellement. Elle résistait cependant, et ne cédait point. Quel opprobre en effet d'être mis en fuite par un petit nombre de vaisseaux! Les Grecs perdirent beaucoup de bâtiments et un grand nombre d'hommes; mais la perte des Barbares fut beaucoup plus considérable. Telle fut l'issue de ce combat, après lequel chacun se retira de son côté [1].

XVII. Parmi les troupes navales de Xerxès, les Égyptiens acquirent le plus de gloire; et, entre autres belles actions, ils prirent aux Grecs cinq vaisseaux avec les troupes qui les montaient. Du côté des Grecs, les Athéniens se distinguèrent le plus, et parmi eux, Clinias, fils d'Alcibiade. Le vaisseau qu'il montait, et sur lequel il y avait deux cents hommes, lui appartenait en propre, et il l'avait armé à ses frais.

XVIII. Les deux flottes, s'étant séparées avec plaisir, se hâtèrent de regagner leurs rades respectives. Les Grecs retournèrent à Artémisium après le combat naval. Quoiqu'ils eussent en leur puissance et leurs morts et les débris de leurs vaisseaux, cependant, comme ils avaient été fort maltraités, et particulièrement les Athéniens, dont la moitié des vaisseaux étaient endommagés, ils résolurent de se retirer vers l'intérieur de la Grèce.

XIX. Thémistocle avait réfléchi que, si l'on réussissait à détacher de l'armée des Barbares les Ioniens et les Cariens, il serait facile d'acquérir de la supériorité sur le reste. Tandis que les Eubéens menaient leurs troupeaux vers la mer, il assembla de ce côté les chefs de l'armée, et leur dit qu'il pensait avoir un moyen infaillible pour enlever au roi les plus braves de ses alliés. Il ne leur en découvrit pas davantage; mais il ajouta que, dans l'état actuel, il fallait tuer aux Eubéens autant de bétail qu'on le pourrait, parce qu'il valait mieux que leurs troupes en profitassent que celles des ennemis. Il leur recommanda aussi

---

[1] Ce furent les Athéniens qui se distinguèrent le plus parmi les Grecs, et ceux de Sidon parmi les Barbares. « Bel Artémisium! dit Pindare dans une ode qui n'est point venue jusqu'à nous, bel Artémisium, où les Athéniens ont jeté les glorieux fondements de la liberté! » (L.)

d'ordonner à leurs troupes d'allumer du feu, et qu'à l'égard du départ il aurait soin de prendre le temps le plus favorable pour qu'ils pussent retourner en Grèce sans accident. Ce conseil fut approuvé. Aussitôt on alluma des feux, et l'on tomba sur les troupeaux.

XX. Les Eubéens n'avaient pas jusqu'alors plus tenu compte de l'oracle de Bacis que s'il n'eût rien signifié. Ils n'avaient ni transporté leurs effets hors de leur pays, ni fait venir les provisions nécessaires, comme l'auraient dû des gens menacés d'une guerre prochaine; et, par cette conduite, ils avaient mis leurs affaires dans une situation très-critique. Voici l'oracle de Bacis qui les concernait : « Lorsqu'un Barbare captivera la mer « sous un joug de byblus, éloigne tes chèvres bêlantes des ri- « vages de l'Eubée. » Comme ils n'avaient pas profité du sens de ces vers dans leurs maux actuels, et dans ceux qui les menaçaient, il devait leur arriver les plus grands malheurs.

XXI. Sur ces entrefaites arriva l'espion de Trachis. Les Grecs en avaient deux, l'un à Artémisium; il s'appelait Polyas, et était d'Anticyre. Il avait un vaisseau léger tout prêt, avec ordre de donner avis aux troupes des Thermopyles des accidents fâcheux qui pourraient survenir à l'armée navale. Il y en avait un autre auprès de Léonidas; c'était un Athénien nommé Abronychus, fils de Lysiclès; il était prêt à partir sur un vaisseau à trente rames, s'il arrivait quelque échec aux troupes de terre, afin d'en avertir celles qui étaient à Artémisium. Cet Abronychus fit part, à son arrivée, du sort qu'avaient éprouvé Léonidas et son armée. Sur cette nouvelle, le départ ne fut pas différé, et l'on partit dans l'ordre où l'on se trouvait, les Corinthiens les premiers, et les Athéniens les derniers.

XXII. Thémistocle, ayant choisi parmi les vaisseaux athéniens les meilleurs voiliers, se rendit avec eux aux endroits où l'on trouve de l'eau douce, et y grava sur les rochers un avis que

---

[1] Il y eut trois Bacis, tous trois devins : le plus ancien était d'Éléon en Béotie, le second d'Athènes, et le troisième de Caphyé en Arcadie, comme on le voit par le scoliaste d'Aristophane. Théopompe, dans son neuvième livre, raconte de ce dernier beaucoup de choses merveilleuses, et entre autres qu'il purifia et guérit les femmes de Lacédémone qui étaient devenues folles, Apollon leur ayant dit de s'adresser à lui pour les purifier. (L.)

[2] Dans le grec : *de byblos*.

lurent le lendemain les Ioniens à leur arrivée à la rade d'Artémisium. Voici ce qu'il portait : « Ioniens, vous faites une action « injuste en portant les armes contre vos pères, et en travaillant « à asservir la Grèce. Prenez plutôt notre parti ; ou, si vous ne « le pouvez, du moins retirez-vous du combat, et engagez les « Cariens à suivre votre exemple. Si ni l'un ni l'autre n'est « possible, et que le joug de la nécessité vous retienne au « service du roi, conduisez-vous du moins mollement dans « l'action ; n'oubliez pas que nous sommes vos pères, et que « vous êtes la cause primitive de la guerre que nous avons « aujourd'hui contre les Barbares. » Thémistocle écrivit, à ce que je pense, ces choses dans un double but : d'abord, afin que, si le roi n'en était point instruit, elles engageassent les Ioniens à changer de parti et à se déclarer pour eux ; ensuite, afin que si Xerxès en était informé, et qu'on leur en fît un crime auprès de ce prince, cet avis les lui rendît suspects, et qu'il ne s'en servît plus dans les combats de mer. Thémistocle écrivit ces choses.

XXIII. Aussitôt après le départ des Grecs, un homme d'Histiée vint sur un esquif annoncer aux Barbares que les Grecs s'étaient enfuis d'Artémisium ; mais comme ils s'en défiaient, ils le firent garder étroitement, et envoyèrent à la découverte quelques vaisseaux légers. Sur leur rapport, la flotte entière mit à la voile aux premiers rayons du soleil pour aller à Artémisium. Elle demeura en cet endroit jusqu'au milieu du jour, et se rendit ensuite à Histiée. Les Barbares s'emparèrent de cette ville, et firent des courses dans l'Hellopie, et dans toutes les bourgades de la côte.

XXIV. Tandis que les forces navales étaient dans l'Histiœotide, Xerxès leur dépêcha un héraut, après qu'il eut achevé les préparatifs nécessaires concernant les morts. Voici en quoi consistaient ces préparatifs. Il avait perdu vingt mille hommes aux combats des Thermopyles. Il en laissa environ mille sur le champ de bataille, et fit enterrer le reste dans de grandes fosses qu'on creusa à ce sujet. On recouvrit ensuite ces fosses avec de la terre qu'on entassa, et avec des feuilles, afin que l'armée navale ne s'aperçût de rien. Le héraut, arrivé à Histiée, fit assembler toutes les troupes, et leur parla en ces termes : « Soldats, nos auxiliaires, le roi Xerxès permet à tous ceux

« d'entre vous qui voudront quitter leur poste de venir voir
« comment il combat contre ces insensés qui se flattaient de
« triompher de ses forces. »

XXV. A la suite de cette publication, les bateaux devinrent extrêmement rares, tant il y eut de gens empressés de jouir de ce spectacle. Quand ils eurent fait le trajet, ils parcoururent le champ de bataille ; et, ayant examiné ces corps étendus par terre, ils crurent qu'ils étaient tous lacédémoniens et thespiens, quoiqu'il y eût aussi des ilotes. L'artifice dont avait usé Xerxès au sujet des morts ne trompa personne, tant il était ridicule. On voyait en effet sur le champ de bataille environ mille morts du côté des Barbares, et quatre mille Grecs transportés dans le même endroit et entassés les uns sur les autres. L'armée navale s'occupa ce jour-là de ce spectacle ; le lendemain elle retourna à Histiée sur les vaisseaux, et Xerxès se mit en marche avec l'armée de terre.

XXVI. Il lui vint quelques transfuges de l'Arcadie ; ils manquaient des choses nécessaires à la vie, et ne demandaient qu'à travailler. Ayant été conduits devant le roi, quelques Perses et l'un plus particulièrement encore que les autres, leur demandèrent à quoi s'occupaient alors les Grecs. « Maintenant, répon-
« dirent-ils, ils célèbrent les jeux olympiques, et regardent les
« exercices gymniques et la course des chevaux[1]. » Ce même Perse leur demanda encore quel était le prix des combats. « Une couronne d'olivier, » dirent-ils. On rapporte à cette occasion une expression généreuse de Tritantæchmès, fils d'Artabane, qui le fit accuser par le roi de lâcheté ; car ayant su que le prix ne consistait point en argent, mais en une couronne d'olivier, il ne put s'empêcher de s'écrier devant tout le monde : « O dieux, Mardonius, quels sont donc ces hommes

---

[1] Les jeux olympiques, institués par Pisus, Pélops et Hercule, ayant été interrompus, furent renouvelés par Lycurgue de Lacédémone, de la race d'Hercule ; par Iphitus, souverain d'un petit canton de l'Élide, parent des Héraclides ; et par Cléosthènes de Pise, vingt-sept olympiades avant celle où Corœbus d'Élée remporta le prix. Les noms des vainqueurs à ces jeux ne furent pas inscrits sur les registres. Ils ne commencèrent à l'être que dans l'olympiade qui commence l'an 776 avant notre ère ; olympiade où Corœbus remporta le prix. C'est cette dernière olympiade qu'on regarde comme la première, et c'est celle dont les Grecs se sont servis pour calculer les temps. (L.)

« que tu nous mènes attaquer? Insensibles à l'intérêt, ils ne
« combattent que pour la gloire ! » Voilà ce qu'il dit.

XXVII. Sur ces entrefaites, et aussitôt après l'échec reçu aux Thermopyles, les Thessaliens envoyèrent un héraut aux Phocidiens, à qui ils avaient toujours voulu beaucoup de mal, et principalement depuis leur dernière défaite. Ils étaient en effet entrés dans la Phocide, eux et leurs alliés, avec toutes leurs forces, quelques années avant l'expédition du roi de Perse, mais les Phocidiens les avaient battus et fort malmenés : car les Thessaliens les tenant renfermés sur le Parnasse avec le devin Tellias d'Élée, celui-ci imagina ce stratagème : il prit six cents des plus braves de l'armée, les blanchit avec du plâtre, eux et leurs boucliers, et les envoya la nuit contre les Thessaliens avec ordre de tuer tous ceux qui ne seraient pas blanchis comme eux. Les sentinelles les aperçurent les premières ; et, s'imaginant que c'était quelque prodige, elles en furent épouvantées ; l'armée le fut tellement aussi, que les Phocidiens leur tuèrent quatre mille hommes, dont ils enlevèrent les boucliers. Ils en offrirent la moitié à Abas, et l'autre moitié à Delphes ; et de la dixième partie de l'argent qu'ils prirent après ce combat ils firent faire les grandes statues qu'on voit autour du trépied devant le temple de Delphes, et d'autres pareilles qu'ils ont consacrées à Abas.

XXVIII. Ce fut ainsi que les Phocidiens traitèrent l'infanterie thessalienne qui les assiégeait. Quant à la cavalerie, qui avait fait une incursion sur leurs terres, ils la détruisirent sans ressource. Près d'Hyampolis est un défilé par où l'on entre en Phocide. Ils creusèrent en cet endroit un grand fossé, y mirent des amphores vides, et, l'ayant recouvert de terre, qu'ils eurent soin de mettre de niveau avec le reste du terrain, ils reçurent en ce poste les ennemis qui venaient fondre sur leur pays. Ceux-ci, se jetant avec impétuosité sur les Phocidiens, comme s'ils eussent voulu les enlever, tombèrent sur les amphores, et leurs chevaux s'y brisèrent les jambes.

XXIX. Les Thessaliens, qui, depuis ce double échec, conservaient contre les Phocidiens une haine implacable, leur envoyèrent un héraut. « Devenez enfin plus sages, Phocidiens, leur
« dit le héraut, et reconnaissez notre supériorité. Jusqu'ici,
« tant que le parti des Grecs nous a plu, nous avons toujours

« eu de l'avantage sur vous; et aujourd'hui nous avons un si
« grand crédit auprès du roi, qu'il dépend de nous de vous
« enlever vos terres et de vous réduire en esclavage. Quoique
« tout soit en notre pouvoir, nous oublierons vos insultes,
« pourvu que vous nous donniez cinquante talents d'argent[1];
« nous vous promettons à ce prix de détourner les maux prêts
« à fondre sur votre pays. »

XXX. Ainsi leur parla le héraut de la part des Thessaliens. Les Phocidiens étaient les seuls peuples de cette contrée qui n'eussent point épousé le parti des Mèdes. La haine qu'ils portaient aux Thessaliens fut, comme je le conjecture, la seule raison qui les en empêcha; et je pense que, si les Thessaliens avaient embrassé les intérêts des Grecs, les Phocidiens se seraient déclarés pour les Mèdes.

Les Phocidiens répondirent à cette sommation qu'ils ne leur donneraient point d'argent; que, s'ils voulaient changer de sentiment, il ne tenait qu'à eux de se ranger du côté des Perses, de même que l'avaient fait les Thessaliens, mais que jamais de leur plein gré ils ne trahiraient la Grèce.

XXXI. Cette réponse irrita tellement les Thessaliens contre les Phocidiens, qu'ils servirent de guides au roi, et le menèrent de la Trachinie dans la Doride. Le passage étroit de la Doride s'étend de ce côté-là entre Malis et la Phocide. Il a environ trente stades de large. La Doride portait autrefois le nom de Dryopide. Les Doriens du Péloponèse en sont originaires. Les Barbares entrèrent dans la Doride sans y faire aucun dégât; les habitants avaient embrassé leurs intérêts, et ce n'était pas l'avis des Thessaliens qu'on ravageât ce pays.

XXXII. De la Doride ils passèrent dans la Phocide; mais ils n'en prirent point les habitants. Les uns s'étaient retirés avec toutes leurs richesses sur le Parnasse, dont la cime qu'on appelle Tithorée, et sur laquelle est bâtie la ville de Néon, peut contenir beaucoup de monde; les autres en plus grand nombre, s'étaient réfugiés chez les Locriens-Ozoles, dans Amphissa, ville située au-dessus de la plaine de Crisa. Les Barbares, conduits par les Thessaliens, parcoururent la Phocide entière, coupant les arbres et mettant le feu partout, sans épargner ni les villes ni les temples.

[1] 270,000 livres de notre monnaie.

XXXIII. Ils portèrent leurs ravages le long du Céphise, et réduisirent en cendres Drymos, Charadra, Erochos, Téthronium, Amphicée, Néon, Pédiée, Tritée, Élatée, Hyampolis, Parapotamie et Abas, où l'on voyait un temple dédié à Apollon, remarquable par ses richesses, ses trésors et la grande quantité d'offrandes qu'on y avait faites, et où en ce temps-là il y avait un oracle, comme il y en a encore un aujourd'hui. Les Barbares brûlèrent ce temple après l'avoir pillé ; et, ayant poursuivi les Phocidiens, ils en prirent quelques-uns près des montagnes. Ils firent aussi prisonnières quelques femmes, que firent périr le grand nombre de soldats qui assouvirent sur elles leur brutalité.

XXXIV. Après avoir passé le pays des Parapotamiens, les Barbares arrivèrent à Panopée. Leur armée se partagea en cet endroit en deux corps, dont le plus considérable et le plus fort s'achemina vers Athènes sous la conduite de Xerxès, et entra par la Béotie sur les terres des Orchoméniens. Les Béotiens avaient tous pris le parti des Perses ; Alexandre sauva leurs villes en y distribuant des Macédoniens, afin de faire voir à Xerxès qu'ils avaient embrassé ses intérêts. Telle fut la route que prit cette partie de l'armée des Barbares.

XXXV. Les autres troupes, ayant à leur droite le mont Parnasse, marchèrent avec leurs guides vers le temple de Delphes. Ils ravagèrent tout ce qu'ils rencontrèrent sur leur route de la dépendance de la Phocide, et mirent le feu aux villes des Panopéens, des Dauliens et des Éolides. Ils avaient pris ce chemin après s'être séparés du reste de l'armée, dans le dessein de piller le temple de Delphes et d'en présenter les trésors à Xerxès. Ce prince avait, comme je l'ai appris, une plus grande connaissance de toutes les choses précieuses qui s'y trouvaient que de celles qu'il avait laissées dans ses palais, parce que plusieurs personnes l'entretenaient sans cesse des richesses qu'il contenait, et principalement des offrandes de Crésus, fils d'Alyatte.

XXXVI. Les Delphiens, effrayés de cette nouvelle, consultèrent l'oracle, et lui demandèrent s'il fallait enfouir en terre les trésors sacrés ou les transporter dans un autre pays. Le dieu, voulant les dissuader de faire l'un ou l'autre, leur répondit qu'il était assez puissant pour protéger son propre bien. Sur cette réponse, les Delphiens ne s'occupèrent que d'eux-mêmes. Ils envoyèrent leurs femmes et leurs enfants au delà du golfe de Corinthe, dans l'Achaïe; quant à eux, la plupart se réfugièrent sur les sommets du Parnasse et dans l'antre de Corycie, où ils transportèrent leurs biens; d'autres se retirèrent à Amphissa, dans la Locride; enfin tous les Delphiens abandonnèrent la ville, excepté soixante hommes et le prophète[1].

XXXVII. Lorsque les Barbares furent assez près de Delphes pour en apercevoir le temple, le prophète, nommé Acératus, remarqua que les armes sacrées, auxquelles il n'était point permis de toucher, avaient été transportées hors du lieu saint, et qu'elles étaient devant le temple. Aussitôt il annonça ce prodige aux Delphiens qui étaient restés dans la ville. Mais, quand les Barbares hâtant leur marche, se furent avancés jusqu'au temple de Minerve Pronéa, des prodiges éclatèrent encore plus surprenants que le précédent. On trouve avec raison bien étonnant que des armes aient été transportées d'elles-mêmes hors du temple; mais ce qui arriva ensuite mérite encore plus notre admiration. Comme les Barbares approchaient du temple de Minerve Pronéa, la foudre tomba sur eux, des quartiers de roche, se détachant du sommet du Parnasse et roulant avec un bruit horrible, en écrasèrent un grand nombre. En même temps l'on entendit sortir du temple de Minerve Pronéa des voix et des cris de guerre.

XXXVIII. Tant de prodiges à la fois répandirent l'épouvante parmi les Barbares. Les Delphiens, ayant appris leur fuite, descendirent de leurs retraites, et en tuèrent un grand nombre. Ceux qui échappèrent au carnage s'enfuirent droit en Béotie. Ils racontèrent à leur tour, comme je l'ai appris, qu'outre ces prodiges ils avaient vu, entre autres choses merveilleuses, deux guerriers d'une taille plus grande que l'ordinaire qui les poursuivaient et les massacraient.

[1] Comme la Pythie rendait ses oracles avec un son de voix confus et inintelligible, on se servait d'un interprète sacré qui les rédigeait, et les remettait aux personnes qui venaient consulter le dieu. Cet interprète s'appelait prophète. Il n'y en avait encore qu'un du temps d'Hérodote. Mais la superstition ayant fait des progrès avec la réputation de l'oracle, il fallut en avoir plusieurs. On les tirait au sort parmi les Delphiens de la première distinction, parce qu'on craignait de confier un ministère si important à d'autres personnes qu'à celles qui étaient intéressées à en garder le secret. (L.)

XXXIX. Les Delphiens disent que ce sont Phylacus et Autonoüs, deux héros du pays, a qui on a consacré des terres près du temple : celles de Phylacus sont sur le bord du chemin que tenaient les Perses, au-dessus du temple de Minerve Pronéa, et celles d'Autonoüs, près de la fontaine de Castalie, auprès du rocher Hyampée. Les pierres qui tombèrent alors du Parnasse subsistaient encore de mon temps dans le terrain consacré à Minerve Pronéa, où elles s'arrêtèrent après avoir roulée à travers l'armée des Barbares. Ce fut ainsi que les Perses s'éloignèrent du temple.

XL. La flotte grecque alla d'Artémisium à Salamine, où elle s'arrêta, à la prière des Athéniens. Ceux-ci l'y avaient engagée, afin de pouvoir faire sortir de l'Attique leurs femmes et leurs enfants, et, outre cela, pour délibérer sur le parti qu'ils devaient prendre. Car se voyant frustrés de leurs espérances, il fallait nécessairement tenir conseil dans les conjonctures présentes. Ils avaient cru trouver les Péloponésiens campés en Béotie pour attaquer les Barbares avec toutes leurs forces, et néanmoins ils n'y trouvaient personne; au contraire, ils apprenaient que, ne pensant qu'à leur conservation et à celle du Péloponèse, ils travaillaient à fermer l'isthme d'une muraille sans s'inquiéter du reste de la Grèce. Sur cette nouvelle, ils avaient prié les alliés de demeurer près de Salamine.

XLI. Tandis que le reste de la flotte était à l'ancre devant Salamine, les Athéniens retournèrent dans leur pays. Ils firent publier aussitôt après leur arrivée que chacun eût à pourvoir, comme il pourrait, à la sûreté de ses enfants et de toute sa maison [1]. Là-dessus la plupart des Athéniens envoyèrent leurs familles à Trézène; les autres, à Égine et à Salamine. Ils se pressèrent de les faire sortir de l'Attique, afin d'obéir à l'oracle, et surtout par cette raison-ci. Les Athéniens disent qu'il y a dans le temple de la citadelle un grand serpent qui est le

---

[1] C'était un crime à Athènes d'abandonner la patrie dans un temps de danger, ou même de soustraire sa femme et ses enfants aux périls dont la ville était menacée, avant que la permission en eût été donnée par un décret. Léocrate s'étant retiré à Rhodes et à Mégare quelque temps après la bataille de Chéronée, il fut accusé, à son retour à Athènes, par Lycurgue, d'avoir trahi la patrie ; et, s'il eût eu un suffrage de plus contre lui, il était banni ou puni de mort. (L.)

gardien et protecteur de la forteresse ; et, comme s'il existait réellement, ils lui présentent tous les mois des gâteaux au miel. Jusqu'à cette époque, les gâteaux avaient toujours été consommés ; mais alors ils restèrent sans qu'on y eût touché. La prêtresse l'ayant publié, les Athéniens se hâtèrent d'autant plus de sortir de la ville, que la déesse abandonnait aussi la citadelle. Lorsqu'ils eurent mis tout à couvert, ils s'embarquèrent, et rejoignirent la flotte.

XLII. Le reste de la flotte grecque, qui se tenait à Pogon, port des Trézéniens, où elle avait eu ordre de s'assembler, ayant appris que l'armée navale, revenue d'Artémisium, était à l'ancre devant Salamine, s'y rendit aussi. On eut donc en cet endroit beaucoup plus de vaisseaux qu'au combat d'Artémisium, et il en était venu d'un plus grand nombre de villes. Eurybiade de Sparte, fils d'Euryclide, qui avait commandé à Artémisium, commandait encore en cette occasion, quoiqu'il ne fût pas de la famille royale. Les vaisseaux athéniens étaient de beaucoup les plus nombreux et les meilleurs.

XLIII. Voici le dénombrement de cette flotte. Parmi les Péloponésiens, les Lacédémoniens fournirent seize vaisseaux, les Corinthiens autant qu'ils en avaient envoyé à Artémisium, les Sicyoniens quinze, les Épidauriens dix, les Trézéniens cinq, les Hermionéens trois. Tous ces peuples, excepté les Hermionéens, étaient Doriens et Macednes ; ils étaient venus d'Érinée, de Pinde, et en dernier lieu de la Dryopide. Quant aux Hermionéens, ils sont Dryopes ; ils furent autrefois chassés, par Hercule et par les Méliens, du pays appelé aujourd'hui Doride. Telles étaient les forces des Péloponésiens.

XLIV. Entre les Grecs du continent extérieur au Péloponèse, les Athéniens pouvaient être mis en parallèle avec tous les autres alliés. Ils fournirent eux seuls cent quatre-vingts vaisseaux, car les Platéens ne se trouvèrent pas avec eux au combat de Salamine, par la raison que je vais rapporter. Les Grecs étant arrivés à Chalcis après leur départ d'Artémisium, les Platéens descendirent de l'autre côté sur les terres de la Béotie, et se mirent à transporter dans des lieux sûrs leurs femmes, leurs enfants et leurs esclaves. Tandis qu'ils étaient occupés à les sauver, ils se trouvèrent en retard. Dans le temps que les Pélasges possédaient le pays connu maintenant sous le nom d'Hellade, les Athéniens étaient Pélasges, et on les appelait Cranaens; sous Cécrops, on les nomma Cécropides, et Érechthéides sous Érechthée, un de ses successeurs. Ion, fils de Xuthus, étant ensuite devenu leur chef, ils prirent de lui le nom d'Ioniens.

XLV. Les Mégariens fournirent le même nombre de vaisseaux qu'à Artémisium. Les Ampracites secoururent les alliés de sept vaisseaux, et les Leucadiens, qui étaient Doriens et originaires de Corinthe, leur en donnèrent trois.

XLVI. Entre les insulaires, les Éginètes envoyèrent quarante-deux vaisseaux; ils en avaient encore quelques autres d'équipés, mais ils s'en servirent pour la garde de leur pays. Ceux qui combattirent à Salamine étaient excellents voiliers. Les Éginètes sont Doriens et originaires d'Épidaure : leur île s'appelait autrefois Œnone. Après les Éginètes, les Chalcidiens fournirent les vingt vaisseaux qui avaient combattu à Artémisium, et les Érétriens les sept qu'ils avaient eus en cette occasion. Ces peuples sont Ioniens. Après eux vinrent ceux de Céos, avec le même nombre qu'ils avaient eu à la journée d'Artémisium; ils sont Ioniens et originaires d'Athènes. Les Naxiens donnèrent quatre vaisseaux. Ils avaient été envoyés par leurs concitoyens pour se joindre aux Mèdes, de même que les autres insulaires ; mais, n'ayant aucun égard pour cet ordre, ils allèrent trouver les Grecs à la sollicitation de Démocrite, qui commandait alors un vaisseau, et qui jouissait parmi les siens d'une grande considération. Les Naxiens sont Ioniens, et descendent des Athéniens. Les Styréens se rendirent aussi à Salamine avec le même nombre de vaisseaux qu'ils avaient à Artémisium. Les Cythniens [1] n'avaient qu'un seul vaisseau et un pentécontère (vaisseau à cinquante rames) : les uns et les autres sont Dryopes. Les Sériphiens, les Siphniens et ceux de Mélos servirent aussi, et furent les seuls d'entre les insulaires qui n'eussent point donné au Barbare la terre et l'eau.

XLVII. Tous ces peuples se trouvèrent à Salamine ; ils habitent en deçà des Thesprotiens et de l'Achéron : car les Thesprotiens sont limitrophes des Ampraciotes et des Leucadiens, qui

---

Ces insulaires étaient très-faibles. Aussi Démosthène dit aux Athéniens : « Si je vous croyais donc des Siphniens, des Cythniens, ou d'autres peuples pareils, je ne vous conseillerais pas de prendre des sentiments si élevés. » (L.)

vinrent des extrémités de la Grèce à cette guerre. De tous ceux qui habitent au delà de ces nations, il n'y eut que les Crotoniates qui donnèrent du secours à la Grèce dans le péril qui la menaçait. Ils envoyèrent un vaisseau commandé par Phayllus, qui avait été trois fois victorieux aux jeux pythiques. Les Crotoniates sont Achéens d'origine.

XLVIII. Tous ces peuples fournirent des trirèmes, excepté les Méliens, les Siphniens et les Sériphiens, qui équipèrent des vaisseaux à cinquante rames. Les Méliens, originaires de Lacédémone, en donnèrent deux; les Siphniens et les Sériphiens, qui sont Ioniens et descendent des Athéniens, chacun un. Le nombre de ces vaisseaux allait en tout à trois cent soixante-dix-huit, sans compter ceux qui étaient à cinquante rames.

XLIX. Quand ils furent arrivés à Salamine, les commandants des villes dont je viens de parler tinrent conseil entre eux. Eurybiade proposa que chacun dît librement son avis sur le lieu qui paraîtrait le plus propre à un combat naval dans le pays dont ils étaient en possession. Il n'était déjà plus question de l'Attique, et les délibérations ne regardaient que le reste de la Grèce. La plupart des avis s'accordèrent à faire voile vers l'isthme, et à livrer bataille devant le Péloponèse; et l'on apporta pour raison que, si l'on était vaincu à Salamine, on serait assiégé dans cette île, où l'on n'avait aucun secours à espérer; au lieu que si l'on combattait vers l'isthme, chacun pourrait se transporter de là dans son propre pays.

L. Pendant que les généraux du Péloponèse agitaient cette question, un Athénien vint leur annoncer l'entrée des Perses dans l'Attique, et qu'ils mettaient le feu partout : car l'armée qui avait pris avec Xerxès sa route par la Béotie, ayant brûlé Thespie, dont les habitants s'étaient retirés dans le Péloponèse et Platée, était arrivée dans l'Attique, portant le ravage partout. Les Perses avaient mis le feu à Thespie et à Platée, parce qu'ils avaient appris des Thébains que ces deux villes n'étaient pas dans leurs intérêts.

LI. Les Barbares, après avoir passé l'Hellespont, s'étaient arrêtés un mois sur ses bords, y compris le temps qu'ils avaient employé à le traverser. S'étant ensuite mis en marche, ils étaient arrivés, trois autres mois après, dans l'Attique, sous l'archontat de Calliade. Ils prirent la ville, qui était abandonnée, et ne trouvèrent qu'un petit nombre d'Athéniens dans le temple, avec les trésoriers du temple et quelques pauvres gens qui, ayant barricadé les portes et les avenues de la citadelle avec du bois, repoussèrent l'ennemi qui voulait y entrer. Leur pauvreté les avait empêchés d'aller à Salamine, et d'ailleurs ils regardaient la muraille de bois comme imprenable, suivant l'oracle, dont ils croyaient avoir saisi le sens, s'imaginant que ce mur était l'asile indiqué par l'oracle, et non les vaisseaux.

LII. Les Perses assirent leur camp sur la colline qui est vis-à-vis de la citadelle, et que les Athéniens appellent Aréopage, et en firent le siège de cette manière. Ils tirèrent contre les barricades des flèches garnies d'étoupes, auxquelles ils avaient mis le feu. Les assiégés, quoique réduits à la dernière extrémité, et trahis par leurs barricades, continuèrent cependant à se défendre, et ne voulurent point accepter les conditions d'accommodement que leur proposèrent les Pisistratides. Ils repoussèrent toujours l'ennemi ; et, lorsqu'il s'approcha des portes, entre autres moyens de défense, ils roulèrent sur lui des pierres d'une grosseur prodigieuse. De sorte que Xerxès, ne pouvant les forcer, fut longtemps embarrassé sur ce qu'il devait faire.

LIII. Enfin, au milieu de ces difficultés, les Barbares s'aperçurent d'un passage ; car il fallait, comme l'avait prédit l'oracle, que les Perses se rendissent maîtres de tout ce que possédaient les Athéniens sur le continent. Sur le front de la citadelle, opposé aux portes et aux degrés, est un lieu escarpé, qui n'était pas gardé ; personne ne se serait jamais attendu qu'on pût le gravir. Quelques Barbares le firent cependant, près de la chapelle d'Agraulos, fille de Cécrops. Lorsque les Athéniens les virent dans la citadelle, les uns se tuèrent en se précipitant du haut du mur, les autres se réfugièrent dans le temple. Ceux des Perses qui étaient montés allèrent d'abord aux portes, et, les ayant ouvertes, ils tuèrent les suppliants. Quand ils les eurent massacrés, ils pillèrent le temple, et mirent le feu à la citadelle.

LIV. Lorsque Xerxès fut entièrement maître d'Athènes, il dépêcha à Suse un courrier, pour apprendre à Artabane cet heureux succès. Le second jour après le départ du courrier, il convoqua les bannis d'Athènes qui l'avaient suivi, et leur ordonna de monter à la citadelle et d'y faire les sacrifices suivant leur usage, soit qu'un songe l'obligeât à leur donner ces ordres, soit qu'il se repentît d'avoir brûlé le temple. Les bannis obéirent.

LV. Je vais dire maintenant ce qui m'a engagé à rapporter ces faits. Érechthée, qu'on dit fils de la Terre, a dans cette citadelle un temple où l'on voit un olivier et une mer [1]. Les Athéniens prétendent que Neptune et Minerve les y avaient placés comme témoignage de la contestation qui s'était élevée entre eux au sujet du pays [2]. Il arriva que le feu qui brûla ce temple consuma aussi cet olivier; mais, le second jour après l'incendie, les Athéniens à qui le roi avait ordonné d'offrir des sacrifices, étant montés au temple, remarquèrent que la souche de l'olivier avait poussé un rejeton d'une coudée de haut. Voilà ce qu'ils déclarèrent.

LVI. Les Grecs assemblés à Salamine, ayant appris le sort de la citadelle d'Athènes, en furent tellement consternés, que quelques-uns des généraux, sans attendre qu'on eût ratifié l'affaire proposée au conseil, se jetèrent sur leurs vaisseaux, firent déployer les voiles, dans le dessein de partir; mais ceux qui étaient restés au conseil décrétèrent qu'il fallait combattre devant l'isthme. La nuit venue, ils sortirent du conseil, et remontèrent sur leurs vaisseaux.

LVII. Lorsque Thémistocle fut arrivé à son bord, Mnési-

---

[1] Cette mer n'était autre chose qu'un puits où se rendait de l'eau de mer par des conduits souterrains, « ce qui n'est pas bien merveilleux, ajoute Pausanias; mais ce qui mérite d'être rapporté, c'est que, lorsque le vent du midi souffle, on y entend un bruit semblable à celui des vagues agitées, et que l'on voit sur la pierre de ce puits la figure d'un trident qu'on dit être un témoignage de la contestation qu'eut Neptune avec Minerve au sujet de l'Attique. » Il jaillissait aussi de l'eau de mer dans le temple de Neptune Hippias, près de Mantinée, et à Mylase, ville de Carie, quoique le port de cette ville soit éloigné de la mer de quatre-vingts stades, et que Mantinée soit si avant dans les terres que la mer n'y peut venir, dit Pausanias, que par miracle. (L.)

[2] Cécrops régna dans l'Attique. Elle s'appelait auparavant Actœa; il l'appela de son nom Cécropia. On dit que sous son règne les dieux choisirent les villes où ils voulaient être honorés d'un culte particulier. Neptune vint le premier dans l'Attique, et ayant frappé la terre de son trident vers le milieu de la citadelle, il en fit sortir une mer, qu'on appelle aujourd'hui Érechthéide. Après lui vint Minerve, qui fit croître un olivier qu'on voit aujourd'hui dans la Pandrosion. Jupiter fit adjuger la ville à Minerve, qui lui donna son nom, cette déesse s'appelant en grec Athéné. (L.)

phile d'Athènes lui demanda quelle était la résolution du conseil ; et, sur ce qu'il apprit qu'il avait été décidé qu'on se rendrait à l'isthme, et qu'on livrerait bataille devant le Péloponèse, il dit : « Si on lève l'ancre, si l'on quitte Salamine, il ne se don-
« nera point sur mer de combat pour la patrie : personne ne
« retiendra les alliés ; Eurybiade lui-même ne le pourra pas :
« ils s'en retourneront chacun dans leurs villes ; la flotte se
« séparera, et la Grèce périra faute d'un bon avis. Va et tâche
« de faire casser ce décret, s'il en est encore moyen, et engage
« par toutes les voies possibles Eurybiade à changer de senti-
« timent et à rester ici. »

LVIII. Thémistocle goûta fort ce conseil, et, sans rien répondre, il alla sur-le-champ au vaisseau d'Eurybiade. Lorsqu'il fut arrivé, il lui dit qu'il venait conférer avec lui sur les intérêts communs. Eurybiade le fit monter à son bord, et lui demanda quel sujet l'amenait. Alors Thémistocle, s'asseyant auprès de lui, lui proposa l'opinion de Mnésiphile comme si elle lui eût appartenu en propre, et, y ajoutant beaucoup d'autres motifs, il le pria avec tant d'instances, qu'enfin il l'engagea à sortir de son vaisseau pour convoquer le conseil.

LIX. Quand les généraux furent tous assemblés, avant qu'Eurybiade eût exposé le sujet pour lequel il les avait convoqués, Thémistocle leur parla beaucoup en homme qui désirait passionnément de faire passer son avis. Mais Adimante, fils d'Ocytus, général des Corinthiens, l'interrompant : « Thémistocle,
« lui dit-il, on frappe avec des baguettes ceux qui, dans les
« jeux publics, partent avant les autres. — Oui, repartit Thé-
« mistocle en se justifiant, mais ceux qui restent en arrière ne
« sont pas couronnés. »

LX. C'est ainsi qu'il répondit aux Corinthiens sans emportement. S'adressant ensuite à Eurybiade, il ne lui dit plus, comme auparavant, que dès qu'on aurait levé l'ancre de devant Salamine les alliés se disperseraient ; car il aurait cru manquer aux bienséances en accusant quelqu'un en présence des alliés. Mais il eut recours à d'autres motifs.

« Eurybiade, lui dit-il, le salut de la Grèce est maintenant
« entre tes mains ; tu la sauveras, si, touché de mes raisons,
« tu livres ici bataille à l'ennemi, et si, sans te laisser persua-
« der par ceux d'un avis contraire, tu ne lèves pas l'ancre pour

« te rendre à l'isthme. Écoute, et pèse les raisons de part et
« d'autre. En donnant bataille à l'isthme, tu combattras dans
« une mer spacieuse, où il est dangereux de le faire, nos vais-
« seaux étant plus pesants et en moindre nombre que ceux des
« ennemis. Mais, quand même nous réussirions, tu n'en perdras
« pas moins Salamine, Mégare et Égine. Car l'armée de terre des
« Barbares suivra celle de mer, et, par cette conduite, tu l'amè-
« neras toi-même dans le Péloponèse, et tu exposeras la Grèce
« entière à un danger manifeste.

« Si tu suis mon conseil, voici les avantages qui en résulte-
« ront. Premièrement, en combattant dans un lieu étroit avec
« un petit nombre de vaisseaux contre un plus grand, nous
« remporterons, selon toutes les probabilités de la guerre, une
« grande victoire, parce qu'un détroit nous est autant avanta-
« geux que la pleine mer l'est aux ennemis. Secondement, nous
« conserverons Salamine, où nous avons déposé nos femmes et
« nos enfants. J'y trouve encore cet avantage-ci, celui-là même
« que vous avez principalement en vue. En demeurant ici, tu
« ne combattras pas moins pour le Péloponèse que si tu étais
« près de l'isthme. Par conséquent, si tu es sage, tu ne mèneras
« point la flotte vers le Péloponèse.

« Si, comme je l'espère, nous battons sur mer les ennemis,
« ils n'iront point à l'isthme, et s'en retourneront en désordre
« sans s'avancer au delà de l'Attique. Nous sauverons Mégare,
« Égine et Salamine, où même un oracle nous prédit que nous
« les vaincrons. Quand on prend un parti conforme à la raison,
« on réussit presque toujours ; mais, lorsqu'on se décide contre
« toute vraisemblance, Dieu même n'a pas coutume de secon-
« der nos vues. »

LXI. A ces mots, Adimante de Corinthe interrompt une seconde fois Thémistocle, lui impose silence comme s'il n'eût
eu ni feu ni lieu, détourne Eurybiade d'aller de nouveau aux opinions en faveur d'un homme qui n'a plus de patrie, et l'assure
qu'il ne le permettra que lorsque Thémistocle aura montré la
sienne. Il faisait ces reproches au général athénien parce qu'A-
thènes était prise et au pouvoir des ennemis. Thémistocle, ne
pouvant plus se contenir, dit beaucoup de choses dures à Adimante et aux Corinthiens, et leur fit voir que les Athéniens auraient une patrie et une ville plus puissante que la leur, tant

qu'ils auraient deux cents vaisseaux montés par leurs citoyens [1], puisqu'il n'y avait point en Grèce un État assez fort pour résister à leurs attaques.

LXII. S'adressant ensuite à Eurybiade : « En restant à Salamine, lui dit-il avec encore plus de véhémence, et en te comportant en homme de cœur, tu sauveras la Grèce ; si tu en pars, tu en seras le destructeur. Nos vaisseaux sont toute notre ressource dans cette guerre. Suis donc mon conseil ; mais si tu refuses de le faire, nous nous transporterons avec nos femmes, nos enfants et nos esclaves à Siris, en Italie, qui nous appartient depuis longtemps, et dont, suivant les oracles, nous devons être les fondateurs. Abandonnés par des alliés tels que nous, vous vous souviendrez alors de mes paroles. »

LXIII. Ce discours fit changer de résolution Eurybiade. Je pense qu'il en changea parce qu'il craignait de se voir abandonné des Athéniens, s'il menait l'armée navale à l'isthme ; car, ceux-ci venant à se séparer, le reste de la flotte n'était plus assez fort pour résister aux attaques des Barbares. Il donna donc la préférence à l'avis de Thémistocle, et il fut décidé qu'on combattrait à Salamine.

LXIV. Après cette escarmouche de paroles, les chefs de la flotte se préparèrent à combattre en cet endroit dès qu'Eurybiade en eut pris la résolution. Le jour parut et au moment où le soleil se levait, il y eut un tremblement de terre qu'on sentit aussi sur mer. Là-dessus on fut d'avis d'adresser des prières aux dieux, et d'appeler les Éacides au secours de la Grèce. Cette résolution prise, on fit des prières à tous les dieux ; et de Salamine même, où l'on était alors, on invoqua Ajax et Télamon, et l'on envoya un vaisseau à Égine pour en faire venir Éaque avec le reste des Éacides.

LXV. Dicéus d'Athènes, fils de Théocyde, banni, et jouissant

---

[1] Aristote, selon Plutarque, écrit que le sénat de l'Aréopage donna huit drachmes à chaque soldat, et que par ce moyen surtout on réussit à compléter les équipages des vaisseaux. Clidémus, ajoute Plutarque, assure que cet argent fut trouvé par un artifice de Thémistocle. Car, tandis que les Athéniens, dit-il, se rendaient au Pirée pour s'embarquer, l'égide de la statue de Minerve se perdit. Thémistocle, faisant semblant de la chercher partout, trouva parmi les bagages une somme d'argent immense, qui, ayant été mise en commun, entretint l'abondance sur la flotte. (L.)

alors d'une grande considération parmi les Mèdes, racontait que s'étant trouvé par hasard dans la plaine de Thria avec Démarate de Lacédémone, après que l'Attique, abandonnée par les Athéniens, eut été ravagée par l'armée de Xerxès, il vit s'élever d'Éleusis une grande poussière qui semblait excitée par la marche d'environ trente mille hommes; qu'étonnés et ne sachant à quels hommes l'attribuer, tout à coup ils entendirent une voix qui lui parut celle du mystique Iacchus [1]. Il ajoutait que Démarate, n'étant pas instruit des mystères d'Éleusis, lui demanda ce que c'était que ces paroles. « Démarate, lui répondit-« il, quelque grand malheur menace l'armée du roi, elle ne peut « l'éviter. L'Attique étant déserte, c'est une divinité qui vient « de parler. Elle part d'Éleusis, et marche au secours des Athé-« niens et des alliés, cela est évident. Si elle se porte vers le « Péloponèse, le roi et son armée de terre courront grand « risque; si elle prend le chemin de Salamine où sont les « vaisseaux, la flotte de Xerxès sera en danger de périr. Les « Athéniens célèbrent tous les ans cette fête en l'honneur de « Cérès et de Proserpine, et l'on initie à ces mystères tous ceux « d'entre eux et d'entre les autres Grecs qui le désirent. Les « chants que tu entends sont ceux qui se chantent en cette « fête en l'honneur d'Iacchus. » Là-dessus Démarate lui dit : « Continue, Dicéus, sois discret, et ne parle de cela à qui « que ce soit : car, si l'on rapportait au roi ton discours, tu « perdrais la tête, et ni moi ni personne ne pourrait obtenir « ta grâce. Reste tranquille, les dieux prendront soin de « l'armée. »

Tel fut l'avis de Démarate. Dicéus ajoutait que de cette poussière se forma un nuage qui se porta à Salamine, vers l'armée des Grecs, et qu'ils connurent par là, Démarate et lui,

---

[1] Le 20 du mois boédromion, qui était le sixième jour de la fête des mystères de Cérès, on portait du Céramique à Éleusis une figure d'Iacchus ou de Bacchus, couronnée de myrte et tenant à la main un flambeau. Pendant la marche on chantait en l'honneur du dieu un hymne qui s'appelait le mystique Iacchus, et dans lequel on répétait souvent *Iacche*. Or c'était cet hymne que disait avoir entendu Dicéus. Cet hymne ne se chantait pas en l'honneur de Bacchus Thébain, fils de Jupiter et de Sémélé, mais en celui de Bacchus fils de Jupiter et de Proserpine. Celui-ci était, selon Cicéron, le premier des cinq Bacchus, parmi lesquels il ne comprend pas le fils de Sémélé.

que la flotte de Xerxès devait périr. Tel était le récit de Dicéus, fils de Théocyde, qu'il appuyait du témoignage de Démarate et de quelques autres personnes.

LXVI. Lorsque les troupes navales de Xerxès eurent considéré la perte des Lacédémoniens, elles se rendirent de Trachis à Histiée, où elles s'arrêtèrent trois jours ; elles traversèrent ensuite l'Euripe, et en trois autres jours elles se trouvèrent à Phalère. Les armées de terre et de mer des Barbares n'étaien pas moins nombreuses, à ce que je pense, à leur entrée dans l'Attique, qu'à leur arrivé aux Thermopyles et au promontoire Sépias. Car, à la place de ceux qui avaient péri dans la tempête, au passage des Thermopyles et au combat naval d'Artémisium, je mets tous les peuples qui ne suivaient pas encore le roi, comme les Maliens, les Doriens, les Locriens, les Béotiens, qui accompagnèrent Xerxès avec toutes leurs forces, excepté les Thespiens et les Platéens. Il fut encore suivi par les Carystiens, les Andriens, les Téniens et les autres insulaires, excepté les habitants des cinq îles dont j'ai rapporté ci-dessus les noms. En effet, plus Xerxès avançait en Grèce et plus il emmenait de peuples à sa suite.

LXVII. Toutes ces troupes arrivées, les unes à Athènes, les autres à Phalère, excepté les Pariens, qui attendaient à Cythnos les événements de la guerre, Xerxès lui-même se rendit sur la flotte pour conférer avec ses officiers, et savoir quels étaient leurs sentiments. Il s'assit sur son trône à son arrivée, et les tyrans des différentes nations, et les capitaines des vaisseaux qu'il avait mandés, prirent place chacun suivant la dignité qu'ils tenaient de lui, le roi de Sidon le premier, celui de Tyr ensuite, et le reste après eux. Quand ils se furent tous assis à leurs rangs, Xerxès, voulant les sonder, leur fit demander par Mardonius s'il devait donner bataille sur mer. Mardonius les interrogea tous, à commencer par le roi de Sidon, et tous furent d'avis de livrer bataille, excepté Artémise, qui lui adressa ces paroles :

LXVIII. « Mardonius, transmets au roi mes paroles : Maître,
« après les preuves que j'ai données de ma valeur aux combats
« livrés sur mer près de l'Eubée, et les belles actions que j'y
« ai faites, il est juste que je te dise mon sentiment, et ce que
« je crois le plus avantageux à tes intérêts. Je suis d'avis que

« tu épargnes nos vaisseaux, et que tu ne donnes pas ce combat
« naval, parce que les Grecs sont autant supérieurs sur mer à
« tes troupes que les hommes le sont aux femmes. Y a-t-il
« donc nécessité de risquer un combat sur mer? N'es-tu pas
« maître d'Athènes, l'objet principal de cette expédition? le
« reste de la Grèce n'est-il pas en ta puissance? Personne ne
« te résiste, et ceux qui l'ont fait ont eu le sort qu'ils méri-
« taient. Je vais te dire maintenant de quelle manière tourne-
« ront, à mon avis, les affaires de tes ennemis. Si, au lieu de
« te presser de combattre sur mer, tu retiens ici tes vaisseaux
« à la rade, ou si tu avances vers le Peloponèse, tu viendras
« facilement à bout, seigneur, de tes projets; car les Grecs ne
« peuvent pas faire une longue résistance: tu les dissiperas et
« ils s'enfuiront dans leurs villes; car ils n'ont point de vivres
« dans cette île, comme j'en suis informée; et il n'est pas
« vraisemblable que, si tu fais marcher tes troupes de terre
« vers le Peloponèse, les Péloponésiens qui sont venus à Sala-
« mine y restent tranquillement; ils ne se soucieront pas de
« combattre pour les Athéniens. Mais si tu précipites la bataille,
« je crains que la défaite de ton armée de mer n'entraîne encore
« après elle celle de tes troupes de terre. Enfin, seigneur, fais
« attention que les bons maîtres ont ordinairement de mauvais
« esclaves, et que les méchants en ont de bons. Tu es le meil-
« leur de tous les princes, mais tu as de mauvais esclaves au
« nombre de tes alliés, tels que les Égyptiens, les Cypriens, les
« Ciliciens et les Pamphiliens qui ne te serviront de rien. »

LXIX. Les amis d'Artémise craignaient que le discours qu'elle avait tenu à Mardonius ne lui attirât quelque disgrâce de la part du roi, parce qu'elle tâchait de le détourner de combattre sur mer. Ceux qui lui portaient envie, et qui étaient jaloux de ce que ce prince l'honorait plus que tous les autres alliés, furent charmés de sa réponse, ne doutant pas qu'elle n'occasionnât sa perte. Lorsqu'on eut fait à Xerxès le rapport des avis, celui d'Artémise lui fit beaucoup de plaisir. Il regardait auparavant cette princesse comme une femme de mérite; mais, en cette occasion, il en fit encore un plus grand éloge. Cependant il voulut qu'on suivît l'avis du plus grand nombre; et comme il pensait que ses troupes n'avaient pas fait leur devoir de propos délibéré dans le combat près de l'Eubée, parce qu'il ne s'y était pas trouvé, il se disposa à être spectateur de celui de Salamine.

LXX. L'ordre du départ donné, la flotte des Perses s'avança vers Salamine et se rangea à loisir en ordre de bataille. Le peu de jour qui restait alors leur fit différer l'attaque; et, la nuit étant survenue, on s'y prépara pour le lendemain. Cependant la frayeur s'empara des Grecs, et surtout des Péloponésiens. Ils craignaient, parce qu'ils étaient sur le point de combattre à Salamine pour les Athéniens, que, s'ils perdaient la bataille, on ne les assiégeât dans l'île pendant que leur pays serait sans défense.

LXVI. L'armée de terre des Barbares partit cette même nuit pour le Péloponèse, quoiqu'on eût mis tout en usage pour l'empêcher d'y pénétrer par le continent. Car les Péloponésiens n'eurent pas plutôt appris la défaite et la mort de Léonidas et de ses troupes aux Thermopyles, qu'ils accoururent de toutes leurs villes à l'isthme sous la conduite de Cléombrote, fils d'Anaxandride et frère de Léonidas.

Lorsqu'ils furent à l'isthme, ils interceptèrent le chemin de Sciron, et, suivant la résolution prise dans le conseil, ils travaillèrent ensuite à fermer d'un mur l'isthme d'un bout à l'autre. L'ouvrage avançait beaucoup, et personne, parmi tant de milliers d'hommes, ne s'exemptait du travail. Les uns portaient des pierres, les autres des briques, du bois, des hottes pleines de sable; l'ouvrage ne discontinuait ni jour ni nuit.

LXXII. Ceux d'entre les Grecs qui concoururent à la défense de l'isthme furent les Lacédémoniens, tous les Arcadiens, les Éléens, les Corinthiens, les Sicyoniens, les Épidauriens, les Phliasiens, les Trézéniens et les Hermionéens : tels sont les peuples qui, effrayés du péril dont la Grèce était menacée, vinrent à son secours. Quant au reste des Péloponésiens, ils ne s'en inquiétèrent en aucune manière, et restèrent chez eux, quoique les jeux olympiques et les fêtes Carniennes fussent passés.

LXXIII. Il y a dans le Péloponèse sept nations différentes. Deux, originaires du pays, occupent encore aujourd'hui le même territoire qu'elles habitaient autrefois : ce sont les Arcadiens et les Cynuriens. Une troisième, celle des Achéens, n'est point sortie du Péloponèse [1], mais du canton où elle demeurait, pour se fixer dans un autre. Les quatre autres nations, les Doriens, les Étoliens, les Dryopes et les Lemniens, sont étrangères. Les Doriens ont beaucoup de villes célèbres : les Étoliens n'ont que celle d'Élis ; les Dryopes possèdent Hermione et Asine, vers Cardamyle de Laconie. Les Paroréates sont tous Lemniens [2]. Les Cynuriens, quoique autochthones, paraissent Ioniens à quelques-uns ; avec le temps, ils sont devenus Doriens sous la domination des Argiens, ainsi que les Ornéates et leurs voisins. Toutes les villes de ces sept nations, excepté celles dont j'ai parlé, se séparèrent de la cause commune ; et, s'il m'est permis de dire librement ma pensée, en restant neutres, elles inclinaient pour les Mèdes.

LXXIV. Les Grecs qui étaient à l'isthme s'occupaient de ce travail avec autant d'ardeur que si c'eût été leur dernière ressource, et qu'ils eussent perdu l'espoir de se distinguer sur mer. Ceux qui étaient à Salamine, apprenant la marche des Barbares, étaient également saisis de crainte, quoique ce fût moins pour eux que pour le Péloponèse. Étonnés de l'imprudence d'Eurybiade, ils se communiquèrent d'abord en secret ce qu'ils en pensaient ; mais enfin ils éclatèrent, et il fallut assembler le conseil. La même question fut beaucoup agitée : les uns furent d'avis de cingler sur le Péloponèse, et de s'exposer plutôt pour sa défense que de rester à Salamine, et d'y combattre pour un pays déjà subjugué ; les Athéniens, les Éginètes et Mégariens soutinrent, au contraire, qu'il fallait livrer bataille à l'endroit où l'on se trouvait.

LXXV. A peine Thémistocle se fut-il aperçu de la supériorité que prenait l'avis des Péloponésiens, qu'il sortit secrètement

---

[1] Les Achéens, ayant été chassés de la Laconie et de l'Argolide par les Héraclides, s'emparèrent du pays alors occupé par les Ioniens, et qui prit d'eux le nom d'Achaïe ; ainsi cette nation n'est pas sortie du Péloponèse. (L.)

[2] Les Minyens, ou descendants des Argonautes, ayant été chassés de l'île de Lemnos par les Pélasges, vinrent dans le Péloponèse. S'étant emparés peu après du pays des Paroréates et de celui des Caucons, ils en chassèrent les anciens habitants et y bâtirent six villes. Cet événement est de la même époque que la fondation de Théra, comme on le voit dans Hérodote, et par conséquent il est de l'an 3564 de la période julienne, 1150 ans avant notre ère. Il y avait donc, dans le temps de la bataille de Salamine, 670 ans que les Minyens portaient le nom de Paroréates. (L.)

du conseil, et qu'il dépêcha dans une barque à la flotte des Mèdes un exprès, avec des instructions sur ce qu'il devait leur dire. Cet envoyé s'appelait Sicinnus; il était de sa maison, et précepteur de ses enfants. Quelque temps après cette guerre, Thémistocle l'enrichit, et le fit recevoir parmi les citoyens de Thespies, lorsqu'elle reçut de nouveaux habitants. Arrivé avec sa barque à la flotte des Perses, Sicinnus adressa ce discours à leurs chefs : « Le général des Athéniens, qui est bien intentionné
« pour le roi, et qui préfère le succès de vos armes à celui des
« Grecs, m'a dépêché vers vous à leur insu, avec ordre de vous
« dire que les Grecs, effrayés, délibèrent s'ils ne prendront point
« la fuite. Il ne tient donc qu'à vous de faire la plus belle ac-
« tion du monde, en ne permettant pas qu'ils vous échappent.
« Ils ne sont point d'accord entre eux, et, au lieu de résister,
« vous verrez vos partisans et vos adversaires aux prises les uns
« contre les autres. » Cet avis donné, Sicinnus se retira sur-le-champ.

LXXVI. Comme ce conseil leur parut sincère, ils firent d'abord passer un grand nombre de Perses dans la petite île de Psyttalie, située entre Salamine et le continent; ensuite, quand on fut au milieu de la nuit, l'aile de leur armée navale qui regardait l'occident avança vers Salamine, afin d'envelopper les Grecs, et les vaisseaux qui étaient autour de Céos et de Cynosure levèrent l'ancre, et couvrirent tout le détroit jusqu'à Munychie. Ils avaient fait avancer leur flotte en cet ordre afin d'empêcher les Grecs de se sauver, et que, les tenant investis à Salamine, ils tirassent vengeance des succès d'Artémisium. Quant au débarquement des Perses à Psyttalie, on l'avait fait parce que, cette île étant dans le détroit où devait se donner la bataille, et les hommes et les vaisseaux endommagés devant naturellement s'y rendre après que l'action aurait été engagée, ils auraient pu sauver les leurs et tuer leurs ennemis. Ils firent ces dispositions secrètement pendant la nuit, et sans prendre aucun repos, afin d'en dérober la connaissance aux Grecs.

LXXVII. Quand je réfléchis sur ces événements, je ne puis contester la vérité des oracles, et je ne cherche point à les rejeter, lorsqu'ils s'énoncent d'une manière aussi claire que celui-ci :

« Quand ils auront couvert de leurs vaisseaux le rivage sacré
« de Diane et celui de Cynosure, et que, pleins d'un fol espoir,

« ils auront saccagé l'illustre ville d'Athènes, la Vengeance ré-
« primera le Dédain, fils de l'Insolence, qui, dans sa fureur,
« s'imagine faire retentir l'univers entier de son nom. L'airain
« se mêlera avec l'airain[1], et Mars ensanglantera la mer. Alors
« le fils de Saturne et l'auguste Victoire amèneront aux Grecs
« le jour de la liberté. »

Bacis s'exprimant d'une manière si claire, je n'ose contre-
dire les oracles, et je n'approuve point que d'autres le fassent[2].

LXXVIII. Les altercations continuaient à Salamine entre les
généraux de la flotte grecque. Cependant ils ignoraient qu'ils
étaient enveloppés, et croyaient les Barbares au même endroit
où ils les avaient vus pendant le jour.

LXXIX. On était encore au conseil, lorsque arriva d'Égine
Aristide, fils de Lysimaque. Il était Athénien: le peuple l'avait
banni par l'ostracisme, quoique, suivant ce que j'ai appris de
ses mœurs, ce fût un homme de bien et très-juste. Aristide se
présente à l'entrée du conseil, appelle Thémistocle, qui, bien
loin de l'aimer, le haïssait au contraire beaucoup. Mais la grandeur des maux présents lui faisant oublier tout ressentiment,
il l'appelle pour conférer avec lui. Il avait déjà entendu parler
de l'empressement des Péloponésiens à se retirer vers l'isthme.
Thémistocle étant sorti: « Remettons à un autre temps, lui dit
« Aristide, nos querelles, et disputons, dans les circonstances
« présentes, à qui rendra de plus grands services à la patrie.
« Que les Péloponésiens parlent peu ou beaucoup sur le départ
« de la flotte, cela est égal. L'ennemi nous tient investis, j'en
« suis témoin oculaire; les Corinthiens et Eurybiade lui-même
« ne pourraient se retirer, quand même ils le voudraient. Ren-
« tre au conseil, et fais-leur part de cette nouvelle. »

LXXX. « Ton avis, repartit Thémistocle, est très-avantageux,
« ainsi que la nouvelle que tu m'apportes, et dont tu es témoin
« oculaire; c'est ce que je désire le plus. Sache que les Perses
« n'agissent que par mon impulsion. Les Grecs n'étant point

[1] Cette expression fait-elle allusion à l'airain dont les proues des vaisseaux étaient armées, ou aux plus anciens temps où les armes étaient
d'airain, le fer n'ayant pas encore été trouvé?

[2] Ce seul trait suffit pour faire voir qu'en fait d'oracles notre historien,
écrivain d'ailleurs si plein de sens, avait la même maladie que la plupart
des autres hommes de son siècle. Mais il prouve en même temps qu'il y
avait déjà des gens plus clairvoyants et moins crédules. (WALCKENAER.)

« portés d'eux-mêmes à livrer bataille, il fallait les y forcer.
« Mais, puisque tu viens avec de si bonnes nouvelles, communi-
« que-les toi-même au conseil : car, si je le faisais, on me soup-
« çonnerait de les avoir inventées, et je ne persuaderais pas plus
« que si les Barbares n'avaient point fait cette manœuvre. Entre
« donc, et fais part aux Grecs de l'état des affaires. Si l'on te
« croit, tant mieux ; si l'on ne te croit pas, peu importe : car
« si, comme tu le dis, nous sommes enfermés de toutes parts,
« ils ne pourront prendre la fuite. »

LXXXI. Aristide, étant entré, dit qu'il venait d'Égine, et qu'il avait eu bien de la peine à passer sans être aperçu de la flotte des Perses, qui enveloppait la leur de toutes parts ; qu'ainsi il leur conseillait de se mettre en défense. Cet avis donné, il se retira. Il y eut encore après cette nouvelle beaucoup d'altercations entre les généraux, la plupart ne voulant pas le croire.

LXXXII. Ils en doutaient encore, lorsqu'on vit arriver une trirème de Téniens transfuges, commandés par Panétius, fils de Sosimène, qui leur apporta des nouvelles certaines. En mémoire de cette action, on grava sur le trépied consacré à Delphes le nom des Téniens parmi ceux qui avaient eu part à la défaite de Xerxès. Ce vaisseau ténien, qui passa du côté des Grecs à Salamine, compléta, avec celui de Lemnos qui les était venu joindre auparavant à Artémisium, le nombre de la flotte grecque qui, étant de trois cent soixante et'dix-huit vaisseaux, fut alors de trois cent quatre-vingts.

LXXXIII. Les Grecs, ayant ajouté foi au rapport des Téniens, se préparèrent au combat. Dès que l'aurore commença à paraître, on assembla les troupes. Thémistocle anima les siennes par sa harangue. Il fit dans son discours un parallèle des grandes actions et des lâches ; et parmi toutes celles qui dépendent de la nature et de la condition humaine, il les exhorta à choisir celles qui pouvaient leur être glorieuses. Sa harangue finie, il leur ordonna de monter sur leurs vaisseaux. Ils s'étaient à peine embarqués, qu'arriva d'Égine le vaisseau qu'on avait envoyé vers les Æacides. Aussitôt après les Grecs firent avancer toute leur flotte.

LXXXIV. Dès qu'ils commencèrent à s'ébranler, les Perses fondirent sur eux. Les Grecs reculèrent vers le rivage, sans virer de bord, pour tomber ensuite sur l'ennemi, lorsque Aminias, Athénien et du bourg de Pallène, s'avança devant les autres, heurta un vaisseau perse et ne put se dégager; le reste des Grecs accourut au secours d'Aminias, et le combat s'engagea. Ce fut ainsi qu'il commença, suivant les Athéniens. Mais les Éginètes prétendent que le vaisseau envoyé vers les Æacides donna le premier. On dit aussi qu'un fantôme apparut aux Grecs sous la forme d'une femme, et que, d'une voix assez forte pour être entendue de toute la flotte, il les anima après leur avoir fait des reproches : « Malheureux, quand cesserez-vous « donc de reculer ? »

LXXXV. Les Phéniciens étaient rangés vis-à-vis des Athéniens, à l'aile qui regardait Éleusis et l'occident; et les Ioniens en face des Lacédémoniens, à l'aile opposée à l'orient et au Pirée. Quelques Ioniens en petit nombre se conduisirent lâchement de dessein prémédité, suivant les exhortations de Thémistocle; mais la plupart firent le contraire. Je pourrais dire ici les noms d'un grand nombre de leurs capitaines qui enlevèrent des vaisseaux aux Grecs; mais je me bornerai à ceux de Théomestor, fils d'Androdamas, et de Phylacus, fils d'Histiée, tous deux de Samos. Ils sont les seuls dont je fasse mention, parce que cette action valut à Théomestor la souveraineté de Samos, que les Perses lui donnèrent, et parce que Phylacus ayant été inscrit parmi ceux qui avaient bien mérité du roi, eut pour récompense une grande étendue de terre. Ceux qui rendent au roi des services importants s'appellent en langue perse *orosanges*. Voilà ce qui concerne les deux Samiens.

LXXXVI. La flotte des Perses fut en grande partie mise en pièces et détruite par les Athéniens et les Éginètes. Les Barbares, combattant avec confusion, sans jugement, contre des troupes qui se battaient avec ordre et en gardant leurs rangs, devaient éprouver un pareil sort. Ils se comportèrent cependant beaucoup mieux en cette journée qu'ils ne l'avaient fait près de l'Eubée, et se surpassèrent eux-mêmes, chacun faisant tous ses efforts par la crainte que lui inspirait Xerxès, dont il croyait être aperçu.

LXXXVII. Parmi tant de combattants, je ne puis assurer de quelle manière se conduisirent en particulier les Barbares ou les Grecs. Mais voici une action d'Artémise qui augmenta l'estime que le roi avait déjà pour elle. Les affaires de ce prince étaient dans un grand désordre, lorsque cette princesse, ne pouvant échapper à la poursuite d'un vaisseau athénien, parce qu'elle avait devant elle plusieurs vaisseaux amis, et que le sien étoit le plus proche de ceux des ennemis, prit sur-le-champ son parti, et se conduisit d'une manière qui lui réussit. Poursuivie par le vaisseau athénien, elle fondit sur un vaisseau ami, monté par des Calyndiens et Damasithyme leur roi. Je ne puis dire si elle avait eu un différend avec ce prince, tandis que les Perses étaient encore dans l'Hellespont, ni si elle en agit ainsi de dessein prémédité, ou si le vaisseau des Calyndiens se trouva par hasard devant le sien. Quoi qu'il en soit, Artémise l'attaque, le coule à fond, et se procure un double avantage ; car le commandant de la trirème athénienne voyant qu'elle attaquait un vaisseau barbare, et s'imaginant que ce vaisseau était grec, ou qu'ayant passé du côté des alliés il combattait pour eux, se détourna pour en combattre d'autres.

LXXXVIII. D'un côté, Artémise évita par ce moyen de périr ; et de l'autre, en faisant du mal au roi, elle s'attira encore plus son estime. Car on dit que ce prince, attentif à regarder le combat, aperçut le vaisseau de la princesse qui en attaquait un autre, et que quelqu'un de ceux qui étaient près de sa personne lui dit : « Seigneur, vois-tu avec quel courage Artémise combat, « et comme elle a coulé à fond ce vaisseau ennemi ? » Alors Xerxès s'informa si cette action était véritablement d'Artémise : ils l'en assurèrent, sur ce qu'ils connaissaient parfaitement son vaisseau à la figure qui était à la proue, et parce qu'ils ne doutaient pas que le vaisseau coulé à fond n'appartînt aux ennemis. Indépendamment des avantages que nous venons de rapporter, elle eut encore le bonheur qu'il ne se sauva personne du vaisseau calyndien qui pût l'accuser. On assure que Xerxès répondit : « Les hommes se sont conduits en femmes, « et les femmes en hommes. » Tel est le mot attribué à Xerxès.

LXXXIX. Ariabigne, fils de Darius et frère de Xerxès, général de l'armée navale, périt à cette bataille, ainsi qu'un grand nombre de personnes de distinction, tant Perses que Mèdes et autres alliés. La perte des Grecs ne fut pas considérable. Comme ils savaient nager, ceux qui ne périssaient pas de la main des ennemis, quand leur vaisseau était détruit, gagnaient Salamine à la nage. Mais la plupart des Barbares se noyaient dans la mer faute de savoir nager. Les vaisseaux qui étaient au premier rang ayant été mis en fuite, les autres furent alors détruits pour la plupart. Car ceux qui étaient derrière le premier rang, s'efforçant de passer devant afin de donner au roi des preuves de leur valeur, se brisaient contre les vaisseaux de leur parti qui fuyaient.

XC. Des Phéniciens, ayant perdu leurs vaisseaux dans ce tumulte, accusèrent auprès du roi les Ioniens de trahison, et d'être la cause de leur perte. Les généraux ioniens ne furent pas punis de mort, et les Phéniciens qui les avaient accusés reçurent le salaire qu'ils méritaient. Ils parlaient encore, lorsqu'un vaisseau samothrace fondit sur un vaisseau athénien et le coula à fond. En même temps un vaisseau éginète tomba sur le vaisseau samothrace et le coula à fond ; mais les Samothraces, excellents hommes de trait, chassèrent à coups de javelot les soldats du vaisseau qui avait coulé à fond le leur, et, s'étant jetés dessus, s'en rendirent maîtres. Cette action sauva les Ioniens. Témoin de cet exploit, Xerxès se tourna vers les Phéniciens ; et comme il était très-affligé de la perte de la bataille, et qu'il les accusait tous d'en être les auteurs, il leur fit couper la tête, afin que des lâches ne pussent plus calomnier des gens plus braves qu'eux. Assis au pied du mont Ægalée, qui est vis-à-vis de Salamine, il considérait tout, et, quand il apercevait quelque action remarquable, il s'informait de celui qui l'avait faite, et ses secrétaires écrivaient son nom, celui de son père et de quelle ville il était. Ariaramnès, seigneur perse, qui était ami des Ioniens, et qui se trouvait présent au récit des Phéniciens, contribua beaucoup à la perte de ceux-ci.

XCI. Tandis que ces choses se passaient, les Barbares, mis en fuite, tâchaient de gagner le port de Phalère ; mais les Éginètes, placés dans le détroit, firent des actions mémorables. Dans le trouble et la confusion où se trouvaient les ennemis, les Athéniens détruisaient et les vaisseaux qui leur résistaient et ceux qui fuyaient ; d'un autre côté, les Éginètes ne maltraitaient pas moins ceux qui cherchaient à s'échapper : de sorte que quand un vaisseau s'était tiré des mains des Athéniens, il tombait dans celles des Éginètes.

XCII. Sur ces entrefaites, Thémistocle, qui était à la poursuite des Perses, rencontra Polycrite, fils de Crios d'Égine, qui attaquait un vaisseau sidonien. Celui-ci avait pris le vaisseau éginète envoyé à la découverte près de l'île de Sciathos, que montait Pythès, fils d'Ischénoüs, qui fut criblé de coups en se battant contre les Perses, et que ceux-ci avaient conservé par admiration pour son courage. Ce vaisseau sidonien ayant été pris par Polycrite avec les Perses qui le montaient, Pythès recouvra la liberté et s'en retourna à Égine. Polycrite[1] reconnut aussitôt le vaisseau amiral athénien à la figure dont il était orné, et, appelant à haute voix Thémistocle, il le railla d'une manière sanglante sur l'attachement qu'on reprochait aux Éginètes pour les Mèdes; et, sans discontinuer de lancer ces traits contre Thémistocle, il attaquait le vaisseau sidonien. Quant aux Barbares qui conservèrent leurs vaisseaux par la fuite, ils se retirèrent au port de Phalère sous la protection de l'armée de terre.

XCIII. Les Éginètes se distinguèrent le plus à cette journée, et, après eux, les Athéniens; et parmi les Éginètes, Polycrite; et du côté des Athéniens, Eumène d'Anagyronte et Aminias de Pallène, qui poursuivit Artémise. S'il eût su que cette princesse était sur ce vaisseau, il n'aurait pas cessé de lui donner la chasse qu'il ne l'eût prise, ou bien il aurait été pris lui-même. Tel était l'ordre qu'avaient reçu les capitaines athéniens. On avait promis une récompense de dix milles drachmes[2] à celui qui la ferait prisonnière, tant les Athéniens étaient indignés qu'une femme fût venue en armes contre eux; mais elle trouva moyen d'échapper, comme on l'a dit plus haut. Il y eut encore d'autres vaisseaux barbares qui se retirèrent au port de Phalère sans être endommagés.

XCIV. Les Athéniens disent qu'Adimante, général des Corinthiens, saisi de frayeur au premier choc des ennemis, déploya ses voiles et se sauva; que les Corinthiens, voyant leur vaisseau amiral s'enfuir, se retirèrent aussi; qu'arrivés près du temple de Minerve Sciras, sur la côte de Salamine, ils rencontrèrent une felouque envoyée par les dieux. On conjecture qu'il y avait là quelque chose de divin, sur ce que celui qui l'envoyait ne parut point, et que cette felouque s'étant approchée des Corinthiens, qui ignoraient ce qui se passait sur la flotte, et étant à

---

[1] Voyez les reproches faits à son père Crios, reproches qui occasionnent la récrimination de Polycrite, liv. XI, § L et LXXIII.

[2] 9,060 livres de notre monnaie.

portée de leurs vaisseaux, ceux qui la montaient leur dirent : « Adimante, traître envers les Grecs, tu t'enfuis à la hâte, et « cependant ils sont victorieux et remportent tous les avan- « tages qu'ils ont désirés; » qu'Adimante ne les croyant pas, ceux qui montaient la barque ajoutèrent, selon les Athéniens, qu'on les retint pour otages et qu'on les fît mourir si les alliés n'étaient pas victorieux; que là-dessus Adimante et les siens virèrent de bord et arrivèrent à la flotte grecque après l'action. Tel est le bruit généralement répandu à Athènes; mais les Corinthiens, bien loin de convenir de la vérité de ce fait, prétendent s'être signalés des premiers dans le combat naval, et le reste de la Grèce leur rend aussi ce témoignage.

XCV. Aristide, fils de Lysimaque, Athénien, dont j'ai parlé un peu plus haut comme un homme de bien, se distingua aussi à cette journée. Prenant avec lui beaucoup de soldats athéniens pesamment armés qu'il trouva le long du rivage de Salamine, il les fit passer dans la petite île de Psyttalie [1], et tailla en pièces tous les Perses qu'il rencontra [2].

XCVI. Le combat fini, les Grecs remorquèrent à Salamine tous les vaisseaux brisés qu'ils trouvèrent aux environs de l'île, et se disposèrent à une autre action, comptant que le roi livrerait une seconde bataille avec ce qui lui restait de vaisseaux. Cependant le vent d'ouest poussa sur la côte de l'Attique appelée Colias beaucoup de débris de la flotte perse. Ainsi furent accomplis tous les oracles de Bacis et de Musée [3] touchant ce combat

---

[1] « Aristide, voyant que Psyttalie, petite île près de Salamine et dans le détroit, était pleine de troupes ennemies, prit avec lui les plus zélés et les plus braves de ses concitoyens, et, les ayant embarqués sur des bâtiments légers, il fit une descente dans cette île; il livra bataille aux Barbares, et les passa tous au fil de l'épée, excepté les plus distingués, qui furent faits prisonniers. De ce nombre furent trois frères, fils de Sandauce, sœur du roi. Aristide les ayant envoyés à Thémistocle, on dit qu'ils furent immolés à Bacchus Omestès : le devin Euphrantidès l'ayant ainsi ordonné en vertu d'un oracle. » (Plutarque, *Vie d'Aristide*.)

[2] *Voyez* § LXXVI.

[3] Il y a eu plusieurs Musée. Celui dont il est ici question, était Athénien, et d'Éleusis, fils d'Antiphémus ou Antiophémus, comme l'appelle Pausanias. Il a écrit des préceptes en vers adressés à son fils Eumolpe, sur lesquels on peut consulter Pausanias. Cet auteur dit cependant qu'on n'a rien qui soit certainement de Musée, si ce n'est un hymne en l'honneur de Cérès, qu'il fit pour être chanté par les Lycomèdes. Il avait aussi composé des oracles qu'on attribuait à Onomacrite. Il fut enterré à Athènes

naval, de même qu'un autre publié plusieurs années avant ces événements par Lysistrate, devin athénien, concernant les débris de vaisseaux portés sur cette côte. Cet oracle, dont le sens avait jusqu'alors échappé à tous les Grecs, était conçu en ces termes : « Les femmes de Colias feront griller avec des rames. » Cela devait arriver après le départ du roi.

XCVII. Aussitôt que Xerxès connut sa défaite, craignant que les Grecs ne songeassent d'eux-mêmes ou par le conseil de quelques Ioniens à faire voile vers l'Hellespont pour rompre les ponts, et que, surpris en Europe, il ne fût en danger d'y périr, il pensa à prendre la fuite. Mais, voulant donner le change aux Grecs et à ses troupes, il essaya de joindre Salamine au continent par une chaussée, fit lier ensemble les vaisseaux de charge phéniciens pour tenir lieu de pont et de muraille, et fit tous les préparatifs nécessaires comme s'il eût eu dessein de donner une autre bataille navale. En le voyant agir de la sorte, on fut persuadé qu'il voulait rester et qu'il se préparait à continuer la guerre ; mais ses desseins ne purent échapper à la sagacité de Mardonius, qui connaissait parfaitement sa manière de penser.

XCVIII. Pendant ces préparatifs, Xerxès dépêcha un courrier en Perse pour y porter la nouvelle de son malheur actuel. Rien de si prompt parmi les mortels que ces courriers. Voici en quoi consiste cette invention. Autant il y a de journées d'un lieu à un autre, autant, dit-on, il y a de postes avec un homme et des chevaux tout prêts, que ni la neige, ni la pluie, ni la chaleur, ni la nuit, n'empêchent de fournir leur carrière avec toute la célérité possible. Le premier courrier remet ses ordres au second, le second au troisième : les ordres passent ainsi de suite de l'un à l'autre, de même que chez les Grecs le flambeau passe de main en main dans les fêtes de Vulcain. Cette course à cheval s'appelle en langue perse *angaréion*.

XCIX. Quand on apprit à Suse, par le premier courrier, que Xerxès était maître d'Athènes, les Perses qui y étaient restés en eurent tant de joie, que toutes les rues furent jonchées de myrte, qu'on brûla des parfums, et qu'on ne s'occupa que de

---

sur une colline qui est dans l'enceinte de l'ancienne ville, vis-à-vis de la citadelle, où il avait coutume de se retirer pour y chanter ses vers. Il eut un petit-fils de son nom, à qui Diogène Laërce attribue une Théogonie et un Traité de la sphère en vers. (L..)

festins et de plaisirs. La seconde nouvelle les consterna ; ils déchirèrent leurs habits, jetant sans cesse des cris lamentables, et imputant leur malheur à Mardonius. Ils étaient cependant moins affligés de la perte de leurs vaisseaux qu'alarmés pour le roi. Leurs inquiétudes continuèrent tant qu'il fut absent, et ne furent calmées qu'à son retour.

C. De son côté Mardonius, voyant Xerxès très-affligé de la perte de la bataille navale, soupçonna ce prince de songer à quitter l'Attique. S'occupant ensuite de lui-même, et pensant qu'il serait puni pour lui avoir conseillé de porter la guerre en Grèce, il crut qu'il devait s'exposer à de nouveaux dangers, et qu'il fallait ou qu'il subjuguât ce pays, ou qu'il pérît d'une mort honorable. Après réflexion, le désir de soumettre la Grèce prévalut dans son esprit. Il s'adressa à Xerxès : « Seigneur, lui dit-il,
« ne t'attriste pas de cette perte, et ne la regarde pas comme un
« grand malheur. Le succès de cette guerre ne dépend pas de
« tes vaisseaux, mais de ta cavalerie et de ton infanterie. Ces
« Grecs, qui s'imaginent que tout est terminé, ne sortiront
« point de leurs vaisseaux pour s'opposer à tes armes, et ceux
« du continent n'oseront pas s'essayer contre toi. Ceux qui l'ont
« fait en ont été punis. Attaquons donc sur-le-champ le Péloponèse, si telle est ta volonté. Mais si tu veux suspendre tes
« coups, suspendons-les ; cependant ne te décourage pas.
« Les Grecs n'ont plus de ressources, et ne peuvent éviter ni
« l'esclavage, ni le compte que tu leur demanderas du présent
« et du passé. Voilà, seigneur, ce que tu as surtout à faire.
« Mais, si tu as résolu de t'en retourner avec ton armée, j'ai
« cet autre conseil à te donner. Ne permets pas, seigneur, que
« les Perses servent de jouet aux Grecs ; tes affaires n'ont encore rien souffert par la faute des Perses, et tu ne peux nous
« accuser de nous être comportés lâchement en quelque occasion. Si les Phéniciens, les Égyptiens, les Cypriens et les Ciliciens ont mal fait leur devoir, leur faute ne nous regarde
« pas, et l'on ne doit pas nous l'imputer. Maintenant donc, seigneur, puisque les Perses ne sont point coupables, daigne
« suivre mon conseil. Si tu as résolu de ne pas rester ici plus
« longtemps, retourne dans tes États avec la plus grande partie
« de ton armée ; mais donne-moi trois cent mille hommes à mon
« choix, et je m'engage à faire passer la Grèce sous ton joug. »

CI. Xerxès, sentant à ce discours sa douleur se calmer et la joie renaître dans son âme, répondit à Mardonius qu'après en avoir délibéré, il lui ferait part de ses intentions. Tandis qu'il agitait cette question avec les Perses qu'il avait convoqués, il voulut avoir aussi l'avis d'Artémise, parce qu'il avait reconnu auparavant qu'elle était la seule qui lui eût donné de bons conseils. Il l'envoya donc chercher ; et, lorsqu'elle fut arrivée, il ordonna aux Perses de son conseil et à ses gardes de se retirer, et lui parla en ces termes :

« Mardonius m'exhorte à rester ici et à attaquer le Pélopo« nèse, en me représentant que les Perses et mon armée de « terre ne sont point cause de notre défaite, et qu'ils offrent de « m'en donner des preuves. Il m'engage donc à tenter cette « attaque, ou à retourner dans mes États avec mes troupes, et « à lui laisser trois cent mille hommes à son choix, avec les« quels il me promet de subjuguer la Grèce. Toi, qui m'as si « sagement détourné de combattre sur mer, dis-moi mainte« nant lequel de ces deux partis tu me conseilles de prendre. »

CII. « Seigneur, répondit Artémise, il est difficile de te don« ner un meilleur conseil ; mais, dans les conjonctures présentes, « je suis d'avis que tu retournes en Perse, et que tu laisses ici « Mardonius avec les troupes qu'il te demande, puisqu'il le dé« sire, et qu'il s'engage à subjuguer la Grèce. S'il en fait la « conquête, et qu'il réussisse dans ses desseins, tu en auras « tout l'honneur, puisque cette conquête sera l'ouvrage de tes « esclaves. Si, au contraire, son entreprise n'a pas le succès « dont il se flatte, ce ne sera pas un grand malheur, pourvu « que tu vives et que ta maison demeure florissante. En effet, « seigneur, tant que tu vivras et que ta maison subsistera, les « Grecs auront de fréquents combats à livrer pour défendre leur « liberté. Si Mardonius éprouve quelque revers, peu importe ; « et en faisant périr un de tes esclaves, les Grecs n'auront rem« porté qu'un faible avantage. Quant à toi, seigneur, tu t'en « retourneras après avoir brûlé la ville d'Athènes, comme tu te « l'étais proposé lorsque tu entrepris cette expédition. »

CIII. Cet avis fit d'autant plus de plaisir à Xerxès, qu'il s'accordait avec sa manière de penser. Mais, quand même tout le monde lui aurait conseillé de rester, je crois qu'il ne l'aurait pas fait, tant il était épouvanté ! Après avoir donné de grandes louanges à Artémise, il la renvoya avec quelques-uns de ses fils naturels qui l'avaient suivi dans cette expédition, et qu'elle eut ordre de conduire à Éphèse. Hermotime de Pédase, qui tenait le premier rang parmi les eunuques du roi, les accompagnait pour les garder.

CIV. (Les Pédasiens habitent au-dessus d'Halicarnasse. On dit que lorsqu'ils sont menacés de quelque malheur, eux et leurs voisins, ils voient une longue barbe à la prêtresse de Minerve qui est à Pédase, et qu'on a déjà vu ce prodige arriver deux fois.)

CV. Je ne connais personne qui se soit plus cruellement vengé d'une injure que cet Hermotime. Ayant été pris par des ennemis, il fut vendu à Panionius, de l'île de Chios. Cet homme vivait d'un trafic infâme : il achetait de jeunes garçons bien faits, les faisait eunuques, et les menait ensuite à Sardes et à Éphèse, où il les vendait très-cher : car la fidélité des eunuques les rend chez les Barbares, plus précieux que les autres hommes. Panionius, qui vivait, dis-je, de ce trafic, fit eunuques un grand nombre de jeunes garçons, et entre autres Hermotime. Cet Hermotime ne fut pas malheureux en tout : conduit de Sardes au roi avec d'autres présents, il parvint avec le temps, auprès de Xerxès, à un plus haut point de faveur que tous les autres eunuques.

CVI. Tandis que le roi était à Sardes, et qu'il se disposait à marcher avec ses troupes contre Athènes, Hermotime étant allé pour quelque affaire dans Atarnée, canton de la Mysie, cultivé par les habitants de Chios, y rencontra Panionius. L'ayant reconnu, il lui témoigna beaucoup d'amitié ; et, commençant par énumérer tous les biens qu'il lui avait procurés, il passa ensuite à ceux qu'il promettait de lui faire par reconnaissance, s'il voulait venir avec toute sa famille s'établir à Sardes. Panionius, charmé de ces offres, alla chez Hermotime avec sa femme et ses enfants. Quand celui-ci l'eut en sa puissance avec toute sa famille : « O de tous les hommes le plus scélérat, lui dit-il, qui
« gagnes ta vie au plus infâme métier ! quel mal t'avions-nous
« fait, moi et les miens, à toi ou à quelqu'un des tiens, pour
« m'avoir privé de mon sexe, et m'avoir réduit à n'être plus
« rien ? T'étais-tu donc imaginé que les dieux n'auraient aucune
« connaissance de ton action ? Scélérat ! par un juste châtiment

« ils t'ont attiré par un appât trompeur entre mes mains, afin
« que tu ne puisses te plaindre de la peine que je vais t'infliger. »
Après ces reproches, il se fit amener les quatre enfants de Panionius, et le força de les mutiler lui-même. Panionius, s'y voyant contraint, le fit; et, cet ordre exécuté, Hermotime obligea les enfants à faire la même opération à leur propre père. C'est ainsi que fut puni Panionius, et qu'Hermotime se vengea

CVII. Xerxès ayant remis ses enfants à Artémise, afin de les mener à Éphèse, manda Mardonius, et lui ordonna de choisir dans toute son armée les troupes qu'il voudrait garder, et de se conduire de manière à réaliser ses promesses. Telles sont les choses qui se passèrent ce jour-là; mais, pendant la nuit, les commandants de la flotte partirent de Phalère, par ordre du roi, avec leurs vaisseaux, pour regagner l'Hellespont avec toute la célérité possible, afin de garder les ponts sur lesquels le roi devait passer. Lorsque les Barbares furent près de Zoster [1], ils prirent pour des vaisseaux les petits promontoires qui s'avancent dans la mer. Ils en furent tellement effrayés, qu'ils s'enfuirent en désordre; mais, ayant enfin reconnu leur erreur, ils se réunirent et continuèrent leur route.

CVIII. Quand le jour parut, les Grecs, voyant l'armée de terre des Perses au même endroit, crurent que leurs vaisseaux étaient aussi à Phalère, et, s'imaginant qu'ils leur livreraient un autre combat naval, ils se disposèrent à se défendre; mais lorsqu'ils eurent appris le départ de la flotte, ils résolurent sur-le-champ de la poursuivre. Ils le firent jusqu'à Andros; mais, ne pouvant l'apercevoir, ils abordèrent à cette île, où ils tinrent conseil. Thémistocle conseilla de poursuivre l'ennemi à travers la mer Égée, et d'aller droit à l'Hellespont pour rompre les ponts; Eurybiade fut d'un avis contraire. Il représenta qu'en rompant les ponts on attirerait sur la Grèce le plus grand de tous les malheurs; que si le roi était enfermé et forcé de rester en Europe, il ne se tiendrait pas en repos, parce que, s'il s'y tenait,

---

[1] « On dit que Latone étant enceinte du fait de Jupiter, la jalouse Junon la poursuivit par mer et par toute la terre; que la douleur de l'enfantement, l'ayant surprise dans notre pays, elle y détacha sa ceinture; que cet endroit s'appelle par cette raison depuis ce temps-là Zoster (ceinture), et qu'étant ensuite passée dans l'île de Délos, elle accoucha de deux dieux jumeaux, Diane et Apollon. (*Joan. Siceliotes, Comment. mss. in Hermogenem.*)

il ne pourrait ni réussir dans ses projets, ni retourner en Asie, et qu'il faudrait que son armée pérît de faim ; que si au contraire il tentait quelque entreprise, et s'y attachait fortement, toutes les nations et toutes les villes de l'Europe se joindraient à lui de gré ou de force ; enfin que la récolte annuelle des Grecs lui fournirait toujours des vivres. Il ajouta qu'il croyait que le roi, après la perte d'une bataille navale, ne resterait point en Europe ; qu'il fallait donc le laisser fuir jusqu'à ce qu'il fût arrivé dans ses États, et qu'alors on pourrait l'y attaquer, et qu'il les y exhortait. Cet avis fut approuvé par le reste des généraux péloponésiens.

CIX. Thémistocle, ayant reconnu qu'il ne persuaderait pas à la plupart des alliés de faire voile vers l'Hellespont, changea de sentiment ; et s'adressant aux Athéniens, qui, indignés de ce qu'on laissait échapper l'ennemi, voulaient aller dans l'Hellespont quand même les alliés refuseraient de les suivre, il leur tint ce discours : « Je me suis déjà trouvé en de pareilles occa-
« sions, et j'ai plus souvent encore ouï dire que des troupes
« vaincues et réduites au désespoir avaient repris cœur, et que
« dans une nouvelle action elles avaient rétabli leurs affaires.
« Ainsi, Athéniens, puisque nous avons, nous et les Grecs, dis-
« sipé, contre notre attente, cette effroyable nuée de Barbares,
« ne poursuivons point un ennemi qui fuit. Ce n'est point à nos
« forces que nous devons cette victoire, mais aux dieux et aux
« héros ; ils ont été jaloux qu'un seul homme, qu'un impie,
« qu'un scélérat qui, sans mettre de distinction entre le sacré
« et le profane, a brûlé les temples des dieux et renversé leurs
« statues ; qui a fait aussi fustiger la mer, et lui a donné des
« fers ; ils ont, dis-je, été jaloux que cet homme eût lui seul
« l'empire de l'Asie et de l'Europe : mais, puisque nous som-
« mes à présent dans une position heureuse, restons en Grèce,
« et occupons-nous de nous-mêmes et de nos familles. Le Bar-
« bare est entièrement chassé ; que chacun rétablisse sa maison
« et s'applique avec ardeur à ensemencer ses terres. Au retour
« du printemps, nous irons dans l'Hellespont et en Ionie. »
Thémistocle parlait ainsi dans la vue de se ménager l'amitié du roi, et de se procurer un asile au cas où les Athéniens lui susciteraient dans la suite quelque fâcheuse affaire ; ce qui ne manqua pas d'arriver.

CX. Ce discours trompeur persuada les Athéniens. Ils étaient en effet d'autant plus disposés à croire Thémistocle, qu'il s'était fait auparavant la réputation d'un homme sage, et que, dans l'occasion présente, il avait donné par ses bons conseils des preuves de sa prudence. Les Athéniens n'eurent pas plutôt approuvé son avis, qu'il fit partir sur un esquif des gens de confiance et incapables de révéler ce qu'il leur avait ordonné de dire au roi, quand même on les aurait mis à la torture. L'esclave Sicinnus fut encore de ce nombre. Lorsqu'ils furent sur les côtes de l'Attique, Sicinnus laissa les autres dans l'esquif, et se rendit auprès de Xerxès. « Thémistocle, fils de Néoclès, lui dit-« il, général des Athéniens, le plus brave et le plus sage de tous « les alliés, m'a envoyé te dire que, par zèle pour ton service, « il a retenu les Grecs qui voulaient poursuivre ta flotte et rom-« pre les ponts de l'Hellespont. Tu peux donc maintenant « te retirer tranquillement. » Cet ordre exécuté, ils s'en retournèrent.

CXI. Les Grecs, ayant résolu de ne pas poursuivre plus loin la flotte des Barbares, et de ne point rompre les ponts de l'Hellespont, assiégèrent Andros dans le dessein de la détruire. Ces insulaires refusèrent les premiers à Thémistocle l'argent qu'il exigeait d'eux. Comme ce général alléguait qu'ils ne pouvaient se dispenser d'accorder cet argent à deux grandes divinités, la Persuasion et la Nécessité, dont les Athéniens étaient accompagnés, ils lui répondirent qu'Athènes, protégée par deux divinités favorables, était avec raison grande, riche et florissante; que le territoire d'Andros était très-mauvais; que deux divinités pernicieuses, la Pauvreté et l'Impuissance, se plaisaient dans leur île, et ne la quittaient jamais; qu'étant au pouvoir de ces deux divinités, ils ne pouvaient donner d'argent, et que jamais la puissance d'Athènes ne serait plus forte que leur impuissance. Sur cette réponse et leur refus, on les assiégea.

CXII. Avide d'argent, Thémistocle en envoya demander aux autres insulaires par les mêmes députés, qui leur tinrent le même langage qu'à ceux d'Andros, et les menacèrent, en cas de refus, de les assiéger avec l'armée grecque, et de les détruire entièrement. Il tira par cette voie de grandes sommes des Carystiens et des Pariens, qui les envoyèrent dans la crainte d'être traités comme Andros, dont ils avaient appris qu'on formait le siége à cause de son attachement aux Mèdes, et parce qu'ils savaient que Thémistocle jouissait auprès des généraux du plus grand crédit. J'ignore si quelques autres îles en donnèrent aussi. Je croirais volontiers qu'il y en eut d'autres, et que celles-là ne furent pas les seules. Le malheur des Carystiens ne fut pas pour cela différé. Quant aux Pariens, ils apaisèrent Thémistocle avec de l'argent, et l'armée n'alla pas chez eux. Ce fut ainsi que Thémistocle, à l'insu des autres généraux, tira beaucoup d'argent des insulaires, pendant son séjour à Andros.

CXIII. L'armée de terre, ayant séjourné quelques jours dans l'Attique après le combat naval, prit la route de la Béotie et le même chemin qu'elle avait tenu précédemment. Mardonius avait jugé à propos d'accompagner le roi, parce que la saison n'était plus propre aux opérations de la guerre, et qu'il croyait plus avantageux de passer l'hiver en Thessalie, et d'attaquer ensuite le Péloponèse au commencement du printemps. Lorsqu'on fut arrivé en Thessalie, Mardonius choisit d'abord tous les Perses qu'on appelle Immortels, excepté Hydarnès, leur commandant, qui ne voulut point abandonner le roi. Il prit ensuite parmi les autres Perses les cuirassiers et le corps de mille chevaux, auxquels il joignit toutes les troupes mèdes, saces, bactriennes et indiennes, tant infanterie que cavalerie. Quant au reste des alliés, il ne fit choix que d'un petit nombre, et ne prit que les beaux hommes et ceux qui avaient fait de belles actions et dont la valeur lui était connue. Il choisit aussi la plus grande partie des Perses, ceux surtout qui portaient des colliers et des bracelets, et ensuite les Mèdes. Ceux-ci étaient égaux en nombre aux Perses, mais inférieurs du côté de la force. Toutes ces troupes réunies faisaient trois cent mille hommes, y compris la cavalerie.

CXIV. Pendant que Mardonius formait son armée et que Xerxès était aux environs de la Thessalie, il vint aux Lacédémoniens un oracle de Delphes qui leur ordonnait de demander à Xerxès justice de la mort de Léonidas, et d'accepter ce qu'il donnerait. Aussitôt les Spartiates dépêchèrent un héraut, qui rencontra encore toute l'armée en Thessalie avec Xerxès. Ce prince lui ayant donné audience : « Roi des Perses, lui dit-il, les
« Lacédémoniens et les Héraclides de Sparte demandent justice de
« la mort de leur roi, qui a été tué par toi en combattant pour

« la défense de la Grèce. » A ces mots, Xerxès se mit à rire ; et après avoir été longtemps sans répondre : « Voilà, dit-il en « montrant Mardonius, qui était présent, voilà celui qui la leur « fera comme il convient. » Le héraut accepta l'augure et se retira.

CXV. Xerxès, laissant Mardonius en Thessalie, se hâta de gagner l'Hellespont. Il arriva en quarante-cinq jours au passage du détroit, n'ayant, pour ainsi dire, avec lui qu'une très-petite partie de son armée. Cependant partout où passaient ces troupes, elles enlevaient les grains, et, à leur défaut, elles se nourrissaient de l'herbe des campagnes, de l'écorce et les feuilles des arbres sauvages et cultivés, et ne laissaient rien, tant la faim était pressante. La peste et la dyssenterie qui survinrent en firent périr beaucoup en route. Xerxès laissait les malades dans toutes les villes qu'il traversait, ordonnant aux magistrats de les nourrir et d'en prendre soin. Il y en eut quelques-uns qui restèrent en Thessalie, d'autres à Siris en Pæonie et en Macédoine. En allant en Grèce, Xerxès avait laissé dans la Macédoine le char sacré de Jupiter ; il ne le retrouva plus : les Pæoniens l'avaient donné aux Thraces ; et, quand il le redemanda, ils lui répondirent que les cavales avaient été enlevées dans les pâturages par les peuples de la Thrace supérieure, qui habitaient vers les sources du Strymon.

CXVI. Ce fut dans ce pays que le roi des Bisaltes et de la Crestonique, Thrace de nation, fit une action bien atroce. Après avoir déclaré qu'il ne se soumettrait jamais volontairement à Xerxès, il se retira sur le mont Rhodope, et défendit à ses fils de porter les armes contre la Grèce. Soit mépris de ses ordres, soit envie de voir la guerre, ils accompagnèrent l'armée ; mais, étant revenus tous six sains et saufs de cette expédition, leur père leur fit arracher les yeux, et les punit ainsi de leur désobéissance.

CXVII. Les Perses partirent de la Thrace, et, dès qu'ils furent arrivés au détroit, ils se pressèrent de traverser l'Hellespont sur leurs vaisseaux pour gagner Abydos, parce que les ponts de bateaux ne subsistaient plus, la tempête les ayant rompus. Ils firent quelque séjour en ces lieux, et, y ayant trouvé des vivres en plus grande abondance que dans leur marche, ils mangèrent avec excès, ce qui, joint au changement d'eau, fit périr une grande partie de ce qui restait de cette armée. Les autres arrivèrent à Sardes avec Xerxès.

CXVIII. On raconte aussi de la manière suivante la retraite de ce prince. Arrivé à Éion, sur le Strymon, après son départ d'Athènes, il ne continua plus sa route par terre ; mais, laissant à Hydarnès le soin de conduire son armée sur l'Hellespont, il monta sur un vaisseau phénicien qui le transporta en Asie. Pendant qu'il voguait, il s'éleva du Strymon un vent impétueux qui, soulevant les flots, rendit la tempête d'autant plus dangereuse qu'il y avait jusque sur le pont un très-grand nombre de Perses qui s'étaient embarqués avec Xerxès, et qui surchargeaient le vaisseau. Le roi, effrayé, cria au pilote s'il y avait quelque espérance de salut. « Aucune, seigneur, lui « répondit-il, si l'on n'allége le vaisseau d'une grande partie « des passagers. » On ajoute que sur cette réponse Xerxès s'adressa aux Perses : « C'est à vous maintenant à montrer « l'intérêt que vous prenez à votre roi ; ma vie dépend de « vous. » Il dit, et les Perses, s'étant prosternés, se jetèrent dans la mer. Le vaisseau allégé, le roi arriva sain et sauf en Asie. On dit que, aussitôt après qu'il eut débarqué, il donna une couronne d'or au pilote pour avoir sauvé la vie au roi, mais qu'il lui fit couper la tête pour avoir causé la perte d'un grand nombre de Perses.

CXIX. Cette autre manière de raconter la retraite de Xerxès ne me paraît nullement croyable par bien des raisons, et surtout à cause du malheur des Perses. En effet si le pilote a dit véritablement au roi qu'il fallait alléger le vaisseau, il y a dix mille à parier contre un que le roi aurait fait descendre à fond de cale ceux qui étaient sur le pont, d'autant plus qu'ils étaient Perses et des premiers de sa cour, et qu'il aurait plutôt fait jeter dans la mer autant de rameurs phéniciens qu'il avait de Perses. Mais, comme je l'ai dit plus haut, Xerxès retourna par terre en Asie avec le reste de son armée.

CXX. En voici une forte preuve. Il est certain qu'en s'en retournant il passa par Abdère, où il se lia d'amitié avec les Abdérites, et qu'il leur fit présent d'un cimeterre d'or et d'une tiare tissue en or. Ce fut en cette ville, au rapport des mêmes Abdéritains, que Xerxès détacha sa ceinture pour la première fois depuis son départ d'Athènes, comme étant alors délivré de toute crainte. Mais cette circonstance ne me paraît point croyable. Or Abdère est plutôt vers l'Hellespont que vers le Strymon et la ville d'Éion, où l'on dit qu'il s'embarqua.

CXXI. Les Grecs, ne pouvant prendre Andros, tournèrent leurs armes contre Caryste, et, après avoir ravagé son territoire, ils revinrent à Salamine. On commença par mettre de côté les prémices pour les dieux, et entre autres trois vaisseaux phéniciens. Ils en envoyèrent un à l'isthme pour y être consacré aux dieux, on l'y voyait encore de mon temps; un autre à Sunium, et le troisième fut dédié à Ajax dans l'île de Salamine. On partagea ensuite le butin, et l'on en envoya les prémices à Delphes. On en fit une statue de douze coudées de haut, tenant à la main un éperon de vaisseau. On la voit auprès de la statue d'or d'Alexandre, roi de Macédoine.

CXXII. Ces prémices envoyées à Delphes, les Grecs demandèrent au dieu, au nom de tous les confédérés, s'il avait reçu des prémices complètes et qui lui fussent agréables. Le dieu répondit qu'il en avait reçu de tous les Grecs, excepté des Éginètes, dont il exigeait un présent, parce qu'ils s'étaient plus distingués que les autres au combat naval de Salamine. Sur cette réponse, les Éginètes lui consacrèrent trois étoiles d'or, qui sont sur un mât d'airain à l'angle, fort près du cratère de Crésus.

CXXIII. Le butin partagé, les Grecs firent voile vers l'isthme pour donner le prix de la valeur à celui qui s'était le plus distingué dans cette guerre. Lorsqu'ils y furent arrivés, les généraux se partagèrent les boules auprès de l'autel de Neptune, afin de donner leurs suffrages à ceux qu'ils croiraient dignes du premier et du second prix. Chacun pensant s'être plus distingué que les autres se donna la première voix ; mais, pour le second prix, la plupart l'adjugèrent d'un commun accord à Thémistocle. Les généraux n'eurent par ce moyen qu'un seul suffrage chacun, et Thémistocle eut la très-grande pluralité pour le second prix.

CXXIV. Quoique l'envie eût empêché les Grecs de porter un jugement, et que chacun en retournant dans sa patrie, eût laissé la chose indécise, Thémistocle n'en fut pas moins célébré, et n'en passa pas moins dans toute la Grèce pour le plus sage des Grecs. Comme ceux avec qui il avait combattu à Salamine ne lui avaient pas rendu les honneurs qu'il méritait par sa victoire, il se rendit à Lacédomone aussitôt après le départ des alliés pour y recevoir les marques de distinction qui lui étaient dus. Les Lacédémoniens le reçurent magnifiquement et de la manière la plus honorable. Ils donnèrent, il est vrai, à Eurybiade une couronne d'olivier pour prix de la valeur ; mais ils adjugèrent à Thémistocle celui de la prudence et de l'habileté, et le couronnèrent aussi d'olivier. Ils lui firent, outre cela, présent du plus beau char qu'il y eût à Sparte ; et, après lui avoir donné de grandes louanges, trois cents Spartiates d'élite, qu'on appelle les chevaliers, l'escortèrent, à son retour, jusqu'aux frontières de Tégée [1]. De tous les hommes que nous connaissions, c'est le seul que les Spartiates aient reconduit.

CXXV. Lorsque Thémistocle fut de retour de Lacédémone à Athènes, Timodème d'Aphidnes, qui n'était guère connu que par la haine qu'il lui portait et la jalousie dont il était animé contre lui, lui reprochait son voyage de Sparte, en lui disant que les Lacédémoniens ne lui avaient point rendu des honneurs à cause de son propre mérite, mais par égard pour la ville d'Athènes. Comme il répétait sans cesse ce reproche : « Tu as rai-« son, lui dit-il ; si j'étais Belbinite, je n'aurais pas reçu tant « d'honneurs des Spartiates, et jamais ils ne t'en feraient au-« tant, quand même tu serais Athénien. » Mais en voilà assez là-dessus.

CXXVI. Pendant ce temps-là, Artabaze, fils de Pharnace, qui depuis longtemps s'était fait une grande réputation parmi les Perses, et qui en acquit encore davantage à la bataille de Platée, accompagna le roi jusqu'au passage de l'Hellespont avec soixante mille hommes de l'armée que Mardonius avait choisie. Xerxès étant passé en Asie, et Artabaze se trouvant à son retour aux environs de la presqu'île de Pallène ; comme Mardonius, qui avait pris son quartier d'hiver dans la Thessalie et dans la Ma-

[1] L'art de monter à cheval n'entrait point dans l'éducation militaire des Lacédémoniens. Ils se servaient rarement de cavalerie ; et quand ils en avaient, elle était presque toujours inférieure dans les combats à celle des autres Grecs. Dans la première guerre de Messénie, ils en avaient peu, ainsi que les Messéniens, et elle ne fit rien de mémorable, car les Péloponésiens ne savaient pas encore dresser les chevaux. La cavalerie lacédémonienne ne commença à avoir de la réputation que lorsqu'elle admit les cavaliers étrangers. (L.)

cédoine, ne le pressait pas de venir le rejoindre, il crut que le hasard l'ayant conduit près des Potidéates, il devait les remettre sous le joug des Perses, qu'ils avaient secoué. Ces peuples s'étaient ouvertement révoltés contre les Barbares aussitôt après le départ du roi et la fuite de l'armée navale des Perses, et leur exemple avait été suivi du reste des habitants de la presqu'île de Pallène.

CXXVII. Artabaze assiégea alors Potidée, et, soupçonnant les Olynthiens de vouloir se révolter contre le roi, il les assiégea aussi. Leur ville était en ce temps-là occupée par les Bottiéens, qui avaient été chassés du golfe de Therma par les Macédoniens. Artabaze ayant pris cette ville, en fit égorger les habitants dans un marais[1] où on les conduisit. Il y mit ensuite des habitants de la Chalcidique, et en confia le gouvernement à Critobule de Torone. Ce fut ainsi que les Chalcidiens devinrent les maîtres d'Olynthe.

CXXVIII. Après la prise de cette place, Artabaze s'occupa du siége de Potidée. Tandis qu'il le pressait avec ardeur, Timoxène, stratége des Scionéens, convint avec lui de lui livrer cette ville. On ne sait pas quelle fut l'origine de leur correspondance, et je n'en puis rien dire; mais enfin voici ce qui arriva. Toutes les fois que Timoxène et Artabaze voulaient s'écrire, ils attachaient la lettre à une flèche, et l'entortillaient autour de son entaille, de façon qu'elle lui servît d'ailes; on tirait ensuite cette flèche dans l'endroit convenu. La trahison de Timoxène fut ainsi reconnue : Artabaze voulant tirer dans l'endroit convenu, la flèche s'écarta du but, et frappa à l'épaule un homme de Potidée. Aussitôt accourut beaucoup de monde à l'entour du blessé, comme il arrive ordinairement dans ces sortes d'occasions. On prit sur-le-champ la flèche; et quand on eut reconnu qu'il y avait une lettre, on la porta aux stratéges assemblés avec ceux des alliés du reste des Palléniens. La lecture de cette lettre ayant fait connaître l'auteur de la trahison, les stratéges furent d'avis de ne point accuser Timoxène de trahison par égard pour la ville de Scione, de crainte qu'à l'avenir les Scionéens ne fussent considérés comme des traîtres. Ainsi fut découverte la conspiration de Timoxène.

[1] Ce marais était au sud de la ville d'Olynthe, et attenant l'enfoncement du golfe Toronéen : on le nommait Bolyca. (L.)

CXXIX. Il y avait déjà trois mois qu'Artabaze assiégeait Potidée lorsqu'il arriva un reflux considérable, et qui dura fort longtemps. Les Barbares, voyant que le passage était guéable, se mirent en route pour entrer dans la Pallène. Ils avaient déjà fait les deux cinquièmes du chemin, et il leur en restait encore trois pour y arriver, lorsqu'il survint un flux si considérable, qu'au rapport des habitants on n'en a jamais vu de pareil en ce pays, quoiqu'ils y soient fréquents. Ceux qui ne savaient pas nager périrent dans les eaux, et ceux qui savaient nager furent massacrés par les Potidéates, qui les poursuivirent dans des bateaux. Les Potidéates attribuent ce flux considérable et le désastre des Perses à Neptune, qui fit ainsi périr dans les eaux ceux d'entre les Perses qui avaient profané son temple et insulté sa statue qu'on voyait dans le faubourg. Ce sentiment des Potidéates me paraît très-juste. Artabaze alla rejoindre Mardonius en Thessalie avec les débris de cette armée. Tel fut le sort des troupes qui avaient accompagné le roi dans sa retraite.

CXXX. Le reste de l'armée navale étant arrivé en Asie après s'être sauvé de Salamine, et ayant transporté le roi et ses troupes de la Chersonèse à Abydos, alla passer l'hiver à Cyme. Cette flotte se rassembla ensuite, dès le commencement du printemps, à Samos, où quelques-uns de ses vaisseaux avaient aussi passé l'hiver. La plupart des troupes qu'elle avait à bord étaient perses et mèdes. Il leur était venu deux généraux, Mardontès, fils de Bagée, et Artayntès, fils d'Artachée, qui s'était associé son neveu Ithamitrès, et avait partagé avec lui le commandement. Comme les Perses avaient reçu un échec considérable à la bataille de Salamine, ils n'avancèrent pas plus loin vers l'occident, et personne ne les contraignit. Ils avaient encore trois cents vaisseaux, y compris ceux des Ioniens, avec lesquels ils se tinrent à Samos pour garder l'Ionie, et l'empêcher de se révolter. Bien loin de s'attendre à voir les Grecs venir en Ionie, ils croyaient qu'ils se contenteraient de défendre leur propre pays; et cette conjecture leur paraissait d'autant mieux fondée qu'au lieu de les poursuivre dans leur fuite, après la bataille de Salamine, les Grecs s'étaient trouvés très-heureux de se retirer. Les Perses étaient persuadés en eux-mêmes qu'ils avaient été complétement battus sur mer; mais ils s'attendaient que sur terre Mardonius aurait avec ses troupes de très-grands avantages. Tandis qu'ils étaient à Samos, et qu'ils délibéraient entre eux sur les moyens de nuire à leurs ennemis, ils étaient attentifs aux démarches de Mardonius, afin de voir quel en serait l'événement.

CXXXI. Le retour du printemps et la présence de Mardonius, qui était alors en Thessalie, réveillèrent les Grecs. Leur armée de terre ne s'assemblait point encore ; mais leur flotte, consistant en cent dix vaisseaux, était déjà partie pour Égine ; Léotychide la commandait. Ce prince comptait parmi ses ancêtres Ménarès, Agésilas, Hippocratide, Léotychide, Anaxilas, Archidamus, Anaxandride, Théopompe, Nicandre, Charillus, Eunomus, Polydecte, Prytanis, Euryphon, Proclès, Aristodème, Aristomaque, Cléodas, fils d'Hyllus et petit-fils d'Hercule. Il était de la seconde maison royale, et tous ses ancêtres, excepté les sept que j'ai nommés les premiers après Léotychide, avaient été rois de Sparte. Quant aux Athéniens, ils étaient commandés par Xanthippe, fils d'Ariphron.

CXXXII. Lorsque tous les vaisseaux furent arrivés à Égine, les ambassadeurs des Ioniens, parmi lesquels était Hérodote, fils de Basilide, vinrent y trouver les Grecs. C'étaient les mêmes qui, peu de temps auparavant avaient été à Sparte prier les Lacédémoniens de rendre la liberté à l'Ionie. Ils étaient d'abord sept, et avaient conjuré entre eux la mort de Stratis, tyran de Chios. Mais ayant été découverts par un de leurs complices, les six autres s'étaient retirés secrètement de Chios à Sparte ; puis à Égine, pour engager les Grecs de faire voile en Ionie. Mais ils eurent bien de la peine à les mener jusqu'à Délos. Tout ce qui était au delà de cette île effrayait les Grecs, parce qu'ils avaient peu de connaissance de ce pays, et qu'ils le croyaient plein de troupes. Samos même leur paraissait aussi éloignée que les colonnes d'Hercule. Ainsi les Barbares effrayés n'osèrent pas avancer vers l'occident au delà de Samos ; et les Grecs, de leur côté, malgré les prières de ceux de Chios, n'allèrent point vers l'orient plus loin que Délos. La crainte les empêchait de franchir de part et d'autre l'espace qui les séparait.

CXXXIII. Tandis que les Grecs allaient à Délos, Mardonius, qui avait passé l'hiver en Thessalie, se mit en marche. A son départ, il envoya, pour consulter l'oracle un Européen, nommé

Mys, avec ordre d'aller partout où il lui serait possible d'interroger les dieux. Je ne puis dire ce que Mardonius voulait apprendre des oracles, et les ordres qu'il avait donnés à son député, personne n'en ayant connaissance; mais je pense qu'il les envoya consulter seulement sur les affaires présentes.

CXXXIV. Il est certain que Mys vint à Lébadie; qu'ayant gagné avec de l'argent un homme du pays, il descendit dans l'antre de Trophonius [1], qu'il alla à l'oracle d'Abas [2] en Phocide; qu'il vint ensuite à Thèbes, et, que dès qu'il y fut arrivé, il consulta Apollon Isménien par la flamme des victimes, comme cela se pratique aussi à Olympie, et avec de l'argent il obtint d'un étranger, et non d'un Thébain, la permission d'aller dormir dans le temple d'Amphiaraüs, où il n'est permis à aucun citoyen de Thèbes de consulter l'oracle, par la raison suivante : Amphiaraüs ayant ordonné aux Thébains par des oracles de le choisir pour leur devin ou pour leur allié, ils préférèrent l'avoir pour allié; les citoyens de Thèbes ne peuvent, par cette raison, s'endormir dans son temple.

CXXXV. Les Thébains racontent une merveille très-grande à mon avis. Mys, ayant parcouru tous les oracles, visita aussi le temple d'Apollon surnommé Ptoüs [3]. Ce temple, qui s'appelle le Ptoon, appartient aux Thébains, et est situé au-dessus du lac Copaïs, au pied d'une montagne, près de la ville d'Acrephia.

---

[1] Trophonius descendait d'Athamas par Phrixus, Presbon, Clyménus et Erginus. On prétend que la terre l'engloutit. La Béotie étant affligée d'une grande sécheresse, les Béotiens eurent recours à l'oracle de Delphes, qui leur répondit d'aller à Lébadie consulter Trophonius, qu'il apporterait du remède à leurs maux. Étant arrivés dans cette ville, et ne pouvant trouver l'oracle en question, Saon, le plus âgé de ces députés, aperçut un essaim de mouches à miel qui volait vers un antre; il les y suivit, et découvrit de cette manière l'oracle. On prétend que Trophonius l'instruisit lui-même de toutes les cérémonies qu'il fallait pratiquer pour le consulter. (L.)

[2] Apollon rendait ses oracles dans cette ville, qui lui était consacrée. Les Perses brûlèrent son temple lorsqu'ils entrèrent en Grèce. Un corps de Phocidiens s'y étant réfugié durant la guerre sacrée, les Thébains y mirent le feu, et achevèrent de le détruire. Cet oracle avait de la réputation, et ce fut un de ceux que Crésus envoya consulter. (L.)

[3] Un sanglier s'offrit tout à coup en cet endroit à la vue de Latone; elle en fut épouvantée. De là vint le nom qu'on donna à son fils, au temple qui lui fut dédié, et à la montagne voisine. Il paraît par Plutarque que cette montagne était près de celle de Délos. Cet oracle était très-ancien et très-renommé.

Mys étant arrivé à ce temple, trois citoyens choisis par la république l'y suivirent pour mettre par écrit la réponse de l'oracle. Aussitôt le prophète lui répondit en langue barbare. Les Thébains dont il était accompagné furent étonnés de lui entendre parler une langue différente de la grecque. Comme ils étaient embarrassés sur ce qu'ils feraient dans les circonstances présentes, Mys leur arracha les tablettes qu'ils avaient entre les mains, et y ayant écrit la réponse que lui avait dictée le prophète, et qui était, à ce qu'on dit, en carien, il s'en retourna en Thessalie.

CXXXVI. Mardonius, ayant lu les réponses des oracles, envoya en ambassade à Athènes Alexandre de Macédoine, fils d'Amyntas. Il choisit ce prince parce qu'il avait contracté des liens de famille avec les Perses, sa sœur Gygée, fille d'Amyntas, ayant épousé un Perse nommé Bubarès, dont elle avait un fils qui s'appelait Amyntas, du nom de son aïeul maternel. Cet Amyntas était alors en Asie, et le roi lui avait donné Alabanda, ville considérable de Phrygie. Mardonius envoya aussi Alexandre, parce qu'il avait appris qu'il était uni avec les Athéniens par les droits de l'hospitalité, et qu'ils le regardaient comme leur bienfaiteur. Il s'imaginait que, par là, il se concilierait surtout les Athéniens, dont il entendait parler comme d'un peuple nombreux et vaillant, et qu'il savait avoir le plus contribué à la défaite des Perses sur mer. Il se flattait que, s'ils se joignaient à lui, il se rendrait aisément maître de la mer; ce qui serait certainement arrivé. Comme il se croyait beaucoup plus fort que les Grecs par terre, il comptait alors avoir sur eux une grande supériorité. Peut-être aussi les oracles qu'il avait consultés lui conseillaient-ils de faire alliance avec les Athéniens, et ce fut peut-être cette raison qui l'engagea à leur députer Alexandre.

CXXXVII. Alexandre descendait au septième degré de Perdiccas, qui s'empara de la couronne de Macédoine, ainsi que je vais le dire. Gayanes, Aéropus et Perdiccas, tous frères et descendants de Téménus [1], s'enfuirent d'Argos en Illyrie, et, pas-

---

[1] Téménus descendait d'Hercule par Aristomachus. Ayant tiré au sort trois royaumes du Péloponèse avec Proclès, Eurysthène et Cresphonte, Argos lui échut, Lacédémone à Proclès et Eurysthène, fils d'Aristodémus, et Messène à Cresphonte. Les descendants de Téménus furent appelés Téménides. Gayanes, Aéropus et Perdiccas étaient de cette maison,

sant de là dans la haute Macédoine, arrivèrent à la ville de Lébéa, où ils s'engagèrent au service du roi pour un certain prix [1]. L'un menait paître les chevaux, l'autre les bœufs ; et Perdiccas, le plus jeune, gardait le menu bétail : car, autrefois, non-seulement les républiques, mais encore les monarchies n'étaient pas riches en argent. La reine elle-même leur préparait à manger. Toutes les fois que le pain du jeune Perdiccas, son domestique, sortait du four, il se trouvait double de ce qu'il était auparavant. La même chose arrivant toujours, elle en avertit son mari. Là-dessus il vint sur-le-champ à ce prince en la pensée que c'était un prodige, et qu'il présageait quelque chose de grand. Il manda les trois frères et leur commanda de sortir de ses terres. Ils répondirent au roi qu'il était juste qu'ils reçussent auparavant leur salaire. A ce mot de salaire, il leur dit, en homme à qui les dieux avaient troublé la raison : « Je vous « donne ce soleil (le soleil entrait alors dans la maison par l'ou- « verture de la cheminée [2]) ; ce salaire est digne de vous. » A ces paroles, les deux aînés, Gayanes et Aéropus, demeurèrent interdits ; mais le plus jeune répondit au roi : « Seigneur, nous « acceptons l'augure que tu nous donnes. » Prenant ensuite son couteau, il traça sur l'aire de la salle une ligne autour de l'espace qu'éclairait le soleil, et, après avoir reçu par trois fois les rayons sur son sein, il s'en alla avec ses deux frères.

CXXXVIII. Ils étaient à peine partis, qu'un de ceux qui se trouvait près du roi l'instruisit de ce que pourrait faire le plus jeune des trois frères, et des vues qu'il avait sans doute en ac-

---

Ils subjuguèrent la Macédoine, et leur postérité y régna pendant plusieurs siècles, jusqu'à Philippe qui perdit une bataille contre les Romains. Pausanias rapporte la prédiction d'une sibylle, conçue en ces termes : « Macédoniens, qui vous glorifiez d'avoir des rois originaires d'Argos, deux Philippe feront votre bonheur et votre malheur. Le premier donnera des rois à des villes et à des nations ; le second, dompté par des peuples sortis de l'Occident et de l'Orient, vous couvrira de toute sorte d'ignominie. » (L.)

[1] La haute Macédoine est celle du milieu des terres, et la basse celle qui s'étend le long de la mer Égée. La haute comprenait les Lyncestes, les Helliniotes, et d'autres nations au-dessus de celles-là, qui forment des royaumes particuliers, quoiqu'elles leur soient soumises et alliées. (L.)

[2] Les cheminées des anciens n'étaient pas faites comme les nôtres. Il n'y avait point de tuyau pour conduire la fumée ; le feu se faisait au milieu de la chambre, qui allait en se rétrécissant par le haut et avait la forme d'un entonnoir renversé. (L.)

ceptant ce qu'il lui avait donné. Ce prince irrité envoya des cavaliers pour le tuer. Il y a dans ce pays un fleuve auquel les descendants de ces hommes d'Argos offrent des sacrifices comme à leur libérateur. Lorsque les Téménides l'eurent traversé, il grossit tellement, que les cavaliers ne purent le passer. Arrivés dans un autre canton de la Macédoine, les trois frères établirent leur demeure près des jardins qu'on dit avoir appartenu à Midas, fils de Gordius, où viennent d'elles-mêmes, et sans culture, des roses à soixante pétales, dont l'odeur est plus agréable que celles qui croissent ailleurs. Ce fut aussi dans ces jardins que le Silène fut pris, comme le rapportent les Macédoniens. Le mont Bermion, inaccessible à l'hiver, est au-dessus de ces jardins. Lorsque les Téménides se furent emparés de ce canton, ils en sortirent pour subjuguer le reste de la Macédoine.

CXXXIX. Alexandre descendait de ce Perdiccas de la manière suivante. Il était fils d'Amyntas, Amyntas d'Alcétas, Alcétas d'Aréopus, Aréopus de Philippe, Philippe d'Argeus, et celui-ci de Perdiccas, qui avait conquis ce royaume. Telle était la généalogie d'Alexandre, fils d'Amyntas.

CXL. Alexandre étant arrivé à Athènes, où Mardonius l'avait député, adressa ce discours au peuple: « Athéniens, Mardonius
« vous dit par ma bouche : Il m'est venu un message de la part
« du roi, conçu en ces termes:

« Je pardonne aux Athéniens toutes leurs fautes. Exécute
« donc mes ordres, Mardonius, rends-leur leur pays; qu'ils en
« choisissent encore un autre à leur gré; qu'ils vivent selon
« leurs lois; et, s'ils veulent faire alliance avec moi, relève tous
« les temples que je leur ai brûlés.

« Ces ordres m'ayant été envoyés, je suis tenu de les exécu-
« ter, à moins que de votre côté vous n'y mettiez obstacle. Je
« vous adresse maintenant la parole en mon nom. Quelle est
« donc votre folie de vouloir faire la guerre au roi? vous ne le
« vaincrez jamais, et vous ne pourrez pas toujours lui résister.
« Les grandes actions de Xerxès et la multitude de ses troupes
« vous sont connues; vous avez entendu parler de mes forces;
« quand même vous auriez l'avantage sur moi, quand même
« vous remporteriez la victoire, ce dont vous ne pouvez vous
« flatter, si vous êtes sages, il nous viendra d'autres armées
« encore plus fortes. Ne vous exposez pas, en vous égalant au

« roi, à être privés de votre patrie, et à courir perpétuellement
« le risque de la vie même. Rentrez donc en grâce avec Xerxès ;
« profitez de l'occasion ; jamais il ne s'en présentera où vous
« puissiez le faire à des conditions plus honorables. Le roi vous
« en presse, soyez libres, et contractez avec nous une alliance
sincère, sans fraude ni tromperie.

« Voilà, Athéniens, ce que Mardonius m'a commandé de vous
« dire : quant à moi, je ne vous parlerai pas de ma bienveil-
« lance pour vous ; je n'ai pas attendu jusqu'au moment pré-
« sent à la faire connaître : suivez, je vous en conjure, les con-
« seils de Mardonius. Vous n'êtes pas en état de soutenir la
« guerre jusqu'au bout contre Xerxès. Si je vous avais vus assez
« puissants pour lui résister, je ne serais pas venu vous tenir ce
« langage. La puissance du roi est immense et plus qu'hu-
« maine. Si vous n'acceptez pas sur-le-champ l'alliance que
« vous offrent les Perses à des conditions si avantageuses, je
« crains d'autant plus pour vous, que de tous les confédérés
« vous êtes les plus exposés, et que vous trouvant enclavés au
« milieu des ennemis, et votre pays entre deux armées, vous
« êtes toujours les seuls sur qui tombe la perte. Ces offres
« sont d'un prix inestimable. Ne les rejetez donc pas, et cela
« d'autant plus que vous êtes les seuls à qui le grand roi veuille
« pardonner, et les seuls dont il recherche l'alliance. » Ainsi
parla Alexandre.

CXLI. Les Lacédémoniens ayant appris que ce prince venait à Athènes pour engager les Athéniens à traiter avec le roi, se rappelèrent que les oracles avaient prédit qu'ils seraient nécessairement chassés du Péloponèse avec le reste des Doriens par les Mèdes unis aux Athéniens. Craignant donc qu'ils n'acceptassent cette alliance, ils résolurent de leur envoyer sur-le-champ une députation. Les ambassadeurs de Lacédémone se trouvèrent à l'assemblée du peuple. Les Athéniens l'avaient différée, parce qu'ils étaient persuadés que les Lacédémoniens apprendraient qu'on était venu négocier avec eux de la part du Barbare, et que sur cette nouvelle ils se hâteraient de faire partir des députés. Ils avaient donc différé l'assemblée du peuple de dessein prémédité, afin de faire connaître leurs dispositions aux Lacédémoniens.

CXLII. Dès qu'Alexandre eut cessé de parler, les ambassa-

deurs de Sparte prirent la parole. « Les Lacédémoniens, dirent-
« ils, nous ont députés pour vous prier de ne rien entreprendre
« au préjudice de la Grèce, et de ne point prêter l'oreille aux
« propositions du roi. Une pareille alliance serait injuste, et
« plus flétrissante encore pour vous que pour le reste des
« Grecs, et cela pour plusieurs raisons. Vous avez allumé contre
« notre gré la guerre présente ; et quoique dans l'origine elle
« ne regardât que vous, elle gagne maintenant la Grèce en-
« tière. Ne serait-il pas odieux qu'étant originairement les
« auteurs de tous ces troubles, vous contribuiez à rendre la
« Grèce esclave, vous surtout qui, dès les temps les plus re-
« culés, vous êtes montrés les défenseurs de la liberté des
« peuples.

« Pour nous, Athéniens, nous compatissons à votre triste situa-
« tion, et nous voyons avec douleur que vos maisons sont renver-
« sées depuis longtemps, et que deux années de suite vous avez
« été privés du produit de vos terres. Sensibles à vos malheurs,
« les Lacédémoniens et les alliés s'engagent à nourrir, tant que
« durera la guerre, vos femmes et tout ce qu'il y a dans vos
« familles de personnes inutiles à la guerre. Ne vous laissez
« pas séduire, nous vous en conjurons, par les paroles cares-
« santes qu'Alexandre vous dit de la part de Mardonius. Il fait
« ce qu'il doit faire. C'est un tyran qui épouse les intérêts d'un
« tyran. Mais, si vous êtes sages, vous ne suivrez pas ses
« conseils, puisque vous n'ignorez pas qu'on ne peut se fier
« aux Barbares, et qu'il n'y a rien de vrai dans leurs pa-
« roles. »

CXLIII. Tel fut le discours des députés de Sparte. Quant aux
Athéniens, ils répondirent à Alexandre en ces termes : « Nous
« savons depuis longtemps que la puissance des Mèdes l'em-
« porte de beaucoup sur la nôtre ; il était donc inutile de nous
« humilier à cet égard. Cependant, brûlant de l'amour de la
« liberté, nous nous défendrons de tout notre pouvoir. Ne cher-
« chez donc pas à nous persuader de faire alliance avec le
« Barbare, jamais vous n'y parviendrez. Allez, rapportez à
« Mardonius la réponse des Athéniens : tant que le soleil four-
« nira sa carrière accoutumée, nous ne ferons jamais d'alliance
« avec Xerxès ; mais, pleins de confiance en la protection des
« dieux et des héros, dont, sans aucun respect, il a brûlé les

« temples et les statues, nous irons à sa rencontre, et le repous-
« serons courageusement.

« Quant à toi, ne tiens jamais aux Athéniens de semblables
« discours, et ne viens pas désormais nous exhorter à faire des
« choses iniques, sous prétexte de vouloir nous rendre des ser-
« vices importants: car, étant uni avec nous par les liens de
« l'hospitalité et de l'amitié, nous serions fâchés de te traiter
« d'une manière qui ne te serait pas agréable [1]. »

XLIV. S'adressant ensuite aux envoyés de Sparte : « La
« crainte qu'ont les Lacédémoniens que nous ne traitions avec
« le Barbare est dans la nature. Mais votre crainte nous paraît
« indigne de vous, vous qui connaissez la magnanimité des
« Athéniens. Non, il n'est point assez d'or sur terre, il n'est
« point de pays assez beau, assez riche, il n'est rien enfin qui
« puisse nous porter à prendre le parti des Mèdes pour réduire
« la Grèce en esclavage: et, quand même nous le voudrions,
« nous en serions détournés par plusieurs grandes raisons. La
« première et la plus importante, les statues et les temples de
« nos dieux brûlés, renversés et ensevelis sous leurs ruines;
« ce motif n'est-il pas assez puissant pour nous forcer plutôt à
« nous venger de tout notre pouvoir qu'à nous allier à celui qui
« est l'auteur de ce désastre? En second lieu, le corps hellé-
« nique étant d'un même sang, parlant la même langue, ayant
« les mêmes dieux, les mêmes temples, les mêmes sacrifices,
« les mêmes usages, les mêmes mœurs, ne serait-ce pas une
« chose honteuse aux Athéniens de le trahir? Apprenez donc,
« si vous l'avez ignoré jusqu'à présent, que, tant qu'il restera
« un Athénien au monde, nous ne ferons jamais alliance avec

[1] Cette expression renferme une menace très-grave : en effet, peu s'en fallut qu'Alexandre ne fût lapidé. « Nos ancêtres aimaient tellement leur patrie, dit Lycurgue, que peu s'en fallut qu'ils ne lapidassent Alexandre, ambassadeur de Xerxès, et précédemment leur ami, parce qu'il exigeait d'eux la terre et l'eau. Il paraît par Hérodote que Xerxès ne demandait point aux Athéniens la terre et l'eau, et cela est confirmé par Aristide. » « Au lieu de la terre et l'eau, dit ce rhéteur, qu'il avait exigées d'eux auparavant, il leur faisait des dons immenses. Il leur rendait leur ville avec tout leur pays. Il y joignait la Grèce entière en pur don, et outre cela plus de richesses qu'il n'y en avait dans toute la Grèce. » Mais, pour revenir à Alexandre, le même Aristide ajoute que sa qualité d'hôte des Athéniens lui sauva la vie ; mais qu'ils ne le renvoyèrent pas cependant tout à fait tranquille, car ils lui ordonnèrent sous peine de mort de sortir de leur pays avant le coucher du soleil. (L.)

« Xerxès. Nous admirons l'offre que vous nous faites de nour-
« rir nos familles et de pourvoir aux besoins d'un peuple dont
« les maisons et la fortune sont renversés, et vous portez la
« bienveillance jusqu'à son comble; mais nous subsisterons
« comme nous le pourrons, sans vous être à charge. Les choses
« étant donc ainsi, mettez au plutôt votre armée en campagne.
« Car aussitôt que le Barbare aura appris que nous ne voulons
« point accepter ses offres, il entrera sans différer sur nos terres,
« comme nous le conjecturons. Il est donc à propos de prévenir
« son irruption dans l'Attique, et d'aller au-devant de lui en
« Béotie. » Après cette réponse, les députés lacédémoniens retournèrent à Sparte.

FIN DU HUITIÈME LIVRE

LIVRE NEUVIÈME

CALLIOPE

MARDONIUS S'EMPARE UNE SECONDE FOIS D'ATHÈNES. — LES ATHÉNIENS ENVOIENT DES DÉPUTÉS A SPARTE. — LYCIDAS EST LAPIDÉ. — MORT DE MASISTIUS, GÉNÉRAL PERSE. — TISAMÈNE DEVIENT CITOYEN DE SPARTE. — BATAILLE DE PLATÉE. — MORT DE MARDONIUS. — PILLAGE DU CAMP. — LES GRECS MARCHENT SUR THÈBES POUR SE VENGER DE SA TRAHISON. — BATAILLE NAVALE DE MYCALE, GAGNÉE LE MÊME JOUR QUE LA BATAILLE DE PLATÉE. — SIÉGE DE SESTOS. FUITE DES PERSES. — ARTAYCTÈS EST MIS A MORT.

I. Aussitôt qu'Alexandre lui eut communiqué la réponse des Athéniens, Mardonius partit de Thessalie, faisant marcher ses troupes à grandes journées vers Athènes, et emmenant avec lui, partout où il passait, les hommes en état de porter les armes. Les princes de Thessalie, loin de se repentir de leur conduite précédente, animaient encore plus Mardonius qu'auparavant; et Thorax de Larisse, qui avait accompagné Xerxès dans sa fuite, livrait alors ouvertement le passage à ce général pour entrer en Grèce.

II. Lorsque l'armée fut en Béotie, les Thébains tâchèrent de réprimer l'ardeur de Mardonius, en le dissuadant d'aller plus avant. Ils lui représentèrent qu'il n'y avait pas de lieu plus commode pour camper, et, que s'il voulait y rester, il se rendrait bientôt maître de la Grèce entière sans coup férir: car il était bien difficile, même à tous les hommes, d'en venir à bout par la force tant qu'elle resterait unie, comme ils l'avaient éprouvé par le passé. « Si tu suis notre conseil, ajoutaient-ils, tu déconcerteras sans peine leurs meilleurs projets. Envoie de

« l'argent à ceux d'entre eux qui ont le plus de crédit dans
« chaque ville; la division se mettra dans toute la Grèce, et,
« avec le secours de ceux qui prendront ton parti, tu subju-
« gueras facilement ceux qui n'épouseront pas tes inté-
« rêts. »

III. Tel fut le conseil que lui donnèrent les Thébains; mais le désir ardent de se rendre une seconde fois maître d'Athènes l'empêcha de le suivre. Il en fut encore détourné par sa folle présomption, et par l'espérance de faire connaître au roi, qui était encore à Sardes, la prise d'Athènes, par le moyen de torches allumées dans les îles [1]. A son arrivée dans l'Attique, il n'y trouva pas même alors les Athéniens; la plupart étaient, comme il l'apprit, à Salamine et sur leurs vaisseaux. Il s'empara pour la seconde fois de cette ville déserte, dix mois après que Xerxès l'eut prise pour la première fois.

IV. Tandis qu'il était à Athènes, il dépêcha à Salamine Murichide, Hellespontin, avec les mêmes propositions qu'Alexandre de Macédoine avait déjà portées de sa part aux Athéniens. Il leur faisait cette seconde députation, quoiqu'il sût d'avance qu'ils étaient malintentionnés; mais il se flattait qu'en voyant l'Attique subjuguée et réduite sous sa puissance, ils se relâcheraient de leur obstination. Pour ce motif il envoya Murichide à Athènes.

V. Murichide, admis dans le sénat, s'acquitta de la commission dont Mardonius l'avait chargé. Un sénateur, nommé Lycidas, dit qu'il lui paraissait avantageux de recevoir les propositions de l'envoyé, et d'en faire le rapport au peuple. Il fut de cet avis, soit que cet avis lui plût, ou qu'il eût reçu de l'argent de Mardonius. Les Athéniens indignés, tant ceux du sénat que ceux du dehors, s'attroupèrent autour de lui, et le lapidèrent [2] : on

---

[1] Des hommes placés de distance en distance avertissaient de tout ce qui se passait. Le premier qui s'apercevait de quelque chose en donnait avis par des torches allumées qu'il élevait. Le second élevait autant de torches allumées qu'il en avait vu. Le troisième, et ainsi de suite, en faisait autant. De cette manière un avis quelconque parvenait en très-peu de temps à ceux à qui il importait de le connaître. (L.)

[2] C'est à cette histoire que fait allusion Lycurgue, lorsque s'adressant aux juges : « Le décret fait au sujet de celui qui périt à Salamine mérite votre attention. Il avait seulement tâché, par ses propos, de trahir la république; et cependant le sénat lui ôta sa couronne et le fit mourir : dé-

renvoya ensuite l'Hellespontin Murichide sans lui faire aucun mal. Le tumulte arrivé à Salamine au sujet de Lycidas étant venu à la connaissance des femmes d'Athènes, elles s'animèrent les unes les autres, coururent à sa maison, et lapidèrent aussi sa femme et ses enfants.

VI. Voici les raisons qui engagèrent les Athéniens à passer à Salamine. Tant qu'ils espérèrent des secours du Péloponèse, ils restèrent dans l'Attique. Mais la lenteur, la nonchalance des alliés, et l'approche de Mardonius, qu'on disait déjà en Béotie, les déterminèrent à transporter à Salamine tous leurs effets, et à y passer ensuite eux-mêmes. Ils envoyèrent une députation aux Lacédémoniens, en partie pour se plaindre de ce qu'au lieu d'aller avec eux en Béotie au-devant du Barbare, ils l'avaient laissé entrer dans l'Attique par leur négligence, et en partie pour leur rappeler les promesses de Mardonius en cas qu'ils voulussent changer de parti, et pour leur dire que, s'ils ne les secouraient pas, ils trouveraient eux-mêmes le moyen de se soustraire aux maux qui les menaçaient. On célébrait alors à Sparte la fête d'Hyacinthe, et les Lacédémoniens s'en faisaient un devoir indispensable. Ils achevaient, en même temps, la muraille de l'isthme qui s'élevait déjà jusqu'aux créneaux.

VII. Les députés d'Athènes étant arrivés à Lacédémone avec ceux de Mégare et de Platée, qui les avaient accompagnés, s'adressèrent aux éphores, et leur tinrent ce discours :

« Les Athéniens nous ont envoyés pour vous dire que le roi
« de Perse nous rend notre pays, qu'il veut traiter avec nous
« d'égal à égal, sans fraude, sans tromperie, et qu'outre notre
« propre pays il consent à nous en donner un autre à notre
« choix. Nous cependant, pleins de respect pour Jupiter Hellé-
« nien [1], et persuadés que nous ne pourrions sans crime trahir
« la Grèce, nous avons rejeté ces offres, quoique abandonnés

---

cret noble et digne de nos ancêtres. Ils avaient l'âme grande et élevée et s'empressaient de punir les coupables. » (L.)

[1] Jupiter Hellénien, le même que Jupiter Panhellénien. La Grèce étant affligée d'une grande sécheresse, la Pythie répondit à ses députés qu'il fallait apaiser Jupiter, et employer à cet effet la médiation d'Éacus. On envoya, de toutes les villes des députés à ce prince, qui fit des sacrifices et des prières à Jupiter Panhellénien (commun à toute la Grèce), et l'on eut de la pluie. La montagne sur laquelle était placé ce temple s'appelait aussi le mont de Jupiter-Panhellénien.

« et trahis par les Grecs. Nous n'ignorons pas qu'un traité avec
« le roi nous serait beaucoup plus avantageux que la guerre ;
« toutefois nous n'en ferons jamais avec lui de notre plein gré,
« et nous nous dévouons complétement à la cause commune.
« Mais vous, Lacédémoniens, qui craigniez tant alors notre
« accommodement avec le roi : depuis que la noblesse de nos
« sentiments vous est parfaitement connue ; depuis que vous
« êtes persuadés que jamais nous ne trahirons la Grèce ; enfin,
« depuis que la muraille qui ferme l'isthme est presque ache-
« vée, vous n'avez plus aucun égard pour les Athéniens ; et
« quoique vous fussiez convenus avec nous d'aller en Béotie au-
« devant de Mardonius, vous l'avez laissé entrer, par votre né-
« gligence, dans l'Attique, et vous nous avez abandonnés. Les
« Athéniens sont irrités de ce que dans les circonstances
« actuelles vous avez manqué à vos engagements. Maintenant
« il vous exhortent à leur envoyer au plus tôt des troupes, afin
« de recevoir l'ennemi dans l'Attique. En effet, puisque nous
« n'avons pu nous rendre en Béotie, du moins la plaine de
« Thria, dans notre pays, est très-commode pour livrer ba-
« taille. »

VIII. Les éphores remirent leur réponse au lendemain ; le lendemain au jour suivant, et ainsi de suite pendant dix jours, renvoyant les Athéniens d'un jour à l'autre. Pendant ce temps, les Péloponésiens travaillaient tous avec ardeur à fermer l'isthme d'un mur, et ce mur était près d'être achevé. Mais pourquoi les Lacédémoniens montrèrent-ils, à l'arrivée d'Alexandre de Macédoine à Athènes, tant d'empressement à détourner les Athéniens d'épouser les intérêts des Perses, et pourquoi alors n'en tinrent-ils aucun compte ? Je n'en puis donner d'autre raison que celle-ci. L'isthme étant fermé, ils croyaient n'avoir plus besoin des Athéniens : mais lorsque Alexandre vint à Athènes, le mur n'était pas encore achevé ; et les Lacédémoniens, effrayés de l'arrivée des Perses, y travaillaient sans relâche.

IX. Mais enfin voici comment les Spartiates répondirent et se mirent en campagne. La veille du jour où l'on devait s'assembler à ce sujet pour la dernière fois, Chiléus de Tégée, qui jouissait à Lacédémone d'un plus grand crédit que les autres étrangers ayant appris de l'un des éphores ce qu'avaient dit les

Athéniens, leur parla en ces termes : « Éphores, tel est l'état
« des affaires. Si les Athéniens, au lieu de rester unis avec nous,
« s'allient avec le Barbare, une forte muraille a beau régner
« d'un bout de l'isthme à l'autre, le Perse trouvera toujours
« des portes pour entrer dans le Péloponèse. Prêtez donc l'o-
« reille à leurs demandes, avant qu'ils aient pris quelque réso-
« lution funeste à la Grèce. »

X. Les éphores, ayant réfléchi sur ce conseil, firent partir
sur-le-champ, quoiqu'il fût encore nuit, et sans en rien communiquer aux députés des villes [1], cinq mille Spartiates, accompagnés chacun de sept ilotes, sous la conduite de Pausanias,
fils de Cléombrote. Le commandement appartenait à Plistarque,
fils de Léonidas ; mais il était encore enfant, et Pausanias était
son tuteur et son cousin : car Cléombrote, fils d'Anaxandride et
père de Pausanias, était mort peu de temps après avoir ramené
de l'isthme l'armée qui avait construit le mur. Il l'avait, dis-je,
ramenée, parce que le soleil s'obscurcit pendant qu'il sacrifiait
pour savoir s'il attaquerait le Perse [2]. Pausanias choisit pour
son lieutenant Euryanax, fils de Doriée, de la même maison que
lui.

XI. Ces troupes partirent donc de Sparte avec Pausanias. Les
députés, qui n'en avaient aucune connaissance, allèrent trouver
les éphores dès que le jour parut, dans l'intention, sans doute,
de retourner chacun chez soi. « Lacédémoniens, leur dirent-
« ils, tandis que vous passez ici le temps à célébrer la fête
« d'Hyacinthe [3] et à vous réjouir, vous trahissez la cause de
« vos alliés. Mais votre injustice à l'égard des Athéniens et
« l'abandon de leurs confédérés vont les déterminer à faire la
« paix avec le roi, aux conditions qu'ils pourront en obtenir.
« Devenus ses alliés, ne doutez pas que nous ne marchions par-
« tout où nous conduiront ses lieutenants, et vous apprendrez

---

[1] Athènes, Mégare et Platée. Voyez § VII.
[2] Cette éclipse arriva, suivant l'astronome Pingré, le 2 octobre 479 avant l'ère vulgaire. Hérodote la fixe à une époque antérieure à la bataille de Platée ; mais il se trompe, elle est postérieure à cette bataille.
[3] Hyacinthe, fils d'Amyclas, était aimé d'Apollon. Ce dieu jouait au disque avec lui. A peine le disque avait-il frappé la terre, que Hyacinthe se pressa de le lever. Le disque fit un bond, le frappa au visage et le tua. Les Lacédémoniens célébraient en son honneur une fête au mois hécatombéon. Cette fête durait trois jours. (Voyez *Athénée*, liv. IV, chap. VII.)

« alors ce qui en résultera pour vous. » Les députés ayant ainsi parlé, les éphores leur dirent avec serment que les troupes de Sparte étaient en marche contre les étrangers (tel était le nom qu'ils donnaient aux Barbares), et qu'ils les croyaient déjà arrivées à Orestium. Les députés, n'étant point instruits de ce qui s'était passé, leur demandèrent une explication. Quand on la leur eut donnée, ils furent fort surpris, et partirent en diligence pour les joindre. Cinq mille Lacédémoniens des villes voisines de Sparte, tous hommes choisis et pesamment armés, les accompagnèrent.

XII. Tandis qu'ils se hâtaient de gagner l'isthme, les Argiens, qui avaient promis précédemment à Mardonius d'empêcher les Spartiates de se mettre en campagne, dépêchèrent à ce général le meilleur courrier qu'ils purent trouver, aussitôt qu'ils surent la nouvelle que Pausanias était parti de Sparte avec un corps de troupes. Lorsque le courrier fut arrivé à Athènes : « Mar« donius, dit-il, les Argiens m'ont envoyé te dire qu'il est « sorti de la jeunesse de Lacédémone sans qu'ils aient pu « l'empecher. Profite de cet avis pour prendre une bonne réso« lution. » Ayant ainsi parlé, il s'en retourna.

XIII. Cette nouvelle fit perdre à Mardonius l'envie de demeurer plus longtemps dans l'Attique. Il y était resté avant de l'avoir apprise, parce qu'il voulait savoir à quoi se détermineraient les Athéniens. Il n'avait pas encore ravagé leurs terres, et n'y avait fait aucun dégât, espérant toujours qu'ils s'accommoderaient avec lui. Mais n'ayant pu les y engager, instruit de tous leurs desseins, il se retira avant que Pausanias fût arrivé avec ses troupes à l'isthme. En sortant d'Athènes, il y mit le feu, et abattit tout ce qui subsistait encore, murs et édifices, tant sacrés que profanes. Il en partit parce que l'Attique n'est pas commode pour la cavalerie, et parce que, dans le cas où il aurait été vaincu, il n'aurait pu se retirer que par des défilés, où un petit nombre d'hommes aurait suffi pour l'arrêter. Il résolut donc de retourner à Thèbes, afin de combattre près d'une ville amie, et dans un pays commode pour la cavalerie.

XIV. Il était déjà en marche, lorsqu'un courrier vint lui annoncer qu'un corps de mille Lacédémoniens était à Mégare. Aussitôt il délibéra sur les moyens de l'intercepter. Il rebroussa chemin avec son armée, et la conduisit vers Mégare, faisant prendre les devants à la cavalerie, qui parcourut toute la Mégaride. Cette armée ne pénétra pas plus avant en Europe du côté de l'occident.

XV. Un courrier étant ensuite venu lui apprendre que les Grecs étaient assemblés à l'isthme, il retourna sur ses pas, prenant sa route par Décélée. Les bœotarques [1] avaient mandé des riverains de l'Asope pour lui servir de guides. Ceux-ci le conduisirent à Sphendalée, et de là à Tanagre, où il passa la nuit. Le lendemain, ayant tourné vers Scolos, il arriva sur les terres des Thébains, et les ravagea, quoiqu'ils fussent dans les intérêts des Perses. Aussi ne fut-ce pas par haine contre eux, mais parce qu'il était dans la nécessité de fortifier son camp, afin d'y trouver un asile en cas qu'il livrât bataille, et que l'événement ne répondît pas à ses espérances. Le camp des Perses commençait à Érythrée, passait près d'Hysia, et s'étendait jusqu'au territoire de Platée, le long de l'Asope. Le mur qu'il fit élever n'occupait pas toute cette étendue, mais environ dix stades en carré. Tandis que les Barbares étaient occupés à ce travail, Attaginus de Thèbes, fils de Phrynon, fit les apprêts d'un grand festin, auquel il invita Mardonius avec les cinquante Perses les plus distingués, qui se rendirent à Thèbes, où le repas se donna.

XVI. Quant à ce qui s'y passa, je le tiens de Thersandre, l'un des principaux citoyens d'Orchomène. Il me raconta que lui-même avait été invité à ce repas par Attaginus ; que cinquante Thébains y avaient été aussi priés ; qu'à table on n'était point séparément, mais que sur chaque lit il y avait un Perse et un Thébain ; que le repas fini, comme on buvait à l'envi l'un de l'autre, le Perse qui était avec lui sur le même lit lui demanda en grec de quel pays il était, et que lui ayant répondu qu'il était d'Orchomène, le Perse lui dit alors : « Puisque nous « sommes à la même table, et que nous avons part aux mêmes « libations, je veux te laisser un témoignage de mes sentiments « qui me rappelle à ton souvenir, afin qu'instruit toi-même « aussi de ce qui doit arriver, tu puisses prendre le parti qui « te sera le plus avantageux. Vois-tu ces Perses qui sont à

[1] Les magistrats des Béotiens.

« table, et cette armée que nous avons laissée campée sur les
« bords du fleuve ? Eh bien ! de tous ces hommes, il n'en res-
« tera dans peu qu'un très-petit nombre. »

En disant cela, le Perse répandait beaucoup de larmes. Thersandre, étonné de ce discours, lui dit : « Ne faudrait-il point
« communiquer cela à Mardonius et aux Perses les plus distin-
« gués après lui ? Non, mon cher hôte, répondit le Perse ;
« ce que Dieu a résolu, l'homme ne peut le détourner : car
« personne n'ajoute foi aux meilleurs avis. Grand nombre de
« Perses sont instruits de ce que je t'apprends ; cependant, en-
« chaînés par la nécessité, nous suivons Mardonius. Le plus
« cruel chagrin pour l'homme, c'est de voir que le sage n'a pas
« la moindre autorité. » Voilà ce que je tiens de Thersandre
d'Orchomène, à qui j'ai ouï dire aussi qu'il avait raconté la
même chose à plusieurs autres avant la bataille de Platée.

XVII. Pendant que Mardonius campait en Béotie, tous les
Grecs de ce pays attachés aux intérêts des Perses lui donnèrent
des troupes, et firent une irruption avec lui dans l'Attique,
excepté les Phocidiens, qui ne se trouvèrent point à cette expédition : car s'ils avaient pris le parti des Mèdes, c'était moins
volontairement que par nécessité. Ils vinrent, quelques jours
après le retour de Mardonius à Thèbes, avec mille hommes pesamment armés, commandés par Harmocyde, un de leurs plus
illustres citoyens. Lorsqu'ils furent arrivés à Thèbes, Mardonius
leur envoya dire par des cavaliers de camper en leur particulier
dans la plaine. Ils le firent, et aussitôt parut toute la cavalerie
perse. Le bruit courut ensuite, parmi les Grecs campés avec les
Perses, que cette cavalerie allait les tuer à coups de javelot. Ce
même bruit s'étant aussi répandu dans le camp des Phocidiens,
Harmocyde, leur commandant, les anima par ce discours : « Pho
« cidiens, leur dit-il, les Thessaliens nous ont calomniés,
« comme je le soupçonne, et notre perte est assurée. C'est
« maintenant qu'il faut que chacun de nous montre sa valeur,
« car il vaut mieux mourir en attaquant et en se défendant
« avec courage, que de se laisser tuer honteusement. Que les
« Perses apprennent qu'ils ne sont que des Barbares, et que
« ceux dont ils ont tramé la perte sont des Grecs. »

XVIII. Ce fut ainsi qu'Harmocyde anima les siens. Lorsque la
cavalerie les eut investis, elle fondit sur eux comme si elle eût

voulu les exterminer. Déjà les traits étaient prêts à partir, et peut-être y en eut-il quelques-uns de lancés. Alors les Phocidiens serrèrent, et firent face de tous côtés. A cette vue, les Barbares tournèrent bride et se retirèrent. Je ne puis assurer si cette cavalerie était venue dans le dessein de massacrer les Phocidiens à la prière des Thessaliens, ni si les Barbares, voyant ces mille hommes se mettre en défense, et craignant de recevoir quelque échec, se retirèrent, comme s'ils en avaient reçu l'ordre du général, ou si le général voulait éprouver leur courage. Quoi qu'il en soit, la cavalerie s'étant retirée, Mardonius leur fit dire par un héraut : « Soyez tranquilles, Phocidiens ; vous
« vous êtes montrés gens de cœur, et non point tels qu'on me
« l'avait dit. Conduisez-vous maintenant avec ardeur dans cette
« guerre ; vos services ne l'emporteront jamais sur la généro-
« sité du roi ni sur la mienne. » Voilà ce qui se passa à l'égard des Phocidiens.

XIX. Les Lacédémoniens ne furent pas plutôt arrivés à l'isthme[1] qu'ils y assirent leur camp. Sur cette nouvelle, les peuples du Péloponèse les plus attachés à la bonne cause se mirent en marche, ainsi que ceux qui avaient été témoins du départ des Spartiates, les uns et les autres ne voulant pas que les Lacédémoniens eussent en cela quelque avantage sur eux. Les sacrifices étant favorables, ils sortirent tous de l'isthme, et arrivèrent à Éleusis. On renouvela en cet endroit les sacrifices ; et comme ils ne présageaient rien que d'heureux, ils continuèrent leur marche, accompagnés des Athéniens, qui, ayant passé de Salamine sur le continent, les avaient joints à Éleusis. Ayant appris, à leur arrivée à Érythrée en Béotie, que les Barbares campaient sur les bords de l'Asope, ils allèrent se poster vis-à-vis d'eux, au pied du mont Cithéron.

---

[1] Lorsque les Grecs furent assemblés à l'isthme, ils résolurent de faire un serment qui resserrât leur union, et qui les forçât de soutenir courageusement les dangers. Il était conçu en ces termes : « Je ne préférerai point la vie à la liberté ; je n'abandonnerai mes généraux ni vivants ni morts ; j'accorderai la sépulture à tous les alliés qui auront péri dans le combat. Après avoir vaincu les Barbares, je ne détruirai aucune ville qui aura contribué à leur défaite ; je ne relèverai aucun des temples qu'ils auront brûlés ou renversés, mais je les laisserai dans l'état où ils sont, pour servir à la postérité de monument de l'impiété des Barbares. » (*Diodore*, liv. XI.)

XX. Comme ils ne descendaient pas dans la plaine, Mardonius envoya contre eux toute sa cavalerie, commandée par Masistius, homme de grande distinction parmi les Perses. Ce général, que les Grecs appellent Masistius, était monté sur un cheval niséen, dont la bride était d'or et le harnais magnifique. La cavalerie s'étant approchée des Grecs, fondit sur eux par escadrons, et leur fit beaucoup de mal, leur reprochant qu'ils n'étaient que des femmes.

XXI. Les Mégariens se trouvaient par hasard placés dans l'endroit le plus aisé à attaquer, et d'un plus facile accès pour les chevaux. Pressés par la cavalerie, ils envoyèrent un héraut aux généraux Grecs, qui leur parla ainsi :

« Les Mégariens vous disent : Alliés, nous ne pouvons sou-
« tenir, seuls, le choc de la cavalerie perse dans le poste où
« l'on nous a d'abord placés. Quoique fort pressés, nous avons
« jusqu'ici résisté avec fermeté et courage ; mais, si vous n'en-
« voyez des troupes pour nous relever, nous quitterons notre
« poste et nous nous retirerons. » Le héraut ayant fait cette déclaration, Pausanias sonda les Grecs pour voir s'il trouverait des volontaires prêts à défendre ce poste à la place des Mégariens. Tous le refusèrent, excepté les trois cents Athéniens d'élite commandés par Olympiodore, fils de Lampon, qui se chargèrent de ce soin.

XXII. Ce corps de troupes qui prit sur lui la défense de ce poste, préférablement au reste des Grecs campés à Érythrée, emmena aussi des gens de trait. Le combat ayant duré quelque temps, il se termina comme je vais le rapporter. La cavalerie perse chargea par escadrons ; mais Masistius l'ayant devancée, son cheval fut atteint d'un coup de flèche aux flancs : il se cabra de douleur, et jeta Masistius par terre. Les Athéniens fondirent sur lui, se saisirent du cheval, et tuèrent le cavalier malgré sa résistance. Ils ne le purent d'abord, à cause de la cuirasse d'or en écailles qu'il avait sous son habit de pourpre ; les coups s'émoussaient sur cette cuirasse. Mais quelqu'un, s'en étant aperçu, le frappa à l'œil, et il mourut. La cavalerie ne fut pas d'abord informée du malheur arrivé à son général. Comme elle tournait bride, et battait en retraite, elle ignorait ce qui s'était passé : car on n'avait pas vu Masistius tomber de cheval, on ne l'avait pas vu périr. Mais les Barbares s'étant arrêtés, et voyant que personne ne leur donnait d'ordre, ils en furent sur-le-champ affligés ; et ayant appris que leur général n'était plus, ils s'exhortèrent mutuellement, et poussèrent leurs chevaux pour enlever le corps de Masistius.

XXIII. Les Athéniens les voyant accourir tous ensemble, et non plus par escadrons, appelèrent à eux le reste de l'armée. Pendant que l'infanterie venait à leur secours, il y eut un combat très-vif pour le corps de Masistius. Tant que les trois cents Athéniens furent seuls, ils eurent un très-grand désavantage, et ils abandonnèrent le corps. Mais lorsque le secours fut arrivé, la cavalerie ne put en soutenir le choc ; et, loin d'enlever le corps de son général, elle perdit beaucoup de monde. Les cavaliers, s'étant éloignés d'environ deux stades, délibérèrent sur ce qu'ils devaient faire ; et comme ils n'avaient plus personne pour les commander, il fut décidé qu'on retournerait vers Mardonius.

XXIV. La cavalerie étant arrivée au camp, toute l'armée témoigna la douleur qu'elle ressentait de la perte de Masistius, et Mardonius encore plus que tous les autres. Les Perses se coupèrent la barbe et les cheveux ; ils coupèrent les crins à leurs chevaux et à leurs bêtes de charge, et poussèrent des cris lugubres dont retentit toute la Béotie : ils venaient de perdre un homme qui, du moins après Mardonius, était le plus estimé et des Perses et du roi. Ce fut ainsi que les Barbares rendirent les derniers honneurs à Masistius.

XXV. Les Grecs ayant soutenu le choc de la cavalerie et l'ayant repoussée, cet avantage leur inspira beaucoup plus de confiance. D'abord ils mirent sur un char le corps de Masistius, et le firent passer de rang en rang. Il méritait d'être vu et par sa grandeur et par sa beauté ; toute l'armée put ainsi satisfaire sa curiosité, et chacun quitta son rang et courut pour le voir. On fut ensuite d'avis d'aller à Platée, dont le territoire paraissait beaucoup plus commode pour camper que celui d'Érythrée par plusieurs raisons, et entre autres à cause de l'abondance de ses eaux. Il fut donc résolu de s'y rendre, et d'y camper en ordre de bataille, près de la fontaine de Gargaphie. Les Grecs, ayant pris leurs armes, marchèrent par le pied du Cithéron, passèrent près d'Hysia, et se rendirent sur le territoire de Platée. Lorsqu'ils y furent arrivés, ils se rangèrent par nation près de la fontaine de Gargaphie et du temple consacré au héros Androcrate [1], les uns sur des collines peu élevées, les autres dans la plaine.

XXVI. Quand les troupes voulurent prendre en cet endroit le rang qu'elles devaient occuper, il s'éleva de grandes contestations entre les Tégéates et les Athéniens ; les uns et les autres soutenant qu'ils devaient avoir le commandement de l'une des deux ailes, et rapportant pour appuyer leurs prétentions, les belles actions qu'ils avaient faites, tant dans les derniers temps que dans les siècles les plus reculés. « Tous les alliés, dirent
« les Tégéates, nous ont toujours jugés dignes de ce poste
« dans les expéditions que les Péloponésiens ont faites
« ensemble au dehors, soit dans les premiers temps, soit
« dans les derniers. Lorsque, après la mort d'Eurys-
« thée, les Héraclides tentèrent de rentrer dans le Pélopo-
« nèse, nous obtînmes cet honneur par les services que nous
« rendîmes en cette occasion. Nous marchâmes à l'isthme au
« secours de la patrie, avec les Achéens et les Ioniens qui ha-
« bitaient alors dans le Péloponèse [2], et nous campâmes vis-à-vis
« des Héraclides. On dit qu'alors Hyllus représenta qu'au lieu
« d'exposer les deux armées au danger d'une action, il fallait
« que les Péloponésiens choisissent parmi eux celui qu'ils juge-
« raient le plus brave pour se battre seul avec lui sous cer-
« taines conditions. Les Péloponésiens furent d'avis d'accepter
« cette proposition. On s'engagea par serment, et l'on convint
« que les Héraclides rentreraient dans l'héritage de leurs pères
« si Hyllus remportait la victoire sur le chef des Péloponésiens ;
« et que, s'il était vaincu, les Héraclides se retireraient, au con-
« traire, avec leur armée, et que de cent ans ils ne cherche-
« raient point à rentrer dans le Péloponèse. Echémus [3], fils

---

[1] Androcrate avait été, dans les temps anciens, un chef de Platéens. Aristide ayant envoyé consulter l'oracle de Delphes, le dieu lui répondit que les Athéniens remporteraient la victoire s'ils faisaient des vœux à Jupiter, à Junon, adorée sur le Cithéron, à Pan et aux nymphes Sphragitides, et s'ils offraient des sacrifices aux héros Androcrate, Leucon, Pisandre, Damacrate, Hypsion, Actéon et Polyidus, qui avaient été des chefs des Platéens. Le temple du héros Androcrate était environné d'un bois fort épais. Il était à droite du chemin qui conduit de Platée à Thèbes. (L.)

[2] Voyez liv. I, § cxlv.

[3] Sous le règne d'Échémus, fils d'Aéropus, petit-fils de Céphée, et ar-

« d'Aéropus et petit-fils de Céphée, notre général et notre roi,
« fut choisi volontairement par tous les alliés. Il se battit contre
« Hyllus et le tua. Cette action nous valut parmi les Pélopo-
« nésiens de ce temps-là, entre autres honneurs que nous con-
« servons encore actuellement, celui de commander une des ailes
« de l'armée dans toutes les expéditions qu'ils font ensemble.
« Quant à vous, Lacédémoniens, nous ne vous disputons point
« le premier rang ; commandez celle des deux ailes que vous
« voudrez, nous vous en laissons le choix ; mais le commande-
« ment de l'autre nous appartient, de même que nous l'avons
« eu par le temps passé. Indépendamment de l'action que nous
« venons de raconter, nous méritons mieux ce poste que les
« Athéniens, et par le grand nombre de combats que nous
« avons livrés avec succès contre vous-mêmes et contre d'autres
« peuples. Il est donc juste que nous ayons le commandement
« d'une des deux ailes préférablement aux Athéniens, qui n'ont
« fait, ni jadis, ni récemment, d'aussi belles actions que nous. »
Ainsi parlèrent les Tégéates.

XXVII. « Nous savons, répondirent les Athéniens, que les
« alliés sont ici assemblés pour combattre le Barbare, et non
« pour discourir. Mais, puisque les Tégéates se sont proposé de
« parler des exploits, tant anciens que récents, des deux peu-
« ples, nous sommes forcés de vous montrer d'où nous vient
« ce droit, que nous ont transmis nos pères, d'occuper toujours
« le premier rang, plutôt que les Arcadiens, tant que nous
« nous conduirons en gens de cœur. Les Héraclides, dont les
« Tégéates se vantent d'avoir tué le chef près de l'isthme,
« chassés autrefois par tous les Grecs chez qui ils se réfugiaient
« pour éviter la servitude dont les menaçaient les Mycéniens,
« furent accueillis par nous seuls, et nous repoussâmes l'injure
« d'Eurysthée, en remportant avec eux une victoire complète
« sur les peuples qui occupaient alors le Péloponèse. Les Ar-

---

rière-petit-fils d'Aléus, les Achéens remportèrent une grande victoire près
de l'isthme de Corinthe, sur Hyllus, fils d'Hercule, qui, à la tête d'une
nombreuse armée de Doriens, voulait rentrer dans le Péloponèse. Échémus, provoqué par Hyllus à un combat singulier, le tua de sa main.
C'est le sentiment de plusieurs historiens; et je le crois plus probable
que celui de quelques autres qui disent qu'Oreste était pour lors roi des
Achéens, et que ce fut sous son règne qu'Hyllus tenta de rentrer dans le
Péloponèse. Oreste n'était pas encore né lorsque Hyllus fut tué. (L.)

« giens, qui avaient entrepris une expédition contre Thèbes
« avec Polynice, ayant été tués, et leurs corps restant sans sé-
« pulture, nous marchâmes contre les Cadméens, nous enle-
« vâmes ces corps, et nous leur donnâmes la sépulture dans
« notre pays, à Éleusis. Nous avons fait aussi de belles actions
« contre les Amazones, ces redoutables guerrières qui, des
« bords du Thermodon, vinrent attaquer l'Attique. A Troie,
« nous ne nous sommes pas moins distingués que les autres
« alliés. Mais qu'est-il besoin de rappeler ces exploits? Les
« mêmes peuples qui alors étaient braves pourraient être au-
« jourd'hui lâches, et ceux qui alors étaient lâches pourraient
« avoir maintenant du courage. C'en est donc assez sur les
« temps anciens. Nous pourrions citer beaucoup d'autres ac-
« tions, et en aussi grand nombre qu'aucun autre peuple de la
« Grèce; mais quand nous n'aurions pour nous que la journée
« de Marathon, elle seule nous rendrait dignes de cet honneur
« et de bien d'autres encore. Cette bataille, où, seuls d'entre
« les Grecs, nous combattîmes avec nos seules forces contre les
« Perses; où, malgré les difficultés d'une telle entreprise, nous
« fûmes victorieux de quarante-six nations, ne fait-elle pas
« assez voir que nous méritons ce poste ?

« Mais, dans les circonstances actuelles, il ne convient pas
« de contester sur les rangs. Nous sommes prêts, Lacédémo-
« niens, à vous obéir, quel que soit le poste que vous jugiez à
« propos de nous assigner, et quels que soient les ennemis que
« nous ayons en tête. Partout où vous nous placerez, nous
« tâcherons de nous comporter en gens de cœur. Conduisez-
« nous donc, et comptez sur notre obéissance. »

XXVIII. Telle fut la réponse des Athéniens. Toute l'armée des
Lacédémoniens s'écria qu'ils méritaient mieux que les Arcadiens
de commander une des ailes de l'armée. Les Athéniens eurent
donc ce poste, et l'emportèrent sur les Tégéates. Toutes les
troupes se rangèrent ensuite en cet ordre, tant celles qui étaient
arrivées dès le commencement que celles qui étaient survenues.
A l'aile droite étaient dix mille Lacédémoniens, parmi lesquels
il y avait cinq mille Spartiates, soutenus par trente-cinq mille
Ilotes armés à la légère, chaque Spartiate ayant sept Ilotes autour de soi. Quinze cents Tégéates, pesamment armés, venaient
après eux; les Spartiates les avaient choisis pour remplir ce

poste, tant à cause de leur courage que pour leur faire honneur. Après les Tégéates étaient cinq mille Corinthiens, et après ceux-ci les trois cents Potidéates venus de la presqu'île de Pallène ; honneur que Pausanias leur avait accordé à la prière des Corinthiens. Venaient ensuite six cents Arcadiens d'Orchomène, suivis de trois mille Sicyoniens, et ceux-ci de huit cents Épidauriens, qui avaient après eux mille Trézéniens. Après les Trézéniens venaient deux cents Lépréates, et quatre cents hommes tant de Mycènes que de Tyrinthe. On voyait ensuite mille Phliasiens, trois cents Hermionéens, six cents tant Érétriens que Styréens ; et après ceux-ci, quatre cents Chalcidiens. Après eux se trouvaient cinq cents Ampraciotes, huit cents Leucadiens et Anactoriens, deux cents Paléens de Céphallénie et cinq cents Éginètes. Ils étaient suivis de trois mille hommes de Mégare et de six cents de Platée. Les Athéniens, au nombre de huit mille hommes commandés par Aristide, fils de Lysimachus, occupaient l'aile gauche de l'armée, et se trouvaient les derniers et en même temps les premiers.

XXIX. Ces troupes, si l'on excepte les sept Ilotes par Spartiate, étaient pesamment armées, et montaient en tout à trente-huit mille sept cents hommes. Quant aux troupes légères, celles qui étaient auprès des Spartiates allaient à trente-cinq mille hommes, chaque Spartiate ayant sept hommes autour de soi, tous bien armés. Celles qui accompagnaient le reste des Lacédémoniens et des Grecs étaient de trente-quatre mille cinq cents : c'était un soldat légèrement armé par chaque hoplite. Ainsi le nombre des soldats armés à la légère s'élevait à soixante-neuf mille cinq cents.

Les troupes grecques assemblées à Platée, tant celles qui étaient pesamment armées que celles qui l'étaient à la légère, montaient en tout à cent huit mille deux cents hommes. Mais, en ajoutant le reste des Thespiens qui se trouvait à l'armée, et qui allait à dix-huit cents hommes, on avait le nombre complet de cent dix mille. Les Thespiens n'étaient pas armés pesamment. Ces troupes campaient sur les bords de l'Asope.

XXX. Mardonius et les Barbares, ayant cessé de pleurer Masistius, se rendirent aussi sur l'Asope, qui traverse le territoire de Platée, où ils avaient appris que les Grecs étaient campés. Lorsqu'ils y furent arrivés, **Mardonius** les rangea de cette manière. Il plaça les Perses vis-à-vis des Lacédémoniens, et, comme ils étaient en beaucoup plus grand nombre que ceux-ci, il les disposa en plusieurs rangs, et les étendit jusqu'aux Tégéates. Ainsi il opposa, suivant le conseil des Thébains, ses meilleures troupes aux Lacédémoniens, et les plus faibles aux Tégéates.

Il rangea les Mèdes immédiatement après les Perses, en face des Corinthiens, des Potidéates, des Orchoméniens et des Sicyoniens ; les Bactriens, vis-à-vis des Épidauriens, des Trézéniens, des Lépréates, des Tirynthiens, des Mycéniens et des Phliasiens. Venaient ensuite les Indiens contre les Hermionéens, les Éréthriens, les Styréens et les Chalcidiens. Les Saces furent placés auprès des Indiens, vis-à-vis des Ampraciotes, des Anactoriens, des Leucadiens, des Paléens et des Éginètes. Immédiatement après les Saces, il opposa aux Athéniens, aux Platéens et aux Mégariens les Béotiens, les Locriens, les Maliens, les Thessaliens et les mille Phocidiens : car les Phocidiens ne s'étaient pas tous déclarés pour les Perses ; quelques-uns fortifiaient le parti des Grecs. Enfermés sur le Parnasse, ils en sortaient pour piller et pour harceler l'armée de Mardonius et ceux des Grecs qui s'étaient joints à lui. Ce général plaça aussi les Macédoniens et les Thessaliens vis-à-vis des Athéniens.

XXXI. Les peuples que je viens de nommer, et que Mardonius rangea en bataille, étaient les plus considérables et en même temps les plus célèbres, et ceux dont on faisait le plus de cas. Des hommes de nations différentes étaient aussi mêlés et confondus avec ces troupes : il y avait des Phrygiens, des Thraces, des Mysiens, des Pæoniens et autres ; on y voyait pareillement des Éthiopiens et de ces Égyptiens guerriers qu'on appelle Hermotybies et Calasiries, et qui sont les seuls qui fassent profession des armes. Ces Égyptiens étaient sur la flotte des Perses, et Mardonius les en avait tirés tandis qu'il était encore à Phalère : car ils ne faisaient pas partie des troupes de terre que Xerxès mena avec lui à Athènes. L'armée des Barbares était, comme je l'ai déjà dit plus haut, de trois cent mille hommes ; mais personne ne sait le nombre des Grecs alliés de Mardonius : car on ne les avait pas comptés. Mais, si l'on peut former là-dessus des conjectures, je pense qu'ils allaient à cinquante mille. Tel était l'ordre de bataille de l'infanterie ; la cavalerie occupait des postes séparés.

XXXII. Les Grecs et les Barbares, s'étant ainsi rangés par nations et par bataillons, offrirent le lendemain les uns et les autres des sacrifices. Tisamène, fils d'Antiochus, qui avait suivi l'armée des Grecs en qualité de devin, sacrifiait pour eux. Quoique Éléen et de la famille des Clytiades [1], qui sont une branche des Jamides [2], les Lacédémoniens l'avaient admis au nombre de leurs citoyens à l'occasion que je vais rapporter. Tisamène ayant consulté l'oracle de Delphes sur sa postérité, la Pythie lui répondit qu'il remporterait la victoire dans cinq grands combats. N'ayant pas saisi d'abord le sens de l'oracle, il s'appliqua aux exercices gymniques, comme s'il eût dû être victorieux dans ces sortes de combats. S'étant exercé au pentathle, il remporta tous les prix, excepté celui de la lutte, qu'il disputa à Hiéronyme d'Andros. Les Lacédémoniens, ayant reconnu que la réponse de l'oracle ne regardait pas les combats gymniques, mais ceux de Mars, tâchèrent de l'engager par l'attrait des récompenses à accompagner les rois des Héraclides dans leurs guerres en qualité de conducteur [3]. S'étant aperçu que les Spartiates recherchaient avec empressement son amitié, il la mit à un haut prix, et leur déclara que, s'ils voulaient lui accorder la qualité de citoyen et lui faire part de tous les priviléges, il consentirait à leur demande; mais qu'il ne le ferait pas, quelque autre récompense d'ailleurs qu'on dût lui offrir. Les Spartiates, indignés, ne pensèrent plus du tout à se servir de lui. Mais enfin, la terreur de l'armée des Perses étant suspendue sur leurs têtes, ils l'envoyèrent chercher, et lui accordèrent sa demande. Tisamène, les voyant changés, leur dit qu'il ne s'en contentait plus, qu'il fallait encore que son frère Hégias fût fait citoyen de Sparte aux mêmes conditions que lui.

XXXIII. Mais, s'il est permis de comparer la dignité royale au droit de citoyen, en faisant une pareille demande, Tisamène

---

[1] Il paraît que les Clytiades, les Jamides et les Telliades sont trois différentes familles de devins. (L.)

[2] Cette race descendait de Jamus, et voici ce qu'on en raconte : Sa mère, en étant secrètement accouchée, le cacha parmi les joncs et les violettes; et de là elle lui donna le nom de Jamus, ἴον signifiant violette. (L.)

[3] Les anciens Grecs se servaient toujours d'un devin pour les conduire et les guider dans toutes leurs entreprises, même dans celles qui concernaient la guerre. (L.)

prit Mélampus pour modèle [1]. Les femmes d'Argos étant devenues furieuses, les Argiens offrirent à celui-ci une récompense pour l'attirer de Pylos et l'engager à les guérir. Mélampus exigea la moitié du royaume. Les Argiens rejetèrent sa demande, et s'en retournèrent chez eux ; mais comme le nombre des femmes malades augmentait de jour en jour, ils subirent la loi qui leur avait été imposée, et retournèrent à Pylos dans l'intention de lui accorder les conditions qu'il exigeait. Mélampus les voyant changés, demanda davantage, et leur dit que, s'ils ne donnaient point aussi à son frère Bias le tiers du royaume, il ne ferait point ce qu'ils souhaitaient. Les Argiens, réduits à la dernière extrémité, consentirent encore à cette demande.

XXXIV. Il en fut de même des Spartiates. Ils accordèrent à Tisamène tout ce qu'il avait exigé, à cause de l'extrême besoin qu'ils avaient de lui. Il n'y a jamais eu que lui et son frère Hégias que les Spartiates aient admis au nombre de leurs citoyens. Tisamène, devenu par cette concession Spartiate d'Éléen qu'il était, les aida, en qualité de devin, à remporter la victoire dans cinq grands combats. Le premier se donna à Platée ; le second à Tégée, contre les Tégéates et les Argiens ; le troisième à Dipœa, contre tous les Arcadiens, excepté les Mantinéens ; le quatrième à Ithome, contre les Messéniens ; et le cinquième et dernier à Tanagre, contre les Athéniens et les Argiens [2].

XXXV. Ce Tisamène, que les Spartiates avaient amené avec eux à Platée, servait alors de devin aux Grecs. Les victimes leur annonçaient des succès s'ils se tenaient sur la défensive, et une défaite s'ils traversaient l'Asope et commençaient le combat.

XXXVI. Mardonius désirait ardemment commencer la bataille ; mais les sacrifices n'étaient pas favorables, et ne lui promettaient des succès que dans le cas où il se tiendrait sur la défensive : car il se servait pour sacrifier à la manière des Grecs

[1] Les filles de Prœtus, roi d'Argos, étant devenues furieuses, Mélampus les purifia à condition qu'il aurait les deux tiers du royaume, dont il donna la moitié à son frère Bias. On sait qu'il guérit les Prœtides en les faisant baigner dans la fontaine Clitorius. Tous ceux qui depuis ce temps eurent des eaux de cette fontaine prirent le vin en aversion. (L.)

[2] Ce combat se donna la troisième année de la quatre-vingtième olympiade, c'est-à-dire l'an 4260 de la période julienne, 458 ans avant Jésus-Christ, et 22 ans après le passage de Xerxès en Grèce.

du devin Hégésistrate d'Élée, le plus célèbre des Telliades. Ce Hégésistrate avait fait autrefois beaucoup de mal aux Spartiates, et ceux-ci l'avaient arrêté et mis dans les fers pour le punir de mort. Comme, dans cette situation fâcheuse, il allait non-seulement perdre la vie, mais encore souffrir avant la mort des tourments très-cruels, il fit une chose au-dessus de tout éloge. Il avait les pieds dans des entraves de bois garnies de fer. Il se servit d'un fer qu'on lui avait sans doute apporté, et aussitôt il imagina l'action la plus courageuse dont nous ayons jamais ouï parler ; car il se coupa la partie du pied qui est avant les doigts, après avoir examiné s'il pourrait tirer des entraves le reste du pied. Cela fait, comme la prison était gardée, il fit un trou à la muraille, et se sauva à Tégée, ne marchant que la nuit, et se cachant pendant le jour dans les bois. Il arriva en cette ville la troisième nuit, malgré les recherches des Lacédémoniens, qui furent extrêmement étonnés de son audace en voyant la moitié de son pied dans les entraves sans pouvoir le trouver. Ce fut ainsi qu'Hégésistrate, après s'être alors échappé des Lacédémoniens, se sauva à Tégée, qui n'était pas en ce temps-là en bonne intelligence avec Sparte. Lorsqu'il fut guéri, il se fit faire un pied de bois, et devint ennemi déclaré des Lacédémoniens. Mais la haine qu'il avait conçue contre eux ne tourna pas, du moins à la fin, à son avantage ; car, ayant été pris à Zacynthe, où il exerçait la divination, ils le firent mourir. Mais sa mort est postérieure à la bataille de Platée.

XXXVII. Ce devin, à qui Mardonius donnait des sommes considérables, sacrifiait alors sur les bords de l'Asope avec beaucoup de zèle, tant par la haine qu'il portait aux Lacédémoniens que par l'appât du gain. Mais les entrailles des victimes ne permettant pas de donner bataille ni aux Perses ni aux Grecs qui étaient avec eux, et qui avaient en leur particulier un devin nommé Hipponachus de Leucade, et l'armée grecque grossissant cependant tous les jours, Timégénidas de Thèbes, fils d'Herpys, conseilla à Mardonius de faire garder les passages du Cithéron, lui représentant que les Grecs accouraient en foule à l'armée ennemie, et qu'il en enlèverait un grand nombre.

XXXVIII. Il y avait déjà huit jours que les deux armées étaient en présence, lorsqu'il donna ce conseil à Mardonius. Ce général, qui en connut la sagesse, envoya, dès que la nuit fut venue, la cavalerie aux passages du Cithéron qui conduisent à Platée ; les Béotiens les appellent les Trois-Têtes, et les Athéniens les Têtes-de-Chêne. Elle n'arriva point inutilement : elle enleva un convoi de cinq cents bêtes de charge, avec des voitures et leurs conducteurs, qui débouchait dans la plaine, et qui apportait des vivres du Péloponèse au camp des Grecs. Lorsqu'ils les eurent en leur puissance, les Perses massacrèrent impitoyablement et les hommes et les bêtes, sans rien épargner ; et, lorsqu'ils se furent rassasiés de carnage, ils chassèrent devant eux ce qui avait échappé, et rentrèrent dans le camp de Mardonius.

XXXIX. Après cette action, ils furent deux autres jours sans commencer de part et d'autre le combat. Les Barbares s'avancèrent jusque sur les bords de l'Asope, pour tâter les ennemis ; mais ni l'une ni l'autre armée ne voulut passer la rivière. La cavalerie de Mardonius ne cessait d'inquiéter et de harceler les Grecs ; car les Thébains, extrêmement zélés pour les Perses, faisaient la guerre avec ardeur, et s'approchaient continuellement, sans cependant engager l'action. Ils étaient ensuite relevés par les Perses et les Mèdes, qui se distinguèrent beaucoup.

XL. Il ne se fit rien de plus pendant dix jours ; mais le onzième, comme les Grecs avaient reçu des renforts considérables, et que Mardonius s'ennuyait beaucop de ce retard, il conféra avec Artabaze, fils de Pharnace, que Xerxès distinguait parmi le petit nombre de Perses qu'il honorait de son estime. Celui-ci fut d'avis de lever au plus tôt le camp, et de s'approcher des murs de Thèbes, où l'on avait fait porter des vivres pour les troupes et des fourrages pour les chevaux ; que dans cette position on terminerait tranquillement la guerre en s'y prenant de la manière suivante : qu'on avait beaucoup d'or monnayé et non monnayé, avec une grande quantité d'argent et de vases à boire ; qu'il fallait, sans rien épargner, envoyer toutes ces richesses aux Grecs, et surtout à ceux qui avaient le plus d'autorité dans les villes ; qu'ils ne tarderaient pas à livrer leur liberté, et qu'on ne serait pas dans le cas de courir les risques d'une bataille. Les Thébains se rangèrent de cet avis, le croyant le plus prudent. Celui de Mardonius fut violent, téméraire, contraire à tout arrangement. Son armée était, disait-il, de beaucoup supérieure à celle des Grecs ; il fallait incessamment livrer bataille, sans attendre que les ennemis, dont le nombre augmentait tous les jours, eussent reçu de nouveaux renforts ; il fallait abandonner les auspices d'Hégésistrate, ne point violer les lois des Perses, et combattre selon leurs usages.

XLI. Tel fut l'avis de Mardonius. Il prévalut, personne ne s'y opposant parce que le roi lui avait donné le commandement de l'armée, et non point à Artabaze. Il convoqua donc les principaux officiers de son armée et des troupes grecques qu'il avait avec lui, et leur demanda s'ils connaissaient quelque oracle qui prédît aux Perses qu'ils devaient périr dans la Grèce. Ceux qu'il avait mandés n'ouvrant point la bouche, les uns parce qu'ils n'avaient aucune connaissance des oracles, les autres par crainte, Mardonius prit la parole, et leur dit : « Puisque vous « ne savez rien, ou que vous n'osez rien dire, je vais parler en « homme qui est bien instruit. Suivant un oracle, il est pres-« crit par les destins que les Perses pilleront, à leur arrivée « en Grèce, le temple de Delphes, et qu'après l'avoir pillé ils « périront tous. Mais, puisque nous avons connaissance de cette « prédiction, nous ne dirigerons point notre marche vers ce « temple, nous n'entreprendrons point de le piller, et nous ne « périrons point pour ce sujet. Que tous ceux d'entre vous qui « sont attachés à la cause des Perses se réjouissent donc dans « l'assurance que nous aurons l'avantage sur les Grecs. » Lorsqu'il eut cessé de parler, il ordonna de faire les préparatifs nécessaires, et de tenir tout en bon ordre; attendu que la bataille se donnerait le lendemain au point du jour.

XLII. Je sais que cet oracle, que Mardonius croyait regarder les Perses, ne les concernait pas, mais les Illyriens et l'armée des Enchéléens. Voici celui de Bacis sur cette bataille : « Les « rives du Thermodon et les pâturages de l'Asope sont cou-« verts de bataillons grecs, j'entends les cris des Barbares; « mais, quand le jour fatal sera venu, les Mèdes y périront en « grand nombre, devançant Lachésis et les destins. » Cet oracle et plusieurs autres semblables de Musée ont été rendus au sujet des Perses. Quant au Thermodon, il coule entre Tanagre et Glisante.

XLIII. Après que Mardonius eut interrogé les officiers de son armée sur les oracles, et qu'il les eut exhortés à faire leur devoir, la nuit vint, et l'on posa des sentinelles. Elle était déjà bien avancée, un profond silence régnait dans les deux camps, et les troupes étaient plongées dans le sommeil, lorsque Alexandre, fils d'Amyntas, général et roi des Macédoniens, se rendit à cheval vers la garde avancée des Athéniens, et demanda à parler à leurs généraux. La plupart des sentinelles restèrent à leur poste ; les autres coururent les avertir qu'il venait d'arriver du camp des Perses un homme à cheval, qui s'était contenté de leur dire, en nommant les généraux par leurs noms, qu'il voulait leur parler.

XLIV. Là-dessus, les généraux les suivirent sur-le-champ au lieu où était la garde avancée ; et, lorsqu'ils y furent arrivés, Alexandre leur parla en ces termes : « Athéniens, je vais dé-
« poser dans votre sein un secret que je vous prie de ne ré-
« véler qu'à Pausanias, de crainte que vous ne me perdiez. Je
« ne vous le confierais pas sans le vif intérêt que je prends à la
« Grèce entière. Je suis Grec ; mon origine tient au temps les
« plus reculés, et je serais fâché de voir la Grèce devenir es-
« clave. Je vous apprends donc que les victimes ne sont point
« favorables à Mardonius et à son armée ; sans cela, la bataille
« se serait donnée il y a longtemps. Mais, sans s'embarrasser
« des sacrifices, il a maintenant pris la résolution de vous atta-
« quer demain à la pointe du jour : car il craint, comme je puis
« le conjecturer, que votre armée ne grossisse de plus en plus.
« Préparez-vous en conséquence. Si cependant Mardonius dif-
« fère le combat, restez ici avec constance ; car il n'a de vivres
« que pour peu de jours. Si cette guerre se termine selon vos
« souhaits, souvenez-vous de rendre libre un homme qui, par
« zèle pour les Grecs, s'expose à un grand danger en venant
« vous avertir des desseins de Mardonius, de crainte que les
« Barbares ne tombent sur vous à l'improviste ; je suis Alexandre
« de Macédoine. » Ayant ainsi parlé, il tourna bride et alla reprendre le poste qu'il occupait dans le camp.

XLV. Les généraux athéniens passèrent à l'aile droite, et rapportèrent à Pausanias ce qu'ils avaient appris d'Alexandre. Sur cette nouvelle, Pausanias, qui redoutait les Perses, leur dit : « Puisque la bataille doit se donner demain au point du
« jour, il faut, Athéniens, vous placer vis-à-vis des Perses, et
« nous contre les Béotiens et les Grecs qui vous sont opposés.
« Voici mes raisons. Vous connaissez les Perses et leur façon de
« combattre, vous en avez fait l'épreuve à la journée de Mara-

« thon. Nous autres, nous ne nous sommes point essayés contre
« eux, et nous ne les connaissons pas, aucun Spartiate ne s'é-
« tant mesuré avec eux ; mais nous connaissons les Béotiens et
« les Thessaliens. Prenez donc vos armes, et passez à l'aile
« droite, tandis que nous irons à la gauche. — Vous nous pré-
« venez, répondirent les Athéniens ; cette pensée nous était
« aussi venue il y a longtemps, et dès que nous eûmes vu les
« Perses en face de vous. Nous n'osions vous en parler, de
« crainte de vous déplaire. Mais puisque vous en faites vous-
« même la proposition, nous l'acceptons avec plaisir, et nous
« sommes disposés à l'exécuter. »

XLVI. Cette proposition ayant été goûtée des deux côtés, les Spartiates et les Athéniens prirent leurs nouvelles positions au lever de l'aurore. Les Béotiens, l'ayant remarqué, en donnèrent avis à Mardonius. Il n'en eut pas plutôt eu connaissance, qu'il essaya aussi de changer son ordre de bataille en faisant passer les Perses vis-à-vis des Lacédémoniens. Pausanias, instruit par ce mouvement que l'ennemi l'avait pénétré, ramena les Spartiates à l'aile droite, et Mardonius, à son exemple, les Perses à l'aile gauche.

XLVII. Lorsqu'ils eurent repris leurs positions primitives, Mardonius envoya un héraut aux Spartiates. « Lacédémoniens,
« leur dit-il, on vous regarde dans ce pays-ci comme des gens
« très-braves ; on admire que vous ne fuyiez jamais du combat,
« que vous n'abandonniez jamais vos rangs, et que, fermes
« dans votre poste, vous donniez la mort ou la receviez : rien
« cependant n'est plus éloigné de la vérité ; car, même avant
« de commencer la bataille et d'en venir aux mains, nous vous
« voyons abandonner votre poste, et, laissant aux Athéniens le
« soin de se mesurer les premiers contre nous, vous vous pla-
« cez vis-à-vis de nos esclaves. Cette action n'est point celle
« d'hommes généreux. Nous nous sommes bien trompés à
« votre sujet : nous nous attendions, d'après votre réputation,
« que vous nous enverriez défier au combat par un héraut, que
« vous seuls vous vous battriez contre les Perses ; et, quoique
« nous soyons dans cette disposition, bien loin de vous en-
« tendre tenir ce langage, nous vous trouvons tremblants. Mais,
« puisqu'au lieu de nous présenter les premiers le défi nous
« vous le présentons, que ne combattons-nous en nombre égal,

« vous pour les Grecs, puisque vous passez pour très-braves,
« et nous pour les Barbares? Si vous êtes d'avis que le reste des
« troupes combatte aussi, qu'elles combattent, mais après
« nous. Si, au lieu de goûter cette proposition, vous croyez qu'il
« suffise que nous combattions seuls, nous y consentons ; mais
« que le parti victorieux soit censé avoir vaincu toute l'armée
« ennemie. »

XLVIII. Le héraut, ayant ainsi parlé, attendit quelque temps ; et, comme personne ne lui répondit, il s'en retourna et fit son rapport à Mardonius. Ce général s'en réjouit, et, fier d'une victoire imaginaire, il envoya contre les Grecs sa cavalerie, qui, très-habile à lancer le javelot et à tirer de l'arc, leur fit d'autant plus de mal, que, ne se laissant point approcher, il était impossible de la combattre de près. Elle s'avança jusqu'à la fontaine de Gargaphie, qui fournissait de l'eau à toute l'armée grecque, la troubla et la boucha. Il n'y avait que les Lacédémoniens qui campassent près de cette fontaine ; les autres Grecs en étaient éloignés suivant la disposition de leurs quartiers. L'Asope se trouvait dans leur voisinage ; mais la cavalerie les repoussant à coups de traits, et les empêchant d'y puiser de l'eau, ils allaient en chercher à cette fontaine.

XLIX. Dans ces circonstances, comme les Grecs manquaient d'eau, et que la cavalerie ennemie les incommodait beaucoup, les généraux se rendirent à l'aile droite pour délibérer avec Pausanias sur ce sujet et sur d'autres ; car malgré leur triste situation, il y avait encore d'autres choses qui les inquiétaient davantage. Ils manquaient de vivres, et leurs valets, qu'ils avaient envoyés chercher des provisions dans le Péloponèse, ne pouvaient pas retourner au camp, parce que la cavalerie leur en fermait le passage.

L. Les généraux furent d'avis d'aller dans l'île, si les Perses différaient encore ce jour-là le combat. Cette île est vis-à-vis de Platée, à dix stades de l'Asope et de la fontaine de Gargaphie, auprès de laquelle ils campaient alors. Voici comment une île se trouve au milieu des terres. La rivière descend du mont Cithéron dans la plaine, se partage en deux bras éloignés l'un de l'autre d'environ trois stades, et réunit ensuite ses eaux dans un même lit : cette île se nomme Œroé. Les habitants de ce pays disent qu'Œroé est fille d'Asope. Ce fut dans cette île que les Grecs résolurent de passer, tant pour avoir de l'eau en abondance, que pour ne plus être incommodés par la cavalerie, comme ils l'étaient quand ils se trouvaient vis-à-vis d'elle. Ils prirent la résolution de décamper la nuit, à la seconde veille, de crainte que les Perses, venant à s'apercevoir de leur départ, ne les suivissent et les inquiétassent dans leur marche. Ils étaient aussi convenus qu'arrivés au lieu qu'Œroé, fille d'Asope, coulant du Cithéron, enferme de ses bras, ils enverraient, cette même nuit, la moitié de l'armée au Cithéron pour dégager leurs gens, qui avaient été chercher des vivres, et que l'ennemi tenaient enfermés dans les gorges de la montagne.

LI. Cette résolution prise, on fut fort incommodé toute cette journée par les attaques de la cavalerie. Mais lorsqu'elle se fut retirée à la fin du jour, et quand la nuit fut venue, ainsi que l'heure à laquelle on était convenu de partir, la plupart levèrent le camp et se mirent en marche, sans avoir cependant l'intention de se rendre à l'endroit indiqué. Dès qu'ils se furent mis en mouvement, ils se sauvèrent avec plaisir du côté de Platée, afin d'échapper à la cavalerie ennemie. Ils arrivèrent ainsi au temple de Junon, qui est devant cette ville, à vingt stades de la fontaine de Gargaphie, et y posèrent leur camp.

LII. Tandis qu'ils étaient campés aux environs du temple de Junon, Pausanias, qui les avaient vus partir, et qui les croyait en marche pour se rendre au lieu convenu, ordonna aussi aux Lacédémoniens de prendre les armes et de les suivre. Les commandants étaient tous disposés à lui obéir, excepté Amopharète, fils de Poliade, qui commandait un petit corps de Pitanates [1]; il dit qu'il ne fuirait pas devant les étrangers, et que, de son plein gré, il ne ferait point à Sparte ce déshonneur. Comme il ne s'était pas trouvé au conseil précédent, il était étonné de la conduite des généraux. Pausanias et Euryanax, fâchés de ce qu'il refusait d'obéir à leurs ordres, l'auraient été encore bien plus d'abandonner les Pitanates, à cause du sentiment d'Amopharète, de crainte qu'en voulant exécuter la résolution

[1] Il y avait à Lacédémone un quartier qui portait le nom de Pitane, mais on ignore si ce quartier donna son nom au corps de troupes dont il est ici question.

prise en commun avec les autres Grecs, il ne périt avec sa compagnie. Ces réflexions les engagèrent à rester tranquilles avec les troupes de Lacédémone, et pendant ce temps-là ils tâchèrent de l'engager à changer de conduite.

LIII. Amopharète était le seul parmi les Lacédémoniens et les Tégéates qui voulût rester. Pendant qu'on l'exhortait à obéir, les Athéniens, qui connaissaient le caractère des Lacédémoniens, et que ces peuples pensaient d'une façon et parlaient d'une autre, se tenaient tranquilles dans leurs quartiers. Mais, l'armée ayant commencé à s'ébranler, ils dépêchèrent un de leurs cavaliers pour voir si les Spartiates se mettaient en devoir de partir, ou s'ils n'y songeaient pas, et pour demander à Pausanias ses ordres.

LIV. Le héraut trouva à son arrivée les Lacédémoniens dans leurs postes, et leurs principaux officiers disputant contre Amopharète. Pausanias et Euryanax tâchaient, mais en vain, de l'engager à ne pas exposer au péril les Lacédémoniens qui étaient restés seuls au camp ; enfin on en était venu à se quereller, lorsque le héraut des Athéniens arriva. Dans la chaleur de la dispute, Amopharète prit une pierre[1] des deux mains, et la mettant aux pieds de Pausanias : Voici mon vote, pour que nous ne fuyions pas devant les étrangers : c'est ainsi qu'il appelait les Barbares. Pausanias traita Amopharète de fou, d'insensé. S'adressant ensuite au héraut des Athéniens, qui lui exposait ses ordres, il lui dit de rapporter aux Athéniens l'état actuel des choses, les priant de venir les trouver afin de concerter leurs mouvements.

LV. Le héraut s'en retourna vers les Athéniens, et le jour surprit les généraux lacédémoniens et Amopharète se disputant encore. Pausanias était demeuré jusqu'alors ; mais enfin, persuadé que si les Lacédémoniens partaient, Amopharète ne les abandonnerait pas, comme en effet la chose arriva, il donna le signal du départ, et mena le reste de ses troupes par les hauteurs. Les Tégéates le suivirent aussi : mais les Athéniens marchèrent en ordre de bataille par une route différente des Lacédémoniens ; car ceux-ci, craignant la cavalerie, prirent par la hauteur, et vers le pied du Cithéron, et les Athéniens par la plaine.

[1] On se servait de petits cailloux pour les suffrages.

LVI. Amopharète, s'imaginant que Pausanias n'oserait jamais l'abandonner, ni lui ni les siens, faisait tous ses efforts pour contenir les troupes et les empêcher de quitter leur poste. Mais lorsqu'il les vit s'avancer avec Pausanias, jugeant alors qu'il en était ouvertement abandonné, il fit prendre les armes à sa compagnie, et la mena au petit pas vers le reste de l'armée. Quand Pausanias eut fait environ dix stades, il s'arrêta sur les bords du Moloéis, au lieu nommé Argiopius, où est un temple de Cérès Éleusinienne ; il y attendit Amopharète dans l'intention de retourner à son secours, en cas qu'il se fût obstiné à rester dans son poste avec sa compagnie. Enfin Amopharète arriva avec les siens. Toute la cavalerie ennemie pressa vivement les Grecs, selon sa coutume. Les Barbares, ayant remarqué que le camp que les Grecs avaient occupé les jours précédents était abandonné, poussèrent leurs chevaux toujours en avant, et ne les eurent pas plutôt atteints, qu'ils se mirent à les harceler.

LVII. Quand Mardonius eut appris que les Grecs s'étaient retirés pendant la nuit, et qu'il eut vu leur camp désert, il manda Thorax de Larisse, avec Eurypile et Thrasydéius, ses frères, et leur parla ainsi : « Fils d'Aleuas, que direz-vous
« encore en voyant ce camp abandonné ? Vous autres qui
« êtes voisins des Lacédémoniens, vous souteniez qu'ils ne
« fuyaient jamais du combat et qu'ils étaient les plus bra-
« ves de tous les hommes. Vous les avez vus néanmoins chan-
« ger d'abord de poste, et maintenant nous voyons tous
« qu'ils ont pris la fuite la nuit dernière. Quand il leur a
« fallu combattre contre des hommes vraiment braves, ils ont
« fait voir que, n'étant dans le fond que des lâches, ils ne
« se distinguaient que parmi les Grecs, qui sont aussi lâches
« qu'eux.

« Comme vous n'aviez point encore éprouvé la valeur des
« Perses, et que vous connaissiez aux Lacédémoniens quel-
« que courage, je vous pardonnais les éloges que vous leur
« donniez ; j'étais beaucoup plus surpris qu'Artabaze redou-
« tât les Lacédémoniens, et qu'il fût lâchement d'avis de lever
« le camp, et de s'enfermer dans la ville de Thèbes pour y
« soutenir un siége. J'aurai soin dans la suite d'informer le
« roi de ce conseil ; mais nous en parlerons une autre fois.

« Maintenant il ne faut pas souffrir que les Grecs nous échap-
« pent ; poursuivons-les jusqu'à ce que nous les ayons atteints,
« et punissons-les ensuite de tout le mal qu'ils nous ont fait. »

LVII. Ayant ainsi parlé, il fit passer l'Asope aux Perses, et les mena contre les Grecs, en courant sur leurs traces, comme si ceux-ci prenaient véritablement la fuite. Il n'était occupé que des Lacédémoniens et des Tégéates, parce que les hauteurs l'empêchaient d'apercevoir les Athéniens, qui avaient pris par la plaine. Dès que les autres généraux de l'armée des Barbares virent les Perses s'ébranler pour courir après les Grecs, ils arrachèrent aussitôt les étendards, et les suivirent avec la plus grande rapidité, confusément et sans garder leurs rangs, poussant de grands cris et faisant un bruit épouvantable, comme s'ils allaient les enlever.

LIX. Pausanias, se voyant pressé par la cavalerie ennemie, dépêcha un cavalier aux Athéniens. « Athéniens, leur dit-il,
« dans un combat[1] de cette importance, où il s'agit de la
« liberté ou de la servitude de la Grèce, nous avons été
« trahis, et vous aussi par nos alliés ; la nuit dernière
« ils ont pris la fuite. Nous n'en avons pas moins résolu
« de nous défendre avec vigueur, et de nous secourir mu-
« tuellement. Si la cavalerie vous eût attaqués les premiers
« il eût été de notre devoir de marcher à votre secours avec les
« Tégéates qui sont restés avec nous fidèles à la patrie ; mais,
« puisqu'elle fond tout entière sur nous, et que nous en som-
« mes accablés, il est juste que vous veniez nous défendre.
« Mais s'il vous est impossible de nous secourir, montrez-
« nous votre bon vouloir en nous envoyant des gens de
« trait. L'ardeur que vous avez montrée dans cette guerre,
« et à laquelle nous nous empressons de rendre témoignage,
« nous fait espérer que vous écouterez favorablement notre de-
« mande. »

LX. Là-dessus les Athéniens se mirent en mouvement pour aller à leur secours, et les défendre avec vigueur. Ils étaient déjà en marche, lorsqu'ils furent attaqués par les Grecs de l'armée du roi, qui leur étaient opposés. Cette attaque, qui les affligeait beaucoup, les empêcha de secourir les Lacédémoniens.

---

[1] Allusion aux jeux de la Grèce où l'on propose des prix.

Ceux-ci, avec les Tégéates, leurs inséparables alliés, quoique dépourvus de ce renfort, avaient avec les troupes légères, les premiers cinquante mille hommes, les autres trois mille. Ils sacrifiaient, dans l'intention de livrer bataille à Mardonius et aux troupes qu'il avait avec lui, mais les sacrifices n'étaient pas favorables; et pendant qu'on en était occupé, il périssait beaucoup de Grecs, et il y en eut un plus grand nombre de blessés : car les Perses, s'étant fait un rempart de leurs boucliers, leur lançaient une quantité si prodigieuse de flèches, que les Spartiates en étaient accablés. Les sacrifices continuant à ne point être favorables, Pausanias tourna ses regards vers le temple de Junon, près de Platée, implora la déesse, et la supplia de ne pas permettre que les siens se vissent frustrés de leurs espérances.

LXI. Il l'invoquait encore, lorsque les Tégéates, se levant les premiers, marchèrent aux Barbares. Il eut à peine achevé sa prière, que, les sacrifices devenant enfin favorables, les Lacédémoniens marchèrent aussi aux Perses, et ceux-ci, quittant leurs arcs, en soutinrent le choc. Le combat se donna d'abord près du rempart de boucliers. Lorsqu'il eut été renversé, l'action devint vive, et dura longtemps près du temple même de Cérès, jusqu'à ce qu'on fût venu à les en chasser; car les Barbares saisissaient les lances des Grecs, et les brisaient entre leurs mains. A cette journée, les Perses ne cédèrent aux Grecs ni en force ni en audace; mais étant armés à la légère, et n'ayant d'ailleurs ni l'habileté ni la prudence de leurs ennemis, ils se jetaient un à un, ou dix ensemble, ou même tantôt plus, tantôt moins, sur les Spartiates, qui les taillaient en pièces.

LXII. Les Perses pressaient vivement les Grecs du côté où Mardonius, monté sur un cheval blanc, combattait en personne à la tête des mille Perses d'élite. Tant qu'il vécut, ils soutinrent l'attaque des Lacédémoniens, et en se défendant vaillamment ils en tuèrent un grand nombre. Mais après sa mort, lorsque ce corps, le plus fort de l'armée, au milieu duquel il combattait, eut été renversé, le reste tourna le dos, et abandonna la victoire aux Lacédémoniens. Les Perses avaient deux désavantages : leur habit long et embarrassant[1], et leurs armes légères. Celui-ci

---

[1] On ignore quelle était originairement la manière de se vêtir des

était d'autant plus grand, qu'ils combattaient, découverts, contre des hommes pesamment armés.

LXIII. A cette journée, les Spartiates vengèrent sur Mardonius la mort de Léonidas, comme l'avait prédit l'oracle ; et Pausanias, fils de Cléombrote et petit-fils d'Anaxandride, y remporta la plus belle victoire dont nous ayons connaissance. Nous avons parlé des ancêtres de ce prince en faisant mention de ceux de Léonidas, ce sont les mêmes pour l'un et pour l'autre. Mardonius fut tué par Aïmnestus, citoyen distingué de Sparte, qui, quelque temps après la guerre contre les Perses, périt avec trois cents hommes qu'il commandait, en se battant à Stényclare contre tous les Messéniens.

LXIV. Battus et mis en fuite à Platée par les Lacédémoniens, les Perses se sauvèrent en désordre dans leur camp, et en dedans du mur de bois qu'ils avaient construit sur le territoire de Thèbes. Le combat s'étant donné près du bois sacré de Cérès, je suis étonné qu'on n'ait vu aucun Perse s'y réfugier, ou mourir autour du temple de la déesse, et que la plupart périrent dans un lieu profane. S'il est permis de dire son sentiment sur les choses divines, je pense que la déesse leur en interdit l'entrée, parce qu'ils avaient brûlé son temple à Éleusis. Telle fut l'issue de cette bataille.

LXV. Artabaze, fils de Pharnace, qui, dès les commencements, n'avait point été d'avis que le roi laissât Mardonius en Grèce, voyant que, malgré toutes les raisons qu'il alléguait pour dissuader ce général de donner bataille, il n'avançait en rien, prit les mesures suivantes, parce qu'il blâmait les opérations de ce général. Il commandait un corps considérable de troupes, qui montait à quarante mille hommes. Pendant qu'on se battait, comme il savait parfaitement bien quelle devait être l'issue du combat, il marcha en avant, leur ordonnant de le suivre tous en un seul et même corps partout où il les conduirait quand ils le verraient doubler le pas. Ces ordres donnés, il les mena d'abord comme s'il eût voulu aller à l'ennemi ; mais lorsqu'il

---

Perses ; mais l'on sait que, lorsqu'ils eurent subjugué les Mèdes, Cyrus, qui avait observé que l'habillement de ceux-ci avait plus de grâce que celui de sa nation, l'adopta, et engagea les grands à l'imiter, parce que cet habillement cache les défauts du corps, donne de la grâce, et fait paraître les hommes plus grands. (L.)

se fut avancé quelque peu, s'étant aperçu que les Perses étaient en déroute, il n'observa plus le même ordre dans sa marche, et s'enfuit de toutes ses forces, non vers le mur de bois, ou vers la ville de Thèbes, mais du côté des Phocidiens, dans l'intention d'arriver le plus tôt possible à l'Hellespont. Ces troupes tournèrent donc de ce côté.

LXVI. Les Béotiens combattirent longtemps contre les Athéniens ; mais tous les autres Grecs du parti du roi se conduisirent lâchement de dessein prémédité. Ceux des Thébains qui tenaient le parti des Mèdes, loin de fuir, se battirent avec tant d'ardeur, que trois cents des principaux et des plus braves d'entre eux tombèrent sous les coups des Athéniens. Mais, ayant aussi tourné le dos, ils s'enfuirent à Thèbes, et non du même côté que les Perses et cette multitude d'alliés qui, loin d'avoir fait aucune action éclatante, avait pris la fuite, sans même avoir combattu.

LXVII. Cela prouve l'influence des Perses sur les Barbares : et, en effet, si ceux-ci se sauvèrent, même avant que d'en être venus aux mains avec l'ennemi, ce fut parce que les Perses leur en donnèrent l'exemple. Ainsi toute l'armée prit la fuite, excepté la cavalerie, et particulièrement celle des Béotiens. Celle-ci favorisa les Perses dans leur fuite, s'approchant continuellement des ennemis, et protégeant leurs amis contre les Grecs qui, après leur victoire, poursuivaient les Perses et en faisaient un grand carnage.

LXVIII. Tandis que les Barbares fuyaient de toutes parts, on vint dire aux Grecs campés autour du temple de Junon, et qui ne s'étaient point trouvés au combat, que la bataille s'était donnée, et que Pausanias était vainqueur. Là-dessus, les Corinthiens, les Mégariens et les Phliasiens, pêle-mêle et sans observer aucun ordre, prirent, les premiers par le bas de la montagne et le chemin des collines pour aller droit au temple de Cérès, et les autres par la plaine, c'est-à-dire par le chemin le plus uni. Lorsque les Mégariens et les Phliasiens furent près des ennemis, la cavalerie des Thébains, commandée par Asopodore, fils de Timandre, les ayant vus se hâter sans garder leurs rangs, tomba sur eux, en coucha six cents par terre, et poursuivit le reste jusqu'au Cithéron, où elle les poussa : ce fut ainsi qu'ils périrent sans gloire.

LXIX. Les Perses et toute la multitude des Barbares ne se furent pas plutôt réfugiés dans leurs retranchements, qu'ils se hâtèrent de monter sur leurs tours avant l'arrivée des Lacédémoniens, et de fortifier la muraille le mieux qu'ils purent. Les Lacédémoniens s'en étant approchés, l'attaque du mur fut très-vive ; la défense des Perses ne le fut pas moins : et même ceux-ci eurent de très-grands avantages avant l'arrivée des Athéniens, parce que les Lacédémoniens ignoraient l'art d'attaquer les places. Mais, les Athéniens s'étant joints aux assiégeants, l'attaque fut rude et longue. Enfin, leur valeur et leur constance les rendirent maîtres du mur ; et, en ayant abattu une partie, les Grecs se jetèrent en foule dans le camp. Les Tégéates, y étant entrés les premiers, pillèrent la tente de Mardonius, et entre autres choses la crèche de ses chevaux, toute de bronze, et remarquable par sa beauté. Ils la consacrèrent dans le temple de Minerve Aléa. Quant au reste du butin, ils le portèrent au même endroit que les Grecs.

Le mur renversé, les Barbares se débandèrent, et pas un ne se rappela son ancienne valeur. Dans cet état de stupeur où se trouve une multitude d'hommes effrayés de se voir renfermés dans un petit espace, ils se laissèrent tuer avec si peu de résistance, que de trois cent mille qu'ils étaient, il n'y en eut pas trois mille qui échappèrent, si l'on excepte les quarante mille avec lesquels Artabaze s'était sauvé. Les Lacédémoniens de Sparte ne perdirent en tout que quatre-vingt-onze des leurs, les Tégéates seize, et les Athéniens cinquante-deux.

LXX. L'infanterie perse, la cavalerie sace et Mardonius se signalèrent le plus parmi les Barbares. Du côté des Grecs, les Tégéates et les Athéniens se comportèrent en gens de cœur ; mais les Lacédémoniens les surpassèrent, et voici la preuve que je puis en rapporter. Les Tégéates et les Athéniens vainquirent ceux qu'ils avaient en tête ; mais les Lacédémoniens attaquèrent les meilleures troupes de l'ennemi et les battirent. Aristodémus se distingua, à mon avis, beaucoup plus que les autres. Il était le seul des trois cents Spartiates qui se fût attiré des reproches, et qui se fût déshonoré en se sauvant des Thermopyles. Posidonius, Philocyon et le Spartiate Amopharète firent après lui les plus belles actions. Cependant, lorsqu'on s'entretenait de ceux qui s'étaient le plus signalés à cette journée, les Spartiates qui s'y étaient trouvés répondaient qu'Aristodémus, voulant mourir à la vue de l'armée, afin de réparer sa faute, était sorti de son rang comme un furieux, et avait fait des prodiges de valeur; que Posidonius fit de très-belles actions, sans avoir dessein de mourir, et que cela n'en était que plus glorieux pour lui : mais l'envie a peut-être beaucoup de part à ces discours. On rendit de grands honneurs à tous ceux que j'ai nommés, et qui avaient été tués à cette bataille, excepté à Aristodémus. Celui-ci n'en reçut point, parce qu'il avait voulu mourir pour effacer la honte dont il s'était couvert.

LXXI. Tels sont ceux qui se distinguèrent à Platée. Callicrate, le plus bel homme qui fût à l'armée, non-seulement parmi les Lacédémoniens, mais encore parmi le reste des Grecs, ne périt point dans l'action. Assis à son rang, il fut blessé d'une flèche au côté tandis que Pausanias faisait des sacrifices; et comme on l'emportait pendant le combat, il témoignait à Arimneste de Platée ses regrets : non qu'il se plaignît de perdre la vie pour la Grèce, mais parce qu'il ne s'était point servi de son bras, et qu'il n'avait fait aucune action digne de lui et du courage dont il était animé.

LXXII. On dit que Sophane, fils d'Eutychide, du bourg de Décélée, se couvrit de gloire parmi les Athéniens. Les habitants de cette bourgade, comme le racontent les Athéniens eux-mêmes, tinrent autrefois une conduite qui leur a été utile dans tous les temps. Les Tyndarides étant entrés dans l'Attique avec une armée considérable, afin de recouvrer Hélène, dont ils ignoraient l'asile, chassaient les peuples de leurs anciennes demeures. On assure qu'alors ceux de Décélée, ou Décélus lui-même, indignés du rapt commis par Thésée, et craignant pour l'Attique entière, découvrirent tout aux Tyndarides, et les conduisirent à Aphidnes, que Titacus, originaire du pays, leur livra. Cette action mérita aux Décéléens d'être exempts, à perpétuité dans Sparte, de toute contribution, et d'y avoir la première place dans les assemblées. Ils jouissent encore maintenant de ce privilége; en sorte que dans la guerre du Péloponèse, qui a éclaté bien des années après le temps dont je parle, l'armée des Lacédémoniens épargna Décélée [1] et ravagea le reste de l'Attique.

[1] Cela doit s'entendre de la première année de la guerre du Péloponèse.

LXXIII. On rapporte de deux façons la manière dont Sophane de Décélée se signala alors parmi les Athéniens : la première, qu'il portait une ancre de fer attachée avec une chaîne de cuivre à la ceinture de sa cuirasse ; que, toutes les fois qu'il s'approchait des ennemis, il la jetait à terre, afin qu'ils ne pussent pas l'ébranler en fondant sur lui, et que lorsqu'ils s'enfuyaient il la reprenait et les poursuivait. Telle est la première manière de raconter cette histoire, qui est contredite par la seconde : car on dit aussi qu'il avait, non une ancre réelle de fer à la ceinture de sa cuirasse, mais la figure d'une ancre à son bouclier, qu'il portait continuellement et sans jamais se reposer.

LXXIV. Il y a aussi de Sophane une autre action brillante. Tandis que les Athéniens faisaient le siège d'Égine, il défia à un combat singulier Eurybate d'Argos [1], qui avait été vainqueur au pentathle, et le tua. Mais quelque temps après la bataille de Platée, comme il commandait les Athéniens avec Léagrus, fils de Glaucon, il fut tué lui-même à Datos par les Édoniens, en combattant pour les mines d'or.

LXXV. Les Grecs ayant battu les Barbares à Platée, une femme transfuge vint les y trouver. C'était une concubine de Pharandante, fils de Téaspis, seigneur perse. Lorsqu'elle eut appris la défaite totale des Perses et la victoire des Grecs, elle arriva sur un char, toute brillante d'or, ainsi que ses suivantes, et vêtue des habits les plus superbes, mit pied à terre, et se rendit au quartier des Lacédémoniens qui étaient encore occupés au carnage. Elle reconnut Pausanias aux ordres qu'elle lui voyait donner ; et comme elle en avait souvent entendu parler, elle savait depuis longtemps et son nom et sa patrie. Elle s'approcha de lui, et tenant ses genoux embrassés, elle lui dit : « Roi de « Sparte [2], délivre de la servitude une humble suppliante à qui

nèse, où Archidamus ravagea l'Attique, c'est-à-dire de la seconde année de la quatre-vingt-septième olympiade, la guerre du Péloponèse ayant commencé au printemps précédent, c'est-à-dire à la fin de la première année de la quatre-vingt-septième olympiade. (L.)

[1] Il ne faut pas confondre cet Eurybate avec Eurybate qui trahit Crésus, et dont le nom passa depuis en proverbe pour désigner un traître. Celui-ci était d'Éphèse, et l'autre d'Argos. (L.)

[2] Cléomène n'ayant point laissé d'enfants mâles, le royaume passa à Léonidas, fils d'Anaxandride, et frère de Doriée. Léonidas fut tué aux Thermopyles. Après lui, Pausanias, fils de Cléombrote, gouverna en qua-

« tu as déjà rendu service en exterminant ces Barbares qui ne
« respectaient ni les dieux ni les génies. Je suis de l'île de Cos,
« et fille d'Hégétoride, fils d'Antagoras. Un Perse, m'ayant en-
« levée de ma patrie, m'a gardée avec lui. — Femme, répondit
« Pausanias, prends confiance en moi, d'abord comme sup-
« pliante, et, si d'ailleurs tu dis la vérité, comme fille d'Hégé-
« toride de Cos, le principal hôte que j'aie dans cette île. »
Ayant ainsi parlé, il la remit entre les mains de ceux des éphores
qui étaient présents ; et dans la suite il l'envoya à Égine, où elle
avait dessein d'aller.

LXLVI. Les Mantinéens arrivèrent après l'action, et aussitôt
après le départ de cette femme. Affligés d'apprendre qu'ils
étaient venus après la bataille, ils dirent qu'il était juste qu'ils
s'en punissent eux-mêmes. Ayant su que les Mèdes commandés par Artabaze avaient pris la fuite, ils voulurent les
poursuivre jusqu'en Thessalie ; mais les Lacédémoniens les en
disuadèrent ; et, lorsqu'ils furent de retour dans leur pays, ils
bannirent leurs généraux. Après les Mantinéens arrivèrent les
Éléens : ils s'en retournèrent aussi affligés que les Mantinéens ;
et aussitôt après leur arrivée, ils bannirent aussi leurs capitaines.
Mais en voilà assez sur les Mantinéens et les Éléens.

LXXVII. Lampon, fils de Pythéas, le citoyen le plus distingué
d'Égine, alors au camp des Éginètes à Platée ayant conçu une
pensée impie, vint trouver Pausanias en toute hâte et lui dit :
« Fils de Cléombrote, tu as fait une action admirable et par sa
« grandeur et par son éclat. En délivrant la Grèce, Dieu t'a ac-
« cordé une gloire où jamais n'a pu atteindre aucun des Grecs
« que nous connaissions. Achève cet ouvrage, afin que ta réputa-
« tion aille en augmentant, et que désormais les Barbares crai-
« gnent de se permettre contre les Grecs des actions criminelles.
« Léonidas ayant été tué aux Thermopyles, Mardonius et Xerxès
« lui firent couper la tête et attacher son corps à un poteau. En
« traitant de même Mardonius, tu seras loué non-seulement de
« tous les Spartiates, mais encore du reste des Grecs ; car en le
« faisant mettre en croix, tu vengeras Léonidas, ton oncle pater-
« nel. » Ainsi parla Lampon, croyant que Pausanias lui en
saurait gré.

ité de tuteur de Plistarque, fils de Léonidas. Cette femme l'appelait roi
parce qu'il en faisait les fonctions. (BELLANGER.)

LXXVIII. « Mon hôte d'Égine, répondit ce prince, j'estime ta
« bienveillance et ta prudence ; mais ton avis pèche contre la
« droite raison : car, après m'avoir élevé fort haut, moi, mes
« actions, ma patrie, tu me rabaisses jusqu'à terre en me con-
« seillant d'outrager un mort. Tu ajoutes qu'en suivant ce
« conseil ma réputation ira en augmentant. Mais une pareille
« conduite convient mieux à des Barbares qu'à des Grecs, et
« même nous la blâmons chez eux. Aux dieux ne plaise que je
« veuille, à ce prix, complaire aux Éginètes et à ceux qui ap-
« prouveraient une telle action. Il me suffit de mériter l'estime
« des Spartiates, en ne faisant et en ne disant rien que d'hon-
« nête. Quant à Léonidas, que tu veux que je venge, je pense
« qu'il l'est suffisamment, et qu'il tire un assez grand lustre de
« cette multitude innombrable de morts, lui et le reste de ceux
« qui ont péri aux Thermopyles. Au reste, ne t'adresse plus à
« moi [1] pour me tenir de pareils discours, ou pour me donner
« de semblables conseils, et sache-moi gré de ce que je les
« laisse impunis. » Là-dessus Lampon se retira.

LXXIX. Pausanias fit publier une défense de toucher au butin
et ordonna aux Ilotes de rassembler les objets précieux. Ils se
répandirent dans le camp, trouvèrent des tentes tissues d'or et
d'argent, des lits dorés, des lits argentés, des cratères, des
coupes, et autres vases à boire ; et, sur des chars, des chaudières d'or et d'argent dans des sacs. Ils enlevèrent aux morts
leurs bracelets, leurs colliers et leurs cimeterres qui étaient
d'or, sans s'occuper de leurs vêtements brodés. Les Ilotes volèrent beaucoup d'effets qu'ils vendirent aux Éginètes, et ne
montrèrent que ce qu'ils ne purent cacher. Telle fut la source
des grandes richesses des Éginètes qui achetaient des Ilotes l'or,
sans doute comme si c'eût été du cuivre.

LXXX. Lorsqu'on eut porté toutes ces richesses dans un
même lieu, on en préleva la dixième partie pour les dieux. On
en fit faire au dieu de Delphes le trépied d'or, soutenu par un serpent d'airain à trois têtes [2], qu'on voit près de l'autel ; au dieu

[1] Pausanias changea totalement dans la suite. Il donna dans la magnificence et dans le luxe, devint fier, colère, aspira à la tyrannie, et voulut
donner des fers à sa patrie. Ce fut la vraie cause de sa mort.

[2] Les chefs des Phocidiens en firent usage dans le temps de la guerre
sacrée ; mais le serpent d'airain subsistait encore du temps de Pausanias.
(L.)

d'Olympie, un Jupiter de bronze de dix coudées de haut [1], et au dieu de l'isthme, un Neptune de bronze de sept coudées de haut. Le dixième du butin mis à part, on distribua le reste à chacun selon son mérite, les concubines des Perses, les bêtes de somme, l'or, l'argent et autres effets précieux. Personne ne fait mention d'objets choisis qui auraient été donnés à ceux qui se signalèrent à la journée de Platée. Je crois cependant qu'on leur accorda quelque récompense particulière : on mit à part, pour Pausanias, le dixième de tout, femmes, chevaux, talents, chameaux, ainsi que de toutes les autres richesses.

LXXXI. On dit aussi que Xerxès, en s'enfuyant de Grèce, avait laissé à Mardonius son ameublement, qui consistait en vaisselle d'or et d'argent, et en tapis de diverses couleurs ; que Pausanias, voyant toutes ces richesses, ordonna aux boulangers et aux cuisiniers de Mardonius de lui préparer un repas comme si c'eût été pour leur maître. Cet ordre exécuté, Pausanias vit des lits d'or et d'argent richement couverts, des tables d'or et d'argent et l'appareil d'un festin splendide. Surpris d'une si grande magnificence, il ordonna, pour se divertir, à ses serviteurs, de lui faire un souper à la manière de Lacédémone. Comme la différence entre ces deux repas était prodigieuse, Pausanias ne put s'empêcher de rire. Il envoya chercher les généraux grecs ; et, lorsqu'ils furent arrivés, il leur dit, en leur montrant les deux repas : « Grecs, je vous ai mandés pour vous rendre témoins
« de la folie du général des Perses, qui ayant une si bonne
« table, est venu pour nous enlever celle-ci, qui est si misé-
« rable. » Tel fut, à ce qu'on dit, le langage de Pausanias aux généraux des Grecs.

LXXXII. On trouva encore, longtemps après cette action, des coffres pleins d'or et d'argent, et d'autres richesses ; et, lorsque les cadavres eurent été dépouillés de leur chair, on recon-

---

[1] Cette statue regarde le levant. Elle est dédiée par tous les peuples de la Grèce qui combattirent à Platée contre les Perses commandés par Mardonius. On a gravé sur la face du piédestal, qui est à main droite, les noms des villes qui eurent part à cette action. Les Lacédémoniens sont les premiers, ensuite les Athéniens, puis les Corinthiens, en quatrième lieu les Sicyoniens, et en cinquième lieu les Éginètes. Après les Éginètes viennent les Mégariens et les Épidauriens ; parmi les Arcadiens, les Tégéates et les Orchoméniens. Après ceux-là sont les Phliasiens, ceux de Trézène et d'Hermione.

nut un crâne d'homme sans suture et d'un seul os parmi les ossements que les Platéens transportèrent dans un même endroit. On vit aussi les deux mâchoires, l'inférieure et la supérieure, dont les dents étaient toutes d'un seul os, tant les molaires que les autres, et les ossements d'un homme de cinq coudées [1].

LXXXIII. Le lendemain de la bataille, le corps de Mardonius disparut : par quel mortel fut-il enlevé ? C'est ce que je ne puis assurer. J'ai ouï dire que plusieurs personnes, de différentes nations, lui avaient donné la sépulture, et je sais qu'il y en eut beaucoup qui furent magnifiquement récompensés de cette action par Artontès, fils de Mardonius. Mais je n'ai pu savoir avec certitude quel est celui d'entre eux qui l'enleva furtivement et lui rendit les derniers devoirs. Il court cependant un bruit que ce fut Dionysiophane d'Éphèse. Ainsi fut enterré Mardonius.

LXXXIV. Lorsqu'on eut partagé le butin fait à Platée, les Grecs donnèrent la sépulture à leurs morts, chaque nation aux siens à part. Les Lacédémoniens firent trois fosses ; dans l'une, ils enterrèrent les irènes [2], au nombre desquels étaient Posidonius, Amopharète, Philocyon et Callicrate ; dans la seconde, ils mirent le reste des Spartiates, et dans la troisième, les Ilotes. Les Tégéates furent enterrés à part, mais tous pêle-mêle. Les Athéniens mirent leurs morts ensemble. Les Mégariens et les Phliasiens en agirent de même à l'égard de ceux d'entre eux qui avaient été tués par la cavalerie. Il y avait des corps dans les tombeaux de toutes ces nations ; mais les autres peuples, dont on montre la sépulture à Platée, honteux, comme je l'ai appris, de ne s'être pas trouvés au combat, érigèrent chacun des cénotaphes, afin de se faire honneur dans la postérité. L'élévation de terre qu'on appelle la sépulture des Éginètes fut faite, comme je l'ai ouï dire, dix ans après cette bataille, à la prière de ceux d'Égine, par Cléadas de la ville de Platée, fils d'Autodicus, leur hôte.

---

[1] 6 pieds 10 pouces et demi.
[2] Les Lacédémoniens appellent irènes ceux qui sont sortis de la classe des enfants depuis deux ans, et mellirènes les enfants les plus avancés en âge. Lorsque l'irène a atteint vingt ans, il commande sa cohorte dans les combats. (PLUTARQUE, *de Lycurgo*.)

LXXXV. Dès que les Grecs eurent rendu, à Platée, les derniers devoirs aux morts, ils résolurent, après délibération, de marcher contre Thèbes, et d'en sommer les habitants de leur livrer ceux d'entre eux qui avaient pris les intérêts des Perses, spécialement Timégénidas et Attaginus, chefs de ce parti, et de leur signifier que, si on ne les leur remettait pas, on ne lèverait point le siége qu'on n'eût détruit la place. Cette résolution prise, ils arrivèrent devant la ville le onzième jour après la bataille, et en formèrent le siége. Ils firent aussitôt sommer les Thébains de leur livrer ceux dont on vient de parler; et, sur leur refus, ils ravagèrent tout le territoire et attaquèrent les remparts.

LXXXVI. Comme les ravages ne cessaient point, le vingtième jour Timégénidas dit aux Thébains : « Thébains, puisque les « Grecs ont résolu de ne point lever le siége de cette place « qu'ils ne l'aient détruite, ou que vous ne nous ayez remis « entre leurs mains, que la Béotie ne soit pas, pour l'amour « de nous, plus longtemps dévastée. Si la demande de nos « personnes est un prétexte pour exiger de l'argent, il faut « leur en donner du trésor public, puisque nous ne sommes « pas les seuls qui nous soyons déclarés pour les Perses, et « que nous l'avons fait conjointement avec la république. Mais, « s'ils n'assiégent Thèbes que pour nous avoir en leur puis- « sance, nous nous présenterons devant eux pour y plaider « notre cause. » Ce discours ayant paru juste et fort à propos, les Thébains envoyèrent sur-le-champ dire à Pausanias, par un héraut, qu'ils étaient dans l'intention de lui livrer ceux qu'il demandait.

LXXXVII. Cette convention faite, Attaginus prit la fuite; mais ses enfants ayant été amenés à Pausanias, il les renvoya absous, disant qu'à cet âge ils ne pouvaient avoir épousé les intérêts des Perses. Quant aux autres que les Thébains remirent au général lacédémonien, ils croyaient qu'il leur serait permis de plaider leur cause; et d'ailleurs ils se persuadaient qu'avec de l'argent ils viendraient à bout de se justifier. Pausanias, s'en étant douté, congédia toute l'armée des alliés, aussitôt qu'il eut ces traîtres en sa puissance, et les emmena à Corinthe, où il les fit punir du dernier supplice. Voilà ce qui se passa tant à Platée qu'à Thèbes.

LXXXVIII. Artabaze, fils de Pharnace, qui s'était enfui de Platée, était déjà bien loin. Quand il fut en Thessalie, les Thessaliens l'invitèrent à des festins ; et, comme ils ignoraient ce qui était arrivé à Platée, ils lui demandèrent des nouvelles du reste de l'armée. Artabaze savait qu'en disant la vérité, il courrait risque de périr avec toutes ses troupes ; car il était persuadé que tous ceux qui apprendraient ce qui s'était passé ne manqueraient pas de l'attaquer. Ces réflexions l'avaient détourné de communiquer aux Phocidiens ce qu'il savait ; mais il dit aux Thessaliens : « Je me hâte, comme vous voyez, d'ar-
« river au plus tôt en Thrace, où l'on m'a envoyé du camp avec
« ces troupes pour une affaire importante. Mardonius lui-
« même nous suit de près avec son armée, et ne se fera pas
« longtemps attendre. Ayez soin de le bien recevoir, et de lui
« rendre de bons offices. Vous n'aurez pas sujet dans la suite
« de vous en repentir. » Ayant ainsi parlé, il traversa rapidement la Thessalie et la Macédoine avec ses troupes, alla droit en Thrace, comme un homme véritablement pressé, et, coupant ensuite par le milieu des terres, il arriva à Byzance, après avoir perdu dans sa marche un grand nombre de soldats, qui furent taillés en pièces par les Thraces, ou qui moururent de faim et de fatigue. De Byzance il traversa l'Hellespont, et retourna ainsi en Asie.

LXXXIX. Le même jour où les Barbares furent battus à Platée, ils le furent aussi à Mycale en Ionie. Tandis que la flotte grecque était à Délos [1], sous les ordres de Léotychide de Lacédémone, les Samiens y députèrent Lampon, fils de Thrasyclès, Athénagoras, fils d'Archestratide, et Hégésistrate, fils d'Aristagoras, à l'insu de Théomestor, fils d'Androdamas, leur tyran, et des Perses, qui lui avaient donné la tyrannie de Samos. S'étant adressé aux généraux, Hégésistrate, entre beaucoup de raisons qu'il allégua, leur dit qu'ils n'auraient qu'à se montrer pour faire révolter l'Ionie ; que les Barbares ne les attendraient pas, ou que, s'ils le faisaient, ils ne pourraient jamais trouver une plus riche proie. Invoquant ensuite les dieux qui leur étaient communs, il les exhorta à les délivrer de la servitude, eux qui étaient Grecs aussi, et à les venger des Barbares. Il leur repré-

---

[1] Livre VIII, § CXXXI et CXXXII.

senta la facilité de cette entreprise ; que les vaisseaux des Perses voguaient mal, et que les équipages ne valaient pas les leurs ; que, s'ils les soupçonnaient de vouloir les jeter frauduleusement dans quelque péril, ils consentaient à monter sur leurs vaisseaux pour leur servir d'otages.

XC. Comme le Samien insistait beaucoup, Léotychide lui demanda son nom, soit qu'il voulût en tirer un présage, soit par un coup de la fortune que Dieu dirigeait. Mon hôte de Samos, quel est ton nom? Hégésistrate, répondit-il. J'accepte ce présage, reprit Léotychide, sans lui laisser achever son discours, en cas qu'il eût encore quelque chose à dire. Mets à la voile sur-le-champ, après nous avoir promis avec serment, toi et ceux qui t'accompagnent, que les Samiens feront alliance avec nous, et qu'ils nous secourront avec zèle.

XCI. L'effet suivit de près les paroles. Sur-le-champ les Samiens engagent leur foi, promettent l'alliance avec serment, et remettent ensuite à la voile. Hégésistrate, dont le nom avait été regardé comme un présage, reçut ordre de monter sur la flotte.

XCII. Les Grecs restèrent en repos ce jour-là. Le lendemain, les sacrifices se trouvèrent favorables. Ils avaient pour devin Déiphonus d'Apollonie, sur le golfe Ionien, fils d'Événius, à qui arriva l'aventure que je vais rapporter. Il y a dans cette ville d'Apollonie des troupeaux consacrés au soleil. Le jour ils paissent sur les bords d'un fleuve qui, coulant du mont Lacmon, traverse le territoire d'Apollonie, et se jette dans la mer, près du port d'Oricum. Mais la nuit ils sont gardés par un homme choisi tous les ans parmi les citoyens de cette ville les plus distingués par leur bien et par leur naissance : car les Apolloniates font, suivant l'avertissement d'un certain oracle, beaucoup de cas de ces troupeaux. Ils passent la nuit dans un antre éloigné de la ville. Événius, choisi à son tour pour veiller sur ce troupeau, s'endormit, quand il aurait dû veiller. Pendant son sommeil, des loups entrèrent dans l'antre, et en tuèrent environ soixante bêtes. Événius, s'étant apperçu de ce dégât, tint la chose secrète, et n'en dit rien à personne, dans le dessein d'acheter d'autres bêtes pour remplacer celles qui avaient été tuées. Cette aventure n'échappa point aux Apolloniates. Ils ne l'eurent pas plutôt apprise, qu'ayant traîné Événius en justice, ils le condamnèrent à perdre la vue, pour le punir d'avoir dormi pendant le temps de sa garde. Aussitôt après qu'on lui eut crevé les yeux, les troupeaux cessèrent d'engendrer, et la terre également de produire des fruits. Ce fléau leur avait été prédit à Dodone et à Delphes. Les prophètes, interrogés dans la suite sur la cause de ce malheur, répondirent que c'était une punition de l'injustice qu'ils avaient commise, en privant de la vue Évènius, garde des troupeaux sacrés ; qu'ils avaient eux-mêmes envoyé les loups, et qu'ils ne cesseraient pas de le venger, jusqu'à ce que les Apolloniates lui eussent donné la satisfaction qu'il trouvait juste d'exiger, et que, lorsqu'on la lui aurait faite, ils lui accorderaient eux-mêmes un don qui le ferait regarder de beaucoup de personnes comme un homme heureux. Telle fut la réponse des oracles.

XCIII. Les Apolloniates, ayant tenu cette réponse secrète, ordonnèrent à quelques-uns de leurs citoyens de transiger avec Évènius. Voici comment ils s'y prirent. Il était assis sur un siége ; ils s'assirent auprès de lui, s'entretinrent de choses indifférentes, et peu à peu ils firent tomber la conversation sur son malheur, auquel ils prirent beaucoup de part. L'ayant trompé par cette feinte douleur, ils lui demandèrent quelle satisfaction il souhaiterait, si les Apolloniates étaient dans l'intention de lui en promettre une. Évènius, qui n'avait point entendu parler de la réponse de l'oracle, dit que si on voulait lui donner des terres, il choisirait celles de deux citoyens d'Apollonie qu'il nomma, et qu'il savait être les meilleures de tout le pays, et qu'il voulait, outre cela, une maison qu'il regardait comme la plus belle de la ville; qu'à ces conditions il serait content, et cesserait d'être irrité contre ses concitoyens. « Évè« nius, lui répondirent les députés assis auprès de lui, les « Apolloniates t'accordent, suivant les ordres de l'oracle, la « réparation que tu exiges pour la perte de tes yeux. » Évènius, ayant tout appris par ce discours, fut bien fâché d'avoir été trompé. Les Apolloniates achetèrent des propriétaires les biens qu'il avait choisis, et lui en firent présent. Aussitôt après, les dieux lui accordèrent le don de la divination, et par ce moyen il acquit beaucoup de célébrité.

XCIV. Déiphonus était fils de cet Évènius : les Corinthiens l'avaient mené avec eux ; il faisait dans l'armée les fonctions de devin. J'ai pourtant ouï dire aussi que Déiphonus s'était emparé du nom d'Événius, et que, parcourant la Grèce, il rendait des oracles à prix d'argent, quoiqu'il ne fût pas son fils.

XCV. Les sacrifices que fit Déiphonus étant favorables, la flotte partit de Délos, et cingla vers Samos. Quand ils furent arrivés à Calames, dans cette île, ils jetèrent l'ancre près du temple de Junon, et se disposèrent à un combat naval. Les Perses, ayant appris que la flotte des Grecs venait à eux, mirent aussi à la voile pour s'approcher du rivage, et permirent aux Phéniciens de se retirer : car ils ne se croyaient pas de force pour livrer bataille sur mer. Ils naviguèrent donc vers le continent, afin de se mettre sous la protection des troupes de terre qui campaient à Mycale, et qui, faisant partie de l'armée, avaient été laissées en cet endroit par ordre de Xerxès pour garder l'Ionie. Elles montaient à soixante mille hommes, et étaient commandées par Tigrane, le plus bel homme et de la plus haute taille qu'il y eût parmi les Perses. Les généraux de la flotte avaient résolu de tirer leurs vaisseaux sur le rivage pour les mettre sous la protection de l'armée de terre, et de les entourer d'un rempart, tant pour les défendre que pour s'en faire à eux-mêmes un lieu de retraite.

XCVI. Cette résolution prise, ils levèrent l'ancre. Lorsqu'ils furent arrivés près du temple des Euménides, sur le territoire de Mycale, et de l'embouchure du Gæson et du Scolopoéis, où il y a un temple de Cérès Éleusiniene, bâti par Philistus, fils de Pasiclès, qui avait accompagné Nélée, fils de Codrus, quand celui-ci alla fonder Milet, ils tirèrent leurs vaisseaux à terre, les environnèrent d'un mur de pierres et de bois, coupant pour cet effet un grand nombre d'arbres fruitiers, enfoncèrent des pieux autour de ce rempart, et se disposèrent à soutenir un siége et à remporter la victoire: car, après y avoir bien réfléchi, ils se préparèrent à l'un et à l'autre.

XCVII. Les Grecs ayant appris que les Barbares s'étaient retirés sur le continent, en furent d'autant plus affligés, qu'ils les croyaient échappés de leurs mains. Embarrassés sur le parti qu'ils devaient prendre, ils ne savaient s'ils s'en retourneraient ou s'ils navigueraient jusqu'à l'Hellespont. Enfin ils résolurent de ne faire ni l'un ni l'autre, mais de cingler vers le continent. S'étant donc préparés à un combat naval, et ayant disposé les échelles et autres choses nécessaires pour une descente, ils naviguèrent vers Mycale. Comme ils étaient près du camp, et que, bien loin qu'il vînt des vaisseaux ennemis à leur rencontre, ils les voyaient tous sur le rivage environnés d'un mur, avec une nombreuse armée de terre rangée sur le bord de la mer, alors Léotychide devança les autres, s'approcha du rivage le plus près qu'il put; et s'adressant aux Ioniens par un héraut, il leur dit : « Ioniens, que ceux d'entre vous qui m'entendent prêtent une « oreille attentive à mes paroles; car les Perses assurément n'y « comprendront rien. Que chacun de vous se souvienne dans « l'action premièrement de la liberté; secondement, du mot « d'ordre Hébé. Que celui qui m'entend fasse part de ce que je « dis à ceux qui ne peuvent m'entendre. » Le but de Léotychide [1] était le même que celui de Thémistocle [2] à Artémisium, ce discours devant faire impression sur les Ioniens s'il échappait à la connaissance des Barbares, ou les rendre suspects aux Perses s'il leur était rapporté.

XCVIII. Ce conseil donné, les Grecs approchèrent leurs vaisseaux du rivage, descendirent à terre et se rangèrent en bataille. Les Perses les voyant se préparer au combat, et instruits des exhortations qu'ils avaient faites aux Ioniens, désarmèrent les Samiens, qu'ils soupçonnaient d'intelligence avec les Grecs. Ces soupçons étaient d'autant mieux fondés que les Samiens avaient racheté cinq cents Athéniens qui, ayant été laissés dans l'Attique, avaient été faits prisonniers par les Perses et amenés sur leurs vaisseaux; et après les avoir rachetés, ils les avaient renvoyés à Athènes, et leur avaient fourni tout ce qui était nécessaire pour leur voyage, quoiqu'ils fussent ennemis de Xerxès. D'un autre côté, les Perses ordonnèrent aux Milésiens de garder les chemins qui conduisaient au sommet du mont Mycale, sous prétexte qu'ils connaissaient parfaitement le pays, mais en effet pour les éloigner du camp. Ce fut ainsi que les Perses se précautionnèrent contre ceux d'entre les Ioniens qu'ils croyaient dans le dessein de remuer, en cas qu'ils fussent assez forts pour l'entreprendre. Ils disposèrent leurs boucliers d'osier de telle sorte qu'ils leur servissent de rempart.

---

[1] Dans le grec : *Le sens de cette affaire.*
[2] *Voyez* livre VIII, § XXII.
[3] *Voyez* ci-dessus, § LX.

XCIX. Lorsque les Grecs se furent mis en ordre de bataille, ils allèrent aux ennemis. Tandis qu'ils s'avançaient, il parut un caducée de héraut sur le rivage, et il courut un bruit par toute l'armée que les Grecs avaient remporté en Béotie la victoire sur Mardonius. Ce qui arrive par la permission des dieux se reconnaît à bien des signes. En effet, le même jour que les Perses furent battus à Platée, et qu'ils devaient l'être à Mycale, le bruit de leur défaite s'étant répandu parmi les Grecs à Mycale inspira à ceux-ci encore plus de confiance, et leur fit affronter les dangers avec plus d'ardeur.

C. Il y eut encore une autre coïncidence : les deux batailles se donnèrent près d'un temple de Cérès Éleusinienne : car on avait combattu dans le territoire de Platée, auprès du temple même de Cérès, comme je l'ai dit plus haut, et il devait en être de même de la bataille de Mycale. Le bruit de la victoire remportée par les Grecs sous les ordres de Pausanias se répandit fort à propos dans l'armée ; car le combat de Platée se donna le matin, et celui de Mycale l'après-midi. Peu de temps après, on sut avec certitude que les deux actions s'étaient passées le même jour et le même mois. Avant que la nouvelle de la victoire de Platée se fût répandue, les Grecs qui étaient à Mycale, moins inquiets pour eux-mêmes que pour la Grèce, craignaient qu'elle n'échouât contre Mardonius. Mais, dès que cette nouvelle fut venue à leur connaissance, ils marchèrent au combat avec encore plus de confiance. Les Barbares et les Grecs déployèrent la même ardeur, les uns et les autres regardant les îles et l'Hellespont comme le prix destiné au vainqueur.

CI. Les Athéniens, qui faisaient, avec ceux dont ils étaient accompagnés [1], environ la moitié de l'armée, prirent le long du rivage et par un terrain uni, et les Lacédémoniens, par les ravins et par les montagnes, avec les troupes qui les suivaient. Mais pendant que ceux-ci les tournaient, les Barbares étaient déjà aux mains avec l'autre aile de l'armée grecque. Tant que subsista le rempart de boucliers, les Perses se défendirent, et ne montrèrent pas moins de courage que les Grecs ; mais lorsque les Athéniens, avec les troupes de leur suite, s'exhortant

---

[1] Les Corinthiens, les Sicyoniens et les Trézéniens.

mutuellement à ne point laisser aux Lacédémoniens la gloire de cette journée, eurent redoublé d'efforts, le combat changea de face. Le rempart de boucliers renversé, ils se précipitèrent en foule sur les Perses; ceux-ci soutinrent le choc et se défendirent longtemps; mais enfin ils s'enfuirent dans leurs retranchements. Les Athéniens, les Corinthiens, les Sicyoniens et les Trézéniens, qui composaient cette aile, les suivirent et entrèrent en foule avec eux. La muraille emportée, les Barbares ne pensèrent plus à se défendre, et prirent tous la fuite, excepté les Perses. Quoiqu'en petit nombre, ils combattirent contre les Grecs, qui se jetaient perpétuellement dans leurs retranchements. Les deux commandants de la flotte, Artayntès et Ithamitrès, s'enfuirent; mais Mardontès et Tigrane, qui commandaient l'armée de terre, périrent les armes à la main.

CII. Les Perses combattaient encore; les Lacédémoniens, étant arrivés avec les Grecs qui les accompagnaient, achevèrent la défaite des Barbares. Il périt aussi en cet endroit beaucoup de monde du côté des Grecs, et entre autres quelques Sicyoniens avec leur commandant Périlas. Les Samiens qui se trouvaient dans le camp des Perses, et qu'on avait désarmés, n'eurent pas plutôt vu la victoire pencher, dès le commencement, du côté des Grecs, qu'ils les secondèrent de toutes leurs forces. Le reste des Ioniens se révolta à l'exemple des Samiens, et attaqua les Barbares.

CIII. Les Perses avaient ordonné, pour leur propre sûreté, aux Milésiens de garder les défilés, afin que, s'il leur arrivait quelque malheur, comme il arriva en effet, ils pussent, avec ces guides, s'y retirer comme dans un lieu sûr. On les avait chargés de ce soin autant dans ce but que pour les éloigner de l'armée, de crainte qu'ils ne formassent quelque entreprise contre elle. Ils firent tout le contraire de ce qu'on leur avait ordonné ; car ils conduisirent les fuyards par des chemins qui menaient aux ennemis, et même enfin ils s'acharnèrent encore plus que les autres à les tuer. Ce fut ainsi que l'Ionie se révolta pour la seconde fois contre les Perses.

CIV. Du côté des Grecs, les Athéniens se distinguèrent le plus, et personne parmi eux ne se signala davantage qu'Hermolycus, fils d'Euthynus, qui avait acquis de la célébrité au pancraco. Mais depuis cette action, la guerre étant survenue entre les Athéniens et les Carystiens, il périt à une bataille qui se donna à Cyrné, sur le territoire de Caryste, et on l'enterra à Céreste. Les Corinthiens, les Trézéniens et les Sicyoniens se distinguèrent le plus après les Athéniens.

CV. Les Grecs ayant tué la plupart des ennemis, ou dans le combat ou dans la fuite, et ayant porté sur le rivage tout le butin, brûlèrent les vaisseaux et les retranchements des Barbares. Lorsqu'ils furent réduits en cendres, ils remirent à la voile. Arrivés à Samos, ils agitèrent dans un conseil s'il n'était pas à propos d'abandonner l'Ionie aux Barbares, d'en transporter les habitants dans un autre pays; et l'on examina dans quelle partie de la Grèce, soumise à leur puissance, il fallait les établir. En effet, il leur paraissait impossible de protéger et de défendre continuellement les Ioniens; et ils voyaient bien que, s'ils cessaient de le faire, ces peuples ne pourraient se flatter d'avoir abandonné impunément le parti des Perses. En conséquence les chefs Péloponésiens opinèrent qu'il fallait chasser les nations qui avaient embrassé le parti des Perses, et donner leur pays et leurs villes de commerce aux Ioniens, pour y fixer leur demeure. Les Athéniens ne furent pas d'avis de transporter les Ioniens hors de leur pays, et soutinrent qu'il ne convenait pas aux Péloponésiens de délibérer sur leurs colonies. Les Péloponésiens, après cette objection, n'insistèrent pas. Ainsi les Grecs reçurent dans leur alliance les Samiens, ceux de Chios, de Lesbos, et les autres insulaires qui les avaient aidés dans cette expédition, après qu'on leur eut fait promettre avec serment qu'ils demeureraient fermes dans cette alliance, et que jamais ils ne la violeraient. Quand on les eut liés par ce serment, les Grecs firent voile pour l'Hellespont afin de rompre les ponts, croyant les trouver encore entiers.

CVI. Tandis qu'ils naviguaient vers l'Hellespont, le petit nombre de Barbares qui s'étaient sauvés de la déroute, et qui s'étaient retirés sur le sommet du Mycale, se rendirent à Sardes. Masistés, fils de Darius, qui s'était trouvé à la défaite des Perses, fit en route de vifs reproches au général Artayntès, et, entre autres injures, il lui dit qu'en s'acquittant comme il avait fait des fonctions de général, il s'était montré plus lâche qu'une femme, et qu'il méritait toutes sortes de châtiments pour le tort qu'il avait fait à la maison royale. Or, chez les Perses, dire à un homme qu'il est plus lâche qu'une femme, c'est le plus grand outrage qu'on puisse lui faire. Indigné de tant de reproches, Artayntès tira son cimeterre pour le tuer. Mais Xénagoras, fils de Praxilas d'Halicarnasse, qui était derrière lui, voyant qu'il fondait sur Masistès, le saisit par le milieu du corps, et, l'enlevant, le jeta à terre. Les gardes de Masistès arrivèrent sur ces entrefaites. Cette action valut à Xénagoras les bonnes grâces de Masistès et de Xerxès. Le roi lui donna le gouvernement de toute la Cilicie, pour le récompenser d'avoir sauvé la vie à son frère. Ils arrivèrent à Sardes sans avoir éprouvé d'autre accident sur la route. Le roi y demeurait depuis qu'il s'était sauvé d'Athènes, après la perte de la bataille navale.

CVII. Pendant le séjour de Xerxès à Sardes, ce prince devint amoureux de la femme de Masistès, qui était aussi en cette ville. Malgré ses messages il n'obtint rien, et il n'usa pas de contrainte, par égard pour son frère. Ces mêmes égards retenaient aussi cette femme, qui n'ignorait pas qu'on ne lui ferait point violence. Xerxès, prenant un détour, résolut de marier Darius, son fils, à la fille de Masistès et de cette femme, croyant, par cette alliance, gagner plus aisément ses bonnes grâces. Les ayant mariés avec toutes les cérémonies accoutumées, il partit pour Suse. Lorsqu'il y fut arrivé, il fit venir dans son palais la femme de Darius ; il cessa alors d'aimer celle de Masistès, et, sa passion changeant d'objet, il devint épris d'Artaynte, femme de Darius et fille de son frère.

CVIII. Le mystère se découvrit avec le temps, ainsi que je vais le dire. Amestris, femme de Xerxès, donna à ce prince un habit magnifique de diverses couleurs qu'elle avait elle-même tissu. Xerxès le reçut avec joie, et s'en revêtit pour aller voir Artaynte. Touché des charmes de cette princesse, il la pressa de lui demander ce qu'elle souhaiterait pour prix de ses faveurs, et l'assura qu'elle n'éprouverait de sa part aucun refus. Comme il devait arriver quelque grand malheur à toute la maison de Masistès, « Seigneur, lui dit Artaynte, m'accorderas-tu ma de-« mande ? » Le roi le lui promit avec serment, s'imaginant qu'elle exigerait toute autre chose plutôt que son habit. Ce serment fait, Artaynte demanda hardiment ce vêtement. Xerxès employa tous les moyens l'engager à se désister de sa demande. Son refus n'était fondé que sur la crainte qu'Amestris ne le convainquît d'un amour dont elle se doutait depuis longtemps. Il lui offrit à la place des villes, une immense quantité d'or, et une armée dont elle seule aurait le commandement. Une armée est, chez les Perses, le plus grand don qu'on puisse faire. Mais comme ses offres ne la persuadaient pas, il lui donna son vêtement. Artaynte, enchantée de ce présent, se fit un plaisir de s'en parer.

CIX. Amestris ayant appris qu'elle portait cet habit, découvrit ainsi la conduite du roi. Au lieu de se fâcher contre Artaynte, elle résolut la perte de la mère de cette princesse, la croyant coupable et la cause du désordre. Elle attendit le festin royal. Ce festin se fait une fois par an, le jour de la naissance du roi. On l'appelle *tycta* en langue perse, et *parfait* en grec. C'est le seul temps de l'année où le roi ait la tête parfumée, et où il fasse des présents aux Perses. Amestris, ayant observé ce jour, demanda à Xerxès la femme de Masistès.

CX. Ce prince crut qu'il était d'autant plus criminel de livrer la femme de son frère, qu'elle n'était nullement coupable, et qu'il n'ignorait pas le motif qui la lui faisait demander. Mais enfin, vaincu par ses pressantes sollicitations, et forcé par la loi, qui ne permet pas au roi de refuser les grâces qu'on lui demande le jour du festin royal, il la lui accorda, et dit à la reine, en la lui remettant, d'en faire ce qu'elle voudrait. Il manda ensuite son frère : « Masistès, lui dit-il, tu es fils de
« Darius et mon frère, et d'ailleurs homme de bien. N'habite
« plus avec ton épouse, je te donne ma fille à sa place ; ac-
« cepte-la pour femme, et renvoie celle que tu as actuellement ;
« telle est ma volonté.

« — Quel étrange discours me tiens-tu, seigneur ? répondit
« Masistès étonné. Tu veux que je me sépare d'une femme que
« j'aime, et dont j'ai trois fils encore jeunes, et des filles parmi
« lesquelles tu as choisi une femme à ton fils ; tu m'ordonnes
« de la renvoyer, et tu me donnes à sa place ta fille ! J'estime
« comme je le dois l'honneur que tu me fais de me donner ta
« fille, mais je ne puis ni l'accepter ni renvoyer ma femme. Ne

---

[1] Il faut sans doute entendre cela d'un soin particulier que les rois prenaient en ce jour de leur chevelure, et peut-être se parfumaient-ils alors la tête. (L.)

« me fais, je te prie, aucune violence, puisque rien ne t'y
« oblige, et laisse-moi vivre avec ma femme ; tu trouveras pour
« ta fille un parti non moins avantageux. » Ainsi parla Masistès.
Xerxès, irrité, répliqua en ces termes : « C'en est fait, Masistès,
« tu n'auras point actuellement ma fille quand tu la voudrais
« et tu ne conserveras pas plus longtemps ta femme, afin de
« t'apprendre une autre fois à accepter mes offres. » Là-dessus
Masistès se retira, et en sortant il se contenta de dire : « Sei-
« gneur, tu ne m'as pas encore ôté la vie. »

CXI. Tandis que Xerxès parlait à son frère, Amestris manda les gardes du roi, et fit mutiler la femme de Masistès. On lui coupa, par son ordre, les mamelles qu'on jeta aux chiens, et, après lui avoir fait aussi couper le nez, les oreilles, les lèvres et la langue, elle la renvoya chez elle ainsi mutilée.

CXII. Masistès ignorait ce qui venait de se passer ; mais, comme il s'attendait à quelque chose de funeste, il accourt chez lui en diligence, et voyant sa femme traitée avec tant d'indignité, il délibère sur-le-champ avec ses enfants, et part aussitôt avec eux et quelques autres personnes pour la Bactriane, dans l'intention de faire soulever cette province, et de faire au roi tout le mal qu'il pourrait. Je suis persuadé qu'il y aurait réussi, s'il n'eût pas été prévenu avant son arrivée dans la Bactriane et chez les Saces ; car les Bactriens, dont il était gouverneur, l'aimaient beaucoup. Mais Xerxès, ayant eu avis de ses desseins, envoya contre lui un corps d'armée qui le massacra en chemin avec ses enfants et les troupes qui l'accompagnaient. En voilà assez sur les amours de Xerxès et la mort de Masistès.

CXIII. Les Grecs partirent de Mycale pour l'Hellespont ; mais les vents contraires les obligèrent de s'arrêter aux environs de Lectum. De là ils allèrent à Abydos, et trouvèrent rompus les ponts qu'ils croyaient encore entiers, et qui étaient le principal objet de leur voyage. Léotychide et les Péloponésiens furent d'avis de retourner en Grèce. Mais les Athéniens résolurent, avec leur général Xantippe, de rester en cet endroit et d'attaquer la Chersonèse. Les Péloponésiens partirent. Quant aux Athéniens, ils passèrent d'Abydos dans la Chersonèse, et firent le siége de Sestos.

CXIV. Comme Sestos était la plus forte place de tout le pays, on s'y rendit des villes voisines aussitôt qu'on eut appris l'arrivée des Grecs dans l'Hellespont ; et il y vint aussi de Cardia un Perse nommé Œobasus qui y avait fait porter le matériel des ponts. Cette ville était occupée par les Éoliens nés dans le pays ; il s'y trouvait aussi des Perses et un grand nombre d'alliés.

CXV. Artayctès, Perse de nation, homme cruel et impie, gouvernait cette province sous les ordres de Xerxès. Sur un faux rapport qu'il avait fait à Xerxès, tandis que ce prince marchait sur Athènes avec ses troupes, il avait enlevé d'Éléonte les trésors de Protésilas [1], fils d'Iphiclus. On voit en cette ville, qui est de la Chersonèse, le tombeau de ce héros avec la portion de terre qui lui est consacrée.

On y gardait de grandes richesses, des vases d'or et d'argent, du cuivre, des habits et d'autres offrandes, dont Artayctès s'était emparé avec la permission du roi, qui, trompé par ses discours artificieux, lui en avait fait présent. « Seigneur, lui avait-il dit, « il y a ici la maison d'un Grec qui, étant entré sur tes terres « avec des troupes [2], a reçu par sa mort la juste punition de « son entreprise ; je te prie de me donner sa maison, afin qu'on « apprenne à ne pas porter la guerre dans tes États. » Xerxès, n'ayant aucun soupçon de ses desseins, se laissa aisément persuader par ce discours. Artayctès disait que Protésilas était entré à main armée sur les terres du roi, parce que les Perses s'imaginent que l'Asie entière leur appartient, ainsi qu'au roi et à tous ses successeurs. Telle était sa pensée. Xerxès ayant donné ces trésors à Artayctès, celui-ci les transporta d'Éléonte à Sestos, fit labourer et ensemencer le champ consacré à Protésilas, et, toutes les fois qu'il allait à Éléonte, il avait commerce avec des femmes dans le sanctuaire. Comme il ne s'attendait pas à voir venir les Grecs, il ne s'était point préparé à soutenir un siége ; et lorsque les Athéniens l'assiégèrent dans Sestos, ils tombèrent en quelque sorte à l'improviste sur lui.

CXVI. L'automne vint pendant qu'on était occupé du siége. Les Athéniens, affligés de se voir éloignés de leur patrie, et de

---

[1] Protésilas était Thessalien. Il alla au siége de Troie à la tête des troupes de Phylacé, de Pyrrhasus, d'Iton, etc. Il fut tué par un Dardanien en débarquant. (L.)

[2] Les Perses regardaient l'Asie non-seulement comme étant à eux, mais même comme leur ayant toujours appartenu, probablement parce qu'ils pensaient avoir succédé aux droits des princes qu'ils avaient vaincus. (L.)

ne pouvoir prendre cette place, prièrent leurs généraux de les ramener à Athènes. Ceux-ci leur répondirent qu'ils ne le feraient pas que la ville ne fût en leur pouvoir, ou que le peuple ne les rappelât. Alors l'armée se résigna.

CXVII. Les assiégés furent réduits à un tel excès de misère, qu'ils firent bouillir les courroies qui soutenaient leurs lits pour les manger. Ces courroies étant venues à leur manquer, Artayctès, Œobasus et les Perses descendirent, vers le commencement de la nuit, derrière la ville, à un endroit que les ennemis n'occupaient pas, et se sauvèrent. Dès que le jour parut, les Chersonésites apprirent, par les signaux qu'ils firent du haut des tours aux assiégeants, la fuite des Perses, et leur ouvrirent les portes. La plupart des Athéniens les poursuivirent ; les autres s'emparèrent de la ville.

CXVIII. Œobasus se sauva en Thrace, où il fut pris par des Thraces Apsinthiens, qui l'immolèrent, suivant leurs rites, à leur dieu Plistore[1]. Quant à ceux qui l'accompagnait, ils les firent mourir d'une autre manière. Artayctès et les siens, qui s'étaient sauvés les derniers, ayant été atteints un peu au delà d'Ægos-Potamos se défendirent longtemps ; les uns furent tués, les autres faits prisonniers. On chargea ceux-ci de chaînes, de même qu'Artayctès et son fils, et les Grecs les menèrent à Sestos.

CXIX. Il arriva à un de ceux qui gardaient les prisonniers un prodige que je vais rapporter d'après les Chersonésites. Ce garde faisait cuire des poissons salés. Dès que ces poissons furent sur le feu, ils sautèrent et palpitèrent comme des poissons récemment pris. Les spectateurs furent étonnés de ce prodige ; mais Artayctès ne l'eut pas plutôt vu, qu'appelant le garde ; « Athénien, lui dit-il, ne t'alarme point de ce prodige, il ne te « regarde pas. Protésilas, qui est à Éléonte, m'apprend que, « quoique mort et salé, les dieux lui ont accordé le pouvoir de

---

[1] Cette divinité, aussi barbare que le peuple qui l'adorait, est tout à fait inconnue. Les sacrifices qu'on lui faisait me font conjecturer que c'était le dieu de la guerre que les Thraces représentaient sous la forme d'une épée. Les Scythes égorgeaient sur un vase le centième de leurs prisonniers, et arrosaient cette épée de son sang. Les Ciliciens rendaient au dieu de la guerre un culte aussi barbare. Ils suspendaient la victime, soit que ce fût un homme ou un animal, à un arbre, et, s'éloignant à une certaine distance, ils la tuaient à coup de javelots. Quand ils atteignaient la victime, ils croyaient que le dieu agréait le sacrifice. (L.)

« punir celui qui l'a offensé. Je veux donc lui payer le prix de
« ma rançon, et, pour le dédommager des richesses que j'ai
« enlevées de son enclos, je lui donnerai cent talents [1], et
« deux cents, aux Athéniens s'ils veulent m'accorder la vie à
« moi et à mon fils. » Ces offres ne touchèrent point Xantippe.
Ceux d'Éléonte demandaient la mort d'Artayctès pour venger
Protésilas [3], et c'était aussi l'intention du général athénien. On
le mit en croix sur le rivage où Xerxès avait fait construire le
pont ; d'autres disent que ce fut sur la colline au-dessus de la
ville de Madytos. Son fils fut lapidé sous ses yeux.

CXX Les Athéniens retournèrent, après cette expédition, en
Grèce avec un riche butin, et consacrèrent dans les temples le
matériel des ponts. Il ne se passa rien de plus cette année.

CXXI. Cet Artayctès qu'on mit en croix était petit-fils d'Artembarès, qui tint aux Perses un discours que ceux-ci recueillirent et qu'ils rapportèrent à Cyrus, en disant : « Puisque Ju-
« piter a donné l'empire aux Perses, et qu'après avoir renversé
« Astyage du trône, il t'y a élevé de préférence à tout autre,
« quittons notre pays petit et montueux, et occupons-en un
« meilleur. Il y en a plusieurs dans notre voisinage ; il y en a
« de plus éloignés. Choisissez-en un pour nous y établir, et
« la plupart des peuples nous trouveront plus dignes de leur
« admiration, comme il convient à une nation qui a en main la
« puissance souveraine. Or, quand se représentera-t-il une
« plus belle occasion que celle où nous dominons sur un grand
« nombre de peuples et sur l'Asie entière ? » Cyrus ne goûta
point ce discours. Il consentit cependant à leur demande ;
mais en même temps il avertit les Perses de se préparer à devenir les esclaves des peuples auxquels ils commandaient ;
car, ajouta-t-il, les pays les plus délicieux ne produisent ordinairement que des hommes mous et efféminés ; et la même

---

[1] 540,000 livres de notre monnaie.

[2] 1,080,000 livres.

[3] Ce héros était fils d'Iphiclus. Il régnait dans la Phthiotide, près de Thèbes, sur les peuples de Phylacé, d'Antron, de Ptéléum, de Pyrrhasus et d'Iton. Les Grecs étant arrivés à Troie, il fut le premier qui descendit à terre : un Dardanien le tua. On l'enterra à Éléonte dans la Chersonèse, vis-à-vis la ville de Troie. On éleva dans la suite une chapelle à ce héros sur le lieu de sa sépulture. (L.)

terre qui porte de beaux fruits n'engendre point des hommes belliqueux. Les Perses, convaincus que le sentiment de Cyrus était le meilleur, abandonnèrent le projet d'émigrer, et préférèrent l'empire avec une terre stérile à la servitude avec des plaines fertiles.

TABLE DES MATIÈRES

Plan de l'Histoire d'Hérodote.
Vie d'Hérodote... 5

LIVRE PREMIER.
CLIO.

Les Perses. — Les Mèdes. — Babylone. — Crésus. — Solon. — Candaule et Gygès. — Cyrus. — Sémiramis. — Thomyris, etc.. . . 17

LIVRE SECOND.
EUTERPE.

Égypte. — Isis. — Oracle de Dodone. — Sésostris. Rhampsinite. — Héliopolis. — Éléphantine. — Le Nil. — Embaumements. — Sépultures. — Les douze rois. — Psammitichus. — Wecos. — Psammis. Apriès. — Amasis, etc. 115

LIVRE TROISIÈME.
THALIE.

L'Égypte. — La Perse. — Cambyse. — Memphis. — Le bœuf Apis. — L'Éthiopie. — Polycrate. Amasis. — Le faux Smerdis. — Darius. — Siège de Babylone. — Zopyre, etc. 205

LIVRE QUATRIÈME.
MELPOMÈNE.

La Scythie. — Hercule. — Les Gryphons. — Les Hyperboréens. — Description de la terre. — Peuple de Scylax. — Usage des Scythes. — Anacharsis. — Expédition de Darius. — Le Pont-Euxin. — Les Amazones. — Les Thraces. — Les Gètes. — La Libye. — Culte du soleil, etc. 270

LIVRE CINQUIÈME.
TERPSICHORE.

Suite de l'histoire de Darius. — Athènes et Sparte. — Les Pisistratides. — Cléomène. — Les statues d'Égine. — Origine de l'inimitié des Athéniens et des Éginètes. — Cypsélus, tyran de Corinthe. — Hippias. — Prise de Sardes par les Ioniens et les Athéniens. — Darius lance une flèche contre le ciel, en demandant aux dieux de se venger des Athéniens. — Toutes les villes de l'Hellespont, de l'Ionie et de l'Éolie sont soumises par les Perses, etc. 357

LIVRE SIXIÈME.
ERATO.

Darius s'empare de Milet. — Le poëte Phrynicus. — Darius envoie demander la terre et l'eau aux peuples de la Grèce. — Prérogatives des rois de Sparte. — Prise d'Érétrie par les Perses — Cléomène. — Sa mort. — Les Perses attaquent Athènes. — Bataille de Marathon. — Miltiade. — Les Spartiates n'arrivent qu'après la victoire. — Miltiade devant Paros — Il échoue dans son expédition. — Condamné à une amende. — Les Pélasges. — Lemnos.......... 417

LIVRE SEPTIÈME.
POLYMNIE.

Mort de Darius. — Xerxès lui succède. — Il soumet l'Égypte. — Il veut se venger des Grecs et faire de la terre un seul empire. — Songe de Xerxès. — Il tient conseil. — La guerre contre la Grèce est résolue. — Il fait percer le mont Athos. — Pythius. — Pont jeté sur la mer. — L'armée défile devant Xerxès pendant sept jours et sept nuits sans repos. — Dénombrement à la manière d'Homère. — Revue de la flotte. — Xerxès consulte Démarate. — Le héraut de Sparte devant Xerxès. — Thémistocle. — Ambassade à Gélon. — Les Thermopyles. — Léonidas. — Diénécès. — Inscription aux Thermopyles... 477

LIVRE HUITIÈME.
URANIE.

Thémistocle. — Combat naval près d'Artémisium. — Les Grecs se retirent. — Les Perses sont frappés de la foudre près du temple de Delphes. — Bataille navale de Salamine. — Xerxès spectateur de la bataille. — Aristide sur la flotte. — Courage d'Artémise. — Discours de Mardonius à Xerxès. — Désastres des Perses. — Thémistocle s'arrête dans la poursuite des ennemis. — Xerxès gagne l'Hellespont, et s'arrête en Asie. — Il laisse Mardonius avec trois cent mille hommes. — Athènes et Sparte refusent la paix............ 573

LIVRE NEUVIÈME.
CALLIOPE.

Mardonius s'empare une seconde fois d'Athènes. — Les Athéniens envoient des députés à Sparte. — Lycidas est lapidé. — Mort de Masistès, général perse. — Tisamène devient citoyen de Sparte. — Bataille de Platées. — Mort de Mardonius. — Pillage du camp. — Les Grecs marchent sur Thèbes pour se venger de sa trahison. — Bataille navale de Mycale, gagnée le même jour que la bataille de Platées. — Siége de Sestos. — Fuite des Perses. — Artayctès est mis à mort.. 634

FIN DE LA TABLE.

268. — Paris. Typographie Gaston Née, rue Cassette, 1.

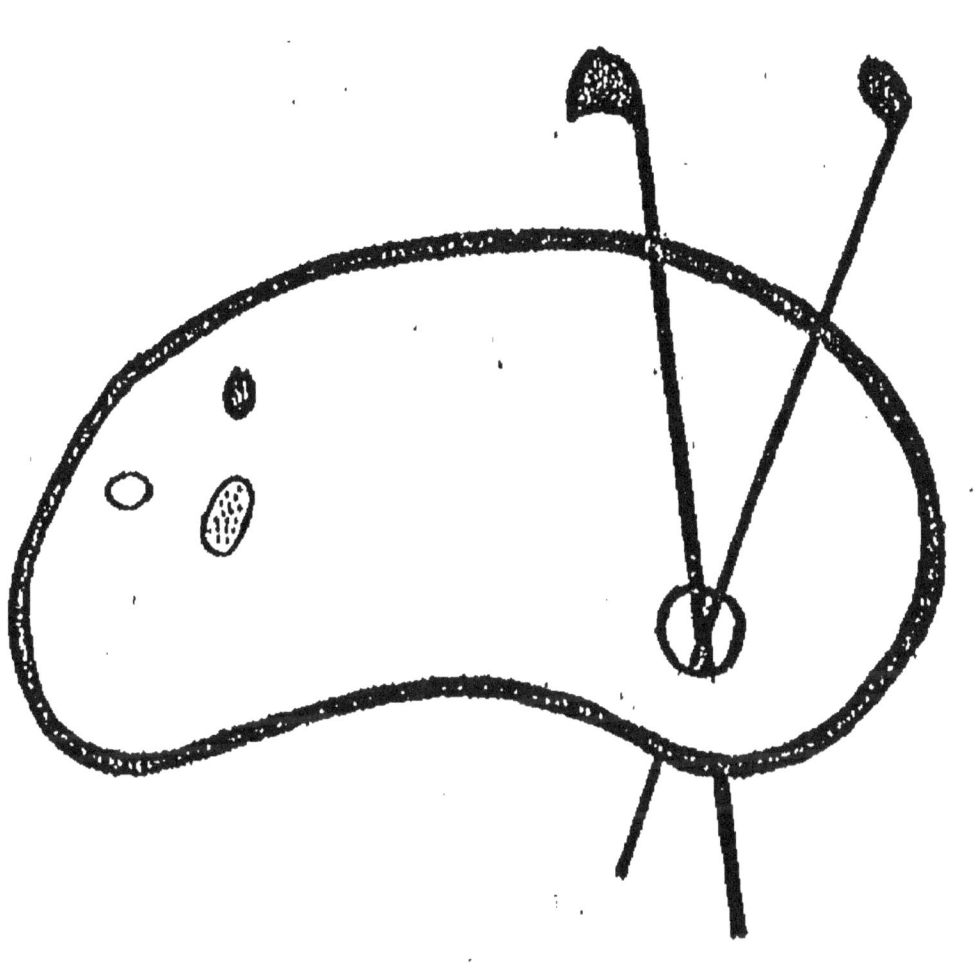

ORIGINAL EN COULEUR
N° Z 43-120-8

www.ingramcontent.com/pod-product-compliance
Lightning Source LLC
Chambersburg PA
CBHW052333230426
43664CB00041B/1285